KB161953

독일
언론법의
이해 상

이 책은 방일영 문화재단의 지원을 받아 저술, 출판됐습니다.

판례로 알아보는 독일 언론법의 모든 것

의견표현, 사실주장, 경계사례, 의미해석,
다의적 표현 해석과 스톨페 이론

# 독일
# 언론법의
# 이해 상

| 이수종 지음

이담북스

# 서문

독일 언론법은 기본법 제1조의 인간존엄성의 불가침 조항을 정점으로 하는 헌법 체계하에서 기본법 제5조 제1항의 표현의 자유권과 기본법 제2조 제1항의 일반적 인격권 사이에서 벌어지는 충돌 현장을 그 대상으로 한다.

하지만 그 현장을 제대로 이해하기 위해서는 단순한 기본권적 법리나 관점에 대한 이해만으로는 부족하다. 왜냐하면 언론법이 다루는 주요 내용이 다름 아닌 개인이나 집단들 사이의 의사소통 과정에서 일어나는 매우 다양하고 생생한 형태의 표현들과 관련된 다툼이기 때문이다. 특히나 매일매일 쏟아지고 있는 언론현장에서의 보도들이나 개인들 사이에서 SNS상의 발언들이 법적 분쟁의 대상으로 되고 있는 현실을 고려하면, 이를 단순한 기본권보장의 문제로 치부하기에는 녹록지 않다.

이러한 이유에서 독일 언론법은 자신의 영역을 법적 다툼의 대상이 되는 표현을 둘러싸고 그 표현이 어떻게 이해되고 해석될 수 있는지 규명하는 것에 주안점을 두고 있다. 즉, 문제가 된 표현이 과연 어떻게 이해되고 해석될 수 있는지에 따라 처벌이나 제재가 달라지기 때문에, 표현자유권의 보장에 치중해야 할지 아니면 일반적 인격권에 치중해야 할지를 결정함에 있어서 무엇보다 법원은 대상 표현이 가지는 의미의 이해나 해석에 집중한다. 따라서 언론법리 역시 이러한 표현의 의미해석 방식을 중심으로 형성되어 왔다고 할 수 있다. 주로 문제가 된 표현의 명예훼손 인정문제에 몰두해 온 국내 언론법 역사에서 바라보면, 이러한 연구 방법은 우리에게는 매우 낯선 것이며, 문제가 된 표현의 해석이 법관 개개인에 따라 달라지기 일쑤인 현실은 어쩌면 당연한 것일지도 모른다.

한편, 언론법 영역에서 법원의 판결내용은 매우 중요하다. 언론법 영역은 특정한 법률의 제정과 해석을 통해 권리·의무관계를 판단하는 기술법 영역이 아니라, 헌법상 보장된 기본권으로서 표현의 자유와 개인의 인격권을 항상 비교·형량해야 하는 가치법 영역이기 때문이다. 따라서 언론법 영역은 사실상 법원의 판례를 통해 형성되는 법관법의 영역이라고 할 수 있다.

하지만 우리의 언론법 현실을 들여다보면 아쉬운 점이 한둘이 아니다. 무엇보다 우리 대법원 및 각급 법원의 판례들은 하나의 사례를 놓고 국민들에게 납득할 수 있는 일관된 법리를 제시하기에 역부족하다. 그 이유로는 언론법 영역에서 발생하는 수많은 구체적 사례들에서 우리 법원들은 말이나 글, 그 밖의 표현형식들이 가질 수밖에 없는 다양하고 복잡한 표현 형태들에 대한 분석과 논증과정이 부족하다는 점을 들 수 있고, 이로 인해 판례를 통해 형성되어 온 판단기준과 법리의 그물코가 너무 성기다는 점을 지적하지 않을 수 없다. 하지만 분쟁의 대상이 되는 표현 양식들은 그렇게 단순하지가 않은 것이 현실이다.

이는 우리 학계의 입장에서도 다르지 않다. 현재 언론법의 연구대상들은 주로 2000년 전후를 통해 미국의 법리로부터 이식된 "공인이론"이라는 것에만 몰두해서 복잡한 분쟁 사안을 공인인지 아닌지라는 이분법적 판단기준을 통해 해결하려는 경향이 강한 것도 사실이다.

이러한 배경에서 이 책은 다음과 같은 관점의 유지하에 내용을 구성하였다. 우선, 독일 언론법의 이해를 위해서 철저하게 독일 언론법이 천착하고 있는 표현의 이해와 해석체계를 그 발전과정에 따라 소개하는 것에 방향을 맞추려 노력하였다. 독일 언론법리들은 이미 상당한 수준의 자기완성적 구조체계를 형성하고 있으며, 단편적 기준에 따른 단식판단에만 머무르지 않는다고 말할 수 있다. 이러한 체계는 기본권의 보호정도를 달리하는 의견표현과 사실주장의 구별이라는 기점에서 시작해서 각각 의견표현 영역에서의 일탈 부분 혹은 사실주장 영역에서의 진실문제나 인격권 침해문제 등으로 확산되는 형태를 취하고 있으며, 이 과정에서 바탕이 되는 표현의 해석문제를 유형별로 발전시켜 왔다. 따라서 이 책의 구성 역시 표현의 해석과 이해에 필요한 독일 언론법의 체계를 따랐다. 이에 이 책의 구성 순서에 따라 소개한 내용을 순차적으로 읽게 된다면, 독자들은 독일 판례가 형성해 온 체계적 분석 및 논증 과정을 자연스럽게 습득할 수 있을 것이다.

특히 독일 언론법의 이해를 위해서는 스톨페 법리의 중요성이 간과되어서는 안 되기 때문에, 이에 대한 자세한 내용 역시 소개하였다. 2006년 연방헌법재판소의 스톨페 결정은 독일 언론법 체계를 그간의 의견자유권 보호관점에서 인격권 보호관점으로 선회시키는 계기가 되었다. 이로 인해 표현의 해석문제는 소송상 청구대상에 따라 새로운 선택의 기로에 놓이게 되었다. 즉, 다의적 표현과 관련해 과거의 보도에 대한 불리한 제재가 문제 되는 경우에는 의견자유에 유리한 해석형태가 판단의 기초로 되지만, 장래의 표현에 대한 금지청구가 제기된 경우에는 인격권 침해에 가까운 해석을 바탕으로 삼게 된다. 이는 각종 언론분쟁 사건에 있어서 피해자가 요구하는 구제방식이 무엇인가에 따라 표현의 해석선택 역시 달라질 수 있다는 점에서 커다란 의미를 가진다.

다른 한편으로는 전체적인 이론 설명부분에서 독일 판례의 언론법리를 충실히 소개하고자 해당 판례의 전문을 인용하려고 노력하였다. 이를 통해 일종의 독일 언론관계판례집을 제공함으로써 관련 연구나 실무에 도움을 주고자 하는 의도도 어느 정도 달성할 수 있으리라 생각했다. 체계적으로 배치된 다양하고 폭넓은 판례의 원문을 통해 독자들은 연방헌법재판소나 각급 법원이 일관되게 적용하는 독일 언론법리의 촘촘한 그물코를 각종 사례에서 직접 확인할 수 있으며, 구체적, 개별적 사건에서의 판단 과정을 자세하게 들여다볼 수 있을 것이다.

독일 법원들의 판단은 물론 그 출발점에서는 헌법상 기본권으로서 표현의 자유와 인격권 보장이라는 가치 설정을 바탕으로 삼는다는 점에서 우리와 동일하지만, 비교

형량을 통한 사례 해결의 어려움을 인정하고 개별적 사례군 형성을 통해 유형화된 언론법리를 형성하겠다는 의지를 강력하게 실천해 왔다. 이에 따라 매우 정치하고 세분화된 표현의 해석 방식과 이를 통해 기본권 침해 여부를 판단하는 수많은 영역 별 사례들을 축적해 왔다.

이러한 결과로 독일의 각 언론법 쟁점 관련 판례의 수는 우리와는 비교할 수 없을 정도로 넘쳐나며, 독일 언론법 교과서들 역시 이를 기초로 쟁점별 법리와 판시 사항을 정리하고 체계화하는 내용으로 구성된다. 이를 통해 관련 실무자들 및 연구자들은 특정한 말이나 글이 분쟁대상이 될 경우, 해당 서적들의 필요 항목을 찾아봄으로써 손쉽게 쟁점을 이해하고 관련 판례들을 살펴볼 수 있다. 이 책 역시 이러한 점에 착안하여 구성하였으며, 기존의 국내 언론법 관련 연구서들과는 전혀 다른 새로운 내용들을 접할 수 있으리라 기대한다.

저자는 2020년 초에 인격권 분야에서 대표적 권리로 인정되는 초상권과 관련한『독일 초상권 이론과 사례』저서를 발간한 바 있으며, 여기에서 초상권 법리를 둘러싼 독일의 이론과 다양한 독일 연방헌법재판소 및 각급 법원의 판례들을 정리한 바 있다. 앞선『독일 초상권 이론과 사례』편이 인격권 분야에 해당하는 독일 법리와 판례를 소개하는 데 치중한 것이라면, 이번에 저자가 기획한 저술은 개인의 의사표현의 자유와 언론자유 분야에 속하는 법리와 판례들을 다룬 것이다. 물론 언론법의 두 축이 의견자유권과 인격권 분야라는 점을 고려하면, 이제 인격권 분야에 관한 연구 및 과제가 매우 시급하기는 하지만 이 역시 당면한 숙제로 남겨두기로 한다.

불경 번역작업에서 미증유의 업적을 보여주신 쿠자의 구마라집 현자께서는 자신의 임종 전에 "만약 번역한 것에 오류가 없다면, 내가 죽은 후에 몸을 태워도 혀는 타지 않게 하소서!"라는 유언을 남겼고, 실제 다비한 후에도 혀가 전혀 타지 않았다고 한다. 수년간의 번역작업 중 판결 원문내용의 전달과 독자의 이해 사이에서 수없는 난관에 부딪혔던 저자로서는 구마라집 법사께 이 자리를 빌려 무한한 경의를 표한다.

마지막으로 다소 생소한 내용과 분량 및 상업적 문제로 인해 어느 누구도 꺼려했던 이 책의 발간을 흔쾌히 결심해 주신 한국학술정보(주) 관계자분들께도 다시 한번 깊은 감사를 드린다.

2023년 9월 광화문에서

이 수 종

# 목차

**제4장**     의견표현과 사실주장의 경계사례

**제5장**     표현의 의미해석 및 법적 판단

# 제1장

# 의견표현권

# Ⅰ. 개관

독일 언론법의 이해를 위해서는 그 대상을 정하는 일부터 시작해야 하지만, 이는 쉬운 일이 아니다. 우선 독일은 체계를 갖춘 각 주의 출판법이나 관련 개별법들 이외에 언론관련 법적 상태를 총체적으로 규율하는 단일 언론법을 가지고 있지 않으며, 독일 언론법의 주요 법리는 주로 연방헌법재판소 및 각급 법원에서 행해진 개인의 의사표현 혹은 언론관련 사건을 다룬 판례들을 통해 형성되었기 때문이다.

독일 언론법 체계는 우선 독일 기본법 제5조 제1항에서 출발한다. 독일 기본법 제5조 제1항은 출판(Presse), 방송(Rundfunk) 그리고 영화(Film)의 자유에 앞서 자신의 의견(Meinung)을 자유롭게 표현할 개인의 자유를 보장한다.[1] 따라서 독일 언론법의 이해를 위해서는 한편으로는 독일 기본법의 의견표현권(Ausserungsrecht)의 이해가 우선이고, 다른 한편으로는 독일 기본법 제1조 제1항(인간의 존엄) 및 제2조 제1항(일반적 인격권)에 기인한 일반적 인격권(Allgemeine Persoenlichkeit)이 의사표현 영역에서 어떻게 적용되는지에 관한 이해가 필수적이다.

하지만 독일 언론법의 바탕이 되는 독일 기본법상의 의견표현권이나 일반적 인격권의 이해 역시 해당 규정의 해석만을 통해서는 포괄적 접근이 불가능하고, 그 구체적 내용은 주로 연방헌법재판소 및 각급 독일법원이 개별 사례에서 형성한 다양한 법리들을 중심으로 살펴봄으로써만 가능하다. 바로 이러한 점에서 독일 언론법의 이해에 관한 어려움이 생겨나게 된다. 그럼에도 불구하고 판례를 통해 형성된 유형별 사례군들이 독일 언론법의 내용을 구성한다는 점은 부인할 수도 없고, 피할 수도 없는 사실이다.

따라서 독일 언론법의 이해를 위해서는 선결작업으로서 연방헌법재판소의 역할을 간단히 살펴본 뒤, 실제로 연방헌법재판소가 기본법 제5조와 관련해 형성한 독일 언론법의 기본 법리들을 파악하는 것이 필수적이다. 이에 우선적으로 연방헌법재판소의 결정이 언론법 영역에서 가지는 의미를 제대로 이해하기 위해서 해당 재판소의 역할과 심사범위를 간단하게 살펴본다.

독일 연방헌법재판소는 우리 헌법재판소와 달리 독일 민·형사법원의 판결에 대해서도 역시 기본권적 관점에서 심사할 권한을 가지고 있기 때문에, 독일 각급 법원들이 과연 기본법 제5조에 근거한 의견표현권을 준수했는지 여부를 심사하게 된다. 나아가 이러한 심사는 대상 판결이 원칙적으로 기본권의 의미, 특히 기본권의 보호범위에 관해 잘못된 견해에 근거해서 판결을 내림으로써 오류를 범하지는 않았는지의 문제로 제한되지 않는다. 연방헌법재판소는 심지어 개별적인 사건에서 각급 법원들이 사실관계의 확정 및 평가에 있어서 아울러 일반법의 해석과 적용에 있어서 헌법상 보장된 의견표현의 자유를 침해하지는 않았는지 역시 심사한다.[2] 그리고 무엇보다 중요한 것은 다툼이 된 표현내용의 해석을 잘못 행하지는 않았는지 여부도 헌법심사의 통제하에 놓이게 되고, 이 결과 소위 연방헌법재판소의 강화된 통제가 생겨날 수 있다.[3]

이러한 강화된 통제는 각급 법원이 하나의 표현을 허위의 사실주장으로서 분류했을 때 불가피한 것으로 간주되는데, 왜냐하면 표현주체는 이러한 잘못된 분류로 인해 기본법 제5조 제1항을 주장할 가능성을 광범위하게 상실하기 때문이다.[4] 아울러 형식적 모욕의 표현으로 분류하는 경우에도 기본법의 보호를 누리지 못하기 때문에 이러한 분류 역시 마찬가지이다.[5] 뿐만 아니라 각급 법원이 하나의 표현을 비방적 비판으로 분류한 경우에도 헌법심사가 행해져야 한다.[6] 연방헌법재판소의 과거 결정에 따르면, 기본법 제5조 제1항 제1문의 보호범위에 해당하지 않는 형식적 모욕 (Formalbeleidigung)과는 달리 비방적 비판(Schmähkritik)은 비록 처음부터 기본법 제5조 제1항 제1문의 보호범위에서 탈락하지는 않지만, 그럼에도 명예보호와 표현 자유 사이의 형량에 있어서 엄격한 기준이 적용되어야 한다.[7] 결국 한 표현의 의미에 대한 각급 법원의 조사는 그것이 사실주장인지 의견표현인지 아니면 형식적 모욕인 지 비방적 비판인지의 법적 분류를 위한 토대를 이루기 때문에, 항상 연방헌법재판 소의 심사대상으로 남게 된다.[8] 그리고 이와 같은 이러한 사건들에 있어서 연방헌법 재판소는 기본권 보호의 사정거리와 중요도 판정을 위한 선결문제에 해당하는 표현 의 성격 분류과정에서 항상 자유로운 정신적 토론이 과도하게 제한되어서는 안 된다 는 사실을 유념하게 된다.[9]

하지만 다툼이 있는 표현의 의미를 종국적으로 결정하거나 기본법상 요청의 준수 하에서 행해진 해석을 연방헌법재판소가 적절하다고 간주한 다른 해석으로 대체하 는 것이 연방헌법재판소의 과제는 아니다. 그럼에도 그 전제는 표현이 자신의 맥락 의 참작하에서 해석되고, 객관적으로 가질 수 없는 어떤 의미도 해당 표현의 것으로 간주되지 않는 것이다. 나아가 다의적 표현의 경우에 있어서는 각급 법원이 다의성 의 인식하에서 다양한 해석 가능성을 논의한 후, 선택된 해석을 설득력 있게 정당화 해야 한다.[10]

이 모든 것이 표현법 혹은 언론법 영역에서는 헌법상 기본권보호가 이론상으로뿐 만 아니라 실무상으로도 커다란 중요성을 지닌다는 사실을 보여준다. 실제로 기본법 제5조 제1항(의견자유권)을 근거로 하거나 반대로 기본법 제1조(인간존엄성) 및 제 2조(일반적 인격권)에 근거한 헌법소원의 숫자가 독일에서는 여전히 높다는 사실이 이를 뒷받침한다. 현재에도 여전히 기존의 대중매체 서비스가 관여된 소송이 커다란 비중을 차지하고 있다는 사실 외에 추가로 사회적 네트워크 서비스(SNS)나 기타 온 라인 서비스를 통한 개인의 표현물 유포를 고려하면, 기존의 전통적인 표현영역에서 대중매체와 유사한 효과를 지닌 개인 각자의 표현영역으로 주목할 만한 위치변동이 일어나고 있다는 사실이 급부상한 독일 언론법의 새로운 주요 과제임을 알 수 있다.[11]

## 연방헌법재판소 2016년 6월 29일 자 결정<br>– 1BvR 201732/15("슈파너"–결정)

### 사실관계

헌법소원의 대상은 형법 제186조 사실적시 명예훼손으로 인한 형사법원의 유죄판결이다. 전심소송의 대상은 청구인의 페이스북 게시물이며, 여기에서 청구인은 개인적으로 알고 있던 경찰관의 순찰행위를 문제 삼았다. 해당 경찰관은 과거에 여러 차례 청구인을 부당하게 감시했지만 아무런 결과도 내놓지 못했다. 법원 결정 이후인 2013년 11월 저녁에도 청구인은 자신이 살고 있는 집 건너편 입구에 순찰차량이 있다는 사실을 알았다. 이 경찰관은 정반대로 몸을 돌리고 있었고, 그 옆에 서 있는 순찰차량 라이트가 청구인이 살고 있는 건물들을 비추고 있었다. 이후 청구인은 계획적인 감시를 피했고, 늦은 밤중에 다시 한번 동일 차량을 발견했다. 이를 계기로 청구인은 다음 날 이른 아침 자신의 페이스북에 다음과 같은 게시물을 공표했다.

> 그곳에서 [경찰관 이름]은 K.와 Co. 내의 모처에 서서 반대편 집들로 상향등 및 하향등을 비추는 것 외에는 아무런 관심이 없었다!! 바로 [경찰관 이름] 슈파너(Spanner)[경찰관 성].

해당 경찰관은 청구인을 상대로 형사고소를 제기했다.

지방법원지원은 청구인에게 형법 제186조에 따른 사실적시 명예훼손으로 일당 10유로의 50일 치 벌금형에 처했다. 재판부는 청구인이 사실적시 명예훼손죄를 범했다고 인정했고, 그 경찰관의 감시에 화가 나서 행동한 것이었다고 판단했다. 그리고 "슈파너(Spanner)"라는 단어의 사용을 통해 경찰관의 명예훼손 사실을 전파했다고 보았다. 청구인은 그것이 허위사실이라는 점을 알고 있었고, 중립적인 이성적 독자층의 이해에서 근거해 볼 때 "슈파너"라는 단어를 통해서 관음증 환자라는 점이 연상되고, 관음증 환자는 다른 사람의 성행위를 구경하는 것에서 만족감을 느끼는 그런 사람을 뜻한다고 밝혔다. 그 외에도 "슈파너"는 불법행위 시 염탐 역할을 맡은 사람을 뜻할 수도 있다고 보았다. 재판부는 두 경우 모두 불법행위나 범죄행위의 비난이 포함된 경찰관에 불리한 명예훼손 사실주장이라고 판단했다. 그리고 이것은 가치평가를 의미하거나 의견자유에 의해 보호되지 않는다고 밝혔다. 이어서 상급법원은 청구인의 비상상고를 기각했다. 청구인은 헌법소원과 함께 각급 법원의 판결을 거부했고, 기본법 제5조 제1항 제1문의 의견표현권의 침해를 주장했다.[12]

① 의견표현과 사실주장의 잘못된 분류가 가지는 기본권 침해문제

연방헌법재판소는 결정적인 헌법상의 문제들을 이미 판단한 바 있다고 밝혔다. 이것은 특히 기본권을 제한하는 형법 제185조 이하 규정들의 해석과 적용에 있어서 의견자유 기본권의 영향력을 위해 중요하다고 인정했다.

이에 따르면 헌법소원은 허용되며, 대상 판결은 청구인의 기본법 제5조 제1항 제1문 의견표현의 기본권을 침해했다고 보았다.

각급 법원들은 헌법상으로 더 이상 용납될 수 없는 방식으로 해당 표현들을 진실로 입증되지 않은 형법 제186조에 따른 명예훼손적 사실주장으로 간주하고, 입장표명이나 견해를 통해 부각되는 가치평가나 협의의 의미의 의견표현을 부인했다는 점에서 이미 대상 표현과 관련한 기본권의 보호내용을 축소시켰다고 판단했다.

연방헌법재판소는 하나의 표현이 실질적으로 의견표현 아니면 사실주장으로 인정될 수 있는지의 문제에서는 해당 표현의 전체적 맥락이 중요하다고 밝혔다. 다툼의 여지가 있는 표현내용을 분리해서 고찰하는 것은 통상적으로 신뢰할 수 있는 의미조사에 관한 요청에 부합되지 않는다고 보았다. 아울러 개별적으로 사실적 요소와 평가적 요소의 분리는 그로 인해 표현의 의미가 변조되지 않는 경우에만 허용된다고 보았다. 이것이 가능하지 않다면, 표현은 효과적인 기본권보호의 이익을 위해 전체

적으로 의견표현으로 인정되어야 한다고 설명했다. 그렇지 않다면, 기본권보호의 본질적 제한이 우려된다고 생각했다. 왜냐하면 엄격한 의미의 의견에 있어서, 특히 통상 의견자유와 형법 제185조 이하와 같은 일반법을 통해 제한될 수 있는 법익 사이의 형량범위 내에서 공적인 의견투쟁과정의 의견에 대해서는 자유로운 의견을 위한 추정이 인정되는 반면, 사실주장에는 이러한 추정이 동일한 방식으로 인정되지 않기 때문이라고 밝혔다. 따라서 하나의 표현이 부적절하게 사실주장, 형식적 모욕 혹은 비방적 비판으로 분류된 경우, 의견자유의 의미와 사정거리가 부인되며, 이에 따라 해당 표현은 모욕적 혹은 비방적 성격을 가지지 않은 가치평가와 동일하게 누릴 수 있는 기본권 보호를 거부당하는 결과를 낳게 된다고 밝혔다.[13]

② "슈파너" 용어의 법적 성격

연방헌법재판소는 대상 판결이 이러한 헌법상 요청에 부합하지 않는다고 판단했다. 전심법원은 사실주장의 존재를 전제로 해서 의견자유의 기본법상 보호를 부당하게 축소시켰다고 보았다. 청구인은 비록 실제 사건인 경찰관의 순찰행위를 기술했지만, "슈파너"라는 표현은 사실주장이 아니라 증거에 접근할 수 없는 관찰자의 평가라고 판단했다.

만약 기본법 제5조 제1항 제1문에 의해 보호되는 의견의 존재를 적절하게 인정했다면 사건은 다른 결론에 이를 수 있었기 때문에, 이미 해당 표현을 사실로서 잘못 분류한 이상 대상 판결은 파기되어야 한다고 생각했다.

나아가 법원은 새로이 사건을 취급함에 있어서 표현의 해석은 전체적 맥락이 결정적이라는 사실을 유의해야 한다고 지적했다. 청구인이 경찰관에 의해 감시당한다고 느끼고, 이것을 "슈파너"라는 단어를 통해 표현하고자 했다는 점에서 법원은 적절하게 출발했다고 인정했다. 하지만 해당 경찰관에게 다른 사람의 성행위를 구경할 때 느끼는 만족감이 중요했다는 식의 해석은 전체 맥락을 고려하면 쉽게 동의할 수 없다고 평가했다.

그와 함께 경찰관의 "슈파너"로서 지칭이 결과적으로 의견자유에 의해 보호되는지, 그리고 청구인이 향후에도 마음대로 해당 경찰관을 "슈파너"라고 지칭해도 되는지의 문제도 전혀 판단되지 않았다고 비판했다. 해당 표현이 하나의 사실주장이 아니라 명백히 가치평가인 이상, 어쨌든 그 안에는 경찰관의 평가저하와 일반적 인격권 침해가 있을 수도 있다고 인정했다. 따라서 이 표현이 어디까지 의견자유를 통해 정당화될 수 있는지는 원칙적으로 형량기준에 따라 결정된다고 밝혔다. 물론 이 형량은 모욕죄의 구성요건(형법 제185조)이 아니라 사실주장 전파(형법 제186조의 사실적시 명예훼손)로 간주했던 전심법원의 판단을 바탕으로 해서는 안 되며, 새로운 형량이 개시되어야 한다고 지적했다.[14]

## Ⅱ. 독일 의견표현권의 헌법적 의의

### 1. 의견표현권의 근거로서 독일 기본법 제5조 제1항

독일 기본법 제5조 제1항 제1문은 "모든 사람에게 자신의 의견을 말, 글, 그림으로 자유로이 표현하고 전파할 권리를 보장한다"고 규정하고 있다. 이러한 기본권은 이용매체의 종류가 무엇인지는 상관없고,[15] 독일국민이나 성인뿐만 아니라 기본권 행사능력을 지닌 모든 사람이 누릴 수 있는 인권에 해당한다.[16]

따라서 기본법 제5조 제1항에 근거한 자유권은 행위능력을 전제하지 않고 기본권을 독자적으로 행사할 수 있는 기본권 행사능력만을 전제로 한다. 마찬가지로 이 자유권은 특정한 국적과는 무관하다. 다만, 정기간행물 편집활동의 책임이 개인에 대한 일정한 요구들과 결합될 수 있는데, 예컨대 기본법의 관할구역 내에서의 지속적인 체류가 요구될 수 있고, 이는 상업방송의 허가에 있어서도 마찬가지이다. 한편, 기본법 제5조 제1항에서 귀결되는 자유권은 내국에 소재지를 둔 인적 결사체 및 사법상 법인들도 국적과 상관없이 누구나 주장할 수 있다. 하지만 공영방송사 외에 통상의 공법상 법인은 기본법 제5조 제1항을 주장할 수 없다.[17]

이 기본권은 "의견"과 "자유로이"라는 개념의 결합하에서 일반적으로 의견자유권이라고 지칭되기는 하지만, 그럼에도 개념상 명료한 것은 아니다. 의견은 보통 내적인 사고과정을 통해 이뤄지며, 반드시 외적으로 관철된 행위를 의미하지는 않는다. 그로 인해 "의견자유"라는 개념은 역사적 과정에서 결코 관행적으로 보장되지만은 않았던 생각의 자유와 관련이 있다는 추정을 암시한다. 이러한 점에서 생각의 자유를 특별한 보호하에 두는 국내외의 다양한 법규가 있는 것도 분명한 사실이다. 따라서 의견은 그 자체만으로도 보호를 누린다. 1950년 11월 4일 제정된 유럽인권협약 제10조에서도 마찬가지로 생각의 자유와 표현의 자유 사이의 차이를 구별했는데, 제1문에서는 모든 자유로운 의견표현권을 가진다고 표현했고, 제2문에서는 보도나 생각의 수신과 전달에 관한 자유를 비롯해 의견의 자유를 별도로 규정하고 있다.[18]

하지만 UN인권선언과 유럽인권협약과는 달리 독일기본법 제5조 제1항 제1문은 생각 그 자체가 아니라 생각의 표현 그리고 그러한 생각의 교환에 바탕이 되는 의사소통과정(Kommunikationsprozess)을 보호한다고 평가된다. 표현과 전파 사이에 차이가 존재하는지의 문제는 법적으로 거의 의미가 없지만, 기본법 제5조는 본래의 표현뿐만 아니라 표현주체, 전파자 그리고 수신인 사이의 과정으로서 중간매개체를 통한 그러한 표현의 전파 역시 포섭한다. 결국 단순한 생각의 보유에 관한 자유는 일반에서 특수로의 추론을 허용하고, 따라서 누군가 자유로이 의견을 표현해도 된다면 자유로운 의견은 더욱 허용되어야 하므로 그런 의미에서 독일기본법은 의견표현의 자유를 보장한다고 이해된다.[19]

한편, 의견표현의 자유 개념은 단지 의견자유만을 대상으로 하는지 아니면 사실주장 역시 포함하는지의 문제에 대해 여전히 미정상태이다. 이 문제는 과거 문헌에서 지속적으로 논의되던 문제이고, 기존의 견해들은 사실주장을 기본법 제5조의 헌법보호에 포함되지 않는다고 주장해 왔다. 하지만 현재에는 사실주장을 기본권보호에서 배제하는 것에 대해 부정적 사고가 관철되었다. 단지 의견만을 자유롭게 표현하는 것이 허용되고 그 안에 바탕이 된 사실은 거부된다면, 의견투쟁뿐만 아니라 심지어는 단순한 토론 역시 무의미해질 것이다. 오늘날 통설과 판례는 사실주장이 어쨌든 의견형성을 위한 토대로서 제시될 수 있다는 점에서 기본법 제5조에 포섭된다는 사고를 더 이상 거부하지 않는다.[20, 21]

## 2. 의견표현권과 사실주장에 관한 연방헌법재판소의 입장

연방헌법재판소는 독일에서의 표현의 자유를 관철함에 있어서 지대한 영향을 미친 것으로 평가된다. 연방헌법재판소는 사실주장이 의견표현의 자유에 포함되는지 문제와 관련해 처음에는 다소 어정쩡한 입장을 취하고 있었다. 예컨대, "뷀/발덴" 결정[22]에서는 단지 가치평가가 공적 의견투쟁에서 문제가 되는 이상, 여론형성과정의 이익을 위해 평가의 내용과 상관없이 자유로운 의견의 허용을 위한 추정이 보장된다고 판시하였다. 반면에 허위의 사실주장에 있어서는 동일한 방식의 추정법칙이 인정되지 않는다고 보았다. 잘못된 정보는 의견자유의 관점에서 어떠한 보호가치 있는 이익도 없는데, 이러한 허위정보는 헌법상 전제된 적절한 의견형성의 과제에 기여할 수 없기 때문이라고 설명했다.

이어서 연방헌법재판소는 "선거운동발언" 결정[23]에서 기본법 제5조 제1항 제1문은 가치평가와 사실주장의 명백한 구별 없이 누구나 자신의 의견을 자유로이 표현할 권리를 보장하지만, 사실주장에 있어서는 이것이 동일한 방식으로 인정되지는 않는다고 판시했다. 사실전달은 엄격한 의미에서 어떠한 "의견"의 표현이라고 볼 수 없으며, 그 이유로서 사실전달에는 정신적 논쟁의 범위 내에서 입장표명, 견해 그리고 의견의 요소가 없기 때문이라고 생각했다. 그럼에도 사실전달은 의견표현자유권을 통해 보호되어야 하며, 이는 기본법 제5조 제1항이 총체적으로 보장하는 의견형성의 전제이기 때문이라고 밝혔다. 따라서 헌법상 전제된 의견형성에 기여할 수 없는 것은 보호되지 않으며, 특히 입증된 허위사실주장이나 고의의 허위사실주장은 보호되지 않는다고 부연했다. 이에 본래의 의견표현과는 달리 사실전달의 헌법상 보호를 위해서는 그의 진실성이 중요하며, 그 결과 '자유로운 의견의 허용을 위한 추정원칙'은 사실주장에는 단지 제한적으로만 인정된다고 덧붙였다.[24]

과거 연방헌법재판소가 사실주장의 기본권보호에 관해 실제로 이런 의미에서 인정되기를 원했는지 의심이 들기는 하지만, 현재의 연방헌법재판소는 이러한 입장을 반복해서 확증했다.[25] 보다 새로운 결정들에서[26] 비록 기본권보호는 전달된 사실주장의 진실성과는 상관없다고 지적했음에도 불구하고, 경우에 따라서는 그의 허위성을 표현주체가 알았거나 이미 표현 당시에 허위임이 입증된 그런 사실주장은 기본법 제5조 제1항 제1문의 보호범위에서 배제해 왔다. 따라서 어쨌든 연방헌법재판소는 허위의 사실주장은 의견형성에 아무것도 기여할 수 없다는 그의 전제를 고수하고 있다.

연방대법원 역시 간결한 형태로 "공공은 그러한 잘못된 정보에 관심을 가지지 않는다. 그 때문에 기본법상 보호되는 권리 역시 말해질 수 없다"고 밝혔다.[27]

물론 독일의 유력한 견해는 이러한 연방헌법재판소 및 연방대법원의 전제가 현실에는 맞지 않는다고 비판하기도 한다. 이에 따르면, 허위주장도 당연히 의견형성에 기여할 수 있으며, 법적 수단과 함께 다툴 수 있는 가능성은 기본법 제5조 제1항의 개입문제가 아니라 기본법 제5조 제2항에 따른 제한의 문제라고 생각했다. 따라서 의견의 경우와 마찬가지로 모든 사실주장은 진실이든 허위이든 기본법 제5조 제1항의 보호범위 아래 놓이고, 개별적으로 기본법 제5조 제2항에 언급된 제한 중 하나가 개입하게 된다고 해석한다.[28] 어쨌든 타당한 견해에 따르면 기본법 제5조는 의사소통기본권(Kommunikationsgrundrecht)을 의미하고, 따라서 기본법 제5조 제1항 제1문은 하나의 표현이 사실주장의 성질을 가지는지 아니면 의견표현의 성질을 가지는지 여부와 관계없이 자유로운 표현이 허용될 권리를 보장한다. 기본법 제5조 제1항 제1문이 사실주장 역시 보장한다면, 허위주장에도 역시 적용될 것이며, 기본법 제5조 제2항의 제한규정이 적용될지는 그다음 문제일 것이다.[29]

## 연방헌법재판소 1982년 6월 22일 자 결정
### − 1BvR 1376/79("NPD(혹은 선거운동발언)"−결정)

### 사실관계

청구인은 현재 유럽의회 의원이며, 이번 유럽의회선거를 위해 SPD의 후보자 명부에 등록했다. 그리고 한 선거운동 행사에서 "CSU[30]는 유럽의 NPD[31]이다"라고 발언했다. 이에 해당 표현이 허위의 사실주장을 포함하고 있으며, 게다가 명예훼손적 사실주장을 포함하고 있다고 생각한 CSU는 지방법원을 통해 청구인을 상대로 가처분을 얻어냈고, 이로 인해 벌금의 예고하에 "CSU는 유럽의 NPD이다"라는 발언의 주장이 금지되었다. 이 결정은 판결을 통해 확정되었고, 항소는 성공하지 못했다. 상급법원 역시 그 원문에 따르면 대상 표현은 본질적으로 사실주장이라고 판단했다. 이때 법적 판단을 위해서는 원문뿐만 아니라 무엇보다 그 안에 표현된 명백한 의미가 결정적이라고 밝혔다. 그리고 이러한 내용의 본질적 의미는 CSU의 정신적, 세계관적 그리고 사회적 토대 및 강령, 가치관과 정치적 방식들이 NPD의 그것들과 일치한다고 하는 취지로 CSU를 비난하는 것이라고 생각했다. 그리고 CSU가 NPD로부터 연방 내에서 주장된 이념들을 유럽의회 차원에서 지지하고, 나아가 추구하고 있다는 취지로 비난하는 것이라고 보았다.

하지만 상급법원은 이 주장이 명백히 허위라고 판단했다. 왜냐하면 CSU는 완전히 자유민주주의 기본질서 토대 위에 서 있는 반면, NPD는 이러한 질서에 반대 행동을 취하고 위협하는 정당으로서 간주되었기 때문이라고 이유를 댔다. 따라서 청구인은 정당한 이익의 대변이라는 관점과 자유로운 의견표현의 관점을 주장할 수 없다고 밝혔다. 이미 이러한 선거운동방식이 대체로 의견자유권의 보호범위 내에 해당할 수 있는지 여부가 의심된다고 판단했다. 의견자유의 관점에서 매우 광범위한 최고법원의 판례에 따를지라도 결과적으로 달라지지 않는다고 생각했다. 급진적, 네오파시스트적 그리고 헌법 적대적인 CSU의 평가는 기본법 제5조 제1항의 고려하에서도 원칙적으로 허용되지 않는 형법 제185조의 전제를 충족하는 비방적 비판을 포함하고 있다고 밝혔다.

헌법소원은 항소판결의 파기환송에 이르렀다.[32]

① 연방헌법재판소의 심사범위

연방헌법재판소는 헌법소원이 허용되며 이유 있다고 판단했다.

헌법소원은 민법상 금지청구에 관한 결정을 대상으로 하며, 이를 위해 결정적인 규정들을 해석하고 적용하는 것은 각급 법원의 과제라고 인정했다. 그리고 해당 법원들은 자신의 결정을 내림에 있어서 민법규정들에 대한 기본권의 영향을 고려해야 한다고 밝혔다. 연방헌법재판소의 과제는 법원이 민법 분야에서 기본권의 사정거리와 효력을 적절하게 판단했는지 여부만을 결정하는 것이라고 밝혔다. 여기에서 연방헌법재판소의 개입 가능성의 한계는 경직되거나 고정적으로 정해져서는 안 된다고 강조했다. 개입 가능성은 무엇보다 기본권 침해의 강약 정도에 달려 있으며, 민사법상 판결이 기본법상 보호되는 자유주의의 존재와 활동의 전제들을 제한하면 할수록 그러한 제한이 헌법상 정당화되는지 여부에 관한 헌법심사가 더욱 철저하게 이뤄져야 한다고 밝혔다. 아울러 그러한 광범위한 심사는 대상 항소판결이 청구인에게 표현의 사용뿐만 아니라 특정한 사고내용을 담고 있는 발언이 장래에도 금지되어야 한다는 정도에 이르렀다고 판단될 때 필요할 것이라고 생각했다. 하지만 여기에서는 이 사건이 그런 경우에 해당하는지에 관한 판단을 유보할 수 있는데, 이 판결은 원칙적으로 기본법 제5조 제1항 제1문에서 보장된 기본권의 의미, 특히 그의 보호영역의 범위에 관해 잘못 생각했고, 이에 따라 연방헌법재판소가 교정해야 할 객관적 헌법의 위반한계에 이미 도달했다고 인정했다.[33]

② 기본법 제5조 제1항 제1문의 대상으로서 의견표현의 의의

상급법원은 자신의 판결 이유에서 비록 의견표현의 자유권을 다루기는 했지만, 이

기본권에 대한 오해에 의해 문제가 된 표현을 원칙적으로 보호되는 의견표현으로서 인정하지 않았을 뿐만 아니라 허위의 사실주장으로 간주하고, 의견자유의 제한에 관한 자신의 판시내용에서 기본법 제5조 제1항의 기본권과 그의 제한의 적용에 있어서 결정적인 원칙들을 무시하는 우를 범했다고 비판했다.

연방헌법재판소는 상급법원의 견해와 달리 대상 표현의 판단에 있어서 사실주장이 기본법 제5조 제1항으로부터 배제되어서는 안 된다고 생각했다.

기본법 제5조 제1항의 의견표현권은 분명히 가치평가와 사실주장을 구별함 없이 모든 사람들에게 자신의 생각을 자유로이 표현할 권리를 보장한다고 천명했다. 모든 사람은 비록 자신의 평가에 대해 검증 가능한 근거들을 제시하지 않거나 제시할 수 없을지라도 자신이 생각하는 것을 자유로이 표현할 수 있다고 보았다. 동시에 의견표현이란 정신적 활동을 주변에 공표하고, 타인의 의견형성에 영향을 주거나 설득작용을 하는 것이라고 설명했다. 따라서 언제나 일정한 정신적 영향력을 달성하는, 특히 다른 사람들을 설득하고자 하는 가치평가는 기본법 제5조 제1항의 의견표현권에 의해 보호되며, 이 기본권의 보호는 무엇보다 발언주체 자신의 입장표명에 인정된다고 보았다. 그의 표현이 충분한 가치를 가지고 있는지, 무가치한지 또는 옳은지, 그른지 여부나 감정적인지, 이성적으로 근거가 있는지 여부는 중요하지 않고, 개별적으로 공공성에 본질적으로 관계된 문제에 있어서 정신적 의견투쟁에 기여한다면, '자유로운 의견표현의 허용성을 위한 추정(Vermutung für die Zuälssigkeit der freien Rede)'이 보장된다고 판시했다. 공적 의견투쟁 과정에서 신랄하고 과도한 표현들 역시 기본법 제5조 제1항에 규정된 의견표현권의 보호범위에 해당하며, 단지 일반법 규정들과 개인의 명예권(기본법 제5조 제2항)이 여기에서 어디까지 한계를 정할 수 있는지 여부만이 문제일 수 있다고 보았다.[34]

③ 의견표현과 사실주장의 헌법상 보호문제

하지만 연방헌법재판소는 이러한 추정원칙이 사실주장에 있어서는 동일한 방식으로 적용되지 않는다고 밝혔다. 잘못된 정보는 의견자유의 시각에서는 어떠한 보호가치 있는 이익도 아니라고 생각했다. 고의의 허위사실 주장은 기본법 제5조 제1항을 통해서는 더 이상 보호되지 않으며, 잘못된 인용 역시 마찬가지라고 덧붙였다. 그밖에 허위의 사실주장에는 구별이 필요하며, 이때 무엇보다 의견자유의 기능이 해를 입을 정도로 진실의무에 관한 요청이 할당되지 않는 것이 중요하다고 강조했다. 그럼에도 불구하고 '자유로운 의견의 허용을 위한 추정원칙'은 사실주장에는 단지 제한적으로만 인정된다고 보았다. 허위의 사실주장이 처음부터 기본법 제5조 제1항 제1문의 보호범위에서 제외되지 않는 이상, 허위의 사실주장은 의견표현보다 더 손쉽게 일반법상의 제한에 접근할 수 있다고 설명했다.

이러한 점에서 의견표현으로서 기본권의 보호에 포함되는 것으로 결정되기 위해서는 정신적 논쟁의 범위 내에서 입장표명, 견해, 생각의 요소가 본질적이라고 밝혔다. 다만 표현의 가치, 올바름, 이성은 중요하지 않다고 보았다. 반면에 사실의 전달은 그러한 요소들이 없기 때문에 엄격한 의미에서 의견표현이 아니라고 보았다. 하지만 사실전달은 기본법 제5조 제1항이 총체적으로 보장하는 의견형성의 전제이기 때문에 의견표현의 자유권을 통해 보호된다고 인정했다. 그에 반해 헌법에 따라 전제된 의견형성에 기여할 수 없는 사실전달은 보호되지 않으며, 특히 입증되거나 고의의 허위사실주장은 보호되지 않는다고 생각했다. 따라서 고유한 의견표현과는 달리 사실전달의 헌법상 보호를 위해서는 보도의 진실성이 중요하다고 밝혔다.

이로 인해 기본법 제5조 제1항 제1문의 "의견"의 개념은 원칙적으로 넓게 이해되어야 한다고 강조했다. 하나의 표현이 입장표명, 견해 혹은 생각을 통해 부각된 이상, 이러한 표현은 당연히 의견표현권의 보호범위 내에 해당하며, 이러한 요소가 왕왕 사실전달 혹은 사실주장 요소와 결합되거나 섞여 있는 경우에도 어쨌든 두 요소가 구별될 수 없고 사실내용이 평가 뒤로 후퇴하게 된다면, 이 역시 마찬가지라고 밝혔다. 하지만 그와 달리 사실요소가 결정적인 것으로 부각된다면, 의견자유의 기본법상 보호는 본질적으로 축소될 수 있다고 보았다.[35]

④ 일반법 해석에 있어서 헌법상 의견표현권의 의미의 중요성

이러한 기준들에 따라 연방헌법재판소는 선거연설로서 "CSU는 유럽의 NPD이다"라는 문장은 원칙적으로 기본법 제5조 제1항에 의해 보호되는 의견표현이라고 간주했다. 문장을 문자 그대로 받아들인다면 CSU는 실존하지 않는 유럽의 NPD와 동일시할 수 없기 때문에 허위의 사실주장일지 모르지만, 이러한 허무맹랑한 진술을 하는 것이 청구인의 의도가 아니라는 것은 분명하며, 어느 누구도 이것을 이러한 의미로 이해하지는 않는다고 밝혔다. 하지만 이 문장의 의미를 조사하기 시작하자마자 필연적으로 견해와 생각의 영역 그리고 동시에 의견투쟁의 영역에 대한 경계를 넘어서게 된다고 인정했다.

이는 실체가 부족한 표현이라는 점에서 그렇다고 생각했다. 적어도 문제의 표현은 구체적으로 명료한 사실의 주장을 끌어낼 수 없는 것으로서 오히려 개괄적인 평가에 해당한다고 보았다. 이것은 특히 표현의 목적을 고려할 때 명확하게 드러난다고 밝혔다. 유럽의회 선거에 있어서 SPD에게 투표하도록 청중을 움직이는 것이 바로 그 목적이었고, 이를 달성하기 위해서 전형적인 방법, 즉 정치적 적과 인상적으로 거리를 둘 목적에서 적에 대한 논박이 사용되었다고 평가했다. 그리고 이를 위해 일반적이고 근거 없는 상투적 표현이 특히 유용한 것으로 인정되었다고 생각했다. 이는 모든 선거전의 기본 형태이고, 원칙적으로 의견표현의 영역에 속하는 동시에 기본법 제5조 제1항 제1문의 보호범위에 속하는 것이라고 판단했다. 연설가가 그의 의도를 밝히고 그것과 함께 청중들을 납득시키거나 설득하고자 한 것이라는 사실이 선거집회에 참가한 모든 사람들에게 자명하다고 인정했다. 비록 해당 문장에서 가령 CSU가 극우라는 사실적 요소가 간파될 수 있을지언정, 그때에도 가치평가가 사실적 요소를 능가한다고 판단했다. 실체가 부족한 표현의 사실적 내용은 평가 뒤로 후퇴하며, 그 결과 의견표현으로서 문장의 성격은 달라지지 않는다고 보았다.

연방헌법재판소는 상급법원이 이러한 헌법적 상황을 원칙적으로 오인했다고 비판했다. 법원은 해당 문장의 평가에 있어서 청구인의 표현을 정당화가 배제되는 민사

법상의 허위사실 주장으로 분류함으로써 기본법 제5조 제1항 제1문을 고려할 필수적 요청에서 벗어나서는 안 되었으며, 이에 따라 의견표현의 자유의 헌법상 보장이 일반법의 해석과 적용을 통해 무시되어서는 안 되었다고 지적했다. 이는 헌법 우위의 사고에 배치되는 것이라고 보았다.

나아가 상급법원이 해당 문장을 허위의 사실주장으로 분류했음에도 불구하고 기본법 제5조 제1항 제1문의 영향력을 고려해야 할 규정들에 적용하면서 그 결과로 청구인이 일반법과 개인의 명예보호를 통한 이 기본권의 한계(기본법 제5조 제2항)를 일탈했다고 인정한 것은 여기서 고려되는 일반법인 민법 제823조, 제1004조에 대한 기본법상 보장의 상호작용을 오인한 것이라고 지적했다. 이러한 규정들은 의견자유의 기본권적 의미에 비추어 평가되어야 한다고 설명했다. 이 규정들은 의견표현권이 자유민주주의 국가에서 가지는 가치설정적 의미의 인식에 기초해 해석되어야 하고, 기본권을 제한하는 효력의 범위 내에서 재차 제한되어야 한다고 밝혔다.[36]

⑤ 선거전에서 의견표현의 중요성

연방헌법재판소는 이러한 제한에 있어서는 무엇보다 의견표현의 목적이 중요하다고 보았다. 이 기본권이 사적 논쟁의 목적을 위해 행사된 것이 아니라 표현주체가 무엇보다 여론형성에 기여하고자 한 경우에는 제3자의 권리영역에 대한 영향은 불가피하지만, 이것이 표현의 본래 목적은 아니라고 밝혔다. 따라서 사적인, 무엇보다 경제적 거래에서 그리고 이기적 목적의 추구과정에서 타인의 법익에 직접 향해진 표현이 아니라 공공성과 관련된 문제에서 합법성을 통해 정신적 의견투쟁에 기여하는 것일수록 관련된 법익의 보호는 더욱 후퇴할 수 있고 후퇴해야 한다고 보았다. 바로 이 점에서 '자유로운 의견의 허용성을 위한 추정'이 보장된다고 판시했다. 그렇지 않다면, 일반적으로 자유롭고 공개적인 정치적 과정의 전제인 의견표현의 자유가 근본적으로 문제 될 것이라고 꼬집었다.

특히나 이 사건과 같은 선거운동의 경우, 즉 정치적 의견투쟁이 최고도로 집중되는 상황에서는 더욱더 특별하게 이러한 원칙이 적용되어야 한다고 강조했다. 기본법 제21조 제1항 제1문에 따르면, 정당은 국민의 정치적 의사형성에 참여하고, 이것은 특히 의회민주주의에서 그러한 의사형성의 중요한 형태인 선거에의 참가를 통해 생겨난다고 밝혔다. 현행 선거법은 선거의 준비와 수행을 위한 정치적 정당들을 전제하기 때문에, 이 정당들은 무엇보다 선거준비조직들이라고 평가했다. 이러한 정당들은 기본법 제21조 제1항 제1문을 통해 자신들에게 주어진, 정당법 제1조 제1항 제2문을 통해 "공적"이라고 지칭된 과업을 국민들을 대표하는 기관의 민주주의적 정당성의 부여행위로서 독자적 선거행위를 준비함으로써 대변한다고 보았다. 이러한 과업은 본질적으로 정치적인 것으로서, 달리 그의 기본전제조건이 박탈되어야만 하는 것이 아니라면, 원칙적으로 어떠한 내용상 규제들도 버텨내지 못한다고 밝혔다. 따라서 선거전에서의 정치적 정당들 사이의 논쟁에 관한 것인 이상, 기본법 제21조 제1항 제1문은 의견자유와 제한 법률의 배정에 있어서 본질적으로 중요하다고 인정했다. 그것은 의견표현에 대해서 극도의 예외 경우에만 간섭이 허용된다는 결과와 함께 '자유로운 의견의 허용성을 위한 추정'을 강화시킨다고 평가했다.

연방헌법재판소는 청구인의 해당 표현이 다른 정치적 정당에 관한 정당 대변인의 공식적 비판으로 보인다고 밝혔다. 그것은 여론형성에 기여하고, 나아가 선거전에서 정치적 정당들 사이의 논쟁에 기여하는 것이라고 보았다. 상급법원은 이러한 사정을 고려하지 않았다고 비판했다. 비록 항소판결이 자신의 표현은 기본법 제5조 제1항과 형법 제193조(정당한 이익의 대변)를 통해 보호된다는 청구인의 반박을 다루는 과정에서 명예훼손적 정치비판이 이 규정들을 통해 정당화될 수 있다는 생각은 너무 지나친 것이라고 판단한 사실은 있다고 인정했다. 하지만 항소법원은 전심절차에 결정적인 일반법의 해석에 있어서 이것이 무엇을 의미하는지의 문제를 조사하지 않았고, 따라서 이러한 해석에 있어서 본질적인 헌법상 명령을 그르쳤다고 평가했다. 아울러 해당 문장을 비방적 비판으로 분류한 항소법원의 판단이 더 이상 받아들일 수 없는 것은 아니었다고 인정하면서, 다만 이를 위해서는 청구인이 문제의 사안사건에 집중한 것이 아니라 반대 당에 대한 고의적 비방만이 중요했었다는 근거들의 제시가 필요했다고 판단했다.

나아가 상급법원은 의견표현과 제한법률의 배정에 있어서 비방적 표현의 대상자가 스스로 어느 정도 기본법 제5조 제1항에 의해 보호되는 여론형성과정에 참여했는지, 그와 함께 어느 정도 자신의 결정으로 의견투쟁의 상황들에 동의했는지 그리고 이러한 행동을 통해 보호가치 있는 자신의 사적 영역의 일부를 어느 정도 포기했는지가 본질적으로 중요하다는 사실을 등한시했다고 비판했다. 이러한 자연인의 관점에서 발전되어 온 원칙은 자신의 존재나 활동이 사인이나 정치인보다 처음부터 그리고 전적으로 정치적 생활에 귀속된다는 점에서 정치적 정당들에 훨씬 유효하다고 판단했다. 상대 정당 역시 정치적 정당으로서 정치적 의견형성의 상황에 관여했다는 사실은 어떠한 설명도 필요로 하지 않는다고 보았다. 이러한 상황에서 상대 정당은 정치적으로 방어할 많은 기회를 가지고 있기 때문에, 신랄하고 민주적 정당에 의해 평가저하적인 것으로 느끼는, 하지만 정치적 의견투쟁에서 이례적이지는 않은 논박 역시 감수되어야 한다는 사실을 많은 것들이 지지해 주고 있다고 밝혔다.

연방헌법재판소는 이러한 관점들하에서 상급법원이 자유로운 의견표현권의 사정거리와 효력을 불충분하게 판단했으며, 항소판결은 이러한 오류에 기초했다고 결정했다.[37]

## 연방헌법재판소 1992년 6월 9일 자 결정
## – 1BvR 824/90("유대인 말살 부정"–결정)

### 사실관계

헌법소원은 공소시효가 완성된 이후에도 별개의 독자적 소송에서 몰수가 기대되기 때문에 인쇄물의 압수가 유지되었던 형사법원의 판결과 관계된다. 헌법소원은 충분한 성공전망 부족으로 결정에 이르지 못했다.

① 의견표현과 사실주장의 분류와 기본권 침해

연방헌법재판소는 헌법소원이 이유 없다고 밝혔다. 대상 판결이 청구인에 의해 주장된 기본권 침해에 근거한다는 점은 인정될 수 없다고 판단했다.

우선, 재판부는 대상 판결을 위한 심사기준을 의견표현의 자유권(기본법 제5조 제1항 제1문)과 학문자유권(기본법 제5조 제3항 제1문)이라고 인정했다. 그에 반해 기본법 제5조 제1항 제2문에 근거한 출판자유 기본권은 연방헌법재판소가 발전시켜 온 원칙의 잣대에 따라 심사기준으로 고려되지 않는데, 출판물 내에 포함된 의견표현은 우선 기본법 제5조 제1항 제1문을 통해 보호되기 때문이라고 밝혔다. 따라서 전파매체의 종류와는 무관하게 기본법 제5조 제1항 제1문의 기준에서 측정되어야 할 의견표현의 허용성에 관한 문제가 제기되었다고 판단했다.

아울러 형사소송에서 사실내용의 확정 및 평가와 일반법의 해석과 적용은 각급 법원의 책무이며, 연방헌법재판소는 헌법소원의 범위 내에서 단지 청구인의 기본권이 침해되었는지 여부만을 심사해야 한다고 밝혔다. 하지만 각급 법원의 판결이 표현과 관련되는 경우에는 일반법의 해석과 적용이 원칙적으로 기본권 의미에 관해서만, 특히 그의 보호범위에 관해 잘못된 견해에 근거한 오류를 나타내는지 여부의 문제로만 제한될 수는 없다고 밝혔다. 오히려 객관적 헌법에 대한 위반의 한계점이 이미 기본법상 보호되는 표현의 부적절한 파악이나 평가가 법원을 통해 달성될 수 있다고 보았다. 이는 법원이 그렇게 행해지지 않은 표현을 자신의 판단에 바탕으로 삼거나, 이 표현에 확정된 원문에 따르면 객관적으로 가지지 않은 의미를 부여하거나 혹은 여러 다의적으로 가능한 해석들 중에서 설득력 있는 이유들하에서 다른 해석 가능성을 배제하는 과정 없이 유죄판결에 이르는 해석으로 결정한 경우, 기본권의 영향력이 부인된다고 인정했다. 나아가 법원이 하나의 표현을 부적절하게 사실주장, 형식적 모욕 혹은 비방적 비판으로 분류해서 모욕적 혹은 비방적 성격 없는 가치평가로서 인정될 수 있는 표현과 동일한 정도의 기본권 보호를 공유하지 못하는 결과를 가져올 경우에도 의견자유의 의미와 사정거리는 오인된 것이라고 설명했다.[38]

② 헌법상 보호되는 의견표현과 사실주장

연방헌법재판소는 대상 판결이 청구인에 의해 주장된 기본법 제5조 제1항 제1문의 의견자유에 대한 침해를 나타내지 않는다고 판단했다.

재판부는 기본법 제5조 제1항 제1문은 명백히 "가치평가"와 "사실주장"을 구별하는 것 없이 모든 사람에게 자신의 의견을 자유로이 표현하는 것을 보장한다고 밝혔다. 모든 사람은 어떠한 검증 가능한 이유들을 자신의 평가를 위해 제출하거나 제시할 수 없을지라도 자신이 생각한 것을 자유로이 말할 수 있어야 한다고 생각했다. 주변에 대한 정신적 작용을 목표로 삼는 것 그리고 의견형성과 설득작용을 하는 것이 의견표현의 의미이며, 따라서 가치평가는 그 표현이 가치가 있는지 없는지 혹은 옳은지 그른지 혹은 감정적인지 이성적인지 여부와 관계없이 기본법 제5조 제1항 제1문에 의해 보호된다고 보았다. 따라서 공적인 의견투쟁 내의 신랄하고 과장된 표현들 역시 원칙적으로 기본법 제5조 제1항 제1문의 보호범위 내에 해당한다고 인정했다. 단지 일반법 규정들과 개인의 명예권(기본법 제5조 제2항)에서 개별적으로 한계가 생겨나는지 여부의 문제만이 있을 수 있다고 밝혔다. 특히 공공성과 본질적으로 관계되는 문제들에서의 정신적 투쟁에 관한 기여의 경우에는 자유로운 의견의 허용성 추정이 보장된다고 강조했다.

하지만 이것이 사실주장에는 동일한 방식으로 인정되지 않는다고 지적했다. 사실전달은 엄격한 의미에서 정신적 논쟁의 범위 내에서 그에게 입장, 견해, 생각의 요소가 없기 때문에 하나의 "의견"의 표현이 아니라고 밝혔다. 하지만 기본법 제5조 제1항이 총체적으로 보장하는 의견형성의 전제이기 때문에 의견표현의 자유권을 통해 보호된다고 인정했다. 그에 반해 헌법상 전제된 의견형성에 기여할 수 없는 것은 보호되지 않으며, 특히 입증된 혹은 고의의 허위사실주장은 보호되지 않는다고 구분했다. 따라서 본래의 의견표현과 달리 사실전달의 헌법상 보호를 위해서는 전달내용의 진실성이 중요하다고 밝혔다. 그럼에도 자유로운 의견의 허용을 위한 추정원칙은 사실주장에 있어서는 제한된다고 전제했다.[39]

③ 유대인 집단학살의 부인과 입증된 허위사실주장

연방헌법재판소는 이에 비추어 볼 때 대상 판결은 어떠한 헌법상 우려도 생기지 않는다고 판단했다.

비록 상급법원은 인쇄물 내용이 기본법 제5조 제1항의 보호를 누리는지 여부의 문제를 자세히 논구하지 않았다고 평가했다. 하지만 인쇄물 내용이 의견자유의 보호를 누림에도 불구하고 판결이 이러한 보호의 오해에 근거한 경우에만 이 기본권에 대한 침해가 인정된다고 생각했다. 그러나 이 사건은 이러한 사정에 해당하지 않는다고 판단했다. 상급법원이 인쇄물의 내용을 유대인 말살의 부정으로 해석하고, 그 점에서 명예훼손적 성격을 지닌 입증된 허위사실주장으로 평가한 것은 헌법상 위반에 해당하지 않는다고 보았다.

상급법원이 청구인에 의해 주장된 해석, 즉 자신은 체계적인 유대인 학살이 존재했는지 문제를 다룬 것이 아니라 그 결과로 아우슈비츠, 마즈다넥 그리고 비르케나우에서 "수백만 명으로 추정되는" 사람들이 소각을 통해 흔적도 없이 제거될 수 있는지의 문제를 다룬 것이라는 청구인의 해석을 헌법위반 없이 설득력 있는 이유의 제시하에서 제외했다고 인정했다.

상급법원에 의해 상세히 제시된 여러 실제 사정들에 비추어 보더라도 그간의 재판과정과 확립된 역사적 연구결과와는 달랐던 청구인 자신의 역사관에 관한 기술들은 단지 피상적인 것에 그쳤던 반면, 실제로는 제3제국에서 유대민족에 대한 체계적인 인종학살의 부인이 청구인에게 중요했다는 사실이 설득력 있게 드러난다고 생각했다.

상급법원은 그렇게 이해된 보고내용을 바탕으로 허위의 사실주장을 인정했는데, 이는 제3제국에서 벌어진 유대인 학살이 "역사적으로 확립된 사실"이기 때문에 그렇다고 결정했다. 이러한 상급법원의 판단에 대해 연방헌법재판소는 청구인의 의견자유를 납득할 수 없는 방식으로 제한하는 기준에 따른 것이 아니라고 평가했다. 또한 판결에서는 청구인의 인쇄물이 단지 확립된 역사적 연구결과와는 다른 상이한 역사관에 관한 서술이 아니라 오히려 입증된 사실의 부인이며, 이에 따라 형법 제76a조에 따른 몰수의 결과에 이른다고 보았다. 이러한 상급법원의 판결에 대해서도 유대인 민족에 대한 집단학살이 입증되었다는 전제는 수많은 사실들이나 법원의 재판절차에서 확립된 확정사실들이라는 점을 고려하면, 어떠한 우려도 생기지 않는다고 밝혔다. 따라서 이러한 확정사실을 부정하는 청구인의 주장은 입증된 허위사실로서 기본법 제5조 제1항 제1문의 보호에 동참하지 못한다고 판단했다.

나아가 만약 시효완성이 생겨나지 않았다면 청구인의 표현은 형법 제185조의 구성요건을 충족하고 모욕으로 인한 유죄판결에 이르렀을 것이라는 상급법원의 전제는 연방헌법재판소가 단지 엄격한 한계 내에서만 심사가 가능한 일반법의 해석과 적용의 문제라고 보았다. 그런 점에서 박해를 통해 부각된 운명의 부인에서 성급하게 일반적 인격권의 침해를 인정하려 하지 않았던 상급법원의 판단은 적절한 것이라고 평가했다. 아울러 상급법원이 연방대법원 판례(NJW 1980, 45)의 원용하에서 제3제국에서 유대인 인종학살의 부인과 그로 인해 생겨난 정상적인 기준들로는 이해될 수 없는 유대인의 운명에 관한 입장에 대해 단순하게 일반적 인격권을 인정할 수는 없다고 생각하고, 그 대신 이와 같은 유대인 민족의 비인간적 운명에 근거해 현재 살고 있는 유대인들에게 그들의 존엄의 일부라고 볼 수 있는 동료 시민들의 특별한 존중권이 인정된다고 결론 내린 것은 헌법상 문제가 없다고 보았다.

따라서 제3제국에서 유대인 민족에 대한 인종학살의 부인과 모든 개별적 유대인의 명예와 인간존엄성에 대한 공격 사이의 정당한 관련성은 헌법상 반박될 수 없다고 밝혔다. 이는 특별한 존중청구권이 현재 살고 있는 유대인 개인의 기본법 제1조 제1항과 제2조 제1항에 근거한 존엄성의 일부라는 법적 판단 역시 마찬가지라고 보았다. 그리고 이러한 사고는 형법 제194조 제1항(생존가족의 고소권 승계)의 개정안에서도 역시 존재한다고 마무리했다.[40]

# 연방헌법재판소 2016년 6월 29일 자 결정 – 1BvR 3487/14

## 사실관계

청구인은 전심소송의 원고와 영업상 임대차관계에 근거한 변제청구권을 둘러싸고 소송을 진행했다. 원고는 조정절차에서 청구인에게 1,100유로를 지불하라는 의무를 지게 되었다. 하지만 원고가 분할지급을 제안하자 청구인은 이를 거부한 뒤, 형사고소와 강제집행명령 부여 이후에 비로소 해당 금액 전액이 지급되었다. 3년 뒤 청구인은 원고의 실명 언급하에 이 사건을 한 인터넷포털에서 보도했다. 이 포털은 문제의 회사들을 찾아내서 평가를 할 수 있는 기회를 제공하는 그런 포털이었다. 문제된 평가는 다음과 같은 내용을 담고 있었다:

> 2007년 말 나는 유감스럽게도 보증금반환과 관련해서 불가피하게 ○○○ 씨를 함부르크 반즈벡 법원에 제소할 수밖에 없었다. 그 후 2008년 11월에 ○○○ 씨가 내게 1,100유로를 지불할 의무가 있다는 권원을 얻어냈다. 2009년 1월 3일 나는 한 편지를 받았는데, 거기에서 ○○○ 씨는 1,100유로를 55개월에 걸쳐 매달 20유로의 월부금으로 지불하겠다고 제안했다. 그 이유는 현재 1,100유로 전액을 일시금으로 지급하는 것이 불가능하다는 이유였다. 검찰과 관할 집달관의 개입 이후에야 비로소 ○○○ 씨는 2009년 2월 말에 전액을 지불했다. 나는 분명히 ○○○ 씨와는 앞으로 어떠한 사업도 하지 않을 것이다.

원고는 전심소송에서 이 표현들의 금지를 청구했다. 함부르크 지방법원은 청구인에게 신청취지에 따른 이행판결을 선고했다. 함부르크 상급법원은 청구인의 항소를 기각했고, 이에 대한 청구인의 헌법소원은 성공했다.[41]

### ① 진실한 사실주장과 인격권 침해

연방헌법재판소는 표현법과 일반적 인격권의 영역에서 진실한 사실주장의 판단과 관련해 결정적인 문제들을 이미 판시한 바 있다고 밝혔다. 이에 따라 헌법소원은 이유 있으며, 대상 판결은 청구인의 기본법 제5조 제1항 제1문의 의견자유를 침해한다고 인정했다.

연방헌법재판소는 우선 대상 표현들은 의견형성에 기여하기 적합한 사실주장이고, 그 때문에 의견자유의 보호를 누린다고 밝혔다.

하지만 기본법 제5조 제1항 제1문에 근거한 기본권은 유보 없이 보장되는 것이 아니라 기본법 제5조 제2항에 따라 특히 일반법의 제한유보하에 놓여 있으며, 민법 제823조, 제1004조의 규정들이 이에 속한다고 밝혔다. 그럼에도 각급 법원은 일반법의 기본권제한 규범들의 해석과 적용에 있어서 침해되는 기본권의 가치설정적 의미를 고려해야 한다고 단언했다. 이어서 대상 판결은 바로 이러한 요청에 부합하지 않는다고 판단했다. 법원들은 비록 소송 대상 표현들이 의견자유의 보호범위 내에 해당한다는 사실을 오인하지 않았고, 청구인의 기본권과 원고 측에서 고려되어야 할 기본법상 인정되는 일반적 인격권의 이익들 사이의 형량 역시 이뤄졌다고 평가했다. 하지만 법원의 형량들은 의견자유의 의미와 사정거리에 충분히 부합하지 않는다고 생각했다.

우선, 대상 법원들이 사회적 영역에서의 행위들과 관계된 진실한 사실주장은 원칙적으로 감수되어야 하며, 이는 인격권이 공중 속에서 자신의 마음에 드는 식으로 그렇게 묘사될 것을 요구할 수 있는 청구권을 인정하지는 않기 때문이라고 본 점은 적절하다고 평가했다. 그 때문에 진실한 사실의 공개에 대한 상대방의 대응에서 생겨나는 불리한 침해 역시 그것이 통상적인 인격발현 기회의 한계 내에서 벌어진 이상, 감수되어야 할 자신의 결정과 행동방식의 결과에 속한다고 설명했다. 따라서 사회적 영역에 관한 진실한 사실의 전달에 있어서는 보통 진실한 사실이 진실전파의 이익과 비례관계에서 벗어나 인격적 손해를 야기하는 경우에 비로소 인격권 침해의 한계를 벗어나게 된다고 밝혔다.

나아가 법원들이 그러한 공중에 접근 가능한 평가의 범위 내에서 실명 공개 역시 원고의 인격권과 관계된다는 점에서 출발한 것은 적절하다고 평가했다. 여기에서 개인적 영역으로의 개입은 적절한 정보이익의 만족을 위해 필요한 것 이상으로 이뤄져서는 안 된다고 지적했다. 따라서 실명 공개에 있어서 생겨날 수 있는 불이익은 기술된 행위가 지니는 공공성을 위한 중요성의 비중과 적절한 비례관계에 놓여 있어야 한다고 밝혔다.[42]

② 사건판단

연방헌법재판소는 하지만 대상 판결이 원고의 일반적 인격권의 침해에 있어서 충분한 심각성을 제시하지 못했고, 원고가 부인할 수 없는 진실한 표현이 예외적으로 더 이상 감수되어서는 안 된다는 사실을 납득할 수 있는 방식으로 정당화하지도 못했다고 판단했다. 법원들은 원고에게 사회적 존중권의 과도한 손상이 우려된다는 점을 밝히지도 못했다고 비판했다. 원고에게는 고소제기에도 불구하고 어떠한 형사법 관련행위가 비난 받는 것이 아니라 도덕적으로 문제 있는 지지부진한 보증금 지불지체가 비난 받는 것이었다고 보았다. 이러한 배경에서 원고의 실명 공개 역시 그의 이름 아래 회사가 운영되는 이상, 기술된 행위와 비례관계를 벗어나는 것은 아니라고 판단했다. 법원들이 여기에서 원고의 잠재적 고객들을 위한 공적 정보이익을 인정한 것 역시 헌법상 문제가 되지 않는다고 밝혔다.

아울러 청구인이 형사소송이 중단된 지 3년이 지나서야 이 문제를 끄집어냈다는 사실과 관련해서는 이것이 원고의 일반적 인격권의 우위에 이르게 하지는 않는다고 판단했다. 그러한 기간이 경과한 이후에도 여전히 동일한 방식으로 활동 중인 사업운영자의 영업방침에 대해서 주관적 평가의 범위 내에서 자신이 직접 경험한 다툼이 없는 진실한 사실을 더 이상 발언하지 못하게 하는 것은 청구인에게 과도하게 의견자유가 제한되는 것을 의미한다고 생각했다. 여기에 기술된 사건의 시점이 분명하게 인식될 수 있었고, 포털에서의 표현들은 평가로서 공표되었다는 점이 고려되어야 한다고 밝혔다. 따라서 대상 판결은 제시된 헌법상의 오류에 기초한 것이라고 판단했다.[43]

## 3. 가짜뉴스(Fake news)의 문제

최근 인터넷을 넘어서 소셜 네트워크 서비스(SNS)를 통한 의사소통 환경의 급속한 변화에 따라 일명, '가짜뉴스(Fake news)' 문제가 급부상하고 있다. 아무튼 이러한 문제는 자유민주주의를 위해 전적으로 구성적인 기본법 제5조 제1항의 의사소통권의 보호범위와 직접적 관련성을 가진다. 하지만 실제 가짜뉴스를 둘러싼 쟁점은 언론법상 관점에서 허위사실주장을 어떻게 다룰 것인지에 관한 문제라고 볼 수 있다. 다만, 그러한 허위사실주장이 인터넷이나 사회적 네트워크(SNS)를 통해 급속도로 광범위하게 퍼진다는 사실에 특징이 있을 뿐이다.

결론부터 말하자면 가짜뉴스가 주로 사회적 네트워크에서 문제가 되는 이상, 사회적 네트워크 서비스의 활동에 신문이나 방송 등 미디어가 가지는 고유한 기본권을 인정할 수 있을지가 논의될 수는 있겠지만, 독일에서 이는 부정적이다. 왜냐하면 미디어 기본권은 어쨌든 미디어 활동임을 전제로 하기 때문에 무엇보다 일관되고 지속적인 것으로 간주할 수 있는 특정한 저널리즘 활동이 인정되어야 하며, 추가적인 수용자들에 대해 일정한 개방성을 확보하고 있어야 하기 때문이다.[44] 따라서 사회적 네트워크에서 활동하는 사람은 우선 기본법 제5조 제1항의 의견표현권을 주장할 수 있고, 그에 따라 논의가 진행되어야 할 것이다.

기본법 제1항 제1문은 유럽인권협약 제10조에서의 표현과 마찬가지로 모든 사람은 원칙적으로 말, 글 그리고 그림으로써 자유롭게 표현할 수 있다는 정도로 이해될 수 있다. 그리고 이는 자유민주주의를 위해 전적으로 구성적인 의사소통기본권이 표현의 자유로서 지칭된 것이라고 볼 수 있다. 따라서 독일에서는 가짜뉴스가 선거와 같은 정치적 과정 및 공중의 중요한 문제를 교란시킬 목적을 지닌 허위보도이거나 국민들로부터 의도적 배제를 호소하는 혐오표현들이 문제 된다는 점에서 타인의 법익침해, 즉 인격권 침해문제가 대두되는 허위의 사실주장 법리에서 출발하게 된다.[45]

다만, 이와 관련해 적용 가능한 개별법 규정으로서 독일형법 제186조의 허위사실

명예훼손죄(übler Nachrede)가 언급되고, 해당 규정의 포섭문제가 대두된다. 이 규정에 따르면, 누군가를 경멸하거나 공중 속에서 평가(평판)를 저하시키기에 적당한 다른 사람에 관한 사실을 주장하거나 전파하는 사람은 그 사실이 진실인 것으로 입증되지 않는 한 처벌된다. 언론보도는 사람이나 기관과 관련된 정보나 사실을 전파하는 것을 주된 목표로 삼기 때문에 실제 언론법 영역에서 해당 규정은 형사법 영역뿐만 아니라 민사법 영역에서 보도를 제한하는 역할을 맡게 됨에 따라 실무상 훨씬 더 커다란 중요성을 띠게 된다.[46]

독일 형법 제186조(übler Nachrede; 명예훼손)의 구성요건은 허위사실 주장의 전파를 대상으로 한다. 의견표현과 전파는 이 규정에 포섭되지 않는다. 한편, 허위사실을 스스로 제시하는 사람뿐만 아니라 허위사실을 전파하는 사람 역시 이 구성요건에 해당한다. 물론 모든 허위사실 주장이 형법 제186조의 대상이 되는 것이 아니라 사회적 명예권을 침해하고, 따라서 당사자의 명예권이 고려되는 그러한 주장만이 해당된다. 또한 타인의 출처를 주장하는 것만으로는 원칙적으로 소문이라고 표시하는 것과 마찬가지로 형사처벌 가능성이 제거되는 것은 아니다. 법 규정에서는 구성요건표지에 해당하기 위해 평가저하 내지 경멸을 적시하고 있기 때문에, 가치중립적 허위보고의 전파 그리고 구체적 당사자의 사회적 명예권을 건드리지 않는 허위보고는 형법 제186조에 포섭되지 않는다.

바로 이러한 점에서 소위 가짜뉴스로 지칭되는 표현들은 형법 제186조의 적용범위에서 대개 벗어나게 된다. 왜냐하면 임의로 조작된 가짜뉴스는 주로 정치나 경제영역에서 페이스북 혹은 트위터와 같은 사회적 미디어와 그것에 의해 도달된 팔로워를 통해 엄청난 속도로 통제되지 않은 채 전파된다. 가짜뉴스는 대개 개인이나 기관들과 구체적 관련성 없는 사실이나 사건의 전개과정을 포함하기 때문이다. 따라서 가짜뉴스에 의해서는 개인이나 기관의 권리가 침해되는 것은 아니라 주로 객관적으로 입증된 역사적 허위사실이 문제 되는 것이기 때문에, 독일법상 형법 제186조에 적용을 받거나 전통적인 형사법상 수단을 통해서는 제재될 수 없는

특징을 지니게 된다.[47]

이어서 공중의 이익의 침해로서 의도적인 허위보도에 대해 검색엔진의 운영자나 소셜 미디어 서비스 운영자에게 삭제의무를 요구할 수 있는지 여부는 완전히 해결되지 않은 문제이다. 특정한 사실주장이 명백히 허용되지 않는 경우라면 제한적으로 운영자의 삭제의무가 근거를 가질 수 있겠지만, 일반적으로는 회의적인 입장이 지배적이다.[48]

물론 아우슈비츠-부인(독일 형법 제130조 제3항) 혹은 나치범죄의 찬양이나 승인(독일 형법 제130조 제4항)과 같이 해당 표현의 금지가 형법상 명백히 금지된 경우, 소셜 미디어 운영자는 2017년 6월 30일에 발표한 사회적 네트워크 법집행 개선에 관한 법률 제3조2에 따라 그러한 표현의 삭제가 가능하도록 준비하고 실행해야 한다. 다만, 이 법 역시 권리침해가 명백하고 분명해야 하며, 아울러 민법상 삭제청구나 행정상 삭제요구를 위한 근거가 있어야 한다는 점을 항상 전제로 한다. 따라서 이 법은 당사자의 개별적 관련성 혹은 형법상 금지근거가 존재할 때에만 가짜뉴스든 혐오발언이든 다뤄질 수 있다는 점에서는 변함이 없다.[49]

나아가 가짜뉴스인 허위의 사실주장이 비록 의도적으로 표현되었다고 하더라도 처음부터 기본법 제5조 제1항의 보호범위에서 탈락하지는 않는다는 주장이 제기되기도 한다.[50] 이러한 주장의 논거로는 일반적 인격권의 법적 성격이 고려된다. 포괄적 권리로서 인격권의 본성으로 인해 이 권리의 사정거리는 절대적으로 확정될 수 있는 것이 아니라 상충하는 기본권상의 이익의 형량을 통해서 결정되어야 하기 때문이다. 즉, 인격권의 침해는 반대편의 당사자의 보호가치 이익을 능가할 경우에만 위법하게 되므로, 형량과정 속에서만 위법한 것으로 금지될 수 있다는 생각이다.[51]

이와 관련해 연방대법원은 구글의 자동완성 기능으로 인해 허위정보에 접근이 가능했던 사건에서 관련 쟁점을 다룬 바 있다. 이 사건에서 원고는 사기라는 단어와 아무런 관련성도 없었고, 사이언톨로지 소속이거나 밀접한 관련도 없었던 상황에서,

구글 검색창의 자동완성기능에 따라 연결된 개념이 이러한 허위사실에 해당하는 단어와 결합될 경우에는 허위사실의 표현이 감수될 필요가 없기 때문에, 형량에 있어서는 당사자의 인격권 보호가 결정적 요소라고 판시하였다.[52]

어쨌든 연방헌법재판소는 이미 1999년 "헬른바인" 결정[53]에서도 가짜뉴스를 인정하는 데 있어서 준수해야 할 헌법상 관점을 분명히 밝힌 바 있다. 이에 따르면, 연방헌법재판소가 비록 그동안 잘못된 정보는 의견자유의 관점에서 어떠한 보호가치 있는 이익도 아니라고 확정한 바 있지만, 그것은 단지 의도적인 허위의 사실주장과 보도 시점에 이미 그의 허위성이 의심할 여지 없이 확정된 경우에만 기본법 제5조 제1항 제1문의 보호범위 밖에 놓여 있게 되고, 그 밖의 모든 의견관련성을 지닌 사실주장은 비록 그것이 나중에 허위로 밝혀질지라도 우선은 기본권 보호를 누린다고 확증하였다.[54] 우리 사회가 가짜뉴스라는 잣대를 과연 어떠한 언론의 표현에 적용해야 할지 고민한다면, 이러한 원칙들의 철저한 준수하에서만 그 출발점을 논의할 수 있을 것이다.


## 4. 의견표현권의 구체적 내용


독일 기본법 제5조 제1항 제1문의 의미상 의견표현의 자유는 말, 글, 그림 그리고 기타 방식을 통한 모든 표현 형태를 포함한다. 이러한 헌법보호의 전제는 의견표현을 통한 논쟁이 정신적 논증과정으로 제한된다는 점이며, 드잡이식의 설득행위, 특히 폭력행위나 신체적인 봉쇄작용 등은 여기에 해당하지 않는다.

그 외에 표현이 가치 있거나 없거나, 옳거나 틀리거나, 이성적이거나 감정적이거나 혹은 근거 있거나 없거나, 다른 사람들에게 유용한 것으로 보이거나 해로운 것으로 보이거나 등은 중요하지 않다. 이러한 사실은 의견표현의 자유의 포괄적 성격에서 나오는 것이다. 의견의 도덕적, 윤리적 질에 따른 차이는 이러한 포괄적 보호를 제한할 수 있기 때문에 금지된다. 따라서 기본법 제5조 제1항 제1문은 잘

못된 의견이나 다른 사람이나 특정한 사건 혹은 상황들에 관한 비하적인 가치평가 역시 보호한다.[55]

결국 정신적 의견투쟁은 진실발견을 위해서 보장될 뿐만 아니라 모든 사람이 공중 속에서 공개적으로 표현할 수 있다는 사실에 기여해야만 한다. 모든 사람은 그가 생각한 것을 비록 그의 판단을 위한 검증 가능한 어떠한 근거를 제시하지 않았거나 제시할 수 없을지라도 자유로이 말할 수 있어야 한다[56]는 것이 의견표현권의 중심사상이다.[57]

연방헌법재판소 역시 기본법 제5조 제1항이 보호하는 의견표현의 자유는 자신의 의견표현을 위해 그의 근거가 되는 사실을 반드시 밝혀야 할 필요는 전혀 없으며, 이러한 의무부과는 의견표현권의 침해에 해당한다는 점을 분명히 했다.[58] 왜냐하면 의견표현권은 진실에 도달하기 위한 발견의 과정만을 보호하려고 하는 것이 아니라, 당연히 누구라도 자신이 생각하는 것을 자유로이 표현할 수 있는 의사소통의 자유를 보장하는 것이기 때문이다.

## 연방헌법재판소 1976년 5월 11일 자 결정
### - 1BvR 163/72("독일재단"-결정)

### 사실관계

청구인은 CDU의 연방 대표위원이자 함부르크 시의회의 원내대표이다. 그는 1971년 청소년연맹에서 발행하는 "결정"이라는 잡지 4월호에 한 기사를 공표했는데, 거기에서 1967년 이후 독일재단에서 매년 개최하는 경제, 문학 그리고 저널리즘 분야의 "콘라드-아데나워-상"의 시상식을 비판적으로 다루었다. 그 내용은 독일재단이 우파를 위해 콘라드 아데나워의 이름을 악용했고, 독일재단은 민주주의의 가면을 쓴 국가주의 기업이며, 독일재단의 사업이사인 쿠어트 지젤(Kurt Ziesel)은 자신이 발행하는 "독일-잡지"의 편집 방향을 자신이 존경하는 "독일 국가의 그리고 군인들 신문"에 맞추려 노력했다고 적혀 있었다. 이에 독일재단은 청구인을 상대로 해당 표현들의 금지청구 소송을 제기하였다.

상급법원은 처음 두 문장, 독일재단은 우파를 위해 콘라드 아데나워 이름을 악용했다는 표현은 사실주장이 아니라 형법 제185조의 모욕죄 구성요건에 해당하는 주관적 가치평가라고 간주했다. 그리고 이러한 비난은 의심 없이 사회적 평가를 저하시키는 것이며, 공개적 입장표명을 통해 정치적 의견형성에 기여할 권리를 가지는 청구인에게 모든 평가저하적 비판이 허용되지는 않는다고 생각했다. 오히려 언론에 공표된 비판은 사실적 성격의 특정한 관련점을 지향해야 하며, 독자들 역시 논쟁과 배후에 존재하는 관심사의 의미를 인식할 수 있어야 함에도 문제의 기사는 그러한 근거점이 없으므로 정치적 논쟁의 범위 내에 있는 적절한 수단이 아닌 것으로 보아 기본법 제5조에 의해 보호되지 않는다고 판단했다.

이어서 독일재단은 민주주의의 가면을 쓴 국가주의 기업이라는 표현 역시 주로 주관적, 정치적 가치평가이며, 여기에 이러한 비난과 연결 가능한 어떠한 사실적 관련점도 없다고 보았다. 즉, 국가주의적 활동의 비난을 근거 지을 수 있는 어떠한 사실도 소명되지 않았다고 판단했다.

마지막으로 쿠어트 지젤이 자신의 "독일잡지"의 편집 방향을 그가 존경하는 "독일 국가의 그리고 군인들 신문"에 맞추려고 노력했다는 표현은 형법 제186조의 명예훼손 사실주장이라고 보았다. 이러한 표현은 지젤이 "독일잡지"의 내용과 형태를 위한 기획에 있어서 의도적으로 "독일 국가의 그리고 군인들 신문"을 모델로 삼았으며, 그에 대한 긍정적인 생각을 가지고 있다는 내용을 의미하고, 이는 정당하지 않은 주장이었음이 소명되었다고 판단했다.

결과적으로 청구인의 헌법소원은 성공했다.[59]


① 연방헌법재판소의 과제와 심사범위

연방헌법재판소는 헌법소원이 이유 있다고 판단했다.

헌법소원은 민법상 금지청구에 관한 민사법원의 판결을 대상으로 하며, 연방헌법재판소는 일반법의 해석과 적용 그 자체를 심사할 수 없고, 단지 각급 법원이 민사법 영역에서 기본권의 사정거리와 효력을 적절하게 판단했는지 여부에 관해서만 결정할 의무가 있다고 밝혔다. 이러한 과제의 수행에 있어서 연방헌법재판소의 개입 가능성의 한계는 고정되거나 불변적인 것이 아니라 개별적 사건의 특별한 사정을 고려하는 것을 가능하게 하는 일정한 재량 여지가 남아 있어야 한다고 보았다. 특히 기본권 침해의 강약 정도가 중요하다고 인식했다. 이에 민사법원 판결이 기본법상 전제된 자유주의적 존재와 활동을 제한하면 할수록 그러한 제한이 헌법상 정당화되는지 여부에 관해 충분하고 철저한 헌법심사가 이뤄져야 한다고 밝혔다.

연방헌법재판소는 이 사건에서 청구인에게 다툼이 된 표현의 원문 그대로의 반복 뿐만 아니라 유사한 내용의 반복 역시 금지되었다고 인정했다. 이러한 금지가 명백히 제한적인 것으로 이해되어야 할지라도 청구인에게는 특정한 사고내용의 표현이 금지되었다고 보았다. 여기에는 단지 부수적이 아닌 자유민주주의 국가질서에 있어서 전적으로 구성적인 기본권이라는 핵심적 의미를 지니는 기본법 제5조상의 기본권에 타격을 주는 의견자유의 제한이 존재한다고 판단했다. 이러한 상황에서 대상 판결이 기본권의 의미에 관해, 특히 보호영역의 범위에 관해 잘못된 견해에 기초한 오류를 나타내는지의 문제 이외에 개별적 해석오류를 나타내는지 역시 등한시될 수 없다고 판단했다. 따라서 대상 판결이 그러한 오류에 근거함으로써 행사된 기본권을 침해했는지 여부의 심사가 필요하다고 인정했다.[60]


② 사실적 성격의 관련점이 없는 의견표현과 헌법상 보호

연방헌법재판소는 상급법원의 판결이 이러한 잘못에 근거했다고 판단했다.

자유로운 의견표현의 기본권과 출판자유의 기본권은 비록 기본법 제5조 제2항에서 그의 제한, 무엇보다 일반법 규정과 개인의 명예권에서 그 제한을 찾을 수 있지만, 이러한 제한 측면은 의견자유의 기본권 의미에 비추어 평가되어야 한다고 강조했다.

이 제한 측면은 자유민주주의 국가에서 이 기본권이 가지는 가치설정적 의미의 인식을 바탕으로 해석되어야 하며, 이 기본권을 제한하는 작용 그 자체가 재차 제한되어야 한다고 설명했다. 하지만 상급법원은 여기에서 고려된 일반법, 민법 제823조, 제1004조에 대한 기본법 제5조 제1항의 상호작용을 오인했다고 비판했다.

우선 처음의 두 표현, 독일재단은 우파를 위해 아데나워의 이름을 악용했다는 주장과 독일재단은 민주주의 가면을 쓴 국가주의적 기업이라는 주장의 판단에 있어서 상급법원은 비록 이것이 평가적 표현이고 기본법 제5조를 통해 보호된다는 점을 간과하지는 않았지만, 독자들에게 논쟁과 배후에 놓여 있는 관심 사안의 중요성을 나타내는 사실적 성격의 관련점이 없기 때문에 허용될 수 없다는 상급법원의 판결에 따를 수 없다고 밝혔다.

이 판결은 청구인에게 공적인 정치적 논쟁의 범위 내에서 특정한 내용의 생각을 자유로이 표현하고 전파하는 것을 금지했다고 평가했다. 따라서 이것은 자유롭고 개방된 정치적 과정의 논쟁으로서 핵심적인 중요성을 지닌 의견표현의 자유와 관계된다고 생각했다. 나아가 연방헌법재판소는 이러한 의사소통과정의 축소와 결합된 의견표현의 자유의 기능에 대한 위험으로 인해, "뤼트" 판결에 따라 평가대상 표현이 공공성과 본질적으로 관계되는 문제에서 정신적 의견투쟁에 기여하는지의 문제를 의견표현의 자유의 사정거리의 결정에 있어서 본질적 요소로서 파악했다.[61] 따라서 정신적 의견투쟁의 공적 비판의 허용성을 판단함에 있어서 과도한 요청을 설정하는 제한법률의 해석은 기본법 제5조 제1항과 일치하지 않는다고 판단했다.

즉, 정신적 의견투쟁에서 타인의 명예를 훼손할 수 있는 평가적 표현의 허용성 여부를 여러 사정의 고려 없이 전적으로 평가의 비판적 판단을 가능하게 하는 그러한 근거사실을 함께 독자들에게 전달하는 조건에만 구속시킨다면, 이것이 바로 과도한 요청에 해당한다고 생각했다. 그리고 언론을 통한 신랄한 공적 비판을 획일적으로 그때마다 사실요소를 통해 입증하게 하고, 독자들의 검증을 위해 제공해야만 하는 조건에 좌우되게 하는 것은 기본법의 합헌적 질서 내에서 의견표현의 자유가 가지는 근본적 사고와 역할에 모순되는 것이라고 설명했다. 왜냐하면 의견표현권은 단지 진실의 조사에만 기여하고자 하는 것이 아니라 모든 사람이 자신이 생각하는 것을 자신의 판단에 관한 어떠한 검증 가능한 근거들을 제공하지 않았거나 제공할 수 없을지라도 자유로이 말할 수 있도록 보장하고자 함에 그 의의가 있기 때문이라고 밝혔다.[62]

결국 재판부는 청구인이 사적이거나 이기적인 목표를 추구함 없이 공적인 정치적 의견투쟁에 기여하기를 원했고, 이를 위해 문제 된 사안에 집중한 것이 아니라 오로지 상대방의 고의적 모욕에 치중한 것이었다는 어떠한 근거도 존재하지 않는다고 판단했다. 오히려 정치적 시사 논쟁에서 통상적인 표현이고, 일반적으로 이의 없이 감수되어야 하는 표현이라고 보았다. 따라서 비판의 허용성은 명예침해라는 부수적 작용을 포함할지라도 검증 가능한 사실근거들을 포함하고 있어야 한다는 전제에 종속되도록 해서는 안 된다고 단언했다.[63]

### ③ 의견표현의 보호범위

연방헌법재판소는 세 번째 마지막 주장 -지젤은 그의 "독일-잡지"의 편집 방향을 자신이 존경하는 "독일 국가의-그리고 군인들-신문"에 맞추려고 노력했다- 역시 다르게 판단되지 않는다고 하면서, 이러한 표현은 사실주장의 판단기준들에서 벗어나는 반어적, 풍자적 논박을 의미하며, 이는 진실내용에 대한 심사에 접근할 수 없고 그의 진실성과 상관없이 기본법 제5조의 보호하에 놓이게 된다고 밝혔다. 그리고 이러한 표현의 금지는 의견표현이나 출판의 자유로의 개입이 첫 번째 주장의 순수한 의견의 금지보다는 덜 심각한 것이지만, 결국은 의견표현의 자유의 내용상 제한에 해당하는 것이고, 따라서 앞에서의 두 주장의 제한과 동일한 관점이 적용되어야 한다고 보았다.[64]

## 5. 표현의 시간과 장소

표현의 시간과 장소 역시 보호된다.[65] 물론 다른 사람들에게 단지 하나의 의견만이 강요되는 상황만은 예외에 해당할 수 있다. 왜냐하면 여기에서는 어떠한 보호가치 있는 정신적 논쟁도 더 이상 생겨날 가능성이 없기 때문이다. 연방헌법재판소 역시 시민들은 헌법에 바탕이 되는 근본적 결단들에 대해서조차 그것이 타인의 법익을 위협하거나 침해하지 않는 이상, 정신적 의견표현들을 통해 자유롭게 문제 제기할 수 있다고 인정했고, 이러한 사고는 생각이 다른 사람의 배제와 무시를 호소하는 집회에조차 허용되기도 하였다.[66] 하지만 이러한 급진적 자부심에 기반한 의견표현 자유의 이해는 관용적인 공동생활의 사회적 연대를 파괴할 위험을 내포하고 있다는 이유로 비판되기도 한다. 그럼에도 이러한 비판의 허용범위는 기본법을 나치정권의 전체주의에 대한 반대구상으로서 이해하고, 따라서 극단적 표현들에 대한 방어 역시 원칙적으로 가능하게 하는 형법상의 금지(형법 제130조 제3항 및 제4항)에 비해서는 다소 완화되는 정도로 이해할 수 있다. 따라서 전체적으로 표현들 내에 포함된 사고들로 인해 이 표현들을 바로 금지하는 방식은 분명히 자유에 적대적인 것이고, 따라서 매우 엄격하게 그 한계가 그어져야 한다. 편협한 정신적 태도는 정신적 수단을 통해서 극복되어야 하며, 사고금지를 통해서는 아니기 때문이다.[67]

## 6. 표현의 형태

표현의 형태(Form) 역시 원칙적으로 기본법 제5조 제1항을 통해 보호되는 표현주체의 자기결정의 대상 가운데 하나이다. 만약 어떤 형태로 자신의 기사들을 적절하게 표현해야 하는지 여부가 개개인에게 미리 정해져 있다면, 이는 자유롭게 표현할 권리와 일치될 수 없을 것이다.[68] 따라서 연방헌법재판소는 일찍이 기본법 5조를 통해서 보호되는 표현주체의 자기결정에는 의견표현의 형태(Form) 역시 포함된다는 점을 분명히 하였다.[69] 즉, 보호는 표현의 내용에만 해당하는 것이 아니라 표현의 형태(Form)에도 인정되며, 진술이 공격적이거나 침해적으로 작성되었다 하더라도 바로 기본권의 보호범위에서 탈락하지는 않는다고 판시하였다.[70]

이것은 무엇보다 구두로 행해진 표현에 우선 적용되겠지만, 언론보도의 표현에 있어서도 마찬가지로 등한시될 수 없다. 공적 의견투쟁에서는 자유로운 의견의 이익을 위해 개별적인 신랄함과 과장은 감수되어야 하며, 모욕적 표현으로 인해 법원의 제재에 놓이게 될 것이라는 두려움은 공적 비판과 공적 토론을 마비시키거나 기본법을 통해 구성된 질서에서 의견자유의 기능에 역행하는 효과을 야기할 위험을 내포한다.[71] 바로 이러한 점에서 독일의 저명한 헌법학자인 그림(Grimm) 교수는 보호범위 차원에서 의견의 차별대우는 존재하지 않는다고 강조했다. 그렇지 않다면, 처음부터 모든 의견이 법원에 의한 심사를 받아보기도 전에 국가가 원하는 의견이나 표현형태가 무엇인지 아니면 원하지 않는 의견이나 표현형태가 무엇인지를 결정할 수 있는 권한이 국가에 인정될 것이라고 우려했다.[72]

다만, 인간의 존엄성을 침해하는 경우에 표현의 자유는 항상 후퇴해야 한다. 인간존엄성은 모든 기본권들의 뿌리로서 형량이 불가능하기 때문이다.[73] 연방헌법재판소는 사망한 정치인 빌헬름 카이젠의 사후 인격권 보호에 있어서 헌법상 심사기준은 기본법 제1조 제1항에 근거한 인간존엄성의 불가침성 요청이라고 밝힌 판결에서 이같이 설명했다. 재판부는 기본법 제1조 제1항과 함께 국가권력에 부과되는, 모든 인간을 굴욕, 낙인찍기, 박해, 추방 그리고 이에 준하는 것과 같은 인간존엄에 대한 공격으로부터 보호할 의무 및 모든 인간이 인간존엄성을 침해당하는 방식으로 배제되고, 경멸되고, 조롱받거나 기타 평가 저하되는 것을 방지할 의무는 인간의 죽음으로 종료되지 않는다고 보았다. 그에 반해 기본법 제2조 제1항의 자유로운 인격발현권을 통한 망자의 보호는 존재하지 않는데, 이 기본권주체는 단지 살아 있는 사람만을 대상으로 하기 때문이라고 이유를 제시했다. 따라서 기본법 제1조 제1항과 더불어 기본법 제2조 제1항에서 발전된 일반적 인격권의 기본법상 보장은 망자와 관계된 사건의 직접적 심사기준으로서는 배제되며, 그에 따라 기본법 제1조 제1항에서 귀결되는 망자의 인격권 보호는 일반적 인격권의 보호효과와 동일하지 않다고 밝혔다. 이에 연방헌법재판소는 지속적으로 인간존엄성과 일반적 인격권의 차이를 강조해 왔으며, 이러한 차이는 인간존엄이 의견자유와 충돌할 경우에는 형량이 불가능한 반면에 의견자유가 일반적 인격권과 충돌하는 경우에는 일반적으로 형량이 필수적이라는 점에서 드러난다고 설명한 바 있다.[74]

비방적 비판이나 형식적 모욕의 경우에도 마찬가지로 표현의 자유는 통상 인격권에 대해 후퇴하는데,[75] 이러한 절대적 보호로 인해 법원들은 비방적 비판의 개념을 좁게 해석해야 한다.[76]

하지만 민사법원에 의해 선고된 표현금지가 의견, 즉 자신 생각의 발표를 금지하는 것인지 아니면 표현의 형식을 금지하는 것인지 여부에 따라 적어도 단계적 차이는 존재한다. 원칙적으로 구체적인 표현형태는 표현에 담긴 생각 그 자체가 해를 입지 않는 방식으로 교체가 가능하다. 따라서 다른 사람의 인격권에 대한 고려 의무는 일반적으로 다른 명예훼손이 아닌 표현방식의 사용을 통해 행해질 수 있는 한, 자유로운 의견의 사실상의 제한에 이르지 않는다. 사용된 신랄한 표현방식만을 고집하거나 이를 확대하는 것은 기본법이 보장하는 그런 정도의 자유 내에서 수행된 정신적 논쟁이 아니다. 이것은 생각의 교환, 즉 논증을 전제하며, 단지 비방적 표현형태만이 이용된 경우에는 부정된다. 따라서 그러한 비방, 특히 비방적 비판[77]은 법원에서 제지될 수 있다. 다만, 루프-폰 브뤼넥 판사의 다른 견해에 따르면 형량에 있어서 비판이 사람과 관련된 것인지 사안과 관련된 것인지가 중요하며, 특히 출판물에 관한 비판에는 커다란 활동 여지가 인정되는데, 다양한 정치적 출판기관 사이의 자유로운 논쟁은 출판자유의 대상에 속하기 때문이다. 어쨌든 표현형태와 관련된 금지는 원문에 대해서만 가능하고 유사한 표현의 반복에까지 미치는 것은 아니다.[78, 79]

## 연방헌법재판소 1976년 5월 11일 자 결정
### – 1BvR 671/70("DGB"-결정)

### 사실관계

청구인은 "노동조합언론"이라는 제목이 달린 정보서비스지를 발행하는데, 이 정보서비스지는 모든 신문사 편집국에 배달된다. 이 정보지 제112호는 1969년 6월 25일 자 1면에서 "독일-매거진 여전한 극우 선동잡지"라는 제목 아래 본문내용의 기사를 소개했는데, 이 본문기사 역시 "여전한 극우 선동잡지"라는 제목이 달려 있었다. 이에 대표이사 쿠어트 지젤이 소송 대리한 독일-재단은 항소법원에서 "독일-매거진은 극우 선동잡지이다"라는 표현을 원문 그대로 전파하는 것을 금지해 달라는 청구에 대해서는 인용판결을 얻어낸 반면, 내용상 그와 유사한 주장의 금지를 요구하는 청구는 기각되었다.

항소법원은 법원에 제출된 6개 판본의 독일-매거진에서 실제 "극우 선동잡지"라는 점을 확인할 수 없었다고 밝혔다. 따라서 상충하는 이익의 형량에 따라 독일-매거진 발행인의 명예권 및 공중 속에서의 명망존중권에 우선권이 주어진다고 결정했다. 재판부는 이 사건에서 상대방 스스로 감정적이고 흥미본위의 방식으로 표현한 경우에 피해 당사자의 과격한 표현들 역시 허락된다는 관점뿐만 아니라 피해 당사자가 자신의 비난을 전적으로 정치적 논쟁의 범위 안에서 부수적인 개인적 저의 없이 제기했을 경우에도 격렬한 표현들이 허용된다는 관점이 고려될 수 있다고 밝혔다.

그럼에도 "독일-매거진은 극우 선동잡지"라는 표현과 유사한 의미의 주장까지 금지하는 것은 너무 지나친 것이라고 판단했다. 실제로는 문제 된 표현과 동일한 의미를 지니고 있을지라도 객관적인 언어로 작성된, 덜 비방적이고 덜 흥미본위의 가치평가까지 처음부터 금지될 수는 없다고 보았다. 왜냐하면 그러한 비판은 비판자의 정당한 이익을 통해 그리고 자유로운 의견표현권을 통해 보호되기 때문이라고 밝혔다.

이러한 항소법원에 대해 제기된 청구인의 헌법소원은 실패했다.[80]

① 표현내용의 금지와 표현형식의 금지 사이의 구분

연방헌법재판소는 이 사건에서 우선 민사법원에 의해 선고된 표현금지가 문제 될 수 있는지 여부는 기본법 제5조 제1항에 의해 보호되는 정신적 논쟁에 기여하고자 하는 표현주체에게 무엇보다 의견의 공표, 즉 생각의 공표를 저지하는 것은 아닌지 여부에 달려 있다고 보았다. 그러한 금지는 항상 국가이익 혹은 사적 이익의 수행 여부와는 무관하게 합헌성에 관해 강한 요청이 제기되어야 하는 민감한 개입이라고 생각했다. 따라서 연방헌법재판소는 표현주체의 사상적 내용에 근거해 볼 때 중요한 여론형성에 기여하는 것이 법원에 의해 저지되는 경우에는 여지없이 개입해 왔다고 밝혔다.[81]

그에 반해 오로지 표현형식에 관계되는 의견표현의 저지는 덜 심각하다고 보았다. 비록 기본법 제5조 제1항은 원칙적으로 생각이 어떻게 표현되어야 하는지에 관해 스스로 결정할 자유 역시 포함한다고 인정했다. 개인이 자신의 사상적 보고내용들을 어떤 형식으로 적절하게 표현해야 하는지가 미리 결정되어 있다면, 이는 기본법이 자유로운 의견표현과 특히 독립적인 언론에 인정된 헌법상의 의미와는 일치하지 않는 것이라고 역설했다.

연방헌법재판소는 하지만 적어도 단계적으로는 중대한 차이가 존재한다고 구분했다. 반드시 그렇지는 않지만, 대개 표현방식들은 생각 그 자체를 위해 어려움 없이 교체될 수 있는 반면에 비대체성을 지니는 표현의 사고내용들은 그의 본질의 상실 없이는 다른 표현들로 대체될 수 없다고 생각하는 것이 상식이라고 밝혔다. 그 때문에 다른 사람의 인격에 대한 고려의무는 일반적으로 모욕적이지 않은 다른 표현형식의 사용을 통해 행해질 수 있는 한, 자유로운 의견표현의 실질적 제한에 이르지는 않는다고 판단했다. 따라서 연방헌법재판소가 철저한 심사를 진행해야 하는 기본법 제5조 제1항의 관점에서 중요하고, 보다 심각한 충돌은 표현주체에게 자신의 표현에 내

포된 사상적인 부분들을 포기하도록 강요될 경우에 비로소 생겨난다고 밝혔다.[82]

② 원문 그대로의 표현금지와 유사한 의미의 표현금지 사이의 구분

이어서 연방헌법재판소는 항소법원의 판결이 단지 "독일-매거진은 우익 선동잡지"라는 원문 그대로의 표현만 금지했을 뿐 의미상 이에 부합하는 표현까지 금지하지는 않았다는 점에 주목했다. 따라서 청구인은 자신의 비판을 반복하거나 자신의 부정적 평가를 분명하고 심지어 완벽하게 공표하는 것이 저지되지 않았다고 평가했다. 문제가 된 단어조합 "우익 선동잡지"는 비록 특별한 신랄함을 지닌 것이기는 하지만, 다른 단어의 사용을 통해서는 동일하게 실현될 수 없는 독자적이고 객관적인 진술평가를 표현한 것은 아니기 때문에, 청구인이 특정한 사고내용의 표현까지 저지당하지는 않았다고 판단했다. 또한 청구인에게 자신의 표현과 단절할 것이 부당하게 요구되지도 않았다고 인정했다. 장래에 향해진 표현금지는 무엇보다 예방적 효과를 일으키기는 하지만, 이러한 금지판결은 단지 객관적으로 사용된 표현을 거부한다는 것이지 주관적 책임비난을 포함하는 것이 아니어서 형사유죄판결 혹은 민사상 위자료나 취소판결과는 달리 어떠한 기사공표에 관한 불리한 제재와 결합되는 것은 아니라고 보았다. 따라서 청구인은 그의 독자에게 독일-매거진의 성격에 관해 규명하고자 하는 기사와 함께 수행된 목적을 실현했고, 자신의 의견표현의 자유와 출판의 자유의 기본권에 대한 항소법원의 내용상 개입을 피할 수 있었다고 판단했다.[83]

결국 항소법원은 비록 형식에서는 아니지만 내용에서는 독일-매거진에 관한 유사한 비판을 기본법 제5조 제1항을 통해 보호했고, 일관된 방식으로 지방법원이 내린 유사한 주장의 금지판결을 파기함으로써 자신의 결정적인 관점을 명백히 제시했으며, 이러한 관점은 기본권 침해를 나타내지 않는다고 밝혔다.

한편, 의견자유의 내용상 제한이 문제 되는 한, 청구인에 의해 주장된 '반격권(Gegenschlag)'의 관점도 중요한데, 그럼에도 모든 정치적 상대방의 명예침해를 헌법상 정당화하는 식의 반격권 인정은 적절하지 않다고 보았다. 즉, 상대방이 유사한

언어를 사용하거나 논쟁의 범위 내에서 자극한계를 계속 증폭시켰다는 이유로 법원의 관점에 따라 명예훼손적 성격이 확정된 그러한 표현 그 자체를 계속해서 사용할 수 있도록 보장하는 그런 기본법상 권리는 존재하지 않는다고 단언했다. 사용된 표현의 신랄함을 고집하거나 전적으로 신랄함만을 증대시키는 것은 기본법이 보장하는 자유로운 정신적 논쟁의 구성부분은 아니라고 지적했다. 정신적 논쟁은 항상 논증과정, 즉 생각의 교환을 전제하는 것이고, 오로지 특정한 표현의 허용성만을 고집할 경우에는 그러한 사고의 교환은 존재하지 않는다고 판시했다.[84]

## 연방헌법재판소 1980년 5월 13일 자 결정
## - 1BvR 103/77("뢰머광장 대담"-결정)

### 사실관계

청구인은 방송기자이다. 모 기술대학교 조각가이자 교수인 전심재판의 원고는 프랑크푸르트 뢰머광장에서 현재의 문화예술 및 오늘날 전시회 활동에 관해 강한 비판을 제기한 바 있었고, 이에 대해 청구인은 한 방송논평에서 해당 교수의 "뢰머광장 대담"을 신랄하게, 일부는 평가저하적인 방식으로 공격했다. 이와 관련해 지방법원은 청구인에게 위자료 지불을 명했고, 상급법원에 제기한 항소가 기각되자 헌법소원을 신청했다. 결과는 성공했다.[85]

### ① 공적 의견투쟁에서 의견자유의 의미

연방헌법재판소는 청구인의 헌법소원이 이유 있다고 결정했다. 연방헌법재판소는 우선, 대상이 된 청구인의 표현은 사고의 자유를 먹고 사는 정치적 영역에 버금가는 영역에서 일어난 공적인 정치적 논쟁의 보도 가운데 하나였다고 평가했다. 그리고 공적 이익이 없는 대상이나 사적 영역에서의 논쟁과는 달리 공적인 정치적 논쟁의 영역에서 의견표현의 자유를 제한하는 법률해석에 공적 비판의 허용성에 관한 과도한 요청을 부여한다면, 이는 기본법 제5조 제1항과 불일치하는 결과에 이르게 된다고 밝혔다. 비록 상급법원은 청구인의 보도들이 공적 비판을 포함하고 있다고 보았음에도 불구하고 그 맥락에서 분리시키는 방식을 통해 청구인의 비판이 관심 있는 공중 속에서 교수를 개인적으로 평가저하 시키거나 비방했으며, 뢰머광장-대담에서 행해진 발언들을 과소평가할 목적만 가지고 있었다는 결론에 도달함으로써 보도목적을 잘못 판단했다고 비판했다.

연방헌법재판소는 비록 문제가 된 보도들과 다양한 내용과 수준의 과도한 논박이 결합되고, 교수가 행한 발언이 비판에 함께 포함되었을지라도, 이는 우선적으로 교수의 권리영역에 영향을 주거나 사적 평가저하 혹은 인신공격이 아니라 "뢰머광장-담화"에 대한 공적 비판이었고, 특정한 정신적 경향에 관한 논쟁이었다는 점을 강조했다. 이러한 공적 의견투쟁 상황에서 의견표현의 자유권은 일반법을 해석하는 과정에서 반드시 의견자유의 의미를 인식하면서 해석하고, 일반법 내에서 기본권을 제한하는 작용을 재차 스스로 제한하는 것이 불가피하다는 점에서 절대적인 의미를 획득하게 된다고 보았다.[86]

### ② 반격권의 의미

무엇보다 연방헌법재판소는 공적 의견투쟁에서 부정적 평가에 대한 계기를 제공한 사람이라면, 비록 그의 명성이 저하될지라도 상대방의 날카로운 반대공격을 원칙적으로 감수해야만 한다는 내용의 소위 '반격권'을 제시했다.

전심법원은 어쨌든 전심재판의 원고인 교수가 청구인이나 다른 예술계 관련자들을 개인적으로 비방했을 경우에만 이러한 '반격권'의 관점을 고려할 수 있을 것이라고 잘못 판단했다고 비판했다. 연방헌법재판소는 현재 진행 중인 의견투쟁에서 계기와 반격의 결합이 서로 간의 비방의 경우로만 국한되는 것은 아니라고 밝혔다. 오히려 평가 저하적 표현의 당사자가 기본법 제5조 제1항에 의해 보호되는 여론형성의 과정에 참여했는지, 그리고 자신의 결정으로 의견투쟁의 조건을 수용하고 이러한 행동을 통해 보호가치 있는 사적 영역의 일부를 포기했는지가 중요하다고 보았다. 바로 이러한 상황이 현재의 사건에 해당한다고 인정했다.

마지막으로 연방헌법재판소는 원칙적으로 의견표현의 형식(Form) 역시 기본법 제5조 제1항을 통해 보호되는 표현자의 자기결정에 놓여 있으며, 이것은 특히 구두상의 표현(Das gesprochen Wort)에 해당되는데, 허용성을 위한 추정이 보장되는 자유로운 발언의 즉흥성은 자유주의 공동체의 기본조건인 공적 토론의 효과와 다양성의 전제라고 밝혔다. 일반적으로 이러한 효과와 다양성이 유지되려면, 공적 의견투쟁의 신랄함이나 과도함 또는 적절한 의견형성에 기여할 수 없는 의견자유의 사용역시 감수되어야 한다고 생각했다.[87]

## 7. 자유로운 의견의 허용성 추정원칙

### (1) 개요

연방헌법재판소가 헌법상 의견표현권의 보호를 위해 마련한 대표적 장치로서 '자유로운 의견표현을 위한 허용성 추정원칙(Vermutung für die Zulässigkeit der freien Rede)'을 들 수 있다. 연방헌법재판소는 하나의 표현이 공공성과 관계된 정신적 의견투쟁에 기여하는 경우에는 항상 '자유로운 의사표현을 위한 허용성 추정원칙'이 보장된다는 점을 일관되게 보여주고 있다.[88]

이 원칙의 연원은 독일 의견표현권 이론의 신기원을 열었던 1958년 뤼트(Lüth) 판결에서 찾을 수 있다.[89] 독일 기본권의 기본원리를 천명한 "뤼트" 판결에서 연방헌법재판소는 의견표현의 자유는 비록 일반법 규정, 가령 명예나 다른 사람의 인격권의 본질적 이익들로 인해 제한될 수 있지만, 경제적 거래상의 그리고 이기적 목적의 수행에서 표현이 문제 되는 것이 아니라 공중에 본질적으로 관계되는 문제의 의견투쟁에 기여하는 표현일 경우에는 반대되는 이익이 더욱더 후퇴할 수 있고, 후퇴해야 한다고 설명했다. 그리고 바로 이러한 경우 '자유로운 의견의 허용성 추정'이 보장된다고 밝혔다. 아울러 "선거운동발언" 결정에 있어서도 마찬가지로 사적인, 무엇보다 경제적 거래에서 그리고 이기적 목적의 추구과정에서 타인의 법익에 직접적으로 향해진 표현이 아니라 공공성과 관련된 문제에서 합법성을 통해 정신적 의견투쟁에 기여하는 것일수록 상대방 법익의 보호는 더욱더 후퇴할 수 있고 후퇴해야 한다고 밝히면서, 바로 이 점에서 '자유로운 의견의 허용성을 위한 추정원칙'을 반복해서 천명했다. 그렇지 않다면 일반적으로 자유롭고 공개적인 정치적 과정의 전제인 의견표현의 자유가 근본적으로 문제 될 것이라고 보았다.[90]

따라서 전적으로 사적인 논쟁 가운데 생겨난 표현들에는 이 추정원칙이 보장되지 않으며,[91] 고의의 허위사실주장의 경우에도 이 원칙은 적용되지 않는다.

연방헌법재판소는 한 모욕적 표현이 인간존엄에 대한 공격이거나 형식적 모욕 혹은 비방적 비판으로 분류되지 않는 한, 형량과정에 있어서 관련된 법익침해의 심각성이 중요한데, 이때 사실주장의 경우와 달리 비판이 정당한지 혹은 평가가 올바른지 여부는 원칙적으로 어떠한 중요한 판단요소가 아니라고 밝혔다. 그에 반해 의견표현권이 이기적인 이익추구를 위한 사적 논쟁의 범위 내에서 행해졌는지 아니면 공공성과 본질적으로 관련되는 문제와의 맥락에서 사용되었는지가 사실상 중요하다고 강조했다. 이에 따라 만약 다툼이 된 표현이 여론형성에 기여하는 것이라면, 기존의 일관된 판례에 따라 '자유로운 의견표현을 위한 추정'이 보장된다고 선언했다. 따라서 이러한 추정을 번복하기 위해서는 추정원칙의 근거가 되는 민주주의를 위한 의견자유의 본질적 의미를 일련의 이유제시 과정에서 밝힐 것이 요구된다.[92]

이와 동시에 표현의 자유를 제한하는 법률을 해석함에 있어서는 공적인 비판의 허용성에 관해 과도한 요청이 설정되어서는 안 된다.[93] 공적 비판에서는 특히 날카로운 표현이 일반적이기 때문에, 이러한 비판은 보통 이의 없이 감수되어야 하는 공개적인 정치적 의견투쟁에의 기여로서 인정된다.[94] 더군다나 이러한 표현들은 종종 복잡한 평가들을 포함하거나 원문 그대로 이해될 수 없기 때문에 더욱 그러하다.[95] 아울러 이러한 영역에서 표현의 자유는 정치적 이념성향이나 의도적인 국가 적대적 경향을 불문하고 보장된다. 특히 표현이 국가질서나 헌법질서를 의문시하거나 정치질서의 근본적 변화를 목표로 할 경우에도 기본권 보호가 탈락하지 않는다. 기본법은 비록 헌법에의 충성에 관한 기대 위에서 축조되었지만, 그것을 강요하지는 않기 때문이다.[96, 97]

## 연방헌법재판소 1994년 1월 11일 자 결정 – 1BvR 434/87

### 사실관계

청구인은 "독일을 위한 진실 – 제2차 세계대전의 책임문제"라는 책의 1964년 초판 및 1976년 제3판 저자이자 발행인이다. 이 책의 소개문은 "독일의 제2차 세계대전에 대한 책임주장은 반박되었다"라는 문장과 함께 시작했다. 책에서 청구인은 제2차 세계대전이 반전 운동가들에 의해 독일제국에 강요되었다는 견해를 주장했고, 수많은 자료들과 함께 이를 뒷받침하려고 시도했다. 1978년 "젊은 국가민주주의들" 노르트하인-베스트팔렌주 지구당은 다른 작품들 외에 이 책을 구매하도록 추천했다. 청소년보호청 담당관 H는 이를 기화로 금지도서 지정을 신청했다. 연방청소년유해매체심사청은 감정서들을 취합한 후 신청을 받아들였다. 이 책은 어린이와 청소년들에게 사회윤리적으로 혼란을 야기하기 적합하고 도덕적으로 유해하기 때문에 신청인 유해문서 리스트에 수록되어야 한다고 판단했다. 그리고 이 책은 제2차 세계대전의 원인을 잘못 서술하고 전쟁이 독일민족에게 강요된 정당방위였다는 인상을 불러일으킨다고 보았다. 이는 나치정권을 위한 선전행위를 한 것이고, 나치정권의 책임을 도외시한 것이라고 생각했다.

행정법원은 이러한 결정에 대한 청구인의 취소청구 소송을 기각했다. 항소는 성공했지만 연방행정법원은 재차 행정법원의 판결을 원상회복시켰다.

헌법소원은 결국 성공했다.[98]

① 청소년보호법 제1조 제1항과 헌법위반의 문제

연방헌법재판소는 대상 판결이 의견자유의 기본권을 침해했다고 판단했다. 재판부는 우선 이 책이 기본법 제5조 제1항 제1문의 보호범위에 해당한다고 인정했다.

이 책은 전쟁책임 문제에 관한 청구인 자신의 의견이 지배적이며, 허위의 사실주장으로 단순화될 수 없다고 보았다. 특히 하나의 역사적 사건에 관해 핵심진술을 통해 그 내용을 압축했다는 점에서 내용 전체가 단지 사실적 주장만을 포함하고 있지 않다고 생각했다. 청구인은 나치정권과 특히 히틀러가 제2차 세계대전 발발에 관한 책임이 없다는 견해를 주장했다고 인정했다. 이때 책임의 개념이 단지 원인의 의미에서만 이해될지라도, 이러한 성격의 문제는 순수한 사실주장을 통해 대답이 가능한 것이 아니라 하나의 평가적 판단을 필요로 한다고 밝혔다. 더욱이 이것은 항상 해석결과가 복잡한 역사적 상황의 맥락과 관계된 특정한 역사관의 해석에 있어서 그렇다고 부연했다.

이어서 연방헌법재판소는 책의 금서지정은 기본법 제5조 제1항 제1문의 보호범위 내로 개입한 것이라고 인정했다. 이는 청소년들에게 전파금지라는 결과를 가지며, 나아가 성인에게의 판매가 저지됨으로써 광고 및 전파제한에 이르게 되었다고 보았다.

재판부는 의견자유가 물론 유보 없이 보장되지는 않으며, 무엇보다 청소년보호를 위한 관련규정에서 그 제한을 발견한다고 밝혔다. 하지만 입법자는 그러한 규정의 제정에 있어서 기본법 제5조 제1항 제1문에 보장된 기본권의 의미를 고려해야 한다고 강조했다.

이에 따라 청소년보호법(GjS) 제1조 제1항은 정치적 내용이 담긴 문서들과 관계되는 범위에서는 이러한 헌법상 요청과 일치한다고 인정했다. 입법자는 의견자유에 그어진 한계를 충분하고 정확하게 결정했고, 민주주의에서 의견자유의 의미와 청소년보호의 중요한 이익들 사이의 적절한 형량을 행했다고 판단했다.[99]

② 나치의 역사해석에 관련된 표현들과 의견의 자유로운 허용성 추정

연방헌법재판소는 하지만 연방청소년유해매체심사청과 연방행정법원을 통한 청소년보호법(GjS) 제1조 제1항의 해석과 적용에서 헌법상 의구심이 생겨난다고 밝혔다. 물론 "전체주의적인 나치 이데올로기"를 평가절상하거나 복권 혹은 사소한 것으로 치부하는 것은 청소년들을 윤리적으로 위태롭게 할 수 있고, 이러한 내용의 문서가 경향성 보호조항에 포섭되지 않는다는 견해는 문제 되지 않는다고 인정했다. 하지만 의견자유를 제한하는 청소년보호규정들의 적용에 있어서 청구인의 책이 전쟁책임 문제에 관한 허위의 역사적 서술을 통해 나치-이데올로기의 기치를 내걸기 충분했다는 전제는 기본법 제5조 제1항 제1문과 합치되지 않는다고 평가했다.

이어서 방해받지 않는 청소년의 성장에 관한 헌법상 중요한 이익은 무엇보다 인종혐오, 호전성 그리고 민주주의 적대성을 낳게 하지 않는 것을 목표로 하며, 나치-이데올로기는 본질적으로 그러한 요소를 통해 특징지어진다고 보았다. 따라서 나치 이데올로기의 찬양, 복권 혹은 도서에서 사소한 것으로 치부하는 방식의 전파를 청소년 보호를 위해 제한하는 것은 전적으로 정당화할 수 있다고 판단했다. 아울러 청소년보호법(GjS) 제1조 제1항 제1문, 제2문 역시 이 법은 연방청소년유해매체심사청, 행정법원 및 문헌의 일부에 의해 "사회 윤리적 혼란"이라는 개념과 함께 표현된 그러한 효과를 지닌 문서들을 포섭하고자 했다는 점을 분명히 했다고 인정했다.

또한 연방행정법원이 경향성 보호조항을 그러한 도서들에 적용하지 않는다고 판단한 부분에 대해서도 어떠한 헌법상 우려도 생기지 않는다고 밝혔다. 그리고 이 조항은 청소년보호가 무엇보다 정치적 의견형성의 영역에서는 후퇴해야 한다는 주장을 뒷받침한다고 평가했다. 왜냐하면 기본법 제5조 제1항의 이러한 핵심영역은 자유로운 의사소통의 보호에 특별한 의미가 부여되기 때문이라고 생각했다. 하지만 이러한 맥락에서 연방행정법원에 의해 주장된 법적 경향성 보호는 기본법에 의해 부인된 정치적 견해들에 있어서는 탈락한다는 판단이 기본법 제5조 제1항 제1문의 의미와 사정거리에 부합되는지 여부에 관해서는 의심스러운 것으로 보인다고 생각했다. 다

만, 이는 중요한 문제가 아니기 때문에 더 이상 논의를 진행하지 않는다고 밝혔다.

그에 반해 연방헌법재판소는 청구인의 책이 허위의 역사적 기술들을 통해 나치-이데올로기의 기치를 내걸었기 때문에 바로 금서로 지정될 수 있다는 연방심사청과 연방행정법원의 전제는 기본법 제5조 제1항 제1문의 기본권 의미를 충분히 고려하지 않는 것이라고 비판했다.

연방심사청과 연방행정법원은 청구인이 자신의 책에서 인종혐오를 선동하고 전쟁을 찬양하며 다른 청소년 유해성 관련 논제를 주장했다는 점에서 출발하지 않았다. 실제로도 청구인은 나치-이데올로기를 정당화하고 전쟁을 찬양하며 수백만 유대인의 학살을 부인하거나 변호하는 것을 회피했다. 따라서 헌법이 기초로 하고 있는 인간존엄성과 자유들과 명백히 일치하지 않은 그런 이념들의 선전을 통한 청소년 위해는 확인될 수 없다고 생각했다. 연방심사청과 연방행정법원은 오히려 청구인이 히틀러와 그 밖의 나치정권의 권력자들에게 제2차 세계대전 발발의 책임 혹은 공동책임을 면제하려고 시도했고, 나아가 각주에서 다른 사람들에 의해 야기된 전쟁과 선행된 다른 사람들의 전쟁범죄를 주장한다는 점에서 청구인 책의 위험성을 인정했다. 연방헌법재판소는 물론 청구인이 가장 심각한 나치의 불법행위를 부인하거나 이러한 극악무도한 불법행위를 이들이 책임질 수 없는 역사적 전개의 결과로서 묘사함으로써 나치-이데올로기를 무해한 것으로 나타냈기 때문에, 청소년에게 위험이 생겨날 수 있다는 평가는 물론 공감할 수 있는 것이라고 인정했다. 하지만 이것만으로 금서지정과 결부된 개입을 정당화할 수 있는지의 심사에 있어서관련 당국은 단지 해당 책의 잠재적 위험성만을 특히 심각한 것으로 받아들였고, 따라서 해당 책의 간접적 영향력만을 언급하는 데 그쳤다고 보았다. 하지만 이와 관련해서는 역사해석에 관한 표현들, 특히 최근 독일 역사에 해당하는 그러한 것들은 정치적 의견형성에의 기여로서 기본법 제5조 제1항 제1문이 보장하는 보호의 핵심영역에 속하는 것이라는 점이 고려되어야 했다고 지적했다. 이는 역사해석에 관한 표현들이 다양성 속에서 통용되는 그러한 학설인지 아니면 그와 멀리 떨어진 것인지 여부와는 상관없이, 그리고 제대로 된 근거가 있는 것으로 보이는지 아니면 여기에서처럼 전쟁책임에 대한 책의 중심적 문제에 있어서 논란의 여지가 있는 서술인지 여부와 상관없이 인정된다고 보았다.[100]

민주주의 국가는 원칙적으로 상이한 의견들 사이의 열린 논쟁들에서 하나의 다층적인 사고가 생겨나며, 그에 반해 일방적인, 사실의 왜곡에 근거한 견해들은 일반적으로 관철될 수 없다는 점을 신뢰한다고 밝혔다. 따라서 자유로운 토론은 자유민주주의 사회의 고유한 토대라고 강조했다. 청소년들 역시 서로 다른 의견들과의 논쟁 속에서 자신의 비판력이 강화될 때에만 성숙될 수 있다고 밝혔다. 이는 특히 비교적 최근의 독일 역사에 관한 논쟁에서 유효하다고 보았다. 따라서 역사적 사건의 전달과 상이한 의견과의 비판적 논쟁이 그러한 의견이 심지어 부당한 매력을 부여할 수 있는 금서지정보다 청소년들을 매우 효과적으로 왜곡된 역사적 묘사에 대한 면역결핍증으로부터 보호할 수 있다고 생각했다.

연방헌법재판소는 연방심사청과 연방행정법원의 결정들이 이러한 원칙들을 충분히 고려하지 않았다고 보았다. 우선 청구인의 책은 쉽사리 반박된 것으로 평가되는 그런 사실주장들로만 제한된 것이 아니라 시사적 사건들에 대한 특정한 견해들의 설명을 포함하고 있고, 다수의 사실주장들과 평가들이 서로 결합되어 있다는 사실을 오인했다고 비판했다. 하지만 무엇보다 금서지정과 함께 추구된 목적과 의견자유로의 개입 사이에 형량이 없었다고 꼬집었다. 연방심사청과 연방행정법원은 특히 시사적 토론에서 과격한 입장들을 배제하는 것이 민주주의 국가 내에서 청소년의 발전에 기여하는지 여부를 심사했어야 했다고 질책했다. 따라서 대상 판결은 파기되어야 한다고 판단했다.[101]

## 연방헌법재판소 1995년 10월 10일 자 결정
### – 1BvR 1980/91, 1BvR 102/92, 1BvR 221/92("군인들은 살인자다"–결정)

### 사실관계

해당 결정은 1988년 당시 대규모 나토 기동훈련을 목격하고 그에 관해 심한 당혹감에 빠졌던 청구인과 관련된 사건이다. 청구인은 이로 인해 군사작전 지역 근처에서 미군부대가 훈련캠프를 차리자 침대 시트 위에 "군인은 살인자다"라는 표어를 작성해서 외곽 교차로에 게시한 혐의를 포함해 총 4개의 행위들로 인해 모욕죄로 처벌받았다.[102]

### 판단

이 사건에서 연방헌법재판소는 기본권 행사에 대한 위협적 작용에서 출발한 형법 제185조(모욕죄)의 해석을 통해 기본법 제5조 제1항 제1문(의견표현권)에 의해 허용되는 비판 역시 제재에 대한 공포로 인해 중단하게 되는 결과에 이르러서는 안 된다고 강조했다. 특히 형법 제193조(정당한 이익의 대변)의 해석에 있어서 의견자유는 자유민주주의 질서를 위해 전적으로 구성적이라는 점이 본질이라고 보았다. 따라서 정당한 이익은 피해당사자가 표현에 대한 직접적 계기를 제공했거나(반격권 조건) 혹은 누군가 개인적 공격에 대해 방어할 때에만 존재하는 것이 아니라 정치나 사회적으로 중요한 문제들에 관한 공적 논쟁에 가담했을 경우에도 인정된다고 밝혔다.[103]

이에 특정한 모욕적 표현이 인간존엄에 대한 공격이거나 형식적 모욕 혹은 비방적 비판으로 분류되지 않는 한 형량과정에 있어서 관련된 법익침해의 심각성이 중요한데, 이때 사실주장의 경우와는 달리 비판이 정당한지 혹은 평가가 올바른지 여부는 원칙적으로 어떠한 역할도 하지 않는다고 보았다. 오히려 의견표현권이 이기적인 이익추구를 위한 사적 논쟁의 범위 내에서 행해졌는지 아니면 공공성과 본질적으로 관련되는 문제와의 맥락에서 사용되었는지가 중요하다고 생각했다. 만약 다툼이 된 표현이 여론형성에 기여하는 것이라면, 일관된 판례에 따라 자유로운 의견표현을 위한 추정이 보장된다고 판시했다. 따라서 그것을 벗어나는 것은 추정원칙의 근거가 되는 민주주의를 위한 의견자유의 본질적 의미를 일련의 이유제시 과정에서 소명하는 것이 필요하다고 밝혔다.[104]

### (2) 경제 분야 혹은 광고에서 '자유로운 의견의 허용성 추정원칙'

언론이 특히 생산품이나 상업서비스에 관해 비판적으로 보도할 때, 항상 공적 이익이 인정될 수 있는지 여부에 관해 연방헌법재판소는 "고리대금업자" 결정[105]에서 분명한 입장을 밝히지는 않았다. 하지만 어쨌든 기업 경제의 모든 분야에서 일어나는 부정이나 폐해는 공적 이익에 해당한다고 볼 수 있다. 이는 무엇보다 비판대상이 된 사업방식으로 인해 사업경험이 부족한 일반인의 위험을 초래할 수 있고, 이에 따라 공개된 정보나 토론이 구제책을 강구하기에 적당할 경우 인정된다. 연방대법원 역시 재화나 서비스에 관한 비판에 있어서도 '자유로운 의견의 허용성 추정원칙'이 적용된다고 인정했다.[106] 소비자 계몽은 개인적 이익일 뿐만 아니라 국민경제적 이유에서도 불가피하기 때문이다.[107]

기업가의 의견표현 역시 사업목적에 기여한다는 이유만으로 의견표현 자유의 보호범위에서 제외되는 것은 아니다.[108] 따라서 경쟁법, 특히 부정경쟁방지법 제1조의 해석과 적용에 있어서도 표현의 자유는 고려되어야 한다. 이에 연방헌법재판소는 나체 엉덩이 사진 위에 "에이즈 양성"이라는 스탬프가 찍힌 사진과 해당 사진 외곽에 녹색 바탕의 "베네통 유나이티드 칼라"라는 글자가 인쇄되었던 사진광고 게재를 관련법 위반으로 금지했던 연방대법원 판결[109]을 파기하였다.[110]

# 연방헌법재판소 1982년 4월 20일 자 결정
## – 1BvR 426/80("고리대금업자"–결정)

## 사실관계

1978년 청구인은 자신이 발행하는 잡지 "N. B."에서 "N. B.는 독자들에게 경고합니다: 고리대금업자를 조심하시오!"라는 표지 제목과 함께 한 기사를 게재하였다. 기사내용은 다음과 같다.

580억 마르크 이상(1977년 여름 기준)을 넘어서는 할부신용 총액은 얼마나 많은 독일 국민들이 외상으로 살고 있는지를 분명히 보여준다. 할부신용업체가 호황이다. 믿을 수 없는 고이율의 장사꾼들 역시 가능한 한 많은 자신의 이익을 위해 갈취하고자 한다는 사실이 더 이상 놀랍지도 않다. '즉시 현금', '한 방에 모든 걱정을 날려버리세요', '오늘까지 2만 마르크를 현금으로' 등과 같은 솔깃한 신문광고가 신용대출 희망자들에게 모든 문제를 해결해 주겠다고 약속하고 있다. 하지만 이는 사실이 아니라 오히려 새로운 부담을 안게 된다는 사실을 자발적 희생자들은 너무 늦게-고리가 청구됐을 때- 깨닫게 된다. 깜짝 놀라서 고객들은 자신들이 고리대금업자에게 사기를 당했다는 사실을 확인했을 때에는 이미 늦어서 벗어나기 힘들다. … 현재에는 단지 신용중개업자가 계약체결 전 신용대출자에게 문서상으로 계약기간, 연리와 분할상환지급, 그 밖에 실제 금리를 알리도록 정하고 있다. 그들은 고객들이 높은 이자 때문에 겁먹지 않게 하려고 단순 월리로 유혹하는 방식으로 점차 선회하고 있다. 심지어 0.98% 월 이자가 여전히 낮게 느껴진다. 하지만 이는 잘못된 생각이다. 왜냐하면 대출금은 비록 할부로 즉시 상환되지만, 이자는 모든 대출금의 마지막 할부금까지 계산에 포함되기 때문이다. 은행에서의 실제 이율은 10.78%에 달한다. 그러나 신용중개업자의 실제 이율은 36.48%에 달한다.

중개수수료의 계산도 고리대금업자는 현금의 중개, 즉 그들은 어떠한 자본도 소유하고 있지 않다는 사실을 분명히 말해 준다. 그들은 은행이나 저축은행에서 현금을 조달해서 높은 이율로 대출을 원하는 사람에게 제공한다. 어째서 사람들은 이 비용을 절약하지 않고 대출금을 받기 위해 직접 은행에 가지 않을까?

이러한 기사에 대해 신용중개업협회는 "고리대금업자"라는 지칭은 회원들의 비방에 해당하기 때문에 이러한 표현을 금지해 달라고 소송을 제기했다. 1심 법원과 2심 법원은 기사에 포함된 "신용중개업자는 고리대금업자"라는 일반화된 진술은 신용대부업계의 모든 회사들 및 구성원들에게 피해를 주는 표현이고, 비록 제목이 신용대부업계를 직접 언급하지는 않았지만, 이어지는 기사 본문의 형식과 내용이 평균적인 독자들에게 신용중개업자는 일반적으로 고리대금업자라는 인상을 불러일으킨다고 인정했다. 이러한 전심법원의 판결에 대해 기본법 제5조 제1항 제2문의 출판자유권이 침해되었다는 청구인의 헌법소원은 성공했다.[111]

① 경제 분야에서 '자유로운 의견표현의 허용성 추정원칙'

연방헌법재판소는 이 사건에서 쟁점을 기본법 제5조 제1항 제2문의 출판자유권 침해 여부라고 보았다. 상급법원이 문제 삼은 기사의 형식과 내용은 원칙적으로 언론계 종사자들의 출판자유권의 보호범위에 해당한다고 판단했다. 즉, 다른 일반 국민들과 마찬가지로 자신의 의견을 언론인들에게 적합한 방식으로 방해받지 않고 자유롭게 표현할 수 있는 권리가 문제 될 수 있다고 보았다.

이어서 여론형성에 기여가 공공성에 본질적으로 관계된 문제에 관련된다면, 의견자유를 제한하는 법률의 해석에 있어서 공적 비판의 허용성에 관한 과도한 요청이 부여되어서는 안 된다고 밝혔다. 그리고 이 사건에서는 이러한 원칙의 전제조건이 충족되었는데, 문제 된 기사는 공적으로 중요하지 않은 사안 혹은 사적 영역에서의 논쟁을 대상으로 한 것이 아니라 공적 관심 사안에 해당한다고 판단했다. 산업경제의 모든 부문에서 부정을 다루는 논쟁의 경우에는 공공성에 관계된 중요한 문제라는 점이 인정될 수 있다고 보았다. 더군다나 비판된 영업방식은 상업적으로 미숙한 사람들을 위험에 빠뜨릴 수 있고, 공개적 정보제공과 토론이 구제책을 강구하기에 적당하다면 더욱더 이러한 원칙이 적용되어야 한다고 밝혔다. 여기에서 언론은 자신의 공적인 특별과제를 수행했다고 평가했다.[112]

또한 바로 연방대법원이 '자유로운 의견표현의 허용성을 위한 추정원칙'이 상품과 서비스에 관한 비판에도 적용된다고 판시했을 때, 이러한 관점은 이 사건에서도 마찬가지라고 인정했다. 왜냐하면 연방대법원은 소비자의 계몽이 개인적인 이익에 기여하는 것이 아니라 국민경제적 이유에서 불가피한 것이라는 점을 적절하게 지적했기 때문이라고 생각했다. 이어서 연방헌법재판소는 '자유로운 의견표현의 허용성 추정원칙'이 자유민주주의 국가체제에서 가지는 의미를 다음과 같이 적시했다.

> 허용의 추정성이 보장되는 자유로운 의견표현의 이익에서 개별적으로 공적 의견투쟁의 신랄함과 과장은 감수되어야 한다. 평가적 표현으로 인해 날카로운 법적 제재에 놓이게 될 것이라는 두려움은 공적 비판과 공적 토론을 마비시키거나 제한함으로써 기본법을 통해 구성된 질서에서 의견자유의 기능에 역행하는 효과를 가져올 위험을 내포한다.[113]

### ② 기본권 개입장소로서 형법 제193조

한편, 사건판단에 있어서 재판부는 청구인의 의견표현의 자유 내지 출판자유를 전심 법원들이 진지하게 고려하지 않았고, 그에 따라 일반법에 대한 기본법 제5조 제1항의 영향력과 의견자유의 귀속을 위한 원칙들에 부합하는 의미를 고려하지 않았다고 비판했다. 또한 전심법원들은 기본권 침투장소인 형법 제193조의 적용을 배제함으로써 헌법적 상황을 그의 논증과정에 편입해야 할 의무를 이행하지 않았다고 판단했다.[114]

구체적으로 상급법원은 "고리대금업자"라는 지칭을 가치평가로 인정하기는 했으나, 문제 된 기사에서 허위 사실주장이 포함되었다는 이유로 정당한 이익의 대변(형법 제193조)을 주장하는 것이 금지된다고 판시했다. 법원은 이것을 기사내용 중 신용설정비용에 관해 제시된 예시에서 인정했는데, 이는 청구인이 영업상 신용중개의 시장분석을 기사화한 것이 아니라 부당한 영업방식에 대한 경고성 기사였다는 사실을 고려하지 않은 결과라고 비판했다. 즉, 예시된 신용중개업자들의 문제 된 이율은 실제보다 6% 정도 높게 잘못 보도되었지만, 이러한 비판의 핵심이 부적절한 전제에서 출발한 것은 아니라고 보았다. 왜냐하면 실제로 통상의 은행이자보다 신용중개업의 이자가 2~3배가량 더 높은 것은 사실이고, 따라서 본질적으로 과도한 것으로 간주되었기 때문이라고 밝혔다.

또한 상급법원은 해당 규정을 적용하는 과정에서 "고리대금업자"라는 지칭을 어떠한 정당화도 배제되는 형식적 모욕으로 단정함으로써 적용법조문에 대해 출판자유권의 영향력을 고려할 자신의 의무를 해태했다고 판단했다. 이처럼 상급법원은 헌법상 보장되는 출판자유의 사정거리를 문제해결에서 인정하거나 고려하지 않았기 때문에 청구인의 기본권을 침해했다고 판결했다.[115]

## 연방헌법재판소 2000년 12월 12일 자 판결
### – 1BvR 1762/95 u. 1787/95("베네통 광고"–결정 I )

### 사실관계

언론사인 청구인은 헌법소원과 함께 연방대법원이 내린 두 개의 판결에 대해 불복했다. 대상 판결들은 청구인이 베네통 회사의 광고를 공표하는 것을 선량한 풍속위반의 이유로 금지했다.

청구인이 발행하는 화보지 "슈테른"은 전 세계에 의류제품을 판매하는 다국적 기업 베네통 회사의 광고 세 개를 공표하였다. 광고는 기름띠 위에서 헤엄치고 있는 기름에 오염된 오리를 보여주었고, 또 다른 광고는 제3세계에서 중노동하는 다양한 연령대별 아이들의 사진이었다. 세 번째 것은 나체상태의 사람 엉덩이 사진이었는데, 엉덩이에는 "H.I.V. 양성"이라는 스탬프가 찍혀 있었다. 사진 가장자리에는 각각 녹색 바탕 위에 "United colors of Benetton"이라는 글씨가 박혀 있었다.

부당광고퇴치중앙협회는 청구인에게 광고 게재를 금지하라고 요구했고, 이를 거부하자 재차 법원에 소송을 제기했다. 지방법원은 소송을 인용했다. 청구인의 비약상고는 연방대법원에서 성공하지 못했다. 베네통사는 해당 경고에 대해 직접 민사법원에서 대응했지만, 성공하지 못했고 이후 헌법소원을 제기하지는 않았다.

청구인 "슈테른"지의 헌법소원은 성공했다.[116]

### ① 이미지광고와 의견표현권의 보호대상

연방헌법재판소는 청구인에 의해 불복된 두 개의 연방대법원 판결이 기본법 제5조 제1항 제2문 전단에 의해 보장되는 청구인의 출판자유를 침해했다고 판단했다.

재판부는 우선 출판자유의 보호범위는 출판기관의 모든 내용을 포함하며, 그 가운데에는 광고 역시 포함한다고 밝혔다. 기본법 제5조 제1항 제1문의 보호를 누리는 제3자의 의견표현이 언론기관에서 공표된 경우, 출판자유는 이러한 보호를 함께 포함한다고 인정했다. 의견주체 자신에게 그의 표현과 전파가 허용된다면, 출판기관이나 언론사에 타인의 의견표현을 공표하는 것이 금지되어서는 안 된다고 생각했다. 이러한 범위 내에서 언론사는 제3자의 의견자유권의 침해를 소송 안에서 주장할 수 있다고 보았다. 이는 경쟁법상 금지청구에 관한 민사판결도 마찬가지라고 인정했다.

이와 같이 출판자유의 보호 안에 내재된 기본법 제5조 제1항 제1문의 보호는 상업적 의견표현이나 평가적이고 의견 형성적 내용을 가진 순수한 상업광고로도 미친다고 밝혔다. 의견, 가치평가나 특정한 견해와 같은 의견표현이 이미지로 표현된 이상, 이것 역시 기본법 제5조 제1항 제1문의 보호범위 내에 해당한다고 인정했다.

연방헌법재판소는 세 개의 모든 광고 사진들은 이러한 전제에 일치한다고 밝혔다. 이 사진들은 공적 폐해들(환경오염, 아동노동, 에이즈 환자의 배제)을 구체적으로 설명하는 동시에 사회적, 정치적으로 관련된 문제들에 대한 (부정)평가를 포함하고 있으며, 다름 아닌 의견형성적 내용이 담긴 의미심장한 사진들이라고 인정했다. 연방대법원의 판결들 역시 대상 판결들 내에서 해당 광고는 세상의 비참함을 폭로한 것이라고 설명했을 때, 이에 동의했다고 보았다. 따라서 이를 목표로 삼는 동시에 공적 폐해들에 대한 시민들의 관심을 유도하는 의견표현은 특별한 정도로 기본법 제5조 제1항의 보호를 누린다고 판단했다.

한편, 베네통 회사가 언급된 주제를 순수한 이미지광고 내에서 다루었고, 어떠한 입장표명도 포기했으며, 단지 회사로고를 통해서만 자신을 드러냈다는 사실에서 이러한 점이 달라지지는 않는다고 보았다. 비록 광고를 통해 평가기업에는 의견형성에의 기여가 아니라 단지 마케팅만이 중요한 것이라는 인상이 생겨날 수 있다는 사실은 인정했다. 하지만 표현주체와 진술내용과의 주관적 관계를 의심하는 그런 해석은 최적의 해석이 아니며, 조금도 수긍이 가지 않는 것이라고 반박했다. 대중들의 인식에서는 광고에서 나온 이미지가 베네통 회사 자신의 것으로 귀속되며, 법원들 역시 이러한 관점에 어떠한 의심도 표하지 않았다고 인정했다. 이 광고를 제작한 사진작가 올리비에로 토스카니의 견해에 따르더라도 베네통은 그것을 반인종차별적 코스모폴리터니즘과 개방적인 정신태도를 전달하기 위한 수단으로 사용했다고 밝혔다.

연방헌법재판소는 다툼이 된 베네통 회사의 광고들을 화보지 "슈테른"에서 재차 게재하는 것에 대한 금지판결들은 청구인의 출판자유권을 침해하는 것이라고 결정했다. 왜냐하면 위반 시 6개월의 감치명령 혹은 그 대용으로 5십만 마르크 상당의 벌금경고와 결합된 금지는 사실상 이 광고들의 공표를 장래에 저지하는 것이기 때문이라고 밝혔다.[117]

② 잘못된 법률해석에 기초한 판결의 파기환송

연방헌법재판소는 이러한 금지판결이 헌법상 정당화되지 않는다고 판단했다. 연방대법원이 광고의 경쟁법상 평가에 있어서 의견자유의 의미와 사정거리를 오인했다는 청구인 주장은 정당하다고 인정했다.

연방헌법재판소는 민사법상 판결이 의견자유와 관련되는 경우, 기본법 제5조 제1항 제1문은 법원이 사법의 해석과 적용에 있어서 이러한 기본권의 의미를 고려할 것을 요구한다고 밝혔다. 이어서 대상 판결은 민사법 규정 중의 하나인 부정경쟁방지법 제1조에 근거했다고 보았다. 아울러 개별적 사건에 대한 민사법의 해석과 적용은 민사법원의 관할이며, 연방헌법재판소는 단지 원칙적으로 기본권의 의미에 관하여,

특히 기본권의 보호범위에 관하여 잘못된 견해에 근거하고 아울러 구체적인 법률사건에 있어서 그러한 잘못된 견해의 의미가 실체적으로 상당한 중요성을 지닐 때에만 개입한다고 밝혔다. 그리고 이 사건이 이에 해당한다고 보았다.

연방대법원은 비록 광고는 경제적, 정치적, 사회적 그리고 문화적 문제를 대상으로 하며, 따라서 기본법 제5조 제1항 제1문의 보호를 특별한 정도로 누리는 의견표현이라고 보았다. 하지만 세 번째 광고(H.I.V. 양성)에 대한 대상 판결은 부정경쟁방지법 제1조의 해석에 있어서 아울러 이러한 규범의 적용에 있어서 의견표현권의 의미와 사정거리에 부합하지 않는다고 판단했다.

자유민주주의 국가질서에 있어서 전적으로 구성적인 의견표현 자유권의 제한은 원칙적으로 중요한 공공복리 혹은 보호가치 있는 제3자의 이익을 통한 충분한 정당화를 필요로 한다고 설명했다. 이는 사회적 혹은 정치적 문제에 대한 비판적 의견표현에 있어서 특히 중요하다고 보았다. 하지만 대상 판결은 이에 대해 어떠한 언급도 없거나 어떤 것도 명확하지 않다고 비판했다.

연방대법원에 의해 전체적으로 건전한 상거래 풍속의 구성요소로서 제시된, 심각한 고통과 함께 동정심을 광고 목적을 위해 일깨우고 이용해서는 안 된다는 원칙만으로는 기본법 제5조 제1항 제1문의 기본권에 비추어 볼 때 금지청구를 정당화할 수 없다고 밝혔다. 여기에서는 공공복리나 사인의 보호가치 있는 이익들이 저촉되지도 않았다고 인정했다.

연방헌법재판소는 이 사건에서 의견자유가 심각한 방식으로 침해되었다고 보았다. 광고는 사회적 혹은 정치적으로 중요한 주제들을 가리키고, 이러한 주제들에 공적 관심을 가져오기에도 적합하다고 평가했다. 따라서 기본법 제5조 제1항하에 놓인 그러한 표현들의 특별한 보호가 제시된 비참함에 관한 토론에 어떠한 본질적 기여도 하지 않는다는 연방대법원의 판시내용을 통해 제거되지는 않는다고 밝혔다. 또한 폐해의 단순한 폭로 역시 자유로운 정신적 논쟁에 관한 본질적 기여일 수 있다고 인정했다. 하나의 표현이 그 이상으로 진척되었는지 아니면 어떠한 해결방안도 표명되지 않았는지 여부는 원칙적으로 기본법 제5조 제1항 제1문의 기본권보호에 어떠한 영향도 미치지 않는다고 보았다. 이것은 하나의 표현이 이성적인지 감정적인지, 근거가 있는지 없는지 그리고 다른 사람에 의해 유용한 것으로 간주되는지 해로운 것으로 간주되는지, 가치 있는 것으로 간주되는지 가치 없는 것으로 간주되는지 여부와 상관없이 보장된다고 강조했다.

그리고 연방헌법재판소는 해당 광고의 폭로적이고 사회비판적 효과는 광고맥락에서 의심되지 않는다고 판단했다. 광고에서 사회적 문제를 주제로 삼는 것은 비록 일반적이지 않고, 베네통사 사업대상과의 관련성에서 볼 때 실제로 의아한 느낌을 줄 수도 있다고 보았다. 하지만 그를 통해서도 편견 없는 독자들에게 정보의 진지성이 의심되지는 않으며, 그렇지 않았다면 이 광고에서 어떠한 동정심도 환기시킬 수는 없었을 것이라고 생각했다.

결국 연방대법원은 자신의 판결에 바탕이 된 부당행위 금지원칙 및 부정경쟁방지법 제1조를 의견자유를 고려한 심사에 부합되지 못하는 방식으로 해석했다고 평가했다. 바로 그 때문에 이와 같은 해석을 기초로 한 부정경쟁방지법 제1조는 청구인의 출판자유권에 대한 개입근거로서 가능하지 않다고 보았다. 따라서 단지 부당행위 금지원칙에 따른 부정경쟁방지법 제1조의 해석에만 의지한 1BvR 1787/95 판결(기름오염 오리, 아동노동)은 파기되어야 하고 이 사건은 연방대법원으로 환송되어야 한다고 판단했다.[118]


③ 광고내용의 잘못된 해석에 기초한 판결의 파기환송

한편, 연방헌법재판소는 1BvR 1762/95 사건의 판결은 이미 논의된 부정경쟁방지법 제1조의 해석에만 기초하지는 않았다고 밝혔다. 연방대법원은 실제로 이 소송에 바탕이 된 광고(H.I.V. 양성)는 오히려 그것이 에이즈 환자에 "스탬프"를 찍고 그와 함께 인간사회에서 배제된 것으로서 묘사함으로써 인간존엄의 보호원칙을 심각한 방식으로 위반했기 때문에 경쟁위반에 해당한다고 간주했다.

연방헌법재판소는 이러한 연방대법원의 이유제시에 기본적으로는 동의한다고 인정했다. 촬영된 인물의 인간존엄을 침해하는 사진광고가 풍속위반이라는 부정경쟁방지법 제1조의 해석은 헌법상 우려될 것이 없다고 보았다. 이러한 해석은 특별히 민감한 사회적, 정치적 비판영역에서도 의견자유의 제한을 정당화하는 보호대상을 고려한 것이라고 밝혔다. 기본법 제1조 제1항은 굴종, 낙인찍기, 박해, 추방 기타 등등과 같은 인간존엄에 대한 공격에 대해 모든 인간을 보호할 것을 국가에 의무 지운다고 설명했다. 따라서 개별인간이나 인간집단의 인간존엄을 침해하는 방식으로 배제하고, 경멸하고, 조롱하거나 그 밖의 다른 방식으로 폄훼하는 광고는 그것이 기본법 제5조의 의사소통권의 보호를 향유할 때에도 경쟁법상으로 금지될 수 있다고 인정했다.

하지만 관련 광고(H.I.V. 양성)에 대한 이러한 원칙의 적용은 기본법 제5조 제1항 제1문의 기준에 따른 심사에 부합하지 않는다고 판단했다. 원칙적으로 기본법 제5조 제1항 제1문을 통해 보호되는 표현의 해석은 단지 연방헌법재판소가 헌법상 요청의 준수를 보장해야 한다는 범위 내에서만 심사대상이 된다고 밝혔다. 따라서 다툼이 된 표현의 의미를 최종적으로 결정하거나 기본법상 요청의 준수하에 행해진 해석을 자신이 적절한 것으로 간주한 다른 해석으로 대체하는 것은 연방헌법재판소의 과제가 아니라고 부연했다. 하지만 그 표현이 맥락의 참작하에 해석되고 객관적으로 가질 수 없는 어떠한 의미도 해당 표현에 부여되지 않는 것은 기본법상 요청에 속한다고 보았다. 또한 다의적 표현들의 경우에는 법원이 다의성의 인식하에서 다양한 해석 가능성들을 고민하고 채택된 해석을 위한 납득할 만한 이유를 제시해야 한다고 밝혔다.

우선, 연방대법원은 "H.I.V. 양성" 광고에 대해서 에이즈-환자를 "스탬프"를 찍는 동시에 인간사회에서 배제한 표현으로 해석했다. 판결의 다른 부분에서 이 광고는 비참한 에이즈 환자를 낙인찍고, 그를 사회에서 격리시켰다고도 기술했다. 따라서 사회의 일정한 구성원들에 의한 "스탬프 찍기"라는 심리적 발상은 저지되어야 하며,

적어도 H.I.V.-감염자 자신에 의해서도 이 광고는 매우 불쾌감을 유발하는 것으로서 환자의 인간존엄성을 침해하는 것으로 인정되어야 한다고 생각했다. 또한 다른 관찰자들 역시 이러한 인상에서 벗어날 수 없을 것이라고 판단했다.

그러나 연방헌법재판소는 이 광고가 과연 이러한 의미를 가지는지 명백하지 않다고 반박했다. 이 광고는 아무런 설명 없이 "H.I.V. 양성"이라고 스탬프 찍힌 모습을 드러낸 인간을 보여주었지만, 그를 통해 현실과 동떨어지지 않은 H.I.V.-감염자의 사회적 차별과 배제의 실상을 강조하고, 강화하거나 그렇지 않으면 단지 이들을 하찮게 여겼다는 인상은 생겨나지 않는다고 생각했다. 오히려 최소한 H.I.V. 감염자의 배제라는 비판받아야 할 만한 상태가 비난 조로 지적되었다는 해석 역시 당연히 수긍할 수 있는 것이라고 보았다. 아울러 청구인이 적절하게 첨언한 바와 같이 사진과 함께 에이즈위원회를 위한 홍보가 될 수도 있었다고 덧붙였다.

사진에서는 피사체인 사람의 엉덩이 상단부분과 그리고 그 위에 찍힌 검은 활자체의 "H.I.V."라는 약자와 그 아래로 비스듬히 자리를 옮겨서 "양성"이라는 단어가 스탬프 찍힌 것처럼 드러난 것 외에는 아무것도 보이지 않는다고 밝혔다. 그리고 이러한 사진 메시지는 비록 흥미 위주의 상투적 의미를 지녔다 할지라도 무례한 것이라고 인정했다. 하지만 단지 이것만으로 조소적 태도나 이에 찬성할 의도로 읽힐 수는 없다고 판단했다. 광고매체에 따른 이러한 내용은 독자들의 관심을 끌 것을 목표로 삼은 것이라고 보았다.

아울러 비판적 호소에 따른 광고 해석 역시 해당 광고의 맥락에서 보면 의심되지 않는다고 밝혔다. 의류 분야 기업이 진지한 정치사회적 주제들이 담긴 이미지광고를 행하는 것이 비록 낯설고, 업계 통상의 자기 홍보와는 눈에 띄는 대조를 이루는 것이라는 사실에는 동의했다. 이것이 비판의도의 진지성에 관한 의심을 키울 수 있으며, 연방대법원에 의해 인정된 부당행위 금지원칙의 의미에서 불쾌한 것으로 느껴질 수도 있다고 인정했다. 하지만 이 광고 자체에서 H.I.V. 감염자를 낙인찍거나 배제하는 인상은 광고맥락을 통해서도 유발되지 않는다고 밝혔다.

연방헌법재판소는 해당 광고의 비판적 의도, 광고의 환기효과는 분명히 존재한다고 평가했다. 아마 광고가 구체적 제품을 위해 홍보되었다면, 사정은 달라졌을 것이라고 생각했다. 특정 제품이나 서비스와 이러한 광고의 연결하에서는 H.I.V. 감염자를 조소의 대상으로 삼거나 하찮은 것으로 여기는 인상이 생겨날 수 있다고 인정했다. 하지만 "United Colors Benetton"이라는 로고만으로는 그러한 인상이 떠오르지 않는다고 판단했다. 따라서 광고가 에이즈-환자의 인간존엄성을 훼손한다는 연방대법원의 광고 해석은 본질적으로 받아들일 수 없는 것이며, 어쨌든 그것만이 가능한 해석은 아니라고 반박했다. 해당 광고에 관한 사진가 올리비에로 토스카니의 진술 역시 이를 대변해 준다고 밝혔다:

> 나는 이 광고를 통해 우리가 인종주의에 대해 기울이는 것과 동일한 강도로 에이즈 환자의 배제거부를 지지하고 있다는 사실을 보여줌으로써 베네통이 계속해서 이 문제에 개입할 용의를 고수하고 있다는 사실을 암시하고 싶었어요.

따라서 연방헌법재판소는 1 BvR 1762/95 헌법소원사건에 관한 판결(H.I.V. 양성)은 의견자유의 보호를 위해 의견표현의 해석에 관해 요구된 요청들을 충족하지 못한다고 밝혔다. 연방대법원은 이 광고를 통해 실제 마주칠 수 있는 에이즈 환자의 차별과 배제에 반대하는 비판적 의도의 공적 관심이 제기된 것이라는 명백한 가능성을 부인했다고 비판했다. 이러한 변형해석에는 에이즈 환자에 대한 인간존엄성의 침해가 존재하지 않으며, 연방대법원은 이 사건을 재차 다루는 과정에서 이와 같은 대안 해석형태를 조사해야 한다고 밝혔다. 따라서 대상 판결은 기본법 제5조 제1항 제2문의 침해로 인해 파기되어야 한다고 결론지었다.[119]

## 연방헌법재판소 2003년 3월 11일 자 결정
## – 1BvR 426/02("베네통 광고"–결정 Ⅱ )

### 사실관계

헌법소원은 베네통사의 광고 게재가 경쟁법상 허용되는지에 관한 문제와 관련되었다. 이 광고는 청구인에 의해 발행되는 화보지에서 공표되었다. 광고는 나체 인간의 엉덩이 단면을 보여주는데, 엉덩이 위에는 "H.I.V. 양성"이라는 글자가 스탬프 찍혀 있었고, 그 오른쪽 가장자리에는 녹색 바탕 위에 작고 흰 활자체로 "United Colors Benetton"이라는 로고가 박혀 있었다. 부당광고퇴치협회는 청구인에게 해당 광고를 금지하라고 경고했지만 성공하지 못했다. 연방대법원은 이 광고가 제시된 고통을 통해 유발된 소비자의 동정심을 광고 목적을 위해 이용했다는 이유에서 경쟁법 위반으로 간주했다. 게다가 광고는 H.I.V.–감염자를 낙인찍거나 배제한 것으로 나타냈기 때문에 이들의 인간존엄성을 침해했다고 판단했다.

청구인의 헌법소원에 따라 연방헌법재판소는 연방대법원 판결을 출판자유권 침해를 이유로 기각하고 사건을 돌려보냈다. 인간존엄성 침해의 인정에 바탕이 되는 낙인찍기로서의 광고 해석은 불명확하며, 연방대법원은 본질적으로 좀 더 명확한 사회비판적 광고의 진술내용을 자세히 살펴보는 작업을 소홀히 했다고 지적했다. 하지만 연방대법원은 환송사건을 다루면서도 재차 이 광고사진을 여론형성의 방향을 제시하는 바 없이 단지 의견형성 내용이 포함된, 하지만 광고 목적상 인간존엄성 침해에 상응하는 그런 이미지 사진이라는 이유로 상고를 기각했다. 이에 청구인은 자신의 출판자유권 침해를 주장했고, 연방헌법재판소는 재차 연방대법원 판결을 파기환송했다.[120]

① 광고표현의 해석기준

연방헌법재판소는 헌법소원이 이유 있다고 결정했다. 대상 판결은 청구인의 기본법 제5조 제1항 제2문에 의해 보장된 출판자유권을 침해한다고 보았다.

우선 "H.I.V. 양성" 광고는 광고에 포함된 타인의 의견표현 역시 포함하는 청구인의 출판자유권의 보호범위에 해당한다고 인정했다. 사회적 폐해를 자세히 설명하는 의견형성적 내용이 담긴 메시지 사진으로서 광고는 기본법 제5조 제1항 제1문에 따른 의견표현이라고 밝혔다. 이는 광고라는 상황에도 불구하고 아울러 베네통이 어떠한 자세한 설명을 포기했음에도 불구하고 마찬가지라고 보았다. 이 광고는 기업으로서의 단순한 판촉의도로 제한될 수 없다고 인정했다.

그리고 청구인은 대상판결을 통해 확정된 게재 금지와 함께 자신의 출판자유권이 제한되었으며, 이러한 제한은 헌법상 정당화될 수 없다고 보았다. 연방대법원은 광고의 경쟁법상 판단에 있어서 청구인이 자신의 출판자유권 범위 내에서 주장할 수 있는 의견자유의 의미와 사정거리를 오인했다고 밝혔다.

연방헌법재판소는 자유민주주의 국가질서에 있어서 포기할 수 없는 의견표현의 자유권에 대한 제한은 충분히 중요한 공공복리나 보호가치 있는 제3자의 권리와 이익을 필요로 한다고 설명했다. 이는 사회적 혹은 정치적 문제들에 대한 비판적 의견표현의 경우 특히 중요하다고 인정했다. 부정경쟁방지법 제1조를 근거로 한 제한은 이 규범을 통해 보호되는 충분히 중요한 이익의 침해가 입증되어야 한다고 보았다. 바로 연방대법원은 이 사건에서 그러한 이익이 침해되었을 것이라고 인정했지만, 이는 부당하다고 간주했다. 비록 연방대법원은 인간존엄성은 경쟁법에서도 마찬가지로 의견 자유를 절대적으로 제한한다는 점을 적절하게 인정했다고 평가했지만, 연방대법원의 생각과 달리 여기에서는 그러한 제한을 위반하지 않았다고 판단했다.

연방헌법재판소는 모든 의견표현의 평가를 위한 토대는 해당 표현이 가지는 의미의 적절한 조사라는 사실을 역설했다. 이때 외부로 인식될 수 없는 저자의 의도가 중요한 것이 아니라 이성적인 수신인의 관점이 그 자신에게 인지될 수 있는 표현의 의미를 함께 결정하는 사정들의 고려하에서 중요하다고 밝혔다. 특정한 소수나 다수의 수신인이 실제로 그 표현을 어떻게 이해했는지의 논증이 결정적일 수는 있지만, 유일한 것이 되어서는 안 된다고 보았다. 만약 표현의 의미에 다툼이 있는 경우라면, 기본법상의 요청하에서 각급 법원에 의해 조사된 해석을 하나의 다른 해석으로 대체하는 것이 연방헌법재판소의 과제가 아니라고 밝혔다. 그럼에도 맥락이 고려되고, 하나의 표현이 객관적으로 가질 수 없는 의미를 유죄판결에 이르는 의미로 간주되지 않도록 하는 것은 기본법상의 요청에 속한다고 인정했다. 반대로 표현이 객관적으로 가지는 어떠한 책임면제적 진술내용들이 배제되어서는 안 된다고 강조했다. 그리고 다의적 표현들에 있어서 법원은 다의성의 인식하에서 다양한 해석 가능성들을 자세히 다루어야 하고, 채택된 해석을 위한 납득할 수 있는 근거들을 제시해야 한다고 밝혔다.[121]

### ② H.I.V.–감염자 광고의 해석

연방헌법재판소는 이러한 원칙에 따르면 연방대법원을 통한 광고 메시지 내용의 해석은 결과적으로 헌법상 문제가 되지 않는다고 인정했다. 연방대법원은 이 광고가 결코 하나의 진술내용만을 담고 있는 것은 아니라고 보았다. 이에 이 광고가 수용자들에게 불러일으킬 수 있는 다양한 해석 가능성하에서 여러 가지 변형해석형태들을 논구했고, 그중 하나의 해석형태를 해당 광고에 귀속시켰다고 인정했다. 연방헌법재판소는 이러한 과정이 그 밖의 다른 통상적인 표현의 의미조사과정과는 용어상으로만 다를 뿐, 하나의 의견표현에 수용자들의 이해로 귀속시킬 수 있는, 수용자층의 해석을 통해 조사된 그런 의견표현의 의미와 다를 바 없다고 생각했다.

연방대법원은 이러한 전제하에서 해당 광고는 사회비판 메시지로서 이해될 수 있다고 평가했다. 그리고 이러한 이해에 따르면, 대중들에게 이 광고와 함께 H.I.V.–감염자의 낙인찍기가 사회적 폐해로서 제시된 것으로 이해하는 것이 당연하다고 판단했다. 반면에 연방대법원은 광고에 H.I.V.–감염자의 낙인찍기를 옹호하는 메시지가 도출될 수 있다는 식의 다른 대안적 해석형태는 충분한 이유들과 함께 받아들이기 어려운 것이라고 보았다.

한편, 연방대법원은 해당 광고를 해석하는 과정에서 진술내용 외에 진술목적을 함께 고려했다. 이에 따르면, 우선 해당 광고가 자신의 사회비판적 진술내용과 무관하게 대중들의 관심을 판촉활동을 홍보하는 기업으로 돌리는 데 이용되었다고 생각했다. 바로 이것이 해당 광고를 의견표현으로서 인정하는 변형해석의 거부 이유가 될 수 있다고 보았다. 왜냐하면 관심 끌기 광고 목적 그 자체는 기본법 제5조 제1항 제1문에 따른 어떠한 의견표현의 대상도 아니기 때문이라고 생각했다. 그럼에도 결론적으로 문제의 광고는 하나의 사회비판적 의견표현임과 동시에 이기적인 광고 목적을 추구한 의견표현이라고 평가했다. 또한 광고 목적은 사회비판적 메시지라는 맥락의 일부였기 때문에 그것이 메시지의 해석에 영향을 끼칠 수는 있다고 보았다.

그런 점에서 연방헌법재판소는 연방대법원의 견해를 받아들일 수 있다고 인정했다. 사회비판과 광고 목적은 여기에서 서로 배제되지 않으며, 광고의 사회비판적 내용과 기업의 관심을 유도하는 측면이 서로 배치됨 없이 동시에 존재한다고 인정했다. 본래 관심 끌기만을 원했다든가 아니면 사회비판만을 원했다는 가정은 광고와 그 맥락에서 충분한 근거를 찾기 어렵다고 보았다. 광고가 일부 국민들에게는 어쩌면 관심 끌기 광고 측면만 인지되거나 다른 일부 사람들에게 광고 메시지가 아예 무시된다는 사실이 이러한 생각을 막지는 못한다고 생각했다. 광고가 이타적 그리고 이기적 목적을 동시에 가진다는 것이 낯선 것이고 당황스러운 것으로 느껴질 수 있다는 점도 인정했다. 이것이 사회비판 내용의 무시로 이어지거나 사이비 비판으로 매도할지도 모른다고 보았다. 그럼에도 의견표현의 자유란 평가 가능한 개별진술과 함께 다양한 입장을 취할 것을 요구하는 것이고, 연방대법원 역시 이 광고는 그의 광고 목적과 상관없이 사회비판으로서 이해될 수 있다고 확정함으로써 연방헌법재판소의 판단을 수용했다고 평가했다.[122]

③ 광고내용의 인간존엄성 침해 인정을 위한 전제

연방대법원은 이러한 분석을 바탕으로 해당 광고는 광고 목적으로 인해 인간존엄성을 침해하는 결과에 이르렀다고 생각했다. 당사자의 불행을 자신의 상업적 이익을 위한 자극적 소재로서 악용하는 관심 끌기 광고는 기본법 제5조 제1항 제1문과 일치하지 않는다고 판단했다. 곤경에 빠진 사람과의 연대감 호소는 그것이 자기 기업의 매출을 완전히 다른 영역에서 증대시키는 사업상 이해와 맞물렸을 때 파렴치한 것이며, 피해당사자 자신을 위한 존중권과 동료와의 연대감을 침해하는 것이라고 보았다.

연방헌법재판소는 바로 이러한 견해가 경쟁법에서 의견자유의 제한으로서 인간존엄성의 사정거리를 오인하는 것이라고 비판했다. 인간존엄성은 경쟁법에서도 의견자유를 절대적으로 제한하며, 기본법 제1조 제1항은 국가권력에 모든 인간을 인간존엄성에 대한 공격으로부터 보호할 의무를 부과한다고 인정했다. 그러한 공격은 굴종, 낙인찍기, 박해, 추방 그리고 다른 당사자에게 인간으로서의 존중권을 박탈하는 행동방식 내에서 존재한다고 부연했다. 그리고 모든 기본권의 토대로서 인간존엄성은 어떠한 개별적 기본권과 형량이 가능하지 않다고 밝혔다. 하지만 개별적 기본권들은 전체적으로 인간존엄성의 원리의 구체화이기 때문에, 기본권행사가 불가침의 인간존엄성을 침해한다고 인정되어야 할 때에는 항상 신중한 근거 제시를 필요로 한다고 보았다. 부정경쟁방지법 제1조의 해석에 있어서도 마찬가지로 이것은 인간존엄성의 침해를 인정할 경우, 특히 실력에 따른 경쟁의 위험성으로 인해 의견자유에 불가피하게 개입할 수밖에 없는 해당 규정의 정당성이 탈락되기 때문에 중요하다고 판단했다.

연방헌법재판소는 이러한 원칙의 적용에 따르면 광고의 관심 끌기 목적으로 인해 해당 광고를 인간존엄성 침해로 간주한 연방대법원의 평가를 유지할 수 없다고 밝혔다. 광고는 에이즈 환자의 불행을 거론하면서 관찰자에게 그 해석의 여지를 남겨두었다고 보았다. 이 광고가 광고 목적으로 인해 당사자를 조롱하고, 조소하고, 무시하거나 혹은 묘사된 고통을 하찮은 것으로 여기고, 이를 옹호하거나 하나의 우스꽝스러운 혹은 죽음과 허무를 농담식의 맥락 안에 둠으로써 적절한 존중을 소홀히 했다는 표현으로 바뀌지는 않는다고 판단했다. 마찬가지로 광고기업이 그 표현을 통해 자극된 대중의 관심으로부터 단지 자신의 이윤추구만을 추구했다는 사정만으로 인간존엄성 침해의 심각한 비난을 정당화하지는 않는다고 밝혔다. 인간존엄성의 보호는 경쟁법 제1조의 범위 내에서 실력경쟁의 위험성에 대한 입증과는 상관없이 광고가 그 내용으로 인해 인간존엄성의 절대적 한계를 위반한 경우에만 해당 광고의 금지를 정당화한다고 밝혔다. 이러한 한계가 준수되었다면, 광고맥락만으로 다른 경우에 허용되는 의견표현이 인간존엄성을 침해했다는 결론에 이르지는 않는다고 보았다.

물론 이 광고가 통상적인 정치적, 자선적 혹은 보도상의 맥락에서 주제로 다뤄진 것이 아니라 상업적 맥락에서 주제로 채택되었다는 점에서 불쾌한 것으로 느껴지거나 무례한 것으로 간주될 수는 있을 것이라는 점은 인정했다. 하지만 이러한 주제를 전적으로 혹은 우선적으로 고통 자체와 관련시켜서 다루는 것이 도덕적으로 바람직할 것이라는 생각은 기본법 제5조 제1항 제1문을 통해서는 요구되지 않는다고 밝혔다.

또한 연방대법원은 그 광고를 상당한 관찰자들에 있어서 에이즈를 통한 공포와 위협의 감정을 유발시킬 수 있고, 에이즈 환자와 그의 가족들에 의해 납득할 수 없는 방식으로 그의 고통과 대조시켰기 때문에 풍속위반으로 간주했다고 평가했다. 연방헌법재판소는 이러한 보충적 의견들 역시 헌법위반의 인정을 위해 충분치 않다고 밝혔다. 언급된 고통 당사자와 관련해서 그들 중 일부가 광고의 상업적 동기를 고려해 차라리 광고의 환기작용을 포기하길 원할 경우조차 이는 마찬가지라고 보았다. 이러한 태도는 비록 다른 당사자들에게는 대중들과 접촉을 유지하는 것이 보다 중요할지라도 이해될 수 있는 것이라고 생각했다. 그러나 어쨌든 이 사건에서처럼 H.I.V.-환자의 고통이 인간존엄의 준수하에서 주제로 다뤄진 이상, 그것으로는 충분히 보호가치 있는 당사자이익의 침해가 증명되지는 않는다고 밝혔다. 연방헌법재판소는 결국 광고로 인해 받아들일 수 없는 거부감에 대한 국민의 보호관점 역시 광고의 금지를 정당화할 수 없다는 점을 이미 결정한 바 있다고 설명했다.

상업적 광고 목적이 그와 항상 결합되어 있는 자기이익으로 인해 고통의 주제화가 금지된다면, 상존하는 인간의 관점, 가치 그리고 사고에 적지 않은 영향을 끼치는 광고세계에서 중요한 영역이 설 자리가 없게 될 것이라고 보았다. 또한 사회적 문제의 주제화에 관한 특별히 보호가치 있는 이익을 고려한다면, 이러한 광고금지는 의견자유 및 출판자유와 일치할 수 없는 결과가 될 것이라고 결론지었다.[123]

### (3) '자유로운 의사표현의 허용성 추정원칙'과 사실주장

기본법 제5조 제1항 제1문의 의견표현권은 명백히 가치평가와 사실주장 사이를 구별하지 않고 모든 사람들에게 자신의 의사를 자유로이 표현할 권리를 보장한다. 그럼에도 사실주장의 경우에는 '자유로운 의견표현의 허용성 추정원칙'이 의견표현과 동일하게 적용되지는 않는다는 것이 연방헌법재판소의 입장이다. 더군다나 잘못된 정보는 의견표현의 자유의 관점에서 어떠한 보호가치 있는 법익도 아니기 때문에 고의의 허위사실 주장은 기본법 제5조 제1항을 통해 보호되지 않는다.[124] 이러한 예외는 인용이 잘못된 경우에도 마찬가지이다.[125]

이와 관련해 연방헌법재판소는 앞선 "선거운동 발언"결정[126]에서 자유로운 발언의 허용성을 위한 추정이 보장된다는 원칙은 결과적으로 사실주장에 있어서는 단지 제한적으로 적용된다고 판시한 바 있다. 아울러 잘못된 사실주장이 처음부터 기본법 제5조 제1항 제1문의 보호범위 밖에 머무르지 않는 이상, 잘못된 사실주장은 일반법에 근거한 제한에 의견표현보다 더 쉽게 접근 가능하다고 밝혔다.[127]

이러한 연방헌법재판소의 입장은 잘못된 인용문제를 다룬 "뵐/발덴" 결정[128]에서 이미 구체화된 바 있다. 이 결정에서 잘못된 인용은 기본법 제5조 제1항을 통해 보호되지 않는다고 판시하였다. 재판부는 공적 의견투쟁의 과정에서 가치평가가 문제 되는 이상, 헌법상 보장되는 의견표현권은 잘못된 인용에 대해서도 여론형성과정의 이익 차원에서 평가의 내용과는 상관없이 자유로운 의견표현의 허용성 추정을 보장하지만, 이 원칙이 허위의 사실주장에는 같은 방식으로 적용되지 않는다는 점을 분명히 했다.[129] 잘못된 정보는 헌법상 전제되어 있는 적절한 의견형성 과제에 기여할 수

없는, 의견표현의 자유의 관점에서 어떠한 보호가치 있는 이익도 아니기 때문이다.[130]

따라서 연방헌법재판소는 단지 진실의무에 관한 요청이 의견표현의 자유의 기능을 위험에 빠뜨리거나 해를 입히지 않을 정도로 책정되는 것이 중요하다고 보았다. 왜냐하면 과도한 진실의무의 부여와 그와 결합된 중대한 제재는 무엇보다 언론의 제한과 마비에 이를 수 있기 때문이다. 즉, 지나치거나 과도한 위험이 언론에 부과된다면, 언론은 자신의 과제, 특히 공적 통제의 과제를 더 이상 수행할 수 없게 되기 때문이다.[131]

이와 같이 '자유로운 의견표현의 허용성 추정원칙'은 사실주장의 경우에는 의견표현과 동일하게 적용되지는 않는다는 것이 연방헌법재판소의 입장이라면, 원칙적으로 의견표현은 아니지만 진실한 사실의 경우에는 원칙적으로 과연 공적인 여론형성에 기여하는 의견을 뒷받침하는 경우에만 보호되는지 아니면 어떠한 정도로 헌법상 의견표현권의 보호를 누릴 수 있는지 문제 역시 논의가 필요하다.

이에 관해 연방헌법재판소는 기본법이 보호하고자 하는 의견표현권의 내용과 관련해 진실한 사실의 공표문제를 다룬 바 있다. 여기에서 재판부는 의견의 자유가 반드시 공중의 정보이익의 조건 아래에서만 보호된다거나 민주주의 공동체를 위해 신탁적으로만 행사되어야 한다는 사실을 의미하는 것은 아니고, 오히려 기본법 제5조 제1항의 기본권(의견표현권)은 우선적으로 다른 사람과의 의사소통과정에서 그의 인격발현에 관한 개별 기본권 주체의 자기결정권을 보장하는 것이라는 사실을 강조했다.[132]

**연방헌법재판소 2010년 2월 18일 자 결정**
**– 1BvR 2477/08("변호사서한 인용"–결정)**

### 사실관계

이 결정은 청구인과 어떤 변호사 사이의 다툼과정에서 오고 간 변호사의 이메일

서한을 그대로 보도에 인용한 것이 문제 된 사건에 관한 것이다. 청구인은 "N.신문 온라인"이라는 인터넷사이트를 운영하였다. 여기에서 그는 2006년 한 은행이 제기한 소송의 법정 대리인이었던 H 변호사가 공판기일에서 보여주었던 행동을 다루는 기사를 게재하기로 마음먹었다. 이를 위해 청구인은 해당 기사에 H 변호사의 사진을 게재하기 위해 H 변호사 사무실의 홈페이지에서 캡처한 인물사진을 공개하겠다는 퉁명스럽고 딱딱한 어조의 이메일을 보냈다. 이에 H 변호사는 2006년 9월 12일 자 이메일과 함께 다음과 같은 내용의 반대 의사를 명확하게 전달하였다.

> 우리는 H 씨와 나(변호사 사무실 직원)의 모든 초상의 이용을 분명히 거부합니다. 당신이 이를 위반한다면, 우리는 독자적인 법적 조치를 개시할 것입니다. 우리는 최근 다른 언론사의 초상공개 역시 금지시켰다는 사실을 알려 드립니다.

그럼에도 청구인은 같은 날 자신의 웹사이트에 기사를 공개했고, 여기에는 H 변호사가 분명히 초상공개를 거부했다는 내용과 함께 위 H 변호사 사무실의 이메일 내용을 그대로 인용 보도하였다. H 변호사는 해당 기사에서 자신의 사무실 직원이 보낸 이메일 내용이 그대로 공개됨으로써 자신이 단지 스스로 공개한 홈페이지 사진을 누군가 공개하고자 할 때 즉각 소송으로 위협하는 그런 인물로 비칠 수 있다며, 문제의 이메일 내용 공개금지 소송을 제기했다. 이에 대해 하급심 법원에서는 H 변호사의 일반적 인격권 침해를 인정하면서, H 변호사의 대응이 담긴 이메일 원문을 그대로 공개할 공적 이익은 미미하다고 판단했다.[133]

① 진실한 사실의 공표와 의견자유의 보호범위

연방헌법재판소는 이 사건의 법적 쟁점을 우선 '진실한 사실의 공표'에 관한 문제라고 판단했다. 그리고 사실주장이 의견형성에 기여할 수 있는 한, 기본법 제5조 제1항의 의견자유권의 보호범위에 속할 수 있다는 점에서 출발했다.

나아가 재판부는 연방헌법재판소의 지속적인 판례에 따르면 일반적 인격권은 그

주체에게 공중 속에서 자신의 마음에 드는 방식대로만 표현될 것을 요구할 수 있는 어떠한 청구권도 제공하지 않는다고 밝히면서, 문제가 된 이메일 내용의 인용기사가 H 변호사의 일반적 인격권을 침해한다고 인정한 하급심 판결은 문제가 있다고 보았다. 즉, 사회적 영역에서의 진실한 사실은 일반적으로 허용되지만 당사자의 중대한 인격권 침해를 고려할 수 있는 공개적 비난일 경우에만 금지될 수 있다고 인정했다.[134]

② 공중의 정보이익과 의견자유의 보호 여부

연방헌법재판소는 이러한 관점에서 하급심 판결이 본질적으로 문제의 이메일 원문공개 기사는 공중의 정보이익이 낮다는 점에 초점을 맞춘 사실은 기본법 제5조 제1항의 보호범위를 근본적으로 잘못 판단하는 것이라고 비판하였다. 비록 공중의 정보이익이 표현의 기본권적 이익과 보도대상자의 인격권의 충돌에 있어서 본질적인 형량요소임은 분명한 사실이라고 인정했다.

하지만 이것이 의견의 자유가 반드시 공중의 정보이익의 조건 아래에서만 보호된다거나 민주주의 공동체를 위해 신탁적으로만 행사되어야 한다는 사실을 의미하는 것은 아니고, 오히려 기본법 제5조 제1항의 기본권(의견표현권)은 우선적으로 다른 사람과의 의사소통과정에서 그의 인격의 발현에 관한 개별 기본권주체의 자기결정권을 보장한다고 강조했다. 따라서 의견표현권은 일반적 인격권과의 형량과정에서 우선적으로 자신의 인격전개 관점이 고려되어야 하고, 공중의 정보이익은 이러한 과정에서 계속해서 추가적인 중요성을 얻게 될 수 있다고 보았다.[135]

**(4) 오락적 기사와 의견표현의 자유**

위에서 살펴본 연방헌법재판소의 입장에 따르면, 결국 기본법 제5조 제1항이 규정하고 있는 의견표현권의 내용은 의사소통과정에서 보장되어야 할 자신의 인격전개에 관한 자기결정권이므로 반드시 공중의 정보이익이 존재하여야만 보호될 수 있는 기본권은 아니다. 단지 형량과정에서 중요한 판단기준으로서 '공중의 정보이익'이 존재한다면, 우월한 보호이익으로 인정될 가능성이 증가하게 된다. 따라서 공중의 정보이익이 사소한 사안일지라도, 예컨대 단순한 오락적 내용이라 하더라도[136] 자유로운 의사소통을 보장할 수 있는 담론이라면 의견표현권의 보호대상에 포함된다는 사실을 간과하지 말아야 한다. 이러한 사실들은 의견표현권과 관련된 사건이 아니라 오락적 내용이 담긴 신문이나 방송 등 출판・방송자유권과 관련된 판례들에서 발견할 수 있다.

우선, 27년 전 행해졌던 일명 레바하 사건을 다룬 "레바하의 군인 살인사건"이라는 방송 프로그램에서 이미 알려진 주범의 이름을 변조해서 보도한 것이 인격권 침해에 해당하는지를 다룬 사건에서[137] 연방헌법재판소는 기본법 제5조 제1항 제2문의 방송자유의 핵심은 프로그램의 자유라고 보았다. 그리고 프로그램의 자유는 방송의 본질에 속하는 프로그램 편성 및 개별 방송내용의 구성 역시 보장하며, 이에 따라 자신의 저널리즘적 기준에 따라 방송할 수 있는 권리가 보장된다고 밝혔다. 아울러 이러한 자유는 정치적 프로그램으로만 제한되는 것이 아니라 오락적 프로그램도 포함되며, 특정 내용의 방송을 금지하는 것은 방송자유의 핵심을 건드리는 것이라고 생각했다.[138]

이후 모나코 캐롤라인 공주가 그녀의 남편과 함께 생모리츠에서 스키휴가를 보내고 있는 모습의 사진을 함께 공표한 2002년 2월 "여성 슈피겔"지 보도 등에 관한 헌법소원 사건[139]에서 연방헌법재판소는 출판자유의 기본법상 보장의 핵심에는 출판물의 성격과 경향성 그리고 내용과 언론사의 형태를 자유롭게 결정할 권리가 속한다고 밝혔다. 그리고 출판물에 사진게재 여부 및 어떻게 게재할지를 결정하는 문제도 이에 포함된다고 보았다. 아울러 이러한 사진에 첨부된 기사내용 역시 해당 보도의 헌법적 보호에 포함된다고 인정했다.

결국 출판자유권의 보호는 출판기관이나 보도내용의 본질이나 수준에 달려 있는 것이 아니므로, 출판은 자신의 저널리즘적 기준에 따라 무엇이 공적 이익의 가치가 있는 것이고 무엇이 아닌지를 결정할 수 있으며, 어떠한 기준에 따를지라도 출판물의 평가에 출판의 자유가 좌우되어서는 안 된다고 설명했다. 따라서 가령 유명인에 관한 오락적 기사들 역시 출판자유의 보호를 받는다고 확정했다. 다만, 법원을 통한 형량과정에서 인격권과의 충돌이 발생했을 때 비로소 정보이익의 중요성이나 공중과 본질적으로 관계된 관련성을 보도에서 제시하는지가 중요한 요소로 부각된다고 밝혔다.[140]

이러한 연방헌법재판소의 입장은 그대로 연방대법원에까지 수용되었다. 실례로 연방대법원은 유명인의 입양자녀를 실명으로 공개한 것에 대한 금지청구 소송에서 미디어가 원칙적으로 자신의 저널리즘적 기준에 따라 무엇을 공적 가치가 있는 것으로 간주할 수 있는지 여부에 관해 결정할 수 있는 것은 의견표현 및 미디어자유의 핵심에 속하며, 이때 오락적 기사, 가령 유명인에 관한 혹은 그의 사회적 배경에 관한 기사들 역시 의견표현의 자유의 보호에 관계된다고 밝혔다. 왜냐하면 의견표현의 자유는 단지 공적 이익의 조건 아래에서만 보호되는 것이 아니라 다른 사람들과의 의사소통과정에서 자신의 인격발현에 관한 개별 기본권 주체의 자기결정을 우선적으로 보장하기 때문이라고 생각했다. 여기에서 비로소 의견표현권은 일반적 인격권과의 형량 속으로 편입되어야 할 중요성을 얻게 되며, 공적 이익의 가능성을 통해서는 단지 그의 중요성이 더욱 배가될 수 있을 뿐이다.[141]

이러한 입장은 독자들의 시선을 자극하기 위한 헤드라인 제목의 기사에도 마찬가지로 적용된다.[142] 연방대법원은 2012년 3월 "빌트"지와 "인터넷 빌트"에서 보도된 "폭주족과 함께 체포된 UW(원고 실명) 미용숍의 미용사"라는 제목의 기사에 대해서도 동일한 기준을 유지하였다.

## 8. 법익형량의 원칙

### (1) 연방헌법재판소가 밝힌 의견표현권 의미와 법익형량 원칙의 도출

독일 기본법 역사뿐만 아니라 언론법 역사에서도 볼 때 "뤼트" 판결은 독일 언론법의 시원이라고 평가될 수 있는 기념비적 판결이다. 연방헌법재판소는 1958년 이 판결을 통해 자신들이 생각하는 자유민주적 국가질서 내에서 의견표현권이 가지는 중요한 의미를 명백하게 천명했으며, 의견표현권이 문제 되는 사건의 해결과정에서 지금까지 유지하고 있는 형량원칙을 구체적으로 제시하였다. 독일의 저명한 연방헌법재판관 출신의 헌법학자인 그림(Grimm) 교수 역시 한 논문에서 연방헌법재판소의 의견자유에 관한 판결은 오늘날까지 1958년 "뤼트" 판결에서 정해진 궤도 내에서 움직이고 있다고 설파한 바 있다.[143] 따라서 독일 언론법을 이해하는 첫걸음은 "뤼트" 판결의 의미를 음미하는 것에서 시작해야 한다.

### 연방헌법재판소 1958년 1월 15일 자 판결 – 1BvR 400/57("뤼트"–판결)

#### 사실관계

함부르크 시장인 뤼트(Lüth)는 함부르크 프레스클럽에서 공식발표를 통해 극장주와 영화 배급자들에게 영화 '불멸의 연인'을 상영하지 말도록 촉구하였고, 계속해서 독일 대중들에게 영화관람을 하지 말라고 호소했다. 뤼트 시장이 이러한 자신의 보이콧 호소를 하게 된 이유는 영화감독인 바이트 하를란이 나치시대에 무엇보다 '유대인 쥐쓰(Jud Süß)'라는 영화를 제작, 발표했다는 사실 때문이었다. 뤼트는 민사소송 과정에서 자신이 한 발언들을 금지하라는 판결이 내려지자 연방헌법재판소에 헌법소원을 신청하였다.[144]

① 의견표현권과 일반법 해석의 상호관계

연방헌법재판소는 의견표현의 기본권은 사회 내에서 인간이 소유하게 된 인격의 직접적 표현으로서 일반적으로 가장 으뜸의 인권(인간과 시민의 권리선언 제11조)이라고 밝혔다. 자유민주주의 국가질서를 위해서 의견표현권은 전적으로 구성적인데, 왜냐하면 우선적으로 지속적인 정신적 논쟁과 삶의 구성요소인 의견투쟁을 가능하게 하기 때문이라고 생각했다. 따라서 일정한 의미에서 의견표현권은 일반적으로 모든 자유의 기본토대이며, 카르도조의 말을 빌려서 다른 모든 형태의 자유의 바탕이자 필수 불가결한 조건이라고 천명했다.

이러한 자유민주주의 국가를 위해 의견표현의 자유가 가지는 기본적 의미를 고려할 때, 의견표현권의 객관적 사정거리를 바로 일반법에 맡겨두거나 이 일반법을 해석해야만 하는 법원의 판결을 통한 이 기본권의 모든 제한을 법원에만 일임하는 것은 헌법체계와 모순된 것이라고 판시했다. 왜냐하면 의견표현권을 제한할 수 있는 기본법 제5조 제2항에서 언급하고 있는 의견자유에 대한 일반법, 청소년 보호, 명예권의 제한규정으로 인해 법원이 그러한 일반법 등 관련법의 해석과정에서 남겨 둔 영역에서만 기본권 보호가 가능하다는 해석이 가능했기 때문이라고 밝혔다.[145]

오히려 연방헌법재판소는 이러한 제한영역에 원칙적으로 기본권이 적용되어야 한다고 보았다. 따라서 일반법은 기본권을 제한하는 작용이 기본권의 의미에 비추어 적용되어야 하고, 자유민주주의의 모든 영역에서, 특히 공적 생활영역에서 자유로운 의견표현을 위한 원칙적 추정에 이르러야만 하는 의견표현권의 특별한 가치내용이 어쨌든 훼손되지 않도록 해석되어야 한다고 판시했다.

따라서 기본권과 개별법 사이의 상호관계는 개별법을 통한 일방적 제한으로서 파악될 수는 없다고 보았다. 오히려 개별법이 비록 원문에 따르면 기본권을 제한할지라도, 개별법 쪽에서는 자신 역시 자유민주주의 국가에서의 이 기본권의 가치설정 의미의 인식을 바탕으로 자신을 해석하고, 이에 따라 개별법의 기본권 제한효력이 재차 제한되어야 한다(Schranken-Schranke)는 의미에서 상호작용(Wechselwirkung)

이 일어난다고 선언했다.[146]

② 의견표현의 의의와 법익형량원칙

한편, 연방헌법재판소는 의견표현의 의미란 바로 정신적 작용을 주변으로 미치는 것이며, 전체사회에 대해 의견을 형성하고 설득을 하는 것이라고 인정했다. 그 때문에 언제나 정신적 영향력을 달성하는, 특히 다른 사람을 설득하고자 하는 가치평가는 기본법 제5조 제1항 제1문에 의해 보호되며, 기본법의 보호는 우선적으로 다른 사람에게 영향을 미치고자 하는 가치평가에 표현된 발언 주체의 입장표명에 인정된다고 밝혔다. 따라서 보호받는 의견표현과 보호받지 못하는 의견표현을 구별하는 것은 어불성설이라고 보았다.

이와 같이 이해된 의견표현은 그 자체, 즉 순수한 정신적 작용 내에서는 자유롭지만, 의견표현을 통해 법적으로 보호되는 다른 사람의 이익이 침해되고, 이에 따라 의견자유에 대하여 타인의 이익보호가 우선한다고 인정될 때에는 이러한 공격이 의견표현의 수단으로 행해졌다 할지라도 허용되지 않는다고 밝혔다. 바로 이러한 점에서 연방헌법재판소는 하나의 법익형량(Güterabwägung)이 필수적이라는 원칙을 도출했다.[147]

결론적으로 가치설정적 기본권과 그의 법적 제한 사이에는 하나의 상호작용(Wechselwirkung)이 존재하고, 이 상호작용은 법관에 의해 개별법의 해석과 적용과정에서 다음과 같은 이익형량을 요구하게 된다고 설명했다.[148]

> 의견표현의 자유권은 보호가치 있는 더 높은 우위에 있는 타인의 이익이 의견자유의 실행을 통해 침해될 경우에 후퇴해야 한다. 그러한 우월한 타인의 이익이 존재하는지 여부는 사건의 모든 사정을 토대로 조사되어야 한다.[149]

그리고 연방헌법재판소는 이때 기본권의 자유주의적 내용이 분명하게 고수되어야 한다고 강조했다. 무엇보다 사적 논쟁을 위해 이 기본권이 행사된 것이 아니라 발언자가 우선적으로 여론형성에 기여하고자 행사되었고, 그 결과 그 발언의 효과가 본래 의도하지 않았던 타인의 사적 권리영역에 대해 불가피한 결과를 가져올 수 있다 하더라도, 이때에도 기본권의 의미는 존중되어야 한다고 밝혔다.

연방헌법재판소는 바로 여기에서 목적과 수단의 관계가 중요하다고 강조했다. 사적인, 특히 경제적 거래관계에서 그리고 이기적 목적의 추구과정에서 이러한 법익을 직접 대상으로 하는 것이 아니라 공공성과 본질적으로 관련된 문제에서 합법적으로 정신적 의견투쟁에 기여를 위해 행동하면 할수록 사적 이익의 보호는 후퇴해야만 한다고 판단했다. 바로 여기에서 자유로운 의견의 허용성 추정이 보장된다고 천명했다.

따라서 민사법 성격의 일반법을 근거로 의견자유의 제한에 이르게 되는 민사법원의 판결 역시 기본법 제5조 제1항 제1문의 기본권을 침해할 수 있다고 보면서, 민사법원 역시 각각 일반법에서 보호되는 표현으로 인한 피해자의 법익의 가치에 대해 기본권의 의미를 형량해야 한다고 판시했다. 이때 판단은 단지 모든 본질적 사정의 고려하에서 개별적 사건의 전체적 조망하에서만 내려질 수 있다고 강조했다. 그리고 잘못된 형량은 기본권을 침해하고 이에 따라 헌법소원을 정당화한다고 선언했다.[150]


다만, 법익형량의 원칙을 이해함에 있어서 주의할 점은 공공성에 본질적으로 관계된 문제에 적용되는 '자유로운 의견의 허용성 추정원칙'은 의견자유의 절대적 우위를 정당화하지 않으며, 다른 형량 결과 역시 허용하게 된다는 점이다.[151]

이와 관련해 연방헌법재판소는 "뤼트" 판결에 이어 "슈미트" 결정[152]을 통해서도 의견표현권의 의미를 보여주는 한편, 실체법상 의견표현권을 보장하기 위한 창구로서 형법 제193조의 정당화 규정을 근거로 가리켰다. 이 결정은 헌법상 의견표현권의 사정거리는 형법 제193조에서 요청된 법익형량을 통해 구체적으로 결정되며, 형법 제193조의 요건이 실무상으로 어떻게 적용 가능한지를 보여주는 초기 판례로서 의미가 크다. 이 결정에서는 형법 제193조의 '정당한 이익의 대변' 요건이 헌법상 의견표현권의 보장을 위해 구체적으로 적용되는 과정을 자세히 소개하고 있다. 아울러 그 과정에서 이른바 '반격권'이라는 의사표현법상 중요한 법리를 도출하고 있다. 따라서 이 결정은 의견표현권을 둘러싼 기본권 보장과정에서 작동하게 되는 독일법상 재판 실무과정을 자세히 이해할 수 있는 전통적 사례라고 평가할 수 있다.

**연방헌법재판소 1961년 1월 25일 자 결정**
**- 1BvR 9/57("슈미트/슈피겔"-결정)**

### 사실관계

청구인 슈미트는 1953년 정치적 투쟁에 관한 강연을 했고, 1954년 다소 수정된 형태로 이 내용을 공표했다. 자신의 발언으로 인해 슈미트는 공산주의 성향이 의심된다는 의혹에 휘말리면서 고위직 법관의 자질적합성에 의구심이 든다는 언론사의 비난에 직면하게 되었다. 이를 계기로 슈피겔의 한 특파원이 청구인에게 인터뷰를 제안했고, 청구인은 이를 수락했다. 인터뷰에서 청구인에 대해 제기된 비난이 논의되었고, 이때 청구인은 기자에게 자신을 다루었던 잡지기사 및 관련기록들을 넘겨주었는데, 이 자료들에서 결정적으로 그가 공산주의에 반대한다는 사실이 밝혀지게 되었다. 하지만 기자는 이러한 자료를 활용하지 않고서 S 주간지에 "W"라는 제목의 익명기사를 게재했다. 이 기사 안에서 청구인의 정치적 투쟁과 관련된 논쟁주제들은 전혀 없었고, 그의 강연과 그의 정치적 태도와 관련된 과거의 정치행적만을 담고 있었다. 이에 청구인은 1954년 A 신문에 자신의 입장을 게재했는데, 이 기사는 같은 날 해당 신문의 지방판에도 게재되었다.

이러한 청구인의 기사를 이유로 주간지 "슈피겔"과 책임편집자는 청구인을 상대로 형법 제186조 명예훼손죄 등을 이유로 사소송(Privatklage)을 제기했다. 슈피겔 측은 대체로 슈미트가 공산주의 성향을 가지고 있다는 슈피겔 측 보도가 적절한지라는 첫 번째 부분과 포르노그래피와의 비교를 통해 그리고 슈피겔의 보도방식에 바탕이 되어 있는 이윤추구의 암시를 통해 "슈피겔"지의 신뢰성을 의심하는 마지막 부분을 문제 삼았다.

슈피겔 측이 제기한 사소송(형사고소 및 손해배상소송)에서 포르노그래피와의 비교부분과 판매액 부분이 "슈피겔"지에게 결정적이었다는 주장은 하급심 법원들을 통해 명예훼손으로 인정되었고, 이에 청구인은 헌법소원을 제기했다.[153]

① 의견표현권의 헌법상 의미와 형법 제193조의 정당화 근거

연방헌법재판소는 이 결정에서 우선 다음과 같이 의견표현권의 헌법상 의미를 인격의 직접적 표현이자 모든 시민의 공적 토론에의 참여권이라고 밝히면서, 기본법 제5조 제1항 제2문의 출판자유권의 의미와 구별했다.

> 사회 내에서 인격의 직접적 표현으로서 의견자유는 가장 중요한 인권 중 하나이다. 바로 이 권리는 인격에 특별한 중요성을 부여한다. 나아가 자유민주주의적 기본질서를 위한 이 기본권은 정신적 투쟁, 사고와 자유민주적 국가질서의 작동과정 내에서 생활에 필수 불가결한 이익들에 관해 자유로운 논쟁을 보장한다는 점에서 전적으로 구성적이다.
>
> 모든 시민들은 기본법 제5조 제1항 제1문을 통해 이러한 공적 토론에 참여할 권리를 보장받는다. 그에 반해 출판은 라디오방송 및 텔레비전을 포함해서 여론형성의 가장 중요한 수단이다. 출판의 자유는 그 때문에 기본법 제5조 제1항 제2문에 따라 특수한 기본권 보호를 누린다.

이어서 연방헌법재판소는 이러한 의견표현권의 사정거리는 바로 형법 제193조에서 요청되는 명예와 여론형성의 관점에서 중요한 역할을 하는 의견자유 사이의 법익형량을 통해 본질적 영향력을 행사해야 한다고 보았다. 이에 따라 담당 재판부는 형법 제193조의 정당화 근거를 자유로운 의견표현권의 발현형태로서 평가하고, 그의 적용에 있어서 여론형성의 중요성을 고려하거나 출판을 통한 공익의 대변을 민주국가 내에서의 그의 기능적 관점을 고려하여 형법 제193조의 정당한 이익의 대변으로서 인정함으로써 의견표현권을 고려하게 된다고 밝혔다. 따라서 기본법에 따른 과도

한 형벌의 제한 역시 여론형성에서 달성된 효과에 상응하는 반작용의 관점에서 결정된다고 보았다.

나아가 연방헌법재판소는 하급심 법원들이 신문에 게재된 청구인의 슈피겔지에 대한 부정적 평가는 자유로운 의견표현권을 이용할 의도에서가 아니라 단지 분풀이에서 행해졌기 때문에 진정한 의견에 해당하지 않는다고 판단한 점을 반박했다. 즉, 자유로운 의견표현권은 법익형량에 있어서 비록 개인적 분쟁과는 상관없이 단지 여론형성에 기여하고자 하는 곳에서 특히 중요성을 얻게 되지만, 언론에서 표현된 여론형성의 요소로서 비난적 평가의 의미가 개인적 동기의 지적과 함께 매도되어서는 안 된다고 생각했다.[154]

### ② '정당한 이익의 대변'규정의 판단기준

연방헌법재판소는 청구인의 표현들을 '정당한 이익의 대변'이 평가의 형태로 나타난 것이며, 나아가 'W' 제목의 기사 외에 적어도 일반적인 슈피겔지 보도들의 본질적 부분은 평가형태로 게재된 것이라고 이해했다. 따라서 청구인의 표현은 즉흥적 공격이 아닌 슈피겔지 'W' 제목의 기사에 대한 방어 차원에서 행해졌기 때문에, 정당한 이익을 가지는지 여부는 본질적으로 이 기사가 어떠한 이익에 관계되는지에 달려 있다고 판단했다. 아울러 슈피겔지 기사는 단지 청구인의 명예뿐만 아니라 오히려 청구인의 정치적 과거를 철저히 규명함으로써 무엇보다 부적절한 인물의 고위법관직의 임명이라는 주제를 다루었으며, 사법부의 인사정책과 신뢰 위반을 둘러싼 다툼에 대해 입장을 개진했고, 그 논쟁에는 청구인 외에도 이전 주수상과 법무부장관도 함께 논쟁에 관여되었다고 인정했다. 이것이 바로 원칙적으로 모든 국민에게 공적 관심사에 관해 보고할 출판의 공적 과제의 범위 안에 놓여 있다는 사실을 말해 주는 것이라고 보았다. 하지만 바로 이 점에서 청구인에게도 마찬가지로 동일한 이익의 대변이 언론에 대한 대응에 있어서 정당한 것으로 용인되어야 한다고 설명했다. 아울러 이것은 바로 기본법 제5조 제1항 제1문에서 보장된, 자유로운 의견표현을 통해 여론형성에 기여할 모든 시민의 권리에서 나온다고 밝혔다.

이어서 재판부는 이때 청구인이 우선적으로 자신의 명예보호만이 중요해서 공적 생활의 외형에 해당하는 슈피겔지에 대해 자유로운 의견표현권을 행사할 의도를 가지지 않았는지 여부는 중요하지 않다고 판단했다. 이러한 동기는 해당 표현이 여론형성의 관점하에서 이뤄진 것인지의 판단에 있어서 결코 결정적이지 않다고 하면서,

> 의견표현은 출판에 있어서도 마찬가지로 종종 공공성에 기여할 노력과는 다른 동기를 통해서 결정된다: 다양한 종류의 개인적 평가와 이익들이 관여하곤 한다. 그럼에도 이것은 보도에 도움이 되고 여론형성에 기여하는 것이다.

라고 밝혔다.

그리고 청구인의 표현에서는 개인적 명예의 방어와 더불어 동시에 슈피겔지에서 제기된 공산주의와 친밀한 청구인과 같은 고위 법관이 객관적이지 못한 숙고를 통해 공직에 취임하거나 그가 공직에 적합한지 여부의 문제도 함께 다뤄졌다고 인정했다. 따라서 청구인의 표현은 객관적으로 공중에게 강하게 관심을 불러일으키며, 사법과 국가지도층의 신뢰와 관련된 문제에 대한 기여로서 나타나는 것이기에, 이러한 성격이 청구인의 명예와 지위방어라는 사실로 인해 사라지지는 않는다고 보았다.

결국 청구인이 자신의 표현으로 대변한 정당한 이익들 속에는 여론형성에 기여할 권리 역시 포함되는데, 이때 중요한 것은 청구인의 반박이 슈피겔지의 보도방식과 여론에 대한 영향에 상응하는 것인지 여부이며, 이는 여론형성을 위한 찬반토론의 중요성에서 나온다고 밝혔다.[155]

③ 반격권의 인정 여부

나아가 연방헌법재판소는 청구인이 어떻게 대응하며, 공적 토론에서 제기된 주제와 관련해 어떤 형태로 어떤 기사를 제공해야 하는지를 판단하기 위해서는 슈피겔지의 보도방식을 통해 결정되어야 하며, 여론에 대한 그의 영향력을 저지할 수밖에 없

는 불가피성을 통해 결정된다고 판단했다. 만약 슈피겔지가 청구인에 관한 보도를 통해 자신을 신뢰할 수 없게 했다는 근거 있는 의혹이 인정된다면, 슈피겔지 역시 일반적으로 그러한 표현방식의 주체로서 비판된다는 점에 적절한 공적 토론의 기여가 존재하는 것이며, 따라서 슈피겔지 또한 부정적 평가 계기를 스스로 제공한 만큼 비록 자신의 명성이 감소될지라도 그러한 비판을 원칙적으로 감수해야 한다고 보았다. 따라서 하급심법원이 판시한 바와 같이 객관적인 반박만으로는 청구인에 대해 제기된 비난들이 슈피겔지의 여론에 대한 영향력에 비해 충분하지 않을 수 있기 때문에, 독자층의 유인수단으로서 포르노그래피에 비교될 수 있는 사상의 폭로라는 의미를 가진 표현형태 역시 청구인의 정당한 이익의 대변(형법 제193조)으로 인정되어야 한다고 판시했다. 만약 하급심 법원이 이를 인정하지 않는다면, 이는 기본법 제5조 제1항의 형법 제193조로의 개입을 거부한 것이라고 비판했다. 즉, 중요한 공직정책 문제에 관한 여론형성에의 영향에 관해 슈피겔의 정당한 이익을 인정할 것과 이에 대한 대응을 공중에서의 부적절한 정보에 대한 반격(Gegenschlag)으로 간주할 것을 의견표현권의 관점에 따라 형법 제193조는 요구한다고 판단했다.[156]

### (2) 헌법상 법익형량의 요청근거 및 구체적 기준

의견표현권은 형법 제193조의 정당화 근거를 통한 형량 외에도 다른 법익들과의 형량을 필수적으로 요구한다. 왜냐하면 기본법 제5조 제2항은 명예권 외에도 우선적으로 일반법 및 청소년 보호에 관한 법적 규정에서 생겨나는 의견자유권의 제한을 규정하고 있기 때문이다. 따라서 의견자유에 있어서 제한작용을 하는 법의 해석과 적용에 있어서도 마찬가지로 각급 법원들은 의견자유권의 중요성을 고려해야 하며, 여기에서 도출되는 법익형량 원칙[157]은 대개 해당 규범의 구성요건표지의 범위 내에서 개별적 사건을 고려해서 행해져야 하는 형량, 즉 제한되는 기본권과 기본권을 제한하는 법이 기여하는 법익 사이의 형량을 요구하게 된다.[158]

이러한 형량을 위해서 연방헌법재판소는 지금까지 발전시켜 온 의견자유권 영역에서 구체적 형량방법의 기준은 무엇인지에 관해 "아우슈비츠 부정" 결정[159]을 통해 분명히 제시하였다. 이에 따르면, 의견자유권은 항상 인격권에 대한 우위를 주장하지는 않는다고 밝혔다. 오히려 형식적 모욕(Formalbeleidigung) 혹은 비방(Schmähung)으로 인정될 수 있는 의견표현이 문제 될 경우에는 의견표현권에 인격권 보호가 대개 우선한다고 결정했다.

그 밖에 사실주장과 결합되어 있는 의견표현의 경우에는 의견표현의 바탕이 되는 사실적 전제의 진실내용의 보호가치가 좌우할 수 있다고 보았다. 따라서 이러한 사실적 전제가 허위로 입증된다면, 의견자유는 통상적으로 인격권 뒤로 후퇴한다고 밝혔다. 그 밖에 개별적으로 어떤 법익이 우월한지가 중요한데, 이때 공공성과 본질적으로 관계되는 문제는 자유로운 의견표현을 위한 허용성의 추정이 보장된다고 판시하였다. 따라서 관련된 인물들의 법적 지위 사이의 형량에 있어서는 항상 이러한 요소들이 함께 고려되어야 한다.[160]

### (3) 언론소송에서 법익형량의 필요성과 수행방식

연방헌법재판소는 1999년 "헬른바인" 결정[161]을 통해 일반적 인격권과 의견표현건 사이에 행해져야 하는 법익형량의 필요성 및 방법 등에 관해 자세히 설명한 바 있다. 여기에서는 두 기본권의 충돌과정에서 법익형량이 왜 필요한지 그리고 어떠한 기준에 따라야 하는지에 관한 분명한 기준을 제시하였다. 이 결정은 무엇보다 법익형량의 원칙의 실무적 법리를 이해하는 데 매우 중요한 것으로 평가된다.

연방헌법재판소는 이 결정에서 일반적 인격권은 제한 없이 보장되는 것이 아니라는 점에서 출발하였다. 기본법 제2조 제1항에 따른 일반적 인격권 역시 다른 권리들을 포함한 합헌적 질서를 통해 제한된다고 밝혔다. 그리고 이러한 권리들에는 기본법 제5조 제1항이 모든 사람에게 보장하는 의견표현권 역시 포함된다고 하면서, 거꾸로 의견표현의 자유 역시 일반적 인격권과 마찬가지로 무제한으로 보장되는 것이 아니라 기본법 제5조 제2항에 따라 그의 제한을 일반법에서 혹은 개인의 명예권에서 발견할 수 있다고 설명했다.[162]

한편, 독일에서 언론보도로 문제 되는 다툼이나 분쟁의 경우, 흔히 문제 된 표현들에 대해 제기되는 금지청구의 민사법상 근거로는 형법 제186조(명예훼손)와 연계된 민법 제823조 제2항(손해배상의무), 민법 제1004조 제1항(방해배제청구 및 금지청구)이 고려된다고 밝혔다. 이에 반해 의견자유권의 이익은 무엇보다 형법 제193조(정당한 이익의 대변)에서 나타나는데, 명예훼손적 표현들로 인한 유죄판결은 정당한 이익을 대변한 경우에는 배제되며, 이러한 형법규정은 민법 제823조 제2항이나 그 밖의 법적 사고를 매개로 민사법에도 역시 적용된다고 밝혔다.

그리고 이러한 규정들의 해석과 적용은 관할법원의 책무이지만, 해당 법원들은 관계된 기본권들의 해석과정에서 기본권의 가치설정적 의미가 법적용 분야에서도 마찬가지로 유지될 수 있도록 주도적으로 고려해야 한다고 강조했다. 바로 이러한 요청에 따라 한편으로는 표현을 통한 인격권 침해의 심각성과 다른 한편으로는 표현의 금지를 통한 의견자유의 손실 사이에서 원칙적으로 형량이 요구되며, 이러한 과정은 해석 가능한 일반법의 구성요건표지의 범위 내에서 이뤄지게 되고, 사안의 특별한 사정이 참작되어야 한다고 판시했다. 그리고 이러한 형량 결과는 개별적 상황의 의존성으로 인해 일반적이거나 추상적으로 미리 결정될 수는 없다고 단언했다.[163]

## 9. 의견표현과 사실주장

언론법상 분쟁사건의 첫 단추는 의견표현과 사실주장의 구별문제라고 해도 과언이 아니다. 따라서 하나의 표현을 의견표현으로 분류할 것인지 사실주장으로 분류할 것인지의 문제에 있어서는 특히 커다란 주의를 필요로 한다. 사실주장에서 시작된다면, 충돌하는 법익들의 형량결과는 표현의 진실내용에 달려 있게 된다. 전통적인 연방헌법재판소의 견해에 따르면 의도적인 허위의 사실주장은 어떠한 기본권보호도 누리지 못하고,[164] 비교적 새로운 견해에 따르면 보다 강한 제한이 가능하다.[165] 만약 표현의 허위성이 입증되지 않는다면, 해당 표현의 적법성은 사실내용이 주의 깊게 취재되었는지 그리고 그 표현이 정당한 이익의 대변을 통해 정당화될 수 있는지 여부에 달려 있다. 그에 반해 의견표현은 원칙적으로 자유롭고 단지 특별한 사정하에서만 제한될 수 있다. 따라서 각각의 기본권 제한작용을 고려한다면, 사실주장 혹은 의견표현으로서 분류작업에는 특히 신중하게 그 타당성 근거를 제시할 것이 요구된다.[166] 이와 관련해서는 의견표현과 사실주장의 구별 장에서 자세히 살펴보기로 한다.

## 연방헌법재판소 2012년 9월 17일 자 판결 – 1BvR 2979/10

### 사실관계

청구인이자 전심절차 피고는 변호사이다. 전심절차의 원고 역시 변호사이고, 자신의 변호사 사무소 홈페이지와 잡지 내 보도에서 특정한 정치적 주제를 다루었다. 그는 공동저자로서 "코스모크라트들의 점진적 혁명"이라는 기사를 작성했는데, 본문에서 이른바 세계를 지배하는 코스모크라트 그룹을 다루면서 다음과 같이 표현하였다.

하지만 지금까지 대부분 영국, 프랑스와 네덜란드의 슈퍼리치 가족들은 하자르계 유대인, 즉 비셈족 유대인이었는데, 이들이 세계의 경제적 사건들을 결정했다.

이어서 원고는 "기본법 제146조-전체 독일헌법의 허구"라는 또 다른 기사에서 기본법의 "과도기적 성격"이라는 내용을 다루면서 다음과 같이 말했다.

기본법은 단지 승전세력들의 질서법상 이용수단에 불과하다.

이에 대해 청구인은 인터넷 토론포럼에서 "작은 점"이라는 필명으로 원고의 실명이 언급된 제목하에 원고의 게시글을 비판하면서 그를 "극우 쓰레기"라고 지칭했다. 원고가 법적 조치의 예고하에 이러한 표현의 삭제를 요구한 이후 청구인은 포럼에서 다음과 같이 반박했다.

어째서? 나는 당신이 단지 극우 쓰레기만을 전파한다고 생각해. 나는 위에서 내가 구체적으로 생각했던 것을 입증했어.

이어서 청구인은 "전체 독일헌법의 허구" 기사에 대해서는 다음과 같이 비판했다.

그는 점령공화국, 독일연방공화국이라는 자신의 극우주의 전형이자 독창적인 기사들을 기고했는데, 이는 독일연방공화국이 결국 생명지역주의를 통해 조직된 민족국가로 대체되어야 한다는 것이다.

그리고 청구인은 원고의 금지요구를 거부하면서 원고에 대한 서한에서 다음과 같이 기술했다.

당신처럼 세상이 근본적으로 하자르계 유대인 그룹에 의해 비밀리에 지배되고 있다고 생각하는 사람은 극우주의자라고 불리는 것을 감수해야 한다.

청구인은 이 서한을 인터넷상 제한된 이용자만이 접근 가능한 범위 내에서 공개했지만, 해커가 이 사이트에 침입하는 일이 있었다.

지방법원은 청구인에게 원고가 극우주의 기사들을 작성했고, 그의 생각은 전형적인 극우의 음모론적 세계관과 다르지 않으며, 그는 극우주의자라고 지칭되는 것을 감수해야 한다는 내용을 주장하거나 전파하는 것을 금지하라고 판결했다. 상급법원은 청구인의 항소를 기각했다. 재판부는 문제 된 표현내용이 극우성향을 지니고 있는지 내지 극우주의 사고에서 나온 것인지 등 평가를 필요로 하며, 이러한 평가는 증거에 의해 접근이 불가능하기 때문에 의견표현이라고 보았다. 이어서 대략적으로 말하자면, 허용되는 의견표현의 경계는 이른바 비방적 비판에서 생겨난다고 밝혔다. 그리고 여기에서 청구인은 원고를 공감할 수 있는 어떠한 배경도 없이 객관적인 비판과는 완전히 다른 동기에서 극우로서 낙인찍고자 했기 때문에, 이는 비방적 비판에 해당한다고 판단했다. 의견자유권의 침해를 이유로 하는 헌법소원은 성공했다.[167]

① 의견표현과 비방적 비판의 구별

연방헌법재판소는 하나의 표현이 부적절하게 사실주장, 형식적 모욕 혹은 비방적 비판으로 분류됨으로 인해 모욕적이거나 비방적 성격 없는 가치평가로서 인정될 수 있는 그러한 표현이 누릴 수 있는 정도의 기본권 보호를 받지 못하게 될 경우, 이는 의견자유의 의미와 사정거리가 부인된 것이라고 생각했다. 그리고 이 사건에서 문제된 표현들은 의견표현에 해당한다고 보았다. 왜냐하면 한 기사가 극우적인지, 하나의 생각이 전형적인 극우의 음모론적 세계관과 구별되는지 그리고 누군가가 극우주의자라고 불리게 되는 것을 감수해야 하는지는 증거조사를 통해 확정될 수 없기 때문이라고 이유를 댔다.

지방법원은 우선 첫 번째 표현을 명백히 입증 가능한 허위의 사실주장으로 분류하고 의견자유의 보호범위에서 탈락시키는 우를 범했다고 비판했다. 그러한 형량은 본질적인 측면을 고려하지 않은 채 의견자유권의 영향을 충분히 유념하지 않았기 때문에, 오류의 치유가 불가능하다고 판단했다. 아울러 동일한 이유에서 다른 두 표현에 대한 지방법원의 형량 역시 부족하다고 보았다.

이어서 상급법원은 해당 표현을 비방적 비판으로 분류하면서 의견자유의 보호범위에서 탈락시킨 점에서 마찬가지로 잘못을 저질렀다고 보았다. 비방은 헌법상 좁게 규정되어야 하고 공공성과 본질적으로 관련된 문제의 경우에는 단지 예외적으로 인정되며, 오히려 사적 다툼으로 제한되는 것이라고 판시했다. 비방적 비판은 더 이상 사안에서의 논쟁이 아니라 인물의 비방이 중심을 이루는 것을 통해 구별된다고 밝혔다. 하지만 이 사건에서는 모든 표현들이 이슈 관련성을 가지고 있기 때문에, 이러한 비방적 비판이 인정될 수 없다고 생각했다. 첫 번째 표현은 원고의 텍스트 "코스모크라트들의 점진적 혁명"이라는 내용과 관련이 있고, 두 번째 표현은 "기본법 제146조-독일 전체의 헌법이라는 허구"와 관련이 있으며, 세 번째 표현 역시 소송 전 서한에서 유래하는 것으로 금지청구라는 사안과 관련이 있는 것이라고 인정했다.[168]

### ② 사회적 영역에서 "극우주의자"라는 표현의 허용성

이어서 연방헌법재판소는 "극우파"나 "극우주의"라는 지칭은 하나의 낙인효과와 결부되고, 특히 변호사로서 한 인물의 명성을 공중 속에서 폄훼하는 것이기 때문에 일반적으로 원고의 일반적 인격권과 관계되므로, 그의 변호사로서의 존재를 위태롭게 하는 위협에 해당한다고 밝혔다. 하지만 원고는 그의 내밀 영역이나 사적 영역에 관계된 것이 아니라 기껏해야 사회적 영역에 관계된 것이라는 점과 청구인은 자신의 의견표현이 법원에 의해 금지되었기 때문에, 의견자유의 근본적인 부분이 관련되었다는 사실이 형량 속으로 산입되어야 했다고 비판했다. 즉, 표현의 금지청구 인정은 의견자유의 이익 차원에서 법익보호를 위해 반드시 필요한 부분으로 제한되어야 한다고 보았다. 원고는 그의 기고들을 공개적인 토론을 위해 제기했으며, 그 경우 솔직한 논쟁 역시 여론형성을 위해 가능해야 한다고 판단했다. 또한 다양한 입장표명과 함께 공적 토론에 참가한 사람은 신랄한 대응 역시 원칙적으로 자신의 명성이 감소될 경우에도 감수해야 한다고 덧붙였다. 아울러 청구인의 의견에 대해 원고는 의견투쟁 과정에서 자신의 의견과 함께 재차 공개적으로 방어할 수도 있다고 보았다. 따라서 청구인의 헌법소원은 정당하다고 결정했다.[169]

## 10. 보이콧 호소의 문제

의견표현의 자유권은 그의 의미에서 나타나는 바와 같이 다른 사람의 의견형성에 영향을 미치는 것이고, 자신의 의견의 우선가치를 납득시키는 것이다. 따라서 하나의 발언이 타인에게 가지는 영향력은 헌법상 보호범위에 당연히 포함된다. 하지만 기본법 제5조 제1항 제1문의 의견표현권의 보호는 의견의 공표로 제한되는 것이고, 발언주체가 다른 사람들이 자신의 의견에 따르도록 강제하기 위해 논증과정을 벗어난 압력수단에는 미치지 않는다. 이러한 문제는 종종 경제적 압력하에서 행하는 보이콧 호소에서 생겨날 수 있다. 연방헌법재판소는 타당하게 주간지의 보이콧을 위해 경쟁자들에게 호소하는 것이 특정한 뉴스의 또 다른 전파를 저지하기 위해 결정된 경우 헌법위반으로 보았다. 특히 경제적 수단과 함께 보도의 통제라는 결과에 이르는 경쟁자에 대한 행동들은 보도의 자유에 위배되는 것이라고 판단했다.[170]

이에 반해 보이콧 요청이 정치적 의견투쟁 과정에서 행해진 경우, 특히 정치적 혹은 세계관적 이유에서 기업에 관한 보이콧이 제3자에게 호소되는 경우라면, 이는 달리 판단된다. 그럼에도 신문 배달의 저지를 위해 폭력이나 바리케이드를 설치하는 것 등은 경우에 따라 기본법 제5조의 보호범위에서 탈락하는 것이 자명하다.[171]

따라서 하나의 보이콧 호소가 설명, 해명이나 보완의 설득 가능성으로 제한되지 않고, 이를 일탈해서 자신의 완전한 내적 자유에서 경제적 압력 없이 자신의 결정을 내릴 가능성을 누군가에게서 빼앗는 수단으로 사용된다면, 이는 의견표현권의 보호범위에서 탈락하게 된다.[172]

## 연방헌법재판소 1969년 2월 26일 자 결정
## - 1BvR 619/63("블링크퓌어"-결정)

### 사실관계

헌법소원 청구인은 주간지의 발행인이자 편집인이었다. 주간지 부록에는 서독과 중부독일 및 베를린 동부지구 방송사의 라디오 및 텔레비전 방송프로그램이 게재되었다. 피고 언론사들은 잡지판매상들에게 송부한 회람문서를 통해 이것을 반대했다. 이에 청구인은 송부된 회람문서가 자신의 판매에 대한 보이콧을 포함하고 있기 때문에, 피고들이 자신에 대해 불공정경쟁행위를 했다는 이유로 피고들에 대한 손해배상의무 확정소송을 제기했다. 지방법원과 상급법원은 그러한 청구인의 요구를 받아들였다. 하지만 연방대법원은 피고들의 상고로 항소판결을 파기하고 소송을 기각했다. 그리고 청구인에게 소송비용을 부담시켰다.[173]

### ① 연방대법원의 판단

연방대법원은 청구인이 문제 삼은 회람문서는 경쟁상의 이유에서가 아니라 국가정치적 이유에서 발행된 것이라는 항소법원의 전제에는 어떠한 법적 오류에 근거한 것이 아니라고 인정했다. 회람문서에 포함된 피고들의 경고, 즉 자신들은 위험한 이유에서 소비에트 국가의 방송프로그램이 포함된 인쇄물을 계속해서 보유하는 그런 판매상들과의 거래관계 유지를 점검할 것이라는 경고는 피고들이 단지 자신들의 정치적 관심사의 관철을 위해 혹시 있을지 모를 방해를 제거하길 원한다는 정도로 읽힌다고 밝혔다. 그 회람문서의 목적은 청구인에게 재갈을 물리거나 청구인 회사에 대한 보이콧 동맹을 하는 것이 아니라고 보았다. 단지 소비에트 국가의 방송프로그램 전파만을 대상으로 하는 것이라고 판단했다. 의도에서뿐만 아니라 사용된 방법을 고려하면, 회람문서의 배포는 자유로운 의견표현의 기본권을 통해 보호되며, 이것은 단순한 의견표현이 아니라 그와 함께 의도된 다른 사람들에 대한 영향력 행사를 포함하는 것이라고 인정했다. 이에 따라 피고들에 의해 취해진 조치들과 그로 인해 침해된 청구인의 이익들 사이의 형량은 피고들에 의해 주장된 기본법 제5조 제1항 제1문의 기본권이 회람문서를 통해 침해된 청구인의 영업활동에 대해 우위를 점한다고 판단했다. 비록 회람문서가 본래의 언론보도로 보이지는 않을지라도, 대상 회람문서 안에서 행해진 비판에 대해서는 언론사들에게 우선적으로 정당성이 인정된다고 보았다. 피고들에 의해 판매상들에게 예고된 조치들을 통해 청구인에게 가해질 수 있는 불이익은 기본법 제5조 제1항 제1문에 따른 피고들의 정치적 의견표현에 관한 보호이익이 청구인의 침해된 영업이익 뒤로 후퇴해야 할 정도로 추구된 목적에 대해 불균형관계에 있지 않다고 판단했다. 또한 청구인 회사의 매상 저하는 약 10% 정도에 불과해 어떠한 법적 의미가 부여되지 않는다고 보았다. 피고들이 자신의 관심사를 추구하는 과정에서 이용 가능한 수단의 선택은 도발의 정도, 동·서독 경계지구와 베를린 점령지구에서의 사건들을 통해 함께 결정되어도 된다고 인정했다. 그 때문에 자신의 의견관철을 위해 국민의 사활문제와는 관계가 덜한 사안들 내에서 그리고 분명히 순수한 경제적 다툼의 범위 내에서 자신들의 결정에 맡겨져 있지 않은 그런 영업상의 조치들을 통보하고 전개하는 것이 거부될 수는 없다고 보았다. 만약 피고들이 자신들의 사업방식과 회람문서 안에서 주장한 자신들의 신념을 일치시키지 않았다면, 아마 신뢰할 수 없는 사람들로 비쳤을 것이고, 나아가 피고들은 이러한 대처 없이도 심지어는 자신들의 호소에 따르지 않을 판매상들에게 바로 간접적인 후원을 제공하거나 호소불이행에 대한 직접적인 자극을 주었을 것이라고 생각했다. 따라서 청구인의 영업활동으로의 개입은 위법하지 않으며, 바로 그 때문에 선량한 풍속에 위배되지도 않고 손해배상책임이 인정되지도 않는다고 판단했다.[174]

② 경제적 압력수단 행사의 보이콧과 의견표현 자유권의 위배

연방헌법재판소는 이에 대해 헌법소원은 이유 있다고 밝혔다.

관할법원에서의 절차대상은 사법체계에 따라 결정되어야 할 민사법상 소송이었다

고 인정했다. 하지만 해당 규정은 헌법규범 그 자체에 비추어 가능한 이상, 기본법 기본권 편에 마련된 객관적 가치질서가 이러한 규정의 해석에 대해 영향을 미쳐야 한다고 보았다. 따라서 헌법은 민법 제823조 제1항의 범위 내에서 침해의 위법성 확정을 위해 중요하다고 인정했다. 이 사건에서 한편으로는 보이콧이 의견자유권을 통해 어디까지 보호되는지, 다른 한편으로는 청구인이 어디까지 출판자유권을 주장할 수 있는지가 심사되어야 한다고 밝혔다. 하지만 연방대법원은 대상 판결에서 피고 측 의견자유권의 사정거리를 오인했으며, 청구인 측 출판자유권을 참작하지 않았다고 비판했다.

연방대법원은 피고들의 중부독일 방송프로그램이 포함된 신문들의 판매를 중단하라는 판매상들에 대한 요청뿐만 아니라 신문배급 거부 가능성에 대한 경고가 기본법 제5조 제1항 제1문을 통해 정당화되는 것으로 간주했다. 하지만 연방헌법재판소는 연방대법원이 기본법의 본질을 기반으로 정해진 보호범위를 너무 넓게 확장했다고 비판했다.

신문판매상들에 대한 피고들의 요청은 근거가 되는 동기와는 상관없이, 적어도 일부는 청구인의 주간지 판매에 관한 영업금지를 위한 조직적인 호소로서 하나의 보이콧 요청으로 보인다고 밝혔다. 피고들의 경제적으로 우월한 지위와 신문판매상들에게 위협된 배급거부의 결과를 고려할 때, 이러한 요청들은 수신자에게 자유로운 결정 가능성을 빼앗기에 적합한 것이었다고 인정했다.

연방헌법재판소는 특정한 의견고지를 바탕으로 하는 보이콧 호소는 그것이 공공성과 본질적으로 관련되는 문제 내에서 정신적 의견투쟁의 수단으로 사용될 경우에, 그리고 어떠한 사적인 다툼이 아니라 정치적, 경제적, 사회적 혹은 문화적 공공이익이 그에 바탕이 될 경우에, 기본법 제5조 제1항 제1문을 통해 보호된다고 밝혔다. 보이콧에 관한 이러한 요청은 보이콧 호소인이 하나의 직업상, 영업상 혹은 기타 사업상 경쟁관계에 놓여 있을 경우에조차 기본법 제5조 제1항 제1문의 보호범위 내에 놓이게 된다고 보았다. 왜냐하면 이러한 상황이 아직은 정신적 의견투쟁 그 자체를 배제하지는 않기 때문이라고 밝혔다. 호소인이 혹시 일정한 경제적 우월지위를 소유하고 있다면, 그의 의견표현과 그에 기여하는 보이콧 호소에는 이러한 이유에서 중요한 비중이 부여된다고 인정했다. 하지만 이러한 지위의 경제적 불평등만으로 보이콧 요청을 부당한 것으로 만들지는 않는다고 생각했다. 왜냐하면 헌법에 따르더라도 경제적 우월함이 하나의 정신적 의견투쟁을 수행하는 것을 거부할 수는 없기 때문이라고 보았다.

그럼에도 연방헌법재판소는 호소인이 보이콧 요청을 관철시키기 위해 이용하는 수단은 헌법상 인정될 수 있어야 한다고 강조했다. 따라서 보이콧 요청이 정신적 논증과정에만 의지하는 것이 아니라, 즉 설명, 해명 그리고 숙고의 설득력으로 제한되는 것이 아니라 그 이상으로 대상자에게 자신의 완전한 내적 자유에서 경제적 압력 없이 내릴 수 있는 결정 가능성을 빼앗는 그런 수단이 사용된다면, 이는 자유로운 의견표현권을 통해 보호되지 않는다고 판시했다. 특히 심각한 불이익의 협박이나 통보 그리고 사회적, 경제적 종속관계의 이용은 이것이 보이콧 호소에 특별히 강한 어조로 피력되었을 때 이에 해당한다고 밝혔다. 정신적 논쟁의 자유는 그것만이 공적 이익의 대상들과 국가정치적으로 중요한 대상들에 관한 공개토론을 보장하기 때문에 자유민주주의의 기능을 위한 필수 불가결한 전제라고 인정했다. 따라서 당사자에게 심각한 불이익을 야기하고 그 목적이 헌법상 보장된 의견과 뉴스의 전파를 저지하는 것을 시도하는 경제적 압력의 행사는 의견형성의 과정에서 기회의 평등을 침해하는 것이라고 지적했다. 그것은 아울러 의견의 정신적 투쟁을 보장해야 하는 자유로운 의견표현권의 의미와 본질에 반하는 것이라고 보았다.

연방헌법재판소가 이러한 기준들에 따라 볼 때, 연방대법원은 피고들의 접근방식에 대한 판단에서 의견표현의 자유의 보호범위를 너무 넓게 확장했다고 비판했다. 물론 청구인이 문제 삼은 회람문서는 경쟁상의 이유에서가 아니라 정치적 이유들에서 발행된 것이라는 연방대법원의 견해에는 동의할 수 있다고 인정했다. 그것은 서방세계와 특히 독일에서 여론을 들끓게 했고 저항을 야기했던 베를린 경계지구를 따라 설치된 베를린장벽의 건설 이후 몇 주 지나지 않아 생겨난 사건이었다는 사실이 고려될 수 있다고 보았다. 동시에 동독에서는 당시에 또 다른 자유제한과 거주이전의 제한이 도입되었다는 사실도 존재했다고 덧붙였다. 아울러 서독 정치기관들을 상대로 선전이 강화되었다는 점도 고려했다. 회람문서의 내용에 따르면, 피고들은 스스로 이미 1960년 여름 이후 호혜성 부족을 이유로 중부독일 방송사의 프로그램을 게재하는 것을 중단함으로써 이러한 선전활동들을 저지하기 원했음을 알 수 있다고 보았다.

하지만 피고들이 보이콧 호소의 관철을 위해 사용했던 수단은 기본법 제5조 제1항 제1문에 근거한 기본권과 일치하지 않는다고 판단했다. 피고들이 중부독일 방송프로그램의 게재에 관한 자신들의 의견을 공중 속에서, 가령 자신들에 의해 발행되는 잡지들 내에서 표현하고 독자들에게 관련된 신문이나 잡지들의 보이콧을 요구하는 것으로 제한되었다면, 이러한 접근방식에 대해서는 어떠한 것도 문제 될 것이 없다고 생각했다. 여기에서는 공적 이익을 자신의 것으로 삼은 피고들이 관련된 독자들에게 도움을 청한 것으로 볼 수 있다고 밝혔다. 하지만 신문이나 잡지판매상들을 대상으로 하는 회람문서는 중부독일 방송프로그램 공표의 타당성과 합목적성에 관한 정신적 논쟁을 공중 속에서 불러일으키기에는 적합하지 않다고 비판했다. 그 이유는 이러한 피고들 회람문서의 수신인들이 경제적으로나 법적으로 종속되어 있는 상태이기 때문이라고 보았다. 피고들은 이 사건 관할 법원판결 당시에 신문과 잡지발행인들로서 시장 지배적 지위를 차지하고 있었다고 인정했다. 이러한 회람문서의 수신인으로서 판매상들에 대한 우월적 지위를 피고들은 보이콧 위반자에 대한 배급거부 가능성의 경고와 결부시킴으로써 자신들의 보이콧 호소에 커다란 실효성을 발휘하는 데 이용했다고 보았다. 연방대법원 역시 단순히 고려될 수 있다는 형태로 치장된 진지한 압력수단의 통보로 이해될 수 있다는 점을 인정했다고 덧붙였다. 따라서 피고들의 독점적 지위의 이용하에서 경제적 수단과 함께 정치적 의견투쟁은 더 이상 실행될 수 없을 것이라고 판단했다.

연방헌법재판소는 그런 점에서 이 사건 상황이 소위 "뤼트" 판결(NJW 1958, 257)과는 본질적으로 구별된다고 언급했다. 단지 도덕적인 그리고 정치적인 책임을 호소하는 극장장 뤼트의 의견표현은 영화감독 할란의 예술적, 인격적 발전 가능성을 결코 직접적이고 효과적으로 제한하지 않았다고 평가했다. 왜냐하면 뤼트는 자신의 요청을 강한 어조로 피력하기 위해 그 어떠한 압력수단도 함부로 사용하지 않았기 때문이라고 생각했다. 그는 단지 호소 상대방의 책임의식과 도덕적 자세에만 의지할 수 있었고, 그들이 자신을 따를지 여부에 관해서 그들의 자유로운 의사결정에 맡겨 두었음이 확실하다고 밝혔다. 그에 반해 피고들에 의해 위협된 배급중단은 시장 지배적 지위로 인해 피고들과 관련된 신문도매상과 개별 소매상들을 현저하게, 상황에 따라서는 생존을 위협하는 불이익이 가해질 수 있는 것이었다고 보았다. 게다가 그 것은 피고들에 의해 발행되는 잡지들 일부와 함께 다른 신문이나 잡지를 사곤 했던 고객들을 이탈시키는 결과를 가져올 것이 분명하다고 생각했다. 이러한 사정하에서 회람문서에서 호소된 판매상들은 예고된 배급중단이라는 강력한 압력을 고려하면, 필연적으로 피고들의 간청을 준수하지 않았을 때의 이익과 불이익을 서로 저울질하고, 이러한 이유로 전적으로 경제적인 숙고에서 행동할 수밖에 없었을 것이라고 보았다. 따라서 이러한 피고들의 접근방식은 더 이상 자신들의 호소의 실현을 위한 적절한 수단으로 인정될 수 없다고 결론지었다.[175]

### ③ 피고들의 의견표현권과 청구인의 출판자유권의 형량 필요성

연방헌법재판소는 피고들이 저지하려고 했던 중부독일 방송프로그램에 관해 청구인은 출판자유권에 근거한 정보자유권을 가진다고 밝혔다. 비록 연방대법원도 주간지 내에서 프로그램 게재가 법적으로 금지된 것이 아니라 전적으로 허용되는 것으로 판단했던 점은 인정했다. 하지만 여기에서 피고들에 의해 주장된 자유로운 의견표현권에 중부독일의 방송프로그램 게재에 있어서 청구인 측에 속하는 출판자유권을 대조시킨 결론을 끌어내지 않고, 그저 민사법에 따라 보호되는 청구인의 법익과 피고들의 의견자유권과의 충돌만으로 받아들였다고 비판했다. 이를 통해 연방대법원은 청구인의 실체적 법적 지위에 있어서 출판자유의 의미를 오인했다고 판단했다.

연방헌법재판소는 비록 언론기관이 원칙적으로 다른 사람의 의견자유권 행사에 대해서 경제적 불이익을 감수해야 한다는 이유만으로 출판자유권을 주장할 수는 없다고 밝혔다. 의견자유와 출판자유는 자유로운 정신적 활동과 자유 민주국가에서의 여론형성과정을 보호하고자 한다고 평가했다. 따라서 그것들은 경제적 이익의 보장에 기여하는 것은 아니라고 인정했다. 하지만 자유로운 출판제도의 보장을 위해서는 출판물의 형성과 전파에 대한 부적절한 수단과 함께 행해지는 경제적 권력집단의 공격에 대해서는 언론기관의 독립성이 확보되어야 한다고 강조했다. 따라서 자유로운 여론형성을 촉진하고 보장하는 출판자유의 목표는 의견의 경쟁을 경제적 압력수단을 통해 차단하려는 시도에 대해 출판보호를 요구한다고 밝혔다.

주간지의 보이콧은 헌법상 보장된 자유의 위반에 해당한다고 인정했다. 즉, 보이콧은 피고들이 신문판매상들을 통한 이 주간지의 계속적 판매를 배제함으로써 중부독일 방송프로그램의 향후 공표를 저지하는 동시에 청중에게 정보를 제공하지 않기 위해 결정되었다고 보았다. 하지만 청구인은 이들의 판매조직에 의존하고 있고, 피고들의 압력은 무엇보다 보도의 자유에 반하는 경제적 압력수단과 함께 보도의 통제를 위해 조준된 것이라고 판단했다.

따라서 헌법소원은 기본법 제5조 제1항에 대한 침해로 인해 이유 있으며, 대상 판결은 연방대법원에 파기환송되어야 한다고 결정했다.[176]

## Ⅲ. 의견표현의 자유와 출판 등 미디어 자유의 관계

### 1. 독일 기본법상 출판 등 미디어 자유의 의의

독일 기본법 제5조 제1항은 의견표현의 자유 및 정보의 자유 외에 출판, 방송 및 영화의 자유를 함께 보장하고 있는데, 제1항 제2문은 출판의 자유와 방송 및 영화를 통한 보도자유를 함께 규정하고 있다.[177] 이러한 규정형식에 비추어 볼 때 과연 의견표현의 자유 다음에 규정되어 있는 출판 등의 자유가 의견표현권의 강화된 모습인지, 아니면 출판 등의 자유가 의견표현권과는 어떻게 다른지의 문제가 헌법 및 언론법 영역에서 등장하는 중요한 쟁점 중 하나이다. 언론사인 기본권 주체가 자신의 기본권을 어디에서 근거로 삼을지 여부가 문제 될 수 있기 때문이다. 따라서 출판자유권의 법적 성격을 살펴보는 것 역시 의견표현권의 정확한 이해를 위해 반드시 필요한 작업이다.

연방헌법재판소에 따르면, 출판자유권은 의견표현권의 하위권리가 아니다. 출판자유권은 구체적인 표현에 관한 것이 아니라 원칙적으로 공표에 관한 기본권이라고 이해된다.[178] 나아가 출판자유권은 정보의 획득에서 보도와 의견의 전파에 이르기까지 출판 등 매체의 제도적 독자성을 보장한다.[179] 이에 연방헌법재판소는 출판의 개념을 넓게 그리고 형식적으로 이해되어야 한다고 밝혔다. 따라서 출판자유의 개념은 진지한 모든 정기간행물 외에 황색언론 역시 포함하며, 책이나 팸플릿, 광고지 등 모든 일회성 인쇄물도 출판물의 개념에 포섭된다. 판로 역시 중요하지 않다. 이러한 관점에서 출판자유권에서는 다양한 결과들이 생겨나는데, 출판 직업으로의 접근자유권, 언론사 대표의 정보청구권, 기자의 증언거부권, 언론집중 혹은 신문과 방송의 융합을 통한 매체집중의 방지문제 등 매체 고유의 헌법적 문제가 대두된다.

결국 출판자유권은 본질적으로 출판물을 발간할 권리, 자신의 생각에 따라 출판물을 구성하고 출판물 속에 어떠한 내용을 담을지 자유롭게 결정할 권리를 내용으로 한다. 즉, 형식적 관점뿐만 아니라 내용적 관점에서도 편집을 포함한 구성의 자유가 보장된다. 이는 통신사의 경우에도 동일한 법칙이 적용된다. 그리고 이러한 구성의 자유에는 인물사진을 포함해 사진 등을 출판물에 게재할지 여부, 광고의 게재 등도 포함된다.[180]

출판자유의 의미를 이해하는 데 있어서 무엇보다 중요한 것은 기본법에 규정된 다른 여타의 미디어자유들을 포함한 출판자유권이 다른 기본권들보다 더 우월한 지위를 차지하는 것은 아니지만, 그럼에도 하나의 특별한 위상을 가진다는 점이 고수되어야 한다. 따라서 언론활동의 자유 속으로 개입할 때에는 자유로운 의견형성을 위해 미디어가 중요한 역할을 해야 한다는 점이 항상 확보되어야 한다.[181]

한편, 출판을 포함한 미디어의 자유로 이해되는 기본법 제5조 제1항 제2문은 케이블방송, 위성방송 및 인터넷서비스를 통한 방송전파 가능성 등을 통해 획득된 기술적 진보의 결과, 방송자유의 의미가 더 전면에 부각되고 있는 것이 사실이다. 기본적으로 방송자유권의 보호범위 역시 정보의 획득에서 전파에 이르기까지 미치고, 방송자유의 핵심은 프로그램의 자유를 핵심으로 하며, 이에 따라 방송사에는 방송 프로그램의 구성 및 개별방송 구성권이 보장된다. 따라서 방송사는 자신의 저널리즘적 기준에 따라 방송할 수 있고, 특히 외부의 영향으로부터 벗어나 어떻게 저널리즘적 임무를 수행할지 자유롭게 결정할 것을 보장받는다.[182]

이러한 출판자유권의 의의를 연방헌법재판소는 이미 1959년 편집인 직업행사 제한에 관한 결정을 통해 분명히 했다.[183]

## 연방헌법재판소 1959년 10월 6일 자 결정 – 1BvR 118/53

### 사실관계

뒤셀도르프주 행정법원은 기본법 제100조 제1항(법원의 위헌심판제청)을 근거로 행정소송절차를 중단하고 연방헌법재판소에 발행인, 출판사 대표 그리고 편집인의 직업행사에 관한 노르트라인-베스트팔렌 법률 제4조(1949년 11월 17일 자)가 헌법에 위반되는지에 관한 심사를 제청했다.

이 규정은 다음과 같다:

> 주정부는 나아가 발행인, 출판사 대표 그리고 책임편집인이 자유민주주의 질서에 반하거나, 특히 국가사회주의의, 군국주의의, 전체주의의, 인종주의 혹은 민족 선동적 사고의 전파를 위해 그들의 직업 활동을 남용하거나 남용했던 경우, 직업행사를 금지할 수 있다.[184]

① 의견표현권과 출판자유권의 관계

이 결정에서 연방헌법재판소는 정기간행물의 책임편집인에게 직업행사를 금지할 권한을 주는 주정부의 법률은 기본법 제2조 제1항 제2문에서 보장된 출판자유권을 침해한다고 판단했다. 이어서 의견표현권과의 출판자유권의 관계에 관해 다음과 같이 자세히 판시하였다.

> 이 (출판자유)기본권은 이미 기본법 제5조 제1항 제1문에 포함된 자유로운 의견표현의 보장과 출판을 통한 의견표현의 전파에 국한되지 않는다. 이것(출판자유권)은 단순한 의견표현의 하위사례 이상이다. 왜냐하면 더 나아가 정보의 제공에서 의견과 보도의 전파에 이르기까지 출판의 제도적 독자성을 보장하기 때문이다. 출판의 제도적 보장은 자유민주주의의 이익을 위한 여론의 주체 그리고 전파자 중의 하나로서, 다른 모든 시민들과 마찬가지로 출판제도에서 활동하는 사람들이 다 자신의 의견을 자신들에 적합한 형태로 자유롭고 방해받지 않는 상태에서 표현할 주관적 공권을 포함한다. 자유로운 의견표현의 기본권이 자유민주주의를 위해 전적으로 구성적일 경우, 출판자유의 기본권에도 이러한 내용이 마찬가지로 적용되어야 한다. 왜냐하면 출판은 결정적으로 정치적 의견형성에 기여하기 때문이다.[185]

② 사건판단

이에 따라 연방헌법재판소는 정부가 편집인에게 그의 직업행사를 금지할 권리를 인정할 경우에 방해받지 않는 출판자유의 기본권이 편집인에게서 박탈될 것이라고 보았다. 특히 이러한 위험성은 직업행사의 금지가 단지 책임편집자의 직책에만 적용되는지 아니면 편집인의 활동에 전적으로 미치게 되는지 여부에 따라 결정적인 차이가 존재하지 않는다고 판단했다. 왜냐하면 어쨌든 언론 내에서 활동하는 당사자의 권리가 침해될 것이기 때문이라고 밝혔다. 이어서 재판부는 출판자유 기본권을 통해 보호되는 발행인과 출판사 대표의 활동을 법률을 통해 금지한 직업행사의 금지규정은 부분적으로 기본법 제5조 제1항 제2문의 출판자유권 실효와 동일시된다고 보았다. 그리고 이러한 문제는 반드시 기본법 제18조(기본권 실효)에 따라 연방헌법재판소만이 자유민주주의 질서에 반하는 투쟁에 관한 출판자유의 남용인지 여부를 판단할 수 있다고 공언했다.[186]

## 2. 출판 등 미디어자유권의 보호범위

특정한 표현이 독일 기본법이 정하고 있는 기본법 제5조 제1항 제1문의 의견표현권의 적용대상인지 아니면 제2문의 출판자유 등 미디어자유권의 적용대상인지를 판별하는 것 역시 중요한 헌법적 문제이다. 이를 해결하기 위해서는 출판자유 등 기본권이 보장하는 보호범위를 정확하게 파악하는 것이 필요한데, 연방헌법재판소는 이른바 "사보" 결정[187]에서 구체적 표현내용이 문제 된 것이 아니라 원칙적으로 공표를 위한 권리가 문제 된 경우라면, 이는 기본법 제5조 제1항 제1문의 의견표현권이 아니라 기본법 제5조 제1항 제2문의 출판 등 자유권과 관계된다고 구별했다.

## 연방헌법재판소 1996년 10월 8일 자 결정 – 1BvR 1183/90("사보"–결정)

### 사실관계

화학기업인 청구인은 사보를 발행하는데, 1985년 "솔직히 말하기 프로그램"이라는 제목하에 경영상 문제들에 관한 기업 내 직원들의 편지를 게시하는 투고란을 운영하였다. 해당 투고란의 게시물 작성자의 이름은 프로그램 운영자만이 알 수 있었고, 사보에서는 전달되지 않았다. 그리고 투서와 관련된 영업부서는 동일 판에서 공표된 투서내용에 대해 해명할 기회를 얻는 식으로 운영되었다. 1988년 10월호에서 사보 투고란에 다음과 같은 기사가 작성자 명의 없이 게시되었다.

> BM–직장평의회는 거부평의회. BM–직장평의회는 다시 한번 거부평의회로서의 오명을 확인시켜 주었다. P–FK는 전산기본교육과정을 기한 내에 신청하도록 안내했다. P–FK의 정보에 따르면 직장평의회는 완전히 형식적 이유에서 이 과정에 대한 동의를 거부했다. 이 거부는 이번에도 역시 평의회가 대변한다고 혹세무민하는 그런 근로자들을 타깃으로 삼았다. 왜냐하면 이로 인해 우리 근로자들은 우리가 수년 동안의 노력을 통해 결국 얻어낸, 그 어느 때보다 긴급하게 필요한 노동비용을 받지 못하게 되었기 때문이다.
>
> BM–직장평의회는 (자신의 기반을) 어디에서 얻는가?
>
> -우리 공동 기업의 직원들을 위하는 것 대신에 기업목표에 반대하도록 선동하는 뻔뻔스러움을, 그것도 수십 번.
>
> -긴급하게 필요한 노동비용을 봉쇄할(?) 무책임성을.
>
> -이와 관련된 사람들, 즉 우리와 같은 관련 직원들과 조율도 하지 않고 전제군주의 잘못된 결정을 내리는 오만불손을.
>
> 언제나 우리는 근로자들과 공동기업을 위해 일하는 건설적인 직장평의회를 얻게 될까?!

이어서 청구인은 1989년 2월호에 위의 기사와 관련해 직장평의회와 인사과 사이에 교환된 서신과 근로자 투고를 실명공개 없이 공개했다.

이에 직장평의회는 청구인에게 독자편지를 사보에서 공개하기 위해서는 반드시 자신의 동의를 얻어야만 하며, 이러한 서신의 공표는 사업장공동결정법 제87조 제1항 제1호에 따라 공동결정 의무가 있다고 주장했다. 그 외 공표된 독자편지 작성자의 실명정보를 요구했다. 청구인은 이를 거부했다. 이에 직장평의회는 노동법원에 사보의 "솔직히 말하기 프로그램"에 포함된 작성자 명의 없는 투고의 게재를 금지해 달라고 소송을 제기했다. 나아가 직장평의회의 활동에 관한 투고 게재신청을 제한할 것을 청구했고, 마지막으로 해당 투고란에서 직원투고의 공표를 위해서는 직장평의회에 공동결정권이 있다는 사실을 확인해 달라고 청구했다. 주노동법원은 청구인에게 직장평의회의 활동에 대해 평가하는 방식의 직원 입장을 작성자 명의 없이 공개하는 것을 금지하라고 판결했고, 연방노동법원 역시 이를 인정했다. 이에 청구인은 헌법소원을 제기했고 성공했다.[188]

### ① 출판자유권의 의미와 대상

연방헌법재판소는 이 사건의 해결이 기본법 제5조 제1항 제1문의 의견표현권이 아닌 기본법 제5조 제1항 제2문의 출판자유권에서 판단될 사항이라고 밝혔다. 전심법원에서 당사자들은 문제의 표현들이 출판물 내에서 생겨났을지라도 기본법 제5조 제1항 제1문을 기준으로 하는 특정한 표현의 허용 여부를 다툰 것이 아니라고 주장했다. 비록 사보 안에서 공표된 직장평의회에 관한 표현이 재판상 다툼의 계기를 제공한 것은 사실이지만, 재판상 다툼은 이러한 계기와는 무관하게 청구인이 이러한 기사들을 일반적으로 사보 안에서 출판해도 되는지의 문제에 관한 것이라고 판단했다. 따라서 청구인이 사내의 의사소통과정에서 자신의 출판활동과 함께 전개하는 역할과 청구인이 그들의 신문에 제공하고자 하는 형태가 다퉈지는 것이라고 보았다. 바로 이 경우는 기본법 제5조 제1항 제1문의 의견표현권에 의해서가 아니라 단지 기본법 제5조 제1항 제2문의 출판자유보장에 의해서 대답할 수 있는 문제에 관한 것이라고 생각했다.

그 밖에 연방헌법재판소는 청구인이 주장할 수 있는 출판자유권은 본질상 자연인에게만 속할 수 있는 그런 기본권들 가운에 하나가 아니며, 언론사가 아닌 청구인이 다른 기업 목적의 범위 내에서 신문을 발행하는 것이라는 사실도 중요하지 않다고 보았다. 즉, 출판자유의 보호는 직업상 혹은 주된 언론계의 활동에 연결되는 것이 아니라 단지 매체로서 출판에 연결되는 것이기 때문에 사보 역시 기본법 제5조 제1항 제2문의 출판에 속한다고 밝혔다. 사보가 단지 기업 내부에만 배포된다는 점에서 출판물과 구별되지만, 기본법 제5조 제1항 제2문 출판자유권은 인쇄물의 출판속성을 판단함에 있어서 이러한 차이에 좌우되어서는 안 된다고 설명했다. 국가적으로 규율되지 않은 공개적인 의사소통을 보장하기 위한 이 기본권의 역할을 위해서 이러한 차이는 중요하지 않다고 덧붙였다.

연방헌법재판소는 기본법 제5조 제1항이 보장하고자 하는 자유로운 개인이나 공중의 의견형성의 실현은 단지 일반에게 접근 가능한 출판뿐만 아니라 그룹 내부의 출판에 의해서도 달성되며, 그에 따라 출판이 단지 인쇄되거나 전파에 적당한 일정한 형식으로 의사소통과정에 가담하는 한, 출판자유의 보호를 특별한 출판의 속성에 좌우되게 하지는 않았다고 판시했다. 오히려 출판의 개념은 항상 형식상 넓게 해석되어야 한다고 강조했다. 이것은 또한 전파방식에도 마찬가지로 적용되며, 출판의 기본권보호를 위해 단지 의사소통-매체라는 점만이 결정적이며, 판매경로나 수용자 범위는 중요하지 않다고 보았다.[189]

② 출판자유권의 보호범위

따라서 연방헌법재판소는 사보의 구성 부분인 "솔직히 말하기 프로그램" 역시 출판자유의 보호에 해당되고, 기본법 제5조 제1항 제2문은 신문의 보호 부분과 보호되지 않는 부분의 구별 없이 출판매체의 전체 내용을 보호한다고 밝혔다. 이것은 개별적인 발행본의 내용 및 개별 기사의 주제 결정뿐만 아니라 나아가 출판매체의 성격과 형태에 관한 기본결정 역시 전체적으로 출판자유에 속한다는 사실에서 귀결된다고 판시했다. 그런 점에서 제3자의 투고를 출판물 내에 수록할 것인지 여부에 관한 결정 역시 포함되며, 단지 발행인이나 편집국 종사자의 고유한 기사뿐만 아니라 직업상 언론계에서 활동하지 않는 외부인의 기사게재 역시 출판자유의 보호에 포함된다고 보았다.

마지막으로 출판자유권은 제3자의 투고를 익명으로 공표할 것인지에 관한 결정 역시 보호하고, 이러한 자유보장은 단지 출판물의 내용뿐만 아니라 출판물의 형식 역시 고려하며, 기사의 공표에 저자정보를 함께 공개하거나 저자정보 없이 공개할지 여부 역시 그러한 형식에 속한다고 판시했다. 익명성이 저자를 불이익으로부터 보호할 목적을 가지는 한, 출판자유 역시 편집비밀 및 언론과 정보원 사이의 신뢰관계에도 미친다는 점이 중요하다고 보았다.

연방헌법재판소는 결국 전심판결로 인해 청구인의 출판자유권이 침해되었다고 결정했다. 판결에 따르면, 청구인이 결정하는 저널리즘 활동의 특정방식, 즉 직장평의회의 활동을 평가하거나 작성자가 공개되지 않는 한, 모든 근로자층에서 나온 투고의 게재를 금지해야 했기 때문이라고 이유를 밝혔다.[190]

## 3. 미디어 자유로서 인터넷서비스 문제

그다음으로 온라인 서비스, 특히 인터넷서비스 제공이 어디까지 방송자유의 보호범위에 해당하는지 여부가 여전히 논쟁 중인데, 무엇보다 기본법 제5조 제1항 제2문에 독자적인 '인터넷자유'가 포함되어야 하는지가 새로운 언론법적 쟁점이 되고 있다. 이러한 새로 부각된 '인터넷자유'의 정당성에 관한 다툼은 인터넷서비스들이 어느 정도 자리 잡았거나 아니면 새로운 대중매체가 기존의 저널리즘적 편집영역 서비스와 일치되고 있는 현상 이외에도 개인의 의견표현, 특히 블로그 저널리즘이나 의견포럼 내에서 일반인 저널리스트를 통한 개인표현 혹은 사회적 미디어서비스(SNS) 프로필 내에서의 표현과 단신보도 서비스 등이 폭발적으로 증가하고 있다는 사실과도 관련이 있다. 동시에 현재의 매스컴 형태는 점점 더 단편화되고 있다.

기본법 제5조 제1항에서 규율된 매체자유의 체계는 전통적으로 개인의 의견표현(기본법 제5조 제1항 제1문)과 제도적 의견전파 혹은 의견형성(기본법 제5조 제1항 제2문) 사이에서 구별된다. 두 의견표현 방식은 민주적 의사형성을 위한 구성적 기본권으로서 간주된다. 따라서 출판, 방송 그리고 영화의 제도적 자유는 따라서 개인의 의견표현에 대해 두드러진 지위를 차지하며, 그 이유로는 이러한 매체가 단지 의견을 전파하는 것에 그치는 것이 아니라 의견을 형성하기 때문이다. 이에 출판과 방송이 직면하는 '공적 과제'가 부각된다. 이러한 공적 과제는 제도적 진흥과 같은 특권을 수반하게 되는 반면, 주의 깊은 조사의무, 방송사에 대한 프로그램 강제할당, 광고제한 혹은 특별한 간기의무 등 상응하는 책임을 수반한다.[191]

특히 제도적 매체자유의 사정거리에 관한 논쟁에서는 검색엔진 운영자와 같은 인터넷서비스가 다른 방식의 매스컴과 동일한 방식으로 보호되어야 하는지가 문제 된다. 한편, 매체자유의 확대가 증가된 책임과 연계되어야 하는지 역시 여전히 불명확하다. 이 문제는 가령 일반인 저널리스트가 출처조사와 당사자에 대한 확인의무 없이 특권적으로 정보를 전파해도 되는지 아니면 그에게 미디어와 동일한 주의의무가 부과되는지의 문제와 관련되는데, 검색엔진 운영자에게 정보에의 손쉬운 접근을 위한 지적 전파자로서 책임을 지는지 아니면 그들의 지위가 기술적 보조서비스제공자에 불과한 전파책임에 따르는지의 문제로 정리될 수 있다. 아울러 방송과 출판 사이의 관계에 있어서도 인터넷서비스를 통한 온라인 정보제공이 입법자의 적극적 형성, 즉 '(민주주의에) 기여하는'으로 이해되는 방송자유 아래 놓이는지 아니면 사법상 출판구조가 인터넷서비스에도 적용되는지 여부도 관심 사항이다. 여기에서 인터넷서비스 운영자 역시 방송영역과 마찬가지로 다양성과 균형성 의무를 지는지 여부도 중요한 미디어법상 쟁점에 해당한다.[192]

## 4. 의견표현권과의 상호관계—출판자유의 특별한 지위(?)

출판자유권을 이야기할 때 제기되는 중요한 논제 중 하나로 기본법 제5조 제1항 제1문의 의견표현권과 직접적 관련이 있는 제5조 제1항 제2문의 출판 등 미디어자유권이 서로 간에 어떠한 관계를 맺고 있느냐의 문제이다. 달리 말해서 출판자유권은 일반인의 의견표현권보다 더 많은 의견표현권을 누릴 수 있는가? 라는 문제로 단순화시킬 수 있다. 결론부터 말한다면, 의견표현권의 범위는 의견표현의 전파를 위해 이용되는 미디어와는 전혀 상관이 없다. 연방대법원이 판시한 바와 같이[193]출판이나 방송이 표현하는 것이 아니라 언제나 이러한 제도 속에서 활동하고 있는 사람이 표현하는 것이기 때문이다. 연방헌법재판소 역시 공적 토론에의 참여권은 언론뿐만 아니라 모든 시민에게 속한다고 분명히 밝힌 바 있다.[194] 이러한 공적 토론에의 참여권은 모든 기본권 주체를 위해 기본법 제5조 제1항 제1문을 통해 보호되는 것이고, 기본법 제5조 제1항 제2문의 출판 등 미디어를 통해 표현되는 토론기사라는 이유로 특권화 되지는 않는다.[195]

하지만 예전에는 출판이나 방송 등 미디어가 의견표현권과 관련해 특별한 지위를 인정받는다는 사고가 예전에 강력히 주장되었다. 이러한 출판 등 미디어의 특권을 위한 단초는 바로 독일 주 출판법들이 규정하고 있는 '출판의 공적 과제'라는 명제에서 시작되었다. 즉, 미디어가 공적 관심사에 관한 정보를 획득하고 전파하며, 입장을 표명하고 비판을 가하거나 다른 방식으로 의견형성에 기여하면서 수행하는 과제가 바로 출판의 공적 과제이고, 출판 등 미디어는 이러한 활동에서 바로 하나의 공적 과제를 수행하기 때문에 미디어에 특별히 더 많은 의견표현권을 보장하는 특별지위를 얻게 된다고 주장되었다.

이와 같이 국민 개개인의 의견표현권과 출판자유권 사이의 구별을 시도하는 방식은 불가피하게 다른 문제를 야기하게 되는데, 출판 등 미디어에 더 많은 의견표현권을 인정하게 되는 것을 출판의 공적 과제의 정당성에서 끌어낼 경우, 어쨌든 출판 등 미디어는 자신들의 보도가 정치적 혹은 기타 공적 관심사의 논의에 속할 경우에만 해당 기본권으 보호를 보장받는 것은 아닌가라는 의문이 제기될 수밖에 없다. 이에 따르면, 제도로서 출판 등 미디어가 헌법상 보호를 누리는 공적 과제의 영역에서 선정적이거나 스캔들의 보도나 논평이 처음부터 제외되는 결과에 이르게 된다. 실제로 이러한 견해는 정보제공기능을 지니는 특별한 정치적 미디어와 오락언론, 특히 황색 언론을 법률적으로 구분하려는 강박관념에 도달할 수밖에 없었다.

하지만 이러한 견해는 "출판자유는 나눌 수 없다"는 사고에 직면하게 되면서 연방헌법재판소 역시 "소라야" 결정[196]을 통해 정면으로 비판하였고, 이제는 이러한 오해가 극복되었다. 이에 따라 현재 출판의 개념은 형식상 넓게 해석되어어야 하며, 일정한 기준에 맞춰진 개별적 출판물과는 상관없이 적용되고, 아울러 출판자유는 진지한 언론으로만 제한되지 않는다.[197]

나아가 형법 제193조에 따른 "정당한 이익의 대변" 조항은 자신만의 혹은 어떤 한 사람과 밀접한 관련이 있는 이익만이 정당한 것으로서 대변할 수 있다는 견해, 그리고 이른바 모든 파급효과를 내포했던 '출판의 공적 과제'라는 사고에서 출발했던 또 다른 견해에서 비롯된 오해는 현재 극복되었다. 이에 지금은 형법 제193조의 의미를 모든 사람들이 대변할 수 있는 권한을 가지는 하나의 '정보이익(Informationsinteresse)'으로 이해하게 되었다. 따라서 이제는 더 이상 형법 제193조의 정당한 이익의 대변이 특별한 출판 등 미디어의 전유물이 아니며, 오히려 의견표현권의 가치에서 출발해 누구나 직업활동에서 차지하는 지위나 직책과는 무관하게 정당한 이익의 대변을 주장할 수 있다고 인정되었다.

결국 이제는 더 이상 출판자유권에서 출판 등 미디어의 '더 많은 의견표현권'이란 법리는 도출되지 않는다. 오히려 최근의 인터넷 등 다양한 서비스 내에서 일반인 저널리스트들이 증가하고 있는 상황을 고려하면, 출판의 공적 과제라는 명제는 의견표현의 신뢰성과 정확성이 문제 되는 시민저널리즘에 대한 비판수단으로 활용될 수 있다. 물론 출판이나 방송이 출판법 규정이나 방송협약 규정에 따라 사회 내에서의 의견형성을 위한 특별한 역할에서 생겨날 수 있는 다양한 특권을 가진다는 점이 부인되지는 않을 것이다.[198]

## 연방대법원 1963년 1월 15일 자 판결 – 1StR 478/62("콜걸"-판결)

### 사실관계

1961년 8월 N 도시에서는 심각한 매춘알선으로 인해 대대적 소송이 벌어졌는데, 이는 소위 "콜걸 소송"으로 주목을 끌었다. 이에 곧바로 N 지역에서 발행되는 신문이 2개의 기사를 게재했고, 그 내용은 실명이 언급되지 않은 장관이 이 "추문사건"에 관련되었다고 보도되었다. 하지만 실제로는 당시 주정부 어느 장관도 이 성추문 스캔들과 관련되지 않은 것으로 드러났다. X 장관의 고소로 편집책임자들은 명예훼손죄 혐의로 기소되었고, 지방법원은 두 피고인에게 무죄를 선고했으나 이에 대한 검찰의 상고로 지방법원 판결은 파기되었다.[199]

① 언론기관과 정당한 이익의 대변 법리

연방대법원은 이 판결에서 출판자유와 형법 제193조(Wahrnehmungberechtigter Interesse)의 관계를 설명하면서, 형법 제193조는 출판매체뿐만 아니라 단지 특정한 언론기관을 이용해 공공성을 대변하는 개인 역시 주장할 수 있는 조항이라고 밝혔다. 즉, 누구나 공공의 중요한 사안을 보고 혹은 보도하고 토론함으로써 정당한 이익을 대변할 수 있다는 점을 분명히 했다. 따라서 정당한 이익을 대변할 수 있는 이 권한은 출판 등 미디어뿐만 아니라 정치적 의사형성에 실제로 참가할 권리를 가지는 모든 국민들이 주장할 수 있으며, 그 때문에 형법 제193조의 정당화 근거는 표현주체가 기자로서 직업활동을 수행하는지 여부와는 아무런 상관도 없다고 밝혔다. 마찬가지로 인쇄물의 전파라는 사실이 그 자체만으로 더 많은 의견표현권을 매개하는 것도 아니라고 단언했다. 오히려 그의 본질이나 형태에 따른 언론기관에서의 표현은 여론형성에 기여하고 정치적 의사형성에 영향을 미치고자 한다는 점에서 단지 미디어라는 표현주체가 공적 이익을 추구한다는 중요한 징후만을 보여줄 뿐이라고 설명했다. 따라서 정당한 이익을 대변하는지 여부는 이용되는 전파수단과 상관없이 모두에게 적용 가능한 동일성원칙에 따라 결정되어야 한다고 판시했다.[200]

② 사건판단

한편, 연방대법원은 이 사건의 실제 판단에서는 문제 된 두 번째 기사가 명예훼손을 정당화할 수 있는 형법 제193조의 '정당한 이익의 대변' 조항에 해당하기 때문에 무죄라는 지방법원의 판결부분을 집중적으로 문제 삼았다. 즉, 지방법원이 일반적인 판례에 따라 언론이 공적 생활의 사안에 관해 보도하거나 비판을 행사할 경우에는 공공의 정당한 이익을 대변하는 것으로 인정하고 곧장 무죄선고를 내린 것은 잘못이라고 지적하였다. 형법 제193조의 적용 가능성은 서로 상충하는 가해자와 피해자의 이익형량에 달려 있고, 가해자의 이익이 피해자의 이익보다 낮은 것으로 평가될 경우에는 가해자는 자신의 행위의 정당성을 주장할 수 없음에도 불구하고 지방법원은 이러한 점을 잘못 판단했다고 보았다.[201]

구체적으로 연방대법원은 사적 생활태도와 관련된 사건들은 이 사건들이 공직에 몸담고 있는 인물과 관련되었다는 사실만으로 곧바로 공적인 생활의 관심사로 쉽사리 인정되어서는 안 되며, 이러한 인물에 대한 보도와 관련해서 공적 이익이 해당 인물 자체에 내재되었다고 볼 수도 없다고 밝혔다. 오히려 공적 이익의 대상으로 인정될 만한 특별한 사정이 부가되어야 하는데, 이것은 예컨대 언론이 완벽한 생활태도를 가진 인물을 공직에 임명해야 할 것이라는 우려를 전하는 보도를 하거나 가령 형사소추기관이 기소법정주의에 반해 범죄행위에 관한 긴급한 혐의를 행위자가 공직에 있는 인물이라는 이유로 조사하지 않을 우려가 있다는 보도를 행할 경우 혹은 임박한 정권위기에 관해 보도하는 경우 등이 이에 해당할 수 있다고 밝혔다. 하지만 이 사건 기사의 경우는 이러한 근거를 전혀 제시하지 못하고 있으며, 내용이나 방식에 따르면 이른바 장관 스캔들과 선정성에서 의도된 동시에 특종을 염두에 둔 보도라는 생각을 떨칠 수 없다고 판단했다. 따라서 스캔들과 선정성에 좌우되는 보도와 논평은 처음부터 출판이 제도로서 헌법상 특별한 보호를 받기 위한 공적 과제의 영역 밖에 놓여 있는 것이라고 판시했다.[202]

## 5. 출판자유권의 제한문제

지금까지 미디어가 개인에 비해 더 많은 의견표현권을 보유하는지에 관한 논의와는 반대로 오히려 미디어를 통해 수행되는 보도에 있어서 개인의 경우에는 적용되지 않는 미디어 특유의 제한문제가 제기될 수 있다. 물론 출판 등 미디어의 제도적 보장은 일반 시민들과 마찬가지로 언론계 내에서 활동하는 사람들의 주관적 공권 역시 포함하고 있기 때문에, 기자들에게는 자신에 적합한 것으로 생각되는 방식에 따라 자신의 의견을 자유롭고 방해받지 않는 상태에서 표현할 권리가 인정된다.[203] 하지만 출판 및 다른 대중매체들로부터 생겨나는 영향력 역시 무시될 수 없다. 특히 텔레비전 및 인터넷서비스를 통한 정보의 확산효과를 고려하면, 출판 및 방송 그리고 매스커뮤니케이션에 의해 수행되어야 할 취재행위에는 그에 적합한 주의의무가 준수되어야 한다.[204] 따라서 개인의 의견표현과 미디어를 통해 전파되는 의견표현 사이의 구별은 불가피해 보인다. 연방대법원 역시 "발라프 II" 결정에서 이러한 구별에 관해 언급한 바 있는데, 표현에 대한 사적 영역의 보호는 해당 표현이 사적 범위에서 행해졌는지 아니면 미디어를 통해 문제가 제기되었는지 여부에 따라 매우 상이한 사정거리를 가진다고 밝힌 바 있다.[205]

이와 같은 상황을 고려해 보면, 미디어의 작용에서 생겨나는 특별한 의무가 출판, 방송, 그 밖에 미디어에 요구될 수 있다는 점에서 출판자유권은 더 많은 헌법상 의견표현권을 누리는 것이 아니라 더 많은 제한을 받게 된다는 사실이 설득력을 가진다. 연방헌법재판소도 이미 "슈미트" 결정을 통해 출판자유는 출판자유권을 많이 강조할수록 우선적으로 준수해야 할 의무와 결합되며, 이에 따라 출판매체가 공중에게 보고할 자신의 권리를 주장할 경우에는 그에 상응해서 진실에 적합한 보도의무의 책임을 진다는 점을 다음과 같이 판시하였다.[206]

확립된 판례에 따르면, 이러한 진실의무의 이행은 우선 당사자 명예보호를 위해서 요구되는 동시에 나아가 자유민주주의의 총체적 체제에서 생겨나는 여론형성의 중요성을 근거로 한다. 독자들이 가능한 범위 내에서 적절하게 보고받는 경우에만 여론은 올바르게 형성될 수 있다. 따라서 출판매체는 자신의 여론형성이라는 과제를 위해서 자신이 전달하는 보도와 주장에 대해 그 진실내용을 조사할 의무를 진다. 물론 이러한 심사와 진실의무가 과도하게 인정되어서는 안 될지라도, 경솔하게 허위의 보도를 전달하는 것은 허용되지 않는다. 더욱이 진실은 의도적으로 왜곡되어서는 안 된다; 이것은 자신에게 알려진 본질적 사실관계를 공중에 숨길 경우에도 발생한다.[207]

이후에도 연방헌법재판소는 공법상 방송이나 사영방송은 적절하고 폭넓은 아울러 진실에 부합하는 정보에 관한 시청자의 이익을 존중할 의무를 진다고 확정했다.[208] 이어서 "바이엘" 결정을 통해 언론보도 및 그 밖의 공개적으로 접근 가능한 정보원을 자신의 주장근거로 내세울 때 지켜야 할 특별한 주의의무를 강조했다. 즉, 개인의 경우에는 그가 사실주장을 자신의 개인적 경험이나 통제범위 내에서 제기하는 그런 경우에만 주의 깊은 조사의무를 요구받게 되고, 다른 언론보도 등을 자신의 출처로 내세울 경우에는 별 다른 조사의무를 부담하지 않는다고 밝혔다. 그에 반해 미디어는 개인의 표현보다는 더 엄격한 조사가 요구되기 때문에 다른 언론보도 등을 출처로 내세울 수 없다고 판시했다.[209]

하지만 이제 연방헌법재판소의 "바이엘" 원칙은 의심받는 상황으로 변했다. 현재 인터넷서비스에서 벌어지는 현저한 전파작용과 사정거리, 무엇보다 광범위한 확산효과를 수반하는 정보를 전파할 수 있는 개인 저널리즘에는 출판이나 방송을 통해 생산되는 대량의 의사소통 내용에 견줄만한 커다란 위험이 존재한다. 따라서 1인 미디어 등 개인이 행한 저널리즘 성격의 기사들에 대해서도 대중적 신뢰성이 아직은 전문적인 저널리즘만큼 명백하지 않다고 주장하면서도, 역설적으로 출판 등 미디어에 부여된 미디어자유권의 보장내용 만큼은 1인 미디어 등 인터넷에서의 개인 작성 기사에도 주어지길 희망하는 것은 지나친 처사일 것이다. 만약 이러한 보장을 마찬가지로 누리기 원한다면, 이에 상응해서 출판 등 미디어계의 적합한 주의의무 기준 역시 일관되게 요구되어야 할 것이다.[210] 인터넷서비스의 표현들이 지켜야 할 구체적인 주의의무 문제에 관해서는 뒤에서 다시 살펴보기로 한다.

## 6. 의견표현권과 출판자유권의 구분획정 문제

언론보도에서 특정한 표현의 기본권 침해가 문제 될 경우, 이는 기본법 제5조 제1항 제1문이 보장하는 의견표현권의 포섭대상인지 아니면 제2문이 보장하는 출판 등 자유권의 포섭대상인지 논란이 있을 수 있다. 연방헌법재판소는 1992년 "바이엘 결정"[211]에서 이 문제에 관한 분명한 입장을 제시하였다

연방헌법재판소는 이 결정에서 다툼의 대상이 된 일종의 호소문은 비록 전파에 적당하고 전파를 위해 결정된 것이며, 따라서 지배적인 견해에 따르면 기본법 제5조 제2항의 의미상 출판개념의 전제조건을 충족시키는 인쇄물이라고 보았다. 하지만 이로부터 곧바로 출판자유권이 개별적 의견표현을 보호한다는 결론이 도출되는 것은 아니라고 판시했다. 출판 자유는 인쇄된 상태로 전파되는 의견을 위한 특별기본권도 아니고, 출판 등 매체에 반복해서 인정된 의견표현의 강화도 아니라고 생각했다. 단지 인쇄된 의견에 대한 기본법상의 보호를 보장하는 것이 주된 의도였다면, 헌법은 독자적인 출판자유권을 보장할 필요가 없었을 것이라고 단언했다.

따라서 출판물에 포함된 의견표현은 기본법 제5조 제1항 제1문을 통해 보호되고, 출판 등 매체의 특별한 자유보장은 개별적인 의견표현을 넘어서서 기본법 제5조가 총체적으로 보장하고자 하는 자유로운 의견형성과 여론형성을 위한 '출판제도'의 의

미가 중요성을 획득하게 된다는 점을 분명히 구별하는 것이 중요하다. 이러한 이유에서 기본법 제5조 제1항 제2문의 출판 등 자유보장은 무엇보다 출판 등 매체가 그의 과제를 의사소통과정에서 수행할 수 있기 위해 주어져야 하는 전제조건과 관련된다. 즉, 연방헌법재판소가 '편집인법 결정(NJW 1960, 29)'에서 소위 '넓은 출판개념'에 관해 언급하고, 출판 등 자유의 기본권은 정보 제공에서 보도나 의견의 전파에 이르기까지 출판의 제도적 독자성을 보장한다고 확정했을 때, 바로 이러한 의사소통과정에서 주어진 출판 등 매체의 과제가 출판 등 자유권에 의도된 것이라는 점을 간과해야 한다. 따라서 해당 판례에서 연방헌법재판소가 출판의 제도적 보장으로서 출판자유는 다른 시민들과 마찬가지로 자신의 생각을 출판물 내에서 적당한 형식으로 방해받지 않고 자유롭게 표현할 언론계 종사자들의 주관적 공권을 포함한다고 천명한 것은 출판물 내의 개별적 표현들을 가리킨 것이 아니라고 이해해야 한다. 오히려 연방헌법재판소는 출판의 제도적 보장이라는 사고를 바탕으로 하는 특정한 전제하에서 편집국 직원들의 직업행사를 금지한 주 법률의 합헌성을 심사했던 점에 초점이 맞춰져야 한다.[212]

결국 출판 등 자유의 보호범위는 언론계 종사자들과 관련해서 그들의 직업상 역할 수행이 문제 될 경우, 아니면 하나의 출판물 자체가 문제 될 경우, 아니면 그의 제도적, 조직적 전제 및 기본조건과 자유로운 출판제도가 주로 문제 될 경우와 관련된다. 그에 반해 하나의 특정한 표현이 허용되는지 아니면 금지되는지가 문제 될 경우, 특히 제3자가 그에게 불리한 표현을 감수해야 하는지 등의 문제에는 전파매체와 상관없이 기본법 제5조 제1항 제1문(의견자유권)이 적용된다. 그에 따라 연방헌법재판소는 이미 서적이나 신문, 즉 일반적 견해에 따르면 출판개념에 해당하는 간행물 내의 의견표현의 허용성 문제에 대해서는 줄곧 출판자유권이 아닌 의견자유권을 기준으로 삼아왔다는 사실을 간과하지 말아야 한다.[213]

# 제2장

# 의견표현의 한계

# Ⅰ. 의견표현의 헌법적 위상과 허용범위

의견표현은 사실주장의 전파와 비교할 때 원칙적으로 다른 체제에 따르며, 보다 자유로운 보장이 허용되는 체제에 따르는 경향이 있다. 반면에 사실주장은 그의 허위성이 확정되면, 기본법 제5조 제1항의 의견, 출판 및 방송자유의 보호범위 밖에 놓이게 된다. 게다가 그의 허위성이 확정되지 않더라도 정당한 이익의 대변원칙을 통해 그 전파가 정당화되지 않는다면, 언론은 대부분의 경우 입증 불능의 위험을 자신이 부담하게 된다. 이때 언론이 자신에게 주어진 진실입증을 이행할 수 없다면, 기본권보장의 보호를 요구할 수 없다. 한편, 언론의 전파가 진실한 사실주장이었음을 입증했을 때에도 특수한 경우 사실주장은 보다 우월한 일반적 인격권과의 충돌로 인해 금지될 수 있다.[1]

이에 반해 의견과 비판의 표현이나 전파는 사실주장과는 전혀 사정이 다르다. 연방헌법재판소[2]가 이미 수십 년 전에 자유민주주의 사회를 위한 전적으로 구성적인 기본권으로서 지칭했고 유럽인권법원[3] 역시 민주주의 사회의 본질적 토대로서 강조한 것은 다름 아닌 의견표현의 자유이다. 언론은 원칙적으로 의견의 표현과 전파를 위해 기본법 제5조 제1항의 기본권을 주장할 수 있다. 물론 기본법 제5조 제2항에 언급된 제3자의 권리나 유럽인권협약 제10조 제2항에 언급된 법익들이 의견전파에 대해서도 하나의 제한기능을 수행한다는 점은 자명하다. 하지만 어쨌든 공공성과 본질적으로 관련된 문제에 관한 의견표현에 대해서는 '자유로운 의견표현의 추정원칙'이 보장된다.[4]

게다가 연방헌법재판소는 자유로운 의견표현이 문제 된 경우에 특히 적극적인 역할을 주문했다. 따라서 연방헌법재판소는 각급 법원이 하나의 표현을 사실주장 혹은 의견표현으로 분류한 것에 대해 이것이 기본권보장에 비추어 적절한지 여부를 독자적으로 심사한다. 물론 이러한 연방헌법재판소의 실무적 운용과 그에 바탕이 되는 자유로운 의견표현권은 민주주의 국가에서 전적으로 구성적인 역할을 차지하고, 그러한 역할은 판례를 통한 일관된 보호를 정당화할 뿐만 아니라 필수 불가결한 것으로 만든다는 확신이 일부 문헌에서는 격렬하게 비판되기도 했다.[5] 그럼에도 연방헌법재판소는 이러한 비판을 사실상 근거가 박약한 것으로 거부하고, 의견표현에 보다 강화된 헌법상 지위를 부여하는 자신의 입장을 그대로 유지했다. 유럽인권법원 역시 유럽인권협약 제10조 제1항을 통해 보호되는 의견자유에 비슷한 위상을 인정하고 있다.[6,7]

이에 따라 의견자유권에는 다양한 차원에서 일종의 특권을 보장받은 실무적 장치가 마련되어 있다. 이러한 첫 번째 예로써 우선 표현주체에 '유리한 해석원칙'을 말할 수 있다. 따라서 특정한 실제 상황의 배경에서 행해진 한 표현이 해석변형이론에 따라 여러 가지 해석이 가능한 경우라면, 법원은 여러 해석 가능성 가운데 해당 표현이 유죄판결에 이르지 않는 그런 해석에 우선권을 부여해야 한다. 표현주체 역시 자신의 표현이 유죄판결에 이르지 않는 그러한 유리한 해석을 고수할 수 있게 됨으로써 의견표현권을 보장받게 된다.

다만, 연방헌법재판소가 2006년 이후 "스톨페" 결정[8]을 계승한 이후부터는 장래의 금지청구가 문제 되는 경우에 한하여 판례가 변경되었다. 즉, 장래의 금지가 청구된 개별사건에서 표현주체가 여러 가능한 변형해석들 가운데 하나를 여전히 반복하고자 한다면, 이것이 비방적 비판의 한계를 넘지 않는 한, 법원은 해당 표현에 대해 일반적 인격권의 침해나 개인적 명예의 침해를 회피하는 방식의 해명과 함께 표현하도록 요구할 수 있고, 이는 의견표현권의 침해로 인정되지 않는다(소위 "스톨페" 이론).

이 외에 의견자유권을 위한 실무적 장치로서는 앞서 살펴본 '자유로운 의견의 추정원칙'이 언급될 수 있다. 이에 따라 구체적 사건에서 사실주장과 의견표현 사이의 구분이 어떠한 분명한 결과에도 이르지 못한 경우에는 의견표현을 위한 추정이 보장된다.[9] 한편, 공적인 의견투쟁에서는 신랄함과 과장이 담긴 표현을 거부할 개인의 방어청구권은 존재하지 않는다.[10] 따라서 공격적이고 날카로운 용어의 사용 및 일정한 도발 역시 원칙적으로 자유로운 의견의 이익을 위해 허용된다.

이는 특히 비판대상자 스스로 날카로운 표현을 통해서 신랄한 비판의 계기를 제공한 경우에도 마찬가지이다. 상대방에 대해 먼저 신랄하고 과장된 비판을 제기한 사람은 상대방 측의 이에 준하는 대응 역시 감수해야 한다는 반격권이 인정되기 때문이다. 이때 특히 공공성과 관련된 문제에 관한 기사들은 전적으로 사적 이익의 추구에만 기여하는 표현들보다 더 강력한 보호를 누리게 된다. 다만 반격권은 의견표현권의 결과물이 아니어서, 국가적 지위와 대표자들에 의한 공직의 수행과정에서 이러한 표현이 행해진 경우에는 반격권이 주장될 수 없다.[11]

나아가 의견표현의 자유는 원칙적으로 내용에만 보장되는 것이 아니라 형식에도 보장된다.[12] 연방헌법재판소는 과거 자신의 판례에서 법원의 금지가 표현의 내용에 관한 것이 아니라 특정한 표현의 구체적 형태에 관한 것일 때에는 의견자유권의 보호가치가 덜하다고 생각했지만,[13] 이후의 판례에서는 이러한 견해가 더 이상 정당한 것으로 인정되지 않는다.[14, 15]

의견과 비판의 전파에 있어서는 진실이나 허위의 문제가 중요한 것이 아니다. 오히려 의견은 납득할 수 있는지 납득할 수 없는지 혹은 옳은지 그른지의 문제이며, 의견표현에 해당하는지의 선택을 위한 결정적 기준은 증거조사 방식이 아니라 설득작업 방식이다. 의견이나 비판의 전파에 관한 허용성을 결정해야 하는 법원에게는 이러한 의견이나 비판을 자신의 입장에서 옳은 것으로 간주하는 것이 전파의 허용성을 위한 전제는 아니다. 오히려 허위이거나 근거 없는 의견의 전파 역시 원칙적으로 허용된다. 따라서 일정한 의견이나 비판을 위한 사실적 관련점을 공개하는 것은 전파의 허용성을 위한 전제가 될 수 없다. 의견표현 주체가 소송과정에서 이러한 사실적 단서들을 제시하고, 필수적 범위 내에서 이를 입증할 용의가 있거나 이를 할 수 있다면 이로써 충분하다. 이때 타인의 사회적 존중청구권이나 명예를 침해할 수 있는 표현에 있어서 충분한 사실적 근거점이 없었다면, 결과적으로 기본법 제5조 제1항과 유럽인권협약 제10조의 권리들을 통해 보호되지 않는다.[16]

그리고 이러한 원칙들의 적용에 있어서는 특히 정치적 의견표현과 비판에 더 큰 자유공간이 허용된다. 유럽인권법원[17]의 간명한 공식에 따르면, 정부에 대한 비판의 허용한계는 정치인 개인에 비해서 폭이 더 넓고, 재차 정치인 개인에 대한 비판의 한계는 사인보다 폭이 더 넓어진다. 다만, 이러한 정치적 논쟁에서도 비방적 비판의 금지는 유효하다.[18] 또한 의견자유와 비판이 당사자의 사회적 영역으로 개입하는 경우에는 더 넓은 자유공간을 주장할 수 있으며, 이는 특히 경제적 혹은 영업비판적 표현의 영역에서도 마찬가지이다.[19, 20]

마지막으로 환경보호에 관한 사안, 그 밖에 세계관이나 법적 관심 사안에 관한 표현들 역시 마찬가지로 더 넓은 자유공간을 주장할 수 있다. 따라서 "바이엘" 사건의 경우[21]나 "그린피스-포스터" 사건[22]는 낙태의 법적 혹은 도덕적 정당성에 관한 이념적 토론에서도 비판자에게는 상당한 자유공간이 인정된다. 하지만 이 역시 경우에 따라서는 한계에 부딪힌다.[23] 연방헌법재판소의 판례에 따르면, "당시는 홀로코스트/오늘날은 베이비코스트"라는 슬로건뿐만 아니라 해당 분야의 산부인과 의사들을 "태어나지 않은 아이들에 대한 살인-전문가"라는 지칭은 의견자유권에 의해 보호되는 것으로 판단했다. 반면에 해당 결정에서 당사자에게 행해진 "어머니 자궁 안의 영아 살해"라는 비난은 더 이상 정당화될 수 없는 비방적 비판으로 인정되었다. 왜냐하면 이 비난에서 당사자가 살인자처럼 비열하거나 저열한 동기에서 행동했다는 진술을 끌어낼 수 있고, 이러한 동기에 바탕이 되는 어떠한 사실적 관련점도 제시되지 않았기 때문이다.[24] 유럽인권법원[25] 역시 유럽인권협약 제10조의 침해 여부와 관련해서 이 사건에 관한 연방헌법재판소의 견해에 동의했다.

## Ⅱ. 의견표현의 한계로서 비방적 비판

### 1. 비방적 비판의 요건

자유로운 의견표현은 비방적 비판 혹은 다른 사람에게 부담을 주는 특정한 의견이 어떠한 사실적 근거점도 가지지 못한 경우에 비로소 제한된다.[26] 노골적인 비판이 고의나 의도적 비방 그리고 특히 인간존엄성에 대한 공격[27]으로 변질되는 경우 비방적 비판이 문제 되는데, 어쨌든 이것은 자신의 의견표현과 함께 여론형성과정에 참여하려는 의도보다는 침해 의도가 더 강하게 드러날 경우에 해당된다.[28]

표현주체가 주변인에 자신의 주장을 강력히 드러내기 위해서 구체적이고 노골적인, 사정에 따라서는 모욕적 형태의 표현이 반드시 필요한 것이 아니었다는 사실만으로는 비방적 비판의 표현으로 인정하기에 충분치 않다. 연방헌법재판소의 판례[29]에 따르면, 공개적 토론의 범위 내에서 사실에 입각한 관심사는 비방적 비판의 인정을 배제한다. 게다가 비방적 비판의 개념은 의견자유의 잠재적 제한 가능성으로 인해 좁게 해석되어야 한다.[30] 따라서 비방적 비판은 바탕이 되는 사정에 관한 어떠한 사실적 관련성도 없는 경우에 비로소 고려된다. 그 때문에 정치적 의견투쟁과 그 밖의 공공성과 본질적으로 관련된 문제 및 기업의 영업서비스에 관한 비판에 있어서는 단지 예외적으로만 비방적 비판이 존재하며, 오히려 사적 다툼에서 생겨나는 것이 다반사이다.[31] 비방적 비판의 구성요건은 피해당사자에 대한 공격이 비판자 자신의 관점에서조차 그리고 사건에 대한 비판자의 개입을 우려하더라도 더 이상 납득되지

않을 경우 충족된다.[32]

## 연방헌법재판소 2003년 7월 29일 자 결정 – 1BvR 2145/02

### 사실관계

청구인은 유스호스텔을 운영한다. 그 근처에 풍력발전소가 있는데, 거기에서는 발전소 사고가 있었다. 전심소송의 피해자는 시장과 지역공기업의 지배인 신분으로 지역의 관련 사안들을 처리했다. 게다가 그는 한 지역 소재 기업에 관할지역 내에 위치한 섬을 홍보할 수 있도록 인터넷-도메인 "N.de"의 사용허가를 내주었다. 그러한 인터넷-도메인의 이용으로 인해 청구인은 유스호스텔 운영에서 경제적 불이익을 입었다고 주장했다. 피해자가 시장직에 지원했을 때 청구인은 2쪽짜리 다량의 인쇄우편물을 전파했는데, 거기에서 그는 독자들을 상대로 피해자와 정치적 경쟁관계에 있는 사람을 추천했다. 그는 발전소 사고의 결과와 인터넷-사이트 설비와 관련한 그의 태도를 언급했고, 관련 본문에서 특히 다음과 같이 말했다:

> (실명이 언급된 피해자)는 하나의 거짓말, 즉 법원이 그 옆에 있었던 장소라는 거짓말로 변명하면서 어떠한 양심의 가책도 느끼지 않았다. … 그는 섬-인터넷-사이트 독점권을 경쟁기업에 제공하는 불법적 생각을 실행에 옮겼을 때, 시쳇말로 물불을 가리지 않았다. … 우리 법질서를 짓밟은 (피해자) 같은 사람은 입을 다물게 해야 하고, 행정전문가라고 자칭하지 못하게 해야 한다!

이 표현들은 모욕으로 인한 대상 판결의 근거가 되었다. 지방법원지원은 판결에서 이를 하나의 비방적 비판으로 보았다. 따라서 형법 제193조의 위법성조각사유도 고려되지 않는다고 판단했다. 항소는 지방법원결정을 통해 부당한 것으로 기각되었다. 연방헌법재판소는 노르덴 지방법원지원의 판결과 아우리히 지방법원의 결정이 청구인의 의견자유권을 침해한다고 확정했다.[33]

① 비방적 비판의 요건

연방헌법재판소는 헌법소원이 명백히 이유 있다고 판단했다.

대상 표현은 기본법 제5조 제1항 제1문의 보호범위에 해당한다고 보았다. 해당 표현들은 본질적으로 평가를 나타내며, 논박적 표현이나 모욕적 표현조차 기본권 규범의 보호범위에서 일단 벗어나지는 않는다고 밝혔다. 거짓말에 대한 이중 비난은 사실적 요소 역시 포함하고 있으며, 여론형성을 위해 다른 사람에게 기여할 수 있는 사실표현은 기본법 제5조 제1항 제1문의 보호범위에 포함된다고 인정했다.

물론 기본법 제5조 제1항 제1문의 기본권은 무제한 인정되지는 않으며, 오히려 일반법 규정들, 특히 여기서 관련된 형법 제185조에서 그 제한을 발견한다고 밝혔다.

형법 제185조의 적용에 있어서 기본법 제5조 제1항 제1문은 통상 형법 제193조의 범위 내에서 행해져야 할 피해자의 인격권과 청구인의 의견자유권 사이의 형량을 요구한다고 설명했다. 지방법원지원은 바로 이러한 형량에 있어서 의견자유권의 의미와 사정거리를 오인했다고 판단했다.

연방헌법재판소는 청구인의 표현이 형사판결에서 주장된 견해와 달리 비방적 비판으로 분류될 수 없다고 생각했다. 의견자유의 보호를 배제하는 비방적 비판의 효과를 고려하면, 비방의 개념은 좁게 해석되어야 한다고 역설했다. 하나의 표현은 그 안에서 더 이상 사안에서의 토론이 아니라 개인에 대한 모멸이 전면에 대두될 때 비방의 성격을 띠게 된다고 보았다. 그것은 논박적이고 과장된 비판을 넘어선 인신공격이 본질이라고 밝혔다. 그런 점에서 연방헌법재판소는 이 사건에서 비방적 비판의 인정은 납득할 수 없다고 보았다.[34]


② '자유로운 발언을 위한 허용성 추정원칙'과 비방적 비판

연방헌법재판소는 청구인의 전체 표현이 과장된 표현형식에도 불구하고 사실과 함께 뒷받침되었다고 인정했다. 그것은 매우 신랄하고 노골적으로 작성된 피해자의 행동에 대한 비판이라고 보았다. 그럼에도 그것은 결국 다툼이 된 사건들과 시장선

거에서 피해자의 입후보를 둘러싼 논쟁에 그 근거가 있었다고 평가했다.

법원이 하나의 표현을 잘못해서 비방으로 간주하고 결과적으로 개별적 사건의 모든 사정의 고려하에서 구체적 형량을 하지 않는다면, 이것은 오류에 기초한 판결이 파기에 이를 수 있는 그런 헌법상의 결정적 실수에 해당한다고 밝혔다. 그리고 이 사건이 이에 해당한다고 보았다.

연방헌법재판소는 판결이유에서 발견될 수 있는 또 다른 형량 관점들이 대상 판결을 정당화할 수 없다고 판단했다. 지방법원지원은 청구인의 표현을 허용된 과장으로 분류하지 않았다. 이때 법원은 정치적 의견투쟁에서, 게다가 무엇보다 선거운동에서 행해졌다는 점을 고려했다. 그럼에도 불구하고 법원은 그 표현이 공공성과 본질적으로 관련된 문제에 대한 표현의 경우에는 자유로운 발언을 위한 추정이 보장된다는 연방헌법재판소의 관점이 받아들여져야 하는지 여부를 심사하지 않았다고 비판했다. 풍력발전소에서 시작된 안전위험과 인터넷사이트의 배정을 고려하면, 해당 지역의 공공성과 관계된 문제에 관한 관련성이 인정될 수 있다고 보았다. 그 밖에 형량에서 지방법원지원에 의해 내려진 확정에 따르면 해당 표현의 사실요소들은 진실이라는 점이 고려될 수 있다고 판단했다. 연방헌법재판소는 이러한 요소들을 반영한 형량이 지금까지 행해지지 않았다고 비난했다. 따라서 해당 법원의 판결에서는 비방적 비판의 법리적용에서 출발했을 때, 어떤 논거가 형량을 청구인에게 불리하게 인정할 수 있는지에 관한 부분을 확인할 수 없다고 지적했다. 다만, 연방헌법재판소가 해당 법원 대신에 형량을 행하는 것은 거부되어야 한다고 덧붙였다.[35]

## 연방헌법재판소 2011년 12월 7일 자 결정 – 1BvR 2678/10

### 사실관계

헌법소원의 대상은 청구인에게 일정한 표현들의 금지를 거부한 민사법원 판결이다.

전심소송의 피고는 "조직적인 무책임 – 대기업들, 국가적 감시, 독일 유전공학계의 경제적 후원과 로비 사이의 비리에 관한 해설서"라는 제목의 책자를 제작했다. 그 안에서 피고는 유전공학적으로 변형된 농산물에 반대했고, 감독 당국, 영농산업과 농업 분야 연구 사이의 밀접한 개인적 유착관계에 관해 보도했다. 책자는 인터넷에서도 검색할 수 있었다. 청구인1은 소위 '유전자 변형작물'의 연구와 이용에 매진하는 두 기업의 대표이사였다. 그중 한 기업인 A 회사는 유전공학적으로 변형된 작물의 출시를 수행했고, 다른 한 기업인 B 회사는 Ü에서 또 다른 시험경작지와 전시농장을 운영했는데, 거기에서는 새로 개발된 작물 품목이 전시되었다. 피고의 책자는 청구인을 본문 여러 군데에서 실명으로 거론했고, 그중 두 군데에서는 예시된 "비리" 일부를 사진의 첨부하에 언급했다. 이 책자와 관련해 청구인들은 다음 10가지의 표현들 혹은 이와 유사한 표현들을 금지하라고 청구했다:

a) 청구인들은 "유전공학홍보센터와 베일에 싸인 회사조직 내로 세금을 빼돌릴" 계획이었다,

b) 청구인들은 진흥기금 횡령을 위한 집단의 일부였다,

c) 청구인들은 Ü에 돈세탁을 위한 새로운 엘도라도를 만들 생각이었다,

d) 청구인들은 무모한 이윤추구 집단이었다,

e) 청구인들은 자신들의 의심스러운 회사 구성체를 위해 방대한 회사자금과 세금을 착복했다,

f) 청구인들은 유전공학 마피아들이었다,

g) 청구인1이 대표이사로 있는 A사는 무엇보다 "홍보와 막대한 세금의 횡령"에 매진했다,

h) 청구인1이 마찬가지로 대표이사로 있는 Ü에 소재한 B사는 "복잡하게 얽힌 회사의 미로 속에서 세금세탁을 위해 중요했다",

i) 청구인2는 "I. 출신의 주모자였다. –G에서의 비리",

j) 청구인2는 시위가담자를 "매수"했다.

지방법원은 피고에게 언급된 혹은 유사한 표현들을 제기하거나 전파하는 것을 금지했다. 피고의 항소로 상급법원은 지방법원 판결을 파기하고 소송을 기각했다.

이에 대해 청구인은 헌법소원을 제기했다. 연방헌법재판소는 상급법원의 판결이 다음과 같은 표현들의 금지에 관한 청구인의 소송을 기각하는 이상, 기본법 제1조 제1항과 연계한 제2조 제1항의 기본권을 침해한다고 결정했다:

- 청구인들은 진흥기금 횡령을 위한 집단의 일부이다,
- 청구인들은 Ü에 돈세탁을 위한 새로운 엘도라도를 만들 생각이었다,
- 청구인1이 대표이사로 있는 A사는 무엇보다 "홍보와 막대한 세금의 횡령"에 매진했다,
- 청구인1이 마찬가지로 대표이사로 있는 Ü에 소재한 B사는 "복잡하게 얽힌 회사의 미로 속에서 세금세탁을 위해 중요했다."

그런 점에서 사건은 상급법원에 환송되었다. 나머지 헌법소원은 받아들여지지 않았다.[36]

① 대상 표현의 법적 분류와 연방헌법재판소의 책무

연방헌법재판소는 헌법소원의 일부가 명백히 이유 있다고 밝혔다. 대상 판결이 청구인의 돈세탁과 진흥기금 및 세금의 횡령혐의를 제기하는 표현들을 허용한 이상, 이는 기본법 제1조 제1항과 연계한 제2조 제1항의 일반적 인격권을 침해한다고 판단했다.

재판부는 해당 판결들이 청구인의 일반적 인격권의 보호범위를 저촉했다고 인정했다.

연방헌법재판소는 기본법 제1조 제1항과 연계한 기본법 제2조 제1항에 규정된 일반적 인격권은 기본법에 규정된 자유권을 보완하고, 개인의 밀접한 생활영역과 그의 기본조건의 유지를 보장한다고 설명했다. 개인의 평판, 특히 공중 속에서의 개인의 인상에 대해 불리한 영향을 끼치기에 적합한 표현들로부터의 보호가 이에 속한다고

보았다. 법원의 판결이 허위라는 이유로 방어하는 그런 인격권과 관련된 진술들을 허용하는 한, 일반적 인격권이 저촉될 수 있다고 생각했다.

청구인들이 돈을 "세탁"했고, 세금 및 진흥기금을 횡령했으며, "돈세탁을 위한 새로운 엘도라도의 일부"라는 취지의 4개의 표현들, b, c, g, h는 상급법원 스스로 적절하게 밝힌 바와 같이 청구인들의 사회적, 정치적 명성을 폄훼하기 적합한 것이라고 인정했다.

연방헌법재판소는 상급법원의 판결로 인해 청구인의 일반적 인격권이 일부 침해되었다고 판단했다. 상급법원이 청구인에 대한 불리한 네 개의 표현들 b, c, g, h를 문제 삼지 않는 이상, 이는 더 이상 각급 법원의 판단범위 내에서 유지될 수 없다고 밝혔다.

일반적 인격권은 민사법상 원칙적으로 형법 제186조와의 연계하에 민법 제823조 제2항과 제1004조 제1항에 의거한 금지청구권을 통해 침해 성격의 표현들에 관철될 수 있다고 인정했다. 이때 의견자유의 이익은 무엇보다 형법 제193조에서 정당한 이익의 대변 시에 명예훼손 표현으로 인한 유죄판결을 배제하며, 이러한 원칙은 민법 제823조 제2항 및 그 밖의 법적 사고에 따라 전용되기 때문에 민법 분야에서도 역시 유효하다고 밝혔다.

또한 이러한 규정들은 일반적 인격권이 유보 없이 보장되지는 않는다는 상황을 고려한다고 밝혔다. 이에 기본법 제2조 제1항에 근거한 일반적 인격권은 타인의 권리를 포함한 합헌적 질서를 통해 제한된다고 인정했다. 그리고 기본법 제5조 제1항 제1문의 의견자유권 역시 이러한 권리들에 속한다고 보았다. 하지만 의견자유의 기본권 역시 유보 없이 보장되지는 않는 것은 마찬가지이며, 기본법 제5조 제2항, 즉 일반법 및 개인의 명예권을 통해 제한된다고 밝혔다.

이어서 민사법 규정들의 해석과 적용에 있어서 관할법원은 기본권의 가치설정적 내용이 법적용 차원에서도 훼손되지 않고 유지될 수 있도록 관련된 기본권들의 해석에 있어서 주도적으로 고려해야 한다고 설명했다. 그리고 이 사건과 같은 성격의 사례에서는 표현을 통한 인격권 침해의 심각성과 표현의 금지를 통한 의견자유의 희생 사이의 형량이 행해져야 한다고 부연했다. 아울러 이러한 형량의 결과는 개별사정에의 의존성으로 인해 일반적이거나 추상적으로 미리 결정되어서는 안 된다고 생각했다.

나아가 연방헌법재판소는 이러한 형량에 있어서 결정적인 일련의 기준들을 발전시켜왔다고 밝혔다. 그리고 이러한 기준들에서는 가치평가와 사실주장 사이의 차이가 결정적인 역할을 한다고 강조했다. 특히 사실주장에 있어서는 그것의 진실내용이 중요하지만, 순수한 가치평가에 있어서는 그렇지 않다고 밝혔다. 그리고 허위의 평가저하적 사실주장의 유지와 계속적 전달에는 의견자유의 관점하에서 어떠한 보호가치 있는 이익도 존재하지 않는 반면, 진실한 진술들은 원칙적으로 감수되어야 하며, 그것이 당사자에게 불리할 때에도 마찬가지라고 밝혔다.

이어서 가치평가와 달리 사실주장들은 원칙적으로 증거에 접근 가능하며, 이는 사실적이고 평가적 요소들이 서로 혼재된 표현들의 경우에도 마찬가지라고 설명했다. 이때 형량에 있어서 가치평가의 바탕이 된 사실적 표현내용의 진실성이 중요하다고 강조했다.

한편, 각급 법원을 통한 가치평가 혹은 사실주장으로서 표현의 분류는 기본권 보호범위에 있어서 그리고 상충하는 법익들과의 형량에 있어서 그것이 가지는 중요성으로 인해 연방헌법재판소의 심사대상에 해당한다고 밝혔다. 이때 연방헌법재판소는 물론 헌법상의 요청의 준수 여부만을 심사해야 하며, 그에 반해 기본권적 영향에도 불구하고 민사소송 혹은 형사소송으로서의 본성을 잃지 않는 각각의 소송사건 그 자체를 결정하는 것은 연방헌법재판소의 책무가 아니라고 생각했다.[37]

② 비방적 비판의 요건

연방헌법재판소는 대상 판결들이 헌법상 요청들에 전혀 부합되지 않는다고 판단했다. 상급법원이 비록 헌법상 기준들에서 시작해서 그것을 바탕으로 삼았다는 점은 인정했다. 상급법원은 10개의 대상 표현들을 개별적으로 다루었고, 가치평가 혹은 사실주장으로서의 법적 성질 결정과 관련해 그 표현들을 주로 의견표현으로 분류하면서 비방적 비판의 존재는 부인했으며, 마지막으로 피고의 의견자유를 청구인의 일반적 인격권에 대해 형량을 거쳤다고 평가했다.

그리고 a, d, e, f, i 및 j 표현들과 관련해 이러한 형량은 각급 법원의 판단범위 내에서 유지되고 헌법소원은 인정되지 않는다고 판단했다. 아울러 더 이상의 이유 제시는 자제한다고 밝혔다.

그에 반해 b, c, g 및 h 표현들은 이의 제기되어야 한다고 밝혔다.

물론 상급법원이 이러한 4개의 표현들을 전체적으로 의견표현으로 분류한 것은 어떠한 헌법상 우려도 생겨나지 않는다고 인정했다. 상급법원은 이 표현이 비록 사실적 요소 역시 내포하고 있지만, 그럼에도 그것들을 전체적 맥락에서 떼어내서 분리한 상태로 고찰해서는 안 될 정도로 평가적 진술들과 밀접하게 결합되어 있다고 판단했다. 이어서 상급법원이 대상 표현들을 비방적 비판으로 판단하지 않은 점에 대해 연방헌법재판소는 상급법원의 판단이 적절했다고 평가했다. 비록 그 표현들이 거친 공격으로 인해 일상언어상의 의미에서 비방으로서 보일 수는 있지만, 헌법상 비방은 좁게 결정되어야 한다고 강조했다. 비방은 공공성과 본질적으로 관련된 문제에 있어서는 단지 예외적으로만 존재하며, 오히려 사적 반목으로 제한되어야 한다고 생각했다. 따라서 비방적 비판은 더 이상 사안에서의 논쟁이 아니라 개인에 대한 모멸(인신공격)이 중심이 되는 것을 통해 결정된다고 보았다. 하지만 여기에서는 이것이 분명하지 않다고 판단했다.[38]

③ 의견에 포함된 핵심 사실의 진실성 심사위반

연방헌법재판소는 피고에게는 해당 표현들이 사실적 이슈에 관한 논쟁이었다고 인정했다. 그에게는 자신의 지배적 관점에 해당하는 농업에서의 유전공학의 위험성을 알리는 것이 중요했다고 평가했다. 피고는 유전공학적으로 변형된 작물의 연구와 이용을 위해 공적 자금을 받거나 받았었고, "유전자 변형작물"의 전파에 매진했던 청구인들의 기업인으로서 지위를 비판했다고 판단했다. 이와 관련해 청구인들이 31쪽 짜리 책자의 본문에서 나란히 언급되었고, 비록 여러 곳에서 사진과 함께 언급되기는 했지만 그들 개인에 대한 비방이 중심을 이루는 성격은 아니었다고 보았다.

그럼에도 상급법원은 4개의 표현들과 관련해 의견자유에 우월함을 인정함으로써 관할 법원의 평가범위를 넘어섰다고 비난했다. 여기에서 상급법원은 이 표현들이 핵심적 사실을 지니고 있으며, 이러한 사실의 입증 가능성이 표현주체 측에서 결정적으로 중요하다는 점을 간과했다고 보았다.

연방헌법재판소는 표현이 의미해석에 있어서는 중립적인 이성적 독자의 관점에서의 객관적 의미의 조사가 결정적이라고 밝혔다. 비록 상급법원이 평균적 독자들로부터 "돈세탁" 그리고 "횡령"이라는 단어하에서 법적으로 정확하고 특정한 범죄구성요건상의 처벌이 연상되어야 할 필요는 없다고 판시했고, 이는 문제 되지 않는다고 인정했다. 하지만 평균 독자들이 이러한 표현들에서 적어도 자금사용이 그 어떤 방식으로든 형사처벌이 가능한 정도는 아니지만 위법하다는 사실을 끌어낼 수는 있다고 보았다.

상급법원은 4개의 표현들의 사실내용들에 관한 진실성 여부의 문제를 충분히 조사하지 않았다는 사실이 형량과정에서 고려되어야 할 중요한 판단요소라는 점을 소홀히 했고, 이 때문에 잘못된 형량 결과에 도달했다는 사실을 간과했다고 비판했다.

이 판결들은 결국 제시된 헌법상의 오류에 근거했고, 그런 점에서 파기되어야 한다고 결정했다.[39]

## 연방헌법재판소 2014년 7월 28일 자 결정 – 1BvR 482/13

### 사실관계

헌법소원의 대상은 형법 제185조 모욕으로 인한 형사상 유죄판결이다.

청구인은 지방법원지원에 당시 자신의 소송대리인을 상대로 한 손해배상청구 소송을 수행했다. 왜냐하면 소송대리인이 또 다른 한 소송에서 관할권이 없는 법원에 항소를 잘못 제기했기 때문이었다. 하지만 지방법원지원은 이 손해배상소송을 기각했다. 청구인의 소가 기각된 이후 청구인은 해당 지원판사에 대한 직무감찰소원을 신청했다. 이를 위해 지방법원장에게 서한을 송부했는데, 청구인은 이 서한을 해당 여판사, 법무부장관 그리고 소송 상대방에게도 보냈다. 그 내용에는 다음과 같은 표현이 포함되었다:

> 2008년 10월 27일에 본안심리 결과 여판사 X로부터 터무니없는 잘못된 판결이 내려졌습니다. 독일에서는 판사가 마음대로 판단할 수 있다는 것이 주지의 사실일지라도, (…) 이쯤에서 사람들은 이 판결을 의도적이든 의도적이지 않든 엉터리이며 악의적인 것이라고 생각할 수 있습니다. 법관직무의 본질을 떠나서 나는 다음과 같은 궁색하고 위법하며 판사에 걸맞지 않은 X 판사의 행태에 대해 항의하며, 이 판사가 잘못된 길로 빠지지 않도록 효과적으로 저지하기 위해서는 처벌이 필요하다고 생각합니다. (…) 황당하게도 이 점에서 나는 해명기일이 단지 웃기는 장난에 불과할 수 있다는 사실을 알았습니다. 판사는 판사석으로 가서 항소가 부족한 성공 가능성으로 인해 취하되었다고 뒤죽박죽 제멋대로 지어냈으며, 이 X 판사가 "원고는 변호사의 잘못된 상담으로 인해 손해배상을 청구했다", "원고는 그녀에게 상소의 성공 가능성을 조사해 줄 것을 위임했다"라고 주장했을 때, 놀랍게도 그녀의 생각은 또 다시 왜곡된 사실관계에서 생겨난 것이었습니다. 이러한 날조사실을 판결에 끼워 넣는 것은 불법입니다. 나는 어쨌거나 항소를 (…) 제기하라고 의뢰했습니다.

지방법원지원은 이 표현을 이유로 청구인에게 형법 제185조 모욕죄를 적용해 일당 20유로의 80일 상당 벌금형에 해당하는 유죄판결을 내렸다. 뒤스부르크 지방법원은 청구인의 항소를 이유 없다고 기각했으며, 모욕으로 처벌이 가능하다고 밝혔다. 청구인의 표현은 비방적 비판이라고 판단했다. 뒤셀도르프 상급법원 역시 청구인의 상고를 이유 없다며 기각했다.

헌법소원은 성공했고, 사건은 뒤스부르크 지방법원으로 파기환송되었다.[40]

① 비방적 비판의 본질적 표지

연방헌법재판소는 대상 판결이 청구인의 기본법 제5조 제1항 제1문에 근거한 의견자유권을 침해한다고 밝혔다.

지방법원 및 상급법원은 형사처벌이 가능한 것으로 간주된 표현들을 비방적 비판이라고 인정했지만, 이는 헌법상 용인될 수 없다고 보았다. 이 사건에서 지방법원은 특정한 표현을 비방적 비판으로 분류하기 위한 헌법상 기준들을 오인했다고 비판했다. 의견자유에서 배제되는 비방적 비판의 효과로 인해 연방헌법재판소는 각급 법원에서 발전되어 온 비방적 비판의 개념을 좁게 정의한다고 밝혔다. 그에 따라 과장되거나 무례한 비판이라는 점 그 자체만으로 하나의 표현이 비방적 비판으로 되지는 않는다고 보았다. 오히려 하나의 표현에 있어서 더 이상 사안에서의 논쟁이 아니라 개인에 대한 비방(인신공격)이 주를 이루고 있다는 점이 추가되어야 한다고 판시했다. 더욱이 비방적 비판은 논박적이고 과장된 비판을 넘어서 개인의 모멸에서 인정되어야 한다고 설명했다. 따라서 비방적 비판의 본질적 특징은 사실상의 관심사를 완전히 대체하는 개인적 모멸이라고 생각했다. 이 경우에만 단지 추정원칙의 예외로서 모든 사정들의 고려하에서 하나의 형량이 포기될 수 있다고 인정했다. 이러한 이유에서 비방적 비판은 공공성에 본질적으로 관계된 문제에서의 표현의 경우에는 단지 예외적으로만 존재하고, 그 밖에 오히려 사적인 반목으로 제한된다고 밝혔다.[41]

② 비방적 비판의 판단 여부

연방헌법재판소는 지방법원의 판결이 이러한 요건을 충족시키지 못한다고 판단했다. '판사가 잘못된 길로 빠지지 않도록 저지되어야 한다'는 표현과 관련해서는 사안에서의 논쟁이 중심을 이루는 것이라고 생각했다. 청구인은 자신에 의한 직무감독소원에서 비판의 대상이 된 행동을 문제 삼았으며, 고위직을 통한 이러한 행위의 감시를 의도했다고 인정했다. 비록 논박적이고 과장된 비판이지만, 이것은 사실에 입각한 논쟁을 바탕으로 하는 것이라고 판단했다. 또 다른 표현들과 관련해서 지방법원은 비방적 비판으로서 분류를 위한 어떠한 이유도 밝히지 않았다고 질책했다.

지방법원이 추가로 형량을 행했다고 주장한 사실을 고려하더라도, 관할재판부가 우선 청구인의 "판사가 잘못된 길로 빠지는 것이 저지되어야 한다"는 표현을 해당 판사가 추후에 범죄를 저지를 것이라는 사실이 전제되었다고 해석한 이상, 의견자유를 위반했다고 판단했다. 표현에 대한 모든 법적 평가의 전제조건은 그의 의미가 적절하게 파악되는 것이라고 강조했다. 법원이 다의적 표현에 있어서 사전에 다른 가능한 해석들을 설득력 있는 이유와 함께 배제하는 과정 없이 유죄판결에 이르는 의미를 바탕으로 삼는다면, 이는 의견자유권의 침해라고 생각했다. 따라서 이러한 요청의 준수 여부는 연방헌법재판소를 통한 심사대상에 해당한다고 인정했다. 어째서 청구인의 표현을 여기에서 이성적으로 단지 '그렇지 않으면 판사는 범죄를 저지를 것'이라고 생각될 수 있는지의 설명이 지방법원 판결에서는 찾아볼 수 없다고 보았다. 아울러 또 다른 해석 가능성을 법원은 자세히 다루지 않았다고 꼬집었다.

연방헌법재판소는 그 밖의 형량과정 역시 헌법상 기준들을 충족시키지 않는다고 판단했다. 지방법원은 청구인의 의견자유를 충분히 평가하지 않고 일방적으로 명예보호를 우선시했다고 보았다. 특히 청구인이 서한을 비록 소송반대 측에도 송부했지만 서한의 수신인범위를 일정한 범위로 유지했고, 해당 판사의 직무상급자 외에 피고 변호사와 법무장관으로 제한했던 사정을 고려했다.

게다가 청구인은 "권리를 위한 투쟁" 상황에 있었으며, 이때 자신의 입장을 구체적으로 설명하고 자신의 법적 상태를 강조하기 위해 모든 단어들을 신중하게 저울질할 필요 없이 강력하고 인상적인 표현들을 사용하는 것이 허용된다는 점도 형량에서 고려되어야 한다고 밝혔다. 결론적으로 대상 판결은 제시된 헌법상 오류에 기초했다고 결론 내렸다.[42]

# 연방헌법재판소 2017년 2월 8일 자 결정
## – 1BvR 2973/14("나치돌격대 사령관"–결정)

### 사실관계

2011년 11월 우익으로 분류될 수 있는 한 단체의 구성원들이 퀼른시 한 구역에서 시위를 했다. 청구인은 적법하게 신고를 마친 집회의 주관자였고, 자신의 요청들과 선전내용들의 전달을 위해 확성기를 사용했다. 이 과정에서 시위행진에 대해 분노를 표출하는 수많은 맞불집회가 촉발되었고, 동맹90/녹색당 소속 연방의원 역시 현장에서 이러한 목적에 동참했다. 맞불시위대는 시위행렬을 가로막고 "나치 나가라"와 같은 구호를 외치며, 시위 가담자들에게 소위 가운뎃손가락을 내보이면서 이따금 확성기를 통해 전파되는 시위 가담자들의 발언들을 방해하기 위해 사이렌을 울렸다. 지방법원은 맞불시위대 녹색당 의원이 시위행렬을 적극적으로 저지하기 위해 가담했고, 그는 현장에 근무 중인 경찰관에게서 정보를 얻었고, 맞불시위대에게 봉쇄를 계속하라고 조언하면서 청구인에 의해 진행된 집회 참가자들을 상대로 여러 차례 "나치부대"나 "극우 멍청이들"이라고 칭하거나 이와 유사한 표현을 했다는 사실을 그대로 확정했다. 시위행렬은 맞불시위로 인해 예정된 루트로 진입하는 데 실패했고, 이에 청구인과 경찰관 사이의 대화가 개시되었다. 청구인이 시위참가자들에게 경찰 수뇌부와의 대화를 전달하는 과정에서 녹색당 의원을 발견하자 해당 의원에 관해 다음과 같이 말했다:

> 나는 여기에서 흥분한 녹색당 의원을 봤습니다. 이 사람은 여기에서 나치 돌격대 패거리들의 최고지역사령관으로서 명령을 내렸고, 이들에게 요청했어요. 이건 아돌프 히틀러의 후예들의 모습이고, 바로 그 히틀러 후예들의 이데올로기와 똑같은 겁니다.

연방의원은 모욕으로 형사고소를 제기했다.

퀼른 지방법원지원은 청구인에게 비방적 비판의 형태인 모욕을 인정해 일당 80유로의 25일 치 벌금형의 유죄판결을 내렸다. 청구인의 항소에 대해 쾰른 지방법원은 청구인에게 경고와 더불어 일당 60유로의 25일 치 벌금형을 유지했다. 쾰른 상급법원은 청구인의 상고를 이유 없다며 기각했다.

헌법소원은 성공했고, 판결의 파기환송에 이르렀다.[43]

### ① 비판과 비방의 구별

연방헌법재판소는 이 사건에서 결정적인 헌법상 문제들을 이미 판단한 바 있으며, 이것은 무엇보다 기본권을 제한하는 형법 제185조 이하 규정들의 해석과 적용에 있어서 기본권의 영향력을 위해 유효하다고 인정했다.

이에 따라 헌법소원은 허용되며, 대상 판결은 청구인의 기본법 제5조 제1항 제1문에 근거한 의견자유권을 침해한다고 결정했다.

이어서 지속적인 연방헌법재판소의 판례에 의하면 가치평가와 사실주장은 여론형성에 기여하는 이상 의견자유의 보호에 해당하지만, 의견자유권이 유보 없이 보장되는 것은 아니라 일반법에서 그 제한을 발견할 수 있고, 이 사건에서 법원에 의해 적용된 형법 제185조, 193조 역시 이에 속한다고 인정했다. 이러한 규정들의 해석과 적용은 각급 법원의 책무이며, 이때 제한되는 기본권은 기본권의 가치설정적 내용이 법적용에 있어서도 훼손되지 않도록 해석과정에서 주도적으로 고려해야 한다고 밝혔다. 따라서 이러한 책무는 원칙적으로 표현으로 인한 인격권 침해의 심각성과 표현의 금지를 통한 의견자유의 희생 사이에 형량을 요구한다고 밝혔다. 그리고 형량 결과는 헌법상 미리 정해지지 않으며, 개별적 사정들에 달려 있다고 보았다.

이어서 이 사건을 판단함에 있어서 기본법 제5조 제1항 제1문은 객관적으로 구별되는 표현만을 보호하는 것이 아니라 오히려 신랄하고 공격적이며 과장되게 행해진 비판도 허용된다는 점에 유의해야 한다고 강조했다. 그런 점에서 허용되는 의견표현의 한계는 논쟁의 극단화가 객관적, 비판적 표현을 위해 반드시 필요한 것은 아니었다는 이유만으로 존재하지는 않는다고 생각했다. 의견표현의 한계는 그와 달리 형식적 모욕이나 비방으로서 보이는 모멸적 표현들이 행해졌을 때 인정된다고 보았다. 그리고 여기에서 의견자유는 일반적으로 명예보호 뒤로 후퇴하기 때문에 예외적으로 의견자유와 인격권 사이의 형량이 필수적이지 않게 된다고 설명했다. 하지만 이러한 의견자유에 대한 심각한 결과로 인해 형식적 모욕이나 비방적 비판의 존재를 인정하기 위해서는 엄격한 기준들이 요청된다고 강조했다. 아울러 의견자유를 배제하는 효과로 인해 비방적 비판의 개념은 헌법상 좁게 이해되어야 한다고 재차 강조했다. 이에 과장되거나 모욕적인 비판이라는 이유가 하나의 표현을 그 자체로 비방으로 만들지는 않으며, 그 표현이 사안에서의 논쟁이 아니라 논박적이고 과장된 비판을 넘어서 인신공격을 중심으로 할 때 비로소 비방의 성격이 인정된다고 설명했다. 따라서 이러한 비방적 비판은 공공성과 본질적으로 관련된 문제에서는 단지 예외적으로만 존재하며, 오히려 사적 반목이나 적대시하는 경우로 제한된다고 보았다. 따라서 비방의 인정은 일반적으로 비방과 결합된 형량의 불필요성으로 인해 모욕으로서 그리고 동시에 형사처벌이 가능한 것으로서 판단되는 표현들과 관련해 좁게 다뤄져야 할 특별사례로 남아 있어야 한다고 부연했다.[44]

## ② 비판과 비방의 부적절한 분류와 의견표현의 자유권의 침해

연방헌법재판소는 자신의 과제를 각급 법원이 기본권을 충분하게 준수했는지 여부의 심사로 제한된다고 밝혔다. 이어서 하나의 표현이 부적절하게 형식적 모욕이나 비방적 비판으로 분류되어서, 그것이 모욕이나 비방적 성격 없이 가치평가로 인정될 수 있는 표현과 동일한 기본권 보호를 누리지 못하는 결과를 가져올 때에도 역시 의견자유의 의미와 사정거리가 오인된 것이라고 설명했다.

그리고 대상 판결은 이러한 헌법상 요청들을 충족하지 못했다고 판단했다.

각급 법원들은 청구인의 표현을 헌법상 수용할 수 없는 방식으로 비방적 비판으로 분류하고, 헌법상 요청된 청구인의 의견자유와 표현 당사자의 일반적 인격권 사이의 형량을 행하지 않았다고 비판했다. 대상 판결은 청구인이 자신의 표현과 함께 집회 주관자의 자격으로서 청구인에 의해 적법하게 신고된 집회의 차단에 결정적으로 관여했고, 시위참가자들을 "나치 부대" 및 "극우주의 멍청이들"이라고 직접 비방한 연방의원의 행위를 논평한 것이라는 사실을 오인했다고 보았다. 청구인에게는 오로지 피해자에 대한 개인적 평가저하가 중요한 것이 아니었다고 판단했다. 따라서 이러한 부적절한 분류만으로 이미 기본법 제5조 제1항 제1문에 의해 보호되는 의견자유의 의미와 사정거리를 오인한 것이라고 보았다.

결국 형량이 없었기 때문에 대상 판결은 이러한 오류에 기초했으며, 이러한 형량이 어떠한 결과에 이르게 될지 그리고 청구인이 무죄선고 아니면 재차 유죄판결에 이르게 될지 여부는 아직 정해지지 않았다고 생각했다. 따라서 새로운 사건의 취급에 있어서는 시위를 적극적으로 저지하려고 했던 피해 의원의 앞선 행동과 개인을 향한 나치체제의 주요 역할 수행자와의 비교에 놓여 있는 명예침해의 심각성 정도가 고려되어야 한다고 밝혔다.[45]

## 2. 비방적 비판의 요건으로서 사실적 근거의 부재

하나의 표현이 비방적 비판으로서 다뤄질 수 있는 결정적 징후는 의견이 바탕으로 삼은 사실적 근거의 부재이다. 이것은 정치적 영역에서의 표현에 대해서도 마찬가지이다. 다른 사람을 침해하는 의견이 근거로 삼고 있는 사실주장들이 허위로 밝혀졌을 경우에도 효과에 있어서는 동일한 결과가 된다.[46] 따라서 판례는 한 사람의 이념적 성향을 평가 저하시키는 표현의 허용성에 관한 소송과정에서 사실적 근거의 공개, 경우에 따라서는 사실적 근거의 진실성에 대한 증거를 요구했다.[47] 주의할 점은 표현과 함께 이러한 사실적 근거를 바로 공개할 의무는 존재하지 않는다는 사실이다. 이에 따라 법적 다툼 과정 외에는 의견표현의 근거제시에 관한 어떠한 의무도 존재하지 않는다. 결과적으로 의견표현과 비판은 형식적 모욕의 형법적 관점하에서 진실한 사실주장의 전파라고 하더라도 모욕죄로 인정될 수 있는 그런 전파(형법 제192조)의

경우에만 제한될 수 있다.[48]

연방대법원은 RAF(독일 적군파)의 울라이크 마인호프에 관한 시사보도 내에서 마인호프의 딸이 직접 작성한 기사를 비판적으로 다루면서 그녀를 테러리스트의 딸이라고 지칭한 것은 사실적 관련성을 통해 정당화될 수 있다고 판단했다.[49]

돼지, 돼지 새끼 혹은 원숭이나 그 밖에 사실적 진술가치가 전혀 없는 단순 비방 그리고 특히 비판대상자에 관한 행동 혹은 상황과는 아무런 사실적 관련성도 없는 경우와 같이 어떤 사람에 대한 모멸적 표현일 때 비방적 비판 혹은 형식적 모욕의 경계선을 넘게 된다. 이러한 의미에서 한 사람을 "정신 나간"으로 지칭하는 것 역시 표현자가 이러한 지칭을 정당화할 수 있는 아무런 접촉점도 언급할 수 없는 경우에는 비방적 비판이 인정된다.[50] 반면에 한 수사절차의 수행에 관한 사실에 입각한 비판의 맥락에서 한 검사를 "정신 나간"이라고 지칭하는 것은 기본법 제5조 제1항의 의견자유권에 의해 보호된다.[51]

한편, 연방헌법재판소는 극우 시위를 차단하고 있는 경찰부대 앞에서 A.C.A.B.(All cops are bastards)라고 적힌 에코백을 경찰관들을 향해 일부러 과시한 행위에 대해 형사처벌이 가능한 모욕으로서 판단했다.[52]

경계사례로서 동독 시절 당시 빈번하게 행해졌고, 관련 선수들에 대해 건강상의 후유증을 낳았던 도핑-조치들로 관심을 끌었던 스포츠 전문의를 "동독-도핑-시스템의 멩겔레"라고 지칭한 행위와 관련해 민사법원은 이를 위법한 비방적 비판이라고 판단했고, 연방헌법재판소[53] 역시 건강에 유해한 계획적 도핑의 불법내용을 멩겔레라는 이름과 함께 연상되는 만행에 비유한 것은 과도하다는 이유로 민사법원의 판결에 동의했다.

마지막으로 "나치", "파시스트" 혹은 "슈타지-스파이"와 같은 개념들의 이용에 있어서는 실제로 나치당 소속이라는 의미에서 입증 가능한 사실주장인지 여부가 맥락에서 판단되어야 한다. 이러한 경우가 아니라 해당 지칭이 의견표현이라면, 비방적 비판의 한계를 넘었는지 아니면 정치적 논쟁의 범위 내에서 사실적 관심사를 나타낸

표현이었는지의 문제는 개별적 사정에 달려 있다. 아무런 사실적 관련성이 없다면, "나치주의자"라는 식의 표현은 불허될 수 있다. 반대로 당사자의 과거나 행태에서 그런 표현을 어쨌든 공감할 수 있는 것으로 나타내는 단서가 밝혀지는 경우, 해당 지칭은 비록 과장된 표현일지라도 정치적 혹은 이념적 의견으로서 허용된다.[54]

### 연방헌법재판소 2006년 5월 24일 자 결정
### – 1BvR 984/02("동독–도핑"–결정)

### 사실관계

헌법소원의 대상은 청구인이 행한 표현으로 인해 청구인에게 금전배상지급을 선고한 민사판결이다. 전심소송의 원고는 1975년부터 1985년까지 동독의 독일수영스포츠연맹 소속 전속닥터였고, 이어서 라이프치히의 스포츠닥터중앙관리본부 수석닥터로 활동했다. 그는 1974년 말부터 국가에 의해 지시된 현역 수영선수들에 대한 아나볼릭 스테로이드 처방에 관여했다. 이러한 이유로 원고에 대해 지방법원에서 진행된 형사소송에서 청구인은 부대원고인 도핑희생자를 변호했다. 재판이 잠시 휴정된 뒤 청구인은 복도에서 자유베를린 방송사의 한 기자로부터 원고의 진술을 어떻게 느꼈는지 질문을 받고서는 카메라맨에 의해 녹화되는 인터뷰 과정에서 다음과 같이 말했다:

> 네, 누군가는 해야만 해요. … 나는 그를 동독–도핑–시스템의 또 다른 멩겔레라고 부릅니다. 왜냐하면 도핑–시스템 분야에 대해 누군가는 말해야 해요, 그는 부작용을 알면서 주사를 놓았어요, 그는 자신이 여성들에게 무슨 짓을 자행했는지 알고 있었어요, 그는 실험에 착수했어요, 전체의 실력증강을 위한다는 목적하에서 이 모든 것을.

이 가운데 "나는 그를 동독–도핑–시스템의 또 다른 멩겔레라고 부릅니다"라는 부분이 ARD의 8시 저녁뉴스 시간에 그대로 인용되었다. 지방법원은 원고에게 58건의 신체상해를 유죄로 인정했고, 1년 3개월의 징역형을 선고했다. 그리고 지방법원은 청구인에게 "동독-도핑-시스템의 멩겔레"라는 지칭과 결합된 인격권 침해를 이유로 1만 5천 마르크의 금전배상지급을 선고했다. 베를린 상급법원은 손해배상지급액을 5천 마르크로 변경했다. 베를린 상급법원은 다툼이 된 표현을 가치평가로서 해석했고, 원고가 의사이자 인간으로서 나치집단수용소의 의사 멩겔레와 동일한 수준의 비양심적 행위자로서 취급되었다고 생각했다. 하지만 지방법원이 선고한 단순한 형량만을 놓고 보았을 때, 원고의 법위반이 멩겔레가 저질렀던 역사적 차원의 의료범죄 행위에 근접한 것으로 평가되지는 않았다고 보았다.

헌법소원은 받아들여지지 않았다.[55]


① 의견자유의 한계–인간존엄성 훼손, 형식적 모욕, 비방

연방헌법재판소는 문제 된 표현이 기본법 제5조 제1항 제1문의 보호범위에 해당한다고 인정했다. 하지만 의견자유는 유보 없이 보장되지 않으며, 기본법 제5조 제2항에 따라 특히 일반법에서 그 제한을 발견할 수 있고, 민법상 인격권보호의 근거로서 기본법 제1조 제1항 및 제2조 제1항과 연계한 민법 제823조 제1항이 이에 속한다고 밝혔다.

그리고 법원이 다의적 표현에 대해 인격권을 침해하지 않거나 덜 침해하는 다른 해석형태의 가능성을 설득력 있는 이유와 함께 이를 제외하는 과정도 거치지 않고서 이미 행해진 표현의 특정한 해석을 바탕으로 형사상 혹은 민사상 제제를 부과한다면, 이는 기본법 제5조 제1항 제1문과 일치하지 않는 것이라고 보았다.

법적용 차원에서 기본법 제5조 제1항은 인격권과 의견자유에 우려되는 침해의 중요도 판정을 요구하며, 여기에서는 모든 본질적 사정이 고려되어야 한다고 설명했다. 이때 표현이 다른 사람의 인간존엄성을 훼손하는 경우라면 의견자유는 항상 후퇴해야 한다고 밝혔다. 하지만 하나의 진술이 인간존엄성에 대한 공격으로도 형식적 모욕이나 비방으로도 분류될 수 없다면, 관련된 법익들 침해의 심각성에 대한 형량이

중요하다고 강조했다. 그리고 다툼이 된 표현이 여론형성에 기여하는 경우에는 자유로운 의견을 위한 추정이 보장된다고 밝혔다. 아울러 이러한 추정에서 벗어나기 위해서는 민주사회에 있어서 의견자유의 구성적 의미를 고려했다는 근거 제시를 필요로 한다고 보았다.[56]

② 나치의사로서 멩겔레와 비교한 표현의 인격권 침해 여부

연방헌법재판소는 이러한 기준들에 따르면 대상 판결들이 헌법상 문제 되지 않는다고 판단했다.

이는 우선 법원들에 의해 행해진 다툼이 된 표현의 해석과 관련해서도 인정된다고 밝혔다. 대상 판결은 청구인이 이의 제기한 것처럼 원고를 동일한 잔혹성을 지녔다는 좁은 의미의 전제하에서 나치집단수용소 의사 멩겔레와의 동일시에서 출발하지 않았다고 판단했다. 오히려 법원들은 다툼이 된 표현을 청구인 스스로 생각한 바와 마찬가지로 멩겔레가 의사이자 인간으로서 보여줬던 그런 추상적인 품성의 보유자, 즉 현저한 비양심성의 보유자로 이해했다고 생각했다. 따라서 법원이 오인할 수 있는 그런 인격권을 덜 침해하는 해석은 명백하지도 않고, 청구인 역시 이를 주장하지 않았다고 인정했다.

나아가 법원이 형량의 범위 내에서 청구인의 의견자유에 대해 원고의 인격권에 우위를 인정한 것은 어떠한 헌법상 우려도 일어나지 않는다고 밝혔다. 이때 나치집단수용소 의사인 멩겔레와의 비교가 원고의 인간존엄성 침해로 분류될 수 있는지 여부는 무의미할 수 있다고 밝혔다. 왜냐하면 법원은 어쨌든 헌법상 요청을 충족시키는 형량을 보완적으로 행했기 때문이라고 이유를 댔다.

법원들은 의견자유의 이익을 위해 동독-도핑-시스템과 관여한 의사의 책임에 대한 평가는 공공성과 관계된 문제이고, 그 때문에 청구인의 자유로운 의견과 표현의 허용성을 위한 추정이 보장된다고 판단했기 때문에 법원들은 헌법상 결정적인 관점을 형량 속에 산입해서 판단했다고 인정했다. 그럼에도 법원들이 인격권 보호에 우

위를 인정한 사실은 문제 될 수 없다고 판단했다. 자유로운 의견을 위한 추정을 통해서 의견자유의 절대적 우위는 인정되지 않는다고 밝혔다. 그리고 대상 판결은 추정 법칙의 회피를 위해 요구되는 이유제시 요청을 충족시켰다고 평가했다.

인격권 침해의 심각성 판단을 위해서 법원들은 우선 "동독-도핑-시스템의 멩겔레"라는 지칭과 결합된 비난과 원고에게 책임 지워진 법위반을 대조했고, 그런 점에서 원고의 행위는 그 안에 나타난 비양심적 행위의 관점에서 멩겔레의 행위와 유사한 것으로 비교할 수 있는 것은 아니라는 결론에 도달했다고 인정했다. 동시에 법원들은 원고의 명예, 즉 그의 사회적 존중청구권에 대한 공격의 심각성을 인정했고, 이는 헌법상 문제 될 것이 없다고 평가했다. 그럼에도 손해배상액의 산정에 있어서 해당 표현은 원고의 평판이 이미 저하된 상태에서 비난받을 만한 의사로서의 됨됨이에 관한 것이었다는 사정이 청구인의 이익을 위해 고려되었다고 인정했다.

법원들에 의해 형량의 기초가 된 전제, 즉 "동독-도핑-시스템"의 멩겔레라는 비교의 제한적 효과는 대중의 인식 속에서는 전혀 고려되지 않을 것이라는 생각 역시 공중 속에서 표현의 효과에 대한 적절한 평가라고 인정했다. 이러한 효과 역시 인격권 침해의 정도를 판단함에 있어서 결정적 요소라고 보았다. 그 때문에 법원들은 타게샤우에서 이를 인용 및 전파한 것을 고려했고, 평판의 손상이 이를 통해 현저히 강화되었다는 사실을 참작한 것은 어떠한 우려도 생기지 않는다고 판단했다.

마지막으로 법원들이 청구인의 감정적 당혹감을 정당화 근거로 인정하지 않았다는 점도 비판의 신랄함과 그와 결부된 인격권 침해의 심각성을 고려하면 헌법상 문제 되지 않는다고 결론 내렸다.[57]

## 연방헌법재판소 2009년 5월 12일 자 결정 - 1BvR 2272/04

### 사실관계

헌법소원의 대상은 모욕으로 인한 형사법원의 유죄판결이다. 청구인은 언론인, 출판인 겸 시사평론가이며 "디 자이트" 주간지의 공동발행인이다. 2003년 6월 22일 텔레비전 방송 "n-tv"는 "베를린에서의 대담"이라는 방송을 내보냈고, 거기에서 청구인은 언론인 J 및 주교 H와 함께 토론참여자로서 참가했다. 방송은 "F-공공성과 도덕"이라는 주제로 당시 언론에서 많은 이목이 집중되었던 유대인 최고위원회 부의장이자 변호사이고 동시에 TV 진행자였던 F를 다루었는데, 그는 규제약물의 부당한 취급혐의를 받고 있었다. 다른 피의자들에 대해 진행되었던 수사과정에서 여러 증인들이 F의 유죄혐의를 인정한 이후 베를린검찰은 2003년 6월 11일 피의자의 변호사 사무실과 거주지를 압수수색했다. 7일째 되던 날, 검찰대변인은 "디 자이트"지 기자에게 F에 대한 수사절차가 진행되었는지의 질문에 대해 이를 확인해 주었다. 게다가 그는 기초혐의사실과 압수수색의 잠정적 결과를 공개했는데, 이에 따르면 흡입기구가 포함된 전형적 모습의 (마약)포장이 발견되었고, 그 포장은 추후 실험결과를 전제로 코카인으로 이뤄졌을 가능성이 있다고 발표했다. 이러한 대중들에 대한 조기 정보제공은 언론계 일부에서 검찰에 대한 거친 비판을 초래했다.

청구인 역시 이와 관련해 텔레비전 방송에서 다음과 같이 말했다:

이 스캔들의 본질은 '디 벨트', '빌트' 그리고 '포쿠스' 등 몇몇 언론들이 지금 당장 입증을 위해 전력해야 할 혐의에 관해 그렇게 원할 경우, 수사절차가 진행 중임에도 완전히 노골적으로 이들에게 사전정보를 제공하고, 특권을 부여하고 있는 독일 내 지도부 부재의 검찰에 있다. 이것은 문명화된 그리고 법치국가에서 볼 때 문명화된 국가들과 법치국가들 내의 정상적인 검사들의 행태가 아니다. 이것이 첫 번째 쟁점이다. 또 다른 쟁점은 다음과 같다:

이 발표들에서 지금 나는 결코 변할 수 없는 분명한 사정들을 추론하는데, 즉 F 씨는 자신의 도덕적, 윤리적 행동을 통해 자신의 상황을 부인했다는 점이다. 아무것도 입증되지 않았다. 그 사람은 명백히 검사에 관한 피의자의 권리를 보유하고 있고, 이러한 것을 나는 일단 묵비권과 변호사선임권이라고 부르고 싶다. 그리고 나는 이러한 검사에 의한, 완전히 솔직히 말하건대, 분명히 정신 나간 검사의 이 스캔들을 누군가는 사실대로 말해야 한다고 확신한다. 이 검사는 여기 베를린에서 비정상적인 악평을 보유한 자이며, 몇 년 전 정직되었지만 사상 최초로 다시 복귀되었다. 이 스캔들은 의심할 바 없이 이 도시의 사법 당국과 관할검찰이 사건들에 대해 이런 방식으로 행동할 수 있는지 여부를 스스로 에게 물어야 한다는 것을 보여준다.

티어가르텐 지방법원지원은 청구인에게 모욕으로 인한 일당 300유로의 30일 치 벌금의 유죄판결을 선고했다. 이에 대한 상고를 베를린 상급법원은 더 이상의 이유 제시 없이 배척했다. 헌법소원은 대상 판결의 파기와 지방법원지원으로의 환송에 이르렀다.[58]

### ① 비방적 비판의 요건

연방헌법재판소는 헌법소원이 허용되며, 명백히 이유 있다고 결정했다. 대상 판결 은 청구인의 기본법 제5조 제1항 제1문의 기본권을 침해했다고 보았다.

청구인의 제소대상 표현은 명예훼손적 내용의 가능성에도 불구하고 하나의 가치 평가를 나타낸다고 인정했다. 하나의 진술이 논박적이거나 모욕적으로 표현되었다 는 것만으로 바로 기본법 제5조 제1항 제1문의 기본권 보호범위에서 벗어나는 것은 아니라고 밝혔다.

연방헌법재판소는 민주주의 질서에 있어서 의견자유의 근본적 의미로 인해 하나 의 표현이 공공성과 관련된 문제에서 정신적 의견투쟁에 기여하는 경우에는 자유로 운 의견을 위한 추정이 보장되는데, 사적 다툼의 목적을 위해 기본권이 행사되는 것 이 아니라 표현주체가 우선적으로 여론형성에 기여하고자 할 경우에는 제3자의 권 리영역에 대해 표현의 영향력을 피할 수 없는 결과가 생기더라도 이것을 표현 본래 의 목적으로 볼 수는 없다고 생각했다. 따라서 이기적 목적의 추구과정에서 사적 영 역 내의 보호법익을 직접 대상으로 하는 표현이 아니라 오히려 공공성과 본질적으로 관계된 문제에의 기여에 해당할 경우, 관련된 반대법익의 보호는 더욱더 후퇴한다고 밝혔다. 따라서 공적인 토론과정에서, 특히 정치적 의견투쟁에서는 과장된 그리고 논박적인 형태로 표현된 비판 역시 감수되어야 하며, 그렇지 않다면 의견형성절차의 마비나 수축위험이 우려될 수 있을 것이라고 지적했다. 물론 형식적 모욕이나 비방으로서 입증된 경멸적 표현의 경우에는 통상 명예보호 뒤로 후퇴하지만, 그의 의견자유를 배제하는 효과로 인해 연방헌법재판소는 각급 법원에서 발전되어 온 비방적 비판의 개념을 좁게 규정해 왔다고 밝혔다. 그에 따라 과장되거나 무례한 비판 역시 그 자체만으로 아직까지는 비방이 되지는 않으며, 하나의 표현이 더 이상 사안에서의 논쟁이 아니라 논박적이고 과장된 비판을 넘어서 한 개인에 대한 비방이 중심을 이룰 때 비로소 이러한 성격이 인정된다고 설명했다.[59]

② "정신 나간"이라는 용어의 의미

연방헌법재판소는 대상 판결이 이러한 기준에 부합하지 않는다고 밝혔다. 지방법원지원이 "정신 나간"이라는 용어를 명예훼손 내용으로 간주한 것은 문제 될 수 없다고 보았다.

연방헌법재판소는 표현행위의 위법성 판단에 있어서, 선고법원의 사실확정은 표현의 의미가 적절하게 파악되지 않았을 경우 곧바로 특별한 헌법위반을 포함할 수 있다고 밝혔다. 표현이 그의 맥락의 참작하에서 해석되고, 표현이 객관적으로 가질 수 없는 어떠한 의미도 그에 부여하지 않는 것이야말로 표현의 해석에 있어서의 헌법상 요청이라고 설명했다. 다의적 표현들의 경우에는 사전에 설득력 있는 이유와 함께 제재를 정당화할 수 없는 해석을 제외하는 과정 없이 유죄판결에 이르는 의미를 바탕으로 삼아서는 안 된다고 보았다. 특히 표현의 해석에 있어서는 중립적인 이성적 독자들의 관점에서 객관적 의미를 조사하는 것이 결정적이라고 밝혔다. 이때 항상 표현의 원문에서 시작되어야 한다고 강조했다. 하지만 이것이 최종적으로 의미를 확정하지는 않으며, 오히려 다툼이 된 표현이 놓여 있는 언어상의 맥락과 표현이 행해진 인식 가능한 부수사정에 의해 결정된다고 판시했다. 또한 다툼이 된 표현 가운데 일부의 분리고찰은 통상 적절한 의미조사에 부합하지 않는다고 보았다.

이에 따라 본문내용에서 "정신 나간"이란 개념의 사용은 그렇게 지칭된 사람이 "제정신이 아니"거나 "미친" 사람이라고 표현된 것이라는 법원의 해석을 허용한다고 인정했다. 현대의 언어사용법에서 "정신 나간(durchgeknallt)"이라는 형용사는 일상 언어상 "이상한, 기이한, 극단적인, 별난, 날카로운, 과장된, 괴팍한, 정상이 아닌, 변덕스러운, 신경이 날카로운"에서 "미친"으로까지 사용되고 있다고 보았다. 하지만 이 개념이 중립적 의미에서 긍정적 의미에까지, 가령 독특한 혹은 유별난 등의 의미로 사용되었다는 것은 맥락 을 고려하면 수긍할 수 없으며, 이는 어떠한 더 이상의 설명도 필요하지 않다고 생각했다.

물론 표현의 언어적 맥락을 함께 참작한다면, 법원이 외면한 또 다른 해석대안이 고려될 수 있다고 인정했다. 하지만 중립적인 평균적 독자들의 관점에서 이 표현이 당사자의 정신적 건강상태가 일반적 형태로 부정되는 정도로 이해되거나 그렇지 않으면 다름 아닌 당사자의 직무행위와 관련시켜서 이 사람이 유명한 피의자에 대한 수사절차에서 -퓨즈가 나가 버렸다는 일상 언어상의 의미에서- 그 어떤 거리를 유지하는 자기통제를 잃어버렸고, 따라서 그에게 요청된 절제를 소홀히 했다는 정도로 표현되었는지 여부는 불분명하다고 밝혔다. 하지만 두 가지 상이한 해석에서도 이 표현은 명예훼손적이기 때문에 법원의 평가는 적어도 결과적으로는 문제 될 것이 없다고 보았다. 청구인에 의해 제시된 이 표현은 기껏해야 베를린 지방법원 관할검찰 당국에 대한 것에 불과하고 피해자에 대해서는 개인적 관련성을 갖지 않는다는 해석은 표현의 원문에서 그리고 의미맥락에서 어떠한 단서도 찾을 수 없으며, 더 이상 자세한 논의도 필요로 하지 않는다고 밝혔다.[60]

③ 비방적 비판의 요건과 "정신 나간" 표현의 비방 여부

연방헌법재판소는 그에 반해 지방법원지원이 "정신 나간"이라는 용어에는 피해자에 대한 비방이 존재한다는 이유로 피해자의 인격권과 청구인의 의견자유 사이의 형

량을 포기한 것은 헌법상 받아들일 수 없다고 밝혔다. 고려되는 해석내용들 가운데 어떤 것을 이 사건의 바탕으로 삼을 것인지의 문제와는 무관하게 이 자체나 법원에 의해 확정된 맥락 어느 것도 형량을 박탈하는 비방으로 인정하도록 강요할 근거는 없다고 판단했다.

비록 "정신 나간"이라는 개념이 어느 정도 신랄함과 개별적 인물을 겨냥한 것이라는 특징을 지닌 언사라는 점은 인정되며, 그의 해석과 무관하게 명예훼손적 성격을 가진 것으로 간주했다. 하지만 하나의 의견표현이 제3자에 대한 그의 평가저하적 작용으로 인해 곧바로 비방으로 되지는 않는다고 밝혔다. 오히려 개인의 비방이 사실적 이슈를 완전히 대체한다는 점이 추가되어야 한다고 강조했다. 이러한 문제의 판단은 통상 계기와 표현의 맥락에 유의해야 한다고 당부했다. 이에 따라 표현이 모든 가능한 구체적 맥락 내에서 기껏해야 당사자의 단순경멸에 불과하고, 구체적 맥락과는 무관하게 항상 개인적인 중상모략적 비방으로서 파악될 수 있을 정도로 비방적 내용이 현저할 경우에만 개별적인 개념의 분리고찰방식을 통해서도 예외적으로 형량배제가 가능한 비방으로서 인정될 수 있다고 보았다. 아울러 이것은 아마도 특별히 심각한 욕설의 사용-가령 배설물 언어-이 이에 해당할 수 있을 것이라고 부연했다.

연방헌법재판소는 지금까지 지방법원지원의 사실확정이 이러한 판단을 지탱하지 못한다고 보았다. 문제 된 개념선택은 그의 의미내용에 따라 사용된 맥락과 무관하게 그와 함께 지칭된 개인을 항상 그 자체로 경멸하고 처음부터 형량에서 벗어나는 그러한 명예침해는 아니라고 보았다. 오히려 비난받아야 할 수사절차의 진행방식과 관련해서 담당자가 "제정신이 아니다", "돌아버렸다" 내지 "퓨즈가 완전히 나가버렸다"라는 표현은 당사자의 행동을 화제의 실마리로 삼아서 논박적 형태로 그의 법적, 윤리적 경계의 위반이 객관적이고 이성적인 이유에서 전혀 이해될 수 없을 정도로 심각하다는 표현으로 여겨질 수 있다고 생각했다. 이러한 경우에 비방적 작용의 판단여부는 다름 아닌 맥락에 달려 있고, 그 결과 그의 명예훼손적 효과와는 별도로 "정신 나간"으로서의 지칭이 모든 가능한 표현의 맥락상 아무런 사실관

련성도 없이 단지 당사자의 모멸에만 기여하는 그런 비방을 의미하지는 않는다고
평가했다.[61]

#### ④ 전후사정의 고려와 비방적 비판의 인정 여부

연방헌법재판소는 나아가 표현이 행해진 전후사정의 적절한 고려하에서도 비방적
비판의 인정은 진정 받아들일 수 없다고 밝혔다.

텔레비전 토론의 대상은 F에 대한 수사절차였고, 이와 관련해 청구인은 관할검찰
의 대국민 정보정책에 관해 비판을 행한 것이며, 문제 된 표현과 함께 관할검찰 당국
의 수장을 염두에 둔 것이라고 보았다. 이러한 맥락은 청구인이 당사자의 정신상태
를 통틀어서 부정적으로 언급하고, 그의 사실적 이슈는 무관한 비방이었다는 전제를
부정하는 것이라고 판단했다. 오히려 중립적인 독자들의 관점에서는 청구인이 이러
한 개념선택을 통해서 피의자의 인격권을 다루는 책임자로서 고등검사장의 행태에
대해서도 함께 비판을 행사하는 것이 분명하다고 생각했다. 그 이유는 검찰의 수사
초기단계에서 혐의를 공개적으로 알리고, 이러한 방식으로 그 당시 아직은 범죄사
실의 확정이 부족했음에도 불구하고 당사자를 웃음거리로 만들었다는 점에서 고등
검사장의 부당성이 드러났다고 생각한 청구인의 주장에서 찾았다. 이러한 맥락에서
"정신 나간"이라는 개념의 분리고찰은 다툼이 된 표현이 검찰의 소추권한 행사에 관
한 사실적 논쟁과의 관계에서 행해졌다는 점에 관한 고려를 차단하는 것이라고 꼬집
었다. 하지만 이러한 전후관계에서 사용된 개념선택에 그 어떤 사실관련성이 부인될
수는 없다고 보았다. 왜냐하면 이 용어선택이 비록 논박적이고 비하적인 형태일지라
도, 전적으로 책임자로서 인정된 검사가 형사소추 활동과정에서 요청된 자제와 피의
자의 인격권의 고려를 부적절하고 터무니없는 방식으로 소홀히 했다는 사실적 진술
을 전달할 수 있었기 때문이라고 밝혔다.

연방헌법재판소는 이러한 맥락에서 행사된 비판은 국가권력의 행사를 그 대상으
로 했다는 점에서 자유로운 의견을 위한 추정이 더욱더 중요한 비중을 획득하게 된

다고 생각했다. 왜냐하면 의견자유는 진정으로 권력비판에 대한 특별한 보호 필요성에서 성숙되며, 그 점에서 특별한 의미를 발견하기 때문이라고 보았다. 비판 주체가 책임 있는 것으로 생각한 공직자를 통한 비판되어야 할 권력행사에 대해서 개인을 겨냥한 고발 방식으로 공격할 수 있고, 이때 표현의 인신공격 요소가 이러한 맥락에서 분리된 채로 고찰됨으로 인해 그 자체로 강력한 법적 제재를 위한 근거를 구성하게 되는 상황을 두려워할 필요가 없어야 한다는 사실 역시 기본법 제5조 제1항 제1문에 포함된 자신의 의견을 자기결정의 형태로 표현할 자유의 일부라고 강조했다. 고발형태의 사실적 이슈와 관련된 개인에 대한 타켓팅에는 의견자유를 비방에서처럼 또 다른 사정과는 무관하게 일방적으로 후퇴시키는 것을 정당화할 수 없는 다양한 형태의 가능성이 존재한다고 인정했다. 오히려 당사자가 사인으로서 표현의 대상이 되었는지 아니면 그의 광범위한 사회적 결과를 포함하는 공적 활동의 대상으로 되었는지 그리고 당사자 개인의 인격적 위상에 대한 역효과가 표현에서 인정되는지 여부를 적절한 형량 속으로 포함시키는 것이 필수적이라고 보았다.

따라서 지방법원지원은 청구인을 그의 의견자유와 피해자의 인격권 사이의 형량을 행하는 것 없이 모욕으로 유죄판결을 선고해서는 안 된다고 질책했다. 법원이 어떤 표현을 잘못해서 비방으로 간주하고 이를 바탕으로 선고한 경우, 특히 이 사건처럼 이러한 이유로 형량을 소홀히 한 경우에는 판결의 파기에 이르는 그러한 현저한 헌법상 흠결이 존재하게 된다고 결론 내렸다.[62]

## 연방헌법재판소 2013년 12월 11일 자 판결
### - 1BvR 194/13("정신 나간 여자"-결정)

### 사실관계

헌법소원은 항소판결을 대상으로 하며, 이 항소판결은 특정한 표현에 대한 청구인의 금지청구를 거부했다. 청구인은 자신의 일반적 인격권(기본법 제1조 제1항과 연계된 제2조 제1항)의 침해를 문제 삼았다.

청구인은 당시 주정부 장관이자 2013년 9월까지 바이에른 주의회 의원이었다. 그녀는 2006년 당시 바이에른 주수상 에드문트 스토이버의 퇴진을 요구했다. 2006년 말 그녀는 대중연예지 "P.A."를 위해 포즈를 취했고, 2007년 1월호에 그녀의 사진시리즈가 공개되었다. 전심소송의 피고인 B-언론사는 이를 문제 삼아 2007년 4월 3일 자신의 인터넷사이트 "www…", "…의 소식"란에 다음과 같은 기사를 게재했다.

사랑하는 라텍스-주 장관,

(…)에 따르면, "황금색 미니 원피스를 입은 채로(핫팬츠는 입지 않은 상태로-왜냐하면 사진상 핫팬츠 자국은 섹시하지 않기 때문에), 당신은 P.A.에서 자신의 경력을 포기했습니다"라고 합니다. 잡지 'P.A.'의 6쪽에 걸친 양면 기사에서 당신은 사디즘 행위를 하는 창녀 포즈로-라텍스 장갑을 끼고 다리를 벌린 모습으로 촬영에 응했습니다. 이 사진들은 전형적인 포르노그래피입니다. 외설적 관음증환자는 당신의 옷을 서둘러 벗기려는 고통 속에서 살고 있습니다. 어떠한 사진도 당신을 사랑하거나 애정이 담긴 말로 당신과 귓속말할 충동을 불러일으키지 않습니다. 어떠한 남자도 포르노 사진 속 여인을 사랑하지 않습니다.

이 모든 사진들에서 당신은 아무것도 입지 않은 나체 상태입니다. 당신은 사진들 사이에서 바로 그 여인입니다. 왜 당신은 이런 짓을 했나요? 왜 당신은 스토이버-대승리 이후에 단정한 싱글맘으로 남아 있지 않았나요? 왜 당신은 사진 촬영에 응했나요?나는 당신에게 말합니다: 당신은 내가 아는 극도의 욕구불만에 찬 여자입니다. 당신의 호르몬은 당신이 누구인지, 사랑, 동경, 오르가슴, 페미니즘, 이성 이것들이 무엇인지 더 이상 알지 못할 정도로 뒤죽박죽 상태입니다.

당신은 정신 나간 여자입니다. 하지만 당신은 당신의 상태를 우리 남자들 탓으로 돌리지 마세요.

청구인은 자신의 일반적 인격권이 침해되었다고 간주하고, 피고에게 아래의 표현들을 주장하거나 전파하는 것을 금지하라고 청구했다.

a) P 박사는 정신 나간 여자이다,

b) P.A.에 게재된 P 박사의 사진들은 전형적인 포르노그래피이다,

c) P.A.에 게재된 P 박사의 사진들과 관련해 "사디즘행위를 하는 창녀-포즈", "포르노사진" 그리고 "포르노그래피성 내용들"을 언급하는 것.

나아가 청구인은 최소 5천 유로 상당의 적절한 손해배상을 청구했다.

트라운슈타인 지방법원은 금지청구는 인용했지만, 손해배상청구는 기각했다. 양 당사자는 항소를 제기했고, 이에 대해 뮌헨 상급법원은 청구인의 항소를 기각하고, 피고의 항소에 대해서는 소송을 전부 기각하는 것으로 지방법원의 선고내용을 변경했다. 상급법원은 세 개의 소송대상 표현들을 가치평가로 분류했고, 형량에서 피고의 의견자유가 우월하다고 인정했다.

헌법소원은 일부 성공했다.[63]


① 일반적 인격권의 제한근거로서 의견자유권

연방헌법재판소는 헌법소원이 일부 명백하게 이유 있다고 판단했다. 대상 판결은 a) 표현, 즉 청구인은 '정신 나간 여자이다'라는 표현에 관한 한, 기본법 제1조 제1항과의 연계하에 제2조 제1항에 근거한 청구인의 일반적 인격권을 침해한다고 보았다.

연방헌법재판소는 대상 판결이 청구인의 일반적 인격권의 보호범위와 관계된다고 밝혔다.

기본법 제1조 제1항과의 관련하에 제2조 제1항에 규정된 일반적 인격권은 원칙적으로 기본법에 규정된 자유권들을 보완하고, 개인의 밀접한 생활영역과 그 영역의 기본조건들의 유지를 보장한다고 설명했다. 개인의 평판에 대한 불리한, 특히 공중 속에서 개인의 인상에 영향을 미칠 수 있는 표현들에 대한 보호가 이에 속한다고 보았다.

제소된 표현들 a)-c)는 청구인의 사회적, 정치적 명성을 저하시키기에 적합하다고

인정했다. 하지만 상급법원의 잘못된 판결로 인해 청구인의 일반적 인격권이 일부 침해되었다고 보았다. 상급법원이 a) 표현, 청구인은 '정신 나간 여자'라는 표현을 문제 삼지 않은 이상, 이것은 더 이상 관할법원의 판단범위 내에서 유지되지 않는다고 밝혔다.

연방헌법재판소는 일반적 인격권이 유보 없이 적용되지는 않는다고 인정했다. 그것은 기본법 제2조 제1항에 따라 다른 사람의 권리를 포함한 합헌적 질서에서 제한된다고 보았다. 그리고 이러한 권리에는 기본법 제5조 제1항 제1문의 의견자유 역시 포함된다고 설명했다.

하지만 의견자유 역시 유보 없이 보장되는 것이 아니라 기본법 제5조 제2항 내의 일반법에서 그의 제한이 가능하다고 인정했다. 아울러 여기에서 금지청구의 방식으로 일반적 인격권을 관철하기 위한 민사법상 근거는 민법 제823조와 연계한 민법 제1004조 제2항의 유추적용이라고 밝혔다. 그리고 이러한 헌법상 아무런 문제없는 규정들의 적용은 관할민사법원의 본령이라고 인정했다. 하지만 해당 민사법원은 관련된 기본권을 해석상 주도적으로 고려해야 하며, 기본권의 가치설정적 내용이 법적용 분야에서도 훼손되지 않도록 유지하기 위해 그의 의미와 사정거리를 고려해야 한다고 설명했다.

한편, 표현의 해석에 있어서는 중립적이고 이성적인 독자들의 관점에 근거한 객관적 의미의 조사가 결정적이라고 밝혔다. 이때 항상 표현의 원문에서 시작되어야 하고, 그럼에도 이것이 결정적으로 그의 의미를 확정하는 것은 아니라고 단서를 달았다. 오히려 다툼이 된 표현이 놓여 있는 언어상의 맥락 그리고 표현이 행해진 식별 가능한 부수사정에 의해서 결정된다고 생각했다. 아울러 다툼이 된 표현 일부의 분리고찰은 납득 가능한 의미조사에 관한 요청들에 통상 부합하지 않는다고 보았다.

따라서 법원은 관련된 다양한 이익들과 침해의 정도를 파악해야 하며, 상충하는 지위들이 개별적 사례의 구체적 사정들을 고려하여 각각 적절한 비례관계를 조성해야 한다고 밝혔다.[64]

② "정신 나간"이라는 용어의 비방적 비판 인정 여부

이러한 원칙에 따라 연방헌법재판소는 상급법원이 세 개의 다툼이 된 표현들을 우선 의견표현으로 분류하고, 사실주장으로서 혹은 비방적 비판으로서 분류하지는 않은 것은 문제 되지 않는다고 밝혔다.

아울러 b)와 c)의 표현과 관련해서 계속된 청구인의 일반적 인격권과 피고의 의견자유권 사이의 형량은 관할법원의 평가범위 내에서 유지되고 헌법소원은 결정으로 받아들여지지 않는다고 밝혔다.

그에 반해 a) 표현과 관련한 형량은 문제 될 수 있으며, 그 이유는 상급법원이 청구인의 일반적 인격권에 너무 적은 비중을 할당했기 때문이라고 밝혔다.

청구인이 피고에게 "P 박사는 정신 나간 여자"라는 표현의 금지를 요구했을 때, 청구인은 "당신은 내가 아는 극도의 욕구불만에 찬 여인입니다. 당신의 호르몬은 당신이 더 이상 누구인지, 사랑, 동경, 오르가슴, 페미니즘, 이성 이것들이 무엇인지 더 이상 알지 못할 정도로 뒤죽박죽 상태입니다"라는 앞선 문장의 요약으로서 이 문장을 문제 삼았으며, "정신 나간"이라는 단어를 통해 이 문장을 한마디로 정리했다고 보았다. 따라서 여기에서 "정신 나간"이란 단어는 연방헌법재판소에 의해 결정되었던 "정신 나간 검사(NJW 2009, 3016)" 사건과는 근본적으로 다른 의미를 지닌다고 밝혔다. 그러므로 이 사건에서의 헌법상 판단과정에서 한 개인에 대해 "정신 나간"이라는 용어를 사용했다는 이유로 단순하게 앞 사건과 동일시하는 것은 처음부터 배제된다고 판단했다.

아울러 연방헌법재판소는 상급법원이 기본법 제5조 제2항에 명백히 언급된 제한이자 민사법 영역에서는 민법 제823조 이하를 통해 법적으로 규정된 개인의 명예를 간과했다고 비판했다. 피고는 본문내용에서 다룬 청구인 개인에 관한 공적 논쟁을 문제 된 문장에서 사인으로서의 본질적 인격에 관한 억측의 주장으로 바꾸어 놓았으며, 아울러 이러한 억측 주장을 어떠한 종류의 사실적 핵심도 가지지 않은 가장 깊숙한 내밀영역과 관계된 평가에 의지했다고 비난했다. 비록 이러한 억측은 대중지를 위해 포즈를 취하고 시리즈 사진의 촬영을 허락했으며, 이로 인해 청구인은 이러한 논쟁을 감수해야 하는 자신이 자초한 행동을 화제의 실마리로 삼은 것이라는 점은 인정했다. 하지만 여기에서 피고에 의해 사용된 "정신 나간 여자"라는 용어를 통해 요약된 결론은 그 자체로 피고의 행동과 어떠한 관련점도 가질 수 없는 것이라고 보았다.

피고는 여기에서 오히려 청구인을 공인으로서 그리고 그녀의 행동을 근거로 고의로 악평하려고 했을 뿐만 아니라 청구인을 선정적인 방식으로 의도적으로 모욕하면서 공인이기 이전에 사인으로서 이미 보유하고 있는 모든 존중청구권을 박탈하는 것을 목표로 삼았다고 판단했다.

연방헌법재판소는 이러한 점을 고려하면 의견자유는 관철될 수 없다고 결정했다. 이때 이 사건에서는 기존의 연방헌법재판소 결정사례인 "정신 나간 검사"의 경우처럼 감정적 논쟁의 맥락에서 튀어나온 즉흥적 발언이 아니라 고의의 진술이며 침해 목적을 지닌 내용이 문제였다는 점이 고려되어야 한다고 보았다. 게다가 "정신 나간 검사" 사건에서는 형사법상의 유죄판결이 문제 되었으며, 이 사건처럼 민법상 금지 청구가 문제 된 것이 아니었다고 설명했다. 아울러 청구인의 행동에 대해 신랄하고 논박적인 표현을 하는 것은 피고의 재량에 맡겨진 것으로 볼 수 있었던 반면, 더 이상 자신이 누구인지, 사랑, 동경, 오르가슴, 페미니즘, 이성이 무엇인지 알지 못하는 "극도의 욕구불만을 가진 여자"로서의 묘사와 이러한 의미에서 "정신 나간"이라는 지칭을 통해 내밀영역으로 개입한 청구인에 대한 모멸은 더 이상 청구인의 일반적 인격권 보호와 조화할 수 없는 것이라고 판단했다.

그런 점에서 상급법원은 청구인의 일반적 인격권 침해 정도를 충분히 파악하지 않았으며, 개별적 사례의 구체적 사정의 고려하에서 상충하는 지위들이 청구인의 일반적 인격권을 고려한 적절한 균형을 이루지 못했다고 비판했다. 따라서 대상 판결은 제시된 헌법상 오류에 근거했고, 그런 점에서 파기되어야 한다고 결정했다.[65]

## 연방헌법재판소 2017년 6월 13일 자 결정 – 1BvR 2832/15("A.C.A.B."-결정)

### 사실관계

지방법원지원의 사실확정에 따르면, 청구인은 국가민주당(NPD)의 지방의회 선거운동에 대한 반대시위에서 대략 40×40cm 크기의 장밋빛 에코백을 어깨에 메고 있었으며, 위쪽에는 A.C.A.B.라는 짧은 문구가 달려 있었다. 중간 부분에는 한 새끼 고양이가 프린트되어 있었고, 그 아래 A.C.A.B.라는 약자와 동일한 크기로 "모든 고양이는 아름답다"라는 문구가 눈에 띄게 적혀 있었다. 경찰부대장은 청구인에게 더 이상 이러한 에코백 문구가 보이지 않도록 하라고 경고했다. 하지만 청구인은 이러한 요청에 따르지 않았고, 이후에는 시위대를 보호하는 작전부대에 대해 노골적으로 그리고 대놓고 과시하면서 에코백을 드러내 보였다.

에르푸르트 지방법원지원은 청구인에게 모욕을 이유로 일당 20유로의 15일 상당 벌금형을 선고했다. 에르푸르트 지방법원은 청구인의 항소가 명백히 이유가 없었다는 이유로 기각했다.

헌법소원은 받아들여지지 않았다.[66]

### ① 집단명칭의 언급과 구체화된 대상 집단의 인정 여부

연방헌법재판소는 각급 법원의 판결에서는 결과적으로 헌법상 어떠한 우려도 생기지 않는다고 밝혔다. 법원들이 A.C.A.B.라는 문구는 영문 슬로건 "모든 경찰들은 개자식들"을 나타낸다고 생각한 것은 적절했다고 인정했다. 아울러 지방법원지원은 프린트된 새끼 고양이와 "모든 고양이는 아름답다"라는 글자와 관련해서도 또 다른 해석 가능성을 충분히 다뤘다고 평가했다. 이어서 이 슬로건은 기본법 제5조 제1항 제1문에 따른 의견표현이라고 보았다. 이것은 아무런 의미가 없는 것이 아니고, 경찰에 대한 일반적인 거부 및 국가치안권력에 대한 제한 필요성을 표현한 것이라고 판단했다.

한편, 프린트된 에코백을 "대놓고 과시하면서" 공개하는 것이 충분히 구체화된 집단을 대상으로 한 것이라는 결론은 헌법상 어떠한 우려도 생기지 않는다고 밝혔다. 물론 그곳에 경찰관들 역시 참석할 것이라는 예상에서 청구인 혼자 시위에 참석한 것과 부대장에 의한 요청으로 에코백을 보이지 않게 감출 것을 거부한 사정만으로 이러한 결론에 도달하기에는 충분하지 않다고 생각했다. 왜냐하면 한 집단의 구성원들에 관한 일반적 표현을 해당 집단이 보다 일반화된 상위의 유개념에 따라 지칭된 인적 범주의 부분집단을 이루고 있다는 이유만으로 충분히 구체적으로 파악될 수 있는 인적 집단에 관한 표현으로 보는 것은 헌법상 허용되지 않기 때문이라고 설명했다. 따라서 반대시위에 참석한 경찰부대가 모든 경찰관들의 부분집단이라는 사실로는 충분하지 않다고 보았다. 마찬가지로 표현주체가 금지하도록 요청받았다는 사실을 통해서도 집단 구성원의 개별화는 성취될 수 없다고 보았다.[67]

② 모욕죄의 구성요건으로 대상의 개별화

하지만 연방헌법재판소는 이 사건에서 해당 표현을 당사자에게 귀속시킬 수 있는 근거는 지방법원지원에 의해 확정된 청구인의 행동, 즉 에코백을 "노골적으로" 그리고 "대놓고 과시하면서" 경찰관들에게 분명히 드러내 보인 것에서 찾을 수 있다고 밝혔다. 여기에서 청구인은 의도적으로 경찰관들 옆으로 이동해서 그들 개개인을 겨냥했고, 이것은 형법 제185조에 따른 모욕죄 인정에 충분한 것이라는 사실을 드러낸다고 생각했다. 헌법소원 청구인은 지방법원지원의 사실확정에 대한 합헌성을 별도로 문제 삼지 않았고, 따라서 현재 판단의 기초사실은 확정되었다고 인정했다. 이어서 형법 제185조의 범위 내에서 지방법원지원에 의해 행해진 청구인의 의견자유와 당사자의 일반적 인격권 사이의 형량이 저급한 진술내용 및 현저한 명예침해를 이유로 인격권 이익의 우위에 도달한 것은 정당하다고 판단했다.[68]

# 연방대법원 2006년 12월 5일 자 판결
## - VI ZR 45/05("테러리스트의 딸"-판결)

**사실관계**

원고는 여러 잡지사를 위한 프리랜서 언론인으로 활동하고 있다. 피고는 "F-신문" 지면판을 위한 인터넷서비스를 제공한다. 피고는 2003년 9월 4일 "폭로 - 여자 테러리스트와 이발사"라는 제목의 기사를 게재했다. 이 기사는 베를린 미용사 U와 그의 단골고객을 다뤘는데, 그중에는 유명 정치인도 있었다. 기사에서는 다음과 같이 기술되었다.

이 미용사는 한때 RAF-테러리스트인 M의 머리를 손질한 적이 있었고, 그때 이 여자는 이미 살인죄로 지명 수배된 상태였다. 이러한 사실은 한 언론인(원고)이 작성했던 시사지 '디 벨트'의 기사에서 폭로되었다. 그리고 이 언론인(원고)은 M의 딸이며, 몇 년 전에 프랑크푸르트 폭동 내에서의 전 외무부장관 F의 역할을 기사로 다루었다.

이어서

F의 과거를 둘러싼 논쟁의 정점에서 보도는 중단되었다. 동료 기자들은 이제 과장된 이미지와는 완전히 다른 모습으로 사라져버린 이 사냥꾼에 관심을 돌렸다. 68세대를 한없이 증오했고, '디 벨트'지가 언젠가 썼던 것처럼 68세대와 마찬가지의 특이한 방식으로 투쟁했던 R은 광신적이고, 적개심을 품은 음모론자로 보인다. 사람들은 이제 그녀에게 존경 대신 기껏해야 동정만을 나타낸다. 그녀는 17살 때 요르단의 팔레스타인 캠프로 이송되었고 '슈피겔' 편집장인 A가 그녀를 RAF의 손아귀에서 구출했던 상황에서 분명히 트라우마를 입은 테러리스트의 딸이다.

라고 게재되었다.

원고는 특히 1995년 "슈피겔"지 커버스토리에서 M의 딸로서 테러리즘이라는 그
늘 아래 있었던 자신의 어린 시절에 관해 회고했다. 그리고 그녀는 또다시 1998년
"슈테른"지에서 '전설적 인물 울라이크 마인호프'라는 제목으로 개인 추도사를 공표
했다. 원고 자신의 홈페이지에는 원고의 이름 옆에는 M을 가리키는 한 버튼이 있었
고, 또 다른 버튼은 '전설 RAF'라고 표기되어 있었다. 게다가 원고 사진 옆에 M에 관
한 오디오북 코너가 있었고, 원고 사진과 M의 수배 사진을 대조하거나 'RAF-군가'
가 포함된 웹페이지도 있었다.

이후 피고가 2003년 10월 2일 자 금지청구에서 "분명히 트라우마를 입은"이라는
부가문을 금지할 의무를 진 이후에도 원고는 계속해서 "테러리스트의 딸"이라는 지
칭에 대해 다투었다. 지방법원은 그에 관한 소송을 기각했고, 상급법원은 피고에게
원고를 "테러리스트의 딸"이라고 지칭하는 것을 금지했다. 상고는 파기환송에 이르
렀다.[69]

① "테러리스트의 딸"이라는 표현에 관한 항소법원의 판단

항소법원의 견해에 따르면, 원고는 피고가 자신을 "테러리스트의 딸"로 지칭하는
것을 금지할 청구권을 가진다고 인정했다(민법 제823조 제1항, 민법 제1004조의 유
추). 이러한 지칭은 원고의 일반적 인격권을 침해하는 위법한 것이라고 보았다.

"테러리스트의 딸"이라는 표현은 사실주장을 의미하며, 평균 독자들에게는 이 지
칭의 추상적 진술내용을 누군가 테러리스트들의 딸이거나 아니면 어떤 테러리스트
의 딸이라는 정도로 이해되며, M과의 관련을 통해 평균적 독자들에게는 이 지칭이
"여자 테러리스트-딸"의 의미로 이해되는 것이 분명하다고 밝혔다.

그리고 원고가 자신과 M과의 혈연관계에 대해 언급되는 것을 어디까지 감수해야
하는지는 부차적인 문제일 수 있다고 보았다. 원고가 비록 이를 감수해야 할지라도,
자신과 M과의 가족 간 혈연관계를 "테러리스트의 딸"이라는 강렬한 선전문구식으
로 표현해서는 안 된다고 밝혔다. 사적 영역의 일부로서 가족관계에 대한 다른 사람

들의 접근은 단지 본인에게 허락을 받은 경우에 한해서만 가능하다고 전제했다. 원고는 자신의 어머니와의 가족관계 및 혈연관계를 하나의 "테러리스트의 딸"로 단순화시키는 것에 대해 동의를 해 준 적이 없기 때문에, 원고가 그러한 지칭을 감수할 필요는 없다고 판단했다.

항소법원은 원고가 여러 차례 M과 RAF-테러리즘에 관해 보도했고, 이때 자신이 M의 딸이라는 사실 역시 공개했다는 사정 때문에 판단이 달라지지는 않는다고 생각했다. 원고는 프리랜서 기자로 활동했고, 따라서 기본법 제5조 제1항 제2문에서 보장된 출판자유 안에서 자신의 보도물의 성격과 방향설정, 내용과 형태를 스스로 결정할 권리를 가진다고 인정했다. 원고가 자신의 기사를 작성한 톤도 의견자유의 일부라고 보았다. 아울러 원고가 비방의 한계를 넘었다는 사실도 제출된 바 없다고 밝혔다.

항소법원은 "테러리스트-딸"이라는 지칭이 위법하다고 판단했다. 비록 어느 누구도 자신이 생각한 자신의 모습 그대로 묘사될 것을 요할 권리를 가지지는 않지만, 그럼에도 적절하게 묘사될 권리나 날조되지 않을 권리는 존중된다고 밝혔다.[70]

② "테러리스트의 딸" 지칭과 비방 여부

연방대법원은 이러한 항소법원의 판시내용은 상고심에서 유지되지 않는다고 밝혔다.

항소법원은 기본법 제1조 제1항과 연계한 기본법 제2조 제1항을 통해 헌법상 보호되는 원고의 일반적 인격권과 기본법 제5조 제1항 제1문에 따른 피고의 의견자유권 사이의 필수적 형량을 행하지 않았다고 비판했다. 항소법원은 기본법 제5조 제1항을 단지 프리랜서 언론인으로서 원고의 활동과 여기에서 위해 생겨날 수 있는 기본권보호와 관련해서만 언급했다고 지적했다. 하지만 이것은 사건의 사정에 따라 중요한 것이 아니라고 생각했다. 오히려 피고가 원고를 구체적 맥락에서 "테러리스트의 딸"이라고 지칭해도 되는지 여부의 문제가 중요하다고 밝혔다. 그리고 이러한 문제의 결정을 위해서는 당사자들의 상충하는 이익들 사이의 형량을 필요로 한다고 강조했다.

이러한 형량에 있어서 어떠한 기준이 적용되는지는 원칙적으로 표현의 진술내용, 즉 사실주장 혹은 의견표현으로서의 분류에 달려 있다고 밝혔다. 원칙적으로 기본법 제5조의 의견자유의 보호는 통상 사실주장보다 의견표현에 더 강력하게 작용하기 때문에, 이러한 구별은 필수적이라고 인정했다. 이 사건에서 항소법원은 문제 된 표현을 사실주장으로 분류했고, 이는 이 표현이 사실적 요소를 가지고 있다는 점에서, 즉 평균 독자들에게는 M과의 관계를 통해 이 지칭이 "어떤 여자 테러리스트의 딸"이라는 의미에서 주장되었다는 점에서 분명하다고 인정했다. 피고 측 주장과 달리 이 진술에서 원고가 가령 테러리스트들의 목적, 특히 RAF의 목적과 자신을 동일시했다는 점을 끌어낼 수는 없다고 보았다. 그러한 이해는 모든 기사내용에 따르면 배제되는 것이고, 항소법원 역시 이 진술을 그러한 의미로 이해하지 않았다고 평가했다.

이어서 사실주장으로서의 분류 이후에 판단되어야 할 표현의 진술내용은 여기에서는 사실적 핵심의 진실에 관해 다툼의 여지가 없었기 때문에 전혀 고려되지 않는다고 밝혔다. 오히려 선택된 표현형태 그 자체가 허용되는 것이었는지 여부가 문제된다고 밝혔다. 이런 점에서 사실적 핵심이 가령 독자들에게 기술된 행위에 관한 판단을 가능하게 하는 것을 목표로 삼음으로써 제3자의 의견형성에 기여할 수 있는 한, 사실에 관한 표현도 기본법 제5조 제1항의 보호범위에 포섭된다는 사실을 유념해야 한다고 밝혔다. 또한 사실과 의견이 서로 혼재되어 있고, 전체적으로 입장표명, 견해 혹은 주장의 요소를 통한 성격이 짙은 그런 표현이 문제 되는 경우에도 마찬가지라고 보았다. 이 사건에서는 두 가지 경우 모두 해당하기 때문에, 문제 된 진술내용에 관해서는 상충하는 기본권들 사이의 형량이 필요하다고 보았다.

그럼에도 항소법원은 어째서 원칙적으로 요청되는 형량을 행하지 않았는지에 관해 아무런 이유도 제시하지 않았다고 비판했다. 항소법원은 단지 원고와 M과의 가족적 혈연관계가 강렬한 선전문구인 "테러리스트의 딸"을 통해 표현되어서는 안 된다는 설명에 그쳤다고 질책했다. 원고는 자신의 어머니와의 가족관계와 그러한 혈연관계를 "테러리스트의 딸"이라고 단순화시키는 것에 어떠한 동의를 한 적도 없었으며, 따라서 원고는 이러한 지칭을 감수할 필요가 없다고만 판시했다고 비판했다. 동시에 항소법원이 이 표현을 부당한 비방으로서 혹은 형식적 모욕으로서 평가하길 원했고, 실제로 그러한 것이 존재했다면 사실상 사실주장이나 의견표현으로서의 분류와는 상관없이 어떠한 형량도 필요하지는 않았을 것이라는 점은 동의했다. 왜냐하면 이런 종류의 표현은 원칙적으로 허용되지 않으며, 그런 경우 의견자유는 통상 후퇴해야 하기 때문이라고 밝혔다. 이러한 이유에서 특정한 표현을 비방으로 간주하는 것에는 엄격한 잣대가 적용되어야 하는데, 그렇지 않으면 다툼이 된 표현이 형량 없이 의견자유의 보호에서 배제되고, 이러한 부당한 방식으로 의견자유가 축소될 것이라고 우려를 표했다.

이에 따라 연방대법원은 지금까지 수많은 결정들에 의해 발전되어 온 일반적 인격권과 의견자유 사이의 대조에 관한 판단을 위해 정해진 원칙에 따를 때, 대상 표현은 구체적 맥락에서 어떠한 비방이나 형식적 모욕도 나타내지 않는다고 밝혔다.

공중의 관심을 자극하는 것은 모든 사람의 의견형성에 기여하는 공적 표현의 의미를 지니기 때문에, 요즈음의 자극과잉을 고려하면 인상적이고 강도 높은 표현들 역시 감수되어야 한다고 강조했다. 따라서 보다 날카롭고 평가저하적인 비판 내에 존재하는, 과한 논박과 함께 개진되거나 반어적 방식으로 작성된 표현들에 있어서도 이는 마찬가지라고 보았다. 심지어는 자신의 주장이 원칙적으로 그것이 다른 사람들에게 잘못된 것이거나 부당한 것으로 간주될 경우에도 비판 주체의 의견표현은 허용된다고 밝혔다. 그리고 의견표현의 형태 역시 기본법 제5조 제1항 제1문에 의해 보호되는 표현자의 자기결정하에 놓여 있다고 전제했다.

표현 주체의 기사가 만약 이기적 목적을 추구한 것이 아니라 공중과 본질적으로 관련된 문제들에서의 정신적 의견투쟁에 기여하는 것이라면, 이 경우에는 표현의 허용성을 위한 추정법칙이 작동한다고 밝혔다. 따라서 공적 비판의 허용성에 관해 과도한 요청들을 설정하는 의견자유의 제한적 해석은 기본법 제5조 제1항과 일치하지 않는다고 부연했다.

나아가 기본법 제5조 제1항의 보호범위의 사정거리 판단을 위해서는 결정적으로 어느 정도로 표현대상자가 스스로 기본법 제5조 제1항에 의해 보호되는 여론형성 과정에 참여했는지, 그와 함께 자신의 결정으로 의견투쟁의 상황들을 감수했으며 이러한 행동을 통해 자신의 보호가치 있는 사적 영역 일부를 포기했는지가 중요하다고 밝혔다.

또한 한 표현이 더 이상 사안에서의 토론이 아니라 논박적이고 과장된 비판을 넘어서 모멸적인, 말하자면 공개적으로 낙인찍기와 같은 개인에 대한 경멸(인신공격)이 중심을 이루는 경우에야 비로소 그 표현이 설령 공공성과 본질적으로 관련된 문제일지라도 통상 당사자의 일반적 인격권 뒤로 후퇴하게 된다고 판시했다.[71]

### ③ 비방이나 형식적 모욕의 인정과 공적 관심 사안의 형량결과

연방대법원은 그러한 원고 개인에 조준된, 이슈 관련성을 배제하는 비방 의도 혹은 형식적 모욕을 대상 표현에서는 끌어낼 수 없다고 판단했다. 이 사건에서는 지속적인 판례에 따라 해당 표현이 분리된 채로 평가되어서는 안 되고, 그것이 행해진 전체적 맥락 속에서 평가되어야 한다고 지적했다. 그런 점에서 이 기사는 원고가 베를린 미용사 U에 대해 그리고 이전 외무장관 F에 대해 비난을 제기했던 사실과 관련된다는 점이 중요하다고 밝혔다. 두 사례들 안에서 원고의 비난들은 68세대나 RAF-시절에 그들의 행동들에 관한 것이었고, 피고에 의해 보도된 기사의 배경 역시 이 당시에 관해 원고 스스로 작성한 보도로부터 촉발된 것이라는 사실에 주목했다. 원고는 자신의 보도에서 공공성과 직접 관계되는 방식으로 RAF-테러리즘 현상과 이 당시 대중들 속에서 유명했던 인물들을 비판했고, 이러한 보도와 관련해 피고 기사는 여자 테러리스트인 M의 딸로서 원고의 인생사에 관한 관련성을 가리켰다고 평가했다. 이러한 사정들하에서 피고의 기사는 공적으로 수행된 정신적 투쟁의 범위 내에서 원칙적으로 허용되는 보도이며, 당사자에 대한 비방이 아니라 사안에서의 토론이 중심을 이루는 것이었다고 판단했다. 그러한 토론의 범위 내에서 원고를 테러리스트의 딸로서 지칭하는 것은, 특히 원고가 자신의 보도에서 취했던 어조를 고려한다면 어쨌든 기사의 구체적 맥락에서는 부당한 비방으로 인정될 수 없고, 따라서 피고의 의견자유권이 처음부터 원고의 인격권 뒤로 후퇴해야 하는 것은 아니라고 밝혔다.

이에 따라 요청된 형량을 하는 경우에 원고의 인격권을 위해서는 대상 표현이 날카롭고 논박적으로 작성되었으며, 특히 원고가 단지 자신의 어린 시절 7년 동안만 자신의 어머니와 함께 살았고, 어머니가 사망한 이후에는 어머니나 다른 RAF-요원과 어떠한 접촉도 없었기 때문에 원고의 인물이 포괄적으로 묘사되지 않았다는 사실은 의심의 여지가 없다고 판단했다. 따라서 이러한 표현은 그의 사실적 내용에서나 구체적 표현에서도 원고에게는 심각한 개인적 피해를 의미한다고 평가했다.

하지만 의견자유 측면에서는 피고 측에서 볼 때 그것이 공적 관심에 관한 기사였다는 사실에 주목해야 한다고 밝혔다. 이 기사는 U 및 이전 외무장관 F에 관한 원고 자신의 보도나 다른 보도들을 통해 공중에 제기했던 문제들의 평가를 위한 의견형성에 기여하고자 하는 것이었고, 그러한 문제들의 판단을 위해서는 작성자의 개인적 인생배경 역시 중요했을 것이라고 생각했다. 원고는 자신의 태생을 비밀로 지키지 않았고, 수많은 보도들에서 이를 공개했다고 밝혔다. 하지만 연방헌법재판소 및 연방대법원의 판례에 따르면, 어느 누구도 자신 스스로 공중에 드러낸 사실에 관해 사적 영역에 관한 권리를 주장할 수는 없다고 판시했다. 따라서 공개적 인지에 대한 사적 영역의 보호는 일반적으로 사적인 것으로 간주되는 일정한 사정들이 공개되는 것에 관해 당사자 스스로 동의한 것으로 보이는 곳에서 탈락하거나 아니면 적어도 형량의 범위 내로 후퇴한다고 밝혔다. 주변으로부터의 은거기능을 가진 한 영역 내의 사안들이나 행동방식들을 단지 제한적으로 아니면 전혀 알아차리지 못할 것이라는 기대는 전반적 상황에서 일관되게 드러나야 한다고 설명했다. 하지만 이 사건에서는 이런 점이 없다고 판단했다.

마지막으로 원고가 그 당시 자신의 보도스타일이나 보도대상을 통해 스스로 자신의 기자활동에 관한 토론을 유발했고, 피고 역시 이러한 맥락에서 제3자의 의견형성에의 기여가 인정되었다는 점 역시 고려되어야 한다고 밝혔다. 이러한 모든 사정들의 적절한 형량의 경우, 피고에 의해 선택된 표현은 구체적 맥락에서 아직은 허용되는 것으로서 위법한 것으로 보이지는 않는다고 판단했다. 여기에서는 원고의 직업활동의 제한이 문제 된 것이 아니라 피고의 의견자유 기본권이 금지청구를 통해 제한되어도 되는지에 관한 것이기 때문에, 그런 점에서 원고의 언론인으로서 직업적 지위는 아무런 의미를 가지지 못한다고 밝혔다.

연방대법원은 이 모든 것에 따라 항소판결은 유지되지 못한다고 판결했다.[72]


## Ⅲ. 풍자와 캐리커처의 문제

### 1. 기본법 제5조 제3항의 예술의 자유

기본법 제5조 제3항 제1문에 보장된 예술의 자유에는 기본법 제5조 제1항의 의사소통자유와 달리 특별한 법률유보가 존재하지 않는다. 기본법 제5조 제2항을 통한 의견표현에 대해 특별히 규정된 일반법, 청소년보호법률 그리고 개인의 명예권의 유보는 예술자유 기본권 그 자체를 제한하지 않는다. 따라서 의견공표가 예술적 형태로 행해졌다면, 이것은 기본법 제5조 제1항의 보호범위에 해당할 뿐만 아니라 기본법 제5조 제3항의 특별한 보호범위에도 해당하게 된다.[73] 텍스트 혹은 그림으로 이뤄진 표현물이 통상의 의견표현의 형태를 넘어서 저자나 화가가 자신의 신념, 인상, 경험이나 체험을 직접적으로 표상한 자유로운 창조적 형성물인 경우에는 예술로서 결정될 수 있다. 가치나 수준 심지어 미적 감각은 무엇이 예술인지 결정하는 데 전혀 중요하지 않다.[74] 예술의 자유를 보장하고 고려해야 할 국가와 법원은 예술의 규정에 관한 국가적 판단이 생기지 않도록 일체의 질적 평가행위를 포기해야 한다. 따라서 헌법상 보장에 따른 예술은 예술영역에서의 활동으로 충분하고, 문제 된 예술 분야의 전형적 대표자가 한 작품에 대해 예술적 창작의 표현으로서 인정한 곳에서만 승인되는 것은 아니다. 연방헌법재판소는 타당한 이유에서 예술의 개념에 관해 어떠한 높은 질적 요청도 제시하지 않았다. 어쨌든 표현수단으로서 일정한 낯설게하기(Verfremdung)가 정신적 의견투쟁에서의 진술에 관한 것일 경우에도 충분하다. 이러한 경우 언론보도 역시 단지 의견표현의 보호하에 놓이게 될 뿐만 아니라 특별한 기본권으로서 예술자유의 보호범위하에도 놓이게 된다.[75, 76]

그런 점에서 연방헌법재판소의 판례[77]에 따르면, 기본법 제5조 제1항을 위해 발전되어 온 '유리한 해석변형원칙', 즉 법원은 예술적 혹은 풍자적 표현에 대한 여러 가능한 해석들 가운데 당사자의 권리가 침해되지 않고 이에 따라 유죄판결에 이르지 않는 그런 해석에 우선권을 부여해야 한다는 이론에도 유의해야 한다.[78]

그에 반해 이러한 다의적 표현에 관한 해석변형이론은 금지청구의 경우에는 제한된다는 또 다른 연방헌법재판소의 "스톨페" 결정[79]의 법리는 예술과 풍자영역에는 적용될 수 없다. 특히 기본법 제5조 제1항과 비교할 때 자유의 여지가 더 큰 예술자유(기본법 제5조 제3항)의 보호는 하나의 표현이 단지 일정한 시각이나 이해에서만 예술로서 평가될 수 있고, 다른 관점에서는 그렇지 않을 경우에도 이러한 해석변형이 제한적용 되는 것을 금지한다. 따라서 풍자와 캐리커처의 법적 판단을 위해서는 결과적으로 그것이 개별적으로 예술인지 아니면 단지 기본법 제5조 제1항을 통해 보호되는 의견표현인지 여부는 중요하지 않다. 다의성은 모든 종류의 예술, 특히 풍자와 캐리커처에 보증된 표현수단이기 때문이다. 결국 기본법 제5조 제3항의 보호는 원칙적으로 금지청구가 문제 된 사안에 있어서도 단지 처음부터 명백히 예술로서 분류될 수 없고, 특히 풍자적인 것으로서 분류될 수 없는 그런 표현이 문제 된 경우에만 개입하지 않는다. 이러한 맥락에서 비방적 비판의 개념은 좁게, 반대로 예술의 개념은 넓게 해석되어야 한다.[80]

한편, 기본법을 통한 예술자유의 보장 역시 특별한 법률유보가 없음에도 제한이 불가능한 것은 아니다. 오히려 예술자유는 기본법을 통해 보장된 다른 근본가치, 즉 기본법 제5조 제1항 제1문의 인간존엄성이나 기본법 제2조 제1항의 자유로운 인격발현권과 같은 가치와 충돌하는 곳에서 제한될 수 있다. 따라서 예술적 형태로 나타난 표현이 원칙적으로 비판대상자의 존엄의 핵심영역을 침해했을 때에는 허용되지 않는다. 다만, 이러한 표현형태에 대해서도 우선은 '자유로운 의견전파의 허용을 위한 추정법칙'이 보장된다는 사실에 주의해야 한다. 그리고 예술의 자유에 대한 결정적 제한으로서 기본법 제1조와 제2조는 단지 본인이 평가받길 원하는 바대로 자신이 묘사될 것을 요구할 수 있는 청구권까지 정당화하지는 않는다.[81]

## 연방헌법재판소 1987년 6월 3일 자 결정
## – 1BvR 313/859("슈트라우스 캐리커처"–결정)

### 사실관계

청구인은 "콘크레테"라는 잡지에서 바이에른 주수상에 관한 여러 개의 캐리커처를 공표했다. 여기에서 주수상은 교미 중인 돼지로 묘사되었다. 첫 번째 캐리커처에서는 이 돼지가 법복을 입은 돼지와 교미하고 있었다. 또 다른 캐리커처에서는 두 마리의 돼지형상을 보여 주었는데, 일부는 쌍으로, 일부는 혼자서 다양한 교미행위를 하는 모습이었다. 세 번째 캐리커처에서는 4마리 돼지가 묘사되었고, 그중 세 마리가 각각 자신 앞에 있는 돼지와 교미하고 있었다. 여기에서도 두 마리의 돼지형상은 바이에른 주수상의 표정을 짓고 있었고, 다른 두 마리는 법복과 법모를 착용하고 있었다. 첫 번째 캐리커처 위에는 "풍자는 모든 것을 허용한다. R H 역시?"라고 적혀 있었다. 두 번째 캐리커처에는 "어떤 것이 지금 최종적으로 올바른 그림입니까? 검사님?"이라는 설명문이 달려 있었다. 세 번째 캐리커처는 청구인 편지의 불완전한 복사본이 포함된 "콘크레테" 편집기사 앞에 있었고, 거기에는 바이에른 주수상이 가만히 보고만 있으려고 하지 않았기 때문에 청구인이 거듭해서 새로운 돼지 그림을 그려야만 하는 고통을 호소하는 내용이 담겨 있었다. 주수상은 각각에 대해 모욕죄를 이유로 형사고소를 제기했다. 지방법원지원은 묘사된 캐리커처 가운데 세 개에 대해 부대원고인 바이에른 주수상의 모욕죄를 적용해서 100일 치의 포괄적 벌금형을 부과했다. 청구인의 항소로 지방법원은 이 판결을 파기하고, 청구인에게 무죄판결을 내렸다. 이에 대한 검찰과 부대원고의 상고는 성공했다. 상급법원은 지방법원의 판결을 파기하고, 청구인에게 세 가지 사례에서 모욕죄를 선고했다.

헌법소원은 기각되었다.[82]

① 캐리커처에 관한 연방헌법재판소의 심사기준

연방헌법재판소는 헌법소원이 이유 없으며, 대상 판결은 청구인의 기본법 제5조 제3항의 예술자유권을 침해하지 않았다고 판단했다.

연방헌법재판소는 예술의 자유가 문제 된 절차에서도 각급 법원의 판결이 일반법상 타당한지 여부에 관하여 심사하는 것은 자신의 과제가 아니라고 밝혔다. 그럼에도 연방헌법재판소는 자신의 개입권한의 한계를 항상 각급 법원의 판결이 어느 정도로 피고인의 영역에 피해를 주었는지의 기준에서 결정해 왔다고 분명히 했다. 그 때문에 당사자가 의견표현이나 예술의 자유를 주장하는 행위에 대한 형사법적 제재에 대해서는 일관되게 엄격한 통제하에 두었다고 설명했다. 그리고 대상 판결이 주장된 기본권들에 대한 원칙적으로 잘못된 의미나 사정거리에 기초했는지 여부에 관한 평상시의 통상적 심사에만 그치지 않고, 일반법 해석의 개별적 문제에서도 기본권들과의 일치 가능성에 대해 심사를 해 왔다고 밝혔다.

따라서 이 사건에서는 청구인의 캐리커처가 기본법 제5조 제3항의 보호범위 내에 해당하는지, 그리고 이것이 인정될 수 있다면, 상급법원이 이 기본권의 보호범위를 자신의 판결에서 원칙적으로 올바르게 경계 획정했는지 여부뿐만 아니라 재판부가 이 표현을 예술 특유의 구조적 특징에 근거해서 판단했는지, 즉 작품에 적합한 기준들을 적용했는지, 그리고 이러한 토대 위에서 예술에 정해진 경계를 개별적으로 적절하게 설정했는지 여부 역시 심사되어야 한다고 보았다.[83]

### ② 예술 자유와 의견표현 자유의 경합

이에 따라 연방헌법재판소는 청구인의 캐리커처가 기본법 제5조 제3항 제1문의 보장에 따른 예술에 해당한다고 밝혔다. 예술을 일반적으로 규정하는 것이 불가능하다는 사실과는 관계없이 예술 자유의 헌법상 보장은 그의 보호범위를 구체적인 법적용에 있어서 결정할 것을 요구한다고 인정했다. 따라서 예술적 활동의 기본요청들을 확정하는 것은 기본법 제5조 제3항 제1문을 통해 금지되는 것이 아니라 헌법상의 명령이라고 강조했다. 하지만 기본법 제5조 제3항은 예술과 비예술의 구별만을 허용하고, 이는 불가피한 것이라고 인정했다. 그에 반해 하나의 수준통제, 즉 "고상한" 예술과 "저급한" 예술, "좋은" 예술과 "나쁜" 예술(그 때문에 보호가치가 없거나 덜한) 사이의 구별은 헌법상 금지된 내용통제의 결과가 된다고 생각했다.

연방헌법재판소는 다툼이 된 캐리커처는 청구인이 자신의 인상, 경험과 체험을 직접 표상화한 자유로운 창조적 구성의 형식을 갖춘 결과물이라고 인정했다. 따라서 그것은 연방헌법재판소가 예술적 활동에 있어서 본질적인 것으로 간주했던 요청들을 충족한다고 보았다. 아울러 그와 함께 동시에 특정한 의견이 표현되었다는 사실이 그 캐리커처에서 예술작품으로서의 본성을 빼앗지 않는다고 판단했다. 예술과 의견표현은 서로 배제하지 않으며, 하나의 의견도 소위 참여예술에서 보통 그런 것처럼 전적으로 예술적 활동의 형태로 나타난다고 부연했다. 따라서 이 사례에서는 결정적 기본권이 기본법 제5조 제3항 제1문이며, 그 이유는 예술자유가 특별규범이기 때문이라고 밝혔다.[84]

### ③ 풍자와 캐리커처의 법적 판단

연방헌법재판소는 지금까지도 통용되는 풍자와 캐리커처의 특별지위를 파악하는 체계적인 방법은 이미 제국법원(RGSt 62, 183ff.)이 제시한 바 있다고 밝혔다. 이에 따르면, 과장, 왜곡 그리고 낯설게하기(Verfremdung)와 함께 작업하는 것은 예술장르 본연의 특성이기 때문에, 풍자와 캐리커처의 법적 판단은 그것이 가지는 본래의 내용을 조사하기 위해 "말과 그림으로 선택된 풍자적 외피"를 벗겨낼 것을 요구한다고 설명했다. 그 후에 이러한 진술 핵심과 그의 치장은 서로 분리해서 그것들이 각각 비판대상자에 대한 경멸의 공표를 포함하고 있는지 여부에 관하여 심사되어야 한다고 밝혔다. 이때 치장의 판단을 위한 기준은 진술 핵심의 평가를 위한 기준과는 다르고 통상적으로 덜 엄격하다고 인정했다. 왜냐하면 낯설게하기는 치장의 특성이기 때문이라고 생각했다.[85]

④ 문제 된 돼지형상의 캐리커처와 인간존엄성의 훼손

이에 따라 상급법원의 판결은 헌법상의 심사를 지탱하지 못한다고 밝혔다.

우선, 상급법원은 대상 캐리커처를 적절하게 기본법 제5조 제3항 제1문에 편입시켰고, 그것의 형법상 판단에 있어서 예술장르를 구성하는 특성들을 충분히 인정했다고 평가했다. 그리고 상급법원은 비록 판결이유 부분에서만 예술자유를 거론했지만, 이로부터 상급법원이 형법 제185조의 해석에 있어서 이 기본권의 의미를 적절하게 고려하지 않았다는 점이 도출될 수는 없다고 보았다. 왜냐하면 상급법원은 이 캐리커처가 풍자에 허용된 자유공간 내에 머무르는지 여부를 자세하게 심사했기 때문이라고 밝혔다. 상급법원은 이를 통해 기본법 제5조 제3항 제1문에 보장된 권리의 지위와 모욕죄의 형사상 구성요건과 명예보호를 제한하는 그 기본권의 효력을 전적으로 인식하고 있었다는 점을 분명히 드러냈다고 인정했다.

상급법원은 아울러 이 캐리커처에 작품에 적합한 기준들을 적용했다고 보았다. 확립된 판례의 전통에 따라 캐리커처의 진술 핵심과 치장을 명확히 구분해서 설명했고, 그의 명예훼손적 성격에 관해 분리해서 심사했다고 평가했다. 여기에서 우선 청구인은 상급법원이 첫 번째 캐리커처의 진술 핵심을 오해했다고 생각할 수도 있다고 보았다. 왜냐하면 지방법원이 원고가 교미하는 돼지와의 비교를 통해 자극적인 방식으로 조롱을 받았음이 당연하다는 사실을 오인했다고 상급법원이 판시했을 때, 이는 치장과 진술 핵심을 혼동한 것으로 생각할 수도 있다고 보았다. 하지만 계속된 또 다른 판결이유는 항소법원이 이 캐리커처를 전적으로 작품에 적합한 방식으로 해석했다는 사실을 증명한다고 판단했다. 항소법원에 따르면, 이 캐리커처는 분명하게 원고가 사법부를 모욕적 방식으로 자신의 목적에 이용했다는 사실을 표현했고, 아울러 원고는 자신에게 고분고분한 사법부에게서 동물적 만족감을 느꼈다는 사실을 암시했다고 생각했다. 연방헌법재판소는 이러한 상급법원의 판단이 적절한 것이라고 인정했다. 상급법원은 이것을 캐리커처의 명백한 진술 핵심으로 가리켰고, 나아가 치장의 방식, 즉 교미하는 돼지로서의 표현을 통해 추가적인 명예훼손을 포함했다고 생각했다. 이어서 상급법원은 또 다른 캐리커처들에도 동일한 진술 핵심을 부여했지만, 여기에서는 진술의 낯설게하기와 관련해서 단지 반복을 통해서가 아니라 묘사된 돼지의 행태에서 그리고 원고의 명예보호를 위한 노력이 조롱의 대상이 되었다는 점에서 명예에 대한 공격이 더욱 증가되었다는 사실을 끌어낼 수 있다고 판단했다. 이에 대해 연방헌법재판소는 정당하다고 평가했다.

또한 상급법원은 명예보호를 통해 예술의 자유에 그어진 한계를 적절하게 심사했다고 평가했다. 예술자유와 제3자의 일반적 인격권 사이의 긴장상황으로 인해 요구되는 상충하는 기본법상 보호이익들 사이의 형량은 이 사건에서 필연적으로 상급법원에 의해 도출된 결과에 이르게 된다고 보았다. 누군가 캐리커처에 있어서 과장은 구조적으로 전형적인 것이고, 원고와 같이 공적 생활에 몸담은 인물들은 공적 비판과 아울러 풍자적 비판의 정도가 더 강화된다고 할지라도 이 표현들은 기대 가능성의 한계를 훨씬 넘어선 것이라고 판단했다. 이 캐리커처들은 청구인에 의해 또 다른 예로 제시된 정치인 캐리커처와는 단지 거기에서도 인간을 동물형상으로 스케치했다는 점 외에는 아무런 공통점도 찾아볼 수 없다고 밝혔다. 하지만 무엇보다 이 사건 청구인에게는 통상의 표현들에서와는 달리 인간의 일정한 특징들이나 외형을 동물형상의 선택을 통해 특징짓거나 과장하는 것이 중요했던 것이 아니라 명백히 캐리커처 인물의 인격적 존엄에 대한 공격을 의도한 것이라고 판단했다. 관찰자에게는 선택된 낯설게하기를 통해 그의 인간적 특징, 그의 개인적 개성이 전달된 것이 아니라 오히려 그가 특별히 짐승의 본질적 특징들을 지녔고, 이같이 행동했다는 사실이 제시되었다고 보았다. 인간에게는 여전히 보호가치 있는 내밀영역의 핵심에 속하는 바로 이러한 성적 행위의 묘사는 인간으로서 원고의 존엄성을 박탈하는 것이라고 판단했다. 따라서 청구인은 틀림없이 인간의 존엄성을 최고의 가치로서 인정하는 법질서를 비난하는 방식으로 원고를 멸시했다고 보았다.

청구인이 상급법원은 예술자유와 원고의 인격권 사이의 이익형량을 행하지 않고 일방적으로 예술의 자유에 불리하게 인격권에 맞추었다고 비난한 것은 바로 이 점을 경시한 것이라고 반박했다. 상급법원이 이러한 인간 존엄성으로의 침해는 예술자유를 통해 정당화될 수 없다고 판단한 것은 적절했다고 평가했다. 비록 일반적 인격권의 보호는 기본법 제5조 제3항 제1문의 권리에 대해 일반적 우위를 누리는 것은 아니고, 이러한 기본권에 비추어 이해되어야 한다고 밝혔다. 하지만 일반적 인격권이 인간존엄성의 직접적 유출결과인 범위 내에 존재할 경우에 이러한 제한은 절대적으로 이익조정의 가능성 없이 적용된다고 강조했다. 이러한 기본법 제1조 제1항을 통해서 보호되는 인간의 명예 핵심에 대한 침해에 있어서는 항상 중대한 인격권 침해가 존재하고, 연방헌법재판소의 판례에 따르면 이러한 중대한 침해는 예술적 활동을 통해서도 더 이상 보호되지 않는다고 밝혔다.

청구인이 언론 및 의견표현의 자유를 위해 발전되어 온 반격권을 주장하는 한, 청구인은 바이에른 주수상이 청구인에 대해 캐리커처에 견줄만한 어떠한 발언도 한 적이 없었다는 점을 오인했다고 반박했다. 원고가 공적 의견투쟁의 집중공격을 받는 정치인이라는 사정만으로 그 사람의 인격적 존엄성을 박탈할 수 없고, 예술자유의 주장하에서 이러한 식의 명예훼손을 정당화할 수는 없다고 결론 내렸다.[86]

## 2. 풍자와 캐리커처

기본법을 통한 예술적 활동의 원칙적 특권은 언론에 있어서, 특히 풍자와 캐리커처를 표현양식의 수단으로 사용한 영역에서도 인정된다. 그리고 개별적으로 이러한 표현양식의 사용이 법적 의미에서의 예술인지 아니면 단지 신랄한 의견표현인지 여부는 중요하지 않다.[87] 풍자는 예술일 수 있고 대개는 그러하지만, 그렇다고 반드시 예술이어야 하는 것은 아니다. 실제 법적 결정에 있어서 이러한 문제는 풍자적 표현의 허용성을 위해 발전되어 온 원칙들이 예술자유를 위한 원칙들에 상당히 근접해 있기 때문에, 어떠한 독자적 의미를 발견하기는 어렵다. 어쨌든 풍자적 표현의 법적 판단에 있어서는 진술 핵심, 즉 표현의 본래내용과 표현의 예술적 외관, 즉 표현의 선택형태 사이를 구별해야 하는 것이 관건이고, 여기에서 풍자적 치장의 자유공간은 내용적인 진술의 자유공간보다 더 넓다는 사실이 중요하다.[88]

의도된 왜곡, 과장 혹은 낯설게하기(Verfremdung)와 같은 문체 수단과 함께 전파된 의견표현의 풍자적 표현양식으로부터 풍자적 사실주장을 구별할 수 있는 그런 방식을 통해 풍자적 외관으로부터 풍자나 캐리커처 본래의 진술을 발견하는 방법은 풍자적 형태로 이뤄진 의견표현의 진술 핵심을 결정하는 것이 문제 되는 곳에서도 역시 적용될 수 있다.[89]

하지만 풍자의 영역에서도 기본법 제5조 제1항과 제3항에 근거한 기본권이 타인의 권리를 침해하는 이상, 실제 사건을 허위로 인용하는 것을 정당화하지는 않는다. 예컨대, 기본법 제5조 제3항은 비판대상자가 실제 하지 않았거나 했다고 주장하지 않은 표현을 한 것처럼 풍자나 촌평에서 치장하는 주장은 정당화될 수 없다.[90, 91] 아울러 풍자적 치장으로부터 발견된 캐리커처의 진술이 비판대상자의 존엄성에 해당하는 핵심영역에 피해를 주는 모멸의 공표인 경우에도 기본법을 통한 예술자유라는 이유로 정당화될 수 없고, 오히려 형법 제185조에 따른 모욕으로 분류되거나 일반적 인격권의 침해로 분류될 수 있다. 이에 따라 연방헌법재판소는 당시 바이에른 주수상이었던 프란츠 요세프 스투라우스를 여러 가지 형태의 법복을 입은 다른 돼지와 교미하는 돼지 형상으로 표현한 것 역시 허용하지 않았다. 재판부는 단지 당사자를 돼지로 표현한 것에서 인간존엄성의 침해를 인정한 것이 아니라 슈트라우스가 사법부를 모욕적 방식으로 이용했고, 그러한 고분고분한 사법부에서 동물적 만족감을 느꼈다는 추가적 사실진술에서 이를 인정했다.[92, 93] 하지만 결론적으로 풍자, 캐리커처 혹은 패러디 역시 상당한 자유공간을 주장할 수 있다는 점은 변함이 없다.[94]

## 연방헌법재판소 1997년 11월 12일 자 결정
## – 1BvR 2000/96("동전-에르나"-결정)

### 사실관계

청구인은 텔레비전 진행자이다. 그는 "RTL-나이트 쇼"를 진행하는데, 이 프로는 소위 익살스럽고 풍자적 성격을 가진 토크쇼이다. 1994년 6월 말경 전심절차의 원고인 작센의 에르나 왕비는 1천 마르크의 출연료를 받고 이 토크쇼에 초청자로 출연했다. 녹화 전 그녀는 짧은 영상물 제작에 참여했는데, 그 영상물은 귀족의 헌혈 장면을 보여주는 내용이었고 토크쇼-대담에 이어서 방송되었다. 원고는 귀족 태생이 아니라 결혼을 통해 귀족 칭호를 얻게 되었다. 이후 그녀는 사망한 여배우 헬가 페더센의 남편이자 현재는 홀아비인 M 씨를 입양했고, 대중들 속에서의 공개 등장과 대중연예지에서의 인터뷰를 통해 일정한 지명도를 얻게 되었다. 청구인과 원고의 대담에서는 우선 원고의 작센 귀족과의 혼인을 통한 귀족 입문내용이 다뤄졌다. 여기에서 청구인은 원고가 예전에 동전수집가였고, 그녀의 남편 역시 동전학회에서 알게 되었기 때문에 세간에서는 원고를 "동전-에르나"라고도 불렀다고 말했다. 게다가 청구인은 원고의 결혼과 입양 사실을 언급하면서, 이때 금전적 동기를 강조했다. 원고는 자신의 일반적 인격권 침해를 이유로 위자료 지급소송을 제기했다. 원고는 청구인이 시청자들 앞에서 자신을 명문귀족의 한 인물인 동시에 그 어떤 기본도덕도 없는 탐욕적 인물로 비춰지게 했다고 주장했다. 특히 청구인은 그녀가 단지 귀족 칭호만을 위해 그녀의 남편과 결혼했고, 그렇게 얻게 된 귀족 칭호로 사업을 했다고 가정했으며, 사전 협약과 달리 M의 입양 사실을 언급했다고 비난했다. 또한 청구인이 자신을 세간에서 조작된 호칭에 근거해서 "동전-에르나"라고 지칭했다고 비난했다.[95]

### ① 지방법원의 판단

지방법원지원은 소송을 기각했고, 원고의 항소로 지방법원은 청구인에게 해당 지칭을 이유로 3천 마르크의 위자료 지급을 선고하면서 나머지 항소 부분은 거부했다.

지방법원은 청구인이 원고의 일반적 인격권을 위법하게 침해했다고 인정했다. 물론 이러한 침해가 허용되었는지 여부에 관해서는 포괄적 평가가 필요하며, 이때 가해자 편에서는 어떤 동기에서 그리고 어떤 목적으로 침해가 행해졌는지가 형량 속에 포함되어야 하고, 여기에서 무엇보다 기본법 제5조의 기본권을 유념해야 한다고 밝혔다. 위자료의 인정은 단지 심각한 인격권 침해에 관한 것이고, 다른 방식으로는 만족에 도달할 수 없을 경우에만 정당화될 수 있다고 보았다. 그리고 청구인이 대담에서 "원고는 '동전-에르나'라고도 불렸다"고 말한 이상, 위자료지급의 전제는 충족되었다고 인정했다. 이와 같은 추측에 불과한 별명의 언급은 구체적 상황에서 객관적으로 원고를 수백만의 청중들 앞에서 웃음거리로 만들기에 적합하고, 이러한 목적을 위해 제작되었다고 판단했다. 참석했던 방청객들 역시 -기대한 바대로- 박수갈채로 화답했다고 밝혔다.

또한 개그 그 자체는 어떠한 정보가치도 가지지 않는다고 지적했다. 청구인에게는 원했던 효과를 달성하기 위해 어떻게 해서든 대화 속으로 별명을 끌어들이는 것만이 중요했다고 보았다. 결정적으로 방송에서 원고가 "동전-에르나"라고 세간에서 불렸다는 청구인의 발언은 다툼 없이 허위였다는 사실이 이를 말해 준다고 밝혔다. 청구인에게는 우선적으로 돈과 귀족 칭호가 원고에게 주는 의미를 부각시키는 것이 중요했다는 점을 대화내용에서 어렵지 않게 끌어낼 수 있다고 인정했다. "동전-에르나"라는 지칭과 함께 원고에게는 처음에는 "작은 동전"을 거래했고, 이후 경제적 이유에서 귀족과의 혼인을 통해 재산을 얻은 편협하고 돈만 아는 사람이라는 인상을 줄 수 있는 그런 호칭이 주어졌다고 보았다. 적어도 이러한 호칭으로 인해 원고의 명예권이 현저히 침해되었다고 인정했다. 그리고 원고는 이러한 명예훼손에 동의한 적이 없다고 밝혔다. 비록 원고는 해당 방송의 풍자적 성격을 잘 알았을 그런 방송에 자발적으로 출연한 것은 사실이지만, 토크쇼의 초대 손님이라는 이유로 법적 보호를 받지 못하는 것은 아니라고 밝혔다. 원고는 특히 방송진행자로부터 모욕을 받는 것까지 감수할 필요는 없다고 판단했다.[96]

② 풍자적 표현의 판단기준

헌법소원은 성공했다.

연방헌법재판소는 대상 판결을 위한 심사기준은 의견자유권이라고 밝혔다.

청구인에 의해 진행된 토크쇼에서 사용된 "동전-에르나"라는 원고의 지칭은 물론 풍자적 '낯설게하기' 방식의 표현형태라고 인정했다. 하지만 이것이 반드시 기본법 제5조 제3항(예술의 자유)을 통해 보호되는 예술작품의 지위로 격상되는 것은 아니라고 보았다. 풍자는 예술일 수 있지만 모든 풍자가 예술은 아니라고 생각했다. 낯설게하기, 비틀기 그리고 과장과 함께 작업하는 예술의 본질적 특징은 쉽사리 단순한 의견표현이나 대중매체를 통한 의견표현의 수단일 수 있다고 인정했다. 이 기본권의 적용에 있어서는 개별적 의견공표의 풍자적 성격이 고려되어야 한다고 보았다. 다만, 기본법 제5조 제1항에 해당하는 진술이기 위해서는 표현 주체조차 명백히 부여하고자 하지 않았던 내용이 전가되어서는 안 된다고 강조했다. 이것은 특히 풍자적이거나 비꼬는 의견표현에 있어서 중요하다고 생각했다.

그 밖에 풍자의 법적 판단은 그 본래의 내용을 조사하기 위해 "말이나 그림"으로 선택된 풍자의 외관을 벗겨낼 것을 요구한다고 밝혔다. 이후 이러한 진술 핵심과 그의 치장은 각각 그것들이 당사자에 대한 멸시의 공표를 포함하고 있는지 별도로 심사되어야 한다고 설명했다. 이때 낯설게하기의 본질적 특징을 고려해서 치장의 판단을 위한 기준은 평소와는 달리 진술 핵심의 평가에 비해 덜 엄격하다고 밝혔다.

이러한 배경에서 "동전-에르나"라는 원고의 지칭이 이 표현의 풍자적 치장으로 인해 예술자유의 보호 역시 누리는지 여부는 중요하지 않다고 보았다. 비록 이 표현에 대해 단지 일정한 제한하에 보장되는 기본법 제5조 제1항의 의견표현권을 적용할지라도 대상 판결은 헌법상의 심사를 지탱하지 못한다고 판단했다.

연방헌법재판소는 지방법원의 판결이유에서는 청구인 발언의 판단에 있어서 표현의 풍자적 내용에 적합한 기준을 적용했다는 사실을 끌어낼 수 없기 때문에, 기본법 제5조 제1항의 기본권이 침해되었다고 인정했다.

대상 판결은 지방법원이 청구인을 위해 주장된 기본권지위의 의미와 중요성을 인식하고 있었다는 사실을 드러내지 않는다고 판단했다. 단지 판결이유의 시작 때 법적 심사기준에 대한 추상적 설명 부분에서 형량이 행해져야 한다("형량에 있어서…")라고만 언급되었다고 지적했다. 여기에서 대상 판결이 청구인 입장에서 "(특히 기본법 제5조상의) 기본권들에 특별한 주의를 기울여야 한다"고 강조했다는 점은 인정했다. 하지만 이후의 지방법원이 행한 포섭과 평가과정에서는 표현이 이와 같이 결정된 심사프로그램에 실제로 따랐고, 이때 해당 표현의 풍자적 성격을 고려했다는 점이 확인되지 않는다고 밝혔다.

비록 지방법원은 원고가 풍자적 성격을 잘 알았을 것으로 추정되는 방송에 자발적으로 출연했다고 생각했고, 이 점에서 청구인에 의해 진행된 방송의 풍자적 성격을 오인하지 않았음이 명백하다고 판단했다. 하지만 연방헌법재판소는 대상 판결이 이러한 특징을 문제 된 표현에 적용해서 청구인과 원고의 기본권 지위의 형량 범위 내에서 고려했다는 점을 보여주지는 못했다고 비판했다. 그 밖에 모든 판시내용들은 단지 청구인에게 불리한 근거요소들이었고, 이에 따라 원고의 인격권 침해의 인정에만 몰두했다고 생각했다. 동시에 이러한 판시내용과 함께 표현의 특징을 풍자로서 인정하고, 이러한 시각에서 평가될 수 있었던 사정들을 언급한 부분이 명백히 관찰되지 않는다고 지적했다. 이것은 가령 지방법원이

> 청구인은 원고를 웃음거리로 만들기 원했다, '동전-에르나'라는 지칭의 사용은 개그이다, 별명은 청중에게 원했던 효과를 위해서 대화 속으로 흡수되었다, 대화의 기본주제(돈과 귀족 칭호와 원고의 관계)에 대한 청구인의 언급은 공개적 표현이 아니라 암시와 질문형식의 '숨겨진' 표현이었고, 그럼에도 그 의도는 분명했다, '동전-에르나'라는 지칭은 편협하고 돈만 아는 사람에 대한 알기 쉬운 칭호였다.

라고 상술했을 때 드러난다고 밝혔다. 사람이나 사건들을 과장해서 표시하는 것은 풍자의 고유한 속성이라는 사실, 풍자는 청중들에게 웃음 유발효과를 야기하기 위해서도 과장, 왜곡 그리고 낯설게하기와 함께 작업하는 것이라는 사실이 판결에서 명백히 나타나지 않았다고 비판했다. 따라서 이것은 대상 표현내용에 대한 일방적 평가에 의존한 것이라고 보았다.

나아가 대상 판결은 풍자적 표현에 대해서는 말과 그림으로 선택된 풍자의 외관을 벗겨내고 나서 그의 진술 핵심과 치장에 대해 별도로 각각 그것들이 당사자의 멸시적 공표를 포함하고 있는지 여부를 심사해야 할 요청을 충족하지 않았다고 비판했다. 물론 판결문에는 지방법원이 모든 대화의 진술 핵심 및 특히 원고에 대한 "동전-에르나"라는 지칭을 원고가 경제적 이유에서 귀족과 혼인을 했고, 이를 통해 재산을 얻었다는 의미로 이해될 수 있다는 판시내용이 담겼다고 인정했다. 하지만 여기에서도 원고에 불리한 인격권 침해가 존재하고, 동시에 위자료 인정을 통한 보전을 필요로 하는 그런 심각성이 존재한다는 전제에 맞설 수 있는 풍자요소들에 대한 평가와 논의는 없었다고 질타했다.

결국 대상 판결은 기본법 제5조 제1항 제1문의 침해에 기초했다고 결정했다.[97]

## 연방헌법재판소 2001년 8월 1일 자 결정 – 1BvR 1906/97

### 사실관계

청구인은 지역 현안을 주로 다루는 C지역 일간지 "C-짜이퉁"의 편집장이다. 이 지역에 위치한 A-구는 1996년 봄 구의회 의원들과 구청장 선거를 실시했다. 구에서 배포되는 팸플릿에 따르면, 구청장 선거에는 A구 구민인 C가 구청장 후보로 나올 계획이라고 알렸다. 이 팸플릿에서 C는 1996년 1월 14일 CSU/자유유권자당의 입후보자 공천을 위한 지명대회 때 당시의 구청장에 반대해 출마할 것이라고 밝혔다. 하지만 이러한 출마 예고와 달리 C는 지명대회에서 구청장직 후보에 지원하지 않았고, 결국 출마하지 않았다. 오히려 현직 구청장이 당선되었다. 선거 후 C는 이 선거에 불복했고, 지역청에 이의 제기한 선거불복요구가 이유 없는 것으로 기각되자 행정법원에 선거무효소송을 제기했다. 하지만 이 역시 기각되었다.

지역 언론에서는 선거불복소송과 행정법원의 판결에 관해 자세히 보도되었다. 청구인은 "C-짜이퉁"의 편집장 자격으로 "실패한 쿠데타"라는 제목의 논평을 작성했고, C의 태도를 비판적으로 평가했다. 논평에서는 특히 "침묵하는 사이비 혁명가"로서 C가 우선 선거출마를 공개적으로 예고했고, 아울러 이 목적의 달성을 위해 대규모의 지명대회 참가자 그룹을 소집했지만 정작 이 지명대회에서 아무런 발언도 하지 않았고, 선거가 끝나고 나서야 소송수단을 통해 구청장 선거를 무효로 선언해 줄 것을 시도했다고 비난했다. 원문에 따르면 다음과 같다:

> 하지만 그는 쿠데타 시도에서 심각한 잘못을 저질렀다. 그는 공개발언, 구두공격, 논쟁을 피했다. 이것은 결국 법원에서도 그에게 치명적인 것이 되었을 것이다. 왜냐하면 행정법원에 제출한 C의 소장에는 그가 항의 조로 구청장 출마를 포기했다고 해명했으나 이는 분명히 거짓이었기 때문이다. 사람들은 그것을 거짓말이라고 말했고, 사람들은 알려진 바와 같이 그렇게 받아들였다.
>
> 참석한 모든 정당 지지자들이 투표했다면 자신이 CSU의 A구 구청장 후보가 되었을 것

이라는 소장에서의 또 다른 주장 역시 전혀 이해가 안 간다. 그렇게 현실과 동떨어진 생각을 하고, 자신의 에고에 눈이 멀어서 부당한 방식으로 술수를 쓰려는 사람은 차라리 음험한 음모를 키우기보다는 의사의 진찰을 받아야 마땅하다.

C는 이 기사에 대해 고소를 제기했고, 지방법원지원은 청구인에게 모욕죄로 인한 일당 100마르크의 10일 치 벌금형을 선고했다. 청구인의 논평에서 C에게 행해진 반어적 의미의 충고, 그는 차라리 의사의 진찰을 받아야 마땅하다는 내용은 C의 개인적 명성을 손상시키기에 적합하다고 보았다. 왜냐하면 모든 이성적 독자들에게는 여기에서 청구인이 C는 실패한 선거불복과의 맥락에서 지금까지 그의 행동을 근거해 볼 때 정신적으로 정상이 아니라는 인상을 일깨우려 했음이 분명했기 때문이라고 밝혔다. 과장된, 아울러 고통을 주는 표현은 모욕적 단어선택이 사실적 맥락에서 논평의 작성자가 생각한 본래의 비판대상 사안과 더 이상 아무런 관련도 없는 곳에서 자신의 한계를 발견한다고 밝혔다. 논평 어디에서도 아니면 그 밖에 어떠한 객관적 사정들을 통해서도 C가 정신적으로 정상이 아닐 수 있다는 사실을 정당화할 수 있는 혐의들은 드러나지 않았다고 보았다.

지방법원은 이 판결에 대해 제기된 청구인의 항소를 마찬가지로 기각했다. 그 이유로 비방을 의미하지 않는 표현만이 기본법 제5조에 의해서 보호된다고 밝혔다. 이 사건에서 행해진 의사에게 진찰을 받으라는 충고는 맥락상 건강 염려를 위한 충고로서 간주될 수 없고, 중립적인 제3자에게 이 문장은 당사자가 정신적으로 정상이 아닌 것으로 판단될 수 있다는 정도로 여겨질 것이 틀림없다고 판단했다.

헌법소원은 성공했다.[98]

① 자신에게 귀속될 수 없는 표현의 해석으로 인한 책임문제

연방헌법재판소는 대상 판결이 의견자유권(기본법 제5조 제1항 제1문)에서 평가되어야 한다고 생각했다. 그에 반해 침해되었다고 주장된 출판자유권(기본법 제5조 제1항 제2문)은 심사기준으로는 배제된다고 보았다. 이 사건에서는 전파매체와 상관

없이 단지 특정한 표현이 형사법상 처벌되어도 되는지의 여부만이 문제 되기 때문이라고 그 이유를 밝혔다.

기사에서 다툼이 되었고, 법원이 이에 대해서만 모욕죄의 유죄선고를 인정했던 "C는 차라리 의사에게 진찰받아야 마땅하다"는 표현은 의견자유권의 보호범위에 해당한다고 인정했다. 의견자유권은 표현이 이성적인지 감정적인지, 근거가 있는지 근거가 없는지 그리고 다른 사람들에 의해 유용한 것으로 간주되는지 해로운 것으로 간주되는지, 가치 있는 것으로 간주되는지 가치 없는 것으로 간주되는지 여부와 상관없이 의견공표를 보호한다고 밝혔다. 진술의 논박적 혹은 모욕적 표현 역시 의견자유의 보호범위에서 벗어나지 않는다고 보았다.

하지만 의견자유권은 유보 없이 인정되지는 않는다고 전제했다. 이 기본권은 기본법 제5조 제2항에서, 무엇보다 청구인의 유죄선고의 토대가 되었던 형법 제185조의 명예보호 규정이 속하는 일반법에서 그 한계를 찾을 수 있다고 밝혔다. 그리고 형사 규정의 해석과 적용은 원칙적으로 형사법원의 책무이고, 연방헌법재판소는 형사법원이 의견자유권과 인격권 그리고 이와 함께 자유권들의 가치설정적 의미를 오인했는지 여부의 해명으로 제한된다고 설명했다.

연방헌법재판소는 의견표현의 형사법상 처벌이 문제 되는 경우에는 특히 유죄선고가 단지 표현 주체에게 귀속될 수 있는 표현이라는 사실이 전제되어야 한다고 밝혔다. 의견표현이 이 표현과 객관적으로 일치하지 않는 그런 해석에 따름으로서 형사법원을 통해 유죄판결을 받게 될 위험과 결합된다면, 이는 기본법 제5조와 조화할 수 없는 것이라고 지적했다. 의견표현에 대한 형벌 부과는 피고인의 인격권에 충격을 가하는 제재이고, 따라서 이것은 단지 처벌의 일반적 원리, 특히 예방적 성격에서뿐만 아니라 헌법에 근거한 의견자유에 유리한 추정법칙을 고려해서 단지 그 표현이 법원에 의해 행해진 해석에 따르더라도 표현자에게 귀속될 수 있는 경우에만 유효하다고 밝혔다. 만약 특정한 표현이 다의적이라고 인식된다면, 법원은 유죄판결에 이르는 해석을 그의 법적 바탕으로 삼길 원할 경우에 다른 가능한 해석변형을 이해할 수 있는 이유들과 함께 배제해야 한다고 설명했다. 풍자적 혹은 비꼬기식 의견표현의 경우라 할지라도 해당 진술에는 진술의 장본인이 명백히 부여하려고 하지 않은 어떠한 내용도 전가되어서는 안 된다고 강조했다.

그리고 이 표현이 하나의 명예훼손적 내용을 포함하고 있어서 의견자유와 인격권 사이의 충돌이 존재한다면, 형량은 각자의 법익에 우려되는 침해의 심각성을 고려하여 행해져야 한다고 밝혔다. 물론 그 표현이 비방적 비판이라면, 구체적인 형량은 불필요하다고 보았다. 하지만 하나의 표현이 과장되거나 무례한 경우라고 곧바로 비방적 비판으로 인정되어서는 안 되며, 그 표현에 더 이상 사안에서의 논쟁이 아니라 논박적이고 과장된 비판을 넘어서 개인에 대한 비방이 중심을 이룰 때에 비로소 비방적 비판이 된다고 판단했다.[99]


② 반어적 의미의 표현과 해석문제

연방헌법재판소는 대상 판결이 이러한 헌법상 요청을 충분히 고려하지 않았다고 비판했다.

이러한 비판은 우선 지방법원지원에 의해 행해진 문제 된 표현의 해석과 관련해서 인정된다고 밝혔다. 지방법원지원은 청구인이 C는 실패한 선거불복과의 관계에서 지금까지의 행태로 볼 때 "정신적으로 정상이 아니다"라는 인상을 주려 했다는 점에서 출발했다고 평가했다. 하지만 "C는 차라리 의사의 진찰을 받아야 마땅하다"는 다툼이 된 표현이 단지 이러한 의미에서 이해되어야 한다는 사실을 설득력 있게 설명할 수 없었다고 비판했다. 지방법원지원은 더 납득이 가는 대안적 해석 가능성을 충분히 대조하지 않았다고 꼬집었다.

연방헌법재판소는 지방법원지원이 이 표현의 의미를 주로 글자 그대로, C는 의료적 의미에서 치료가 필요하고, 나아가 그의 정신건강과 관련해 묘사되었음이 당연한 것으로 이해했어야 했는지 그 이유를 자세히 다루지 않았다고 질책했다. 어쨌든 정신질환 전문의의 방문을 추천한 것은 아니었으며, 법원 스스로도 의사방문 요청을

"반어적 의미의 충고"로 받아들였다고 인정했다. 하지만 반어적 문체양식으로서 평가는 표현의 해석에 있어서도 충분히 고려되어야 한다고 강조했다. 하나의 표현을 반어적인 것으로 특징짓고, 그럼에도 그것에 단지 그 표현이 진심에서 한 말로 받아들일 수 있을 때에만 그에게 귀속될 그런 해석내용을 부여하는 것은 모순이라고 판단했다. 여기에서 문제 된 표현에 반어적인 과장표현의 문체장식이 제거된다면, 진술 핵심은 "청구인의 관점에서 실패한 선거불복과 관련한 C의 행동은 선거운동의 범위 내에서 통상적인 행동과 심각하게 괴리된 그리고 이해될 수 없는 방식"이라는 점에서 구별된다는 내용의 확정적 진술일 수 있다고 보았다.

어쨌든 진술의 그러한 이해는 분리해서 관찰하는 것이 아니라 기사 전체의 해석에 있어서 종합적으로 고찰할 때 배제될 수는 없다고 인정했다. 우선 기사에서는 청구인의 견해에 따른 비판의 계기를 제공하는 다양한 측면이 제시되었다고 판단했다. 기사에 따르면, C는 자신의 인물과 구청장 입후보에 관한 커다란 관심을 불러일으켰음에도 불구하고 그는 후보를 결정하는 지명대회에서 아무런 발언권도 신청하지 않았으며, 그 대신 그는 구청장 선거를 재판상 불복했다고 비판했다. 만약 정당의 모든 참석 지지자들이 투표를 했었다면, C 자신이 CSU의 A구 구청장 후보가 되었을 것이라는 소장에서의 C의 또 다른 논거 역시 청구인의 견해에 따르면 어떠한 사실적 근거도 없다("전혀 이해가 가지 않는다")고 보았다.

결국 청구인은 기사의 마지막 문장에서 C의 행동을 전체적으로 현실과 동떨어진 것이라고 비난하고, 그의 부당한 방식들에 대해 비판했다. 그리고 나서 이와 같이 개별적으로 언급된 C의 행동은 청구인에게 그렇게 행동한 누군가는 "차라리 의사의 진찰을 받아야 마땅하다"는 내용의 확정적이자 명백히 반어적인 의미의 표현을 하게 된 동기가 되었다. 바로 이러한 해석에 따라 연방헌법재판소는 청구인이 도발임을 알면서도 생생한 표현과 함께 C의 행동을 특징적으로 묘사한 것이지, C를 의료적 치료가 필요한 것으로 표현하려 한 것은 아니라고 이해했다.

연방헌법재판소는 다툼이 된 표현의 의미를 확정적으로 결정하는 것은 자신의 책무가 아니라고 보았다. 반면에 형법 제185조에 따른 유죄판결이 고려되어야만 할 때, 앞서 제시된 해석들을 설득력 있는 이유와 함께 제외하는 것이 관할법원의 책무라고 보았다.

의견자유와 명예보호 사이의 적절한 형량에 있어서도 지방법원지원의 판결은 헌법상 요청에 부합하지 않는다고 평가했다. 지방법원지원은 청구인이 의견자유가 후퇴해야 하는 부당한 비방적 비판을 행했다는 견해를 "논평이나 그 밖의 객관적 사정 어디에서도 C가 정신적으로 정상이 아니다"라는 사실을 정당화하는 혐의가 드러나지 않았다는 사실을 통해 뒷받침했다고 보았다. 하지만 유죄판결이 이러한 해석에 기반을 두는 것에 대해 의구심이 드는 것은 이미 밝힌 바와 같고, 나아가 이를 비방적 비판을 위한 근거로서 쉽사리 이용할 수는 없다고 밝혔다. 만약 이러한 논평에서 해당 표현이 C의 행동에 관한 과장된 비판이라면, 오히려 비방적 비판의 전제는 배제된다고 생각했다.

그리고 청구인에게 전적으로 C의 모멸만이 중요했던 것인지가 지방법원지원에 의해 자세히 논구되지 않았다고 비판했다. 비록 형량산정의 범위 내였을지라도 지방법원지원 자신도 C의 행동을 이해할 수 없는 것으로 생각했다고 지적했다. 따라서 청구인 역시 그렇게 생각했던 배경들을 자신의 기사대상으로 삼았던 것이라고 보았다. 그렇다면 이러한 상황에서 비방적 비판은 인정될 수 없기 때문에, 지방법원지원은 충돌하는 기본권 지위의 형량을 포기해서는 안 됐다고 비판했다.

연방헌법재판소는 지방법원의 판결 역시 지방법원지원의 판결과 동일한 문제점을 드러낸다고 보았다. 지방법원은 더 자세한 근거들 없이 여기서 문제 된 문장은 평균 독자들에게 당사자가 "정신적으로 정상이 아닌 것으로 평가될 수 있다"는 정도로 보일 것이 확실하다는 확정에 머물러 있었다고 비난했다. 단지 보충적으로만 이 문장은 건강 염려의 충고로서 평가될 수 없다는 점만을 언급하는데 그쳤다고 질책했다. 청구인에게 의료적 진술이 중요한 것이 아니라 단지 C의 행동에 관한 반어적인 종합적 평가가 중요했다는 설득력 있는 해석에 대해 자세히 다루지 않았다고 비판했다.

그에 따라 비방적 비판의 인정 역시 정당한 것으로 받아들일 수 없다고 밝혔다.

대상 판결은 청구인 기본권의 확정적 침해에 근거했기 때문에, 법원이 위에서 언급된 표현의 대안적 해석 가능성을 고려하고 형량에 반영한다면, 다른 결론에 이르게 될 수 있다는 점이 배제될 수 없다고 결론지었다.[100]

# 제3장

# 의견표현과 사실주장

# Ⅰ. 의견표현과 사실주장 구별의 중요성

독일 기본법 제5조 제1항은 제2문의 출판(Presse), 방송(Rundfunk) 그리고 영화 (Film)의 자유에 앞서 제1문에서 자신의 의견을 자유롭게 표현할 개인의 자유를 보장한다. 이에 따라 이 기본권의 보호법익은 단지 표현이 아니라 의견표현을 뜻한다. 헌법제정자는 이러한 의견표현에 대해 특별한 헌법적 보호가 필요한 것으로 판단했다. 따라서 이로부터 무엇이 의견으로 이해되어야 하며, 이 개념은 어떠한 표현을 제외하는지에 관한 결정이 불가피한 선결과제로 떠오른다.[1]

의견표현권은 원칙적으로 명백히 가치평가와 사실주장 사이의 구별 없이 모든 사람들에게 그의 의견을 자유로이 표현할 권리를 보장한다. 즉, 자신의 판단을 보증할 수 있는 어떠한 검증 가능한 근거들을 제시하지 않았거나 제시할 수 없더라도 자신의 생각을 자유로이 표현할 수 있어야 한다. 주변에 정신활동을 공표하고 의견형성 작용을 하며 설득 작용을 하는 것이 헌법상 보장되는 의견표현의 의미이다. 이러한 정신활동을 목표로 하는 가치평가를 보호하는 것이 기본법 제5조 제1항 제1문의 기본권이고, 이는 우선적으로 발언자 자신의 입장표명과 관계된다. 이러한 의견표현은 가치가 충분한지 여부, 정당한지 여부, 감정적이 아니라 이성적 근거가 있는지 여부와는 상관없이 개별적으로 공공성과 본질적으로 관계된 문제에 있어서 정신적 의견투쟁에 기여한다면, 자유로운 허용성의 추정이 가능하다는 것이 연방헌법재판소의 입장이다. 아울러 신랄하고 과도한 표현들 역시 공개적 의견투쟁이라면 원칙적으로 기본법 제5조 제1항 제1문의 보호영역에 해당한다. 그 다음 일반법 규정이나 명예권 등 규정에 따라 제한할 수 있는지 여부만이 문제 될 수 있다.

하지만 사실주장은 이러한 '자유로운 허용성 추정원칙'이 의견표현과 동일한 방식으로 적용되지 않는다. 잘못된 정보는 의견자유의 관점에서 어떠한 보호가치 있는 법익도 아니기 때문이다. 따라서 허위의 의도적 주장은 기본법 제5조 제1항을 통해서는 더 이상 보호되지 않는다. 결국 '자유로운 의견표현의 허용성 추정원칙'은 결과적으로 사실주장에는 단지 제한적으로만 적용되고, 잘못된 사실주장은 처음부터 기본법 제5조 제1항 제1문의 보호영역에 해당하지 않게 된다는 점에서 사실주장에 대한 일반법의 제한이 보다 수월해진다. 바로 이와 같은 기본권 보호범위의 차이로 인해 하나의 의사표현이 의견표현인지 사실주장인지 여부의 구별 문제는 헌법적 차원의 문제로 부상하게 된다.[2]

한편, 독일의 각 주 출판법 역시 뉴스를 제공하고 전파해야 하며, 입장표명이나 비판 혹은 기타 방식으로 의견형성에 기여해야 할 언론의 공적 과제를 규정하고 있다. 따라서 헌법이나 주출판법에서는 사진보도와 별개로 뉴스기사, 즉 사실 전파와 의견 전파로 이뤄지는 모든 저널리즘 활동의 원칙을 정하고 있다. 따라서 실제로 의견표현권의 관점에서 독일 언론법 체계를 이해하기 위해서는 뉴스와 논평, 사실주장과 의견표현 사이의 구별이 그 출발점이라고 볼 수 있다. 사실주장과 의견표현의 구별에서 시작하지 않고서는 언론보도와 관계된 문제들의 법적 해결이 불가능하다고 말할 수 있다.[3] 왜냐하면 사실주장과 의견의 구별은 실무상 법익형량에 있어서 서로 다른 판단기준에 따라 표현의 적법성 여부가 판별되기 때문이다.

이러한 점에서 연방헌법재판소는 2003년 한 결정에서 하나의 표현을 가치평가 혹은 사실주장으로 분류하는 문제는 헌법상 의견표현권의 침해에 관한 법적 판단과정에서 '방향설정적 의미(weichenstellende Bedeutung)'를 지닌다고 평가한 바 있다.[4]

예컨대 하나의 표현이 사실주장으로 분류된다면, 상충하는 법익들의 형량결과는 표현의 진실내용에 달려 있게 된다.[5] 이 과정에서 명백하고 의도적인 허위사실의 주장이나 전파는 기본권 보호에서 탈락하게 된다. 즉, 사실주장을 위한 의견표현권의 보호는 헌법상 전제된 의견형성에 아무것도 기여할 수 없을 때 종료된다. 이러한 관점에서 잘못된 정보는 어떠한 보호가치 있는 이익도 아니므로 연방헌법재판소는 입증되거나 의도적인 허위의 사실주장은 기본법 제5조 제1항 제1문의 의견표현권의 보호에 더 이상 포섭되지 않는다고 선언한 것이다. 물론 의견자유의 역할이 해를 입을 정도의 진실의무 요청이 부여되어서는 안 된다는 점은 이미 살펴본 바와 같다.[6] 그리고 진실이 입증될 수 없는 경우 표현의 적법성은 주의 깊은 취재나 조사가 이뤄졌는지 그리고 표현이 정당한 이익의 대변(형법 제193조)을 통해 정당화되는지 여부가 관건이 된다.

그에 반해 의견표현은 원칙적으로 자유롭고, 단지 특별한 사정하에서만 제한될 수 있다. 이와 같이 한 표현이 법원에 의해 가치평가로 분류되느냐 사실주장으로 분류되느냐에 따라 헌법적 보장수준이 달라지기 때문에, 무엇보다 기본권 제한작용의 관점에서 사실주장과 의견표현의 구별은 매우 주의 깊은 논증을 필요로 한다.[7]

마찬가지로 사실주장의 전파와 의견 전파 사이의 구별은 적용되는 법률규정이나 표현으로 인한 구제방법의 측면에서도 매우 중요한데, 독일 형법 제186조의 명예훼손과 민법 제824조 신용훼손의 경우는 단지 사실주장의 전파에만 적용된다는 점, 주출판법을 통한 반론보도청구권 역시 사실주장에 대해서만 보장된다는 점, 정정보도청구권 역시 사실주장에 대해서만 가능하다는 점에서 이러한 쟁점의 중요성은 더욱 부각된다. 이는 유럽인권법원의 경우[8]에도 마찬가지이다.[9]

연방헌법재판소[10]는 신문 논평에 관한 반론보도 사건을 통해 주로 의견표현을 담고 있다고 평가될 수 있는 신문 논평에 대해 사실주장에 대해서만 가능한 반론보도가 허용되는지에 관한 문제를 다룬 바 있다. 이에 따르면, 무엇보다 논평에 대해서도 사실주장 내용에 대해서는 반론보도청구가 가능하다는 점을 명확히 밝힌 바 있다.[11]

이와 같이 실무상 반론보도청구권을 행사함에 있어서도 의견표현과 사실주장의 분류문제는 이를 판단하는 법관의 입장에서나 실무에 종사하는 언론인의 입장에서 피할 수 없는 언론법상 중심문제에 해당한다.

하지만 의견표현에 해당하는 가치평가와 사실주장 사이의 경계획정은 개별적 사건에서는 난관에 부딪힐 수 있다. 왜냐하면 두 표현형식은 대부분 우선은 서로 결합된 상태에서 표현의 의미를 함께 구성하고 있기 때문에 특정한 표현에서는 평가적 구성부분과 사실적 구성부분의 혼재가 통상적이기 때문이다. 즉, 의견은 사실과 관련되고, 사실은 의견을 뒷받침하거나 의심케 하는 것이 일반적이다. 따라서 대부분 다툼이 있는 표현을 의견표현이나 사실주장으로 결정하는 작업은 그 표현문장의 전후관계에서 개별부분의 분리를 기초로 이뤄지는데, 이때에는 이러한 분리과정을 통해 표현의 의미가 변질되거나 훼손되지 않는 경우에만 그 결정이 정당화된다. 그에 반해 만약 분리과정이 의미 변질 없이 행해질 수 없다면, 표현은 전체적으로 의견표현으로 간주되어야 하고, 의견자유권의 보호범위 내로 편입되어야 한다. 이 때문에 연방헌법재판소는 "바이엘" 사건에서 다음과 같은 중요한 표현의 해석원칙을 제시하였고, 이 역시 헌법상 의견표현권의 보호를 위한 중요한 장치라고 이해할 수 있다.

> 그러한 경우에 의견의 개념은 효과적인 기본권 보호의 이익을 위해 넓게 해석되어야 한다: 사실과 의견이 섞여 있는 표현이 입장표명, 견해 혹은 의견의 요소를 통해 부각된다면, 그것은 의견으로서 기본법에 의해 보호된다. 이것은 특히 평가내용과 사실내용의 구별이 표현의 의미를 폐기하거나 변질시킬 경우 그러하다. 만약 이 경우 사실적 요소를 결정적인 것으로 인정하게 된다면, 의견자유의 기본법상 보호는 본질적으로 축소될 것이다.[12]

이러한 판시내용은 기본권의 보호범위의 역할에서 도출되는 원칙이라고 할 수 있다. 하나의 표현을 기본법 제5조 제1항 제1문의 의견표현권의 보호범위 내에 편입시키는 것은 아직은 그 표현의 허용성과 관련해 어떠한 의미도 갖지 않는다. 하지만 제한이 일어날 때, 이것은 기본권의 보호 메커니즘을 작동시킨다. 따라서 이러한 제한은 정당화를 필요로 하게 된다. 그에 반해 하나의 표현을 기본권의 보호범위에서 제외시키는 것은 표현의 제한에 있어서 의견표현의 관점에 따른 정당화가 전혀 필요치 않은 결과에 이르게 된다. 하지만 이 경우에 사실과 주장이 서로 구별될 수 없을 정도로 결합되어 있다면, 사실요소뿐만 아니라 평가적 요소 역시 기본권보호에서 탈락하는 모순이 생겨나게 된다. 바로 이러한 이유에서 의견의 개념은 넓게 해석되어야 하는 것이다. 물론 이것이 사실주장과 의견표현 사이의 차이를 제거하는 것을 의미하지는 않는다. 이러한 표현의 허용성은 오히려 사실적 부분의 진실성에 달려 있을 수 있기 때문이다.[13]

## 연방헌법재판소 2003년 9월 17일 자 결정 – 1BvR 825/99

### 사실관계

청구인은 "바덴신문"의 발행인이다. 1998년 "바덴신문"은 2개의 기사 외에 뮐하임 소재 축구장에 터키 축구클럽의 출입을 다룬 논평을 게재했다.

뮐하임의 터키인-홈경기권이 없는. 지금 월드컵 축구대회가 국가들을 하나로 묶고 있다. '거대한 사탄' 미국에 대해서조차 이란 팀들이 경기 전에 흰 꽃을 바치고 있다. 하지만 뮐하임에서는 함께 공존하는 것이 더 힘들다. 독일-터키인 축구클럽 바리스 스포르는 일 년째 경기장을 찾지 못하고 있다. 무국적자들은 특별허가로 한 시즌 동안 단지 타지에서만 경기를 치를 수 있었다. 뮐하임 협회는 터키인들과 자신들의 시설공유를 거부했다. 그 이유는 경기장이 망가지고, 그 밖에도 바리스가 이용료를 너무 늦게 지불했다는 것이다. 비록 실제로 그 이유들이 적절할지언정 이는 핑계로 들린다: 바리스 스포르가 뮐하임에서 축구경기를 치르지 못하게 하는 것은 부당하다. 시는 백만 마르크의 비용으로 자신의 축구경기장을 보수했고, 바리스 스포르는 자신의 연고 구장을 짓는 것이 완전히 금지되었다. 시장 S는 터키인들에게 경기 장소를 마련해 주기 위해 아무것도 하지 않았고, 20

킬로 외곽의 거의 이용되지 않는 장소로 가도록 지시했다. 이러한 잠재의식 속에 깔려 있는 시그널은 본질적인 비열함을 나타낸다: 우리는 너희들을 여기서 원하지 않는다고 연방의원이자 터키 출신의 독일인 젬 외즈데미르가 시장에게 모든 클럽의 평등한 대우를 부탁했다. 시장은 '터키 출신 연방의원' 젬 외즈데미르에게 답을 보냈다. 바로 이러한 호칭과 함께 그의 축구선수들에 대한 S의 대우가 결코 우연이 아니었다는 사실을 드러냈다. 시장은 머릿속에 배제를 품고 있다. M. V.

밀하임 시장은 이 논평에 대해 반론보도청구를 얻어냈고, 다음과 같은 반론보도문이 게재되었다.

> 1998년 7월 2일 자 바덴신문 1면에서 '밀하임에서 터키인-홈경기권 없음'이라는 제목으로 한 논평이 게재되었는데, 거기에는 부적절한 주장이 포함되어 있다. 신문사는 '시장 S가 터키 시민들에게 경기장을 마련해 주기 위해 아무것도 하지 않았고, 오히려 20킬로 외곽의 거의 이용되지 않는 장소로 가도록 지시했'고 보도했다. 이러한 주장은 허위이다. 실제로 나는 이 시민들에게 밀하임에 한 경기장을 주선해 주기 위해 성심껏 노력했다. 펠트키르히의 거의 이용되지 않는 장소는 단지 나의 주선 노력이 수포로 돌아갈 경우만을 대비해 거론된 것이다.

이러한 반론보도 게재에 대해 청구인은 불복했고, 상급법원에서는 다툼이 된 내용들은 또 다른 비유적 표현들과 무관하게 사실관계의 보도로 보이며, 반론보도 역시 사실표현으로 분류된다며 청구인의 이의를 기각했다. 이어진 청구인의 헌법소원 역시 받아들여지지 않았다.[14]

① 의견표현과 사실주장 구별의 중요성

연방헌법재판소는 이 사건에서 행해진 다툼의 대상이 의견표현인지 아니면 사실주장인지 여부가 문제해결의 단초라는 점을 인식하고 해당 표현들을 반론보도가 가능한 사실주장으로 분류한 것은 헌법상 문제 되지 않는다고 결정했다.

재판부는 상급법원이 밀하임 시장이 터키 축구선수들에게 축구장을 마련해 주기 위해 아무런 조치도 하지 않았다는 소송대상 내용을 사실주장으로 분류한 것은 적절했다고 평가했다. 주문장뿐만 아니라 접속사 '오히려'에 첨가된 부문장들은 하나의 구체적이고 명료한 실체내용을 가진 진술을 담고 있으며, 이는 원칙적으로 증거에 접근할 수 있는 사실이라고 인정했다. 즉, 평균적인 독자들은 이 진술을 시장이 도움이 되기 위해 '아무것도' 하지 않았다고 이해한다고 확정한 것은 헌법상 아무 문제가 없으며, 이는 '너무 적게' 혹은 '충분하지 않게'와 같은 순수한 평가적 표현과는 반대로 검증 가능한 사실을 바탕으로 한 객관적 진술이라고 보았다.[15]

② 신문논평에서의 사실주장

나아가 연방헌법재판소는 사실주장 혹은 의견표현으로서 진술의 해석과 분류를 위한 문맥의 의미가 ─여기에서 신문논평에 삽입되었다는 점에서─ 잘못 평가되지 않았다고 밝혔다. 재판부는 비록 각급 법원들의 판례에 의하면 신문논평 안에 위치한 기사의 배치는 해석에 있어서 결정적인 표현의 문맥에 속한다는 점을 고려할지라도, 이와는 별도로 개별진술에 대한 해석이 가능할 뿐만 아니라 개별진술에 관한 해석이 불가피하다고 보았다.

"타게스슈피겔"이라는 표제 아래 "시장은 머릿속에 배제를 담고 있다"는 평가적 표현 외에도 다른 많은 사실주장들을 발견할 수 있으며, "아무것도 하지 않았다"는 문장의 사실주장 분류는 사실관련 진술중심으로 인해 문제 될 수 없다고 판단했다.

따라서 바덴-뷔르템베르크주 출판법에 따라 사실적 진술로만 제한되는 반론보도문 역시 헌법상 요청이 부인되지 않는다고 결정했다. 비록 시장이 터키 축구선수들을 위한 축구장 마련을 위해 '성심껏' 노력했다는 내용에서 평가적 요소를 포함하기는 하지만, 문맥관련 해석의 범위 내에서 반론보도는 무엇보다 "아무것도 하지 않았다"는 사실관련 표현에 관한 것으로 간주되므로 헌법상 문제 될 수 없다고 판단했다.[16]

## Ⅱ. 의견표현과 사실주장의 구별에 관한 헌법적 중요성

표현의 사실내용과 평가내용을 잘못 구별해 사실적 요소를 결정적인 것으로 인정하는 것이 의견자유권의 침해에 해당한다면, 이 역시 연방헌법재판소의 판단대상이 되는지 의문이 제기될 수 있다. 법원판결을 기본권 심사대상에서 제외하고 있는 우리나라와 달리 독일에서는 원칙적으로 법원판결 역시 기본권 침해 여부와 관련될 경우에는 헌법재판소 심사대상에 포함되기 때문이다.

연방헌법재판소는 이에 관해 "나치주의자 지칭" 결정에서 문제 된 표현의 해석문제가 연방헌법재판소의 심사대상에 속하는지 문제와 관련해 다음과 같이 답하였다.

> 헌법재판소는 법원들이 당사자의 기본권의 의미와 사정거리를 오인했을 경우에만 개입이 허용된다. 하지만 의견자유에 대한 침해가 관련될 경우에는 기본법상 보호되는 표현의 부적절한 이해나 평가가 일어났다면, 이는 바로 이러한 사정에 해당하게 된다. 법원들이 판단과정에서 행해지지 않은 표현을 바탕으로 삼거나, 확정된 원문내용이 객관적으로 가지지 않은 의미를 표현에 부여하거나, 여러 가지 객관적으로 가능한 해석들 중에서 다른 해석을 설득력 있는 이유들과 함께 배제하는 과정도 없이 유죄나 유책판결에 이르는 해석들로 결정한다면, 기본권 영향은 부인될 것이다. 나아가 의견자유의 의미와 사정거리는 법원들이 하나의 표현을 부적절하게 사실주장, 형식모욕 혹은 비방적 비판으로 분류할 경우에도 그 표현이 모욕적이거나 비방적 성격 없는 가치평가로서 인정될 수 있는 것과 같은 정도의 기본권보호가 이뤄지지 않는 결과와 함께 부인될 것이다.
> 이러한 내용의 사실확정과 법률적용은 기본권 보호영역에의 접근을 처음부터 차단할 수 있다. 따라서 연방헌법재판소는 의견자유의 보호가 불리하게 축소되어서는 안 되는 경우 모든 범위에서 심사 가능하다.[17]

이처럼 특정한 표현의 해석과 평가문제가 헌법재판소 심사대상에 속하는지의 문제는 각 나라의 기본권 보장수준을 측정함에 있어서 매우 중요한 사항이다. 특히나 의견표현과 사실주장의 구별문제가 헌법심사 대상에 포함되는 이유와 근거를 살펴보는 것은 의견표현권의 실질적 보장문제가 일반적으로 어떠한 법리에서 출발하며, 어떤 범위까지 인정되는지를 파악할 수 있는 중요한 기회에 해당한다. 연방헌법재판소는 각급 법원의 판결이 하나의 표현에 대해 허위사실주장이라는 점을 기초로 의견자유의 보호를 거부하는 결과에 도달한 경우, 이는 의견자유권의 침해 여부를 판단하는 연방헌법재판소의 심사대상에 속한다는 점을 분명히 하였다.[18]

연방헌법재판소 1992년 11월 11일 자 결정 – 1BvR 693/92

### 사실관계

청구인은 지방법원의 판결을 통해 "S-병원(주 권역병원 S)이 닥터 M을 통한 잘못된 경영으로 인해 망가지게 되었다"라는 주장을 금지하도록 선고받았다. 해당 청구인의 발언은 권역 내 R-군 병원운영위원회 회의에서 행해졌는데, 청구인은 지역평의회 위원 자격으로 참석했다. 그리고 이러한 청구인의 회의상 발언은 언론에서 보도되었다. 지방법원은 이 발언이 가치평가와는 다르고, 정치적 의견투쟁 과정에서 제시된 것이 아닌 잘못된 사실주장이라고 판단했다. 이 발언은 수신인에게 평가로 덮인, 구체적이고 증거를 통해 접근 가능한 사건들에 관한 생각을 불러일으키는 사실보도를 포함한다고 보았다. 그리고 청구인은 이러한 증거를 통해 밝혀질 수 있는 자신의 주장의 진실성을 입증하지 못했다고 판단했다. 이에 대해 청구인은 자신의 발언이 닥터 M은 단지 병원의 산부인과를 망친 것이 아니라 전체 병원을 망친 것이라는 주장이었고, 이는 입증될 수 있는 문제가 아니라고 주장하면서 헌법소원을 제기했다.[19]

① 의견표현과 사실주장

연방헌법재판소는 이 사건의 쟁점을 기본법 제5조 제1항 제1문의 의견표현권의 침해 여부라고 인식하면서 의견자유권의 침해가 일어날 수 있는 다양한 경우를 제시하였다. 그 단적인 예로써, 법원을 통한 부적절한 표현의 이해나 평가가 이뤄질 경우 이는 의견자유권의 침해에 해당한다고 판시했다. 즉, 법원이 행해지지 않은 표현을 판단의 기초로 삼는 경우나 확정된 본문내용에 따르면 객관적으로 인정될 수 없는 의미를 표현에 부여하는 경우, 혹은 여러 객관적으로 가능한 해석 가운데 설득력 있는 이유의 언급하에서 다른 해석 가능성을 배제하지 않은 채 유죄판결이나 유책판결에 이르는 해석만을 기초로 불리한 판결을 내리는 경우, 기본권 효력이 부인된다고 보았다.

나아가 연방헌법재판소는 법원이 하나의 표현을 부적절하게 사실주장, 형식적 모욕 혹은 비방적 비판으로 분류할 경우, 이로써 비방적 성격 없는 가치평가로서 인정될 수 있을 때 누리게 되는 기본권 보호를 박탈하는 결과와 함께 의견자유권의 의미와 사정거리가 부인된다고 밝혔다. 이러한 내용의 사실확정과 법적용은 처음부터 기본법상 보호되는 영역에의 접근을 차단할 수 있으므로, 의견자유의 보호가 불리하게 축소되지 않도록 연방헌법재판소의 완전한 심사대상에 포함된다고 판단했다.[20]

따라서 이 사건에서 법원의 청구인에 대한 금지선고는 문제의 표현을 허위사실주장이라는 점을 기초로 의견자유의 보호를 거부하는 결과에 이르렀기에, 의견자유권의 침해 여부를 판단하는 연방헌법재판소의 심사대상에 속한다고 보았다.[21]

② 사실주장과 가치평가의 경계획정

이어서 연방헌법재판소는 가치평가와 사실주장 사이의 경계획정 문제가 개별적인 경우에는 대개 두 가지 표현형식이 서로 간에 결합되어 있고 일단은 함께 표현의 의미를 형성하기 때문에 서로 구별하기 어려울 수 있다는 점을 인정하면서, 이러한 이유에서 의견의 개념이 효과적인 기본권보호의 이익을 위해 넓게 이해되어야 한다고 강조했다. 그리고 심사과정에서 날카롭고 과장된 표현 그 자체만으로 해로운 표현이라는 이유로 바로 불허되는 것으로 판단해서는 안 된다는 사실이 사건관련 형량에서 고려되어야 한다고 밝혔다. 오히려 공공성과 본질적으로 관계된 문제에서 정신적 의견투쟁에 기여할 경우에는 자유로운 발언의 허용성을 위한 추정이 보장되고, 표현에서 더 이상 사안에서의 논쟁이 아니라 개인에 대한 모멸이나 경멸이 전면적인 중심을 이룰 때에야 비로소 비방적 표현으로서 당사자의 인격권 뒤로 후퇴하게 된다고 판시했다.

또한 하나의 표현에 가치적 요소와 사실적 요소가 혼재되어 있다면, 그 표현은 전체적으로 가치판단으로서 인정되어야 하며, 다만 형량과정에서 사실적 구성부분의 진실성이 중요한 역할을 할 수 있다고 보았다. 그리고 이때 입증된 허위나 의도적 허위사실주장이 포함되어 있다면, 통상 의견자유권은 반대법익 뒤로 후퇴해야 한다고 정리했다.[22]

이러한 원칙에 따라 연방헌법재판소는 민사법원이 구체적 사건판단을 하면서 닥터 M이 전체 주 권역병원 S의 몰락을 야기했다는 청구인의 주장을 경우에 따라서는 다른 해석이 가능하고, 사정에 따라 다른 법적 판단에 이를 수 있다는 점을 고려하지 않은 상태에서 단정했다고 비판했다. 연방헌법재판소는 다툼이 된 표현이 행해진 병원 운영위원회 회의대상은 다른 P 지역병원의 조산-산부인과 폐쇄였다는 닥터 M의 주장을 고려해 볼 때 청구인의 구두발언이 일반적인 전체 병원에 관련된 표현내용에 해당한다는 점에도 불구하고 실제로는 단지 산부인과만을 겨냥했고, 또 그렇게 이해되는 것이 전적으로 가능해 보인다고 판단했다. 또한 병원운영위원회에 관한 언론보도 역시 단지 P 지역병원 조산-산부인과의 폐쇄에 관해서만 화제로 삼았기 때문에 마찬가지로 그러한 해석을 가능하게 한다고 덧붙였다.

그럼에도 민사법원이 이러한 청구인의 주장을 허위의 사실주장으로 분류한 것은 헌법심사기준에 반한다고 결정했다. 재판부는 사전에 따른 "잘못된 경영으로 망쳐놓다(heruntergewirtschaftet)"는 표현은 오히려 실제 나쁜 사건에 관한 평가를 표현한 것이고, 이는 가치평가로서 의사표현권의 보호범위에 포함되는 것이라고 보았다. 따라서 가치평가로 분류된 이상, 가치평가에 바탕이 된 사실적 전제가 적절한지 혹은 가치평가를 떠받칠 수 있는지 여부는 중요하지 않다고 판단했다. 오히려 이러한 문제는 청구인의 의견표현권과 닥터 M의 인격권 사이의 필수적 형량과정에서만 고려될 수 있다고 생각했다.

결국 대상 표현을 순수한 사실주장으로서 잘못 분류함으로써 민사법원은 헌법상 요청되는 형량을 단념하는 결과를 야기했기에, 이에 대한 청구인의 헌법소원은 정당하다고 결정했다.[23]


## Ⅲ. 의견표현과 사실주장의 구별문제와 연방헌법재판소 심사권한

의견표현과 사실주장의 구별이 적법한 표현으로 인정받기 위한 전제이자 언론법상 구제방법에서도 구제범위를 달리하게 된다는 내용은 이미 살펴본 바와 같다. 하지만 연방헌법재판소는 이 구별문제를 무엇보다 의견표현권의 헌법상 보장의 출발점으로 인식하고, 이를 둘러싼 분쟁내로 적극 개입하고 있다. 즉, 의견표현과 사실주장의 구별 문제는 각급 법원의 고유한 전속판단 대상이 아니라 다름 아닌 헌법상 의견표현권의 기본권보장 문제라는 인식하에서 이를 헌법심사의 대상에 포함시키고 있다.

이에 따라 연방헌법재판소는 수십 년간 개별적인 관할법원이 의견표현과 사실주장의 적절한 분류를 행했는지 여부를 언론 관련 분쟁사건에서 지속적으로 들여다보고 있으며, 법원의 해석 및 평가과정에서 두 표현형태의 분류가 단지 표현대상의 적법성 여부를 인정하기 위한 전제에 그치는 것이 아니라 바로 직접적인 기본권 침해 문제와 결부되어 있다는 사실을 상세히 논증하고 있다.[24]

# 연방헌법재판소 1996년 2월 13일 자 결정 – 1BvR 262/91

## 사실관계

청구인은 독일 내의 심리사회적 요양의 발전과 개혁을 목표로 하는 등록협회이다. 이 단체는 무엇보다 장애인과 함께 일하면서 활동하고, 그들의 사회 내 편입을 위해 노력한다. 이러한 목표설정을 근거로 청구인 협회는 치유될 수 없는 중환자들이 자신의 인생을 스스로 끝내도록 허용되어야 한다는 사실을 옹호하고, 일부에서는 충격적인 중병의 사례들에서 소위 안락사를 행했던 '인간다운 죽음을 위한 독일협회(DGHS)'를 비난했다. 청구인은 자살을 결정하는 사람들은 여전히 자살에 대한 대안을 고민하고 있으며, DGHS에 의해 비로소 자살을 결정하게 된다고 생각했다.

'임종과 사망'이라는 주제의 "1988 국제 쇼펜하우어 회의"를 계기로 청구인은 "주제영역 임종과 사망. 유용한 철학?"이라는 제목의 팸플릿을 회의참가자들에게 배포했는데, 팸플릿 내용은 DGHS 협회의 목표와 활동을 비판하는 것이었다. 이 팸플릿 첫 부분에는

> 공익성의 은폐(그것은 현재 DGHS에는 제거되었다)하에 이 협회는 전문화된 자살기관으로서 '생존 가치 없는 인생의 구원적 죽음'을 전개했다. 쇼펜하우어 회의에서 이 사람들은 아마도 '인권, 자기결정, 인간주의'에 관해서는 더 많이, 자신들의 죽음에 이르는 인간경멸적 청산가리 사용에 관해서는 더 적게 말할 것이다. 그 때문에 여기서 가능하다면 몇몇 불가피한 보충설명을 본문에서 인용한다.

라고 적혀 있었다. 이어서 대부분 DGHS 혹은 그들 지지자들의 주장들을 인용한 뒤 그 아래 다음과 같은 다툼의 대상이 된 단락들을 기술했다.

> 위조된 이력들 … DGHS는 청산가리의 사용을 위해 그리고 황색언론에서의 자살전시회의 마케팅을 위해 명백한 자살의지를 가진 장애인들을 필요로 한다. 모든 현실생활에 따

라다니는 상반된 감정의 병존, 감정편차들을 그들은 견딜 수 없다. 그래서 그들 희생자의 인생사를 파렴치하게 위조한다. 그들의 삶의 의지와 희망에 찬 측면은 존재하지 않는다. DGHS의 보고에서 이 사람들은 살아 있는 머릿수, 살아 있는 송장, 기타 등등의 존재로 단순화된다.

이 팸플릿은 청구인의 활동목표에 관한 설명들과 안락사 및 요구살해에 대한 청구인의 입장 그리고 그의 활동성과를 받아볼 수 있는 신청서식과 함께 끝을 맺었다. 이러한 내용에 대해 DGHS는 첫째, DGHS는 공익성의 은폐하에서 생존가치 없는 인생들의 구원적 죽음을 위한 기구로 발전했고, 둘째, 자신들의 목적을 위해 파렴치하게 희생자들의 인생사를 위조했다는 표현을 금지할 것을 가처분 신청했다. 첫 번째 진술은 DGHS를 나치의 안락사 프로그램에 부당하게 근접시키는 것이고, 두 번째 표현은 사실에 부합하지 않는 것이라고 주장했다. 본안소송에서 DGHS와 그의 대표는 위조비난-파렴치하게 희생자들의 인생사를 위조했다는 내용-에 대해서만 금지소송을 제기하였다. 지방법원은 소송을 기각했고, 상급법원은 지방법원 판결을 파기하면서 다음 표현의 금지를 명령하는 판결을 내렸다.

DGHS는 청산가리 사용을 위해 그리고 황색언론에서의 자살전시회의 마케팅을 위해 명백한 자살 의지를 가진 장애인들을 필요로 한다. 모든 현실적 생활에 따라다니는 상반된 감정의 병존, 감정편차들을 그들은 견딜 수 없다. 그래서 그들 희생자의 인생사를 파렴치하게 위조한다.

이후 다툼이 된 표현을 가치평가로서 분류한 지방법원과 사실주장으로 파악한 상급법원 사이의 견해 차이와 관련해 연방헌법재판소는 의견표현권이 침해되었다는 청구인의 헌법소원을 기각했다.

사건판단에 있어서 쟁점은 소송 대상 표현들이 가치판단인지 사실주장인지 여부였다. 지방법원은 DGHS가 희생자의 인생사를 파렴치하게 위조한다는 표현을 다음 문장에서 언급된 사실들에 대한 평가에 해당하는 가치평가로 본 반면, 상급법원은 전혀 추상적 표현이 아닌 구체적 표현으로서 그 자체가 사실적 요소들을 종합한 일체의 사실주장 표현이라고 보았다. 이러한 일반법원들의 논증과정에 대해 연방헌법재판소는 기본법 제5조 제1항 제1문이 요구하는 표현의 적절한 해석에 관한 요청에 대해 각각의 법원들은 비록 견해를 달리하더라도 충분한 헌법적 심사를 거쳤기 때문에 어느 쪽 결론이라도 헌법적으로 타당하다고 결정했다.[25]

① 표현의 해석원칙과 연방헌법재판소의 심사대상

연방헌법재판소는 우선 이 사건을 다루는 원칙으로서 의견표현에 해당하는 가치평가와 사실주장의 구별문제를 중요한 쟁점으로 파악했다.

재판부는 일반법의 해석과 적용에 있어서 기본권 보호를 위해 요청되는 형량 결과는 형량의 사례연관성으로 인해 미리 사전에 결정될 수는 없지만, 그간 연방헌법재판소가 발전시켜 온 결정적인 형량기준이 결정적으로 중요하다고 전제했다. 그리고 이때 무엇보다 의견표현과 사실주장의 차이가 중요한 역할을 하게 되는데, 사실주장의 경우에는 그것의 진실내용이 특히 중요하고, 순수한 가치평가에 있어서는 진실내용이 중요하지 않게 된다고 밝혔다. 그 결과 허위의 명예훼손 사실주장의 유지나 계속적 전파는 의견자유권의 관점하에서 어떠한 보호가치 있는 이익도 존재하지 않는다고 설명했다.

이어서 가치평가에 있어서는 표현주체의 진술내용과의 주관적 관계가 전형적인 반면, 사실주장은 표현과 실제 사이의 객관적 관계라는 특징을 나타낸다고 보았다. 사실주장에는 바로 표현주체의 주관적 견해와 상관없이 객관적으로 주어진 무엇인가가 제시되어야 한다는 것이다. 따라서 가치평가와 달리 사실주장은 원칙적으로 증거에 접근할 수 있는 것이라고 정의했다. 그리고 이러한 사고는 특히 사실적 요소와 평가적 요소가 서로 스며들어 있는 표현에서도 마찬가지라고 인정하면서, 이때 형량에 있어서는 가치평가에 바탕이 되어 있는 사실적 표현내용의 진실성이 중요하다고 밝혔다.

이러한 바탕 위에서 각급 법원을 통해 하나의 표현을 가치평가 혹은 사실주장으로서 분류하는 것은 기본권 보호범위와 충돌하는 법익들의 형량에 있어서 차지하는 의미로 인해 헌법재판소의 심사대상에 속하는 중요한 사항이라는 점을 분명히 했다.

> 물론 표현의 모든 법적 평가의 전제조건은 표현의 의미가 법원에 의해 적절하게 파악되었다는 점이다. 표현행위법으로 인한 유책판결에서 그것이 소홀하게 이뤄졌다면, 허용되는 표현의 억제결과에 이를 수 있고, 따라서 기본법 제5조 제1항을 저지하는 데 결정적인 결과를 가져오게 될 것이다. 게다가 그러한 유책판결은 기본법상 보장된 자유의 행사에 대해 불리한 영향을 미칠 우려가 있는데, 표현 주체 스스로 납득하지 못하거나 근거가 박약한 자신의 표현에 대한 해석으로 인해 제재위험에 직면할 경우, 의견표현의 감행 의사를 거두어들일 것이기 때문이다.
>
> 이러한 이유에서 의견표현의 자유를 보호법익으로 삼고 있는 기본법 제5조 제1항 제1문은 기본권 제한법률들의 해석과 적용에 관한 요청뿐만 아니라 본문 내에서 이미 정해져 있거나 법원에 의해 확정된 표현들의 해석에 관해서도 (헌법적) 요청을 주문한다. 특히 법원은 원문에 따르면 객관적으로 가질 수 없는 의미를 부여해서는 안 된다. 여러 해석을 허용하는 표현들의 경우, 법원은 사전에 납득할 수 있는 이유제시를 통해 대안적 해석을 배제하지 않은 채 섣불리 유죄나 유책판결에 이를 수 있는 의미로 결정해서도 안 된다. 이때 하나의 표현이 수용자에게 인식될 수 있는 맥락 속에서 그 맥락과 함께 의미가 결정되는 이상, 그 표현과 맥락을 분리시켜서는 안 된다.
>
> 이러한 기본법 제5조 제1항 제1문에서 나오는 표현의 해석에 관한 요구들 역시 그것의 기본권 보호와 형량을 결정하는 중요성으로 인해 헌법재판소의 심사하에 놓여 있다.

이처럼 연방헌법재판소는 각급 법원의 표현내용의 해석에 관해서도 요청되는 기본권보호 필요성으로 인해 헌법심사의 대상으로 인정했으며, 다만 이때 연방헌법재판소는 헌법적 요청의 준수 여부만을 그 대상으로 해야 하며, 기본권적 영향에도 불구하고 민사소송 내지 형사소송으로서의 본성을 잃지 않는 각각의 개별소송은 연방헌법재판소의 임무가 아니라고 밝혔다. 이 때문에 연방헌법재판소의 통제권한은 기본권이 표현의 해석에 관해 필요로 하는 요청 이상으로 미칠 수는 없다고 보았다. 즉, 다툼이 된 표현의 의미를 최종적으로 결정하거나 기본권 요청의 준수하에서 행해진 해석들을 연방헌법재판소가 더 적절하다고 판단하는 다른 해석으로 대체할 수는 없다고 밝혔다.[26]

② 사건판단

연방헌법재판소는 이에 따라 상급법원의 판결은 헌법적 요청에 부합한다고 결정했다. 다툼의 대상이 된 표현을 가치평가로서 분류한 지방법원과 달리 상급법원은 이를 사실주장이라고 보았는데, 이러한 각각의 상반되는 결정은 본문의 상이한 이해를 기반으로 한다고 밝혔다. 재판부는 지방법원이 위조비난에 관한 표현을 다음 문장들 내에서 언급된 사실들의 평가로 인정한 반면, 상급법원은 본문의 맥락에서 다툼 대상인 문장 그 자체는 복합적 사실들의 요약표현이라는 결론을 도출했다고 인정했다. 이러한 차이는 결국 다툼이 된 위조비난 관련 표현을 포함하는 본문 구절의 세 번째 문장과 연이은 자살기도자의 삶의 의지와 희망에 찬 측면이 DGHS의 보고서에는 존재하지 않는다는 다음 문장들 사이의 관계에 대한 서로 다른 이해의 관점에서 비롯된다고 보았다. 지방법원은 다툼 문장이 비록 다음 문장과 관계되기는 하지만, 내용상으로는 그것을 뛰어넘는 새로운 진술이었다고 해석했고, 그에 반해 상급법원은 두 문장들은 하나는 단지 추상적으로만, 다른 하나는 구체적으로 작성된 동일한 진술로 보았다고 평가했다.

결론적으로 이러한 상급법원의 해석은 지방법원의 해석과 마찬가지로 문제 될 수 없으며, 이러한 정반대의 결과는 두 법원 중 하나가 표현의 해석에 관한 기본법 제5조 제1항의 요청을 등한시한 결과에서 비롯되지는 않았다고 생각했다. 양 법원 모두 다툼이 된 위조비난 관련 표현을 맥락의 고려하에서 해석했고, 원문에 따라 객관적으로 가질 수 없는 어떠한 의미도 부여하지 않았다고 인정했다. 양 법원은 본문의 다의성(Mehrdeutigkeit)의 인식하에서 서로 다른 해석 가능성을 논증했고, 각각의 판결에서 공감할 수 있는 이유들을 제시했다고 평가했다. 이와 같이 상급법원이 바탕으로 한 해석의 기초 위에서 사실주장으로 간주한 표현의 성격분류는 마찬가지로 헌법심사 내에서 유지된다고 판단했다. 즉, 문제 된 문장이 본문의 맥락에서 단지 다른 곳에서 전달된 사실주장을 요약해서 표현하는 역할만을 가졌다면, 해당 문장 자체도 마찬가지로 주로 사실적 성격이 부여된다는 해석은 헌법상 어떠한 우려에도 부딪히지 않는다고 인정했다. 나아가 상급법원이 표현에서 도출된 사실주장이 진실한 것으로 입증되지 않았다고 평가한 사실 역시 헌법상 문제 되지 않는다고 판단했다. 이러한 사정하에서 상급법원이 행한 형량은 결론적으로 헌법적 요청을 지탱한다고 결정했다.[27]

## Ⅳ. 의견표현

### 1. 의견표현의 의의

독일 기본법 제5조 제1항 제1문의 직접적 보호대상은 전적으로 표현을 보호하는 것이 아니라 의견표현을 보호하는 것이다. 따라서 헌법상 보호를 필요로 하는 의견표현의 개념에서 의견이란 무엇이며, 의견은 어떠한 표현을 제외하는지를 결정하는 문제가 급선무이다.

의견표현이란 진실에 대한 주장으로 이뤄진 것이 아니라 견해 혹은 입장표명의 요소를 통해 형성된 그런 진술들을 말한다.[28] 의견이나 가치평가의 진실은 입증될 수 없고, 법원을 통해 그러한 입증을 요구받는 것은 그 자체만으로 기본법 제5조 제1항과 유럽인권협약 제10조에 근거한 평가주체의 권리침해에 해당할 것이다. 사실주장과 달리 의견표현은 주관적 견해 혹은 확신의 문제이고, 이에 대한 올바른 파악을 위해서는 평균적인 독자들이나 시청자들의 관점이 결정적이다. 예를 들어 평가, 견해 그리고 확신 등이 이러한 범주에 속한다. 따라서 의견표현의 개념상 동의어로 가치판단의 개념이 사용되고 있으며, 객관적으로 어떤 차이가 있는 것이 아니다.[29]

그리고 의견표현에 있어서는 누군가 그러한 진술의 정당성에 관해 다툴 수는 있지만, 이는 진실의 입증을 통해서가 아니라 설득작업을 통해 결정된다. 다만, 의견표현에 있어서 이러한 작업이 반드시 필요한 것은 아니다. 아울러 표현주체가 동시에 자신의 표현의 사실적 근거를 전달하는 것이 의견표현의 인정을 위한 본질적 요소는 아니다. 오히려 의견표현이 법적으로 허용되는 것인지에 관한 추후의 소송과정에서 청구권자가 자신이 그러한 의견에 바탕으로 삼았던 사실적 관련근거를 공개할 수 있고 이를 행하는 것으로 충분하다. 그러고 나서 의견표현과 함께 공개되지 않았던 사실적 근거에 관해 다툼이 존재하면, 표현주체는 기타 전제조건이 갖춰진 경우에 한해 정당한 이익의 대변이라는 정당화 법리를 주장할 수 있게 된다. 따라서 표현은 그에 바탕이 된 사실의 허위성이 입증되었을 때에만 불허된다. 바탕이 된 사실이 단지 적절한 것으로 입증되지 않았다는 점만으로는 아직 그러한 사실에 근거한 확신의 표현을 금지하지는 않는다.[30] 연방헌법재판소는 지속적으로 의견표현의 기본권 행사에 대한 전의를 상실케 하고, 의견자유에 총체적으로 부정적인 작용을 할 수 있는 그런 진실의무 요청이 책정되어서는 안 된다는 견해를 지지해 왔다.[31, 32]

결론적으로 하나의 진술을 의견표현에 귀속시키거나 아니면 사실주장에 귀속시키는 문제는 각각의 진술이 당사자나 이를 판단하는 법원의 관점에서 옳은 것인지 아니면 잘못된 것인지, 납득할 수 있는지 납득할 수 없는지 혹은 명예를 침해하는 것인지 아니면 용납될 수 있는 것인지는 중요하지 않다. 의견표현의 헌법상 보장을 고려하면, 이는 자명한 사실이다. 이러한 기준은 그 의견의 전파가 허용되는지 불허되는지 여부를 구분할 때 비로소 중요할 수는 있지만, 우선적으로 결정되어야 할 문제, 즉 하나의 진술이 사실주장의 영역 아니면 의견표현의 영역에 해당하는지 여부를 판단하는 문제에서는 아무런 도움이 되지 않는다.[33]

## 2. 의견표현에 관한 연방헌법재판소 및 연방대법원의 입장

연방헌법재판소 역시 기본법 제5조 제1항 제1문의 기본권의 대상이 되는 의견을 입장표명, 견해, 평가의 요소 등으로 나타내었다. 따라서 개개인이 상황, 사건, 생각 혹은 인물들에 대해 형성하는 개인적 견해가 의견에 해당한다. 즉, 의견에 해당하기 위해서는 개인과 그의 표현 대상 사이의 주관적 관련성이 전형적이다. 그런 점에서 주체와 표현내용 사이의 관계가 아니라 표현과 현실 사이의 관계가 전면에 나타나고, 반면에 발언주체는 뒤로 후퇴하는 사실주장과 구별된다. 사실주장은 주관적 견해와는 무관하게 무엇인가 객관적인 것으로 주어져서 제시되어야 하며, 그에 반해 의견은 항상 주체에 의존한다. 이러한 이유에서 의견은 진실인지 혹은 허위인지가 아니라 솔직하거나 부정직한, 조심스럽거나 경솔한, 이성적이거나 감성적인, 근거가 있거나 없을 수 있으며,[34] 기본법은 의견표현의 보호를 이러한 요소들에 따라 달리 판단하지 않는다. 오히려 이런저런 관점에서 마주칠 수 있는 평가와는 무관하게 기본권 보호를 누리게 되며, 가치 있는 의견으로 제한되지 않는다.[35] 의견으로 보이는 것은 항상 기본법 제5조 제1항 제1문의 보호범위 내에 속한다. 특히 표현이 다른 사람을 침해하는 것은 아닌지, 공동체 이익을 위해하거나 정치적, 사회적 질서의 기본원리를 의문시하는 것은 아닌지도 중요하지 않다. 따라서 이러한 유형의 관점은 우선 기본권 보호범위에서 제한되는 것이 아니라 기본권의 제한 여부를 판단할 때 비로소 다뤄지게 된다.[36]

연방헌법재판소는 1983년 "선거운동발언" 결정에서 의견의 개념에 관하여 다음과 같이 설명하였다.

무엇이 헌법적 보호의 의견표현으로서 포섭되는지 결정에 있어서는 정신적 의견투쟁의 범위 내에서 입장표명, 견해, 생각의 요소가 본질적이다; 의견표현의 가치, 정확성, 합리성에 좌우되지 않는다. 사실의 보고는 엄격한 의미에서 '의견'의 표현이 아니다. 왜냐하면 그에게는 저러한 요소가 없기 때문이다. 사실주장은 기본법 제5조 제1항이 총체적으로 보장하는 의견형성의 전제라는 점에서 의견표현의 자유권을 통해 보호된다. 그에 반해 헌법상 전제된 의견형성에 기여할 수 없는 것은 보호되지 않는다. 특히 입증되었거나 의도적인 허위의 사실주장은 보호되지 않는다. 고유한 의견표현과는 달리 사실전달의 헌법상 보호를 위해서는 전달내용의 진실성이 관건이다. 여기에서 기본법 제5조 제1항 제1문의 '의견'의 개념은 원칙적으로 넓게 이해되어야 한다:

하나의 표현이 입장표명, 견해 혹은 생각의 요소를 통해 부각되는 한, 기본권 보호범위에 해당된다. 이러한 요소가 -빈번한 경우처럼- 사실전달 혹은 사실주장의 요소와 결합되거나 혼재되어 있어서 어쨌든 두 요소가 서로 구별될 수 없거나 사실적 내용이 평가 뒤로 물러나게 될 경우에도 마찬가지이다. 그러한 경우에 사실적 요소가 결정적인 것으로 인정된다면, 의견자유의 기본권보호는 본질적으로 축소될 것이다.[37]

이 외에도 연방헌법재판소 및 연방대법원은 초기부터 지속적으로 의견표현의 대상범위에 관해 다양한 사건들을 다뤄왔다. 이에 따라 해당 판례들을 통해 문제된 의견표현이 어디까지 보호받을 수 있는지 실무상 판단기준들을 상황별로 살펴볼 수 있다.

### (1) 신랄한 의견표현의 허용문제

## 연방대법원 1966년 6월 21일 자 판결
## – VI ZR 261/64("지옥불(Höllenfeuer)"-판결)

### 사실관계

원고는 화보주간지 "슈테른"과 주간지 "디 자이트"를 발행한다. 1962년 1월 14일 자 "슈테른" 2/62호에 "지옥에서는 실제로 불이 타고 있는가? 기독교계의 통일에 관한 환상 가운데 무엇이 남아 있나"라는 제목의 기사가 게재되었다. 5면에서는 다음과 같은 표현으로 기사가 갈무리되었다: "일거에 제거된 교황 요한 23세. 기독교의

머지않은 통일에 관한 많은 환상. 그것이 실제 어떤 상태인지, 22면을 보세요" 이러한 안내기사에는 교황 요한 23세의 사진이 첨부되었다.

이를 계기로 주간지 "시대의 반향"은 1962년 1월 21일 자 3호에서 "부케리우스를 기다리며"라는 제목의 기사를 게재하였다.

원고는 "시대의 반향"에 게재된 기사의 모욕적 내용들은 "슈테른"지를 조롱하려는 목적으로 작성되었고, "슈테른"지에 관한 근거 없는 비판은 정당한 이익의 대변을 위한 것이라는 주장을 넘어서 명예훼손적이며 비방적인 형태라고 생각했다. 이어서 피고는 원고의 경향과 표현이 자신의 마음에 들지 않는 논설에 대해 모욕으로 응수할 권리를 가지고 있지 않다고 주장했다. 1심 법원에서 원고는 피고에게 "그의 가치척도는 대로상에 존재한다. 수년째 최고의 발행부수를 자랑하는 독일 화보지는 길거리에 따른다"라는 주장을 전파하지 못하도록 하는 금지청구 소송을 제기했고, 지방법원은 이를 기각했다. 이어서 원고는 항소를 통해 다음과 같은 표현들을 금지하라고 주장했다:

1. 슈테른 2/62호의 제목 "지옥에서는 실제로 불이 타고 있는가?"는 무지한 사람을 등쳐먹으려는 의도를 지닌 제목이다.

2. "지옥에서는 실제로 불이 타고 있는가?"라는 논설에서는 교황, 교회 종파 상호간의 관계 그리고 임박한 공의회에 관한 황당무계하고 뻔뻔스러운 신학적, 교회법적 거짓 테제들이 강매되었다.

3. 슈테른에게 종교적이나 정치적 문제에서의 확고한 의견을 기대하는 것은 너무 많은 존경을 표하는 것이다. ─ 그의 가치척도는 대로상에 존재한다. 수년째 최고의 발행부수를 자랑하는 독일 화보지는 길거리를 추종한다.

4. 의견자유? 슈테른에게는 다음을 의미한다: 경솔한 날조 혹은 사실의 무지, 종파 선동…

상급법원은 소송을 일부 인용했지만, 연방대법원은 이를 기각했다.[38]

① 상급법원의 판단

상급법원은 우선, 피고의 "슈테른 논설 위의 제목은 무지한 사람들을 등쳐먹으려는 의도를 지닌 제목이다"라는 표현은 신용훼손(민법 제824조)을 근거로 한 금지소송의 대상이 될 수 있으며, 하나의 영업상 손해를 가하는 잘못된 사실주장이라고 판결했다. 그에 반해 그 밖의 나머지 피고 논설 속 표현들은 "슈테른"에 대한 악의적 평가를 포함한다고 판단하면서, 이러한 논설내용의 경우에는 피고가 이러한 비판과 함께 원고의 영업권을 위법하게 침해했을 경우에만(민법 제823조 제1항) 금지청구가 인정된다고 밝혔다. 이어서 피고가 "슈테른 논설에서 주장된 테제들은 황당무계하고 뻔뻔스러우며, "슈테른"에게 의견자유는 경솔한 날조 혹은 사실의 무지와 종파선동을 의미한다"라고 비난을 제기했다는 부분에서만 적절성의 일탈 및 불필요한 악의적 비방을 의미한다고 보면서 비판이 가지는 위법적 침해를 인정했다. 그 밖의 부분에 대해서 원고는 피고의 신랄한 논박을 지옥불(Hoellenfeuer) 관련 "슈테른"지 기사에 대한 포괄적인 "반격(Gegenschalg)"으로서 이해될 수 있어야 한다고 보았다. "슈테른"지의 기사는 가벼운 표현양식과 경향으로 인해 교계에 불쾌감을 유발할 수 있었으며, 이러한 영역에서 비평가는 기사의 이슈나 "슈테른"지를 통한 문제취급 방식에 대해 그리고 해당 잡지의 일반적 수준에 대해 자신의 견해를 보다 신랄한 화법으로 표현할 권리를 가진다고 생각했다. "슈테른"지와 같이 독일에서 여론형성에 매우 광범위한 영향력을 행사하는 잡지는 마찬가지로 이러한 영향력 행사방식과 자신에 의해 대변되는 노선에 관해 다른 견해를 가진 사람들의 신랄한 논쟁적 입장표명의 대상이 될 수 있어야 한다고 판단했다.[39]

② 주관적 평가의 허용성

이러한 항소법원의 판결에 대해 연방대법원은 우선 "슈테른"지 보도의 제목에 관한 부정적 표현은 민법 제824조(신용훼손)에 해당하는 허위의 사실주장으로 이해될 수 없다고 밝혔다. 항소법원은 문제의 표현, "제목 '지옥에서는 실제로 불이 타고 있는가?'는 무지한 사람들 등쳐먹으려는 의도를 지닌 제목이다"라는 표현에 대해서 공격적인 톤을 제거하면, "슈테른"지는 그의 내용에 일치하지 않는, 하지만 흥미본위의 효과를 통해 독자를 유혹하는 그런 제목이라고 해석하고 나서 이를 허위사실주장으로 인정했다고 비판했다. 표현의 성격은 전체 논박의 맥락에서 비로소 이해될 수 있다고 강조하면서, 기사의 전체 평가에 있어서 문제 된 기사의 경향이나 신학적 문제의 취급방식 그리고 "슈테른"지의 일반적 수준에 대한 자신의 주관적 생각을 공격적인 방식으로 효과적으로 주장하는 것이 피고에게 중요했다는 점을 보여준다고 생각했다. 따라서 이 경우에는 주관적 평가가 중심을 이루고 있어서 개별적 표현 내에 실체가 결핍된 사실내용이 완전히 후퇴되는 결과를 가져왔다고 판단했다.

또한 비평가에게는 자신의 관점에서 다른 생각을 밝히는 것이 금지되어서는 안 된다고 강조했다. "지옥에서는 실제로 불이 타고 있는가?"라는 식의 흥미본위의 제목과 함께 근엄한 문제를 다루는 논설을 구독하도록 꼬드겼음이 당연하다는 해석은 견해에 따라 다른 해석으로 의견이 엇갈릴 수 있다고 보았다. 이때 비판적 평가자의 입장에서 "무지한 사람들"이란 단지 제목에 따라 기사가 가진 내용 그 이상을 기대하는 그런 사람들만을 의미할 필요는 없고, 오히려 대체로 제목 없이는 어떠한 관심도 보이지 않았겠지만 흥미 위주의 제목을 통해 논설의 구독으로 유인되는 그런 사람들을 의미하는 것일 수 있다고 보았다. 따라서 신학적 논제를 다루는 논설에 그러한 제목을 배치하는 것이 "어떠한 목적을 지닌 등쳐먹기"를 의미하는지의 문제가 객관적 해명을 통해 접근할 수 있는 문제는 아니라고 판단했다. 결국 지옥불 제목에 관한 부정적 표현은 피고 잡지의 다른 논설들과 같은 차원, 즉 부정적 비판의 영역에 놓여 있는 표현으로서 대단히 신랄하고 비우호적인 평가형태이기 때문에 민법 제824조(신용훼손)의 허위사실에 해당하지는 않는다고 보았다.[40]

③ 신랄한 표현의 허용성

이어서 연방대법원은 이 소송의 판단에 있어서 결정적인 문제는 악의적 비판이 원고의 영업활동을 위법한 방식으로 침해(민법 제823조 제1항)함으로써 법적으로 정해진 한계를 넘어서는지 여부에 맞춰져야 한다고 보았다.

재판부는 이 문제를 정당한 권한을 가진 자를 통해 공공성에 본질적으로 관계된 문제에서 정신적 의견투쟁에 기여할 경우에는 '자유로운 의견의 허용성 추정'이 인정된다는 연방헌법재판소의 원칙에서 출발해야 한다고 생각했다. 공동체에 중요한 문제의 자유로운 토론을 확보하기 위해서는 개별적 사정에 따라 사적 법익보호를 후퇴시키는 것이 요청될 수 있으며, 개별 사람들의 관계를 넘어서서 공동체 생활에 있어서 커다란 반향을 가지는 주제가 호소되는 논쟁에서 기본법 제5조의 의미는 의견표현의 방식에 있어서도 마땅히 상당한 자유가 제공되고, 모욕 의도나 영업상 이익의 위법한 방해의 인정은 자제되어야 한다는 원칙이 요구된다고 밝혔다.

따라서 언론이 한 시민에 관한 명예훼손적 사실을 전파할 경우 판례가 정당하게 제시한 엄격한 주의의무를 비록 개개인에게는 불리할지라도 공적인 의미를 지닌 문제에서의 가치평가가 개진될 때에도 동일한 방식으로 적용하는 것은 부적절하다고 보았다. 기본법이 의견표현 자유의 법적 보장이라는 원칙에 하나의 탁월한 의미를 부여한 것은 자유민주주의 내에서의 의견투쟁에서 자신의 평가를 호소하는 성숙한 시민은 스스로 근거 없이 악의적으로 비꼬거나 사나운 욕설 방식으로 반대 생각을 공격하는 비판에 관해 어떻게 평가할 수 있는지 판단할 수 있다는 사고를 바탕으로 한 것이라고 생각했다. 따라서 이러한 자유의 방종과 관련해서 법이 당사자에게 부적절하고 신랄한 의견표현 모두에 대해 보호를 제공하지는 않는다는 점이 받아들여져야 한다고 강조했다. 그리고 이때 법적 보호의 제한은 특정 기사의 경향이나 머리기사 제목에 따라 부적절하거나 불쾌감을 유발하는 것으로 느꼈던 한 비평가의 관점을 상대방이 공격하려고 할 때 문제될 수 있다고 보았다.

이에 따라 연방대법원은 논설을 위법적 침해로 판단한 항소법원의 판결이 전체적으로 기본법 제5조 제1항의 이러한 의미에 반한다고 판단했다. 비록 항소법원은 모든 불필요한 신랄함에서 영업위해적 비판의 위법성이 도출될 수는 없다고 보았지만,

그럼에도 상충하는 이익들 사이의 신중한 형량을 행하지 않았으며, 피고가 "슈테른" 지에 관한 자신의 견해를 다른 방식으로, 가령 좀 더 조심스러운 방식으로 표현할 수 있었고, 불필요한 악의적 비방들로 격앙될 필요는 없었으며, 앞선 원고 공격의 고려 하에서도 적정선을 더 이상 지키지 않았다는 이유로 위법성을 인정한 것도 문제라고 보았다.[41]

연방대법원은 그러한 논쟁에서 허용되는 의견표현의 경계는 넓게 그어져야 한다고 역설했다. 따라서 항소법원이 금지청구를 인용하는 한, 이에 동의할 수 없다고 밝혔다. "시대의 반향"지에서 행해진 논박의 평가에 있어서는 기독교계의 구성원들, 특히 가톨릭계 교회의 신도들은 격의 없는 톤으로 개진된 "슈테른"지의 견해를 도발로 인정할 수 있었다는 점이 중요하다고 판단했다. 지옥과 연옥에 관한 가톨릭 교리의 선포는 기사에서 반어적으로 비판되었고, 신빙성이 거의 없는 것으로 묘사되었다는 점에 주목했다. "신학 대신-거친 공포" 및 "프로테스탄티즘의 가톨릭화"라는 기사 중간제목은 언급된 문제를 다른 관점에서 보는 가톨릭 신도들에게는 불쾌감을 유발하는 것이라고 생각했다. 따라서 이러한 기사는 종교적 차원에서 정치적 차원으로 넘어간 심각한 비난을 포함하는 것이라고 해석했다. 그리고 그러한 비난에 대해서는 매우 노골적인 반격 역시 법에 의해 금지될 수는 없다고 보았다. 설령 "슈테른"지 기사의 작성자가 공적 생활에서 교권주의화와 교조주의화의 진심 어린 우려에서 글을 썼을지 모르고, 주관적으로 비난의 정당성을 신뢰했다는 사실로 인해 결과가 달라지지는 않는다고 생각했다. 지옥불 기사에 대한 반격이 비록 "슈테른"지에 "무지한 사람들을 등쳐먹으려는 의도를 지닌 행각(Dummenfang)", "종파선동"과 "경박한 날조묘사 혹은 사실의 무지"라는 비난을 제기함으로써 매우 가혹한 것이라는 점은 인정되지만, 논쟁이 정치사회적 내용이라는 점과 선행된 도발에 대한 평가하에서 고려해 볼 때 마찬가지의 신랄한 형태로 그리고 완전히 다른 기본입장을 통해서만 설명될 수 있는 그런 논박은 아직은 악의적이거나 혐오스러운 비방적 비판(Schmäkritik)으로서 간주되지 않으며, 이의 반복을 통해 침해되는 원고의 영업활동을 고려하더라도 법적으로 금지되어야 할 것이라고 평가될 수는 없다고 밝혔다. 아울러 전체적 형량에 있어서 "슈테른"지는 그의 광범위한 전파력과 이를 통해 주어진 의견형성에 미치는 영향력의 결과로 인해 그에 대해 제기되는 다른 입장의 신랄한 공격에 대해 무방비상태에 있지 않다는 점도 고려되어야 한다고 덧붙였다.[42]

### (2) 공적 논쟁과정에서 상호논박의 허용문제

#### 연방대법원 1971년 5월 18일 자 판결 – VI ZR 220/69("사보타주"-판결)

### 사실관계

원고는 약 35만 명의 구성원을 둔 비법인 노동조합 단체(독일우편노동조합)이고, 피고는 약 5만 명의 구성원을 보유한 등록된 공무원연맹이다. 원고는 "생활에 밀접하고 민주적인 공무원법을 통한 직업공무원제의 유지와 강화"라는 규약을 목표로 행동했다. 피고의 규약은 "공공 서비스 및 충성관계의 전통적 원칙에 따른 직업공무원제의 유지"를 보장하기 위해 노력했다.

1949년 이래 지속적으로 우편공무원의 구성원자격과 관련해 경쟁관계에 놓여 있던 양 단체의 논쟁에서는 직업공무원제의 모범상, 특히 노동분쟁조치에 대한 공무원법이 하나의 중요한 역할을 차지하고 있었다. 이러한 논쟁들은 양쪽의 발간물에서 날카롭게 행해졌는데, 무엇보다 원고가 먼저 피고를 "역행의 선구자이자 나아가 위선, 무능력, 굴종, 기만, 패권욕, 사이비 정강, 권력에 대한 비굴한 복종, 선동적 책략, 이기적인 군주도덕과 사제도덕, 거짓선전의 단체"라고 비난했고, 피고 역시 원고를 아마추어 노동조합이자 양의 탈을 쓴 늑대라고 지칭했다.

1968년 11월에 원고는 모든 우편공무원에게 태업에 들어갈 것을 호소했다. 피고가 단체로서 가입한 독일공무원 연맹 수뇌부는 그의 구성원들에게 이 태업행위에 참가를 독려하지 않기로 결정했다. 이에 원고는 두 장의 서한을 통해 피고 구성원들에게 직접 도움을 구하면서 그들에게 태업에의 참가를 촉구하는 한편, 동시에 가입서류의 첨부하에 소속변경을 유도했다. 이 서한들 내에서 원고는 무엇보다 피고가 원고 자신의 집단행동 때 "뒤통수를 쳤다"고 표현했다.

이에 피고는 1969년 일반인에게는 공개되지 않은 독일우정청의 사무실에 한 플래카드를 걸었다. 거기에는 다음과 같이 적혀 있었다.

> 독일공무원연맹 내 우편연맹 – 우편 및 통신공무원의 노동조합
> 50년 역사의 독일공무원연맹은 항상 직업공무원제와 그의 이익보존 그리고 지속발전을 위해 신뢰성 있고 성공적인 활동을.
> 독일노동조합연맹과 독일우편노동조합은 최근의 사건에서 재차 입증한 바와 같이 사보타주(Sabotage)에 이르기까지, 지속적으로 새로운 직업공무원제에 대한 위해를.
> 두 번째 임금재조정법과 정당한 공무원보수에 관한 논쟁들 역시 누가 직업공무원제를 실제 대변하는지 보여주게 될 것입니다. 독일우편연맹과 독일공무원제에 당신의 신뢰를 보내주세요.

이에 원고는 "독일우편노동조합(원고)은 사보타주에 이르기까지 지속적으로 새로운 직업공무원제에 대한 위해를 의미한다"는 주장이나 이와 유사한 의미의 주장을 제기하거나 전파하지 말라고 소송을 제기했다. 지방법원은 이를 인용했으나, 최고법원은 이를 기각했다.[43]

① 지방법원의 판단

우선, 본(Bonn) 지방법원은 피고에 의해 선택된 표현 "사보타주"에는 위법한 명예침해가 존재한다고 보았다. 재판부는 이 표현이 비록 "태업행위"라는 사실을 바탕으로 하지만 주관적 평가가 사실적 내용을 넘어서는 자신의 입장표명이며, 이러한 의견표현은 기본법 제5조 제1항을 통해 보호되지 않는다고 판단했다.

본 지방법원은 대법원의 판례에 따라[44] 형법 제193조의 정당화 근거에서 특별한

형태를 발견할 수 있는 기본법 제5조에 근거한 의견표현권의 한계는 대상의 중요성과 논쟁방식에서 정해져야 한다고 밝혔다. 그리고 이 사건의 논쟁대상은 직접 향해진 우편공무원들을 넘어서 원고에 의해 추구된 행위인 태업이 모든 국민에 대해 영향력을 미치기 때문에 모든 공중의 관심을 불러일으키는 사안이라고 판단했다. 이어서 이러한 종류의 커다란 중요성을 가지는 정치적 논쟁에서의 의견표현들의 경우에는 특히 공동체에서 중요한 문제의 토론을 보장해야 한다는 점에서 자유로운 의견표현권에 대한 비상한 주의를 요구한다고 보았다. 정당한 비판범위는 선행된 공격이 강력할수록 더욱 확대될 수 있으며, 이러한 경우 인상적이고 과장된 표현들 역시 금지될 수 없다고 인정했다. 그리고 이러한 표현의 한계는 비판이 공적 토론의 유지를 위해 적합한 수단이 아니거나 선행된 공격에 대한 적절한 대응이 아니라 비방적 비판으로 되는 지점에서 결정된다고 보았다.[45]

이러한 원칙에 따라 본 지방법원은 이 사건에서 문제 된 표현은 부적절하고 과도한 표현이라고 판단했다. "사보타주(Sabotage)"라는 개념은 비밀스럽고 교활하게 그리고 악의적으로 어떤 조치의 달성을 방해하는 것을 의미하기 때문에, 이러한 표현을 사용함으로써 피고는 원고 측이 직업공무원제의 유지는 단지 겉으로만 내세우고, 실제로는 직업공무원제의 존속을 비밀리에 전복시키고자 했다는 취지의 비난을 행했다고 평가했다. 그리고 이러한 비난은 본질적으로 선행되었던, "피고가 자신의 조치에 뒤통수를 쳤다"는 원고의 비난에 비하면 보다 심각한 것이라고 판단했다.

재판부는 원고의 비난은 피고가 자신의 조치를 명백히 거부했다는 사실과 원고가 외쳤던 행동의 허용성에 관해 두 당사자가 서로 의견을 달리했다는 사실을 우회적으로 표현한 것인 반면, 피고의 비난은 원고가 조합원들을 의식적으로 기만했고, 자신의 규약에서 제시된 목적을 의도적이고 비밀리에 방해하고자 시도했다는 내용의 험담이라고 생각했다. 그리고 이러한 비난은 원고에게 모든 조합원 대표의 정당성을 부정하는 명예훼손적 표현이라고 보았다. 그리고 이러한 모욕적 표현이 단지 원고에 의해 추구되었던 태업행위만을 겨냥했다는 전제하에서 그저 원고의 공격에 대한 단순히 과장된 대응으로만 이해될 수 있을지는 의심스럽다고 보았다. 왜냐하면 피고는 그의 비난을 단지 이 문제로만 제한한 것이 아니었다고 설명했다. 피고는 플래카드에 기재된 바와 같이 "지속적으로 새롭게" 그리고 "재차"라는 단어를 통해 그의 비난이 원고의 이러한 하나의 행동으로 제한해서 주장한 것이 아니라는 점을 암시했다고 해석했다. 하지만 단지 구체적 비난에 대한 방어만이 도발된 하나의 공격에 대한 적절한 대응이나 반격일 수 있기 때문에, 하나의 공격을 단지 방어하려는 것이 아니라 일반적으로 상대방을 혹평하려는 계기로 삼은 사람은 비판자유를 주장할 수 없다고 밝혔다. 또한 원고가 다른 논쟁들에서 동일하게 신랄한 표현들을 사용했다는 사실 때문에 이러한 결과가 달라지지는 않으며, 원고가 이 문제에서 이러한 종류의 표현들에 대한 계기를 제공했는지가 결정적이라고 밝혔다.[46]

② 공적 이익의 논쟁과정에서 주관적 평가의 보호

이에 대해 연방대법원은 지방법원의 판결이 최고법원의 원칙에 부합하지 않는 것이라고 판단했다. 연방대법원은 지방법원이 사실판단을 하면서 문제 된 피고의 플래카드에서 원고를 비난한 "사보타주"라는 용어의 직접적 대상이 직업공무원제였다고 해석한 점을 문제 삼았다. 하나의 표현이 명예를 침해하는지, 이로부터 어떤 법적 효과가 도출될 수 있는지의 판단에 있어서는 이러한 표현을 직접 접한 인적 범위 내에서 그 표현이 어떻게 이해되는지가 관건이라고 전제했다. 이어서 지방법원은 "사보타주"라는 개념의 보편타당한 정의를 얻기 위해 애쓰는 과정에서 어문학적으로 정확한 언어사용을 조사하려고 시도한 것이 분명하지만, 이러한 출발점은 객관적으로나 법적으로 구체적 사례에서의 이해가 중요하다는 점에서 볼 때 우려스러운 관점이라고 비판했다.

연방대법원은 우선, 사보타주의 일반적 개념이 어떠한 목적달성의 비밀스러운 방해를 의미하는지는 의문이라고 판단했다. 그럼에도 지방법원 역시 사보타주 비난이 원고의 태업 호소에 관한 것이며, "지속적으로 새로운" 및 "재차"라는 단어가 지나간 과거 사건들을 연상시킨다는 점에서 그것을 접한 우편공무원들 내에서 알게 되고 토론되었던 원고의 조치들만을 염두에 둔 것이라는 점을 부인하지 않았기 때문에, 결과적으로 이 문제에 관한 판단은 사건에 영향을 미치지 않는다고 보았다. 따라서 독자들은 사정에 따라서 사보타주 비난에서 비밀스러운 가해조치라는 주장을 끌어낼 수 없고, 지방법원 역시 더 이상 이러한 비밀성의 사보타주 개념을 고려하지 않았고, 사실적 판단근거로 삼지 않았다는 점에서 이를 더 이상 문제 삼지 않았다.

이어서 재판부는 지방법원이 "사보타주"라는 표현에서 '감춰진 부정직한 책동'이라는 의미의 비난을 끌어냈다고 인정했다. 즉, 지방법원은 주어진 맥락상 "사보타주"라는 단어에서 끌어낸 직업공무원제의 의도적 가해라는 비난의 의미는 공개규약에 나타난 원고 조합의 직업공무원제의 보장과 연결해서 볼 때 원고의 직업공무원제를 위한 보장이라는 목표설정이 조합원과 지지자들의 기만 위에서 계산된 말뿐인 원고의 립서비스에 불과하다는 사실을 나타내는 것이라고 보았다.

하지만 이러한 지방법원의 플래카드 표현에 관한 평가는 정치적 의견투쟁에서 당사자들은 종종 양측이 공개적으로 천명한 상대방의 조직과 목표의 와해, 좌절 혹은 장애를 비난하는 것이 다반사라는 경험을 담지 않은 것이라고 비판했다. 그러한 논박적 표현들이 반드시 부정직한 언행에 대한 비난을 포함하는 것은 아니라는 사실은 다툼이 단지 수단의 선택에만 관련된 여러 사례들에서 분명히 확인된다고 반박했다. 하지만 여기처럼 당사자들이 동일한 단어(직업공무원제)를 둘러싸고 서로 다른, 심지어 대립된 사고를 결부시키는 한 객관적 목표가 다른 이 경우에서도 일반적으로 달라지는 것은 없다고 생각했다. 따라서 이성적 독자들은 다툼의 내용으로부터 쉽사리 기만에 기초한 계산된, 즉 주관적으로 부정직한 행동의 비난을 끌어내지는 않으며, 이 사건도 마찬가지라고 판단했다.[47]

나아가 연방대법원은 직업공무원제의 올바른 모범상에 관한 논쟁의 범위 내에서 피고의 관점은 법치국가에서 존중되어야 할 의견형성을 가능하게 하는 내용이라고 평가했다. 피고는 원고에 대해서 이러한 관점을 무엇보다 다툼이 된 문제의 공동체적 중요성을 고려하여 기본법 제5조를 통해 보장된 모든 자유들과 함께 방어하는 것이 허용된다고 보았다. 이러한 의견표현의 범위 내에서 옹호되는 정치적 가치관에 항해진 공격에 있어서 "사보타주"라는 표시는 비록 가혹하기는 하지만, 표현의 경위와 동기 및 그 뒤에 놓인 관심사의 고려하에서는 거친 논쟁에 있어서 허용되는 것으로 간주되고, 종종 실제로 행사되는 그러한 범위 내에 있는 것이라고 판단했다. 실제로 지방법원 역시 처음에는 공격 표현의 직접적 진술내용이 잘못된 사실주장이 아니라 사실성에 대해 주관적 평가가 우월한 의견평가라고 판단했으며, 이는 적절한 것이라고 인정했다.

하지만 계속해서 지방법원이 "사보타주"라는 표시가 사정에 따라서는 의도적인 기만행위에 대한 비난을 전달하는 것이라고 인정한 것에 대해 연방대법원은 1심 판사의 사실확정의 취지는 표현의 전체적 평가에 있어서 이러한 기만행위에 대한 비난이 중심을 이루지는 않는다고 언급했던 점에 주목했다. 그럼에도 불구하고 지방법원이 선택된 표현("사보타주")을 문제 삼아서 이와 함께 자유로운 의견표현의 한계를 벗어났다고 주장하는 것에 연방대법원은 따를 수 없다고 반박했다. 지방법원은 적어도 일부의 비판적 독자들에게 생겨날 수 있고, 아울러 정치적 논쟁에서는 진실입증과 상관없이 그에 관해 일반적으로 허용되지 않는 그런 의도적인 기만의 비난인상이 피고에 의해 배제될 수 있었을 것이라고 생각했다. 그리고 이를 위해 가령 원고에 의해 추구된 개혁들이 피고에 의해 방어된 전통적 직업공무원제를 손상시키고("사보타주 하고"), 따라서 피고의 관점에서는 잘못된 것이고 위험한 것이었다는 해석을 채택했다고 보았다.

하지만 연방대법원은 피고 입장에서는 어쨌든 결정적으로 중요한 전체적인 당시의 상황들을 고려하면, 이러한 제한적인 지방법원의 견해에 구속되지는 않는다고 밝혔다. 피고가 원고 자신의 집단행동 때 "뒤통수를 쳤다"는 원고의 바로 앞선 선전 문구는 그것이 비록 동시에 원고에 대한 피고의 주관적인 적대적 사고를 내포한 비난과 결합될지라도 본질적으로는 단지 공적 논쟁들에 대한 명백한 암시를 포함하는 것이라고 판단했다. 그에 반해 더 앞서 행해졌던 피고에 대한 원고의 공격이 -단지 명예정당방위라고 하는 이제는 더 이상 인정되지 않는 관점에서가 아니라- 중요한 의미를 얻어야 한다고 보았다. 연방대법원은 객관적 내용뿐만 아니라 공공성과 관계된 문제에서의 신랄한 의견표현 역시 어떠한 범위 내에서 기본법 제5조의 보호를 통해 보호되는지는 무엇보다 앞서 행해진 도발행위의 성격과 심각성에 달려 있다고 설명했다. 이때 기본법 제5조에서 생겨난 특히 인상적이고 강렬하게 작성된 표현, 무엇보다 가치형량의 범위 내에서 명예침해의 방지에 대한 상대방의 이익 뒤로 후퇴해야 하는 그러한 표현에 대한 권한은 반드시 바로 직전에 상대방 측을 통해 발생된 모욕을 전제하지는 않는다고 밝혔다.

연방대법원은 이 사건에서 당사자들 사이의 논쟁이 상당히 오래전부터 신랄하게 이뤄졌고, 특히 원고는 부득이하게 최소한 비방의 경계에까지 이르는 평가저하적 비판에 대한 자신의 권리를 행사했다고 보았다. 가령 원고의 위선, 굴종과 이기적인 군주도덕과 사제도덕 등의 비난들은 바로 피고의 진정한 노력을 기만에 빗댄 그런 질책의 결과가 되었다고 보았다. 이러한 비난들의 의미는 피고가 자신의 의견표현의 정당성에 관해서 스스로도 확신하지 못하고 있으며, 피고는 강력한 공무원법에서의 전통적 충성개념에 대한 보장이 존중되어야 할 국가 정책적 그리고 직업 윤리적 확신에 근거한 것이 아니라 이기주의의 발로이자 시민용기의 결핍상태에 있다는 정도로 이해될 수 있다고 인정했다. 따라서 원고의 이전 표현들이 정당한 이익을 통해 보호되는지 아니면 허용되지 않는지는 중요하지 않고, 단지 논쟁이 일관되게 이뤄졌고 당연히 특별하게 이를 주목하고 있는 청중 앞에서, 즉 우편공무원들 앞에서 벌어진 동시에 오랜 기간에 걸쳐서 격렬해졌다는 사실, 어쨌든 원고는 스스로 피고기관의 진정성을 반복해서 진실증명의 기회 없이 부정했다는 사실이 본질적이라고 판단했다. 따라서 격한 표현으로서 "사보타주"라는 용어는 상대방이 가진 동기의 진정성에 관한 의심을 표현한 것이기 때문에 이를 자제해야 한다고 피고에게 요구하는 것은 의견형성을 목표로 삼은 표현의 작용을 매우 제한하는 것이라고 밝혔다. 자신의 주관적 의견을 바로 공적 이익의 논쟁에서 효과적으로 표현하는 것은 기본법 제5조에서 보장된 기본권의 본질적 구성부분이라는 사실을 잊지 않아야 한다고 강조했다. 결국 플래카드에 기재된 피고의 표현들은 당시 사정하에서는 기본법 제5조의 기본권을 통해 보장된 권한을 일탈하지는 않았다고 판단했다.[48]

## (3) 평가저하적 의견의 허용문제

### 연방헌법재판소 1972년 3월 14일 자 결정 – 2BvR 41/71("죄수 편지"-판결)

#### 사실관계

청구인은 죄수이다. 1967년 그는 "행동하는 노트벤데 협회"와 접촉했다. 이 기구는 죄수들을 돌보는 일을 하는 단체로서 회원 K 씨가 청구인의 보호를 담당했다. 1967년 12월 24일 청구인은 담당자 K에게 편지 한 통을 보냈는데, 거기에서 그는 물러나는 교도소장 St. 박사의 인물평과 교도소장직의 교체배경을 다루면서 St. 박사를 다음과 같이 매우 부정적으로 표현했다.

> 이 사람이 무언가 약속하면, 모든 말단 공무원들은 이를 다시 취소할 수 있다. 왜냐하면 그는 완전히 얕보였기 때문이다. 실제로 그에게 그런 일이 일어났다.

이어서 청구인은 "불쌍한 교도소장은 허수아비가 아니면 위선적이거나 음험하다"고 평가했다. 이뿐만 아니라 교도소 직원을 통한 크리스마스 소포의 통제문제에 관해 다음이 언급했다.

> 크리스마스 소포를 약탈당했다; 비록 모든 공무원이 자신의 존재근거를 증명하기 원하고, 열망하는 일자리를 얻으려 한다는 사실은 이해할 수 있다. 하지만 특정한 갑질이 아닌 바에야 그 때문에 죄수의 크리스마스 기쁨을 망쳐놓는다는 것이 도무지 이해가 가지

않는다. St. 박사가 "나는 상급간수를 내쫓겠습니다!"라고 분명하게 말했다면, 그는 자신의 고별사 때 떠나갈 듯이 박수갈채를 받았을 것이다. 하지만 그자는 새로운 검찰총장 옆에 앉아 있었다. 검찰총장이 우리들은 하지만 완전한 하나의 공동체를 형성했다고 말했을 때, "자, 멈춰 아가야, 우리는 지금 하나의 공동체를 형성했어!"라고 말하며 흥분한 송아지도 진정시킬 수 있는 백정이 생각났다.

1967년 12월 27일 이 편지는 관할교도소장에 의해 압수되었다. 왜냐하면 편지에는 모욕적인 내용이 포함되어 있었고, 죄수와 개인적으로 관련 없는 교도소 상황이 언급되었기 때문이었다. 당시 법무부 복역 및 형집행명령 제155호에 따르면, 이러한 내용이 담긴 편지는 압수 가능하도록 규정되어 있었다. 이 사건에서 청구인은 편지가 모욕적 내용을 담고 있거나 교도소 상황을 다루고 있다는 이유로 서신을 압수하는 것은 기본법 제5조 제1항을 위반하는 것이라고 주장했다.[49]

① 의견표현에 관한 연방헌법재판소의 입장

연방헌법재판소는 일부 모욕적인 내용으로 인해 편지를 압수하는 행위는 청구인의 의견표현권의 침해라고 밝혔다. 재판부는 청구인에 의해 작성된 편지의 문제 된 구절은 기본법 제5조 제1항의 문서상으로 기재된 의견에 해당한다고 보면서 다음과 같이 판시하였다.

> 기본법 제5조 제1항 제1문의 의견에는 어쨌든 가치평가(Werturteii), 즉 사실이나 행동방식 혹은 상황에 대한 평가적 숙고가 포함된다. 이러한 가치평가는 반드시 주관적이다. 옳은지 혹은 틀린지, 감정적인지 이성적으로 근거가 있는지 여부는 어떠한 역할도 하지 못한다. 문제 된 청구인의 편지는 교도소 및 사법영역에서 다양한 인물에 관한 그의 견해를 제시한 것이다. 이것은 가치평가를 포함하고, 따라서 기본법 제5조 제1항 제1문의 의미상 의견표현에 해당한다.
> 기본법 제5조 제1항의 보호는 이 기본권이 단지 '가치가 큰' 의견, 즉 일정한 도덕적 특성을 지닌 의견만을 보호한다는 생각에서 이러한 의견표현을 바로 제외시킬 수는 없다. 기

본법 제5조 제1항은 이러한 제한을 그의 본문에 포함하고 있지 않다. 또한 본문의 취지에 의하더라도 이러한 제한은 모순된다. 기본법 제5조 제1항에 보장된 자유로운 의견표현권은 자유민주주의를 위해 전적으로 구성적이다. 이로부터 이 권리의 포괄적 성격이 나온다. 의견의 도덕적 성격에 따른 구별은 이러한 포괄적 보호를 광범위하게 제한할 것이다. '가치가 큰' 의견과 '무가치한' 의견의 구별이 어렵거나 종종 불가능하다는 것과는 별개로, 다원주의적으로 구성되고 자유민주주의의 개념에 근거한 국가조직에서는 모든 의견, 가령 지배적인 생각과는 동떨어진 그런 의견 역시 보호가치가 있다. 이러한 이유에서 다른 사람 혹은 특정한 사건이나 상황에 관한 평가저하적 의견(abwertende Werturteile) 역시 기본법 제5조 제2항의 제한이 개입하지 않는 한 보호된다.[50]

② 사건판단

이러한 원칙하에서 연방헌법재판소는 해당 압수조치가 형집행과 질서를 유지하기 위해 필수적인 것은 아니라고 판단했다. 교도소 상황이나 교도소 관계자에 관한 부정적이고 적대적인 의견을 서신을 통해 알리는 것은 종종 자연스러운 현상이므로, 자유형의 이성적인 집행을 이유로 이에 대한 모든 가능성을 차단하는 것은 부적절하다고 보았다. 또한 외부로 향한 대부분의 편지들은 엄격한 의미에서 교도소의 질서를 방해할 수 없다고 생각했다. 아울러 국가시설로서 교도소는 자세한 근거를 제시하지 않은 채 질서의 위해에 대한 지적하에서 형집행 영역에서의 구체적 조치에 관한 공적 토론을 박탈할 수는 없다고 생각했다. 따라서 편지내용들이 죄수와 아무런 관계도 없는 교도소 상황을 담고 있거나 부정적인 가치평가를 포함하고 있다는 이유로 교도소의 질서를 근거로 바로 압수될 수는 없다고 판단했다.[51]

# 연방헌법재판소 1994년 4월 13일 자 결정
## – 1BvR 23/94("유대인 박해 부정"–결정)

### 사실관계

청구인은 극우정당인 독일국가민주당(NPD)의 지구당으로서, 1991년 5월 12일 자 독일 전역으로 공표되는 "독일의 소리"라는 정당 내부용 소식지에서 "정치적 협박의 그늘에 가려져 있는 독일의 미래"라는 주제로 뮌헨에서 열리는 집회에 참석을 독려했다. 초대장에는 "데이비드 어빙이 뮌헨에 온다!"라는 제목이 달려 있었고, 그 안에는 유명한 수정주의자 역사가가 처음으로 독일인들과 그 이웃 국가들이 현대사를 정치적 협박수단으로 허용하는 것에 대해 좌시할 수 있는지에 관한 문제를 제기할 것이라고 적혀 있었다. 뮌헨시는 집회 주체인 청구인에게 집회에서 제3제국의 유대인 박해를 부정하거나 의심하는 발언이 행해지지 않도록 적절한 조치를 취할 의무를 부과했다. 특히 청구인은 집회 시작 때 해당 발언의 형사처벌(형법 제130조 국민선동죄, 형법 제185조 모욕죄 등) 가능성을 알려야 했고, 만일 해당 발언이 행해질 경우에는 즉시 금지시키고, 경우에 따라서는 집회를 중단하거나 해산해야 하며, 자신의 집회장소 통제권을 행사해야 했다. 뮌헨시는 예정 집회에서 형법상 국민선동죄나 모욕죄에 따른 범죄행위가 발생될 개연성이 높다고 보았다. 왜냐하면 초대장의 내용 및 예전에 수정주의 지도부에 속했던 연설자 데이비드 어빙이라는 인물에서 이러한 사실이 추정되었기 때문이다. 이러한 의무부과는 집회법 제5조 제4호에 근거를 두고 있었다. 남부 바이에른주 당국은 현재 해당 집회가 이미 종료되었다는 이유로 청구인의 이의신청을 종결처리 했고, 주 행정법원은 계속된 확인소송을 기각했다. 상급행정법원 및 연방행정법원 역시 청구인의 항소를 기각했다. 최종적으로 연방헌법재판소는 청구인의 헌법소원을 기각했다. 연방헌법재판소는 문제의 판결이 기본법 제5조 제1항 제1문을 위반하지 않았다고 결정했다.[52]

① 의견표현과 사실주장의 헌법상 의미

연방헌법재판소는 우선 청구인이 다툰 의무부과는 집회에 관한 것이지만, 그럼에도 기본법 제5조 제1항 제1문의 의견표현권이 우선 판단되어야 한다고 보았다. 왜냐하면 집회 주최자로서 청구인에 의해 공표되어서도 안 되고 허용되어서도 안 되는 그런 특정 발언이 판단대상이기 때문이라고 밝혔다. 따라서 의무부과의 헌법적 평가는 이러한 종류의 발언이 허용되는지 아닌지에 달려 있게 된다고 결정했다. 헌법상 중지되어서는 안 되는 표현은 마찬가지로 집회법 제5조 제4호에 따른 집회제한 조치를 위한 빌미가 되어서도 안 된다고 생각했고, 이러한 문제의 책임을 위한 기준은 집회자유(기본법 제8조)가 아니라 의견자유에서 생겨난다고 밝혔다.

이어서 연방헌법재판소는 의견자유권 보호를 위한 기본권 침해 여부의 판단과정을 다음과 같이 정리하였다. 이에 따르면, 기본법 제5조 제1항 제1문에 근거한 기본법상 보호의 대상은 의견이고, 의견표현과 전파의 자유는 바로 이러한 의견에 관한 것이라고 보았다. 의견은 진술내용에 대한 개개인의 주관적 관계를 통해 형성되며, 입장표명과 견해의 요소가 전형적인 특징이라고 설명했다. 그러한 점에서 의견은 진실이거나 허위가 입증될 필요는 없으며, 표현이 근거가 있는지 없는지, 감성적인지 이성적인지, 가치가 있는지 없는지, 위험한지 무해한 것으로 평가되는지 여부와는 상관없이 기본법의 보호를 누린다고 보았다. 기본법의 보호는 진술형태로도 미치는데, 의견표현은 신랄하거나 모욕적으로 작성되었다는 이유로 기본법의 보호를 상실하지 않는다고 밝혔다.

이에 반해 사실주장은 엄격한 의미에서 어떠한 의견표현도 아니며, 현실 사이의 객관적 관계가 중요하다는 점에서 의견표현과 다르다고 밝혔다. 그런 점에서 사실주장에 대해서는 진실내용에 대한 검증이 가능하며, 그 때문에 사실주장은 처음부터 기본법 제5조 제1항 제1문의 보호범위에서 탈락하는 것이 아니라 대개 의견이 사실적 전제에서 지지되거나 사실관계에 대해 입장을 취하는 것이기 때문에, 사실주장은 어쨌든 기본법 제5조 제1항이 총체적으로 보장하는 의견형성을 위한 전제라는 점에서 기본법을 통해 보호된다고 밝혔다.

그 결과 사실주장의 보호는 사실주장이 헌법상 전제된 의견형성에 기여할 수 없는 지점에서 비로소 종료되고, 이러한 관점에서 허위정보는 어떠한 보호가치 있는 이익도 아니라고 보았다. 그 때문에 연방헌법재판소는 지속적인 판결을 통해 의도적이거나 허위로 입증된 사실주장은 의견자유의 보호에 포함되지 않는다고 확증했으며, 물론 이때 진실의무가 의견자유의 기능이 해를 입거나 정당한 표현 역시 제재의 두려움으로 인해 포기할 정도로 부과되어서는 안 된다고 단서를 달았다.[53]

② 사실주장과 결합된 의견표현

한편, 연방헌법재판소는 형량을 위한 고유한 기준을 발전시켜 왔는데, 그에 따르면 의견자유는 결코 항상 인격권보호에 대한 우위를 주장할 수 없으며, 형식적 모욕이나 비방적 비판으로서 인정될 수 있는 의견표현의 경우에는 인격권보호가 통상 우선한다고 밝혔다. 하지만 사실주장이 함께 결합된 의견표현의 경우에는 그러한 표현의 바탕에 놓여 있는 사실적 전제의 진실내용에 따라 보호 여부가 좌우된다고 설명했다. 만약 허위로 입증된 사실을 바탕으로 하는 의견표현이라면, 의견자유는 마찬가지로 통상 인격권 뒤로 후퇴하게 된다고 부연했다.

그 밖에 개별적으로 어떤 법익이 우월한지가 중요한데, 이때 무엇보다 공공성과 본질적으로 관계된 문제에서는 자유로운 의견을 위한 추정이 보장된다는 원칙이 준수되어야 하고, 따라서 관련된 사람들의 법적 지위 사이에서 행해지는 형량에 있어서는 이 점이 항상 함께 고려되어야 한다고 판시했다.[54]

③ 유대인 박해를 부정하는 표현의 헌법적 보호 가능성

연방헌법재판소는 이러한 원칙에 따라 이 사건에서는 기본법 제5조 제1항 제1문에 대한 위반이 존재하지 않는다고 결정했다. 집회 주최자인 청구인에게 집회에서 제3제국에서의 유대인 박해를 부정하거나 의심하는 발언이 행해지지 않도록 관리할 의무를 부과하는 것은 기본법과 일치한다고 밝혔다. 제3제국에서 어떠한 유대인 박해도 없었다는 금지대상 표현은 수많은 목격자 보고와 문서들, 수많은 형사재판에서 법원의 확정과 역사학적 인식에 따라 허위로 입증된 사실주장이므로, 그 자체로 이러한 내용의 주장은 의견자유의 보호를 누리지 못한다고 판시했다. 그리고 그 안에 놓여 있는 제3제국에서 유대인 박해 부정과 제2차 세계대전의 발발에 관한 독일의 책임 사이에는 본질적 차이가 존재한다고 생각했다. 역사적 사건에 있어서 잘못과 책임에 관한 진술은 항상 사실주장으로 제한될 수 없는 복잡한 평가에 관한 것인 반면에, 한 사건의 부정은 통상 사실주장의 성격을 가지게 될 것이라고 판단했다.

그리고 집회에서의 의무부과와 관련된 표현이 그 자체가 아니라 집회의 주제와의 관련하에서 판단되어야 하고, 독일 정치의 협박 가능성이라는 의견형성을 위한 전제로서 인정된다는 점에서 보더라도 문제 된 판결은 헌법적 기준을 유지한다고 생각했다. 이러한 금지대상 표현은 비록 기본법 제5조 제1항 제1문의 보호를 누리지만, 그의 제한이 헌법적으로 문제 될 수는 없다고 보았다. 그리고 이러한 제한은 합헌적인 법률적 근거를 가진다고 인정했다. 집회에서의 표현들이 기본법 제5조 제1항, 제2항을 넘어서 보호되는 것은 아니며, 기본법 제5조 제2항의 제한에 따라 허용된 규범을 통해 형벌로 처벌되는 의견표현들은 집회에서도 마찬가지로 금지된다고 보았다. 아울러 기본법 제8조 제1항(집회의 자유)에 비추어 집회에서 높은 개연성과 함께 기대될 수 있는 형사상 범죄를 범행 직전에 금지하도록 하는 것 역시 원칙적으로 문제 될 수 없다고 인정했다.[55]


④ 허위사실주장과 결합한 의견의 허용성 여부

이어서 연방헌법재판소는 행정법원들이 형법 제185조(모욕죄)와의 결합하에 행한 집회법 제5조 제4호의 해석과 적용은 기본법 제5조 제1항 제1문에 반하지 않는다고 결정했다. 행정 당국과 법원들은 자신의 결정에서 일반 민·형사법원들이 행했던 형법규범의 해석을 바탕으로 했고, 이에 따라 독일에 살고 있는 유대인은 나치 지배

하에서 유대민족이 처했던 운명으로 인해 하나의 모욕 가능한 집단을 구성한다고 인
정했다. 이 때문에 유대인 박해의 부정은 이러한 집단에 가해진 하나의 모욕으로 평
가된다고 판단하면서 다음과 같은 연방대법원 판결을 인용했다.

> 인간이 소위 뉘른베르크법의 혈통기준에 따라 선별되고, 절멸의 목표와 함께 그의 인격
> 이 박탈되었다는 역사적 사실 그 자체는 연방독일에서 살고 있는 유대인에게 그의 동료
> 시민들에 대한 하나의 특별한 인간적 관계를 할당한다; 이러한 관계에서 이 사건은 오늘
> 날까지 여전히 현재진행형이다. 그 운명을 통해 강조된, 다른 모든 사람들의 특별한 도덕
> 적 책임이 존재하는, 그런 인적 집단에 속하는 구성원으로서 파악되는 것은 유대인의 인
> 간적 자기이해에 속하며, 그의 존엄성의 일부이기도 하다. 이러한 자기이해의 존중은 그
> 들 각자 모두에게 바로 그러한 반복된 차별에 대한 보호 가운데 하나이며, 연방독일에서
> 그들의 삶을 위한 기본조건이기도 하다. 누군가 그러한 사건들을 부정하려고 시도한다
> 면, 이는 유대인 각자 개개인들이 주장할 수 있는 개인적 배려를 박탈하는 것이다. 이것
> 은 당사자에게 그가 속한 인간집단의 차별 및 그 자신의 고유한 인격의 차별이 지속되고
> 있다는 것을 의미한다.[56]

연방헌법재판소는 이와 같이 연방대법원에 의해 형성된 인종적 이유에서 동기화
된 유대인 민족의 절멸의 부정과 현재 살고 있는 유대인의 인간존엄성과의 논증 맥
락은 헌법상 문제없다고 인정했다. 그러한 점에서 유대인 박해의 부정과 독일 전쟁
책임의 부정 사이에는 차이가 존재하며 전쟁 책임 부정이라는 견해는 어쨌든 유대인
부정과 달리 그것의 역사적 논란 가능성과는 무관하게 어떠한 제3자의 법익 침해에
해당하지 않는다고 판단했다.

이에 따라 행정법원들이 행한 명예침해와 의견자유의 제한 사이의 형량은 어떠한
헌법적 오류도 나타내지 않는다고 결정했다. 이러한 형량을 위해서는 그때마다의 피
해의 심각성이 하나의 결정적인 역할을 하는데, 사실주장을 포함하는 명예훼손적 의
견표현의 경우에는 사실주장이 적절한지 아닌지 여부가 중요하게 되며, 입증된 허위

의 사실주장은 어떠한 보호가치 있는 법익도 아니라고 밝혔다. 허위의 사실주장이 불가분하게 의견과 결합된다면, 그러한 표현에는 비록 기본법 제5조 제1항 제1문의 의견표현권이 도움이 되지만, 그럼에도 처음부터 허위로 입증되지 않은 사실진술의 경우보다 행정 당국의 개입이 덜 심각한 것으로 평가된다고 보았다.

연방헌법재판소는 이 사건이 바로 그러한 경우라고 보았다. 집회에서 금지된 하나의 표현을 집회 테마와의 관계에서 하나의 의견표현으로서 간주할 수 있을지라도, 이 점이 그 표현의 사실내용이 허위성이라는 점을 바꾸지는 않는다고 밝혔다. 따라서 이에 관계된 행정 당국의 개입은 특별히 심각하지 않다고 판단했다. 즉, 명예침해에 따라오는 중요성을 고려할 때, 행정법원들의 판결들이 의견자유에 대해 인격권 보호에 우위를 인정한 것은 문제 될 수 없다고 보았다. 물론 나치의 과거에 대한 독일의 생각과 집회가 다루려고 했던 정치적 문제들이 공공성에 관계되는 문제라는 사실에 관해서는 비록 자유로운 의견의 허용성이 보장되기는 한다고 인정했다. 하지만 이러한 추정원칙은 문제의 표현이 형식적 모욕이나 비방적 비판일 경우 혹은 입증된 허위 사실주장에 기초한 명예훼손적 표현일 경우에는 적용되지 않는다고 밝혔다.

아울러 기본법 제5조 제1항 제1문과 일치하지 않는 표현의 사실적 핵심에 관해 진실의무 요청을 과도하게 확대하는 것의 금지 역시 이 사건의 형량결과에서는 우려되지 않는다고 판단했다. 연방헌법재판소가 자유로운 의사소통 및 언론의 비판과 통제 기능을 위해서 고려했던 주의의무의 제한은 표현 당시 해당 사실의 진실성이 여전히 확정되지 않고 최단기간 내에 해명될 수 없는 사실주장에 해당하는 것이지, 진술의 허위성이 이미 확정되어 있는 이 사건과 같은 경우에는 적용되지 않는다고 설명했다. 따라서 형법 제185조 모욕죄 및 형법 제194조 제1항 제2호의 직권소추의 결합에 근거해서 집회에 부과되었던 의무는 정당하다고 결정했다.[57]

# Ⅴ. 사실주장

## 1. 사실주장의 의의

사실주장은 지배적 견해에 따르면 현실에 적합한 것으로 주장되고, 그의 진실성에 관해 입증수단과 함께 심사 가능한 성격의 사실관계나 사건들에 관한 표현을 말한다.[58] 따라서 사실주장의 개념에 있어서 진실인지 허위인지의 여부는 단지 증거조사 과정에서만 해명될 수 있다.[59]

사실주장에는 의견표현과 같은 포괄적 기본권 보호가 적용되지 않는다. 사실주장은 그 자체로 보호되는 것이 아니라 의견의 다리를 통해서 비로소 기본법 제5조 제1항 제1문의 보호영역에 도달하게 된다. 의견은 사실과 전혀 무관하게 표현되지는 않고, 일반적으로 평가의 대상이나 근거인 사실에 관계된다. 따라서 사실주장은 의견과 관련되거나 의견형성에 기여하는 범위 내에서 의견자유의 보호를 누리게 되는데, 다만 의견표현과는 달리 진실인지 허위인지 여부가 판별될 수 있는 그런 표현만을 의미한다. 바로 이러한 점에서 사실주장은 보호범위에 있어서 의견표현과 커다란 차이를 보이게 된다. 같은 맥락에서 연방헌법재판소는 의견형성의 관점 아래 거짓정보는 어떠한 보호가치 있는 이익도 없다고 밝혔다.[60]

하지만 이러한 원칙은 그 자체만으로 보자면 기본권 보호의 의미와 모순되는 과도한 경향을 보여줄 수 있다. 왜냐하면 선의인지 악의인지, 신중한지 부주의한지, 즉흥적인지 숙고적인지, 계기가 존재하는지 아닌지 여부와 상관없이 모든 잘못된 사실주장은 기본법 제5조 제1항의 보호영역에서 탈락하거나 기본법상의 요청 없이 제약될 수 있게 됨으로써 기본법 제5조 제1항이 중시하고 그 때문에 보호영역의 결정에서 항상 준수되어야 하는 의사소통의 절차적 성격이 간과될 것이기 때문이다. 따라서 연방헌법재판소는 여론형성을 위한 의견과 재반박의 중요성을 지적하면서, 의사소통의 맥락과 유리된 평가를 거부한 바 있으며,[61] 이러한 점은 사실주장도 마찬가지이다. 사실주장은 해당 표현의 진실이나 허위가 항상 곧바로 확정되는 것이 아니라 의사소통과정에서 비로소 밝혀지거나 정확히 해명된다는 사정도 고려되어야 한다. 의사소통과정에서 실수는 불가피하며, 만약 의심될 수 없는 진실한 사실주장만이 기본권 보호를 누리는데 반해 그 밖의 오류는 기본권보호의 누락에 이르게 된다면, 이는 의사소통과정의 위축을 야기하는 동시에 제재의 두려움에서 적절한 보도행위나 정당한 의혹제기 역시 포기하는 결과에 이르게 될 것이다.

따라서 허위성이 추후의 인식 결과, 가령 재판상 증거조사에서 비로소 밝혀지는 그러한 표현들은 처음부터 기본권보호에서 제외되지 않는다. 오히려 표현주체가 허위성을 알았던 의도적 허위 혹은 허위성이 표현 당시 이미 명백했던 그런 사실주장만이 기본권보호에서 탈락하게 된다. 이러한 과정에서만 의견형성 절차는 해를 입지 않게 된다. 또한 사실주장의 허위성이 나중에 밝혀지더라도 기본권 보호는 소급적으로 박탈되지 않으며, 그러한 주장의 허용성에 있어서 위해 허위성의 입증이 차지하는 의미는 기본권의 보호 문제가 아니라 기본권 제한의 문제로 취급되어야 한다.[62]

사실주장은 현실과의 적합성을 요구하며, 진술의 정확성에 대해 객관적인 증거수단을 통해 검증할 수 있는 그러한 사실이나 사건을 말한다는 점이 이미 수많은 판례들을 통해 확증되었다.[63] 따라서 사실주장 개념의 파악을 위해서는 진실인지 허위인지 사이에 관계자들의 다툼이 존재하는 한, 단지 증거조사의 과정에서만 규명될 수 있다는 점이 중요하다.[64]

이러한 맥락에서 표현이 작성자나 전파자에 의해 어떻게 생각되었는지[65] 혹은 그가 제3자의 권리침해까지도 의도했는지 여부는 중요하지 않다.[66] 표현이 외부적으로 논평이나 뉴스라고 제목이 달린 기사 내에 포함되었는지 여부도 중요하지 않다. 오히려 중립적인 일반적 독자나 시청자들이 진실내용에 관한 증거수단과 함께 심사 가능한 사실관계를 표현에서 끌어낼 수 있는지가 결정적이다.[67] 이것은 어쨌든 다툼이 된 표현 그 자체가 입증 가능한 경우, 가령 특정한 사실관계에 대한 증거가 존재하는 경우를 말한다.[68, 69]

## 2. 사실주장의 헌법적 지위

연방헌법재판소는 1983년 "선거운동발언" 결정[70]에서 사실주장의 헌법적 지위에 관해 자세히 설명하면서, 사실주장이 엄격한 의미에서 어떠한 의견표현도 아니지만 그렇다고 처음부터 기본법 제5조 제1항의 보호범위를 벗어나는 것은 아니라고 보았다. 오히려 사실주장 역시 의견자유권을 통해서 보호되는데, 왜냐하면 기본법 제5조 제1항이 보장하는 의견형성의 전제조건이기 때문이라고 밝혔다. 이에 따라 사실주장을 위한 의견표현권의 보호는 헌법상 전제된 의견형성에 아무런 기여도 할 수 없는 지점에서 종료되며, 이러한 관점하에서 허위정보는 어떠한 보호가치 있는 이익도 인정받지 못하게 된다. 이에 따라 입증되거나 의도된 허위 사실주장은 기본법 제5조 제1항 제1문의 의견자유의 보호에 포함되지 않는다.

## 3. 형량과정에서 사실주장의 보호를 위한 장치—진실성의 과도한 요청 금지원칙

그럼에도 사실주장의 허위성을 결정함에 있어서는 법원을 통한 진실의무의 요청이 의견자유권의 기능에 해를 줄 정도로 부여되어서는 안 된다.[71]

연방헌법재판소가 제시한 형량원칙에 따르면, 형량과정에서 사실주장의 중요도는 의견표현에 비해 후순위로 밀리게 된다. 1992년 연방헌법재판소는 "바이엘" 결정에서 형량결과는 구체적 사례관련성으로 인해 일반적이고 추상적으로 미리 결정될 수 없다고 하면서 형량과정에서 준거될 수 있는 의견표현과 사실주장에 관한 다음과 같은 판단기준을 제시하였다.

이에 따르면, 우선 신랄하거나 극단적인 표현들, 즉 그 자체로 보자면 타인에게 해를 끼치는 표현들이라 하더라도 일단은 허용되는 것으로 인정해야 하며, 오히려 공공성과 본질적으로 관련된 문제에서의 의견투쟁에 기여한다면 이때에는 '자유로운 의견의 허용성 추정'이 보장된다. 이는 존엄적 인간과 민주적 질서를 위해 의견자유권이 가지는 근본적 의미의 결과이다. 이어서 사안 내에서의 토론이 아니라 개인에 대한 모멸(인신공격)이 중심을 이루는 표현의 경우에 비로소 그러한 표현은 비방적 비판으로서 통상 피해자의 인격권 뒤로 후퇴해야 한다.[72]

그에 반해 사실주장은 '자유로운 의견을 위한 추정원칙'이 단지 제한적으로 적용된다. 사실주장이 처음부터 기본법 제5조 제1항 제1문의 보호범위 밖에 놓여 있지 않다는 전제하에서 사실주장은 다른 법익들을 위해 의견자유보다 더욱 쉽게 제한될 수 있다는 것이 연방헌법재판소의 입장이다. 이는 평가적 요소와 사실적 요소가 한 표현 안에 전체적으로 가치평가로서 인정될 수 있는 정도로 혼재된 경우에도 마찬가지이다. 이때에는 사실적 구성부분의 진실성이 형량과정에서 중요한 역할을 하게 된다. 따라서 의견표현이 입증된 허위의 사실주장이나 의도적인 허위의 사실주장을 포함하고 있다면, 통상 의견자유권은 기본권 제한법률을 통해 보호되는 법익의 뒤로 후퇴하게 된다. 하지만 이때 무엇보다 간과해서 안 되는 사실은 언론자유의 이익을 위해 의견표현권의 행사의지를 저하시키거나 의견자유를 전체적으로 위축시키는 작용을 할 수 있는 진실의무에 관한 어떠한 요청도 설정되어서는 안 된다는 사실이다.[73] 이러한 연방헌법재판소의 요청은 언론에 적합한 주의의무를 심사하는 데 있어서 결정적으로 준수되어야 할 원칙으로 작용하게 된다.

## 연방헌법재판소 2006년 3월 1일 자 결정 - 1BvR 54/03

### 사실관계

청구인은 보험 총판대리점의 사장이고, 청구인에 의해 대리되는 본점 보험회사를 대신해서 대리점 소속 정규직 보험설계사의 신뢰성을 감독할 의무를 지고 있다. 전심소송의 원고는 청구인 대리점에서 독자적인 대리상이자 중매인으로 활동하고 있었다. 이러한 활동의 바탕이 된 계약에 따르면, 원고는 청구인이 취급하는 보험 분야에서는 청구인 대리 보험회사 외에 다른 보험회사를 상대로 영업을 할 수 없었고, 청구인이 취급하지 않는 다른 보험 분야에서만 청구인의 동의 아래 영업할 수 있었다. 어느 날 원고 담당 고객이 영업배상책임보험 상품에 관해 문의했는데, 청구인에 의해 대리되는 두 보험회사는 이러한 위험의 보험가입을 거부했다. 이에 원고는 소위 '벤틸솔루션' 방식, 즉 다른 보험사 연결방식에 따라 타 보험사를 알아보기 위해 재보험회사에 재차 문의했다. 재보험회사는 고객을 위해 타 보험회사와 영업배상책임보험을 체결하는 데 성공했다. 이에 따라 청구인과 원고는 서로 갈라서게 되었다. 약 2년이 지난 후, 청구인은 자신이 담당하고 있는 보험회사에 자신의 영업기간 중 원고가 전속의무를 위반한 증거를 가지고 있다고 알렸으며, 이를 근거로 보험회사는 독일 보험 및 주택금융외판서비스 협회(AVAD) 정보센터에 원고의 전속의무 위반사실을 신고하고 명부기재를 부탁했다. 그러자 원고는 청구인에게 소송을 제기했는데, 그 취지는 원고가 영업기간 중 전속의무를 위반한 사실이 없다는 해명을 보험회사 및 협회(ADVD)에게 알릴 것을 구하는 소송 및 향후 전속의무 위반에 관한 발언을 하지 말라는 금지소송을 제기했다.

지방법원은 비록 청구인이 원고의 벤틸솔루션에 동의한 적은 없지만, 동의가 반드시 필수적인 것은 아니었다며 소송을 인용했다. 원고는 재보험회사나 다른 보험회사를 위해 영업하지 않았다고 인정했다. 아울러 2년이 지난 시점에 청구인은 이러한 점을 주장할 수 없다고 생각했다. 이에 청구인은 항소하였으나 패소했고, 이어서 헌법소원을 제기했다. 헌법소원은 성공하지 못했다.[74]

① 형량에서 의견자유와 사실주장의 헌법적 의미

연방헌법재판소는 이 사건을 판단함에 있어서 의견자유와 반대이익 사이의 형량을 위해서는 표현의 성격이 결정적으로 중요하다고 하면서, 가치평가에 대해서는 의견자유가 가지는 인간의 인격과 민주질서를 위한 근본적 의미를 고려한 일련의 형량 법칙을 발전시켜 왔다고 밝혔다. 그리고 사실주장에 있어서의 형량은 무엇보다 진실 내용에 따라 결정적으로 좌우된다고 보았다. 통상 진실한 내용은 당사자에게 불리하게 작용할지라도 감수되어야 하지만, 허위내용은 그렇지 않다고 생각했다. 또한 하나의 표현이 사실적 부분과 평가적 부분을 분리할 수 없는 형태로 제기되었을 경우 그러한 표현이 입장표명이나 견해 혹은 생각의 요소를 통해 부각된다면, 그러한 표현은 기본법 제5조 제1항 제1문에 의해 의견으로서 보호된다고 확정했다. 하지만 이 경우 형량의 범위에서 사실부분의 진실성이 고려되어야 한다고 단서를 달았다.

이어서 의견표현 혹은 사실주장으로서 표현의 분류는 하나의 해석에 달려있는데, 표현의 법적 평가를 위한 전제는 표현의 의미가 정확하게 파악되는 것이라고 강조했다. 따라서 기본법 제5조 제1항에서는 기본권 제한법률의 해석과 적용에 대한 요청뿐만 아니라 다툼이 된 표현의 해석에 대한 요청 역시 생겨난다고 밝혔다. 만약 하나의 표현이 허위의 사실주장으로 잘못 분류된다면, 이것은 정당한 표현이 처음부터 잘못된 형량으로 인해 금지되는 결과에 이르게 된 것이고, 이 점에서 다름 아닌 기본법 제5조 제1항에 따른 기본권의 의미와 사정거리가 부인되는 결과가 발생하는 것이라고 부연했다.

한편, 의견표현은 진술내용에 대한 주관적 관계를 통해 이뤄지기 때문에 입장표명이나 견해의 요소가 특징적이고, 따라서 진실 혹은 허위로서 입증될 수 있는 것이 아니라고 보았다. 하지만 사실주장은 표현과 실제 사이의 객관적 관계가 중심을 이루기 때문에 진실내용에 대한 검증이 가능하다고 보았다.[75]


② 사건판단

이러한 원칙에 따라 연방헌법재판소는 원고가 전속의무에 위반했다는 것을 알리기 위한 증거가 존재한다는 문제의 표현을 사실주장으로 본 법원의 판단은 어떠한 헌법적 우려도 생겨나지 않는다고 판단했다. 이러한 해석을 위해서는 수신인 영역이 결정적이라고 보았다. 청구인은 자신의 표현으로 보다 구체적이지는 않지만 사실적 상황을 위한 증거를 가지고 있다고 주장했으며, 이로부터 하나의 계약위반이 존재한다는 법적 추론이 가능하다고 인정했다. 수신인에게는 무엇보다 특정한 법적 평가를 정당화하는 입증 가능한 일정한 사건이 발생했다는 인상이 우선 생겨나며, 이러한 사실주장은 허위로서 인정된다고 보았다. 청구인은 비록 자신의 표현의 실증을 위해 그 자체로는 다툼이 없는 '벤틸솔루션' 방식에 관한 사건을 예시했지만, 그 사건은 청구인의 표현을 정확하게 지지해주지 못한다고 보았다. 왜냐하면 계약위반이 '벤틸솔루션' 방식에서 생겨나지는 않았기 때문이라고 밝혔다. 즉, 그 표현이 전제하고 있는 실제사건의 속성을 청구인이 제대로 해명하지 못했다고 판단했다.[76]

### 연방대법원 1992년 11월 17일 자 판결
### – VI ZR 344/91("불법모피 거래"–판결)

### 사실관계

원고1은 모피제품과 가죽제품을 위한 원피 및 가죽들을 거래하는 회사이고, 원고2는 그 회사의 1인 주주이자 단독 대표이사이다. 피고1은 종의 보호와 1973년 3월 3일 발효된 워싱턴 종보호 협정(WA)을 지지할 목적으로 설립된 단체이다. 피고3과 이전 피고2였던 그의 부인은 피고1 단체의 대표들이다. 피고들은 1988년 11월 11일 자 고발장을 통해 원고1을 검찰에 고발했다. 원고1이 멸종위기에 처한 야생동식물의 국제거래에 관한 협약(CITES) 부속서 Ⅰ과 Ⅱ에 의해 특별히 보호되는 동물들의 원피와 가죽을 불법 거래했다는 이유였다. 이어서 피고들은 고발장에서 제기한 내용들과 유사한 비난들을 정치인들 및 대중들에게 제공했고, 다만 원고 이름을 실명화하지는 않았다. 검사는 고발로 개시된 수사절차를 충분한 범죄혐의 부족으로 1989. 4. 5. 자 결정과 함께 중지했다. 피고들의 항고는 실패로 돌아갔다. 그러자 피고들은 자신들의 비난들을 공공연하게 계속 고수했다. 원고들은 피고에게 허위사실 주장을 금지할 것을 요구했고, 피고들은 자신들이 제공한 내용들은 정당한 의견표현이라고 주장했다.

지방법원 및 항소법원은 소송을 일부 인용하고, 피고에게 특정표현들을 금지하라

고 판결했다. 피고1과 3의 항소 및 상고로 사건은 파기환송되었다.[77]

① 청구취지 1a

연방대법원은 청구취지 1a와 관련해서만 항소법원의 판결을 유지하고, 나머지 부분들은 파기와 환송에 이른다고 판결했다.

청구취지 1a가 문제 삼은 표현은 원고들이 CITES 부속서 Ⅰ과 Ⅱ에 따른 특별보호종의 원피와 가죽들을 10만 개 이상 불법적으로 1988년 3월에 함부르크에서 스페인으로 운송시켰다는 내용이었고, 연방대법원은 이러한 표현이 사실주장이 아니라 법적 평가라는 반박은 잘못된 것이라고 판단했다.

연방대법원은 항소법원이 해당 표현의 진술내용은 피고들에 의해 준비된 1989년 11월 2일 자 기자회견을 위한 보도자료 형태로 전파되었던 것이라는 다툼 없는 사실에서 출발한 것은 문제 될 것이 없다고 생각했다. 아울러 항소법원은 보도자료에 포함된 진술내용을 맥락에 따라 정당하게 평가했다고 밝혔다. 이러한 전체적 고찰에 따라 피고의 보도자료에 언급된 적어도 10만 개 이상 스페인을 통해 불법 수출된 모피원단과 파충류 가죽들의 "불법적인 거래"는 이른바 15년째 원고들에 의해 함부르크 항을 통해 처리된 전 세계적으로 보호되는 동물종의 불법거래에 속하는 것으로서 CITES Ⅰ과 Ⅱ에 따른 특별보호종의 원피와 가죽들의 운송과 관련이 있다는 해석을 가능하게 하고, 이러한 해석은 해석원칙의 위반을 나타내거나 법적 오류를 나타내지 않는다고 인정했다. 또한 이러한 해석은 문제의 진술이 피고의 보도자료에는 "CITES Ⅰ과 Ⅱ에 따라"는 내용과 "1988년 3월에"라는 내용이 명백히 포함되어 있지 않더라도 마찬가지라고 생각했다. 이와 같이 언급된 불법거래에 관한 내용상의 구체적 보완설명은 피고 보도자료의 전체적 내용에서 법적 오류 없이 도출될 수 있다고 인정했다. 아울러 판결이유에서 해당 표현을 의견표현이 아닌 사실주장으로 본 항소법원의 견해 역시 문제 될 수 없다고 생각했다. 왜냐하면 피고의 진술은 주장된 실제사건으로서 증거에 접근 가능한 구체적 사건에 해당하기 때문이라고 밝혔다.[78]

아울러 연방대법원은 피고가 자신에 의해 언급된 운송을 "불법적인"으로 지칭했다는 사실로 인해 다른 고찰방식이 요구되지도 않는다고 보았다. 즉, 이러한 "불법"적인 것으로의 단정적 표현이 전체 진술을 일정한 평가기초들을 통해 비로소 완성되는 일종의 법적 견해의 진술로 만들지는 않는다고 생각했다. 다만 연방대법원은 이러한 결론, 즉 법적 견해가 될 수 없는 이유는 항소법원이 생각한 것처럼 피고가 독자들에게 "불법적"이라는 비난을 부과하고자 했던 복합적인 상황에 관한 자신의 평가를 독자들에게 주관적 가치평가로서 인정할 수 있을 정도의 분명한 상황적 부연설명을 제시하지 않았기 때문은 아니라고 보았다. 주관적 의견이나 가치평가는 그것이 설사 법적 평가의 형태로서 나타날지라도, 독자들에게 법적 견해로 결정될 수 있기 위한 하나의 특별한 해명, 더욱이 법적 견해로 되기 위한 그의 판단대상과 관련된 상황에 대한 상세한 설명의 해명을 필요로 하지는 않는다고 보았다. 표현의 대상이 되는 사실적 기초가 독자들에게 충분히 눈에 띄지 않는 그러한 표현들은 독자들에게는 증거에 의해 접근 가능한 사건들에 관한 사실내용을 그 표현에서 끄집어낼 수 없기 때문에 단순한 주관적 의견으로 간주되는 것이라고 밝혔다. 그 때문에 하나의 거래가 불법적이라는 비난은 표현주체가 자신의 생각을 독자들에게 자신의 평가기준과 판단계기를 함께 제공하지 않고 선전문구 방식처럼 축약시켰을 경우라도 전적으로 주관적 의견이 될 수 있다고 판단했다.

하지만 이 사건 보도자료 내에서 "불법적"이라는 비난은 해당 자료의 다른 본문내용에서 끄집어낼 수 있는 피고의 주장을 통해 "운송이 '합법적인 허가증 없이' 행해졌다", 즉 '수출을 위해 필수적인 워싱턴 종보호협정에 따른 서류들 없이 행해졌다'는 사실을 통해 뒷받침되고 있음이 확인된다고 인정했다. 따라서 이 "불법적"이라는 표현은 전체적으로 특정한 사건을 대체로 기술한 것이지 평가한 것은 아니라는 점에서 사실주장의 성격이 부여될 수 있을 정도의 강력한 사실적 요소에 의해 특징지어진다고 보았다.

그리고 민법 제823조 제2항을 통해 민사법으로 전용된 형법 제186조의 증거법칙에 따라 피고는 자신에 의해 제기된 주장의 진실내용을 입증할 의무를 부담하게 되지만, 이러한 입증에 실패했다고 밝혔다. 또한 허위성이 입증되지 않은 주장의 경우에는 어쨌든 여기에서처럼 공공성에 관계되는 사안이 문제 되는 사례들에서 발언자가 그 사안을 정당한 이익의 대변을 위해 필수적인 것으로 간주해도 된다는 점에서 금지될 수 없다는 사실이 피고의 입증책임과 배치되지 않는다고 보았다. 왜냐하면 발언주체는 단지 그의 발언 전에 주의 깊은 조사를 행한 경우에만 자신의 진술에 대한 정당성을 주장할 수 있는데, 이 사건에서는 이러한 취재나 조사가 부족하다고 판단했다. 하급심 법원들의 사실확정에 따르면, 피고는 쉽게 스페인 한 변호사의 진술에만 의존했는데, 그것은 이미 1986년에 행해진 원고의 또 다른 추가 원피운송과 관련 있는 것이라고 지적했다. 따라서 이러한 표현이 금지되어야 한다는 항소법원의 판결은 유지된다고 판결했다.[79]

### ② 청구취지 4b

이에 반해 연방대법원은 청구취지 4b와 관련해서 "원고1이 수년째 불법적인 워싱턴 금지물품을 함부르크 항에서 처리하였다"는 진술이 금지되어야 한다는 항소법원 판결은 유지될 수 없다고 판결했다.

우선 항소법원이 이 표현을 가치평가가 아닌 사실주장으로서 분류하는 것은 문제될 수 없다고 밝혔다. 하지만 항소법원이 "불법적인"이라는 표현에 위의 청구취지 1a와 마찬가지로 거래는 워싱턴 보호협정에 따라 필수적인 서류들 없이 행해졌다는 정도의 의미가 배정된다고 하면서, 이러한 진술을 위법하다고 간주한 것은 잘못이라고 보았다. 한편으로 피고는 자신에 의해 제기된 원고의 불법적인 원피거래 주장의 진실입증을 CITES 사무국장의 증언을 근거로 했다는 사실과 이러한 증거 수집이 "불법적인"이라는 개념과 함께 표현된 실제 상황을 고려하면, 피고의 증거제시가 하나의 사실에 해당하지 않는다는 이유로 거부될 수는 없다고 판단했다. 다른 한편으로 이 표현들을 위해 당시 볼리비아 환경 조정관 및 볼리비아 농업장관의 증언을 통해 피고가 입증한 진술들을 항소법원은 간과했다고 비판했다. 그 진술은 다름 아닌 볼리비아 정부 및 나아가 수출 책임자들이 독일 대사관뿐만 아니라 관할 독일 정부에 반복해서 원고가 볼리비아에서 불법 원피를 구해서 이를 독일의 법규 위반하에 수입했다는 사실을 통보하는 내용이었다. 이러한 증거제시를 항소법원은 단지 볼리비아 당국이 그러한 비난을 원고에 대해 제기했다는 사실에 불과하지 비난의 바탕이 되는 사실이 진실에 부합하는 것은 아니라는 이유로 등한시했다고 비판했다.

하지만 어쨌든 이러한 증거제출은 그 당시 국가적 조사가 행해졌다는 사실과 피고가 이를 자신의 고발행위에 바탕으로 삼아서 자신의 조사에 관한 요청을 결정적으로 준수할 수 있었다는 사실을 나타내기에 적당한 것이라고 판단했다. 그러한 점에서 이 증거제출은 피고가 자신의 공적인 등장에 있어서 정당한 이익의 대변을 주장할 수 있는지의 문제에서 결정적인 요소였다고 인정했다. 따라서 항소법원이 원고의 불법적인 모피거래에 관한 볼리비아 당국의 제출서류들을 주의 깊은 조사를 위한 충분한 증거로서 그리고 정당한 이익의 대변을 위한 것으로 보려고 하지 않았다는 점에서 피고의 이러한 증거제출을 간과해서는 안 됐다고 비판했다.[80]


③ 청구취지 5b와 5c

연방대법원은 청구취지 5b와 5c, 즉 "원고가 여러 차례 멧돼지 가죽을 적법한 허가증 없이 스페인으로 전달했다(5b)"는 표현과 "원고가 위법한 거래에 연루된 회사 F수출과 C사와 함께 일했고, 이것을 지시했다(5c)"는 표현 역시 금지되어야 한다는 항소법원의 판결은 유지될 수 없다고 판결했다.

문제 된 표현들은 볼리비아 농축산부 문서에 포함된 부분이었고, 그 내용을 피고는 기자회견에서 이러한 문서의 배포를 통해 자기의 것으로 삼았다고 인정했다. 그리고 항소법원 역시 명예훼손 사실주장의 전파로서 판단한 것은 법적 오류가 존재하지 않는다고 보았다. 왜냐하면 진술의 심각성은 주장된 실제 사건들의 묘사에 놓여 있으며, 이 사건에서는 다름 아닌 필수적인 허가증 없이 운송을 수행한 사실과 허가

받지 않은 거래들에 연루된 두 개의 기업들과의 공동작업을 언급했기 때문이라고 생각했다. 연방대법원은 이러한 표현들의 목표 방향이 "적법한 허가증"과 "위법한 거래에 연루된" 원고의 특정한 행위의 평가에 주안점을 둔 것이 아니라 오히려 그 행위의 사실적 설명을 지향한 것이라고 판단했다. 그리고 피고는 자신에 의해 주장된 사실을 입증할 수 없었기 때문에 명예훼손적 진술의 보도에 관한 정당성을 형법 제193조와 연계된 기본법 제5조 제1항 제1문에 따라 행해져야 할 법익형량에 근거해 판단되어야 한다고 보았다.

하지만 항소법원은 그러한 형량을 행하지 않았고, 그로 인해 피고가 단지 볼리비아 농축산부 문서를 자기의 것으로 삼았기 때문에 바로 자신이 표현의 정당성을 주장할 수 없는 것인지 여부 역시 심사되지 않았다고 질책했다.[81]

## VI. 내적 사실의 문제

### 1. 표현의 성격 조사기준

표현의 성격을 조사함에 있어서는 소위 일시적인 독자나 시청자 기준에 맞춰져서는 안 되고 객관적인 일반적 수신인 기준이 결정적이며,[82] 특정한 발간물이 어떤 독자층을 대상으로 삼았는지 역시 고려되어야 한다.[83] 가령 독자들이 정치적으로 관심이 많은 경우라면, 대중연예지의 독자들보다는 더 커다란 주목과 차별화된 이해가 전제되어야 하며, 외국인 독자들을 위해 결정된 표현에 대해서는 무엇보다 외국인의 특별한 이해가 중요하다.[84]

그리고 항상 표현이 속해 있는 맥락이 고려되어야 한다. 표현이 맥락에서 분리되고 이로 인한 절연이나 다른 식의 이해를 통해 맥락의 고려하에 생겨나는 의미와는 일치하지 않는 해석에 도달하게 된다면, 이러한 분리를 통해 생겨난 진술은 적법하게 심사될 수 있는 독자적인 표현이라고 말할 수 없을 것이다. 이는 사실주장의 표현인지 아니면 맥락의 고려하에서 다름 아닌 의견표현으로 분류될 수 있는지에 관한 문제의 판단에 있어서 특히 중요하다.[85]

## 2. 내적 사실의 표현 성격

이러한 점에서 종종 사실주장으로 분류하는 과정에서 내적 사실에 관한 표현이 문제 되기도 한다. 이러한 내적 사실은 외적 사실과 함께 근거가 제시되거나 피해 당사자 자신의 발언처럼[86] 자신 측에서 입증할 수 있는 그런 사실을 통해 지지된 경우에만 사실주장으로 다뤄질 수 있다. 누군가 이혼하길 원했다는 진술 역시 비록 어렵지만 그의 진실성에 관해 심사가 가능하고, 유명한 시사적 인물이 결혼하기로 마음먹었다[87]는 진술이나 누군가 특정한 계기에서 감동의 눈물을 흘렸다는 진술[88] 역시 마찬가지이다.[89] 누군가 감사과정에서 특정 행위가 폭로될 수 없도록 의도적으로 잘못된 숫자를 말했다는 표현 역시 그 진실성에 대해 심사가 가능한 내적 사실에 해당한다.[90]

하지만 공개되지 않은 동기나 동인 혹은 비밀계획들에 관한 표현들은 원칙적으로 의견표현으로 분류되어야 한다.[91] 이는 특히 피해 당사자의 내적 태도를 비판하거나 다른 방식으로 평가할 수 있는 표현주체의 관심사가 인식될 수 있을 때 그러하다.[92, 93] 다만, 자신의 의견을 효과적으로 관철시킬 노력을 내적 사실에 관한 진술에서 끌어낼 수 있을 경우에만 이러한 표현을 의견영역에 귀속시키는 것이 고려된다. 따라서 내적 사실에 관한 표현을 의견표현 아니면 사실주장으로 분류하는 문제에 있어서는 맥락의 주의하에서 구체적인 개별적 사정이 주의 깊게 고려되어야 한다.[94]

## 칼스루헤 상급법원 2008년 2월 29일 자 판결 – 14 U 199/07

### 사실관계

현재 81세인 원고는 유명한 오스트리아의 가수 겸 배우이자 연예인이다. 피고에 의해 발행되는 잡지 42/07호 표지에서는 "P-그의 포로상태 때의 고약한 시절이 지금 그를 다시 엄습했다"라는 표현과 함께 잡지 속의 한 기사가 소개되었다. 해당 기사의 제목은 다음과 같았다. "P: 혹독한 포로상태에 대한 기억이 지금 내 자신을 다시 엄습했다." 원고는 우선적으로 무엇보다 피고가 기사가 게재된 잡지의 동일한 위치에서 동일한 활자체, 동일한 활자 크기, 반론보도라는 제목의 강조 등으로 아래의 반론보도내용을 편집이 완료되지 않은 다음 호에 게재하라고 가처분신청을 제기했다.

> 42/07호 표지에서는 다음과 같이 보도되었다. 'P-그의 포로상태 때의 고약한 시절이 지금 그를 다시 엄습했다.' 이것은 허위이다. P.

지방법원은 본안소송에서 이 처분을 인용했다. 피고의 항소로 1심판결은 일부 변경되었고, 그 밖의 항소는 기각되었다.[95]

### ① 표현의 수신인 기준

항소법원은 바덴뷔르템베르크주 출판법에 따라 정기간행물의 발행인은 청구인이 사실주장을 통해 관련되는 한, 반론보도를 게재할 의무를 지며, 반론청구의 전제는 반론보도가 원래 보도에 포함된 사실주장에 대한 반박으로서 이뤄지는 것이라고 보았다. 그리고 지방법원 역시 이러한 전제를 정당하게 고려했다고 평가했다.

이어서 공표된 표현이 어떤 방식으로 이해되어야 하는지의 문제에 있어서는 수신인들에 의해 정해진 의미내용이 결정적이라고 밝혔다. 그리고 여기처럼 잡지의 표지 위에 배치된 기사의 수용자들은 무엇보다 출판물의 구매자로서 고려되는 통행인들이거나 가두판매대 및 슈퍼마켓 혹은 이와 유사한 잡지판매장소의 방문자들(소위 가두판매대-독자)이라고 보았다. 아울러 이들은 누군가가 지금 자신의 포로상태 때 고약했던 시절에 사로잡히게 되었다는 표현을 당사자가 지금 -내적이든 외적이든- 오래전 이미 종결된 것으로 간주되었던 사건들이나 상황들에 맞닥뜨리게 되었고, 더욱이 자신의 의도와 상관없이 그리고 자신을 오히려 불쾌하게 건드리는 방식으로 맞닥뜨리게 되었다는 정도로 이해하게 된다고 보았다.[96]

② 내적 사실의 표현성격

피고는 이러한 종류의 당사자의 내적 과정들이나 심적 상태와 관련된 표현들은 일반적으로 이러한 내적 사실이 분명하게 외적 사건과 관련될 때, 즉 외적인 증거에 의해 접근할 수 있는 보조사실과 함께 뒷받침될 때에만 의견표현이 아니라 사실주장으로 평가될 수 있다고 주장했고, 항소법원은 이를 적절한 것으로 인정했다.

항소법원은 하지만 이 사건에서 문제 된 표현이 비록 그 자체로 어떠한 보조사실도 언급하지 않았지만, 잡지 내에 배치된 기사의 소개(7면)를 통해 평균적인 독자 및 수용자들에게 표지 위에 게재된 표현에서 예고된 기사는 원고 내부의 심적 상태에 대한 추론을 가능하게 하는 사실을 전달하게 될 것이라는 인상을 불러일으켰다고 보았고, 이것이 사실주장으로 간주하는 것을 정당화한다고 판단했다. 아울러 평균적인 '가두판매대 독자(Kiosk-Leser)'에게 처음부터 표지 위에 배치된 기사 속 주장이 사실을 통해 입증되지 않거나 근거가 없이 날조한 것일 경우에만 상황은 달라질 수 있다고 밝혔다. 결국 여기에서 판단되어야 할 표지보도의 판단을 위해서는 예고된 7면의 기사가 실제로 원고의 내부 심적 상태에 관한 판단을 허용하는 다른 사정을 포함하는지 여부는 중요하지 않다고 보았다. 왜냐하면 표지 위에서 공표된 원래 보도의 평가에 있어서는 단지 잡지 내에 기사내용을 알지 못하는 "가두판매대 독자"의 이해만이 결정적이기 때문이라고 밝혔다

이어서 피고는 청구취지에서 부당하게 요구된 반론보도는 해당 원보도에서 무엇이 허위라고 하는지 분명하지 않기 때문에 충분히 구체적이지 않다고 주장했다. 이

에 대해 항소법원은 오히려 반론보도상의 표현이 간명하고 모든 잡설을 피하는 방식으로 '원고는 지금 자신의 포로상태 때의 고약했던 시절에 사로잡히지 않았다'는 것을 나타낸다고 반박했다.

한편, 항소법원은 피고의 항소 가운데 반론보도가 원보도에서의 "자신의 고약한 시절" 내지 "P"라는 활자 크기와 동일한 크기로 공표되는 것에 대한 이의 제기 부분은 수용된다고 밝혔다. 이로 인해 표지의 외관이 강하게 영향을 받게 되는 그러한 크기의 면적이 요구될 수 있을 것이라고 지적했다. 그에 반해 잡지의 정체성을 가능하게 하고, 특별히 중요한 것으로 간주되는 보도를 수록하고, 대중의 관심을 불러일으키는 것을 가능하게 하는 그런 표지의 기능이 반론보도의 범위와 외적 형태로 인해 상실되지 않을 경우에만 출판물의 제공과 관계된 편집자유를 포함하는 출판자유권의 이익이 고려될 수 있을 것이라고 보았다. 이러한 점에서 원고는 활자 크기의 일정한 축소를 감수해야 하며, 물론 이것이 반론보도의 가치훼손에 이르러서는 안 된다고 판결했다.[97]

## 칼스루헤 상급법원 2011년 3월 11일 자 판결 – 14 U 185/10

### 사실관계

신청인(추후 원고)은 유명한 언론인이자 방송진행자이다. 그는 피신청인(추후 피고)이 발행하는 잡지 'X'의 "TV 인기스타 Y. 승리의 기쁨 & 눈물들! 그의 비밀스러운 사생활에 관한 모든 것"이라는 2010년 10월호 기사에서 "P의 자택에서 그가 사회적으로 차별받은 아이들의 운명에 관해 들었을 때, 확실히 감동의 눈물을 흘렸다"는 문장을 반박하는 가처분신청을 제기했다. 이러한 내용의 요약설명을 담고 있는 잡지의 표지는 다시 "전국에서 '최고로 인기 있는 TV-진행자'로 성장한 원고의 '성공이야기'"라는 본문기사를 예고했다. 이어서 원고가 주말 방송시간대에 ARD-정치프로그램을 진행하게 될 것이라고 언급되었다. 그리고 "그는 수많은 불쌍한 영혼들을 도

왔다"라는 중간제목 이후 직접 연결된 본문기사내용에서 세 번째로 "승리의 기쁨과 눈물들"이라는 표현이 게재되었다.

그리고 원고의 포도재배 사업으로의 진출에 관한 "포도 왕국"과 원고는 "그의 가족들의 마음 깊은 곳에서 최고의 행복을 발견했다"는 상황들이 언급된 이후 원고에 의해 반박된 위의 문장이 게재되었고, 이어서 원고가 어린이구호 프로젝트 "A"를 대규모로 후원했다고 보도되었다.

원고는 문제 된 구절들이 하나의 내적 사실주장을 전제하고 있다고 주장했다. 특히 그러한 소위 의도들, 동인들, 희망과 동기는 반론보도가 가능한 사실주장에 해당한다고 주장했다. 그리고 보도대상은 순수한 동정심의 발로에서 생겨난 황색 언론을 위한 일종의 감상적 사건이 아니라 자기 스스로 어떤 프로젝트에 기부할지 안 할지를 숙고한 결과라고 밝혔다. 그리고 다음과 같은 반론보도의 게재를 요구했다.

> 반론보도
> 'X'지 2010. 10.호에서 당신은 'TV-인기스타 Y. 승리의 기쁨과 눈물들! 그의 비밀스러운 사생활에 관한 모든 것'이라는 제목이 달린 9면의 기사에서 나에 관해 다음과 같이 보도한 바 있습니다: '그는 또한 자신이 사회적으로 차별받는 아이들의 운명에 관해 P 소재 자택에서 들었을 때 확실히 감동의 눈물을 흘렸다.'
> 이에 대해 나는 밝힙니다:
> 나는 사회적으로 차별받은 아이들의 운명에 관해 P에 소재한 나의 자택에서 들었을 때 감동의 눈물을 흘린 적이 없습니다.
> P.,⋯2010
> Y.

아울러 예비적으로 다음의 반론보도 게재를 요구했다.

반론보도

'X'지 2010. 10.호에서 당신은 'TV-인기스타 Y. 승리의 기쁨과 눈물들! 그의 비밀스러운 사생활에 관한 모든 것'이라는 제목이 달린 9면의 기사에서 나에 관해 다음과 같이 보도한 바 있습니다: '그는 또한 사회적으로 차별받는 아이들의 운명에 관해 P 소재 자택에서 들었을 때 확실히 감동의 눈물을 흘렸다.'

이에 대해 나는 밝힙니다:

나는 당신에 의해 묘사된 사건 때문에 감동의 눈물을 흘린 적이 없습니다.

P., ⋯2010

Y.


이러한 신청인(추후 원고)의 신청에 대해 피고는 이의를 제기했다. 문제 된 구절은 내적 사실주장이 아니라 보도된 사실의 맥락에 따라 평가적 추론에 해당한다고 주장했다. 지방법원은 원고의 가처분신청들을 기각했다. 반론보도가 가능한 사실주장이 없다는 것이 이유였다. 문제 된 문장은 명백히 원고의 자비심에서 추론을 이끌어냈고, 이러한 추론에 있어서는 원고의 자비심을 확증된 것으로서 주장한 것이 아니라 일반적으로 감정적 이유들 역시 공동원인이 될 수 있었을 것이라고 표현한 것이라고 보았다.

원고는 가처분 선고를 위한 주장을 이어가기 위해 항소를 제기했고, 여기에서 지방법원은 기사의 전체 인상의 결정에 있어서 피상적으로 보기에도 평가적 표현들이 해당 표현을 사실주장으로 분류되는 것을 방해하지는 않는다는 사실을 충분히 고려하지 않고 잘못 판단했다고 항변했다. 이에 대해 피고는 보도된 관련사실에서 추정으로서 특징지어지는 추론에 대해서는 어떠한 반론보도청구 대상도 없다고 재반박했다.[98]


① 내적 사실주장의 문제

항소법원은 바덴뷔르템베르크주 출판법 제11조 제1항 제1문에 따라 정기간행물의 발행인은 반론보도 청구인이 사실주장과 관련된 경우 반론게재의 의무를 진다고 규정하고 있고, 따라서 반론보도는 원 보도에 포함된 사실주장에 대한 반박으로 이뤄져야만 한다고 밝혔다. 그리고 지방법원의 견해와 달리 원보도의 문제 된 문장은 하나의 사실주장을 포함한다고 판단했다.

항소법원은 원고에 의해 하나의 순수한 내적 사실주장으로 분류된 문제의 구절들을 일반적인 언어사용이나 "X"지의 평균독자 혹은 이성적인 수신인의 관점에서 볼 때 눈물을 흘린 정도의 원고의 동정에 관한 보도인지는 의심스럽다고 보았다. 누군가 "눈물을 흘릴 정도로 감동했다"고 할 경우에 이것은 완전히 당사자의 내면에 머물러 있는 철저한 호의감정으로서 가령 동기나 의도가 이에 해당하는 그런 것 이상을 의미한다고 이해했다. 확실히 적지 않은 독자들은 "감동해서 눈물을 흘렸다"는 표현을 거의가 아니라 실제로 울었던 사람의 모습과 결부시키며, 더 나아가 상당한 독자들이 이 표현과 함께 혹여 이런 모습을 결부시키지 않더라도 당사자는 어쨌든 거의 눈물의 분출 직전에까지 이르렀고, 더욱이 이것을 보지는 못했을지라도 느낄 수 있는 상태가 되었다는 점을 예상하거나 전제하게 될 것이라고 밝혔다. 그러한 인물의 목소리는 생기 없고 흔들리게 되며, 그의 눈이 붉어지고 축축해져서 아마도 그러한 감정에 부닥치게 될 경우에 한두 방울 산발적인 눈물이 나타나게 된다고 보았다. 이 모든 것에 비추어 보면, 문제의 표현은 사람의 내면에 머물러 있는 것이 아니라 더듬더듬한 말투나 붉어진 얼굴 내지 다른 신체언어로서 알려진 현상들이 증거 확인 과정에서 쉽사리 전달될 수 있는 신체적 행위에 해당한다고 인정했다. 바로 이러한 고려사항이 사실주장의 존재에 관한 심사기준으로서 증거접근 가능성 내지 해명 가능성에 따라 분명히 문제 된 표현을 외적으로 인식할 수 있는 명백한 사실주장임을 말해준다고 밝혔다. 따라서 이것은 구별되어야 할 내면에 머물러 있는 감정의 인식과는 분명히 다르다고 생각했다. 어느 누구도 비록 감정적으로 강하게 흥분된 사람을, 그럼에도 완전히 통제 상태에 있거나 아무것도 관찰될 수 없는 그런 사람을 "감동해서 눈물을 흘렸다"라고 표현하지는 않는다고 보았다.[99]

② 표현의 사실주장 판단문제

한편, 항소법원은 다툼의 대상이 된 표현이 "틀림없이"라는 단어와 함께 시작되었다는 사실이 이 표현을 사실주장으로 인정하는 판단까지 배척하지는 않는다고 생각했다. 원칙적으로 이러한 식의 제한적 첨사를 통해 대상 표현이 사실주장에서 의견표현으로 전환될 수 있기에는 불충분하다고 판단했다. 이 사건 9면 기사의 맥락은 제목과 도입문장의 타당한 이해에 따르면 이론의 여지 없이 사실주장의 존재를 말해준다고 보았다. 문제의 표현 앞에 명확하고 인상적인 단어 "승리의 기쁨 & 눈물들" 내지 "승리의 기쁨과 눈물들"이라는 표현이 이미 세 번이나, 즉 표지 헤드라인으로서, 그리고 9면의 기사제목으로 각각 커다란 활자체로 게재되었고, 그 후 다시 한번 본문내용에서 언급되었다는 점에 주목했다. 그리고 이러한 식으로 기사를 접한 독자들은 기사의 첫 부분에서 원고의 TV 경력에 관한 확실한 사실들을 접하게 되었기 때문에, 단지 평범한 주목하에 해당 정보를 접하게 된 독자들과 마찬가지로 원고의 TV 경력에 관한 이런 사실들이 이미 잘 알려진 것이라는 점과 이 사실들은 전혀 의심할 바 없이 사실에 부합한다는 점을 확인하게 되는 계기가 될 것이라고 생각했다.

이러한 사정하에서 이를 통해 독자들에게 일정 정도 야기된 사실성의 흡인효과는 아마도 앞에서 부가된 "틀림없이"라는 첨사에도 불구하고 "눈물들"이라는 제목이 달려야만 했던 기사부분이 진실한 것이며, 비록 이 기사가 효과는 덜한 것으로 보일지라도 마치 서막처럼 사실성에 뿌리를 두고 있을 것이라는 생각을 하게 된다고 보았다. 이런 식으로 독자들에게 접근된 원고의 눈물이 날 정도의 감동의 사실성은 다시 한번 "그는 지체 없이 모든 유지비용을 떠맡았다"라는 표현을 통해 다시 강화되었는데, 이 표현은 원고의 감상적인 감정반응에 연결된 상태에서 어린이 구호프로젝트의 재정적 지원사실과 인과관계를 형성하게 되었다고 보았다. 따라서 "틀림없이"라는 단어는 이러한 맥락에서 독자들에게 독자적인 제한적 진술의미가 없는 단순한 문체수단으로만 작용했다고 판단했다.[100]

# 연방헌법재판소 2016년 8월 4일 자 결정 – 1BvR 2619/13

## 사실관계

청구인은 방송프로그램 편성잡지의 발행인이며, 2011년 5회에 걸쳐 "사랑했던 적, 미워했던 형제 (…) 서독과 동독 이야기"라는 시리즈 기사를 게재했다. 여기에서 동독에서 서독으로 출국한 뒤 서독에서 유명해진 한 배우와 그의 형의 이야기가 다뤄졌다. 이 기사는 서독에서 성장한 형의 인터뷰를 기초로 했고, 인터뷰에서 형은 현재 다투고 헤어진 형제들의 공동 스토리를 회고적으로 기술했으며, 무엇보다 배우인 동생의 직장동료들과의 성적 관계, 국가권력을 통한 그의 염탐, 동독에서 그의 출국 그리고 서방세계로 빼돌렸던 고대미술품의 공동 밀거래에 관해 진술했다. "밀거래, 스파이, 수상한 거래"라는 기사에서 형은 동독 슈타지와 동생 사이의 협약이 있었고, 이미 사전에 동생이 동독에서 나올 때 무엇을 가지고 가도 되는지가 정해졌다고 추측했다. 해당 기사는 다음과 같은 문장으로 끝을 맺었다.

국가권력이 그에게 어떤 반대급부를 요구했을까? 이것을 나는 나중에 말하겠다….

이어서 이러한 추측과 관련해 형은 동생이 언급했던 교도소에 대한 공포가 부당하다고 생각했고, "슈타지와 배신자"라는 제목이 달린 한 기사에서 이에 관해 다음과 같이 말했다.

커다란 의심. 동생은 책에서 '나는 스스로 언제 이 원고를 중단하게 될지 묻는다. 왜냐하면 그들은 내게 룸멜베르크나 바우첸에 휴가지를 제공하게 될 것이기 때문이다'라고 썼다. 하지만 나는[형] 다르게 생각한다. 진실은 동생이 결코 위험에 빠지지 않았다는 것이다. 그와 같은 사람을 결코 쉽게 가두어두지는 않을 것이다. 사람들은 알아야만 한다. 동생이 자신의 친구 및 기타 등등에 관한 완전히 상세한 정보를 가진 일기를 썼다는 사실을. 거기에서 비밀누설이 안 좋은 치아들 가운데 충치들처럼 꼭 찍어서 줄줄이 나올 것이다.

파괴력이 큰 정보들. 나는 동생이 국가기관에 말했다고 추측한다: 일등석 출국의 대가인 일기. 동독 당국에 일기는 당연히 금광이었다. 그 후 몇몇 다른 저명인사들 역시 갑자기 커다란 어려움에 빠졌다. 오늘날까지 그들이 동생에게 매우 화가 나 있다는 사실은 전혀 놀랍지 않다….

하지만 동생은 언제나 자신이 슈타지와 공모하여 비열한 짓을 했다는 비난들에 항의했다.[101]


이러한 기사에 대해 동생은 청구인의 보도가 형의 추측에 기초한 것이라며 인격권 침해를 이유로 한 금전배상청구권을 행사했다. 이에 대해 베를린 상급법원은 동생이 슈타지에 일기장을 건네주는 대가로서 '일등석 출국'을 얻어냈고, 이어서 다른 배우들이 거기에서 어려움을 겪었다는 표현은 허위의 사실주장으로 다뤄져야 한다고 보았다. 왜냐하면 동생의 설명에 따르면 자신은 단지 가림처리를 통해 익명화된 일기를 슈타지에 넘겼고, 이러한 사실이 실제 반박되지 않았기 때문이라고 인정했다. 문제의 표현들은 근거가 부족한 것도 아니고, 허용되는 의견표현도 아니라고 보았다. 기사에서는 협약이 언급되었고, 비록 형의 추측이라고 말했지만 단지 형의 의견만이 표현된 것은 아니었다고 생각했다. 왜냐하면 표현의 근거로서 동생이 동료에 대한 정보가 담긴 일기장을 편안한 출국의 매수조건으로 슈타지에 넘겨주었다는 점이 확실하다는 사실을 독자들은 인정할 수밖에 없기 때문이라고 보았다.

이러한 베를린 상급법원의 판결에 대해 청구인은 기본법 제5조 제1항 제1문의 의견자유권이 침해되었다며 헌법소원을 제기했다.

이에 연방헌법재판소는 베를린 상급법원 판결이 민사법 규정의 해석과 적용에 있어서 기본법 제5조 제1항 제1문의 의견자유권의 의미와 사정거리를 부인했으며, 이는 헌법상 더 이상 납득할 수 없는 방식으로 허위사실주장을 인정했다는 점에서 그렇다고 밝혔다.

① 의견표현과 사실주장의 구별

연방헌법재판소는 우선 이 사건에서의 쟁점은 의견표현과 사실주장의 구별문제에서 출발한다고 보았다. 의견자유의 침해는 우선 표현의 부적절한 이해와 평가에서 이미 발생할 수 있기 때문이라고 밝혔다. 나아가 법원이 어떤 표현을 가치평가와 같은 정도의 기본권 보호를 받지 못하는 결과에 이를 수 있는 사실주장, 형식적 모욕이나 비방적 비판으로 부적절하게 분류할 경우, 의견자유의 의미와 사정거리가 부인된다는 기존의 원칙을 확정했다.

이어서 재판부는 어떤 표현이 그 본질상 사실주장 혹은 가치평가로서 인정될 수 있는지의 문제는 문제 된 표현의 전체 맥락에 달려 있지만, 가치평가와 사실주장 사이의 구분은 개별적인 경우에는 어려울 수 있으며, 이는 무엇보다 두 표현형태가 서로 결합되어 있는 상태에서 우선적으로 표현의 전체 의미를 형성하기 때문이라고 보았다. 따라서 그러한 경우에 의견의 개념은 효과적인 기본권 보호의 이익을 위해 넓게 이해되어야 한다고 밝혔다. 따라서 사실과 의견이 혼재되어 있는 표현이 입장표명, 견해 혹은 의견의 요소를 통해 부각되는 한, 의견으로서 기본권 보호를 받게 된다고 보았다. 이는 특히 평가적 내용과 사실적 내용의 분리로 인해 표현의 본래의미가 파괴되거나 변질될 경우에도 마찬가지라고 덧붙였다.[102]

② 제3자의 동기에 관한 주장의 표현성격

나아가 연방헌법재판소는 제3자의 행동에 있어서 동기에 관한 주장이 문제 될 경우에는 사실주장과 가치평가 사이의 구분이 어렵다는 사실을 직시하고, 이 경우 제3자의 내적 동기나 잠정적인 의도에 관한 추론결과는 증거에 의해서 접근 가능한 사실주장이라기보다는 가치평가이며, 이때에도 가치평가와 동일시할 수 있는 진술에는 하나의 충분한 사실적 근거가 있어야 한다는 유럽인권법원[103]의 입장을 차용했다.[104]

이러한 원칙하에서 연방헌법재판소는 대상 판결이 헌법상 요청을 충족하지 않는다고 결정했다. 구체적 사건판단에서 재판부는 문제 된 표현들이 하나의 사실주장을 포함하고 있다는 점은 옳다고 보았다. 하지만 표현들은 동료들에 대한 진술이 담긴 일기장이 존재한다는 사실주장에 그치지 않고, 더 나아가 이 일기장의 양도가 어쩌면 동독 출신 배우의 '일등석 출국'을 실현하기 위한 슈타지와 맺은 협정의 일부였고, 이 일기장에 포함된 정보의 이용으로 거기에서 언급된 인물들의 불이익의 결과가 초래되었다는 내용들은 추측에 해당하는 것이었다고 판단했다. 그리고 이 추측은 그러한 일기장이 존재했고, 그것이 슈타지에도 넘겨졌다는 핵심 사실을 바탕으로 하고 있다는 점에 다툼이 없다고 인정했다.

하지만 동생이 일기장 안에 포함된 제3자의 피해를 초래할 수 있는 정보를 자신의 이익을 위해 슈타지에 공개했다는 연결된 비난들은 사실에 입각한 추론결과이고, 자의적으로 꾸며낸 평가가 아니라는 점에 주목했다. 그리고 중립적이고 이성적인 청중에게는 동생에게 호의적이지 않은 표현주체가 일기장의 양도의 의미 및 결과에 대한 주관적 평가를 행한 것이고, 자신에게 알려질 수 없는 내용을 추측한 것이라는 점을 분명히 인식할 수 있을 것이라고 판단했다. 따라서 이러한 해석의 바탕에는 평가적 요소가 우월하기 때문에 표현은 사실주장이 아니라 의견으로서 분류되어야 한다고 결정했다.[105]

### 유럽인권법원 2014년 7월 10일 자 판결
### - 48311/10(Axel Springer AG/Deutschland Nr.2)

### 사실관계

청구인은 함부르크 소재 주식회사이다. 청구인은 무엇보다 높은 발행부수를 자랑하는 일간지 "빌트"지를 발행한다. 2005년 5월 22일 저녁 1998년부터 연방수상직을 수행했던 게하르트 슈뢰더는 자신에 의해 지휘되었던 노트라인-베스트팔렌 주의회 선거에서 독일사회민주당(SPD)이 심각한 패배를 겪게 된 것을 계기로 정상적으

로는 2006년 9월에 예정된 새로운 선거를 앞당겨 실시하겠다는 자신의 계획을 공개
했다. 새로운 선거는 연방의회의 해산 이후에 비로소 실시할 수 있었고, 연방의회의
해산은 단지 연방대통령이나 연방수상에 대한 신임투표 부결 이후에만 선언될 수 있
었다. 그 때문에 연방수상인 슈뢰더는 2005년 7월 1일에 자신의 신임문제를 던졌고,
연정 정당 304명의 의원들 중 148명이 수상의 요청에 따른 투표에 기권을 행사했기
때문에 불신임되었다. 이에 2005년 7월 21일 연방대통령 호르스트 쾰러는 연방의회
의 해산을 선포했다. 의회해산을 이끌어낸 이런 방식은 공중의 많은 관심과 토론을
가져왔고, 의원들 사이에서 기관소송의 대상이 되었으나 연방헌법재판소는 다수로
이 신청을 기각하고 비판의 대상이 된 해산과정은 헌법에 합치되는 것으로 선언되었
다. 선거는 2005년 9월 18일 실시되었다. 그 결과 어떤 정당도 충분한 다수를 얻지
못했기 때문에, 지금까지 슈뢰더 정부를 떠받쳤던 정당들(SPD와 녹색당 90석의 연
정)은 다수 지위를 잃게 되었다. 이에 CDU와 CSU 및 SPD는 연정을 형성하기로 합
의했다. 2005년 11월 22일 슈뢰더는 그의 직을 내려놓았고, 앙겔라 메르켈이 새로운
연방수상으로 선출되었다.

2005년 12월 9일 발트해 천연가스 수송관 착공기념식에 즈음해 슈뢰더가 북유
럽 가스수송관 독-러 조합(NEGP)의 감독위원장에 임명되었다는 사실이 공개되었
다. 러시아 기업 "가즈프롬"이 지배주주인 이 컨소시엄의 설립목적은 러시아 천연가
스를 서유럽으로 수송할 가스관을 설치하는 것이었다. 독일 바스프사와 러시아 가즈
프롬사의 가스수송관 건설에 관한 기본선언이 2005년 4월 11일 슈뢰더와 러시아 대
통령 푸틴의 동석하에 조인되었다. 본 협약은 2005년 9월 8일 당겨서 실시된 재선거
열흘 전에 체결되었다.

2005년 12월 9일 "빌트"지 편집국 기자는 수상대변인실 부대변인에게 이러한 이
슈에 관한 정보를 얻기 위해 접촉을 시도했지만 무위로 돌아갔다. 다음 날 기자는 또
다른 시도를 감행했지만 역시 실패했다. 같은 날 세 번의 문의 끝에 비로소 부대변인
은 기자에게 다음과 같은 내용을 전달했는데, 2005년 12월 9일 컨소시엄의 세 당사

자가 슈뢰더에게 컨소시엄 감독위원장을 맡아줄 것을 요청했고, 이러한 요청을 기꺼이 수락했다는 슈뢰더의 답변내용 외에 아무것도 추가할 것이 없다고 전했다. 2005년 12월 11일 일요일 "빌트"지 기자는 자유민주당(FDP) 원내대표인 틸레에게 전화했고, 틸레로부터 다음과 같은 사실을 확인했다고 2005년 12월 14일 선서효과에 버금가는 보증하에서 주장했다. 틸레는 연방수상 슈뢰더가 2005년 5월 재선거의 예고전에 이미 러시아 사람들과 유리한 자리에 관해 서로 논의했던 것은 아닌지 의심스러워했다. 무엇을 말하고자 하는 것이냐는 기자의 질문에 틸레는 다음과 같이 대답했다. "'재선거-감행'은 현재 다른 관점에서 평가되어야 해요." 기자가 곧바로 틸레에게 슈뢰더가 혹시 재선거를 러시아 사람들과의 약속 때문에 감행한 것이 당신이 말하고자 하는 바인지 묻자 틸레는 다음과 같이 답했다. "사람들은 이 문제를 제기해야 해요!" 이어서 틸레는 정치계 내에 알려진 바에 따르면 이런 중요한 개인적 활동의 임무교체문제는 이미 5월 전에 결정되었다고 말했다. 이후 틸레는 두 가지 문제를 제기했다. "슈뢰더는 유리한 일거리를 확약 받았기 때문에 수상직에서 벗어나려고 했을까? 그가 정치적으로 희망이 없는 상황에서 재선거를 초래했을 때, 그는 개인적 동기를 가졌을까?" 틸레는 자신의 발언이 인용될 수 있다는 점에 동의했다. 2005년 12월 14일 기자가 틸레에게 다시 한번 슈뢰더가 "빌트"지에 보냈던 경고의 언급하에서 여전히 자신의 발언을 고수하는지 물었을 때, 틸레는 그것을 확증했다.

이후 2005년 12월 12일 판에서 "빌트"지는 "그는 실제로 가스 수송관 계획에서 무엇을 얻었나? - 슈뢰더는 러시아에서 받는 월급을 분명히 공개해야 한다"라는 표지 제목이 달린 다음과 같은 기사를 게재했다. 2페이지의 "러시아 월급-슈뢰더는 1년에 백만 달러 이상을 벌었나?"라는 제목 아래 기사에서는 무엇보다 2005년 4월 11일 러시아 에너지기업 가즈프롬과 독일 바스프가 슈뢰더와 러시아 국가수반 푸틴의 참석하에 하노버에서 러시아 가스 분야의 공동개발에 관한 한 문서에 서명했고, 그 후 두 행정수반은 깊은 밤까지 와인을 함께 마셨다는 사실이 매우 흥미롭다고 보도되었다. 그리고 "슈뢰더의 재선거 예고 당시 최소한 6주 전에 이미 가스-콘체른의 참여에 관해 논의했을까?"라는 내용에 이어 계속해서 "틸레는 엄청난 의혹을 가슴에 품었다: 슈뢰더는 자신에게 유리한 일자리가 약속되었기 때문에 그의 직에서 벗어나기를 원했을까? 그는 자신이 정치적으로 희망 없는 상황에서 재선거를 초래했을 때 개인적 동기를 가졌을까?"라고 게재되었다.

2006년 슈뢰더는 기사 가운데 다음과 같은 구절, 즉 "틸레는 엄청난(전대미문의) 의혹을 제기했다: 슈뢰더는 자신에게 유리한 일자리가 약속되었기 때문에 그의 직을 벗어나길 원했을까? 그는 정치적으로 희망 없는 상황에서 재선거를 초래했을 때, 개인적 동기를 가졌을까?"라는 내용을 더 이상 공표하지 말라고 금지청구 소송을 제기했다. 함부르크 지방법원은 소송을 인정했고, 함부르크 상급법원 역시 1심판결을 확정했다. 문제 된 인용보도는 민법 제1004조 제1항의 유추하에 민법 제823조 제1항에 근거한 일반적 인격권을 침해했다는 것이 항소법원의 생각이었다. 연방대법원은 2009년 1월 13일 청구인의 상고를 기각했는데, 법과 판례의 안정성 및 계속성에서 볼 때 원칙적으로 소송이 반드시 필요한 것으로 인정되지 않는다고 판단했다. 연방헌법재판소 역시 2010년 2월 18일 청구인의 헌법소원을 받아들이지 않았다. 이후 청구인은 2010년 8월 19일 유럽인권법원에 불만신청을 제기하면서 독일법원을 통한 두 문장의 공표금지는 유럽인권협약 제10조 위반이라고 주장했다. 2014년 관할재판부(제5재판부)는 만장일치로 인권협약 제10조가 침해되었으므로 인권협약 제41조(정당한 배상)에 따라 비용과 경비를 위한 배상으로서 41.338,25유로를 지불하라고 결정했다.[106]

① 원칙

우선, 유럽인권법원은 사건해결을 위해 자신의 판례에서 생겨난 원칙을 제시했다. 이에 따르면, 유럽인권협약 제10조 제2항은 정치적 토론이나 공적 이익의 문제에 있어서 자유로운 의견표현의 제한을 위한 여지는 크지 않다고 밝혔다. 게다가 정치인 지위에 있는 인물에 대한 비판의 허용한계는 일반 사인보다 더 넓은데, 왜냐하면 정치인은 일반인과 달리 명백히 의도적인 자신의 행동과 활동으로 인해 언론이나 국민들을 통한 주의 깊은 통제 아래 놓여 있고, 그 때문에 커다란 관용을 보여주어야 한다고 설명했다. 그리고 이와 같은 사례에서는 민주주의 사회에서 언론에 부여되는 역할이 중요하게 고려되어야 한다고 밝혔다. 언론은 특히 명예나 타인의 권리의 보호로 인해 비록 일정한 한계를 넘어서는 안 되지만, 자신의 의무와 책임의 준수하에서 모든 공적 문제들에 대한 정보와 생각들을 전달할 과제를 가진다고 강조했다. 이것은 마찬가지로 그와 같은 정보나 생각들을 받아들일 공중의 권리(알권리)에 상응한다고 보았다. 이와 다른 상황이 펼쳐진다면, 언론은 자신의 포기할 수 없는 "감시견"으로서의 역할을 수행할 수 없을 것이라고 우려했다.

이 사건에서 자유로운 의견표현권에 대한 사생활 존중권이 고려되어야 한다면, 원칙적으로 이러한 문제를 판단함에 있어서는 불만신청이 유럽인권협약 제8조에 따라 기사에서 보도된 당사자에 의해 제기되었는지 아니면 유럽인권협약 제10조에 따라 기사를 보도한 언론사에 의해 제기되었는지 여부는 원칙적으로 중요하지 않다고 생각했다. 왜냐하면 두 권리는 원칙상 동일한 존중을 받을 가치가 있기 때문이라고 밝혔다. 그 결과 두 경우에 있어서 재량 여지는 기본적으로 동일하다고 생각했다. 그리고 국가 당국이나 법원들이 유럽인권법원에 의해 발전되어 온 원칙들의 준수하에서 형량을 행했을 경우, 국내 법원들의 견해를 유럽인권법원의 견해로 대체하기 위해서는 중요한 이유들이 존재해야 한다고 밝혔다. 그리고 의견표현권에 대한 사생활 존중권의 형량을 위한 기준들은 소위 "악셀 스프링거 주식회사/독일" 결정[107]에서 정리되었는데, 무엇보다 공적 이익의 토론에 기여하는지 여부, 당사자의 지명도, 보도내용, 공표결과와 가해진 제재의 심각성 등이 중요하다고 열거했다.[108]


② 공적 이익의 토론에의 기여

유럽인권법원은 다툼이 된 본문부분이 발행부수가 높은 한 신문의 기사 일부이며 그 기사는 연방수상인 슈뢰더를 임기종료 직후 곧바로 독일-러시아 컨소시엄의 감독위원회 자리에 임명한 것과 관련된다고 밝혔다. 기사는 무엇보다 슈뢰더가 행정부 수반으로서 교체를 대비했던 정치적 결단으로부터 이익을 취했는지 여부 및 이익의 범위에 관한 문제를 던졌기 때문에 이 주제는 명백히 커다란 공적 이익의 문제라고 인정했다. 특히 금지된 구절은 슈뢰더가 연방수상의 공직을 컨소시엄에서 자신에게 제공된 자리로 인해 그만두고자 했는지에 관한 의심을 다루는 내용이라는 점에서 그렇다고 보았다.[109]

### ③ 당사자의 지명도

유럽인권법원은 슈뢰더가 보도 당시 독일 행정수반이었고, 따라서 매우 지명도가 높은 정치적 인물이었다고 인정했다.[110]

### ④ 정보의 내용과 형식

유럽인권법원은 기사가 슈뢰더의 사생활에서 기인한 특정한 청중들의 호기심을 만족시키고자 하는 목적의 세부적인 것들과 관련된 것이 아니라 재직 당시 연방수상으로서 그리고 비판받은 수상으로서 자신의 임기 직후 독-러 컨소시엄에 참여한 그의 행동과 관련된 것이었다고 보았다. 따라서 이 사건에서 자유로운 의견표현권은 넓게 해석되어야 한다고 판단했다.

독일 법원들이 문제 된 본문부분을 금지한 이유는 해당 내용들이 법원에 계류 중인 소송절차 전에 적용할 수 있는 혐의보도 기준을 만족시킬 수 없다는 것이었다. 독일법원들은 슈뢰더가 비록 형사범죄를 저질렀다는 혐의를 받지는 않았지만, 청구인("빌트"지)이 슈뢰더에 대해 현저한 명예훼손적 비난을 제기했다는 점을 인정했다. 그리고 기사가 비록 공적 이익의 주제와 관련이 있다는 사실은 인정하지만, 청구인의 보도는 특히 객관성과 균형성이 부족하고 슈뢰더의 입장표명이나 그의 가까운 지인들의 입장을 공표 전에 수집하지 않았다는 점에서 문제가 있다고 보았다. 아울러 독일 법원들은 문제 된 부분들이 사실주장인지 가치평가인지 여부에 관한 판단을 유보했는데, 그 이유는 청구인이 혐의를 제기했고, 이러한 혐의보도의 허용성은 혐의보도 기준에 따라 판단되어야 한다고 생각했기 때문이었다. 독일 정부 역시 이 사건을 담당한 독일 법원들은 틸레가 자신의 발언에서 하나의 의혹을 표현한 것이지만 실제로는 청구인이 어떠한 대답도 얻기를 원하지는 않는 수사적인 질문이었다고 판단했고, 이는 타당하다고 동의했다.

이와 관련해 유럽인권법원은 해당 기사가 틸레가 행했던 발언을 인용한 것은 분명한 사실이라고 밝혔다. 그리고 질문문장에 대해 사실주장과 가치평가 사이를 구별하는 것은 때때로 어려울 수 있으며, 이 사건에서처럼 제3자의 행위에 있어서의 동기가 문제 될 때 특히 어렵다는 점이 고려될 수 있다고 생각했다. 이어서 청구인에 의해 작성된 비난이 사실주장이어서 그의 진실성이 입증될 수 있다는 결론에 도달했던 바가르드/덴마크 사건에서와 달리 슈뢰더의 재선거를 위한 동기들에 대해 제기되었던 틸레의 질문들은 본질적으로 입증되기 어려운 것이라고 인정했다. 그리고 바로 이러한 내적 동기나 혹은 혹시 있을지 모르는 제3자의 의도에 관한 추론은 입증 가능한 사실주장이라기보다는 가치평가로 보아야 한다고 판단했다.

이어서 지금까지의 유럽인권법원의 판례에 따르면 가치평가와 동일시할 수 있는 발언들 역시 충분한 사실적 근거가 있어야 하는데, 그런 점에서 문제 기사에는 슈뢰더에 대한 혐의의 결정적 상황을 보도하는 것을 정당화하는 충분한 사실이 있었다는 점 역시 독일 상급법원에 의해 부인되지 않았다고 인정했다. 다만, 상급법원은 한편으로는 청구인이 혐의의 결정적 상황을 반박하는 어떠한 사정도 설명하지 않고 오로지 그것을 지지하는 사정만 서술했으며, 다른 한편으로는 특히 슈뢰더의 입장표명이 수집되기 전에 틸레에 의해 공표된 사실 정황을 계속해서 규명할 어떠한 조사도 시도하지 않았다는 점에서 청구인에게 책임을 물었다고 보았다.

이에 대해 유럽인권법원은 금지대상이 된 질문은 공적 이익의 정치적 맥락 안에 놓여 있으며, 슈뢰더가 형사범죄를 저질렀다는 사실을 전제하는 것은 아니라고 판단했다. 게다가 슈뢰더의 행동에 대해 형사법상 수사절차가 개시될 수 있다는 점 역시 한 번도 청구인에 의해 주장된 바 없었다고 인정했다. 나아가 독일 상급법원은 틸레에 의해 제기된 질문은 몇 가지 사실을 근거로 삼을 수 있고, 슈뢰더의 재선거 예고 역시 수많은 언론기사 및 의회에서의 논쟁을 야기했던 것이라는 점을 적절하게 지적했다고 평가했다. 그리고 틸레의 질문만이 신문기사에서 인용되었던 유일한 내용이 아니라 다양한 정당들 출신의 여러 정치인들의 수많은 인용들도 포함되어 있었다고 밝혔다. 따라서 언론을 대신해서 이 사건에 관해 어떻게 보도를 구성하고, 어떤 정보가 보도에 포함되어야 하고 포함되지 말아야 하는지에 관해 판단하는 것은 유럽인권법원의 과제도 아니고 마찬가지로 독일 법원의 과제도 아니라고 생각했다. 연방수상의 선거를 당겨서 실시하겠다는 결정 이후 그가 컨소시엄 내 한 자리를 차지했다는 소식에 이르기까지 이 사건은 공중에 널리 알려졌고, 독자들에게는 보도 당시에도 여전히 현재진행 중이라는 점을 청구인이 적절하게 지적했다고 인정했다. 이러한 맥락에서 2002년 12월 12일 자 "포쿠스"지에 공표된 기사에서 이 잡지 기자가 가즈프롬 측에서 슈뢰더를 위한 자리를 준비했다는 모스크바발 정보가 진실인지 알기 위해 2005년 8월 행정부에 문의했다는 사실과 행정부 대변인이 그러한 제안은 없었다고 밝힌 사실 역시 중요하다고 보았다.

이러한 상황에서 유럽인권법원은 기사가 당시 연방수상에게 유리한 사정 역시 포함되어야 한다는 독일법원들의 견해에는 동의할 수 없다고 판단했다. 왜냐하면 그는 독일에서 최고의 정치적 지위를 차지하고 있었으며, 따라서 보도들에 대해서는 일반인들보다 매우 관대하게 반응해야 한다고 보았다. 청구인은 비록 문제의 내용을 자신의 신문기사에서 공표했지만, 질문의 장본인은 한 정치인이자 독일 연방의회의 구성원이었다는 점을 강조하였다. 모든 공적 이익의 문제들에 관한 정보와 생각들을 자신의 의무와 책임의 준수하에서 공표할 언론의 과제는 그러한 정보와 생각들을 얻을 공중의 권리에 상응한다고 밝혔다. 이것은 특히 의견표현권의 자유가 최고의 의미를 얻게 되는 정치적 무대에서 토론되는 문제와 관련될 때 더욱 그러하다고 보았다. 실제 대화에 기초한 보도는 재가공된 형태이든 아니든 언론이 그것 없이는 감시견의 포기할 수 없는 역할을 수행할 수 없는 가장 중요한 수단 중의 하나이며, 그가 한 발언의 전파에 협력했다는 이유로 언론인을 처벌하는 것은 공적 이익의 문제에 관한 토론에 기여하는 언론의 역할을 매우 강하게 제지하는 것이고, 이는 특별히 중대한 이유에서만 고려될 수 있다고 밝혔다.

이에 유럽인권법원은 틸레가 기사에 인용된 발언을 했다는 점은 다툼이 없다고 전제했다. 이어서 어쨌든 정치인이 자신의 발언이 인용되길 원하고 그 발언이 공적인 정치적 토론과 관련하에서 행해진 때, 그러한 제3자에 관한 정치인의 모든 발언에 대해 언론이 그 발언의 진실성을 심사할 의무를 질 수는 없다고 판단했다. 게다가 표현의 장본인인 틸레에게 법적 조치를 개시하는 것은 슈뢰더의 자유라고 보았다. "빌트" 지가 틸레의 발언을 얻게 된 경위나 방식 그리고 기사공표 3일 전에 전파되었던 당시 연방수상에 관한 정보의 최근의 시사성 아울러 정보의 일반적인 휘발성을 고려하면, 청구인이 그 발언을 사전에 광범위한 심사 없이 공표해서는 안 된다는 견해에는 찬성할 수 없다고 밝혔다. 함부르크 상급법원이 비록 "전대미문의 의혹"이라는 표현을 본문부분에서 사용한 것은 슈뢰더에 행해진 비난의 심각성을 확증하는 것이고, 따라서 기사의 편파적이고 정파적인 측면을 나타내는 것이라고 생각했지만, 이러한 표현의 사용 역시 청구인이 틸레의 질문과 거리를 두고자 했던 것이라는 사실을 전혀 고려하지 않았다고 비판했다.

독일 정부 측 의견 역시 하나의 발언이 단지 제3자의 발언의 인용형식으로 행해지는 범위에서 언론이 그때마다의 저널리즘적 주의의무의 준수 없이 명예훼손적 표현을 전파할 수 있다는 점을 우려했지만, 이 사건에서는 정치인이자 연방의회 의원이 다툼 없는 공적 이익의 문제에 관한 정치적 토론 내에서 행한 발언이라는 점이 중요하다고 생각했다. 그리고 청구인이 틸레 발언에 대한 슈뢰더의 입장표명 혹은 그의 측근들의 입장표명을 얻으려고 시도했는지에 관한 문제와 관련해 민사법원은 이러한 내용에 대한 어떠한 조사도 행해지지 않았다고 지적했는데, 그에 반해 청구인은 자신의 기자들이 슈뢰더가 새로운 일거리를 얻었다는 정보의 공표 이후에 세 번이나 부대변인에게 접촉을 시도했다고 주장했고, 독일 법원에서도 그와 같이 진술한 바 있다고 확인했다. 그런데 독일 정부는 자세한 설명 없이 청구인에 의해 부대변인에게 향해진 정보요청은 단지 일반적으로 컨소시엄 NEGP와 관련된 것이고, 틸레에 의해 제기된 혐의와는 어떠한 관련성도 없는 것으로 단정했다고 비판했다. 아울러 독일 정부는 어째서 민사법원이 청구인의 부대변인과의 접촉을 개시한 청구인의 시도를 고려하지도 않았고 언급하지도 않았는지에 대해 아무런 해명도 하지 않았다고 지적했다. 당사자들의 입장표명에 따르면 청구인이 요구된 조치를 시도하지 않았다는 전제는 아무런 근거도 없으며, 청구인이 틸레의 문제 제기에 대해 부대변인과의 대조를 시도했는지 여부와 상관없이 청구인이 당시 연방수상에게 문의하지도 않았고, 연방수상에게 어떠한 해당 질문에 대한 대응의 기회를 제공하지도 않았다는 점을 판단의 기초로 삼아서는 안 된다고 밝혔다.[111]

⑤ 공표의 형태와 결과

유럽인권법원은 문제 된 본문부분이 연방수상 슈뢰더가 NGEP로부터 제안된 자리를 수용한 결정에 관한 기사의 일부였지만, 이 기사는 이 문제에 대한 다른 여러 정치인들의 많은 평가들을 포함하고 있었고, 그 속에서 틸레의 평가 역시 담고 있었다는 사실에 주목했다. 하지만 당시 수상에 관련한 기사는 그 방식으로 인해 유럽인권법원의 판례가 지적했던 문제 될 수 있는 소지를 발견할 수는 없다고 밝혔다. 그리고 기사형태도 사용된 표현방식이나 기사에 첨부된 사진도 문제 될 것이 없다고 판단했다.

한편, 기사의 전파범위도 영향력에 있어서 전국적인지 혹은 지역 내인지, 발행부수가 많은지 적은 신문인지 여부가 중요할 수 있는데, "빌트"지는 유럽에서 가장 높은 발행부수를 자랑하는 국내지라고 평가했다.[112]

⑥ 청구인에 대해 선고된 제재의 심각성

유럽인권법원은 청구인에 대해서는 단지 2005년 12월 12일 자 기사의 모든 반복적 공표의 민사법상 금지만이 선고되었음에도, 이것은 청구인을 통한 자유로운 의견표현의 행사에 있어서 위축적인 작용을 가질 수 있다고 판단했다.[113]

⑦ 결과

이러한 이유들에서 청구인은 문제 된 본문부분의 공표와 함께 저널리즘적 자유의 한계를 넘지 않았고, 독일 법원들과 당국은 중요한 공적 문제가 걸려 있을 때 자유로운 의견표현권과 공적 이익보다 당시 연방수상 슈뢰더의 명예보호에 우위를 인정할 긴급한 사회적 필요성이 존재했는지를 설득력 있게 논증할 수 없었고, 따라서 이러한 제한은 "민주주의 사회에서 불가피한" 것이 아니므로 유럽인권협약 제10조 위반이라고 결정했다.[114]

# 제4장

# 의견표현과 사실주장의 경계사례

# Ⅰ. 혼합형태

사실주장과 의견표현 사이의 이론상 경계획정 기준은 상당히 뚜렷하다고 볼 수 있지만, 실제 표현의 형태와 내용에 대해 이러한 기준을 적용할 경우에는 수많은 어려움이 생겨나기 마련이다. 이와 같이 실무상으로는 기준의 적용에 따른 어려움이 만족스럽게 해결되지 못하기 때문에, 의심스러울 경우에는 어떻게 결정되어야 하는지의 문제에 대한 확실한 대답이 여전히 요구된다. 그럼에도 한 가지 분명한 것은 모든 종류의 표현들에 대해서 가능한 한 일관된 기준이 적용되어야 한다는 원칙이다. 이러한 상황에서 사실주장과 의견표현이 서로 혼합된 경우에 사실주장과 의견표현의 분류문제는 언론법상 중요한 난제로 부상된다.

원칙적으로 의견표현의 개념은 효과적인 기본권 보호의 이익을 위해 넓게 이해되어야 한다.[1] 하지만 다수의 진술에서는 사실적 요소와 평가적 요소가 서로 분명하게 구별될 수 없는 식으로 혼합되는 것이 현실이다. 이와 같이 하나의 표현이 구분될 수 없는 방식으로 사실적 요소와 평가적 요소를 포함하고 있는 경우에 이것이 평가적 요소를 통해 부각된다면, 이는 전체적으로 의견표현으로 다뤄져야 한다.[2] 다만, 이때에도 이러한 의견표현이 허용되는지 여부를 판단하는 범위 내에서 해당 의견표현 안에서 소재로 사용된 사실적 요소가 적절한지 아닌지 여부가 고려되어야 한다.[3]

예컨대, "한 기업은 판매부진을 받아들여야만 했다"는 진술은 명백히 사실주장이라고 볼 수 있는데, 이는 손익계산서를 통해 쉽사리 규명될 수 있기 때문이다. 하지만 "심각한 판매부진"이라고 언급됨으로써 이와 함께 평가적 요소가 첨가된 경우, 이 진술이 사실주장의 성격을 잃어버리는 것은 아닌지 의문이 생길 수 있다. 그럼에도 이러한 종류의 결합표현에 대한 언어학적 의미론 분석이나 분리를 통한 고립적 이해는 법적 평가의 맥락에서는 가능하지 않다.[4] 따라서 법조 실무에서는 일반적으로 진술의 사실적 성격이 우세한지 아니면 평가적 성격이 우세한지 내지 그 진술의 핵심적 요소는 어떤 것인지에 따라 결정된다. 이에 따라 앞서 언급된 사례는 판매부진이 실제로 확인될 수 있다면 이는 의견표현으로 분류하고, 그렇지 않다면 허위 사실주장으로 인정된다.[5]

그에 반해 하나의 진술이 다양한 사실적 요소들로 구성되었고, 이러한 사실적 요소들의 결합 내에서만 평가적 요소가 나타난 경우에는 사실적 성격이 우세하다. 다만, 이를 위한 전제는 결합된 개별사실들이 증거조사를 통한 해명에 접근 가능한 경우이어야 한다.[6] 독자나 시청자의 이해에서 판단할 때, 진술의 사실적 요소가 평가적 요소에 비해 명백하게 표면에 드러나는 경우도 마찬가지이다. 이에 앞서 언급된 "심각한 판매부진"의 사례에서 이 진술이 지금까지의 사업전개에 대한 묘사를 위해 자세한 대조 상황하에 놓여 있다면, 이때에는 어쨌든 사실적 진술로 인정되어야 한다. 하지만 그럼에도 하나의 표현이 전체적 맥락에 따라 의견형성적 성격을 가질 때에는 의견표현으로 분류되고, 이때 사실내용이 포함된 문장들이나 일부 문장을 끄집어내서 허위의 사실주장으로 금지해서는 안 된다.[7,8]

연방헌법재판소는 이에 따라 공격대상자를 무분별하거나 이윤에만 몰두한다고 특징짓거나 유전자-마피아의 구성원으로 치부한 것을 의견표현으로 인정했는데, 이러한 개념에는 명백히 입증 가능한 사실적 근거들이 없고 전체적으로 비판과 부정적 표현으로 평가될 수 있기 때문이라고 밝혔다.[9] 아울러 "잡지 편집국은 아마도 사전에 수많은 치과의사들에게 전화해서 -어떠한 조건에서였던 간에- 그들에게 이 리스트

위에 한 자리를 제공했을 것이다"라는 소위 포쿠스-의사리스트에 대한 비판자의 추측 역시 의견표현으로 인정했다.[10, 11]

연방헌법재판소는 이러한 표현들에서는 평가적 성격이 우세한데, 그 이유는 진술의 사실적 내용이 실체가 부족하고 사실적 요소가 평가적 요소에 비해 부차적이기 때문이라고 생각했다.[12] 결국 이러한 종류의 표현들은 입장표명, 생각이나 견해의 요소들이 부각된 것으로 평가된다.[13] 아울러 진술의 평가적 내용과 사실적 내용의 분리 결과가 해당 진술의 의미를 왜곡하거나 파괴할 경우에도 의견표현으로 다뤄진다.[14]

한편, 언론이 구체적 사실진술의 앞이나 뒤에서 일반적으로 요약하는 표현을 배치한 경우에는 외견상으로만 혼합형태의 표현으로 보일 수 있다. 이렇게 구성된 표현들은 항상 개별부분으로 나눌 수 있고, 따라서 전달된 개별사실의 표현은 사실주장으로 인정되는 반면에 일반적 요약부분은 그러한 사실의 평가를 의미한다.[15]

## 연방헌법재판소 1998년 10월 16일 자 결정 - 1BvR 590/96

### 사실관계

청구인은 변호사로서 자신의 사무실을 임차해서 사용하였다. 임대차계약에는 청구인을 위해 사무실 및 임대 토지에 대한 선매권이 확약되어 있었는데, 이에 따라 임대인은 청구인이 원할 경우 청구인의 비용으로 이 선매권을 토지등기부에 등기해 줄 의무를 지고 있었다. 청구인이 임대인에게 선매권 등기를 요구하자 임대인은 한 공증인에게 등기를 위임했다. 공증인은 이를 위해 계약서 초안을 작성했는데, 거기에는 보다 넓은 범위에서 부동산 저당을 위한 임대인 권리가 보장되어 있었고, 선매권 행사를 위한 기간이 짧게 제한되었다. 청구인은 이에 동의하지 않았기 때문에 공증인에게 두 쪽짜리 서한을 작성해서 보냈다. 그는 서한의 여러 단락들 내에서 법적인 이의 제기를 명확히 표현했고, 끝에서 두 번째 단락에는 다음과 같은 문장이 포함되어 있었다.

당신은 우리가 이 계약서 초안을 공평의무를 지고 있는 공증인의 공정한 업무로서 받아들일 수 없다는 사실을 잘 알 것입니다.

이어서 서한은 계약서 초안비용을 지불하지 않을 것이며, 그의 임대인에게 다른 공증인을 추천해 줄 것을 요청할 것이라는 통보로 끝났다.

이에 1심 법원은 형법 제185조에 따른 모욕죄를 인정해서 청구인에게 벌금형을 선고했다. 법원은 서한 내에 끝에서 두 번째 단락은 공증인이 편파적으로 행동했고, 그의 공평성에 관한 직업의무를 위반했다는 비난에 해당하기 때문에 객관적으로 모욕적인 내용이라고 판단했다.

2심 법원 역시 형법 제185조의 모욕죄에 해당하는지 문제의 심사에서는 이성적인 제3자에 의해 맥락 내에서 하나의 표현이 어떻게 받아들여지는지에 맞춰 결정되어야 하는데, 이 사건에서 청구인의 표현의 객관적 의미내용은 공증인의 명예를 침해하기에 적합하다고 인정했다. 객관적 제3자는 이 표현을 계약초안의 불공평은 임대인을 위한 공증인의 한쪽 편들기에 기인한다는 정도로 이해함이 당연하다고 보았다. 그러한 청구인의 비판은 더 이상 정당한 이익의 대변의 관점에서 정당화되지 않는다고 판단했다. 헌법소원은 성공했다.[16]

### ① 표현의 의미판단에 있어서 문맥의 중요성

연방헌법재판소는 모든 형량의 전제조건은 표현의 의미가 적절하게 파악되는 것이라고 전제했다. 그리고 해석은 표현 원문내용에서 출발해야 하지만, 그 표현이 놓여 있는 언어상의 문맥 그리고 수신인에게 인식될 수 있는 표현이 행해진 부수 사정도 고려되지 않은 채 방치되어서는 안 된다고 밝혔다. 특정 표현 부분이나 문장의 고립된 고찰은 통상 신뢰할 수 있는 의미조사의 요청에 부합하지 않는다고 보았다.

아울러 기본권의 영향력은 가치평가로 볼 것인지 사실주장으로 볼 것인지 표현의 성격을 결정할 때에도 준수되어야 하는데, 이는 구체적 사건관련 형량에서 통상 사실주장이 가치평가보다 낮은 비중을 차지한다는 사실에서 비롯되며,[17] 바로 이 때문

에 특정한 표현을 사실주장으로서 부적절하게 분류하는 것은 기본권 침해에 해당할
수 있다고 설명했다.[18]

② 사건판단

연방헌법재판소는 이러한 점에서 대상 판결들이 헌법상 요청을 충족하지 못한다
고 밝혔다.

첫째, 문제 된 표현의 해석단계에서 1심, 2심 법원들은 편지의 앞 4분의 3을 내용
상 허용되는 비판부분으로 그리고 마지막 직전 단락의 첫 번째 문장을 허용되지 않
는 것으로 추정되는 개인적 비판으로 구별하였고, 이러한 소송대상 문장이 앞부분의
내용상 비판부분에 더 이상 기여하지 못한다고 판단한 것은 잘못이라고 보았다. 더
욱이 법원들이 청구인의 이 표현을 단지 공증인의 개인적으로 비방에 불과하기 때문
에 객관적으로 모욕적이라고 보았다는 점은 문제가 있다고 생각했다.

연방헌법재판소는 소송대상 문장에 대한 1심, 2심 법원들의 해석은 그것이 놓여
있는 문맥에 부합하지 않는다고 비판했다. 단지 분리해서 별도로 고찰할 경우에 그
표현은 전적으로 공증인에 대한 개인적 비방으로 보일지라도 소송대상 표현은 청구
인이 객관적으로 그의 공증인의 계약서 초안에 대한 비판적 관점을 피력하는 과정
에서 자신의 법적 입장을 개진한 여러 다른 문장들 뒤에 따라 나온 것이고, 청구인이
자신의 법적 의구심의 결과에 관해 공증인에게 알리는(비용인수의 거부 및 임대인에
게 다른 공증인 선임을 위한 추천) 두 개의 최종 문장들을 유도하는 것이라고 분석했
다. 이러한 문맥의 고려하에서 소송대상 문장은 내용상 비판과 구별될 수 없다고 보
았다. 오히려 대상 문장은 명백하게 계약서 초안에 관한 청구인의 내용상 비판을 강
조해서 요약하려는 목적을 가졌다고 판단했다.

그리고 소송대상 문장들을 분리해서 고찰했던 방식이 법적 평가 부분에서도 참작
되어야 하는데, 1, 2심 법원들은 문제의 문장들을 비록 문법상으로는 아니지만, 사
정에 따라 명예훼손적이고 부적절한 사실주장으로 다루었다고 비판했다. 만약 이 법

원들이 그러한 고립적 고찰에서 벗어나 비판내용과 함께 표현의 맥락에 유의했다면, 소송대상이 된 표현들의 판단에 있어서도 평가적인 비판의 성격이 영향을 미쳤을 것이라고 생각했다. 문맥에서 방향을 결정하는 표현의 해석을 했다면, 적어도 소송 대상 표현들이 객관적으로 모욕적인 사실주장 대신에 공증업무에 관한 가치평가로 이해되어야 했다고 밝혔다.[19]

둘째, 법원의 판결들은 규범해석과 규범적용 단계에서도 헌법상 요청을 준수하지 못했다고 비판했다. 비록 법원들이 소송대상 표현을 형법 제193조의 정당한 이익의 대변을 통해 보호될 수 있는지 여부를 심사한 사실은 있다고 인정했다. 따라서 법원들이 형법 제185조로 인한 유죄판결 전에 특별한 방식으로 기본법 제5조 제1항의 영향력에 대해 열려 있는 제193조의 정당화 근거를 심사할 요청은 지켰다고 보았다. 하지만 연방헌법재판소는 법원들이 형량과정에서 불충분하고 부적절한 사고를 했다고 판단했다. 즉, 청구인이 직업상 동료에 대한 비난을 표현했다는 점에 초점을 맞춘 사실은 잘못된 것이라고 보았다. 왜냐하면 직업상 동료들 사이에서의 표현의 경우, 명예보호 정도가 다른 제3자에 대해서 행하는 것보다 더 우월해야 한다는 관점은 존재하지 않기 때문이라고 밝혔다. 나아가 법원들이 내용상 비판과 공증인에 대한 개인적 비방 사이를 엄격하게 구별한 것은 청구인의 표현이 어쨌든 문제가 없지는 않은 공증인의 계약안과 관련되었다는 사정을 충분히 참작하지 않은 결과라고 비판했다. 결국 법원들은 소송대상이 된 문장의 원문에 따르면 청구인이 어떤 비난 조의 단정적이고 모욕적인 내용의 주장을 제기한 것이 아니라 주어("우리")와 술어("받아들이다")를 통해 주관적인 평가의 진술내용을 독자들에게 부각시킨 것이라는 점에 유의하지 않았다고 판단했다. 그 결과 대상 판결들은 헌법상 오류에 근거한 것이며, 문제 된 표현은 비록 사적 논쟁의 범위 내에서 일어난 것이므로 의견자유를 위한 추정원칙이 적용되지는 않지만, 그럼에도 형식적 모욕이나 비방과는 거리가 있는 표현이라고 결정했다.[20]

# 연방헌법재판소 2012년 10월 25일 자 결정
## – 1BvR 901/11("포쿠스지–의사리스트"–결정)

### 사실관계

이 사건 헌법소원의 대상은 청구인에게 특정 표현을 금지시킨 민사법원의 판결이다. 청구인은 약 40명의 회원으로 구성되어 있고, 비정기적인 이메일을 통해 약 40여 명의 비회원에게도 회원잡지 "타헬레스(허물없이 털어놓기)"를 배포했다. 이 잡지는 "탁 터놓고 말하기: 직접 솔직하게 진실을 말해요, 누군가에게 참지 말고 있는 그대로 생각을 말해요"라는 제목이 달려 있었다. 전심소송의 원고는 "포쿠스" 발행사로서 2009년 5월 25일 자 22호에서 자신의 발행지 "포쿠스"에 임플란트를 주제로 한 커버스토리를 게재했다. 표지 위에는 "포쿠스 주요 의사리스트 – 115명으로부터 추천받은 전문인 명단"이라고 적혀 있었다. 기사에서는 이 리스트에 특히 K 출신의 치과의사 B가 포함되어 있다고 보도되었는데, 이 사람은 바이에른 치과의사회 부회장이었다. 이 리스트는 치과의사들에게 송부된 설문을 이용한 조사결과를 담고 있었다. 한편, 설문내용에는 무엇보다 새로운 건강포털 www. jamand. de와의 회사 간 제휴 범위 내에서 환자를 위해 필요한 경우 치과의사 경력에 관한 맞춤정보서비스를 인터넷에서 제공할 수 있다고 언급되었다.

"포쿠스"지 66면에는 다음과 같이 적혀 있었다.

> 포쿠스는 임플란트 독일협회, 독일 구강성형외과 의사협회, 독일 치과임플란트 협회, 독일 임플란트 협회, 독일 구강외과 직종협회, 유럽 임플란트 시술 치과의사 독일협회, 연방치과의사회의 협조 아래 약 7,000명의 임플란트 시술인에게 설문지를 보냈다. 편집국은 약 6,400개 이상의 추천장 가운데 인터뷰와 학술성격 설문지에서의 정보를 근거로 치과의사, 구강외과와 구강성형외과 분야에서 임플란트를 위한 연방 최고 수준의 의사들을 조사했다.

2009년 6월 24일 자 2009년 3호에서 회원잡지 "타헬레스"는 이러한 "포쿠스"의 사리스트를 다뤘는데, 거기에는 다음과 같이 적혀 있었다.

바이에른 주의사회(BLZK) 부회장이 광고사건에 연루되었다.

임플란트협회 회장을 겸하고 있는 BLZK 부회장은 이른바 독일 최고의 임플란트 시술인 115명 명단을 제공하고 있는 포쿠스 리스트에 등재되었다. 편집국은 아마 사전에 수많은 치과의사들에게 전화해서 -어떤 조건에서였던 간에- 이 리스트 위에 한 자리를 제공했을 것이다. BLZK 부회장은 자신의 참여가 사전에 연방치과의사회와의 완전한 협의하에서 이뤄진 것이라고 주장했다. 하지만 현재 BLZK 회장은 이를 다음과 같이 반박했다: …연방치과의사회는 포쿠스에게 특정한 '공식 직업명칭'과 개념을 설명하거나 해당 인터넷사이트를 가리켜 준 것 외에는 아무것도 하지 않았다.

이때 연방치과의사회는 포쿠스가 지금 공표된 기사를 계획하고 있었다는 사실을 알지 못했다. 우리는 주장한다: 자신의 경제적 이익과 전문협회의 이익을 조정해야 할 의무를 지고 최고 대표직에 앉아있는 사람에게는 자신이 대표로 있는 바이에른 치과의사회의 복리 앞에서 자제가 필수적이다.

원고인 "포쿠스" 발행사는 "편집국은 아마도 사전에 수많은 치과의사들에게 전화해서 -어떠한 조건에서였던 간에- 이 리스트 위에 한 자리를 제공했을 것이다"는 표현의 금지를 청구했다. 지방법원은 소송을 기각했고, 원고의 항소로 상급법원은 소송을 파기하고 대상이 된 표현의 금지를 선고했다. 사실주장으로서 분류된 해당 표현이 진실입증의무가 있는 피고에 의해 증명되지 않았다는 이유였다.

헌법소원은 성공했다.[21]

① 사실적 요소와 평가적 요소가 혼합된 표현

연방헌법재판소는 의견자유권은 모든 사람에게 사실주장과 가치평가 사이를 명백히 구별하지 않고 자신의 의견을 말, 글 그리고 그림으로 자유롭게 표현할 권리를 제공한다고 밝혔다. 다만, 사실주장은 의견형성을 위한 전제조건인 한에서 의견자유의 보호범위에 해당하므로 사실주장에 있어서 의견자유의 보호는 사실이 헌법상 전제된 의견형성에 어떠한 기여도 할 수 없는 곳에서 멈추게 된다고 덧붙였다. 이에 따라 연방헌법재판소는 그간 입증되었거나 의도적인 허위의 사실주장은 기본법 제5조 제1항 제1문의 보호범위에 포섭되지 않으며, 진실한 진술들은 원칙적으로 당사자에게 불리할지라도 감수되어야 한다고 보았다.

나아가 이러한 원칙은 사실적 요소와 평가적 요소가 서로 섞여 있는 표현들의 경우에도 마찬가지이며, 그 경우 형량에 있어서 가치평가에 바탕이 된 사실적 진술내용의 진실성이 중요하다고 밝혔다. 아울러 의견자유권의 의미와 사정거리는 표현이 부적절하게 사실주장, 형식적 모욕 혹은 비방적 비판으로서 분류되어서 모욕 혹은 비방의 성격 없이 가치평가로서 인정될 수 있는 표현과 같은 정도의 기본권 보호를 누리지 못하는 결과를 가져올 때 부인된다고 강조했다.

한편, 표현의 해석에 있어서는 발언주체의 주관적 의도나 발언과 관련된 사람의 주관적 이해가 아니라 객관적이고 이성적인 청중의 이해에 따라 그 표현이 가지는 의미가 결정적이라고 설명했다. 이때 항상 표현의 원문내용에서 출발해야 한다는 점도 덧붙였다. 하지만 청중의 이해가 최종적으로 표현의 의미를 확정하는 것은 아니고, 오히려 다툼이 된 표현이 놓여 있는 언어상의 맥락과 인식 가능한 범위 내에서 생겨난 부수사정도 결정적이라고 판시했다. 따라서 다툼이 된 표현부분의 분리고찰은 수용 가능한 의미조사의 요청에 부합하지 않는다고 지적했다.[22]

② 사건판단

이에 따라 연방헌법재판소는 상급법원이 소송대상 본문 구절을 의견자유의 보호범위에서 탈락시킨 것은 결정적인 헌법상 우려가 생겨난다고 판단했다. 지방법원은 자신의 판결 이유를 "포쿠스"지의 편집국이 직접 혹은 중개업체를 통해 치과의사들에게 전화했다는 진술내용의 진실성의 문제로 제한했는데, 이는 비록 따로 떼서 보면 증거에 접근 가능한 사실문제에 해당할 수 있다고 인정했다. 하지만 누가 정확하게 전화를 했는지 같은 문제에 집중하는 것은 소송에 적합하지 않다고 비판했다. 왜냐하면 원고에 의해 수행된 소송의 청구대상은 청구인이 리스트 자리를 대가를 받고 제공했다는 주장에 의해서 원고의 인격권이 침해되었는지 여부의 문제이기 때문이라고 생각했다. 그런 점에서 상급법원은 소송계류 중인 표현에서 출발한 정확한 해석이 요구되었음에도 불구하고 대상 판결은 그러한 요청을 충족하지 못했다고 보았다. 상급법원은 그러한 진술을 본문에서 도대체 끌어낼 수 있었는지를 심사해야만 했고, 이어 그 진술에 사실주장이 바탕이 되었는지 아니면 가치평가가 바탕이 되었는지 여부를 심사해야 했다고 비판했다.

아울러 상급법원은 기사의 전체 진술(바이에른주 치과의사회의 부회장에 대한 비판)을 함께 다루면서 이때 "타헬스" 잡지의 관심사(치과의사들의 직업활동과 관련한 사실관계의 평가) 그리고 문제 된 표현의 목적(의사리스트 구성에 관한 비판)을 고려했어야 했다고 지적했다. 어쨌든 소송대상 표현의 해석에 있어서 요청된 전체적 관점이 결정적으로 구체적인 전화통화자 문제에 좌우되는지는 자명하지 않다고 생각했다. 따라서 상급법원이 편집국 스스로 직접 혹은 중개업체를 통해 전화했는지 여부의 문제가 결정적이라고 본 이상, 결과적으로 상급법원은 왜 여기에서 원고에 의해 소송이 제기된 진술이 나왔고, 이것이 과연 그의 인격권 침해를 근거 지우는지 설명했어야 했다고 비판했다. 그리고 이 사건에서는 어차피 "포쿠스"지의 기업인격권 침해가 관련된다고 인정했다. 하지만 상급법원의 판결에서는 이에 관해 아무것도 끌어낼 수 없다고 결론 내렸다.[23]


### 연방대법원 1997년 3월 25일 자 판결
### - Ⅵ ZR 102/96("복합적 표현의 전체적 맥락"-판결)


### 사실관계

양 당사자는 피고가 팸플릿에서 제시했던 한 표현의 허용 여부에 관해 다투었다.

원고는 p 지역 변호사이고, 1979년에서 1988년까지 피고를 위해 활동했다. 사건의 뢰의 종료 후 피고는 원고 변호사의 잘못된 자문으로 인해 손해를 입었다며 대략 1백 50만 마르크의 손해배상 소송을 제기했지만 성공하지 못했다. 피고의 상고는 1994년 7월에 연방대법원에 의해 받아들여지지 않았다. 1994년 10월에 피고는 P 지역에 "내가 경험한 이 지방의 사법제도에 대해 시민들에게 알림"이라는 제목의 팸플릿을 배포했다. 팸플릿 본문내용은 피고가 연방변호사회와 K 변호사회에 제기한 불만신청서를 복제한 것으로 다음과 같이 시작되었다:

1. 변호사 X 박사는 1979년에서 1988년까지 변호사로서 나의 자문역이자 대리인이었다.
2. 이 기간 동안 그는 무엇보다 투자거래업무를 할 때 내게 자문을 해 주었다.
3. 이때 내게 1백50만 마르크 이상 규모의 손실이 발생했다.
4. 함께 제기된 손해배상 소송은 성공하지 못했다.
5. 법원의 견해에 따르면, 내가 박사 X의 행동이 손해발생의 원인이었음을 입증하는데 실패했다는 것이 이유였다.

원고는 피고에게 권리구제절차와 변호사협회 불만신청제기 절차 밖에서 위의 표현들 가운데 앞의 세 문장들을 계속해서 전파하는 것을 금지해 달라고 청구했고, 이때 그는 괄호 안의 추신을 통해 투자거래방식에 관해 보다 상세히 설명했다. 그는 대상 표현들에서 직업상 그리고 개인의 명예에 대한 위법한 평가저하와 침해가 있었다고 보았다. 그 이유로 피고가 의도적으로 원고로부터 잘못된 변호사 자문을 받아 손해를 입게 되었다는 인상을 불러일으켰다고 생각했다. 원고는 피고에게 투자거래업무의 위험성을 알려주었기 때문에 이러한 인상은 잘못된 것이고, 더욱이 자신은 책무에 반한 자문을 하지 않았다고 주장했다. 반면에 피고는 원고의 청구가 대상 표현을 부당하게 전체 맥락에서 떼어내었다고 반박했다. 또한 그러한 표현은 허위로 입증될 수 없으며, 자유로운 의견표현의 기본권에 의해 보호된다고 주장했다.

지방법원은 소송을 인용했다. 항소법원은 피고의 항소를 기각했고, 피고는 상고를

통해 승소했다.[24]

① 항소법원의 판단

항소법원은 민법 제823조 제1항, 제1004조 제1항 제2문에 따른 원고의 금지청구를 정당한 것으로 간주했다. 항소법원은 청구취지와 함께 이의 제기된 표현을 팸플릿 독자들의 이해에 따르면 내용상으로 피고가 원고의 잘못된 변호사 자문으로 인해 1백50만 마르크 상당의 손해를 입게 되었다는 사실주장으로 이해했다. 이러한 종류의 사실주장은 쉽사리 원고의 개인적이고 직업상의 명예 그리고 공적 명성을 심각한 방식으로 저하시키기에 적합하다고 보았다. 피고의 발언은 원고에 의해 선택된 금지청구 대상 표현들에서도 의미가 왜곡된 상태로 요약되지는 않았다고 판단했다.

또한 청구취지 대상 표현 뒤에 따라오는 소송결과에 관한 언급은 독자들에게 단지 법원이 피고에 의해 제출된 증거를 충분한 것으로 간주하지 않았다는 것에 관한 정보만을 제공하는 것으로 보았다. 그리고 이를 통해 원고가 피고에게 잘못된 자문을 통해 백만 마르크 상당의 손해를 가했다는 비난이 없어지거나 감소되지 않았고, 오히려 팸플릿 첫 단락을 통해 일깨워진 전체적 인상은 그의 핵심에 있어서 원고의 청구취지와 함께 선택된 앞의 세 번째 표현들을 통해 이미 결정되었다고 판단했다. 결국 피고에 의해 제시된 주장은 허위라고 보았다. 손해배상 소송은 모든 심급에서 성공하지 못했다. 피고가 비난의 근거를 위해 인용했던 사실관계는 불완전한 것이고, 일부는 허위라고 인정했다. 아울러 피고의 표현은 기본법 제5조에 따라 보호되는 자유로운 의견표현권에 의해서도 보호되지 않는데, 이러한 권리는 허위이자 제3자의 인격과 명예를 훼손하거나 비방하는 사실주장을 보호하지 않기 때문이라고 밝혔다.[25]

② 연방대법원의 판단

연방대법원은 항소법원의 이러한 판시내용이 상고의 공격을 견뎌내지 못한다고 판단했다. 결과적으로 청구취지를 통해 피고의 표현이 맥락에서 분리되었고, 이로 인해 그의 진술내용이 잘못 조사되었다고 평가했다. 결국 이 사건에서는 (사실주장과 의견표현이 혼합된) 복합적 표현의 한 부분이 허위 사실주장의 전파에 있어서 적용되는 원칙에 따라 금지될 수 있는지 여부의 문제가 관건이라고 밝혔다.

항소법원은 원고의 금지청구에 의해 포착된 표현이 독자의 이해에 따르면 허위이고, 그 때문에 기본법 제5조 제1항에 따른 의견표현권에 의해 보호되지 않는 하나의 사실주장이라고 보면서 청구를 인용했지만, 이에 대한 피고의 불복상고는 성공적이라고 판단했다.

연방대법원은 비록 입증 가능하거나 의도적인 허위사실의 전파는 당사자의 인격권을 침해하고, 그 때문에 금지될 수 있다는 항소법원의 법적 출발점은 적절하다고 보았다. 왜냐하면 그러한 사실주장은 기본법 제5조 제1항 제1문의 자유로운 의견표현권의 보호를 누리지 못하기 때문이라고 밝혔다. 아울러 청구취지와 함께 문제 삼은 표현부분이 그 자체로 보자면 하나의 사실주장을 의미한다는 점 역시 인정될 수 있다고 보았다. 왜냐하면 문제 된 부분들은 그것의 진실성 심사에 증거수단과 함께 접근 가능하기 때문이라고 생각했다.

하지만 원고의 금지청구를 위한 대상으로서 청구취지를 통해 팸플릿 서두의 표현들만으로 한정하는 것은 결정적인 하자가 생겨난다고 비판했다. 상고가 적절히 지적한 바와 같이 하나의 표현이 사실주장 혹은 의견표현 내지 가치평가로서 분류될 수 있는지의 문제를 위한 판단을 위해서는 그 표현의 완전한 진술내용의 조사가 요청된다고 강조했다. 특히 모든 문제 제기된 표현은 그것이 행해진 전체적 맥락(Gesamtzusammenhang)에서 판단되어야 하고, 그것과 관계된 맥락에서 분리되어서 순수하게 고립된 상태의 고찰에 이르러서는 안 된다고 역설했다. 여기에서 항소법원의 판단과정은 표현의 분리를 통해 불가피하게 하나의 고립된 고찰방식에 이르게 됨으로써 전체 표현의 진술내용을 파악하지 않았기 때문에 잘못된 것으로 증명되었다고 보았다. 항소법원은 해석을 위해서 오히려 청구취지에 기재되지 않았던 문장들, 즉 손해배상 소송이 성공하지 못했고, 이는 법원의 의견에 따르면 피고가 인과성의 입증에 성공하지 못했기 때문에 승소하지 못했다는 내용의 서로 연결되어 있는 두 개의 문장들 역시 함께 평가해야만 했다고 꼬집었다. 항소법원은 표현의 이 부분을 단지 청구취지에 의해 포착된 표현의 부분을 무의미하게 만들거나 상대화하지 않았는지 여부의 관점하에서만 논의했다고 비판했다. 하지만 이것은 전체적 맥락에 기초한 표현의 충분한 평가를 의미하지도 않고, 특히 진술의 전체적 평가에서 생겨날 수 있는 법적 결과를 처음부터 배제하는 결과를 가져왔다고 비난했다.

또한 연방대법원은 피고의 상고가 특히 그 표현은 전체적으로 그것이 사실주장과 의견표현의 상호작용을 통해 나타나고, 여기에서 결정적인 방식으로 입장표명, 견해나 생각의 요소를 통해 부각된 경우, 기본법 제5조 제1항 제1문의 보호범위에 해당할 수 있다는 법리[26]를 적절하게 주장했다고 평가했다. 그러한 사실주장과 의견표현의 협력작용이 존재하는지 여부의 문제에 있어서는 청구취지와 함께 분리된 표현의 부분이 전적으로 사실적 성격의 주장을 포함하고 있다는 점이 결정적이 될 수 없다고 판단했다. 비록 항소법원은 본문을 통해 일깨워진 전체적 인상이 원고에 의해 금지청구 대상이 되었던 핵심적 표현들을 통해 결정되었다고 생각했다. 하지만 연방대법원은 복합적 표현의 내용을 하나의 핵심적 진술로 압축할 가능성으로부터 그 복합적 표현이 전체적으로 단지 사실적 주장만을 포함한다는 결론까지 끌어낼 수 있는 것은 아니라고 반박했다. 오히려 항소법원은 청구취지에서 분리된 표현부분 역시 완전한 전체적 맥락에서 평가했어야 하고, 특히 이 점에서 이 부분이 전체적 진술과 관련해 보았을 때, 기본법 제5조 제1항의 보호 아래 놓일 수 있는 의견표현이었는지 여부를 심사했어야 했다고 지적했다.

연방대법원은 전체 표현 가운데 이 부분은 내용상 전체 표현의 진술내용에 영향을 미치기 적당했으며, 이 점에서 항소법원에 의해 지금까지 단지 불충분하게 다뤄진 문장4와 문장5는 무엇보다 피고가 손해배상 소송에서 패소했다는 다툼 없이 진실인 보도를 포함하고 있을 뿐만 아니라 그는 법원의 견해에 따르면 손해를 야기했던 원고의 행동을 입증할 수 없었다는 이유 역시 포함하고 있었다고 보았다. 따라서 피고는 자신의 손해배상 소송에 대한 법원의 판단을 타당한 것으로 받아들이지 않았고, 법원의 생각과는 다른 자신의 입장을 표현한 것이라는 해석이 가능하기에, 이러한 표현의 이해를 바탕으로 어쨌든 피고는 마지막 문장과 함께 가치평가로 분류될 수 있는 법적 견해를 표현했을 것이라고 판단했다.

연방대법원은 청구취지 대상 문장이 반드시 내용상 전체 진술의 중심을 이루지도 않기 때문에, 표현을 위와 같이 이해하는 것이 아무튼 항소법원과 달리 진술내용을 청구취지의 대상이 된 문장으로 국한하지 않는 것이고, 아울러 납득할 수 있는 것이라고 밝혔다. 그러한 점에서 첫 번째 두 문장들은 진실성이 전혀 문제 되지 않고, 원고의 문제 제기는 단지 자신의 잘못된 자문활동의 비난으로 본 세 번째 문장에만 해당될 수 있다는 사실이 지적되어야 한다고 보았다. 따라서 항소법원은 청구취지로 제한된 고찰방식으로 인해 다음과 같은 관점을 차단했다고 비판했다. 즉, 이러한 비난은 어쨌든 전체적 진술내용과의 맥락에서 원래 감춰진 상태로 제기된 것이 아니라, 그다음의 제4문장에서 잘못된 자문활동으로 인한 손해배상 소송이 명백히 언급되었고, 반면에 제5문장은 피고가 원고의 잘못된 행동을 "법원의 견해에 따르면" 입증할 수 없었다고 해석하는 것이 올바른 관점에서의 이해라고 밝혔다. 이러한 이해에서 그 표현들은 부당하게 패소한 소송에 대한 피고 자신의 생각을 밝힌 것이기 때문에, 바로 평가적 요소가 결정적으로 부각되었다고 판단했다.

따라서 항소법원은 피고에게 제시된 해석 가능성에 따라 대상 표현이 전체적으로 기본법 제5조 제1항 제1문의 보호 아래 놓여 있는지 여부에 관한 심사도 없이 표현의 한 부분을 금지해서는 안 된다고 질책했다. 그리고 이 사건은 추가적으로 기본법 제5조 제1항 제1문에 따른 자유로운 의견표현권과 기본법 제1조 및 제2조 제1항 사이의 충분한 형량이 필요하기 때문에, 진술내용의 포괄적인 평가가 항소법원에 의해 보완되어야 한다고 보았다. 양 당사자의 법적 지위의 형량은 의견표현의 자유권과 일반적 인격권이 상호 대립될 경우, 관계된 기본권 지위의 위상에 관한 일반적 고찰을 토대로 해야 할 뿐만 아니라 구체적인 사례에서 기본권 침해의 강약 정도를 고려

하면서 행해져야 한다고 결론지었다.[27]

## 연방대법원 2008년 12월 2일 자 판결 – VI ZR 219/06

### 사실관계

원고는 독일공영방송연합(ARD)에 가입한 신생 지역방송사이다. 피고 언론사는 지역일간지 "브란덴부르크 오더자이퉁" 발행인이고, 2005년 6월 25일 인터넷사이트에 다음과 같은 독일 제2통신사 ddp 보도를 게재했다:

> ARD는 보조금 남용을 조사한다. 뮌헨(ddp). ARD는 저녁시리즈 "마리엔 광장"에서의 불법광고 스캔들 이후 보조금 남용 가능성을 조사한다. 여기에는 미디어회사 노르트미디어(Nordmedia)의 6자리 진흥기금이 관련되었는데, 보기에도 천박한 ARD의 오락성 방송물이 이 기금의 지원을 받았다. 이 문제는 앞서 "포쿠스"가 토요일 보도한 바 있다. 원래는 이 기금으로 품격 높은 영화, 다큐멘터리 그리고 지역예술행사가 후원되어야 했다. "포쿠스"에 따르면, 니더작센주와 북독일방송이 참여하고 있는 노르트미디어는 예컨대 ARD-쇼 "알리다-집에서의 즐거움"을 후원했다. 진행자 알리다 군트라흐가 인테리어 팁을 제공하는 이 방송에는 약 226,600유로의 보조금이 지급되었다. "다이어트 쇼"와 "애견보호소의 반려견 찾기"와 같은 NDR-방송 역시 풍부한 진흥기금을 받았다. ARD 방송국장 요프스트 플로그와의 통화에서 니더작센주 수장 크리스티안 불프(CDU)는 노르트미디어가 매년 가용할 수 있는 천만 유로에 대한 새로운 지급 가이드라인을 요구했다고 전했다. 이어서 잡지가 보도한 바와 같이 ARD-교육방송은 수년째 보험업계가 후원한 보험관련 정보방송을 보여주고 있다. 5부작의 "거의 확실하게"는 바이에른 방송(BR)의 인터넷사이트에서 BR의 위탁에 따른 아르구스 회사의 제작물이라고 표기되었다. 하지만 2003년 이 시리즈가 독일 경제프로그램상에 수상되었을 때는 독일보험의 정보센터가 위탁사로 발표되었다. BR-대변인 R은 "포쿠스"에 자신의 방송은 절대로 부끄럽지 않다고 말했지만, 이 사건은 심사를 받게 될 것이다.

노르트미디어는 니더작센주와 브레멘시의 합작 미디어 회사이고, 두 개의 사업체로 구성되어 있는 유한책임회사이다.

지방법원은 인터넷에서 "ARD는 보조금 남용 가능성을 심사한다; 여기에서는 미디어 회사 노르트미디어의 6자리 숫자 진흥기금이 관련되었다"라는 표현의 금지소송을 인용했다. 상급법원은 피고의 항소를 기각했고, 피고의 상고는 성공했다.[28]

### ① 공법상 법인의 명예보호

연방대법원은 항소법원의 판결이 유지되지 않는다고 선고했다. 즉, 소송사건에서 민법 제1004조 제1항 제2문(금지청구), 민법 제823조 제2항(손해배상의무), 형법 제186조(명예훼손)를 유추한 금지청구 소송은 원고에게 인정되지 않는다고 판결했다. 원고가 공법상 법인으로서 원칙적으로 공중 속에서 부당하게 사회적 평가가 저하된 표현에 대해 민사법상 명예보호를 주장할 수 있다는 점은 적절하다고 인정했다. 비록 방송사는 개인도 아니고 일반적 인격권의 주체도 아니지만, 공법상 과제의 이행이라는 맥락에서 형법상 명예보호(형법 제194조)를 누리고, 이 규정은 민법 제1004조, 제823조 제2항, 형법 제185조 이하를 통해서 민사법상 금지청구에도 유추 적용된다고 밝혔다.

하지만 이 보도가 형법 제186조의 "명예훼손"에 해당한다는 항소법원의 견해는 결정적인 우려를 낳는다고 보았다. 원고가 금지를 얻고자 하는 청구취지와 함께 분리한 표현은 이러한 항소법원의 판단을 지탱하지 못한다고 보았다. 원고는 "ARD는 혹시 있을지 모를 보조금 남용을 심사한다; 여기에 6자리에 이르는 미디어 회사 노르트미디어의 진흥기금이 관련되었다"는 표현에 대해서만 문제를 제기했고, 이 표현을 사실주장으로 인정한 항소법원의 판단은 정당하다고 평가했다. 하지만 이 표현은 원고를 경멸적으로 만들거나 공중 속에서 평가를 저하시키기에 적당하지 않으며, 그 때문에 형법 제186조의 전제를 충족시키지 못한다고 판단했다. 단지 한 공기관이 부정을 조사한다는 주장만으로는 명예훼손에 해당하지 않는다고 보았다. 언론은 오히려 상응하는 의혹이 존재할 때 이를 알리는 것이 그의 의무라고 역설했다.

항소법원은 문제 된 표현이 그때마다의 전체적 맥락에서 판단되어야 한다고 주장하고 금지를 선고했지만, 이는 옳은 원칙하에서 잘못된 결과를 낳은 것이라고 반박했다. 왜냐하면 복합적인 표현에서는 사실적 내용이 포함된 개별적 문장들에 그 자체로 그러한 내용이 부여될 수는 없고, 나아가 언론기관의 보도가 나머지 부분에 대해서는 공격하지 않았을지라도 이러한 개별문장들만을 별도로 분리해서 명예훼손으로 금지하는 결과에 이르러서는 안 되기 때문이라고 설명했다.[29]

### ② 전체적 맥락의 중요성

비록 항소법원은 피고가 원고의 주장에 대해 자신의 주장을 위한 근거사실을 제시할 '확대된 주장책임'을 이행하지 않았기 때문에(민사소송법 제138조 제3항) 대상표현을 허위사실로 다루었지만, 이러한 진실 유무의 존재가 사소한 문제는 아닐지라도 이것만으로 쉽사리 대상 표현을 금지해서는 안 되며, 형량을 통해 결정되어야 한다고 강조했다. 하나의 표현이 사실주장과 의견표현의 협력작용을 통해 형성되고, 이때 결정적으로 입장표명, 견해나 의견의 요소를 통해 부각되는 경우, 이 표현은 전체적으로 기본법 제5조 제1항 제1문의 의견자유의 보호범위 내로 포섭되기 때문에 관계된 법적 지위 사이의 형량을 필요로 하게 된다고 설명했다. 그리고 형량을 위해서는 청구취지와 함께 분리된 진술부분이 전적으로 사실적 성격의 주장을 포함한다는 점이 결정적이지 않으며, 오히려 전체 표현이 기본법 제5조 제1항 제1문의 의견자유의 보호하에 놓여 있는지 여부가 평가되어야 한다고 밝혔다. 그리고 이 사건이 바로 그러한 경우에 해당한다고 인정했다.

연방대법원은 피고에 의해 공표된 보도는 원고에 의해 공격되지 않은 부분, 무엇보다 원래 품격 있는 프로그램에 지원되었어야 할 기금이 천박한 오락성 방송물을 위해 교부되었기 때문에 보조금의 남용이 의심된다는 부분을 주로 다뤘고, 그 때문에 전체 기사는 보조금 남용의 가능성에 관한 논의를 통해, 즉 의견표현을 통해 부각되었다고 보았다. 이러한 전체적 맥락에서 마찬가지로 소송대상이 된 사실주장은 의도적으로 허위이거나 허위성이 이미 보도 당시에 확정된 그러한 사실이 아니기 때문에 기본법 제5조 제1항 제1문의 보호범위에 해당하는 사실주장이라고 판단했다. 따라서 전체적으로 형량은 허위주장에 대한 금지청구권이 원고에게 귀속되지 않는다는 결론에 도달한다고 밝혔다.

이어서 형법 제185조 이하의 명예보호 규정들이 공법상 법인들에게도 적용되는 이유는 이러한 규정들이 개인의 명예보호에 기여하는 것이 아니라 관련 조직이 그의 역할을 수행할 수 있고, 공적 지위의 무결함에 대한 필수 불가결한 신뢰가 문제 되지 않기 위해 필수적인 최소한의 공적 존중을 보장할 목적을 추구하기 위함이라고 밝혔다. 만약 이러한 보호가 의견자유와의 충돌에 빠지는 경우, 이때의 의견자유권은 무엇보다 권력비판의 특별한 보호 필요성에서 그 중요성이 생겨나는 것이고, 그 점에서 변함없이 자신의 의미를 발견하는 것이기 때문에 특히 높이 평가되어야 한다고 설명했다.

한편, 피고는 보도를 통해 이기적인 목적을 추구한 것이 아니라 오히려 공법상 방송사를 통한 보조금의 남용 가능성에 관한 공공성과 관계되는 문제를 건드렸다는 사실이 피고의 이익을 위해 고려되어야 한다고 밝혔다. 아울러 허위라고 반박된 보조금 남용 가능성의 조사를 예고하는 보도가 지역방송사로서 자신의 과제를 이행하기 위한 필수적인 정도의 사회적 공감대에 부응하지 않았다는 점이 원고에 의해 주장된 바도 없고, 실제 명백하지도 않다고 보았다. 따라서 해당 기관에 의해 부정이 조사될 것이라는 가능성의 보도는 공공기관의 부정 의혹이 있을 때 통상 기대될 수 있는 것이기 때문에 명예훼손에 해당하지 않는다고 판단했다. 이러한 상황에서 공인된 통신사에 출처를 둔 보도가 원칙적으로 사후심사를 필요로 하는지에 대해서는 어떠한 확정적 판단도 필요로 하지 않다고 보았다. 문제 된 표현은 단지 남용 가능성의 조사만을 대상으로 했기 때문에, 소송대상인 원고의 사실주장 금지에 관한 이익은 피고의 보도자유권 뒤로 후퇴해야 한다고 판단했다.[30]

# 연방대법원 2009년 2월 3일 자 판결
## – VI ZR 36/07("프랑크푸르트 공항공사 스캔들"–판결)

### 사실관계

프랑크푸르트 공항 운영사인 원고는 경영 및 조세자문회사인 피고에게 금지청구 등을 청구했다. 원고는 마닐라 국제공항에 새로운 여객터미널을 건설할 계획인 PIATCO사에 참여권을 획득했다. 2005년 10월 31일 피고는 자신의 인터넷사이트에 "프랑크푸르트 공항사-마닐라-스캔들과 독일에서의 여론"이라는 제목 아래 다음과 같은 내용을 게재했다.

> 독일 언론계 내에서는 실로 믿어지지 않는 프랑크푸르트 공항-스캔들이 거대한 손해를 야기한 고위층과 감사위원회 내 책임자들의 기쁨을 위해 이미 망각에 빠진 것으로 보인다. 물론 공적 이익들을 위해 이러한 거짓말, 사기, 은폐, 족벌경영, 정치적 패거리집단과 부패 옆의 수렁이 결국에는 폭로되어야 할 것이다. 하지만 유감스럽게도 시간은 프랑크푸르트 공항-범죄자들의 편이 되었다.

그리고 2005년 11월 9일 피고는 예정된 독일 경제신문-컨퍼런스: "기업의 위기 부패"를 계기로 원고의 이사 W. B. 박사에게 다음과 같은 내용의 이메일을 보냈다:

> 사람들이 뭐라고 할까요? 마닐라 프로젝트에서 프랑크푸르트 공항공사의 중대한 부패혐의들 이후에 부패 예방과 관련한 발제자로서 공항 사장 G가 참가한다는 사실은 올해의 난센스!!! 이러한 뻔뻔스러운 작태는 공사임원 W. B. 역시 추가 발표자로 등장할 예정이라는 상황만으로도 배가됩니다.

그리고 또 하나의 다음과 같은 메일이 추가되었다.

우리는 놀랍게도 경제신문-반부패회의 초대를 계기로 당신 그리고 공항공사 이사회의 리더로서 매우 존경하는 G가 프랑크푸르트 공항공사의 예에서 부패 예방이라는 주제를 공개 발표하기 위해 회의에 파견되었다는 사실을 확인하였습니다. 공항공사의 이사회와 감사위원회가 결국 프랑크푸르트 공항공사에 향해진 세계적인 부패혐의들을 공격적으로 그리고 공개적으로 논쟁하길 원한다면, 이는 매우 칭찬받을 일일 겁니다: 자기비판은 그야말로 개선을 위한 최고의 길입니다! … 당신이 당신의 강연에서 매우 집중적으로 새로운 기업지배구조기준에 따라 그리고 부패 예방의 새로운 방식에 따라 진실의 은폐 그리고 국민들과 주주들의 기만이 죄악으로 평가될 수 있다는 점을 강조한다면 매우 기쁠 겁니다. 이것은 이미 지난 과거입니다: 완전한 부패 예방으로서 이전에 통용되던 족벌경영, 정치-패거리, 맹종, 거짓말, 기만과 위선적 태도들! 하지만 이 나라에서도 상황들이 점차 변화하고 있고, 프랑크푸르트 공항공사에서도 분명히 마찬가지로….

지방법원은 위의 표현들에 대한 원고의 금지청구를 인용했다. 상급법원은 피고의 항소를 기각했고, 이어진 피고의 상고는 성공했다.[31]

① 항소법원의 판단

항소법원에 따르면, 민법 제823조 및 민법 제1004조 제1항 제2문의 유추적용에 따라 일반적 기업인격권과 결합된 기업인격권이 원고에게 속한다고 보았다.

"거짓말", "사기" 그리고 "은폐"의 비난들은 사실주장이며 의견표현이 아니라고 보았다. 왜냐하면 이 표현들은 그의 진실성에 관해 객관적으로 심사될 수 있기 때문이라고 밝혔다. 이는 평균적인 독자들에게 이 비난의 대상자들이 다른 사람을 뇌물로 매수했다는 정도로 이해되는 "부패"의 비난 역시 마찬가지라고 인정했다. 여러 쪽에 걸쳐 있는 첫 번째 보고가 피고의 의견표현을 포함하고 있다는 사실 역시 언급된 진술의 법적 분류를 바꾸지 않는다고 밝혔다. 개별적 진술들은 그 자체로 보자면 독자들에게 기술된 사실내용을 제시한다는 점이 결정적이라고 평가했다. 그리고 이 비난들은 피고가 자신의 주장이 진실과 일치한다고 명백히 밝히거나 입증하지 않았기 때문에 허위로 간주된다고 보았다. 설사 이 비난들을 의견표현이라고 결정할지라도 이 표현들은 대상 본문구절에 포함된, "족벌경영", "정치적 패거리" 그리고 "프랑크푸르트 공항-범죄자들"과 같은 평가들과 마찬가지로 부당한 비방적 비판으로서 금지되어야 한다고 판단했다.[32]

② 표현이 행해진 전체적 맥락의 중요성

연방대법원은 이러한 항소법원의 판시내용은 부당하다고 판단했다.

우선, 항소법원이 피고 인터넷사이트에서 그리고 송부된 이메일에서 행해진 표현들을 문맥에서 평가하지 않고 부당하게 사실주장으로 분류했으며, 아울러 비방적 비판의 인정을 위한 요청들을 오인했다고 비판했다. 따라서 피고의 자유로운 의견표현권과 개인의 명예권 및 법인 역시 청구할 수 있는 공적 존중권 사이의 이익형량이 행해지지 않았다고 지적했다.

하나의 표현이 사실주장 혹은 의견표현 내지 가치평가로서 분류될 수 있는지 문제의 판단을 위해 지금까지의 판례에 따르면 완전한 진술내용의 조사가 필요하다고 전제했다. 특히 모든 문제 된 대상 표현들은 그것이 행해진 전체적 맥락에서 판단되어야 한다고 강조했다. 그 표현들은 관련된 문맥에서 분리되어서 하나의 순수하게 고립된 고찰에 이르러서는 안 된다고 밝혔다. 하나의 표현이 평가되어야 할 전체적 맥락에 따라 기본법 제5조 제1항에 따른 자유로운 의견표현권의 보호범위 내에 해당할 수 있고, 이러한 경우 침해되는 기본권지위 사이의 형량이 필수적으로 필요하다면, 복합적 표현에서 사실적 내용을 포함한 문장들이나 문장 일부가 선별된 채로 허위의 사실주장으로 금지되어서는 안 된다고 재차 강조했다. 이때 기본법 제5조 제1항의 보호범위는 사실표현이 제3자의 의견형성에 기여할 수 있는 한, 사실주장의 표현으로도 미치며, 아울러 사실과 의견이 혼합되어 있고 전체적으로 입장표명, 견해 혹은 의견을 통해 부각되는 표현들에 대해서도 적용된다는 사실에 유념해야 한다고 덧붙였다.

이에 연방대법원은 이러한 원칙을 항소법원이 진술내용의 조사에 있어서 준수하지 않았으며, 이러한 사실은 상고법원의 전부심사 대상에 해당한다고 밝혔다. 피고의 인터넷사이트에서뿐만 아니라 이메일을 통해서도 전파된 표현들은 기본법 제5조의 보호 아래 놓여 있는데, 이는 전체적인 맥락에서 고려할 경우, 사실과 의견이 혼합되어 있고 전체적으로 입장표명, 견해 혹은 의견의 요소를 통해 부각되는 그런 표현들이기 때문이라고 설명했다.[33]

우선, 인터넷에서 공표된 기사는 독일이 국제투명성기구의 부패지수에서 16위로 떨어졌다는 사실을 다루면서, 이러한 맥락에서 "프랑크푸르트공항공사-마닐라-스캔들"과 독일 내에서 공사의 공적 지위를 취재대상으로 삼았다고 판단했다. 이에 대한 근거로서 반어적 일부 표현들과 함께 수년간의 경험이 저자에게 부패, 뇌물수수, 족벌경영, 정치패거리와 법률위반 등이 독일 사회, 경제와 정치의 일부분이었다는 사실을 가르쳐 주었다고 적혀 있었다. 이러한 맥락에서 저자는 프랑크푸르트 공사의 마닐라 공항 프로젝트에서 입게 된 약 50억 달러의 손실이 문제 된 미규명 상태의 이 스캔들을 감히 공개한다고 밝혔다. 아울러 국영기업인 공항공사가 야기했던 납세자의 손해에 대한 처벌과 책임 앞에서 공사 내의 책임자와 감사위원회를 보호하려는 시도가 모든 수단과 함께 시도되었으며, 모든 헤센주 정치가와 노조인사들이 공항공사 이사회와 감사위원회에서 부지런히 움직였고, 그 덕분에 형사소추도 마지못해 최대한 신중하고 소극적인 범위 내에서 수행되었다고 기술되었다. 그다음에는 공항공사가 피고에게 제기한 소송과정에서 항소법원을 통해 금지된 표현들이 게재되었다. 그리고 곧바로 "우리가 우선시한 목표는 마닐라-실패를 공항공사 이사회와 감사위원회에서 규명하는 것이고, 마닐라-손해에 책임 있는 결정주체들의 개인적 해명이 요구될 수 있도록 공개하는 것이다"라고 마무리되었다.

따라서 연방대법원은 이 모든 기사가 마닐라 공항 프로젝트에서 엄청난 손해를 입었다고 하는 국영기업에서 발생한 경제적 사건에 대한 비판이라는 점이 중요하다고 판단했다. 여기에 모든 수단과 함께 공항공사 이사회와 감사위원회 내의 책임자들을 형사처벌과 책임에서 보호하고자 시도되었고, 그 때문에 형사소추과정은 단지 자의 반 타의 반으로 매우 신중하고 소극적으로 수행되었다는 비난이 연결되었다고 인정 했다. 따라서 지금까지 형사법상 유죄판결이 일어나지 않은 상황에 대해 피고가 이 에 대한 추정적 이유들을 언급한 것이 분명하다고 밝혔다. 어쨌든 결과적으로 공중 에 커다란 중요성을 가지는 부정부패 관련문제가 논쟁대상이 되었다고 판단했다.[34]

### ③ 사건판단

연방대법원은 이러한 사정하에서 대상 표현들은 전체적으로 입장표명, 견해 혹은 의견을 통해 부각된 그런 표현이며, 따라서 완전한 기본법 제5조 제1항의 기본권 보 호에 해당한다고 밝혔다. 이는 "부패"라는 비난과 관련해서도 마찬가지라고 보았다. 왜냐하면 어떤 행위를 형사법상 중요한 구성요건으로서 표현하는 것은 원칙적으로 비형사법적 영역에서의 법적 견해와 다름없이 우선 거의 대부분 단지 표현주체의 주 관적 판단에 기초한 평가를 나타내는 것이기 때문이라고 밝혔다. 게다가 이 사건에 서 "부패"라는 표현은 전체적으로 특정행위를 본질적으로 서술하는 것이고 평가하 는 것은 아닌 그런 사실주장의 성격이 부여될 수 있는 정도로 강한 사실적 요소를 부 각시키지는 않는다고 판단했다. 이는 이메일을 통해 전파된 표현들도 마찬가지라고 보았다. 항소법원은 이러한 이메일 표현들을 구체적으로 평가하지 않고, 단지 비난 이 일부 확대된 상태로 다시 한번 반복되었다고 이해함으로써 개괄적으로만 취급했 다고 비판했다. 하지만 각각의 맥락에서 표현을 평가하게 되면, 이러한 표현들은 전 체적으로 기본법 제5조 제1항의 보호범위에 포함된다는 사실이 드러난다고 판시했 다. 왜냐하면 이 표현들 역시 입장표명, 견해 혹은 의견을 통해 부각되기 때문이라고 밝혔다. 피고는 G 씨가 공항공사 대표로서 발표할 예정인 독일경제신문 주최 반부패 회의 초대를 다루었고, 이러한 맥락에서 공항공사와 관련된 세계적인 부패상황을 꼬 집었다고 인정했다. 이어서 피고가 족벌경영, 정치가 패거리, 맹종주의, 거짓말, 기 만과 위선적 태도 원칙들이 이전에 완벽한 부패 예방으로 통용되었다는 자신의 생각을 반어법적으로 표현하고 아울러 이러한 문제들을 공항공사 이사회와 감사위원회가 지켜야 할 새로운 기준에 대비시켰다는 점에서 볼 때, 전체적 표현은 분명하게 공적 자금과 무책임한 영업방침의 남용에 관한 토론에 관한 것이고, 따라서 의견자유의 보호 아래 놓여 있는 방식의 표현으로 보인다고 판단했다.

따라서 문제 된 표현들의 허용성을 판단하기 위해서는 원칙적으로 관련된 이익들이 서로 형량 되어야 하며, 이때 모든 본질적 사정들과 관련된 기본권이 해석상 중심적으로 고려되어야 한다고 강조했다.[35]

④ 비방적 비판의 법적 분류

그리고 항소법원은 대상 표현을 하나의 부당한 비방적 비판으로 평가했기 때문에 이러한 형량을 행하지 않은 실책을 범했다고 보았다. 항소법원은 비방적 비판의 법적 의미를 심각하게 오인했다고 비판했다.

연방대법원은 하나의 표현을 비방적 비판으로서 평가하기 위해서는 엄격한 잣대가 인정되어야 하며, 그렇지 않으면 다툼이 된 표현이 형량도 없이 의견자유의 보호에서 박탈되고 이와 함께 부당한 방식으로 의견자유가 축소되는 결과가 발생한다고 우려했다. 표현에 있어서 더 이상 사안에서의 논쟁이 아니라 공격적이고 과장된 비판을 넘어서 그 인물이 폄훼되거나 낙인찍기 대상이 될 그런 인물에 대한 멸시(인신공격)가 중심을 이루게 될 때에 비로소 그 표현은 부당한 비방의 성격을 가지게 된다고 설명했다.

인터넷에서 공표된 "프랑크푸르트-마닐라-스캔들"에 관한 기사의 경우, 독일 내의 부패 경험에 대한 일반적 서술과 독일의 국제적인 부패지수의 등급표시 외에 공항공사 이사회와 감사위원회의 보직 임용문제와 공항공사의 경제적 손실에 관한 논쟁은 언급된 스캔들과 그에 대해 제기된 비난과의 맥락에서 중심을 이루는 것이라고 평가했다. 이때 기업의 책임자들의 처벌과 책임에 대한 엄호 및 기업에의 국가 지분의 참여와 모든 헤센주 정치인과 노조인사를 통한 이사회 및 감사위원회 보직의 임용으로 인해 존재하는 통제 부족 역시 언급되었다고 판단했다.

이메일을 통한 표현들은 "기업위기 부패"에 관한 경제신문 컨퍼런스와 관련되었고, 공항공사의 임원이 거기서 "프랑크푸르트 공항공사의 예에서 부패 예방"이라는 주제에 관해 공개적으로 발표할 예정이라는 사정이 계기가 되었다고 인정했다. 이러한 맥락에서 대상 표현은 공항공사의 부패 예방이라는 주제에 관해 자신의 입장을 전달한 것이라고 보았다. 따라서 양쪽의 주제는 실제 이슈와의 논쟁에 관한 것이지 원고 회사의 폄훼가 중심을 이루는 것은 아니기 때문에 비방적 비판에 해당하지는 않는다고 보았다. 물론 요청된 형량과정에서는 원고 회사의 이익 측면에서 문제된 표현이 원고의 공적 명성을 현저하게 침해하기에 적합하고, 경우에 따라서는 원고의 영업활동을 약화시키기에도 적합하다는 사실이 중요하다고 밝혔다. 하지만 다른 한편으로는 피고의 의견표현의 이익 측면에서 위에서 나타난 핵심진술은 실제로 반박되지 않았으며, 그 밖에 현저한 중요성을 지닌 공적 문제에 관한 것이었다는 점이 고려되어야 한다고 보았다. 이는 언급된 프로젝트와의 관계에서 입게 된 손실에서뿐만이 아니라 무엇보다 공항공사에 일부 공적 자산이 존재하고 감사위원회 역시 일부 정치인들과 노조인사들이 차지했다는 점에서 공적 관심이 생겨난다고 인정했다. 이와 관련해 국가나 지방정부의 참여 경우 공사의 활동에 관해 존재하는 특별한 공적 이익으로 인해, 공항공사는 공격적이고 과장된 비판 역시 감수해야 한다고 밝혔다. 따라서 모든 사정을 고려한 전체적 형량에서 피고에 의해 선택된 표현들은 전체적 맥락에서 허용되는 것으로서 그리고 위법하지 않은 것으로 간주된다고 밝혔다. 결국 피고의 의견자유권은 금지청구를 통해 제한되어서는 안 된다고 판단했다.[36]

## Ⅱ. 의미맥락의 중요성

하나의 표현에 대한 의견표현 또는 사실주장으로서의 분류는 맥락을 통해서 비로소 해결된다. 따라서 이러한 경우 문장 혹은 문장 구성부분 가운데 사실적 내용을 분리해서 잘못된 사실주장으로 금지해서는 안 되며,[37] 표현의 올바른 이해와 해석을 위해서는 항상 맥락이 고려되어야 한다.[38] 이러한 원칙은 연방헌법재판소와 연방대법원의 판례를 통해 수없이 반복적으로 제시되었다. 연방대법원은 이와 관련해 모든 문제가 된 표현들은 그것이 행해진 전체적 맥락(Gesamtzusammenhang)에서 판단되어야 하고, 그것과 관계된 맥락에서 분리되어서 순수한 별도의 고찰에 이르러서는 안 된다는 점을 분명히 했다. 아울러 만약 문제 된 표현이 평가되어야 할 전체적 맥락에서 자유로운 의견표현의 기본권의 보호영역에 속할 수 있고, 이러한 경우에 기본권지위 상호 간의 형량이 필수적이라면, 사실주장과 의견표현이 혼합된 복합적인 표현 가운데에서 사실적 내용이 담긴 문장들만을 끄집어내서 허위의 사실주장으로 금지해서도 안 되며, 오히려 전체 표현이 기본법 제5조 제1항 제1문의 의견자유의 보호하에 놓여 있는지 여부가 평가되어야 한다고 설명했다.[39]

특히 하나의 상태나 평가적 성격의 비유를 나타낼 수 있는 개념을 사용하는 경우가 이에 해당한다.[40] 이러한 문제는 국내에서도 XX 주의자라는 표현을 둘러싸고 사실주장인지 의견표현인지의 문제가 여러 차례 쟁점으로 대두된 바 있다.

나치 혹은 공산주의자로서 한 개인을 규정하는 것이 그가 현재 혹은 과거에 속했던 당적이 공개되어야 했던 맥락에서 생겨났다면, 이는 사실주장이 될 수 있다. 하지만 원칙적으로 이러한 지칭은 극우주의자나 극좌파 혹은 네오파시스트라는 개념에 있어서와 마찬가지로 의견표현에 해당한다. 이는 의미맥락에서 그렇게 치부하는 것에 대한 어떠한 사실근거도 없이 작가의 의도가 특정한 정치적 사고 혹은 정신적 태도를 특징적으로 묘사하려는 생각이었던 것으로 밝혀질 경우에는 항상 의견표현으로 분류된다.[41, 42]

반면에 한 개인을 등록된 슈타지-요원이었다고 지칭하거나 이와 유사하게 규정하는 것은 원칙적으로 사실주장이다. 예컨대, 그레고르 기지[43]를 등록된 슈타지 첩보원으로 특징지은 것은 사실주장으로 평가되었다.[44]

## 연방헌법재판소 1991년 12월 19일 자 결정
### - 1BvR 327/91("나치주의자"-결정)

### 사실관계

1990년 4월 15일 저녁 청구인의 집 대문이 누군가에 의해 심하게 파손되었다. 청구인 집 주소 아래에는 "독일 맑스-레닌주의당"이라는 당의 위치정보 역시 붙어 있었다. 청구인은 소송에서 1990년 4월 15일 저녁 20:30분경 그가 없을 때 전화벨이 울렸고, 그의 세입자 중 한 명이 이를 받았다고 진술했다. 소송상 청구인의 진술에 따르면, 전화를 건 사람은 자신을 "나치당 해외지부의 일원"이라고 알렸고, "우리는 너희 사무실을 부술 것이며, 우리는 몇 분 내로 도착할 것이다"라고 위협했다. 통화 뒤로는 '총통연설'이 들려오고 있었으며 송화자는 "만세"라는 말과 함께 전화를 끊었다. 전화는 얼마 뒤 다시 반복되었다. 이 세입자는 그 이후 집을 떠났고, 다른 두 사람이 집에 남아 있었다. 그중 한 명이 큰 소리의 소음을 들었다. 청구인은 다음 날 문이 심하게 부서져 있는 것을 확인했다. 문을 발로 차서 부순 것이 분명했다. 청구인은 하나의 의심을 가졌고, 두 증인과 함께 이 행위를 함께 했다고 자백한 두 사람을 찾아냈다. 이들은 심하게 술에 취한 상태에서 이러한 행위를 했다고 사과했다. 청구인은 파손된 문에 대한 손해배상으로 650마르크 상당의 손해배상을 법원에 주장했다. 그 후 대략 1990년 5, 6월경 청구인이 출판법상 책임자로 되어 있는 "우리의 소리-독일 맑스-레닌주의당 지구당" 주간 팸플릿에서 이 사건에 관해 다음과 같이 보도했다.

피어텔에 유명한 나치주의자 H가 증인들에게 자백했다. 하지만 알코올에 책임을 떠넘겼다. 그러나 알코올이 아니라 파시스트적 신념이 그를 이러한 행위로 유인했다.

피고는 소송과정에서 자신을 "나치주의자"로 지칭하지 말라는 금지청구와 638마르크 상당의 변호사비용 지급을 요구했고, 소송은 지방법원지원에서 받아들여졌다. 법원은 두 피고들이 청구인의 집 대문을 부순 사실은 입증된 것으로 보았다. 하지만 피고의 주장 역시 정당하다고 인정했다. 이에 대한 청구인의 헌법소원은 성공했다.[45]

### ① 하급심 법원의 판단

하급심 법원은 "나치주의자"라는 지칭으로 인해 피고의 인격권이 침해되었다고 판단했다. 이러한 표현은 정치적 가치평가로서 하나의 명예훼손적이며 평가저하적인 비판을 의미하며, "나치주의자"라는 개념의 사용은 정치적인 관용어로서 인간성과 법의 경멸적 무시를 우회적으로 나타내는 표현이라고 인정했다. 하지만 인격권 침해가 바로 표현의 위법성을 나타내는 것은 아니며, 정당한 이익의 대변을 위해 허용될 수 있다는 판단이 모든 사정의 고려하에서 의견자유권에 비추어 행해져야 한다고 보았다. 정치적 의견투쟁에서 격렬하고 과도한 공격적 표현들은 거의 일상적이며, 그 때문에 의견자유가 예외 없이 엄격하게 객관적으로 행해진 비판으로만 제한되지는 않는다는 점이 고려되어야 한다고 밝혔다. 하나의 논쟁을 시도한 사람은 그의 표현에 비추어 과도하지 않고 적절한 대응이나 반격으로서 나타나는 자신의 명예에 대한 공격 역시 감수해야 한다고 보았다. 하지만 팸플릿 보도는 이 사건의 위협적 전화가 피고에 의해 유래되었다는 점이 확정되었을 경우에만 적절한 대응이라고 할 수 있지만, 증거조사에 따르면 피고가 전화를 걸었다는 사실은 확실하지 않은 것으로 입증되었다고 밝혔다. 1990. 4. 15. 저녁에 피고의 집에서 나치주의 선전유세가 울려 퍼졌다는 사실 역시 피고의 명예침해를 정당화할 수 없는데, 왜냐하면 이러한 사실들은 피고의 사적 영역, 즉 청구인과 관련 없이 일어났기 때문이라고 밝혔다. 또한 팸플릿은 집 대문의 파손에 대한 적절한 반격권을 통해 정당화되는 어떠한 적절한 대응도 나타내지 않는데, 이러한 집 대문의 파괴는 다른 차원에 놓여 있는 것이므로 의견투쟁의 의미상 정치적 논쟁에 귀속될 수 있는 것이 아니라고 판단했다. 적어도 집 대문의 파손이 정치적 이유에서 행해졌다는 점이 여러 정황에도 불구하고 입증되지 않았다고 보았다.[46]

② 나치주의자라는 표현의 법적 성격

원심법원의 손해배상 지급판결은 팸플릿 보도가 피고에 대한 비방이자 경멸적인 비판이라는 이해에 기초해 의견자유가 명예보호 뒤로 후퇴해야 한다고 보았지만, 연방헌법재판소는 이러한 표현의 실제 이해와 법적 평가는 전적으로 헌법심사의 대상에 속한다고 밝혔다.

이어서 기본법 제5조 제1항 제1문은 가치평가와 사실주장 사이를 명백히 구분하지 않고 모든 사람에게 의견을 자유롭게 표현할 권리를 보장하는데, 이 조항은 개개인의 인격발현의 이익뿐만 아니라 민주주의 과정에서 구성적 의미를 가지는 이익을 위해서도 의견자유를 보호한다고 강조했다. 하지만 보호정도는 의견표현의 목적에 달려 있으며, 공공성에 본질적으로 관련된 문제에서 일어난 논쟁에 관한 기사들은 단지 사적 이익의 추구를 위해 이용하는 표현들보다 더 강력한 보호를 누린다고 보았다. 따라서 신랄하고 과도한 표현들 역시 무엇보다 공적 논쟁에서는 기본법 제5조 제1항 제1문의 보호범위에 해당하게 되며, 단지 일반법 규정과 개인의 명예권이 어디까지 제한하는지의 문제만이 남게 된다고 생각했다.

이러한 원칙하에서 연방헌법재판소는 헌법소원이 명백히 정당하다고 결정했다. 우선, 지방법원지원이 문제의 표현을 피고의 인격권을 침해하기 적당한 정치적 가치평가이자 경멸적 표현으로 평가한 것은 헌법상 어떠한 우려도 일어나지 않는다고 인정했다. 그럼에도 법원이 문제된 표현의 여러 가지 객관적으로 가능한 해석들 가운데 다른 설득력 있는 이유의 고지하에 다른 해석을 제외시키는 과정 없이 단지 책임을 인정하는 해석에만 기초해 판결했다고 비판했다. 즉, 법원은 "나치주의자"라는 개념을 본문내용의 전체 맥락에서 분리시켜서 별도로 "인간성과 법의 경멸적 무시를 나타내는 우회적 표현"으로서 해석했다고 지적했다.

비록 "나치주의자"라는 개념은 분리된 고찰방식의 경우에도 그의 의미내용의 광범위성으로 인해 엄격한 역사적 용어에서 실체 없는 모욕적 언사에 이르기까지 다양한 사용방식이 허용된다고 인정했다. 하지만 본문내용은 피고에 대한 "나치주의자"로서의 지칭으로 제한된 것이 아니라 사건 및 그의 배경과 관계있는 것이라고 판단했다. 기사는 그 사고가 단지 알코올에 책임이 있다는 피고 진술에 대한 이의 제기였고, 이러한 맥락에서 "피어텔에서의 나치주의자"라는 지칭은 피고의 신념에 대한 표현으로서 그 행위를 나타내는 것이라고 지적했다. 이러한 피고의 평가는 사건이 발생하기 전에 피고의 집에서 "총통연설"과 "만세" 소리가 퍼져 나왔다는 앞선 언급들과 연결되는 것이며, 이러한 사실확정은 법원 역시 비록 나치 선전구호를 사적 영역에서 일어난 것이기 때문에 중요하지 않은 것이라고 판단했을지라도 그 사실 자체는 인정한 부분이라고 보았다. 법원은 집에서의 나치 선전유세와 청구인 집의 대문 파괴 사이의 관계에서 여러 정황이 이를 말해 줌에도 불구하고 대문 파괴가 정치적 이유에서 행해졌다는 점이 입증되지 않았다고 매우 조심스럽게 평가했지만, 이러한 구성사실의 평가가 적절한지는 불분명하다고 비판했다. 의견자유의 관점에서 피고에게는 그의 입장에서 볼 때 어쨌든 실제 상황의 관련하에서 민사소송법상 증거법칙에 따르지 않는 평가적 판단이 바탕이 되어야 한다고 판단했다. 자신의 집에서 히틀러 연설과 만세 소리의 상연, 장본인이 밝혀지지 않은 전화 그리고 1990년 4월 15일 저녁 대문의 파손 사이의 관련성은 청구인이 자신의 표현을 실제로 이러한 실제 상황에 연결시킬 수 없는 정도로 무관하지는 않다고 보았다. 따라서 법원은 청구인의 적절한 대응으로서 표현의 허용 여부를 피고가 위협적인 전화의 장본인인지 그리고 대문이 정치적 동기에서 파괴되었는지 등 사실의 완전한 입증에 달려 있게 만듦으로써 의견자유권의 의미를 부인했다고 판단했다.

그에 반해 지방법원지원이 자신의 표현을 기본법 제5조 제1항 제1문에 대한 위반하에서 다름 아닌 비방적 비판에 해당한다고 잘못 생각했다는 청구인의 항변과 관련해서는, 법원이 청구인의 표현의 평가에 대해 형법 제193조와 함께 가능한 정당화 근거에 해당하는지 논증했기 때문에 이유 없다고 보았다. 왜냐하면 비방적 비판으로서 표현의 분류는 이후 어떠한 형량도 필요로 하지 않기 때문이라고 설명했다.

결국 피고의 인격권 보호의 이익에 손을 들어준 법원의 판결은 표현이 생겨난 구체적 맥락에서 "나치주의자"로서 지칭을 분리하는 방식으로 이뤄졌기 때문에, 충분히 근거 있는 표현의 해석을 바탕으로 한 것이 아니며, 그로 인해 기본법 제5조 제1항 제1문에 포함된 청구인의 기본권은 법원에 의해 행해진 형량에서 불충분한 대우를 받게 되었다고 결정했다.[47]


## Ⅲ. 질문의 문제

질문의 법적 분류는 많은 어려움을 야기하는 언론법상의 논제이다. 실제로 사실주장 역시 질문의 형태로 표현되고 전파될 수 있으며, 의견자유권은 질문을 제기할 권리 역시 포함한다.[48] 하지만 모든 질문형태의 표현에서 그 안에 존재하는 하나의 사실주장이 인정되는 것은 아니다. 오히려 질문의 법적 분류문제는 개별적으로 이 질문이 맥락의 고려하에서 볼 때, 열려 있는 상태인지 아니면 독자나 시청자들에게 대답을 강요하는 것인지 여부가 중요하다.[49]

이에 따라 하나의 대답을 요구하는 진정한 질문 그 자체는 진실 기준이나 정확성 기준에서 판단될 수 없는 하나의 독자적 의미범주를 구성하게 된다. 그리고 이러한 질문은 연방헌법재판소의 견해에 따르면 기본법 제5조 제1항 제1문을 통해 보호되며,[50] 의견표현과 동일시된다.[51] 이에 반해 수사적 성격의 질문이 있을 수 있는데, 이는 확정적 진술로 파악될 수 있고, 가치적 성격뿐만 아니라 사실적 성격 역시 가질 수 있다.[52] 만약 의문문이 한편에서는 진정한 질문을 나타내고 다른 한편에서는 수사적 질문을 나타내는 그러한 여러 해석에 접근 가능하다면, 법원은 두 해석을 모두 검토해서 자신의 선택을 정당화해야 한다.[53] 구체적인 의문문장의 경우에 진정한 질문 혹은 수사적 질문으로의 분류는 결국 질문이 내용상 아직 확정되지 않은 대답을 목표로 하는 것인지 아니면 표현의 목적이 이미 질문 제기 때 달성된 것인지 여부에 달려 있다. 이러한 분류는 표현의 맥락과 사정에 따라 행해져야 하며, 의심스러운 경우에는 효과적인 기본권 보호의 이익을 위해 넓은 의견개념에서 시작하는 것과 마찬가지로 넓은 질문개념에서 시작해야 한다.[54, 55]

아울러 수신인에게 여러 가능한 대답이 맡겨져 있어서 그에게 사고자극을 제공하려는 것인 열려 있는 질문은 해석변형이론에 따라 넓은 의견개념에서 시작되어야 한다.[56] 이에 연방헌법재판소는 "방문객들, 그렇게 처신하나?"라는 질문이 명백히 외국인에 의해 저질러진 폭력행위를 묘사한 외국인 적대적 팸플릿에서 작성되었지만, 작성자가 독자들에게 의견을 형성할 것을 요구한 질문이기 때문에 의견표현으로 분류하였다.[57]

하지만 질문형태로 나타낸 진술들이 사실주장으로도 인정될 수 있다.[58] 이는 기사 제목에서 독자에게 특정한 의혹을 제시하는 경우에 가능하다.[59] 따라서 이러한 질문은 위장된 사실주장으로서 분류될 수 있는 수사적 질문의 문제이다. 연방대법원은 "우도 위르겐스 캐롤라인과 침대에서?"라는 헤드라인 질문에서 일정한 의혹이 암시되었고, 이어진 본문내용에는 이러한 의혹이 한 번 더 추가적으로 강화된 경우 이를 수사적 질문이라고 판단했다.[60]

다만, 연방헌법재판소는 반복해서 질문 역시 자유로운 의견표현권에 속한다고 확정한 바 있다.[61] 따라서 질문형태의 표현에서 독자에게 수사적 질문으로서 피할 수 없는 긍정적 대답을 암시하는 경우에만 사실주장으로 인정될 수 있다. 아울러 질문은 의혹의 표현을 위한 수단으로서도 고려될 수 있는데, 이때에는 의혹이나 혐의보도에서 발전되어 온 원칙들에 따라 판단되어야 한다.

그에 반해 소위 열려 있는 질문(offene Frage)은 사실주장으로 인정될 수 없다. 이것은 오히려 의견표현으로 인정되어야 한다. 질문이 숙고를 자극하고 대답에서 다양한 결과에 도달할 가능성을 독자나 시청자들에게 맡긴 경우가 바로 이러한 열려 있는 질문에 해당한다.[62]

## 연방헌법재판소 1991년 10월 9일 자 결정 – 1BvR 221/90("질문"-결정)

### 사실관계

청구인은 비스바덴시에 속한 한 지구자문위원회에서 "환경과 자유를 위한 활동가그룹/AFU" 측 위원을 맡고 있었다. 이러한 자격으로 청구인은 14가지 쟁점을 포함하는 질의서를 보내도록 시 당국자에게 요청했는데, 질의서는 이 구역에 소재한 양로 및 요양원에 관한 것이었다. 이 요양원은 유한책임회사의 법적 형태로 운영되었고, 그의 소유지분 가운데 과반을 시가 소유하고 있었다. 요청서 제출과 동시에 활동가그룹은 자신이 발행하는 "함성"이라는 잡지 특별호에서 14개의 질문들을 공개했다. 이 잡지는 비정기간행물로서 오르츠베지어크 지구에서 무료로 배포되었다. 청구인은 이 잡지의 발행을 위한 출판법상 책임자였다. 질문목록은 "보도자료"라는 볼드체의 제목 아래 놓여 있었고, 다음과 같은 텍스트가 달려 있었다.

> AKK 요양원의 심각한 폐해
> '편안함을 위한 집이 우리의 목표이다'는 지난해 12월 요양원 크리스마스 축제행사에서 했던 요양원장의 말. 하지만 지금 요양원에 있는 사람들은 이러한 목표에서 멀리 떨어져 있는 것 같다. 수년간 요양원은 평판이 좋았지만 지난해의 상황으로 인해 이제는 그 평판이 위태롭게 되었다. 환경과 평화를 위한 활동가그룹(AUF)은 이제 AKK에 질의서와 함께 '무엇이 사실인지' 그리고 '어떻게 현재의 폐해가 지체 없이 제거될 수 있는지' 해명을 요청한다. 이를 위해 다음과 같은 질문을 제기한다:
> 1. 인력부족과 간병관리자의 자질부족으로 인해 요양원 입소자의 요양에 심각한 문제가 있다는 것이 맞는지?

2. 야간근무 시 보통 세 명의 인력만으로 약 160명의 입소자(그중 병약자는 대략 100명)를 요양해야 한다는 사실이 맞는지?

3. 요양대상자들이 종종 인력부족으로 인해 14일 만에 겨우 입욕서비스를 받는다는 것이 사실인지?

4. 병실용 비품공급(예컨대, 기저귀, 섬유소 등등)이 지지부진하고 너무 불충분하게 제공되어서, 요양대상자가 종종 장시간 동안 축축한 상태로 누워 있는 관계로 건강상의 위험에 방치된다는 것이 맞는지?

5. 카데터에 의한 전문적 영양공급 대신에 '굳은 상태의 죽'이 제공되었고, 그것이 요양병원 지정에 관한 복잡한 문제를 야기했다는 소문이 사실인지?

6. -노인들의 희생을 대가로- 단지 가장 필요한 서비스(그리고 이것도 일부 불충분하게)만이 직원들에 의해 수행되는 방식을 통해 인력에서 비용이 절감되었다는 사실이 맞는지?

7. 간병인력을 휴무 없이(며칠의 공휴일) 18일까지 투입하는 일이 통상적으로 있었는지?

8. 실례로 거론된 잘못이 한편으로는 인력부족(예컨대, 보조인력의 축소 내지 폐지)에서 비롯되었으며, 다른 한편으로는 불충분한 요양관리자의 자질에서 비롯되었다는 평가에 수긍하는지?

9. 1987년 봄 이래 언급된 폐해상황과 현재 재직 중인 간병관리자의 간병업무 인수 사이에 관련이 있는지?

10. 1987년 봄 이러한 과업의 인수에 있어서 자질의 관점이 아니라 관련부서와의 개인적 관계가 결정적 역할을 했다는 사실이 맞는지?

11. AKK 요양원에서 장기간 근무한 유능한 전문인력들의 높은 감원율이 해결되어야 할 문제들의 원인 가운데 하나인지?

12. 오랫동안 그리고 만족스럽게 활동한 인력에 대해 전횡적이고 차별적인 처사(예컨대, 외국인 적대적 표현들, 경영협의회 청원 시 협박 등등)가 사표 제출을 유발했는지?

13. AKK 요양원에서의 심각한 폐해를 즉각 시정하고 오랫동안 지켜온 명성을 지키거나 원상 복구하기 위해 어떤 조치들이 취해졌으며, 앞으로 취해져야 하는지?

14. 향후 유사한 잘못을 가능한 한 배제하기 위해서는 어떤 조치들이 취해져야 하는지?

AUF는 지역지구자문위원회에 제출된 질의서의 근거를 비스바덴시가 공익 AKK 유한회사의 대주주라는 사실에서 정당화했다. 그 유한회사에는 시의 대리인이 과반을 차지하고 있었고, 이 시설은 사회적 과제-특히 AKK에 있는 노인들에 대해-를 수행해야 하기 때문에, 요양원에서의 인간존엄적이고 적절한 요양과 법적 보호규정들의 준수를 보장하는 것이 정치 책임자들의 과제라고 생각했다.

이에 요양원의 대표이사이자 요양원장 그리고 간병관리자는 청구인을 고발했다. 게다가 간병관리자는 약식재판과 본안재판에서 청구인에게 금지청구 소송을 제기했고, 결과적으로 성공했다. 비스바덴 지방법원지원은 요양원장과 간병관리자를 부대원고로 허용했고, 청구인에게 명예훼손을 이유로 일당 80마르크의 75일 치 벌금을 선고했다. 나아가 소송비용과 필요경비를 부과하고, 부대원고의 요청으로 금지판결의 주문과 판결문을 시 지역 안에서 판매되는 여러 신문들에 공표되도록 명령했다.

지방법원지원은 공표된 기사가 질문형태로 행해졌음에도 불구하고 청구인은 증거조사에 접근 가능한 사실주장들을 제기했다는 본질적 이유를 자신의 판결근거로 삼았다. 그리고 나서 이 질문들의 사실주장으로서 성격은 "현재의", "언급된" 그리고 "심각한" 폐해들 및 "예컨대"라고 거론된 실제 문제들이 언급되었다는 점에서 생겨난다고 보았다. 나아가 개별 질문들에 포함된 많은 세부사항들은 정상적인 독자들로 하여금 정확한 정보수집과 조사에서 비롯된 사실주장이라는 평가에 이르게 한다고 보았다. 단지 질문13과 14만이 '순수한 질문'이고, 질문2, 3 그리고 11의 경우는 비록 사실주장이지만 부대원들을 공공연하게 평가저하시킨 것으로 보기에는 적합하지 않다고 인정했다. 이어서 질문1과 질문9는 내용상 동일하다고 분석했다. 결국 질문 4에서 10까지 그리고 12와 함께 청구인은 문서의 전파를 통한 공개 행위에 적합한 형태로 형법 제186조(사실적시 명예훼손)의 구성요건을 충족했다고 인정했다. 청구인의 위법성은 평가저하적 주장들이 진실로서 입증될 경우에만 조각될 수 있다고 밝혔다. 하지만 진실증거들은 제출되지 않았다. 지방법원지원은 개별적 쟁점들에 관해 9일간의 증거조사를 수행했고, 그에 따라 모든 사정들에서 청구인의 질문들을 위한 단서들이 있을 수 있다는 사실은 밝혀졌지만, 청구인이 진실증명에 관한 요청들을 충족시키지 못했다고 판단했다. 프랑크푸르트 상급법원은 청구인의 상고를 명백히 부당한 것으로 기각했다.

청구인의 헌법소원은 판결의 파기와 지방법원지원으로의 환송에 이르렀다.[63]

① 의견자유권의 보호범위

연방헌법재판소는 헌법소원이 이유 있다고 밝혔다. 대상 판결은 청구인의 기본법 제5조 제1항 제1문의 기본권을 침해했다고 보았다.

재판부는 우선 심사기준을 의견자유의 기본권이라고 전제했다. 오늘날 연방헌법재판소의 결정에서 상세하게 설명된 바와 같이 개별표현의 허용성이 문제 되고 나아가 개별표현들이 출판물 내에 포함되어 있을 경우에도 의견자유권이 관여한다고 판시했다.

대상 판결은 다툼이 된 청구인의 표현들을 허위 사실주장으로 분류하고 그와 함께 기본권보호를 박탈했기 때문에, 이러한 분류의 전제는 전적으로 연방헌법재판소의 심사대상이 된다고 밝혔다.

형사법원은 다툼이 된 청구인의 표현들에 대해 부당하게 기본법 제5조 제1항 제1문의 보호를 거부했다고 생각했다. 비록 의견자유의 기본권은 입증되거나 고의의 허위사실주장을 보호하지 않는다는 점을 적절하지만, 질문형태로 표현된 청구인의 주장들은 그러한 사실주장이 아니라고 보았다.

아울러 의견자유권은 명백히 가치평가와 사실주장 사이를 구별함 없이 모든 사람에게 자신의 의견을 자유롭게 말할 권리를 보장하며, 가치평가는 항상 의견표현에 해당한다고 인정했다. 따라서 가치평가는 기본법 제5조 제1항에 의해 쉽사리 보호되며, 보호유무가 그의 내용이나 근거들과는 무관하다고 설명했다. 이와 달리 엄격하게 보자면 의견표현의 일부라고 볼 수 없는 사실주장들은 어쨌든 의견형성을 위한 전제라는 점에서만 기본권보호를 누린다고 선을 그었다.[64]

② 질문형태 표현의 언론법상 의미

연방헌법재판소는 질문에도 기본권보호가 개입하며, 다만 경우에 따라서 어떻게 분류될 수 있는지 여부에 대해서는 아직 판단한 바 없다고 밝혔다.

우선, 질문은 어떠한 사실진술을 하는 것이 아니라 하나의 진술을 유도하려는 것이라는 점에서 가치평가와 사실주장과는 구별된다고 설명했다. 질문은 대답에 맞춰져 있으며 그 대답이 가치평가나 사실전달로 존재할 수 있는 데 반해, 질문은 두 개념 어디에도 속하지 않고 자신의 고유한 의미범주를 구성한다고 밝혔다. 하지만 그 때문에 질문이 기본권 보호범위에서 탈락하는 것은 아니라고 생각했다. 이러한 근거는 기본권 보호 목적에서 찾을 수 있다고 보았다. 자유로운 의견표현은 기본법에 의해 보장되는데, 자유로운 의견표현은 인간 개인의 직접적 표현일 뿐만 아니라 민주주의 질서의 불가결한 전제이며, 따라서 기본법 제5조 제1항의 기본권은 개별적 표현들의 보호에 국한되지 않고 자유로운 개인적 의견형성과 여론형성을 총체적으로 보장하고자 한다고 밝혔다. 하지만 질문 역시 의견형성 절차에 있어서 중요한 역할을 한다고 인정했다. 질문은 하나의 문제를 주목시키고 대답을 유발함으로써 다시 한번의 발언 가능성을 통해 의견형성에 기여하게 된다고 평가했다. 이것은 공공성과 관련되거나 공적인 것을 다루는 많은 영역들에서 개인이 자신의 의견형성을 위해 필수적인 정보를 소유하지 못한 결과 비판적 혹은 탐색적 질문의 가능성만이 남아 있을 때, 더욱 중요하다고 밝혔다. 질문에 대한 기본권보호가 존재하지 않는다면, 기본법 제5조 제1항이 총체적으로 보호하고자 하는 의사소통 절차는 불충분한 수준에서 보장될 것이라고 생각했다. 따라서 가치평가와 사실주장 외에 질문 역시 기본법 제5조 제1항에 의해 보호된다고 강조했다. 하지만 사실주장과 달리 질문은 허위가 있을 수 없다고 단정했다. 비록 모든 질문은 특정한 대상과 관련됨으로써 명시적이든 암묵적이든 질문자가 확인이나 해명을 구하고자 하는 사실적 혹은 평가적 성격의 전제를 포함하는 것이 사실이라고 보았다. 그런 점에서 아무런 진술내용도 없는 순수한 질문은 존재하지 않는다고 인정했다. 하지만 질문자는 무엇이 진실 혹은 허위인지,

무엇이 옳고 무엇이 그른 것인지를 정확히 알기 원하고 이때 다양한 답변이 열려 있는 상태라면, 질문자 자신은 진실이나 허위의 기준에 따라 평가될 수 없다고 설명했다. 이것은 질문이 나중에 적절하지 않은 것으로 밝혀진 사실과 관련되었을 때에도 마찬가지라고 인정했다. 따라서 의견자유의 관점에서 질문은 가치평가와 동일시된다고 결론 내렸다.[65]

### ③ 순수한 질문과 수사적 질문의 구별

연방헌법재판소는 모든 질문형태로 표현된 문장이 질문으로 간주될 수는 없다고 밝혔다. 그런 점에서 질문과 의문문은 구별되어야 한다고 생각했다. 한편으로는 평서문 내에 질문이 표현될 수 있고 다른 한편으로는 의문문에서 사실진술이 표현될 수도 있다고 보았다. 나아가 의문문에서 질문자의 해명요구와 무관한 주장들이 제기되는 경우도 있을 수 있다고 인정했다. 의문문이 상대방을 통한 대답에 향해져 있지 않거나 다양한 대답들에 열려 있지 않다면, 알려진 바와 같이 "수사적 질문"이라는 명칭과는 상관없이 실제로는 질문이 아니라고 밝혔다. 내용상으로 아직 확정되지 않은 대답을 위해 표현된 것이 아닌 의문문장들이나 그것들의 일부는 오히려 가치평가 혹은 사실주장을 의미하고, 법적으로도 이것들처럼 다뤄져야 한다고 판단했다.

당연히 언어상의 형태만으로는 순수한 질문과 수사적 질문 사이의 구별을 위한 확실한 단서들이 제공되지 않기 때문에 어려움이 야기된다고 생각했다. 따라서 이에 대한 분류는 경우에 따라서 맥락과 표현이 일어난 사정들의 도움과 함께 행해져야 한다고 밝혔다. 아울러 기본권보호의 정도가 분류결과에 달려 있으므로, 법 제5조 제1항 제1문은 그런 점에서 의문문장을 수사적 질문으로 분류하기 위해서는 그 근거들이 제시될 것을 요구한다고 인정했다. 만약 하나의 의문문에 대해 한편에서는 순수한 질문으로 간주하거나 다른 한편에서는 수사적 질문으로 간주하는 여러 가지 해석들에 접근 가능한 경우라면, 법원은 두 가지 해석들을 모두 검토한 이후 자신의 선택에 근거를 제시해야 한다고 설명했다. 이때 질문이 고도로 구체화되었다는 사실 그 자체만으로 이 질문을 수사적인 것으로 단정하기에는 충분치 않다고 지적했다. 물론 질문이 상세할수록 질문에 포함되어 있고 질문자의 해명요구와 관계된 사실진술의 비율이 더 높아지는 것은 사실이라고 인정했다. 하지만 사실비율이 높다는 점만으로 아직까지는 질문을 사실주장으로 만드는 것은 아니라고 반박했다. 고도로 구체적인 질문 문장일지라도 순수한 질문 혹은 수사적 질문으로서의 분류는 단지 그 질문이 내용상 아직 확정되지 않은 대답을 지향하는지 아니면 질문자가 자신의 표현 목적을 이미 질문 제기 당시에 달성했는지 여부에 의해서만 좌우된다고 설명했다. 그리고 의심스러운 경우에는 효과적인 기본권보호의 이익을 위해 -넓은 의견개념과 마찬가지로- 넓은 질문개념에서 출발해야 한다고 덧붙였다.

하지만 의견자유는 기본법에 의해 유보 없이 보장되는 것이 아니라 기본법 제5조 제2항에 따른 제한을 일반법, 청소년 보호에 관한 법률규정 그리고 개인의 명예권에서 발견한다고 밝혔다. 물론 이러한 규정들은 기본권의 가치설정적 의미가 법적용 분야에서도 나타나도록 자신의 편에서 재차 제한된 기본권에 비추어 해석되어야 한다고 단서를 달았다. 그리고 이것이 원칙적으로 의견자유권과 기본권 제한법률에 의해 보호되는 법익 사이의 사례관련 형량에 이르게 한다고 밝혔다.

연방헌법재판소에 따르면 이러한 원칙은 질문에서도 마찬가지라고 판단했다. 아울러 질문 역시 제3자의 개인적 명예를 침해할 가능성이 존재한다고 인정하면서, 이것은 특히 하나의 질문에 전제되거나 명시된 사실적 가정이 믿을 만한 것일 때 그러하다고 보았다. 그런 점에서 가치평가와 사실주장이 서로 분리될 수 없게 혼재된 의견표현의 경우와 마찬가지로 질문자가 실제 명예훼손적인 자신의 질문내용을 위한 근거들을 가지고 있었는지 아니면 아무런 근거도 없는 것인지 여부가 중요하다고 설명했다. 하지만 이때 기본권 행사에 영향을 끼칠 수 있는 어떠한 요청도 부과되어서는 안 된다고 강조했다. 만약 공공성과 관련된 문제들의 부정이나 폐해 가능성에 관한 해명과 검증을 위해 노력하는 시민이 직접 조사를 행할 것인지 아니면 추가 질문을 완전히 포기할 것인지 양자택일 앞에 놓이게 되는 것은 기본법 제5조 제1항의 보호목적과는 일치하지 않는 것이라고 생각했다. 그 때문에 자유로운 의견을 위한 추정법칙이 질문에도 보장된다고 인정했다.[66]

④ 사건판단

연방헌법재판소는 이러한 원칙에 따르면 형사법원의 판결들이 헌법심사를 지탱하지 못한다고 판단했다. 지방법원지원은 다툼이 된 질문들이 실제로는 허위의 사실주장이라는 판단의 기초하에서 판결을 내렸다고 평가했다. 하지만 이러한 이유들은 기본법 제5조 제1항 제1문의 요청을 충족하지 못한다고 비판했다.

지방법원지원은 질문의 사실주장 성격은 한편으로는 특별호의 제목이 사실진술 형태로 행해지고 질문형태로 행해지지 않았다는 점에서 나타난다고 생각했다. 아울러 도입부 텍스트 역시 사실주장을 가리킨다고 보았다. 이는 "요양원의 명성이 지난해의 상황으로 인해" 위태롭게 되었다고 언급된 점에서 그렇다고 보았다. 아울러 질문8에서 "실례로" 거론된 잘못, 질문9와 13에서 "현재의", "언급된", 그리고 "심각한" 폐해라고 말해진 것 역시 이에 해당한다고 보았다. 다른 한편으로 법원은 많은 세부적 사항에 관한 질문내용들이 독자들에게 정확한 정보들과 사후조사에서 비롯된 사실주장과 같은 인상을 줄 것이라는 사실이 그 근거라고 생각했다.

하지만 이에 대해 연방헌법재판소는 마지막 근거만으로는 질문의 사실주장 성격을 지지할 수 없다고 판단했다. 상세한 질문일지라도 기본권보호를 위해서는 그것이 어떤 대답을 겨냥한 것이어서 다양한 대답들을 위해 열려 있는지 여부가 중요하다고 보았다. 지방법원지원이 제시했던 사정들은 이러한 열린 형태의 질문을 부인하기에는 충분치 않다고 생각했다. 비록 특별호 제목이 중립적인 독자들에게 폐해가 실제 현존하고 있고, 단지 신문발행인에게만 우려되는 상황은 아니라는 인상을 불러일으킬 수는 있다고 보았다. 아울러 물음표의 도움으로 손쉽게 전체 공표내용의 질문 성격을 제목에서 분명히 나타내는 것이 가능했을 것이라는 점도 인정했다. 하지만 언론기사의 제목에 축약되지 않은 상태로 기사내용이 재현될 것을 요구할 수는 없다고 보았다. 기사제목이 기사내용의 이해를 위해 무의미하다고 볼 수는 없지만, 그럼에도 제목은 본문 자체보다는 훨씬 적은 내용을 담을 수밖에 없다고 지적했다.

연방헌법재판소는 질문목록에 대한 도입부와 관련해서도 특별호에서 "지난해의 상황"에 대한 해명요구가 분명히 제시되었다는 점을 관할재판부가 충분히 평가하지 않았다고 비판했다. 해명요구는 "'현재의 폐해'가 어떻게 제거될 수 있는지 해명을 원한다"라는 문장과 함께 시작했다고 인정했다. 이러한 맥락에서 적어도 "현재의 폐해들"이란 해명을 근거로 밝혀질 수 있는 폐해들, 즉 혹시 있을지 모를 현재의 폐해들의 의미로 이해될 수 있다는 점이 배제되지 않는다고 생각했다. 지방법원지원이 문제 삼은 개별적 질문들은 다양하고 확정적인 것으로 생각되는 문구들에도 불구하고 전체적으로 청구인에게는 답변이 중요한 것이 아니라 이미 질문 제기와 함께 그 목적이 달성되었을 것이라는 결론이 도출되지는 않는다고 판단했다. 비록 그러한 사실로 인해 질문4에서 10까지 그리고 12의 질문 성격에 관한 의심이 사라지지는 않을지라도 어쨌든 헌법상 요청된 넓은 의견개념은 이 표현을 사실주장으로 분류하는 것에 반대한다고 밝혔다.

청구인의 유죄판결은 기본법 제5조 제1항 제1문의 의미와 사정거리의 오해에서 비롯되었고 질문목록은 이 기본권의 보호를 향유하기 때문에, 형사법원은 형법 제185조 이하의 해석과 적용범위 내에서 형사법상 보호되는 명예보호의 이익과 의견자유에 대한 헌법소원인의 기본권 사이를 형량 했어야 했다고 꼬집었다. 이때 청구인이 문제 된 질문에서 평가저하적 사실요소를 위해 근거들을 가지고 있었는지 여부가 중요할 수 있다고 보았다. 하지만 이러한 근거들에 관한 요청들이 그로 인해 비록 지역에 국한될지라도 공공성과 본질적으로 관련된 문제들에 관한 토론을 저지하거나 의견자유 기본권의 행사를 위협하는 효과를 유발한 정도로 책정되어서는 안 된다고 강조했다.

연방헌법재판소는 상급법원 역시 상고를 아무런 이유제시 없이 기각했기 때문에 지방법원지원의 판결과 동일한 잘못이 우려된다고 결정했다.[67]

# 연방헌법재판소 2002년 11월 12일 자 결정 – 1BvR 232/97

## 사실관계

청구인은 1995년 여름 "방문객들, 그렇게 처신하나?"라는 제목의 팸플릿을 작성했다. 팸플릿에서는 크레펠트의 한 아파트에 살고 있는 독일인 가족과 터키인 가족 사이의 폭력적 다툼이 자세하게 다뤄졌다. 이 기사들의 개별단락들에는 "독일인에 대한 터키인의 테러", "독일에서 독일인에 대한 인종청소?", "작전용 택시로 무장한 터키돌격대" 및 "경찰이 도움을 제공해서는 안 되었나?"라는 제목이 달렸다. 그리고 팸플릿의 마지막 단락에서는 이 사건에 대한 의견을 모아서 자신들에게 전달할 것을 호소했다. 지방법원지원의 판결을 통해 청구인은 형법 제130조 제1항 제1호의 국민선동죄로 인한 일당 80마르크의 90일 치 벌금형에 처해졌다. 지방법원지원은 그 이유에 관해 "청구인에 의해 발행되고 판매된 팸플릿은 공적 평온을 깨트리고 국민 일부에 대한 혐오를 선동하기에 적합하다"고 설명했다. 각각의 제목들 및 팸플릿 머리기사가 이런 목적을 증명한다고 보았다. 묘사된 사건들에 관한 흥미 위주의 표현들의 도움으로 당사자들, 소위 난폭한 "터키인들"에 대한 증오감정이 유발되었거나 유발될 수 있었기 때문에 형사처벌의 기준이 달성되었다고 밝혔다. 아울러 아무런 조치도 취하지 않은 채 침묵하고 있는 언론과 경찰에 대한 비난을 통해서 위협의혹이 한 번 더 강조되었다고 보았다. 따라서 청구인의 의견자유가 부당하게 제한되지 않았다고 판단했다. 의견자유는 공적 평온의 방어 필요성과 전적으로 대치하고 있기 때문에 제한될 수 있다고 밝혔다. 아울러 이러한 공적 평온의 방어요청은 과장된 표현들과 함께 증오와 적대적 공격이 야기될 경우 침해된다고 생각했다.

상급법원은 청구인의 상고를 이유 없다고 기각했다. 하지만 헌법소원은 성공했다.[68]

① 의견자유권과 제한법률의 관계

연방헌법재판소는 의견자유와 충돌법익을 위한 의견자유 제한의 관계에 관해서는 이미 연방헌법재판소의 판례에서 해명되었고, 이러한 원칙에 따르면 헌법소원은 명백히 이유 있다고 결정했다. 주장된 기본권 침해는 청구인이 형사법상 유죄판결의 선고를 불복한 사안이기 때문에 특히 중요하다고 보았다.

우선, 연방헌법재판소는 대상 표현들이 의견자유의 기본권 보호범위 내에 해당한다고 보았다.

의견자유의 기본권은 모든 사람들에게 자신의 의견을 자유롭게 말할 권리를 보장하며, 진술의 모욕적 성격이 해당 진술을 기본권의 보호범위에서 배제하지는 않는다고 밝혔다. 사실주장은 엄격한 의미에서 어떠한 의견표현을 이루지는 않지만 그것이 의견형성을 위한 전제라는 점에서 어쨌든 기본권 보호를 누린다고 인정했다. 하지만 의견자유의 기본권은 입증되었거나 의도적인 허위사실주장을 보호하지는 않는다고 밝혔다. 그리고 대상 텍스트는 가치평가만을 포함하는 것이 아니라 청구인이 사실관계를 묘사하는 범위 내에서 가치평가의 바탕이 된 사실주장 역시 포함하고 있다고 판단했다. 아울러 대상 판결은 이 사실주장이 입증된 혹은 의도적 허위사실주장이라는 어떠한 확정도 내리지 않았기 때문에, 모든 표현들은 기본법 제5조 제1항 제1문의 보호범위에 해당한다고 밝혔다.

하지만 의견자유권은 유보 없이 인정되는 것은 아니고, 기본법 제5조 제2항에 따라 무엇보다 일반법에서 그 제한을 발견하는데, 형법 제130조(개정 전) 역시 그에 속한다고 설명했다. 그리고 이러한 형법의 해석과 적용은 원칙적으로 형사법원의 과제이지만, 의견자유를 제한하는 법에 관한 것인 때에는 이 기본권의 가치설정적 의미들이 법적용 분야에서 유효하도록 기본법 제5조 제1항 제1문에서 생겨나는 요청들을 준수해야 한다고 당부했다.[69]

② 표현의 해석에 있어서 전체적 표현의 고려

연방헌법재판소는 표현의 모든 법적 평가를 위한 전제는 그의 의미가 적절하게 파악되었다는 사실이라고 밝혔다. 이때 법원은 연방헌법재판소의 지속적 판례에 따라 원문내용에서 시작해서 문맥과 표현의 기타 부수사정 역시 고려해야 한다고 설명했다. 그리고 의견표현에 대한 형사법적 처벌이 문제 되는 이상, 유죄판결은 단지 표현주체에게 귀속될 수 있는 표현에 대해서만 행해져야 한다고 강조했다. 만약 의견표현이 해당 표현의 객관적 의미에 상응하지 않는 형사법원의 해석으로 인해 유죄판결이 내려질 위험과 결합된다면, 이는 기본법 제5조 제1항 제1문과 일치하지 않을 것이라고 우려했다. 그리고 만약 하나의 표현이 다의적 표현인 경우, 법원은 유죄판결에 이르는 해석을 자신의 법적 평가에 바탕으로 두고자 한다면 다른 해석변형을 납득할 수 있는 이유들과 함께 제외시켜야 한다고 설명했다. 연방헌법재판소는 대상판결이 이러한 전제들을 충족하지 못했다고 판단했다.

지방법원지원은 대상 팸플릿의 해석에 있어서 사실상 제목들과 머리기사들만으로 한정했다고 보았다. 제목의 맥락, 특히 개별적으로 묘사된 사건을 충분히 고려하지 않았다고 비판했다.

비록 과장된 표현들("인종청소"와 "투르크 돌격대")은 독일에 살고 있는 터키 이주민집단에 대한 극단적인 적대적 사고를 암시한다고 인정했다. 하지만 국민선동으로 인한 유죄판결이 바탕으로 삼은 팸플릿의 해석은 법원이 내린 확정만으로 마무리될 수는 없다고 비판했다. 왜냐하면 청구인의 관점에서 구체적 사실관계를 본질적으로 표현한 본문 텍스트는 세 개의 제목들에 각각 속하기 때문이라고 밝혔다. 청구인은 팸플릿의 마지막 단락에서 독자들에게 당신들도 이와 유사한 사건들을 경험했는지 물었고, 최종적으로 청구인은 몇몇의 완화된 표현들을 덧붙였다고 평가했다. 지방법원지원이 이러한 또 다른 표현들을 단지 국민선동의 구성요건을 충족하는 단지 부차적인 계기로 삼는 데 그친 것은 만족할 수 없으며, 이는 지방법원 역시 마찬가지라고 생각했다. 또 다른 표현들 역시 팸플릿이 담고 있는 진술들의 해석에 참작되었

어야 했다고 비판했다.[70]

③ 수사적 질문과 대답을 향한 질문의 구별

연방헌법재판소는 게다가 세 개의 제목들이 질문으로 표현되었다는 사실이 전혀 심사되지 않았다고 지적했다. 이것은 팸플릿 텍스트의 첫머리("방문객들, 그렇게 처신하나?")뿐만 아니라 "독일에서 독일인에 대한 인종청소?" 및 "경찰이 도움을 제공해서는 안 되었나?"라는 제목에도 해당한다고 보았다. 이것이 단순한 "수사적 질문"인지 아니면 대답을 향한 것인지의 문제가 헌법상으로 중요하다고 밝혔다.

수사적 질문은 단지 외견상으로만 질문이고, 이것은 내용상으로 아직 확정되지 않은 대답을 위해 표현된 것이 아니라서 오히려 법적으로는 가치평가와 같이 다뤄져야 하거나 아니면 사실주장과 같이 다뤄져야 하는 진술이라고 설명했다. 이에 반해 순수한 질문은 의견자유의 관점하에서 가치평가와 동일시된다고 밝혔다. 아울러 순수한 질문과 수사적 질문 사이의 구별은 연방헌법재판소의 판례에 따르면 문맥과 표현의 사정들의 도움하에서 행해져야 한다고 설명했다. 만약 어떤 의문문이 한편으로는 순수한 질문을 나타내고 다른 한편으로는 수사적 질문을 나타내는 여러 해석들에 접근 가능하다면, 이때 법원은 두 가지 해석을 검토해서 자신 선택의 정당성을 논증해야 한다고 당부했다. 그리고 하나의 표현이 진정한 질문인지 아니면 단순한 하나의 수사적 질문을 나타내는지 여부의 해결에 있어서는 효과적인 기본권보호의 이익을 위해 의심스러운 경우에는 넓은 질문개념에서 시작되어야 한다고 재차 강조했다.

따라서 지방법원지원은 어째서 질문으로 작성된 제목들이 그럼에도 사실적 진술로 이해되었는지에 관해 이유를 제시했어야 했다고 비판했다.[71]

④ 형법 제103조 제1항 제1호의 의미

연방헌법재판소는 아울러 지방법원지원의 법적용 차원에서의 판시내용들은 헌법상 오류를 나타낸다고 판단했다. 의견자유의 가치설정적 의미는 법적용 차원에서도 손상되어서는 안 되기 때문에, 일반법의 해석 가능한 구성요건표지 범위 내에서 의견자유의 의미와 의견표현을 통해 침해되는 법익 사이의 형량이 행해져야 한다고 강조했다. 물론 이러한 형량의 요청은 인간존엄성의 침해사례에서는 거부된다고 인정했다.

청구인이 형법 제130조 제1항 제1호(개정 후)에 의거해 유죄판결을 받았는데, 이에 따르면 공적 평온을 깨뜨리기 적합한 방식으로 국민 일부에 대한 혐오를 선동하거나 그들에 대한 폭력이나 자의적 조치를 요구하는 사람은 3개월에서 5년까지의 징역형에 처한다고 밝혔다. 그리고 이 규정은 기존의 형법 제130조(개정 전)와 달리 더이상 구성요건적으로 다른 사람의 인간존엄성에 대한 공격을 전제하지 않는 것으로 개정되었다고 설명했다. 이러한 개정 전 형법 제130조의 구성요건 전제는 의견자유가 원칙적으로 전혀 고려될 수 없는 결과를 낳았다고 평가했다. 인간존엄성 보장은 의견자유와의 관계에서 형량이 불가능하고 결과적으로 의견자유는 항상 후퇴해야 했기 때문이라고 밝혔다. 하지만 형법 제130조 제1항 제1호(개정 후)의 구성요건적 전제가 존재하더라도 의견자유의 이익이 원칙적으로 고려되어야 하는데, 이제부터는 해당 규정에 따른 의견이 무조건 당사자의 인간존엄성에 대한 침해를 의미하지는 않기 때문이라고 설명했다.

일부 국민들에 대한 증오를 자극하는 표현들은 형사법원의 판례에서는 선동 대상자에 향해진 하나의 강력하고도 단순한 거부와 모멸을 넘어서는, 감정적으로 격화된 증오적 태도를 자극하는 형태가 연상되는 정도로 이해된다고 보았다. 그렇지만 여기에는 반드시 인간존엄성에 대한 공격이 존재할 필요는 없다고 밝혔다.

이에 따라 지방법원지원은 해당 표현이 인간존엄성에 위반한다고 확정하지 않았음에도 그로 인해 요구되는 형량을 행하지 않았다고 비판했다. 이러한 형량에 있어서는 대상 표현이 가치평가인지 아니면 사실주장인지 여부가 결정적으로 중요하다고 지적했다. 이어서 사실주장일 경우에 형량은 진실내용 여부에 달려 있고, 그 결과 진실한 진술은 그것이 비록 당사자에게 불리할지라도 통상 감수되어야 하지만, 허위사실인 경우에는 그렇지 않다고 설명했다. 한편, 사실을 포함한 가치평가의 경우에는 사실적 요소의 진실성이 중요한 역할을 하며, 입증된 허위사실이 혼재된 의견은 적절한 전제에 기초한 의견보다 보호가치가 덜하다고 밝혔다.

하지만 지방법원지원의 판결은 팸플릿에 묘사된 사실관계가 적절한지 여부에 대한 어떠한 확정도 없다고 비판했다. 대상 표현의 보호가치를 위한 심사에 있어서 이 점이 방치되어서는 안 된다고 질책했다. 결국 대상 판결들은 확실한 기본권 침해에 기초했으며 이 판결들은 더 이상 존속할 수 없기 때문에, 여타의 문제는 추가로 심사될 필요가 없다고 판단했다. 이에 대상 판결들은 지방법원지원에 파기환송되어야 한다고 결정했다.[72]

## 연방대법원 2003년 12월 9일 자 판결 – VI ZR 38/03("가짜질문"-판결)

### 사실관계

피고는 자신이 발행하는 2000년 9월 22일 자 "빌트"지 표지 및 4면에서 유명 연예인 U와 "플레이보이"지의 한 인터뷰에 관해 보도했다. 인터뷰에서는 자신의 여자 친구들, 특히 원고와의 관계에 관해 질문을 받았다. 기사는 "U 캐롤라인과 침대에서?"라는 머리기사로 대서특필되었고, 그 아래 "한 플레이보이-인터뷰에서 그는 노골적으로 아슬아슬하게 대답했다"라는 다소 작은 중간제목이 달렸다. 원고의 경고로 피고는 2002년 10월 6일 위약벌 조건부 금지선언서를 제출했지만, 2001년 3월 6일 자 서한과 함께 요구된 정정보도는 거부했다. 원고는 재판 전 경고비용, 5만 마르크의 비물질적 손해배상 및 정정보도 공표를 청구했다.

지방법원은 피고에게 경고비용의 배상, 1만 유로의 비물질적 손해배상 및 요구된 정정보도의 공표를 선고했다. 항소법원은 피고의 항소로 요구된 정정보도의 내용을 경미하게 수정했고, 원고의 부대항소로 피고에게 2만 유로의 비물질적 손해배상을 선고했다. 피고의 상고는 성공하지 못했다.[73]

① 항소법원의 판단

항소법원은 2000년 9월 22일 자 "빌트"지 표지 위의 보도로 인해 피고에 대해 주장된 정정보도청구권이 원고에게 귀속한다(기본법 제1조, 제2조와 연계한 민법 제823조, 제1004조)고 선고했다.

대상 보도는 여러 가능한 대답들의 선택을 독자들에게 맡긴 순수한 질문이 아니라 수많은 독자들에게 U가 원고와 내연관계라는 인상을 전달하는 보도라고 보았다. 상당수의 선입견을 갖지 않은 "빌트"지의 일반 독자들은 표지 위의 이 구절을 이러한 의미로 이해하기에 충분하다고 생각했다. 이러한 잘못된 인상은 내밀영역과 관련되었고, 지속적으로 원고의 일반적 인격권을 침해했다고 판단했다. 따라서 정정보도가 필요하다고 인정했다. 보도로 인해 확실한 인상을 일깨우는 것이 필수적이지는 않으며, 정정보도청구는 기본법 제5조를 통해 보호되는 출판자유를 금지청구에 비해 덜 심각하게 침해하는 것이라고 보았다. 결과제거청구권은 일반적 인격권과 관련된 주장이 위법하지 않더라도 인정되며, 정정보도청구권은 원고의 일반적 인격권의 지속적 침해를 제거하기 위해 필수적이라고 판단했다. 보도 이후 경과된 시간은 원고의 사진과 U에 관한 인터뷰 구절이 담긴 머리기사에서 명예훼손적 효과를 희석시키기에는 충분하지 않다고 보았다.[74]

② 순수한 질문과 수사적 질문의 표현과 법적 의미

연방대법원은 피고의 상고가 이유 없다고 판단했다. 항소법원은 법적 오류 없이 민법 제823조 제1항, 제1004조에 근거해서 원고에게 정정보도를 인정했다고 평가했다.

피고의 상고는 해당 표현이 독자들에게 여러 가능한 대답들 사이에서 선택을 독자들에게 맡긴 "순수한" 질문이고, 이 표현은 U와 원고 사이에 성행위가 있었는지 여부를 미확정 상태로 두었기 때문에 정정보도에 접근할 수 없다고 주장했지만, 이는 충분한 이유가 되지 못한다고 생각했다.

연방대법원은 비록 정정보도가 질문에 대해서는 요구될 수 없다고 인정했다. 어쨌든 이 표현에 정정보도가 접근할 수 있을 정도의 사실적 내용이 담겨 있는 것이 필수적이라고 밝혔다. 하지만 항소법원은 이 표현을 질문으로 인정하지 않고 "사실적 인상의 전달"로서 보았으며, 이러한 인상이 반드시 확실할 필요는 없다고 판단했기 때문에, 대상 의문문의 진술내용을 적절하게 평가했는지 여부가 상고심의 심사범위하에 놓여 있다고 밝혔다.

항소법원은 문제의 질문을 이어진 중간제목 "그는 한 플레이보이 인터뷰에서 노골적으로 아슬아슬하게 대답했다"와의 언어적 맥락을 참작해서 판시했고, 그에 반해 피고는 진술내용의 조사에 있어서 이 중간제목이 고려되어서는 안 된다고 주장했다. 연방대법원은 이러한 피고의 주장은 연방헌법재판소의 판례와 정면으로 모순되는 것이고, 연방헌법재판소에 따르면 항상 그 표현이 놓여 있는 전체적 맥락이 고려되어야 하며, 이는 질문문장에도 마찬가지라고 단언했다.

연방헌법재판소에 의해 발전되어 온 '질문으로 나타낸 표현들'의 판단 원칙들은 그 질문이 어떠한 진술을 한 것이 아니라 하나의 진술을 유도하고자 하는 것이라는 점에서 가치평가 및 사실주장과는 구별되는 것이라고 설명했다. 질문은 특정한 대답을 향해 있으며, 이 대답이 가치평가나 사실주장으로 존재할 수는 있다고 보았다. 그에 반해 질문은 두 개념에 따라 분류될 수 없는 독자적인 내용의 의미를 가진다고 평가했다. 그리고 모든 질문형태의 문장이 질문으로 간주될 수는 없다는 사실에 유의해야 한다고 주문했다. 그런 점에서 질문과 의문문장은 서로 구별되어야 한다고 밝혔다. 의문문이 상대방을 통한 대답을 향해 있지 않거나 다양한 대답들에 열려 있지 않다면, 이는 흔히 일컬어지는 "수사적 질문"이라는 명칭과 상관없이 실제로는 질문이 아니라고 보았다. 내용상 아직 확정되지 않은 대답의 유도를 위해 표현된 것이 아닌 의문문장이나 그것의 일부는 오히려 가치평가나 사실주장을 의미하고, 따라서 법적으로 그러한 것으로 다뤄져야 한다고 밝혔다. 그리고 순수한 질문과 수사적 질문 사이의 구별은 많은 어려움을 야기하는데, 언어적 형태만으로는 어떠한 확실한 결론을 허용하지 않기 때문으로 보았다. 따라서 이러한 분류는 맥락과 표현의 사정에 따라 행해져야 하며, 만약 의문문이 여러 해석에 접근 가능하다면 법원은 두 해석 모두를 검토해서 자신의 선택을 정당화해야 한다고 설명했다.[75]

### ③ 대상 질문의 사실주장으로서 법적 분류

연방대법원은 항소법원이 이 표현의 해석을 순수한 질문으로 보는 것에 반대했고, 이는 정당하다고 밝혔다. 단지 피상적인 고찰방식에 따르면, 첫 번째 의문문 형태의 대상 표현부분은 "예", "아니요" 혹은 "아마도"라고 대답할 수 있는 양자택일의 질문으로 이해된다고 보았다. 하지만 항소법원이 이 진술내용의 조사에 있어서 "U는 이에 대해 노골적으로 아슬아슬하게 대답했다"라는 두 번째 표현 부분 역시 고려한 것은 적절하다고 평가했다. 이 표현을 통해 첫 번째 표현 부분에서 외견상으로 제기된 양자택일의 질문에 긍정적으로 대답했고, 이러한 긍정적 선택이 우선적으로 고려된다는 사실이 독자들에게 암시되었다고 인정했다. 이러한 이해에서 대상 표현은 질문이 아닌 사실주장으로 평가될 수 있다고 보았다.

피고는 여러 가지 서로 배제하지 않는 표현내용의 해석이 가능한 경우에는 자신에게 유리하고 당사자를 덜 침해하는 그런 해석이 바탕이 되어야 한다는 해석변형원칙을 제시했지만, 이는 성공하지 못했다. 연방대법원은 여기에서 이 원칙이 적용되지 않는다고 보았다. 왜냐하면 이 사건 쟁점은 그 표현이 여러 해석에 접근할 수 있는지의 문제가 아니라 항소법원이 그 표현을 "순수한" 질문으로 평가하지 않은 것이 적절했는지의 문제이기 때문이라고 해명했다.

이어서 항소법원이 이 표현을 "사실적 인상의 전달"로서 표시한 이상, 이와 함께 가치평가 또는 사실주장의 개념 그 이상의 또 다른 범주가 언급된 것은 아니라고 밝혔다. 오히려 항소법원은 대상 표현을 적절하게 사실적 실체, 즉 과거 원고와 U의 내밀관계에 관한 표현으로 판단했고, 사실상 그것을 사실주장으로 다뤘다고 평가했다. 지방법원이 이러한 사실주장의 진실성에 관해 증거조사를 행한 결과 결국 부정적 결론에 이르렀다는 점이 이러한 판단에 합치되며, 관련사실이 진실이라는 점을 피고 역시 주장하지 않았다고 밝혔다.

이러한 상황에서 이 표현을 통해 전달된 인상이 확실한 것인지 여부는 중요하지 않다고 설명했다. 오히려 문제 된 보도가 원고의 사적 영역 내의 상황들에 관해 독자들에게 부적절한 인상을 전달했다는 점이 결정적이라고 보았다. 이 때문에 민법 제823조 제1항, 제1004조 제1항을 근거로 한 정정보도청구권이 원고에게 귀속된다고 밝혔다.

마지막으로 청구인의 정정보도청구권은 시간경과를 통해 생겨난 현실성과의 괴리를 이유로 거부되지 않는다고 밝혔다. 원고의 일반적 인격권의 현저한 침해에 대해 피고는 이 보도 이후에 3년이 지나갔다는 이유로 반박할 수 없다고 생각했다. 이러한 시간경과가 여기에서 주어진 사정하에서 그리고 높은 발행부수를 자랑하는 잡지에서 원고의 내밀영역으로 개입한 피고의 허위주장이었다는 점에서 명예훼손적 효과를 희석시키기에는 충분치 않다고 인정했다. 또한 이 보도는 내용적으로도 U가 41살이고 원고가 당시 18살 혹은 19살이었던 때에 이뤄졌기 때문에 시사적 관련성을 결여한 것이라고 판단했다. 보도에 존재하는 내밀영역으로의 개입은 재판에서 알려진 "빌트"지의 전파 정도를 고려하면 너무 강력해서, 보도에서 소제기에 이르기까지의 7개월의 기간 역시 허위주장으로 인한 원고의 명예훼손 효과를 제거하기에는 충분치 않다고 인정했다.

한편, 피고의 주장과 달리 확정된 형태의 정정보도는 선입견 없는 "빌트"지의 독자들에게 "그 사건에 뭔가가 있다"라는 인상 역시 일으키지 않을 것이라고 밝혔다. 정정보도로 인해 원고의 일반적 인격권을 침해하는 표현이 재차 독자들의 기억에서 상기될 것이라는 피고의 우려는 정정보도를 원한 원고에게 맡겨 두어야 할 위험부담에 지나지 않고, 이로 인해 어쨌든 정정보도청구권이 배제되지는 않는다고 판단했다.[76]

## 연방헌법재판소 2013년 11월 4일 자 결정 – 1BvR 2102/12, 1BvR 1660/13

### 사실관계

헌법소원의 대상은 청구인에게 반론보도의 게재를 선고한 민사판결이다.

청구인은 "주간 여성"지를 발행한다. 청구인은 2012년 2월 29일 자 발행호 표지 위에 "J-자신의 가장 친했던 친구에 관한 사망드라마-그는 당시에 그를 구조할 수 있었을까?"라는 제목을 달았고, 잡지 내의 기사에서 1982년 26세의 나이로 치명적인 심근경색을 앓았던 J의 급우가 사망에 이르게 된 사정들을 다루었다.

프랑켄탈 지방법원은 가처분절차에서 청구인에게 아직 인쇄가 확정되지 않은 가장 최신의 잡지 발행호 표지 위에 다음의 반론보도를 게재하라고 선고했다. 이때 반론보도의 활자 크기는 "가장 친한 친구의 사망드라마"라는 활자 크기와 동일하게 그리고 그 밖에 반론보도 본문은 "그가 당시 그를 구조할 수 있었을까?"라는 활자 크기와 동일해야 한다고 결정했다.

> 반론보도
>
> 2012년 9월 29일 자 "주간 여성"지 표지 위에서 당신은 나에 관해 "J-자신의 가장 친한 친구에 관한 사망드라마-그는 당시 그를 구조할 수 있었을까?"라는 기사를 게재했습니다.
>
> 이에 대해 나는 분명히 밝힙니다: 나의 친구는 내가 어떠한 영향도 미칠 수 없었던 병으로 인해 사망했기 때문에, 내게는 나의 친구를 구조할 어떠한 가능성도 없었습니다.

지방법원은 다툼이 된 질문은 순수한 질문이 아니라 반론보도에 접근 가능한 사실주장을 내포하고 있다고 판단했다. 누군가 대상 표현과 결합된 이 잡지 내부의 기사에서 사실관계를 살펴본다면, 명백히 표지 위에서 제기된 질문은 답이 정해지지 않은 것이 아니라 명확하게 단지 "아니요"라고 대답할 수 있었다는 점이 분명해진다고 보았다.

청구인은 지방법원이 명령한 것보다 더 작은 반론보도를 게재했다. 이후 즈바이브 뤼 상급법원은 청구인의 항소를 기각했고, 지방법원의 판결이 정당하다고 확정했다. 대상 헤드라인은 신청인이 아마도 자신의 친구를 당시에 구조할 수 있었을 것이라는 점을 암시하는 것이고, 이는 날조된 것이라고 보았다.

상급법원이 강제이행금결정을 확정하고 연방헌법재판소를 통한 잠정적 권리보호 허용신청을 거부한 이후, 청구인은 지방법원이 명령한 방식대로 2013년 7월 17일 자 "주간 여성"지 표지 위에 반론보도를 게재했다. 헌법소원은 성공했다.[77]

① 출판자유와 발간물 표지의 중요성

연방헌법재판소는 이 헌법소원이 허용된다고 인정했다. 특히 소송대상인 반론보도의 적법성 해명에 관해 청구인의 계속적 권리보호이익이 존재하기 때문에 권리보호필요성이 없지 않다고 판단했다.

이어서 대상 판결은 청구인의 기본법 제5조 제1항 제2문의 출판자유권을 침해한다고 보았다. 발간과 출판물 구성의 자유는 출판자유권의 중심에 서 있기 때문에, 기본법 제5조 제1항 제2문의 출판자유의 보호범위가 이 사건에 관계된다고 밝혔다. 이러한 구성의 자유는 내용상 관점뿐만 아니라 형식상 관점에서도 보장된다고 설명했다. 어떤 주제가 다뤄져야 하며 어떤 기사들이 발행호에 수록되어야 하는지에 관한 결정이 내용상 구성자유에 속하며, 기사들의 외형에 관한 결정 및 발행호 속지에서 기사들의 배치에 관한 결정이 형식적 구성의 자유에 속한다고 부연했다. 그리고 이러한 기본권보호는 발간물의 표지에도 미친다고 인정했다.

따라서 표지 위에서의 반론보도 게재의무는 청구인의 출판자유권 침해에 해당한다고 보았다. 아울러 잡지의 표지에 따라오는 특별한 의미로 인해 이러한 침해는 통상 심각한 것으로 간주된다고 생각했다. 표지는 수많은 출판물들 가운데 해당 출판기관의 정체성을 특징짓는 것이고 구별표지로서 기능한다고 보았다. 게다가 표지는 출판책임자가 저널리즘적 이유 및 판매전략적 이유에서 특히 중요한 것으로 보이는 그런 보도들을 포함하게 된다고 밝혔다. 그 때문에 표지의 인쇄나 그래픽 구성에 대해서는 심혈을 기울이게 된다고 보았다. 이는 특히 정기구독이 아니라 가판대에서 판매되고, 그 때문에 독자의 관심을 위해 발행 때마다 새로운 노력을 기울여야 하는 신문이나 잡지에서 특히 중요하다고 강조했다.[78]

② 표지 위에서 질문형식의 표현에 대한 반론보도청구권 인정 여부

연방헌법재판소는 출판자유의 침해를 정당화할 수 있는 법적 규정, 여기에서는 라인란트팔츠 출판법 제11조의 해석과 적용에 있어서 민사법원은 출판자유의 의미와 사정거리를 충분히 유의하지 않았다고 비판했다.

출판자유는 반론보도청구권의 원보도에 대한 종속성으로 인해 우선적으로 원보도가 기본법 제5조 제1항의 요청에 부합되는 방식으로 해석되고 분류될 것을 요구한다고 밝혔다. 따라서 만약 원보도가 사실주장이 아니기 때문에 법적 근거에 의해 포섭되지 않는 반론보도가 게재되어야 할 경우에는 기본권 침해가 존재하게 된다고 인정했다.

이어서 해당 법원들은 이 사건에서 질문 "그는 그를 구조할 수 있었을까?"라는 질문의 분류를 충분하게 다루지 않았다고 질책했다. 지방법원은 반론보도가 가능한 사실주장으로서의 표현분류를 하는 과정에서 이 질문이 답이 정해져 있지 않은 진정한 질문이 아니라 잡지 안의 기사 맥락에서 분명하게 단지 "아니요"라고만 대답할 수 있는 질문이라고 생각했다. 하지만 이러한 이해에 따르면 이 질문은 결과적으로 "J는 그의 친구를 당시에 구조할 수 없었다"라는 사실주장을 포함하는 것인데, 그렇다면 이는 신청인이 자신의 반론보도에서 대답하길 원했던 바로 그 주장이기 때문에 요구된 반론보도는 필요 없는 상태가 될 것이고, 무용지물이 될 것이라고 비판했다.

그에 반해 상급법원은 "그가 그를 구조할 수 있었을까?"라는 질문은 신청인이 자신의 친구를 당시에 구조할 수 있었다는 사실을 암시하는 것이라고 판단했다. 하지만 상급법원은 이 표현이 진정한 질문을 의미하는지 아닌지 여부에 관해 단지 피상

적으로만 다루었다고 비판했다. 이 표현이 가치평가인지 아니면 사실주장을 내포하는지 혹은 다의적인지 여부에 대한 설명을 소홀히 했다고 비난했다. 만약 하나의 의문문이 한편에서는 순수한 질문으로 다른 한편에서는 수사적 질문으로 나타내는 여러 해석에 접근할 수 있을 경우에, 법원은 양쪽의 해석을 검토해서 자신의 선택에 대한 근거를 제시해야 한다고 밝혔다. 이 사건에서처럼 구체적 의문문장의 경우에는 진정한 질문 혹은 수사적 질문으로서의 분류는 단지 이 질문이 내용상 아직 확정되지 않은 대답을 겨냥한 것인지 아니면 질문 목적이 이미 질문 제기 당시에 성취된 것인지에 달려 있다고 보았다. 그리고 이러한 분류는 맥락과 표현의 사정들의 고려하에서 행해져야 한다고 생각했다. 만약 이것이 의심스러운 경우에는 효과적인 기본권 보호의 이익을 위해서 넓은 의견개념에서 출발하는 것과 마찬가지로 넓은 질문개념에서 출발해야 한다고 강조했다.

이 모든 것에 따르면, 이 사건에서 반론보도청구권은 단지 표지 위의 표현이 더 이상 단지 호기심을 불러일으키는 머리기사로서 이해될 수 있는 것이 아니라 신청인이 자신의 친구를 당시에 구조할 수 있었을 것이라는 정도의 충분히 명확한 사실주장으로 분류되어야만 정당화될 수 있다고 판단했다. 하지만 이러한 점이 대상 판결에서 보이지 않고, 사건에서도 이를 위한 명확한 것이 아무것도 없다고 평가했다. 따라서 해당 법원들은 출판자유의 비중을 오인함으로써 제시된 헌법상 오류를 범했고, 이에 파기환송되어야 한다고 결정했다.[79]

## 연방헌법재판소 2018년 2월 7일 자 결정 - 1BvR 442/15

이 헌법소원은 청구인에게 반론보도 게재에 관한 소송비용을 물린 민사판결을 대상으로 한다.

청구인은 주간지 발행인이고, 2012년 한 방송진행자와 관련된 문제를 표지에서 "그의 가장 친한 친구에 관한 사망드라마-그는 당시 그를 구조할 수 있었을까?"라고 보도했다. 해당 기사는 1982년 당시 그 진행자의 급우가 치명적인 심근경색을 앓았었다고 기술했다. 하지만 이 당시 두 사람은 오랫동안 어떠한 접촉도 더 이상 없었고, 이러한 사실을 청구인도 알고 있었다. 결국 쯔바이브뤽 상급법원은 청구인에게 방송 진행자의 반론보도를 게재하라고 선고했다. 첫 번째 헌법소원으로 인해 연방헌법재판소(NJW 2014, 766)는 판결을 기각하고 사건을 지방법원에 돌려보냈는데, 그 이유를 해당 법원이 표지 위의 의문문에 관한 법적 분류를 기본법의 요청을 충족시키는 방식으로 자세히 논구하지 않았다고 밝혔다.

가처분신청인은 청구인이 현재 반론보도를 게재했기 때문에 전심절차가 종결되었다고 선언했고, 쯔바이브뤽 상급법원은 결국 가처분절차의 종결확정을 선고하고 청구인에게 반론보도 게재의무를 부담시키는 것이 정당하다는 이유로 소송비용을 부과했다.

청구인의 새로운 헌법소원은 마찬가지로 성공했다.[80]

### ① 반론보도의 법적 성격과 대상

연방헌법재판소는 출판자유의 침해가 정당화되지 않는다고 판단했다. 상급법원이 라인란트팔츠 출판법 제11조의 기본권 제한을 신청인에게 반론보도를 인용하는 방식으로 해석함으로써 해당 규정의 적용범위를 과도하게 확장했다고 비판했다. 이와 함께 해당 법원은 출판자유의 의미와 사정거리를 충분히 유의하지 않았다고 비난했다. 출판자유는 출판법 규정의 해석상 반론보도의 원보도에 대한 의존성 관점에서 기본법 제5조의 요청에 부합되는 방식으로 원보도가 해석되고 분류될 것을 요구한다고 강조했다. 만약 그에 상응하는 사실주장이 선행되지 않았음에도 반론보도가 게재되어야 한다면, 출판자유는 침해될 것이라고 보았다. 마찬가지로 원보도가 사실주장이 아니기 때문에 법적 근거에 의해 포섭되지 않는데도 반론보도가 게재되어야 한다면, 이런 경우에도 출판자유에 대한 위반이 존재한다고 덧붙였다.

이에 따라 연방헌법재판소는 상급법원에 의해 조사된 표지제목 "J-그의 가장 친한 친구에 관한 사망드라마-그는 당시에 그를 구조할 수 있었을까?"의 의미내용은 어떠한 반론보도청구권도 정당화하지 않는다고 판단했다. 이 제목의 질문은 충분한 사실적 내용이 존재하지 않는다고 보았다.

연방헌법재판소는 반론보도청구권은 입법자의 결정에 따라 언론의 사실주장과 관련된 사람이 사실적 사건에 관한 자신의 진술과 함께 맞설 수 있다는 구조를 바탕으로 한다고 설명했다. 이러한 범위를 넘어서는, 가령 언론의 의견표현에 대한 반론보도의 확장은 이 권리에 포함되지 않는다고 밝혔다. 따라서 반론보도청구권은 입법자에 의해 일정하게 제한된 수단으로 형성된 것이라고 평가했다. 자신에 관해 전달된 사실주장들에 대해 직접 내용상으로 맞서는 동시에 그 진실내용을 문제 삼을 수 있는 기회가 당사자에게 주어지는 것이 그의 본령이라고 보았다. 따라서 이러한 반론보도청구권은 의도적으로 사실주장의 진실내용과는 무관하게 그리고 원칙적으로 표현의 실질적 적법성과도 무관하게 보장되는 보호수단이라고 설명했다. 즉, 반론보도청구권은 실질적으로 부당한 표현들에 대해 보호해야 하는 제재수단으로 형성된 것이 아니라 당사자에게 해당 사실에 대한 다른 진술들이 가능해짐으로써 일정한 내용의 사실주장이 공중 속에서 고착화되는 것을 저지할 특유한 기능을 가진다고 부연했다. 왜냐하면 당사자는 진실에 관한 문제를 당분간 미결정상태로 둘 기회를 얻어야 하기 때문이라고 밝혔다. 이에 어떤 진술이 결국 진실하고 어떤 범위에서 당사자가 표현주체에게 자신의 표현과 거리를 두거나 장래에 이를 중단할 것을 강제할 수 있는지의 문제는 필요한 경우 다른 소송절차에서, 가령 금지소송이나 취소소송에서 해결되어야 할 것이라고 생각했다. 이러한 일정하게 제한된 기능에서 언론법은 반론보도청구권의 법적 윤곽을 얻게 되고, 이러한 기능에서 그의 소송법상 집행 역시 결정된다고 보았다.[81]

② 질문이 주는 인상에 대한 반론보도의 허용 여부

연방헌법재판소는 상급법원이 열려 있는 머리기사의 질문에서 질문 제기를 위한 충분한 사실적 근거들이 존재한다는 이유로 숨겨진 주장을 자의적으로 인정함으로써 이러한 입법자에 의해 결정된 반론보도권의 구조가 훼손되었다고 비판했다. 그와 함께 라인란트팔츠 출판법 제11조 제1항 제1문에 따른 반론권의 법적 한계를 넘게 됨으로써 출판자유의 관점에서 반론보도 게재의 부과를 위한 정당한 근거가 존재하지 않게 되었다고 비난했다.

연방헌법재판소는 물론 반론보도요구가 숨겨진 사실주장에 관해서 보장될 수 있다는 점은 헌법상 우려스러운 일이 아니라고 밝혔다. 하지만 이를 위해서는 반론보도가 가능한 숨겨진 진술이 이성적인 독자에게 피할 수 없는 결론으로 확실히 떠올라야 한다고 판시했다. 출판자유의 기준을 충족하는 원보도의 의미조사 결과가 이성적 수신인에게 언론보도의 전체 맥락에서 특정한 인상이 피할 수 없는 정도로 확실하게 떠올랐다는 점을 증명한다면, 이에 대해서는 인상에 대한 반론보도 역시 가능하다고 밝혔다. 물론 이러한 인상이 특정한 사실과 관련되었다는 것이 그 전제라고 덧붙였다.

연방헌법재판소는 질문에 관한 반론보도 역시 사정에 따라서는 헌법상 제외되지 않는다고 인정했다. 물론 의견자유의 관점하에서 질문은 일반적으로 가치평가와 동일시된다고 보았다. 질문이 진실인지 허위인지의 검증에 향해져 있고 다양한 답변을 위해 열려 있는 경우에는 이러한 질문은 사실을 주장한 것이 아니고 기껏해야 사실을 검증하는 것이기 때문에 반론보도가 가능하지 않다고 설명했다. 하지만 이성적 해석에서 볼 때 질문과 함께 일정한 사실주장이 분명히 전파되었다고 간주된다면, 이는 사정이 다르다고 밝혔다. 그런 점에서 질문의 의미조사에 관한 헌법상 요청은 인상에 대한 반론보도의 그것과 일치한다고 보았다.

이에 내용상 열려 있는 머리기사 질문의 제기자에게 그 어떤 계기가 있었음이 틀림없다는 인상만으로 반론보도가 가능한 사실주장을 인정하기에는 충분치 않다고 반박했다. 모든 질문은 특정한 대상과 관련됨으로써 그의 제기과정에서 명시적이든 암묵적이든 그 대상에 관한 사실적 혹은 평가적 성격의 전제를 포함한다고 밝혔다. 하나의 질문이 아무런 의미 없이 제기되지는 않았다는 상급법원 해석의 바탕이 된 전제 역시 이러한 경우일 수 있다고 인정했다. 하지만 이러한 정도의 혼란스러운 문제 제기에는 반론보도권에 따라 그 진실내용이 당분간 미해결 상태로 다뤄져야 하는 그런 특정한 내용이 포함된 독자적 정보의 전파는 존재하지는 않는다고 판단했다. 그러한 머리기사 질문에 대해서 어디까지 관련된 인물들이 공개토론의 대상으로 허용되는지의 문제를 제기할 수는 있겠지만, 이것이 특정한 진술의 진실이나 허위의 문제와 관련된 것은 아니라고 보았다.

또한 이러한 질문의 경우에는 이를 위해 적합한 반론보도 문장을 작성하기에도 난관에 부딪히게 된다고 밝혔다. 따라서 연방헌법재판소는 대상 판결을 통해 부과된 반론보도는 어쨌든 이러한 요청들을 소홀히 했다고 지적했다. 반론보도로서 작성된 주장, 즉 원고는 자신의 친구를 구조할 수 있는 어떠한 가능성도 가지지 못했다는 내용은 머리기사 제목으로 적절하지도 않다고 보았다. 왜냐하면 청구인은 원고가 그러한 가능성을 가졌었다고 한 번도 주장한 적이 없기 때문이라고 생각했다.

물론 머리기사 질문에 대해서도 일반적 인격권의 보호 필요성이 존재한다는 점은 부인하지 않았다. 하지만 이 사건처럼 어떠한 특정한 사실주장을 포함하지 않는 이상, 당사자의 보호 필요성은 다른 언론법상 제도를 통해 고려되어야 한다고 보았다. 명예훼손적 문제나 사적 사안에 관한 부당한 공개토론은 머리기사 질문형태에서도 마찬가지로 금지소송과 함께 저지될 수 있을 것이라고 생각했다. 그런 점에서 단지 판매촉진을 위한 의도적인 허위의 표현이거나 제3자의 희생에 대한 아무런 정당성도 없이 피해를 주는 고의의 표현이 의심된다면, 효과적인 보호에 이를 정도의 상당한 금전배상액의 인정이 고려될 수 있을 것이라고 밝혔다.

따라서 대상 판결은 언급된 헌법상의 오류에 근거했기 때문에 파기되어야 한다고 결정했다.[82]

## Ⅳ. 법 개념의 문제

### 1. 법적 결정 혹은 법적 견해

법적 결정이나 견해에 관한 표현은 원칙적으로 의견표현으로 분류되며, 사실주장으로 볼 수 없는 것이 일반적이다.[83] 왜냐하면 의견표현의 존재를 인정하기 위해 사용되는 기준은 '적절한지 혹은 적절하지 않은지' 여부인 반면, 사실주장을 위한 심사기준으로는 '진실인지 허위인지' 여부가 결정적이기 때문이다. 연방대법원역시 특정한 표현에 관한 민사법적 혹은 형사법적 판단과정은 단지 개인적인 법적견해만을 표현한 것이기 때문에 원칙적으로 의견표현의 자유의 보호하에 해당한다고 판결했다.[84, 85]

연방대법원은 특정한 행동을 "불법적"이라는 개괄적 지칭을 통해 비난한 경우, 이는 진실인지 허위인지 여부를 밝혀내기에는 실체가 부족한 것이라고 판단했다.[86] "형사법상 중요한"이라는 표현 등도 마찬가지로 의견표현으로 분류된다. 만약 언론보도가 다툼 없이 확정된 사실을 법적으로 어떻게 평가해야 하는지의 문제와 관련될 경우, 해당 보도가 판단한 답변 역시 의견표현에 해당한다.[87] 따라서 이때 보도 대상자에 대한 입장청취는 필수적이지 않다.[88]

또한 법적 평가가 객관적 심사에 부합되지 않을 경우에도 법적 견해의 의견표현으로서의 성격은 변하지 않는다.[89] 왜냐하면 한 진술을 의견표현으로서 분류하기 위해서는 진술이 옳은지 그른지 여부가 결코 중요한 요소가 아니기 때문이다.[90]

하지만 개별적인 의미맥락에서 다른 판단이 생겨날 수 있는데, 이는 표현주체가법적 결정을 법률상 전문용어로 사용했는지 아니면 일상용어로 사용했는지 여부가맥락의 고려하에서 조사되어야 한다. 따라서 법적 견해의 사용이 독자에게 증거를통해 검증 가능한 구체적 사실관계를 수용자에게 전달한 경우에는 사실주장으로 분류된다.[91] 예컨대, "집의 소유자는 나다"라는 주장은 비록 법적 견해이긴 하지만 이러

한 표현은 의심스러운 경우에는 사실주장으로 간주되어야 한다.[92]

결국 사실주장에서 시작되어야 하는지 법적 평가에서 시작되어야 하는지의 문제는 표현의 놓여 있는 맥락에 달려 있다고 볼 수 있다. 연방대법원은 이에 따라 "사업대표 S가 주 공무원에게 사기를 쳤다!"라는 표현은 당사자가 스스로 사기를 통해 자신 혹은 제3자에게 재산적 이익을 제공했다는 인상을 불러일으킬 수 있고, 관련 맥락에서 이해하기에 이해충돌에 관한 과장된 표현으로 국한되지는 않는다고 보았다.[93]

## 연방대법원 1982년 6월 22일 자 판결 – VI ZR 251/80

### 사실관계

1976년과 1977년에 자를란트 주의회의 한 조사위원회는 야당인 사민당의 신청으로 주립병원 H 내 대학병원에 재직 중인 종합병원 과장들 및 스태프들의 부업활동을 조사했고, 특히 그들이 의료보험 계약의사 진료행위에 가담한 점을 문제 삼았다. 조사위원회의 최종 결과들에서 소속 위원들은 모든 점들에서 만장일치를 보지는 못했다. 상이한 소수의견이 사민당 주의회 교섭단체 소속 위원들에 의해 지지되었고, 피고1 역시 이에 속한 위원이었다. 피고1은 1977년 9월 의회 조사위원회의 종료 이후 자신에 의해 작성된 보고서를 피고2인 사민당 원내대표와 함께 "퀴바디스 자를란트 대학교?"라는 제목으로 공동 발행했다. 여기에서 조사위원회의 결과들은 소수의견의 관점하에서 무엇보다 종합병원 과장들의 의료보험 계약의사 진료 가담문제 및 혈액투석 진료 분야의 관련규정들과 관련해 관심 있게 다뤄졌고, 의료보험 계약의사들의 임무가 외래병원에 도움이 될 것을 요구했다. 원고인 의료보험조합은 이 보고서가 자신의 평판을 침해한다고 생각했다. 원고는 그러한 표현에 관해 취소, 금지청구 그리고 판결공표를 요구했고, 이후 다음의 표현만이 계쟁대상으로 남았다.

대학병원에서 의료보험 진료는 불법이다.

지방법원은 소송을 기각했고, 상급법원은 소송을 인용했다. 피고의 상고는 일부 성공했다.[94]

## ① 항소법원의 견해

항소법원의 견해에 따르면, 원고는 현재까지 계류되어 있는 두 개의 본문부분을 취소청구 소송과 금지청구 소송으로 제지할 수 있다고 밝혔다. 왜냐하면 원고가 공중 속에서 부당하게 평가저하되는 허위의 사실주장이 문제 되었기 때문이라고 보았다. 항소법원은 게다가 중립적인 독자들은 보고서의 전체 내용에 따르면 대학병원에서의 의료보험 진료행위의 불법성을 지적한 비난에 대해 이러한 의료보험 진료는 명백히 형사상 처벌 가능한 행위이고, 원고가 이를 방조했다는 내용으로 이해하게 된다고 평가했다. 독자들은 이것을 보고서 서문의 마지막 단락에서 피고1이 우선 몇몇 책임자들에 대해 사기, 사기방조 그리고 배임으로 인한 고발을 제기할 것이라고 예고한 부분에서 추론할 수 있다고 보았다. 이러한 표현은 다음에 이어지는 본문부분에도 적용되고, 따라서 "불법"이라는 개념의 핵심에 이러한 특징들을 부여하게 된다고 생각했다. 하지만 피고1의 형사고발로 인해 원고의 감사에 대해 개시되었던 수사절차가 중단된 바와 같이 형사처벌이 가능하다는 비난은 허위라고 인정했다. 아울러 원고 측에서 H-교수들에 대해 어떠한 통제도 행사하지 않았다는 비난 역시 허위라고 판단했다. 또한 앞선 단락과 본문부분의 관계에서도 마찬가지로 H-교수들은 그런 점에서 원고로부터 개업 의사들에 비해 특권을 누렸다는 내용이 주장되었다고 평가했다. 따라서 그들이 개인적으로 실제 제공하지 않은 진료서비스를 공제했다면, 즉각적으로 의사면허가 박탈되어야 할 것이라고 보았다. 하지만 원고를 통한 그러한 특별대우가 언급된 의사들을 위해 행해지지 않았다는 사실은 다툼이 없다고 확정했다.[95]

② 취소청구의 법적 대상

연방대법원은 이러한 항소법원의 판시내용은 전적으로 유지되지 않는다고 밝혔다. 항소법원이 원고는 공법상 법인으로서 부당한 방식으로 그의 명성을 공공연히 저하시키는 표현들에 대해 형법 제185조 이하, 민법 제823조, 제824조와 연계한 민법 제1004조의 유추적용으로 민사법상 명예보호를 청구할 수 있다고 전제한 점은 법적 오류가 없고 문제 될 수 없다고 인정했다. 보고서 작성자로서 피고1, 보고서 공동발행인으로서 피고2의 피고적격 역시 더 이상 다툼의 대상이 아니라고 보았다.

마찬가지로 항소법원의 출발점은 확정된 판례원칙과 일치한다고 인정했다. 원고는 자신의 취소청구와 함께 단지 사실주장만을 대상으로 다툴 수 있으며, 이러한 사실주장 역시 허위가 확정되었을 경우에만 가능하다고 밝혔다. 그에 반해 해당 표현이 단지 주관적 의견, 가치판단만을 포함하기 때문에, 그러한 표현의 진실내용에 대해 입증과정에서 객관적으로 검증될 수 없는 표현에 관한 취소는 설사 그 안에 표현된 비판이 근거 없는 것일지라도 요구될 수 없다고 보았다. 자유로운 의견을 보장하는 기본법 제5조 제1항은 이러한 식으로 단순한 평가적 비판과제가 국가 수단을 통해 -법원일지라도- 침탈되는 것을 금지한다고 부언했다. 그에 반해 명예를 훼손하는 의견표현은 금지청구 소송의 대상이 될 수 있다고 보았다. 하지만 이것은 피고가 단지 자신의 비판에 관한 정당한 이익을 주장할 수 없다는 점을 전제한다고 밝혔다. 이러한 이익형량 역시 기본법 제5조 제1항의 가치설정에서 조율되어야 한다고 보았다.

이러한 원칙을 적용함에 있어서 연방대법원은 대학병원에서 의료보험 진료는 불법이라는 피고의 비난에 관한 항소법원의 판단에는 따를 수 없다고 밝혔다. 항소법원의 견해와 달리 이러한 표현은 취소가 가능한 사실주장이 아니며(a), 금지청구에 대해서도 피고는 자신의 비판에 관한 정당한 이익을 주장할 수 있다고 인정했다(b).[96]


③ 취소청구에 대한 연방대법원의 판단-법적 견해의 문제

연방대법원은 보고서 내에서 문제 된 본문부분들은 피고가 해당 본문부분들을 "학

문자유가 제한된"이라는 제목하에서 사민당-주의회 교섭단체에 의해 이미 조사위원회에서 지지되었던 자신의 주장을 해명하려고 시도했던 점과의 밀접한 관련하에서 규명된다고 보았다. 그리고 대학병원의 교수 및 연구의무와 그에 관한 기본법 제3조 제1항(학문의 자유), 자를란트 대학교법 그리고 구 국가보험법에 수록된 원칙들은 대학병원이 행하는 의료보험 진료를 외래진료의 형태로 직접 참여하도록 의료보험협회에 요구하는 것이며, 반대로 대학병원이 의료보험 진료를 위한 교수들의 허가를 통해 단지 간접적으로 참여하는 것은 거부하고 있다는 사실을 피고가 주장하고 있다고 보았다. 왜냐하면 이러한 참여방식은 대학교수 개인에 맞춰지는 것이기 때문에 부당한 기본권 제한에 해당하기 때문이라고 생각했다.

따라서 이러한 제목("학문의 자유가 제한된") 아래 "의료보험 진료의 불법성"이라는 비난의 주장은 단지 판단근거를 위해 추가된 대학병원법과 의료보험법 규정들 그리고 현재의 진료참여에 대한 피고의 법적 견해가 요약된 것이고, 이러한 법적 견해는 단순한 주관적 평가로서 옳은가 그른가의 문제이지 진실인가 허위인가의 문제일 수는 없기 때문에 앞서 제시된 원칙들에 따라 취소청구의 대상이 되지 않는다고 보았다.

나아가 보고서가 "혈액투석 – H 병원의 수백만 마르크짜리 사업"이라는 제목 아래 특히 다루었던 혈액투석 진료 분야에 있어서 "불법성" 비난은 의회 조사위원회에서 발표된 소수 의견과 관련이 있는 것으로, 소수의견은 소위 주간투석은 대학병원의 공적 의료서비스의 일부이지 결코 의료보험법이나 대학병원과 의료보험협회 사이의 국가보험법에 따른 전체 계약 혹은 전체 보상의 대상이 아니라는 점을 말하는 것이라고 보았다. 따라서 1972년 초 혈액투석 분야의 의료보험 진료에 관여한 대학병원 과장 J 박사의 참여를 의료보험 의사활동으로 인정해 공제대상 서비스로 전환한 것은 무엇보다 병원 주체를 통한 의료서비스 제공 종류와 방식이 달라지지 않았기 때문에, 법적 근거도 없고 사실적 이유도 없다는 것을 말하는 것이라고 보았다. 그리고 병원의 재정확보에 관한 법률과 병실보험지급기준 규정 및 병원입원보험지급

규정에 관한 법률 시행 이후에는 이러한 조치가 연방법의 강제규정에 위반하는 것이므로, 이러한 관련 맥락에서 선전문구 형태로 이뤄진 "불법성" 비난은 단지 함께 보고된 판단근거들 그 자체를 분명하게 보충 설명하는 법적 견해에 불과하고, 이는 형사법적 규범을 벗어난 단순한 주관적 평가에 불과한 것이라고 판단했다.

아울러 연방대법원은 본문 이해의 기준이 되는 평균독자의 관점에서 볼 때 원고는 서문의 마지막에 형사법적 관련성을 지적하고 우선 몇몇 책임자들에 대해 사기, 사기방조, 횡령으로 인한 형사고발을 제기할 것이라고 밝혔기 때문에, 이러한 부분이 본문내용에 특별한 내용을 부여한다는 항소법원의 견해에 동의할 수 있을지라도 비난의 성격이 가치평가라는 사실은 달라지지 않는다고 판단했다. 보고서 전체 내용에서 "불법성" 비난의 판단은 문제 된 본문부분이 사고과정과 기사구성에 따라 전체 문맥 내에서 차지하는 현 상황에 합치해야 하는데, 서문이 분명히 다수의 개별적 내용들 앞 첫 단락에 배치되었고, 이 개별적 내용들은 재차 제목을 통해 별도로 행을 바꾸어서 그 자체로 구분되었다는 점으로 인해 서문이 다음 본문의 이해에 미치는 영향들은 제한된다고 보았다. 이에 따라 서문을 통해 문제 된 본문부분에 전달된 형법적 요소들은 이미 비형법적 논증에 이른 "불법성" 비난을 기껏해야 확장시키는 데 그칠 뿐이라는 결론에 도달한다고 밝혔다. 바로 이러한 이유에서 표현을 아무런 제한 없이 취소하라는 요구는 취소가 유지될 수 있는 일부 관점을 넘어서는 것이 될 것이라고 비판했다.

연방대법원은 이와 별개로 항소법원이 "불법성"이라는 비난 표현을 단지 이러한 형법적 요소로 인해 사실주장이라고 분류하는 반면 이 표현이 아울러 형법적 윤색을 통한 전적인 주관적 평가에 근거한 것이라는 사실을 무시했다면, 이는 기본법 제5조 제1항을 통해 정해진 기준들에 부합하지 않는다고 보았다. 만약 그 평가가 법적 사고로서 발표된 것이 아니라 동시에 수용자에게 평가의 옷을 입은 구체적 사건들을 연상시키는 경우에는 상황이 달라질 수 있지만, 이 사건에서 그를 위한 충분한 단서들은 존재하지 않는다고 판단했다. 따라서 이러한 "불법성" 비난에 대해 관련형사법 규범을 구체화시킬 수 있는 사정들과 결부시키는 것은 지나치다고 평가했다. "학문의 자유가 제한된"이라는 제목뿐만 아니라 서문 그 자체에서도 이러한 단서들이나 형사고소의 내용에 관한 자세한 정보가 부족하고, 특히 형사고소내용이 다음에 이어지는 제목들 중 어느 제목에 관련되어야 하는지 여부도 분명하지 않다고 보았다. 또한 항소법원 역시 명백히 서문을 통한 불법성 비난을 단지 개괄적으로만 "형사처벌이 가능한 행위"라는 정도로 이해했다고 덧붙였다. 이러한 상황에서 이 "불법성" 표현은 항소법원의 이해에 따를지라도 진실인지 허위인지 분류될 수 있기에는 너무 실체가 부족하다고 판단했다.[97]

④ 금지청구에 대한 연방대법원 판단

연방대법원은 금지청구 역시 유지될 수 없다고 밝혔다. 항소법원이 일관되게 피고의 비난을 허위 사실주장으로 잘못 판단하고, 이러한 허위 사실주장의 계속적 전파는 의견표현 자유권의 관점에서 결코 보호될 수 없다고 결정함으로써 이러한 표현의 반복에 관한 피고의 보호이익들을 부인했지만, 이미 언급된 바에 따라 이 비난은 결코 사실주장을 포함하는 것이 아니라 단지 피고의 주관적 의견일 뿐이며, 이러한 주관적 의견은 여기에서처럼 특히 공공성과 관련된 문제에 관한 정치적 논쟁에서는 설사 원고의 명성에 불리할 수 있을지라도 기본법 제5조 제1항에 따라 허용될 수 있어야 한다고 밝혔다. 그런 점에서 지방법원과 상급법원이 보고서의 다른 본문부분에 대해 그것들이 단지 평가적 비판이기 때문에 금지청구가 거부된다고 본 것은 적절했다고 평가했다. 주의회에서 관련 문제들이 조사되고 의료보험 진료는 부당하다는 법적 입장이 다수에 의해 거부된 이후에도 피고는 자신의 소수의견을 공중 속에서 강력한 표현들을 통해 계속해서 주장할 보호이익을 여전히 가진다고 인정했다. 이때 피고의 법적 견해가 근거가 있는지 여부는 그 비판이 단순한 비방적 비판으로서 입증되지 않은 이상, 중요하지 않다고 밝혔다. 그리고 이 사건에서는 항소법원 역시 이러한 비방적 비판을 인정하지 않았다고 덧붙였다.

한편, 연방대법원은 피고1에 의해 촉발된 형사상 수사절차가 현재 중단되었다는 이유 때문에 사정이 달라지는 것은 없다고 판단했다. 언급된 바와 같이 의료보험 진료가 불법이라는 비난은 이미 형사법 외적인 피고의 법적 견해를 포함하는 것이므로, 원고는 형사법적 절차가 종결되었다는 이유로 비판의 금지를 전적으로 요구할 수는 없고, 기껏해야 단지 장래에 이 비판이 문제 된 서문의 본문부분과 결합되지 않도록 요구할 수 있을 뿐이라고 생각했다. 하지만 이러한 제한적 금지요구마저 피고의 보호이익 차원에서 인정될 수 없다고 보았다. 원고의 형사고발 종결처리 이후에도 피고가 그러한 고발경고와 함께 결합해서 재차 불법성 비난주장을 제기할 것이라는 점은 어떠한 사정에서 비추어 보더라도 명백하지 않다고 밝혔다.[98]

## 연방대법원 1982년 6월 22일 자 판결 – VI ZR 255/80("대표이사"-판결)

### 사실관계

이 소송에서 원고는 주립병원 H 내의 대학병원 행정책임자이고, 나아가 인공신장과 자택치료를 위한 사업단체 H 협회의 대표이사이다. 원고는 보고서가 자신의 명예를 침해하는 허위 주장을 담고 있다고 생각했다. 이에 다음과 같은 표현에 대해 피고에게 취소청구, 금지청구 및 판결공고 소송을 제기했다. "대표이사 S(원고)가 주 공무원 S에게 사기를 쳤다!"

지방법원은 소송을 기각했고, 상급법원은 소송을 인용했다. 피고의 상고는 성공하지 못했다.[99]

### ① 항소법원의 판단

항소법원은 현재에도 여전히 문제 되고 있는 보고서 내 본문부분은 원고의 명예를 침해하는 허위의 사실주장이기 때문에 취소청구 및 금지청구와 함께 해당 부분을 제지할 수 있다고 판단했다.

그에 덧붙여 항소법원은 "사업대표 S가 주 공무원 S에게 사기를 쳤다!"는 표현과 함께 원고가 형사처벌이 가능한 행위를 했다는 내용이 주장되었다고 보았다. 독자에게는 보고서의 전체 내용에서 원고가 사기 혹은 이와 동일한 형사상 범법행위에 해당하는 범죄를 저질렀다는 인상이 떠오르는 것이 당연하다고 생각했다. 이것은 특히 피고1이 몇몇 책임자들에게 사기, 사기방조 및 배임으로 인한 고발을 할 것이라는 서문의 마지막 단락에서의 경고에서 추론된다고 보았다. 무엇보다 원고에 대해 제기된 수사절차가 중단되었다는 사실에서 주장의 허위성이 입증되었다고 판단했다.[100]

② 법적 견해의 해석원칙

연방대법원은 항소판결이 상고에도 불구하고 유지된다고 밝혔다. 결과적으로 항소법원이 문제 된 표현을 사실주장으로서 분류하고, 단순한 주관적 의견으로 분류하지 않은 것은 법적 이유에서 문제 될 수 없다고 보았다. 물론 이러한 평가는 대상 본문부분이 놓여 있는 관련 맥락 내에서 항소법원이 판단한 바와 같이 표현의 이해에 기준이 되는 평균 독자에게 형사구성요건으로 유도하기 때문은 아니라고 밝혔다. 단지 그를 통해서는 독자에게 쉽사리 진실에 대해 심사될 수 있는 그러한 정보들 역시 전달되지는 않는다고 생각했다. 원칙적으로 하나의 행위를 형사법상 관련된 구성요건상 행위로 표현하는 것은 형법 외적인 영역에서의 법적 견해와 마찬가지로 우선은 거의 대부분이 단지 평가에 근거한 주관적 의견을 표현한 것에 불과하다고 보았다. 따라서 바로 이러한 이유에서 취소청구권을 발생시킬 수는 없다고 밝혔다. 비판자가 비록 객관적 평가에 부합되지 않을지언정 원칙적으로 특정한 행위들에 관한 자신의 형법적 평가를 개인적인 법적 견해에 따라 표현하는 것 역시 의견자유의 보장에 속한다고 설명했다. 하지만 그러한 표현이 평가형태의 법적 견해로서 발표된 것이 아니라 수용자들에게 동시에 평가로 치장된 구체적 사건이나 행위들에 관한 생각을 불러일으키고, 이에 따라 그러한 사건들 그 자체가 증거수단과 함께 조사될 수 있을 경우에는 사실주장으로서 결정될 수 있다고 보았다.

결국 이 사건에서 문제 된 사기 비난이 독자에게 평가 내에 동시에 존재하는 하나의 실질적인 사실적 실체를 구체화한 것인지 여부는 이 비난이 제기된 문맥에서 결정되어야 한다고 강조했다.[101]

### ③ 연방대법원의 사건판단

연방대법원은 결과적으로 이 사건에서 문제 된 비난에 원고 관련 사실내용이 결합되었다는 점에 동의할 수 있다고 판단했다. 다만, 서문에서 피고1의 고발경고, 즉 몇몇 책임자들에게 사기, 사기방조 및 배임으로 인해 고발을 할 것이라는 경고와 비난의 관련성에서 곧바로 여기서 언급된 형법규범을 구체화할 수 있는 사정들을 지닌 성격의 표현이라고 인정하려 했던 항소법원의 견해는 너무 지나치다고 반박했다. 게다가 서문에서의 이 구절들은 너무 개괄적인 표현이라고 평가했다. 아울러 이 구절들은 명백히 개별적 사항들 앞에 놓인 일반론에 해당하는 것이어서 형사상 비난의 구체화를 위한 단서로서 보기에는 적합하지 않다고 생각했다.

그럼에도 연방대법원은 독자들이 이 사건에서 서문에만 의존하지는 않는다고 설명했다. 주 공무원이자 대표이사인 원고에 대해 사기라는 표현은 어느 정도 다음과 같은 보고서의 상세한 설명들에 대한 주목 끌기와 선전문구 형태의 표현이라고 보았다. 보고서의 구체적인 설명에 따르면, 의회 조사위원회에서 이미 소수의견에 의해 행해진 인공신장(자택투석)과 자택처치를 위한 사업단체 H 협회의 개입에 관한 비판은 이른바 투석훈련 부분으로 파고들게 되었고, 다음과 같은 사실이 드러났다고 적시했다.

투석훈련에서 환자는 스스로 자택투석을 행할 수 있기 위해 투석의료기의 취급방법을 배웠고, 그러한 투석훈련은 사업단체의 비용부담과 계산으로 대학병원 투석과 신장내과에서 수행되었다. 이를 위해 협정에 근거해서 사업단체에 1일 입원비 기준액의 절반이 청구되었다. 게다가 해당 신장내과 과장인 J 박사는 투석훈련마다 60마르크의 보수를 받았다.

피고는 이러한 규정이 부당하다고 주장했다. 명백히 병원운영주체는 관련법에 따라 완전한 일반 1일 입원비 기준액에 대한 청구권을 가지는데, 왜냐하면 대학병원은 투석훈련에서도 마찬가지로 의사의 진료를 포함해서 일반 병원진료를 제공해야하기 때문이라고 생각했다.

이러한 법적 배경에서 피고는 보고서에서 대학병원의 책임자로서 원고가 사업단체에 의해 지불되어야 할 1일 입원비 기준액의 확정에 관해 보건복지부장관에게 주 정부에 불리한 보고를 했다고 비난했다. 이러한 바탕 위에서 "대표이사가 … 주 공무원에게 사기를 쳤다!"라는 비난은 단지 원고가 이러한 사안 내에 존재하는 이해충돌의 단순한 과장표현에 그치는 것이 아니라고 보았다. "사기"라는 용어는 원고를 통한 관할장관에 대한 잘못된 보고의 비난 및 "이러한 원고의 제안은 관계 장관으로부터 선의와 양심을 믿고 받아들여졌다…"라는 문장과 결합되어서 독자들에게 "원고가 그의 상관을 의도적으로 속였고, 이를 통해 자신이 당시에 대표이사로 있었던 사업단체에 부당이익을 제공했다"는 인상을 불러일으킨다고 생각했다.

이러한 사정하에서 항소법원은 적절하게 문제 된 본문부분을 가치평가로 치장된 사실주장이라고 평가했고, 이러한 주장은 허위로 밝혀졌다고 확정했다. 이로부터 연방대법원은 피고가 이러한 원고의 명예를 침해하는 주장을 취소해야 한다고 판단했다. 아울러 금지청구를 인용한 항소법원 판결 역시 정당하다고 밝혔다. 피고는 허위주장의 반복에 관해 어떠한 정당한 이익도 가질 수 없기 때문에 개별적인 이익형량은 더 이상 필요하지 않다고 보았다.[102]

## 연방헌법재판소 2007년 5월 8일 자 결정 − 1BvR 193/05

### 사실관계

헌법소원은 영업에 손해를 가하는 표현들에 대해 제기된 민사소송의 기각결정을 대상으로 한다.

청구인은 주식회사이고, 소송비용 융자를 주업으로 한다. 청구인은 특히 자금투자자들이 은행들의 부동산 사업에 관한 잘못된 자문에 대해 손해배상청구를 주장하는 표본소송을 제기할 경우 소송비용을 융자했다. 이 표본소송은 변호사 F에 의해서 수행되었다. 소송비용 융자 범위 내에서 청구인은 관련 투자자가 승소한 경우 일정액을 배정받을 수 있었다. 소송 중 조정이 제안된 경우에 청구인 회사는 적절하다고 간주했지만 소제기권자가 이에 동의하기를 원하지 않을 경우, 융자협약에 따라 예정된 조정에서 청구인 몫으로 할당된 액수의 지불을 대가로 해약통보가 가능했다.

한편, 시장정보지 "자본-시장 내부의"는 1998년 한 기사를 게재했는데, 거기에서 기사작성자는 청구인이 변호사들 중에서 주식출자자를 모집했다는 내용을 보도하면서 실수로 청약기간이 3주라고 잘못 생각하고 이것을 "사기"라고 지칭한 바 있었다.

전심절차의 피고는 변호사이고, 자본투자 브로커로 활동했던 의뢰인들을 대리했다. 각급 지방법원, 경제지 편집국, 검찰, 은행들과 공증인 회의소에 송부된 한 감정서에서 피고는 청구인의 소송융자시스템을 비판했다. 원문에는 해당 시스템에 관한 설명에 이어서 다음과 같이 적혀 있었다:

> 대중들의 반응이 엇갈린다. 시장정보지 "자본-시장 내부의"(1998년 43호 제2면)는 이를 '사기'라고 칭했고, F의 사례는 다음과 같은 점에서 사기가 맞다….

이어서 다음과 같이 보도되었다.

> 나아가 Fo-주식회사(청구인)는 법원소송절차가 법원조정으로 인해 종료되어야만 한다는 전제하에서 비록 Fo-주식회사는 이에 동의하지만 의뢰인이 거부할 경우, 의뢰인이 매우 높은 위약금을 부담해야 한다는 사실에 관해서 자신의 광고지나 협약서에서도 밝힌 바 없었다.

청구인은 피고에게 금지청구를 요구했다. 상급법원은 소송을 인용했다. 피고의 상고로 연방대법원은 소송을 기각했다. 헌법소원은 일부 승소했다. 재판부는 시장정보지 "자본-시장 내부의"가 청구인에 의해 제공되는 소송융자를 사기라고 지칭한 주장의 금지청구가 기각되는 한, 이는 청구인의 기본법 제12조 제1항(직업의 자유)을 침해한다고 결정했다.[103]

① 청구인의 직업의 자유

연방헌법재판소는 현행 경제질서에서 기본법 제12조 제1항 직업의 자유는 경쟁원칙에 따라 시장에서의 기업의 직업관련 행동을 포함한다고 밝혔다. 하지만 경쟁자는 경쟁조건이 자신에게 변함없이 그대로일 것에 대한 청구권을 가지지는 않는다고 보았다. 특히 기본법은 성공적 시장참여나 장래의 영리기회 보장에 대한 청구권을 보장하지는 않는다고 생각했다. 오히려 경쟁적 지위와 획득할 수 있는 수익 역시 시장상황에 따른 변화 위험과 기준에 따른 시장의 작동조건에 달려 있다고 보았다.

직업자유의 보호범위는 직업 활동이 방해되었을 경우뿐만 아니라 시장에서의 성공이 저지되었을 경우에도 관계될 수 있다고 밝혔다. 비록 기본법 제12조 제1항은 자기 자신과 자신의 제품이 타인에게 보여주고 싶은 그대로 묘사되거나 혹은 자신이 평가하는 그대로 묘사될 권리를 기업에 부여하지는 않는다고 단언했다. 그에 반해 기본법 제12조 제1항은 기업 자신의 직업적 활동에 있어서 내용상 부적절한 정보나 혹은 부적합한 생각에 기초하거나 폄훼적으로 표현되는 평가에 의해 자신의 경쟁수행방식이 방해되는 그러한 경우에 기업을 보호한다고 밝혔다. 기업의 시장참여 활동과 관련해서 기업에 불리하게 작용하는 부적절하거나 부적합한 표현이 법원에 의해 방치된다면, 이러한 판결은 기본법 제12조 제1항을 침해하는 것이라고 보았다.

이러한 기준에 따라 직업자유의 침해가 존재한다면, 표현의 허용성에 관해 결정해야 할 법원은 기본법 제12조 제1항을 통해 보호되는 이익들을 표현의 이익들 앞에 배치해야 한다고 판단했다.[104]

② 법적 견해와 의견표현

연방헌법재판소는 청구인의 계약상대방이 법정 조정을 거부할 경우 위약금을 지불해야 한다는 진술과 관련해 소송이 기각된다는 점에서는 연방대법원 판결이 헌법상 요청과 일치한다고 결정했다. 그러한 부분에서는 청구인의 직업자유의 보호영역이 주로 관계되는지 여부에 관한 어떠한 결정도 필요하지 않다고 밝혔다. 어쨌든 연방대법원이 표현의 허용을 정당화한 판시내용은 헌법상 문제 되지 않는다고 판단했다.

이어서 해당 표현을 순수한 가치평가로서 분류한 것 역시 전혀 문제 되지 않는다고 보았다. 연방대법원의 지속적 판례에 따르면, 법적 개념의 사용에서는 단지 그 평가가 단순한 법적 견해로서 발표된 것이 아니라 동시에 수용자에게 의견으로 치장된 구체적 행위나 사건에 관한 생각을 불러일으키고, 그러한 사건 그 자체가 증거수단과 함께 접근 가능할 경우에만 사실주장으로 인정된다고 밝혔다. 이때 해당 법적 개념이 구체적으로 사용된 맥락이 결정적으로 중요하다고 보았다. 그리고 이러한 판단기준들은 헌법상 문제 될 것이 없다고 평가했다.

이 사건에서 이러한 기준의 적용 역시 어떠한 헌법상 우려도 생기지 않는다고 판단했다. 연방대법원은 계약규정을 위약금으로 본 것은 그 결과가 주관적인 의견이나 견해의 범위 내에서 유지되는 법적 평가를 필요로 하는 것이라고 보았다. 소송융자합의가 해소될 경우, 지불의무가 존재한다는 사실은 청구인에 의해서도 거부되지 않았다고 인정했다. 따라서 그 표현은 실제 존재하는 계약상 규정과 관련된 것이고, 이것을 법적 논의의 범위 내에서 평가한 것이라고 보았다. 이러한 평가는 그 자체로 어떠한 사실적 내용이 아니며, 법적 해석의 결과가 납득 가능한지의 문제는 증거에 접근할 수 없는 것이라고 보았다.

나아가 연방대법원이 피고의 표현이익에 우위를 정당화한 판단 역시 헌법상 문제될 수 없다고 결정했다.

청구인이 계약해제의 경우 위약금을 약속받을 수 있다는 표현은 비방적 비판도 아니고 구체적인 맥락상 명예를 훼손하는 작용을 하지도 않는다고 확정한 연방대법원의 확정판단은 헌법상 우려되는 방식으로 이뤄진 것이 아니라고 평가했다. 심각한 경제적 침해는 이러한 주관적 평가에서 시작되지 않으며, 특히 독자는 바탕이 된 계약구절을 동시에 함께 전달받음으로써 자신의 판단을 형성할 수 있게 되었다고 생각했다. 이때 피고 역시 어떠한 특별한 중립성을 보증하거나 평가의 객관성에 대한 신뢰를 생기게 하지도 않았다고 덧붙였다.[105]

### ③ 잘못된 인용의 문제

연방헌법재판소는 그에 반해 '자본-시장 내부의' 시장정보지가 청구인의 소송융자모델을 사기로 지칭한 표현과 관련해 소송이 기각되었다는 점에서 이 판결은 헌법상 요청을 충족하지 않는다고 결정했다.

이러한 점에서 해당 판결은 직업자유를 침해하는 것이고, 피고의 부정적 입장표명은 청구인의 직업행사와 현저하게 관련된다고 보았다. 이러한 개괄적인 부정적 표현은 그 내용에 따라 청구인의 경제적, 사회적 지위를 약화시키고 다른 시장참여자를 거래에서 차단하는, 즉 청구인에 의해 제공된 서비스를 전혀 찾지 않도록 하거나 그러기에 적합한 것이라고 판단했다.

연방헌법재판소는 연방대법원이 정당한 것으로 간주했던 이유들을 헌법상 받아들일 수 없다고 밝혔다. 물론 이 진술이 전체적으로 볼 때 사실주장과 의견표현의 상호작용으로 보인다는 연방대법원의 시작점은 어떠한 우려도 생기지 않는다고 판단했다. 일단 제3자를 통해 추정된 청구인 사업의 평가가 인용되었다는 점에서 피고의 표현은 사실적 핵심을 제시하는 것이라고 보았다. 하지만 이러한 피고의 표현은 단지 사실적 묘사로 국한된 것이 아니라 오히려 표현의 사실적 구성부분과 구분될 수 없도록 결합된 피고 자신의 평가 역시 포함하는 것이라고 판단했다. 그럼에도 연방대법원에 의해 행해진 관련 이익의 형량은 표현의 사실내용을 완전히 제거했기 때문에 헌법상 요청을 충족하지 못했다고 판단했다.

연방대법원은 피고가 청구인의 사업방식을 자신의 주관적 평가에 따라 "사기"라고 지칭해도 된다는 사실만으로 표현을 허용하기에 충분하다고 생각했고, 이를 정당화하는 판시내용 그 자체는 어떠한 헌법상 우려에도 부딪히지 않는다고 보았다. 그럼에도 이때 연방대법원은 사기라는 표현이 단지 피고의 독자적 평가만을 나타낸 것은 아니라는 사실을 오인했다고 비판했다. 오히려 그 표현은 정보지 "자본-시장 내부에서"가 청구인의 소송융자 영업부문을 "사기"로서 지칭했다는 사실주장을 동시에 포함하고 있다고 분석했다. 따라서 청구인은 이러한 의견표현과 결합된 사실주장만을 소송의 대상으로 삼을 수 있다고 판단했다.

여기에서 연방헌법재판소는 피고에 의해 옮겨진 인용은 적절한 것이 아니었다고 지적했다. 문제의 인용문이 끌어온 시장정보지의 본문내용은 우선적으로 실제보다 짧았던 청구인 주식의 잘못된 청약기간을 대상으로 했고, 이것이 사기로 지칭되었다고 인정했다. 그에 반해 피고의 텍스트는 시장정보지 "자본-시장 내부의"가 청구인의 소송융자모델을 사기로 지칭했다는 인상을 불러일으킨다고 보았다.

연방대법원의 견해와 달리 연방헌법재판소는 표현의 허용을 위해서는 피고가 직접 끌어온 인용이 옳은 것인지 아닌지 여부가 처음부터 중요한 것은 아니라고 밝혔다. 다만, 이러한 인용과 함께 자신의 의견표현에 동의하는 다른 사람의 견해를 언급함으로써 보다 커다란 비중을 부여하려는 의도가 추구되었다는 점이 중요하다고 보았다. 이는 특히 인용된 제3자가 중립기관으로서 표현된 의견에 대한 타당성의 근거를 마련하기 위해 특별한 신뢰가치와 함께 동원되었을 때 인정된다고 보았다.

연방대법원이 그럼에도 불구하고 인용문의 진실내용을 관련된 이익들의 형량 속으로 편입시키지 않음으로써 이러한 형량은 헌법상 현저하게 축소되었다고 판단했다. 따라서 연방대법원 판결은 헌법위반이며, 연방대법원이 재현된 인용문의 진실내용을 고려할 경우 이 표현이 부당한 것으로 간주될 수 있다는 점을 배제할 수 없다고 결정했다.[106]

# 연방헌법재판소 2018년 11월 20일 자 결정 – 1BvR 2716/17

## 사실관계

헌법소원의 대상은 청구인에게 반론보도 게재의무를 부담 지운 민사판결이다. 청구인은 의견자유, 출판자유 그리고 자의금지원칙의 위반을 문제 삼았다.

청구인은 B-신문을 발행한다. 2017년 7월 19일 청구인은 신문 3면에서 당시 독일 테니스 스타 B의 예전 사업파트너와 진행했던 인터뷰를 실었다. 거기에서 사업파트너는 무엇보다 자신이 테니스 스타에게 1년 넘게 거의 4천2백만 스위스 프랑의 대부금을 제공하고 있다고 말했다. 인터뷰는 표지에서 다음과 같은 제목으로 예고되었다.

"B. 독점 백만장자 채권자가 실토했다-B는 자신의 어머니 집까지도 담보 잡혔다!"

이 제목 아래 본문소개 문구는 다음과 같았다:

"B(49)는 그에게 약 3천7백만 유로의 채무를 지고 있다. B지의 독점. 채권자 C(74)는 테니스계 전설의 재정상황을 말한다-3면."

이어서 3면에 게재된 인터뷰에서 해당 테니스 스타는 무엇보다 그의 어머니가 살고 있는 L에 소재한 부동산을 "담보목록"에 등록하는 것을 허용했다는 사실이 밝혀졌다. 실제 이 선수는 2008년에 자신의 채무담보를 위해 L에 소재한 부동산 S를 공증인에 의해 공증된 "담보목록"에 등록하는 것을 허용했고, 그 부동산은 2004년부터 어머니의 사용을 위해 종신거주권이 등록되어 있었다. 이러한 담보목록은 그의 대부 채권자에게 채권법상 부동산 등기부에 부동산 담보권의 등기청구권을 제공하는 것이었다.

B의 가처분신청으로 지방법원은 2017년 7월 25일 가처분을 결정했고, 청구인은 다음과 같은 반론보도문을 표지에 게재할 의무를 부담했다:

반론보도

B지 2017년 7월 19일 자 1면에서 귀사는 나에 관해 다음과 같이 보도하였습니다: 'B는 자신의 어머니 집까지도 담보 잡혔다!' 이에 대해 나는 분명히 밝힙니다: 나는 나의 어머

니 집을 담보 잡히지 않았습니다. (…)

청구인의 항고에 대해 베를린 지방법원은 해당 가처분을 확정했다. 이를 대상으로 한 청구인의 항소를 베를린 상급법원은 배척했다.

그에 따르면, 대상 표현은 중립적인 독자에게는 증거에 접근 가능한 사실정보, B는 자신의 어머니 집을 담보 잡혔다는 정보를 포함한다고 판단했다. 비록 이성적인 독자가 그 진술을 전문적인 영역에서의 의미로 이해해서 부동산에 부동산 담보권이 설정되었다는 정도로 이해할 필요는 없지만, 많은 독자들은 왜 부동산이 담보 잡히게 되었는지에 관해 아무런 생각도 하지 않을 것이라는 점은 반대했다. 일상 언어상의 의미에서는 소유물이 대부를 위한 담보로서 제공되었다는 점에 맞춰진 "담보" 내지 "담보 잡히다"라는 의미로서 개념의 이해가 통상적인 언어사용법에 부합하는 것이라고 밝혔다. 그에 따라 담보의 전형적인 특징은 소유자가 그 물건을 포기하고 더 이상 부담 없는 물건을 소유할 수 없으며, 반면에 채권자는 경우에 따라 그것을 정당하게 사용할 권리를 취득한다는 점에 있다고 보았다. 이러한 이해를 기초로 "담보 잡히다"는 개념은 청구인의 견해와 달리 "담보로서 제공하다"는 표현과는 동일한 의미를 지니지는 않는다고 생각했다. 담보권 설정에 관한 채권법상 의무는 독자의 관점에서 "담보 잡히다"라는 개념을 통해서는 적절하게 설명되지 않는다고 보았다. 아울러 해당 반론보도가 명백히 허위도 아니고, 현저히 기만적인 것도 아니기 때문에 대상 반론보도에 관한 신청인의 이익은 인정된다고 밝혔다. 왜냐하면 이 반론보도문은 신청인이 담보권을 설정할 생각이 없다고 진술하는 것이 아니라 단지 담보권이 설정되지 않았다고 진술하는 것이기 때문이라고 보았다.

헌법소원은 성공했다.[107]

① 표지 위에서 반론보도 게재와 출판자유권

연방헌법재판소는 청구인의 헌법소원은 명백히 정당하고, 대상 판결은 청구인의 기본법 제5조 제1항 제2문의 출판자유권을 침해한다고 밝혔다.

해당 규정은 기본법 제5조 제1항 제2문이며, 출판물의 발간과 구성의 자유가 이 규정의 중심에 놓여 있다고 밝혔다. 구성의 자유는 내용상뿐만 아니라 형식적 관점에서도 보장되며, 청구인은 출판물의 내용과 형태를 원칙적으로 자유롭게 결정할 권리를 가진다고 설명했다. 그리고 출판자유의 보호는 간행물의 표지에도 적용된다고 보았다.

청구인의 정기간행물 표지에서의 반론보도 게재의무는 출판자유의 기본권을 침해한다고 인정했다. 잡지 표지에 따라오는 중요한 의미로 인해 그러한 침해는 통상 심각한 것으로 인정될 수 있다고 보았다.

따라서 이러한 출판자유의 침해는 정당화되지 않는다고 밝혔다. 법원이 베를린 출판법 제10조의 기본권제한을 신청인에게 반론보도를 인정하는 쪽으로 해석함으로써 규정의 적용범위를 지나치게 확장했다고 비판했다. 즉, 법원은 출판자유의 의미와 사정거리를 오해했다고 나무랐다.

베를린 출판법 제10조 제1항 제1호에 따르면, 언론이 앞서 제기했던 사실주장을 대상으로 반론보도가 가능하고, 이러한 반론보도의 원보도에 대한 의존성 관점에서 출판자유권은 원보도가 기본법 제5조 제1항의 요청에 부합하는 방식으로 해석되고 분류될 것을 요구한다고 밝혔다. 이때 출판물 내부 지면의 계속된 보도와는 별도로 표지 헤드라인을 평가하고, 그에 대해서 반론보도청구를 인정하는 것은 원칙적으로 표현의 맥락에 따른 평가요청의 침해 없이도 가능하다고 보았다. 다만, 이것은 헤드라인 그 자체가 제목에 딸린 보도나 연결된 보도의 고려 없이도 하나의 반론보도가 가능한 핵심 사실을 제시하고 있다는 점을 전제로 한다고 밝혔다. 만약 표지 헤드라인이 각각의 관련된 대중들에게 이해의 폭에 있어서 넓은 선택 가능성을 허용하게 된다면, 반론보도청구를 정당화하기 위해서는 추가로 반론보도의 주요 진술내용이 명확히 결정될 수 있어야 한다고 생각했다. 그렇지 않으면 반론보도를 청구한 사람이 표지 헤드라인에서 행해진 사실적 주장들 가운데 어떤 사실들에 대해 반박하는지가 불분명하게 될 것이라고 보았다. 만약 원보도가 사실주장이 아니기 때문에 법적 근거에 의해 포섭되지 않는 반론보도가 게재된다면, 이 경우에는 출판자유에 대한 위반이 존재하게 된다고 경고했다.[108]

### ② 법개념의 진술 성격과 반론보도 가능성

연방헌법재판소는 이에 따라 표지 헤드라인, "B는 자신의 어머니 집까지 담보 잡혔다"는 내용은 어떠한 반론보도도 정당화하지 않는다고 판단했다. 이러한 진술 내에서 사용된 "담보 잡히기"라는 법개념에는 채권법상 담보를 위해 사용했다는 것을 제외할만한 충분한 사실적 내용이 없다고 보았다.

재판부는 이미 원보도의 사실주장에 대한 반론보도의 대칭성으로 인해 다른 해석변형 가능성의 배제하에 충분할 정도로 구체적인 사실적 반론보도를 허용하는 그런 내용이 구체화될 수 있어야 한다는 요청이 생겨난다고 보았다. 이것은 표지 헤드라인에서 사용된 법개념에 대한 관할법원의 평가에 있어서 더욱 중요하다고 보았다. 법개념에는 규범적이고 평가적인 요소가 특히 내재되어 있고, 그러한 법개념에 대해서는 반론보도청구가 그의 법적 기능에 따라 개입하지 않는다고 판단했다. 따라서 단지 특정한 법개념의 사용과 함께 암시적으로 주장된 사실이나 사건들에 대해서만 반론보도가 가능하고, 여기에서 도출되는 법적 평가의 정당성에 대해서는 반론보도가 불가능하다고 밝혔다. 표지 헤드라인의 평가에 있어서 평균적인 신문독자층의 이해가 결정적이라면, 관할법원은 독자층의 이해 대신에 자신의 전문적인 개념이해로 대체해서는 안 된다고 지적했다. 그 대신 관할법원은 자신의 처분에 맡겨진 소송법상의 수단과 함께 독일어에 정통한 평균 독자층의 이해에 따라 나타난 핵심 사실을 조사해야만 한다고 밝혔다. 통용되는 일상어사전, 언어학적 감정결과의 수집 혹은 가처분 절차에서 무작위 추출방식의 조회 등이 이러한 가능성에 속할 수 있다고 보았다.

관할법원은 이 사건에서 이러한 점을 오해했다고 판단했다. 법원을 통한 표지 헤드라인의 핵심 사실 결정과 이와 연결된 반론보도청구의 승인은 법개념이 포함된 표지 헤드라인의 평가에 대해 부여된 요청들을 충족시키지 못한다고 보았다. 관할법원이 내린 판결은 판단의 기초가 되어야 할 비전문가 영역에서 "담보 잡히다"라는 법개념의 사실 핵심을 구체적이고 반론보도가 가능한 정도로 충분히 확정할 수 없음에도 이를 대상으로 했다고 질책했다. 이미 당사자 진술에 따르면, 헤드라인에서 사용된 법개념은 현저한 언어상 의미다양성을 제시했다는 사실을 보여주었기 때문에, 다른 근거 제시나 인식 노력 없이 특수한 법적 기초지식에 의존한 하나의 사실 핵심을 법원이 고집하는 것은 부당하다고 판단했다. 법원 스스로 자신의 판결에서 평균 독자층의 이해가 중요하다고 밝혔음에도 불구하고 사건에서는 자신의 전문적 이해를 바탕으로 삼았다고 비난했다. 가령 법원이 결정적인 해석기준으로 끌어왔던 이러한 이해는 전적으로 법률상 교육받은 사람들에게서 이해할 수 있는 물권적 법률행위와 채권적 법률행위 사이의 개념구별에서만 알 수 있는 것이라고 꼬집었다("일방적 점유" 대 "채권법상 등기청구권"). 법원은 결과적으로 원고가 담보권을 설정한 것이 아니라 단지 그러한 설정권의 의무만을 지고 있다고 해석함으로써 이러한 구별을 판단기준으로 삼았다고 꼬집었다. 이때 법원은 독자층이 "더 이상 부담이 없는 물건을 소유할 수 없다"와 "담보권 설정에 관한 채권법상 의무를 지고 있다" 사이를 구별할 수 있다고 전제했지만, 이에 대한 어떠한 근거도 제시하지 않았다고 비판했다.

나아가 관할법원을 통한 헤드라인의 사실 핵심에 대한 불충분한 결정과 그를 바탕으로 한 반론보도권 역할의 오해는 선고된 반론보도 내용에서 분명하게 드러난다고 밝혔다. 해당 반론보도는 헤드라인과 함께 암시적으로 주장된 사실 핵심에 대한 순수한 반론보도가 아니라 그 자체에 대해 전적으로 재해석을 필요로 하는 헤드라인에 대한 반박이었다고 지적했다. 반론보도청구는 헌법상 해당 권리가 허용되는 한, 사실에 대한 반박이어야지 납득할 수 없는 법적 주장의 단순한 반대주장이거나 정정에 기여하는 것이어서는 안 된다고 단언했다. 따라서 대상 판결은 헌법상 오류에 기초한 것이고 파기되어야 한다고 결정했다.[109]

## 2. 법개념

법개념 역시 언제나 전문적인 의미로 이해되어서는 안 되고, 오히려 일상적인 언어상의 의미로 사용될 수 있다는 사실에 유의해야 한다.[110] 예컨대, "사기"라는 비난은 불쾌감을 야기하는 것으로 평가되는 잘못된 출판사업에 대한 개괄적인 비판으로 이해될 수 있다. 또한 하나의 행위를 "불법적인" 및 "탈법적인" 것으로서 평가하는 것은 설령 그에 대해 다른 반대견해가 제기될 수 있을지라도, 일반적으로는 단순한 주관적 평가이기 때문에 쉽사리 금지청구의 대상이 되어서는 안 된다.[111]

### 연방대법원 2002년 1월 29일 자 판결 – VI ZR 20/01("치즈–비교"–판결)

#### 사실관계

원고는 평가저하적인 표현으로 인해 자신의 권리가 침해되었다며 금지청구와 손해배상청구 소송을 제기했다. 이전 원고의 권리승계인이자 이전 원고의 법적 대리인인 원고는 특히 "자비보조 출판" 사업을 하는 F-문예출판사를 운영한다. 여기에서 작가는 원칙적으로 일반 출판업계에서 이뤄지기 어려운 그러한 원고의 발간에 대한 비용을 부담한다. 노동조합인 피고1은 작가들을 위한 전문지 "예술과 문화"의 발행인이고, 피고2는 편집책임자이다. F-출판사와 출판계약 거래를 시작한 피고3은 이 잡지 1999년 1월호에 "작가에게서 지불된"이라는 제목 및 "F-출판사의 수법"이라는 하단제목과 함께 한 기사를 게재했다. 기사에서는 자비보조 출판업계에 관한 논쟁들을 비판적으로 다뤘다.

지방법원은 "원고 소속 직원과의 통화에서 원고는 원칙적으로 비용 없이 출판한다는 사실을 보증하였지만, 원고 직원의 대답은 거의 진실이 아니거나 진실에 가깝지 않다"는 주장을 대상으로 하는 소송은 인용하고, 나머지는 기각했다. 피고는 이 판결에 불복하지 않았고, 원고는 항소했다. 상급법원은 나아가 "원고는 자신에게서 출간을 하는 작가들에게 1파운드 치즈에 대한 대가로 돈을 받았으면서도 집에 가서 확인해 보니 단지 100그램만을 준 그런 식료품 판매업자처럼 행동했고, 이는 사기다"라는 표현으로 확대해서 판결을 선고했다. 피고의 상고는 성공했다.[112]

### ① 항소법원의 견해

항소법원은 항소판결에 추가된 금지표현들을 통해서도 원고 등의 권리가 부당하게 침해되었다고 생각했다.

소위 "치즈-비교" 표현은 비록 사실주장이 아니라 가치평가로 인정될 수 있고, 이것은 "사기"라고 언급된 부분에 관해서도 마찬가지라고 밝혔다. 하지만 위법한 비방적 비판이기 때문에 원고는 이를 감수할 필요가 없다고 판단했다. 원고는 아울러 "원고는 원칙적으로 비용 없이 출판한다고 전했다. 하지만 이것은 허위 사실주장이다. 왜냐하면 원고는 출판에서의 무비용 공모와 함께 '신인작가'만을 모집했기 때문이다"는 표현에 대해서도 금지청구를 요구할 수 있다고 보았다. 또 다른 표현, "원고는 겉으로만 작가들의 요구에 동의했다"는 부분은 매우 개괄적임에도 불구하고 가치평가가 아니라 사실주장으로 인정될 수 있다고 보았다. 그리고 이러한 '내적 사실'의 진실성을 피고는 입증하지 못했다고 밝혔다. 이러한 모든 표현들과 관련해 항소법원은 금지청구뿐만 아니라 피고1 및 피고2에게 금지주문의 공표 역시 부과하길 원하는 원고의 청구 역시 이유 있다고 판시했다. 나아가 피고들에 대한 손해배상의무의 확정을 정당화했다.[113]

### ② 법개념에 관한 표현의 판단기준

연방대법원은 F-출판사의 실제 영업방식을 겨냥한 표현, "원고는 출판 작가들에게 1파운드 치즈에 대한 대가로 돈을 받았으면서도 집에 가서 확인해 보니 단지 100그램의 치즈만을 준 그런 식료품 판매자처럼 행동했고, 이는 사기다"라는 부분을 원고는 감수해야 한다는 상고주장을 수용한다고 밝혔다. 항소법원의 이에 반하는 판단은 기본법 제5조 제1항에 근거한 피고들의 기본권을 충분히 고려하지 않았다고 비판했다.

소위 "치즈-비교" 표현이 항소법원에서 사실주장이 아니라 가치평가로 인정된 것은 적절하다고 보았다. 이는 F-출판사에 행해진 "사기" 비난에서도 마찬가지라고 인정했다. 각각의 표현들은 그것이 속한 전체적인 맥락에서 판단되어야 하며, 이때 이 진술이 증거수단과 함께 그의 진실성에 대한 심사가 접근 가능한지 여부가 사실주장의 분류를 위해 본질적인 요소라고 설명했다. 그리고 가치평가에 근거한 표현 역시 수용자에게 동시에 평가로 치장된 구체적 사건에 관한 생각을 불러일으킬 경우에는 사실주장으로 판명될 수 있다고 밝혔다. 사실과 의견이 혼합된 표현이 결정적으로 입장표명, 견해 혹은 의견의 요소를 통해 부각된다면, 이것은 가치평가와 의견표현으로서 전체적으로 기본법 제5조 제1항의 기본권에 의해 보호된다고 밝혔다.

이러한 원칙들에 따라 잡지에서 행해진, 치즈 판매 시 고객들을 속여서 이득을 취한 식료품 판매업자의 행위와 작가들에 대한 F-출판사 행태의 이른바 치즈 비교는 본질적 핵심에 있어서 어떠한 검증 가능한 실체적 진술이 아니라 단지 영업태도에 대한 개괄적인 주관적 평가에 불과하다고 판단했다. 사용된 "사기" 개념 역시 평균 독자에게 있어서는 결정적으로 형법 제263조에 규정된 형사법적 재산범죄를 충족할 수 있는 구체적 상황을 충분히 가리키지 않는다고 보았다. "사기"라는 단어는 여기에서 분명히 법 분야의 전문적 의미에서가 아니라 일상어적 의미에서 사용되었다고 인정했다. 이러한 상황에서 기사 작성자가 독자에게 명백히 개괄적 방식으로 불쾌감을 유발하는 것으로 평가될 수 있는 F-출판사의 서비스와 출판 작가 측에서 지불되어야 할 비용 사이에 불편한 관계가 존재한다는 의견을 주장한 것이라면, 이는 사실주장으로 취급될 수 없다고 보았다.[114]

③ 비방적 비판의 경계

한편, 연방대법원은 이러한 "치즈-비교"에 놓여 있는 가치평가는 법적으로 허용되지 않는 비방적 비판으로 인정되어서는 안 된다고 밝혔다. 물론 의견표현이나 다른 사람의 행동에 관한 평가적 비판 역시 순수한 비방적 비판 혹은 형식적 모욕과 관계되거나 그 표현이 인간존엄을 훼손하는 곳에서 제한되어야 한다고 보았다. 하지만 이 사건에서 평가되어야 할 피고의 표현은 이러한 한계를 넘지 않았다고 판단했다.

연방대법원은 기본법 제5조 제1항의 의견자유를 배제하는 효과로 인해 비방적 비판의 개념은 좁게 해석되어야 하며, 과장되거나 부당한 혹은 완전히 무례한 비판 역시 하나의 표현을 아직은 그 자체만으로 비방으로 만들지는 않는다고 밝혔다. 오히려 표현에서 더 이상 사안에서의 논쟁이 아니라 공격적이고 과도한 비판을 넘어서 상대방에 대해 인신공격을 하는, 말하자면 공개적으로 낙인찍기를 하는 그런 당사자의 비방이 주를 이룰 때에만 비방적 비판이 인정될 수 있다고 보았다.

하지만 여기에서 거론된 "치즈-비교" 표현은 이러한 부당한 비방적 비판에 관한 요청들을 충족하지 않는다고 판단했다. 여기에 포함된 F-출판사의 영업행태에 대한 평가는 단순한 비방으로 인정될 수 없다고 보았다. 오히려 이 평가는 결코 관련 기사가 게재된 잡지의 독자에게 있어서 본질적인 문제들과의 논쟁 범위 내에서 필수적인 사건관련성을 결여하지 않았다고 평가했다. 피고는 비록 일부 매우 신랄한 형태였을지라도 F-출판사가 속한 자비 부담 출판사의 영업방침을 비판했고, 이와 관련된 문제들의 취급을 정당하게 자신의 과제로 간주할 수 있다고 인정했다. 출판 작가들의 이익을 대변하는 노동조합으로서 자신들의 직업적 그리고 경제적 이익들(출판사와의 관계에서도 마찬가지로)을 변호하는 것은 피고1에 속하는 과제라고 보았다. 피고1은 그런 점에서 기본법상 보호되는 기본법 제9조 제3항(단결권)에서의 지위를 주장할 수도 있다고 인정했다. 어쩌면 특별히 취약한 작가들 그룹, 즉 그들의 강렬한 출판욕구가 일반적인 출판업계에서는 충족되지 않고 일부 현저한 비용의 인수하에 "자비 부담 출판사"의 서비스를 이용할 준비가 되어 있는 그런 작가들 그룹에게 발생할 수 있는 위험들을 토론하는 것은 전적으로 이러한 피고의 역할범위 내에 속한다고 보았다.

방대법원은 이와 같이 피고1에 의해 발행된 잡지의 상당한 독자층의 경제적 이익과 관련된 논쟁들의 범위 내에서 오늘날의 자극과잉 경향을 고려하면, 비록 신랄하고 부정적인 비판을 내용으로 담고 있거나 과도한 논박과 함께 개진될지라도 인상적이고 강렬한 표현형식 역시 허용된다고 밝혔다. 다른 사람들이 이러한 비판을 "잘못되었다"거나 "부당"하다고 간주할지라도 이는 중요하지 않다고 보았다. 여기에서 행해진 F-출판사의 행태를 "사기성 치즈-장사꾼"의 행태와 비교하는 것은 그 자체로는 비록 신랄하고 어쩌면 과장된 표현이지만, 언급된 원칙들에 따르면 법적으로 허용되는 비판으로 인정되어야 한다고 판단했다. 이때 사업운영자는 자신의 서비스에 대한 비판적 평가를 대체로 받아들여야 한다는 사실이 등한시되어서는 안 된다고 덧붙였다.

연방대법원은 구체적인 허위사실이 주장된 경우에만 다른 것이 적용될 수 있다고 밝혔다. 하지만 이 사건에서 판단되어야 할 "치즈-비교"는 그와 관련해 진실성 문제가 제기될 수 있는 충분한 근거를 가진 실체적 사실을 포함하지 않는다고 보았다. 이것은 일상언어적 의미에서 사용된 "사기"라는 개념과 관련된 부분에서도 마찬가지라고 인정했다. 이 표현에서 끌어낼 수 있는 평가, 즉 F-출판사에서 비용부담을 대가로 출판하는 작가는 앞에서 언급된 식료품 판매업자에게 치즈를 구매한 고객처럼 이용당했다는 느낌을 받을 것이라는 평가는 오히려 제시된 법리의 고려하에서 여전히 피고의 기본법 제5조 제1항에 근거한 의견표현의 자유권에 의해 보호되는 것이라고 판단했다.[115]

# 제5장

# 표현의 의미해석 및 법적 판단

# Ⅰ. 개관

독일 기본법 제5조 제2항에 따르면, 의견자유는 일반법 규정, 청소년 보호에 관한 법적 규정과 개인의 명예권에서 제한된다. 따라서 제한은 헌법상 요청과 일치하는 법에 근거하고, 그 법을 기본법 제5조 제1항 제1문의 가치설정적인 의미의 준수하에서 해석하고 적용하는 범위에서만 정당화된다. 물론 실무상으로 하나의 법 자체가 의견자유의 관점에서 문제 되는 경우는 매우 드물다. 오히려 의견자유를 제한하거나 의견을 제한하는 작용을 하는 법의 개별적인 해석과 적용과정에서 기본법 제5조 제1항 제1문과 일치하지 않는 것으로 선언되는 경우가 더욱 빈번하게 생겨난다. 따라서 기본법 제5조 제1항 제1문은 세 가지 차원에서 고찰되어야 한다. 첫 번째는 표현의 이해(의미영역), 두 번째는 해당 법률규정의 해석(규범 해석영역), 세 번째는 충돌하는 법적 지위들의 형량(규범 적용영역)이 그것이다.[1]

## Ⅱ. 표현의 이해와 해석

기본법 제5조 제1항은 의견표현의 자유를 보장한다. 표현이 직접적 보호대상이고, 표현은 원칙적으로 자유롭고 단지 특정한 전제조건하에서만 제한이 허용된다. 가령 제3자의 법적 보호이익을 침해하는 경우가 그렇다. 이러한 경우를 판단하는 기준은 표현의 의미에 달려 있다. 하지만 표현의 의미는 대상 본문만을 통해서는 최종적으로 결정될 수 없고, 표현이 놓여 있는 문장의 앞뒤 관계, 즉 문맥을 통해서 함께 결정된다. 하나의 본문내용과 동일한 본문내용도 다양한 부수 사정하에서 서로 다른 의미를 가질 수 있고, 극단적인 경우 하나의 표현이 말하는 것과는 정반대의 의미를 가질 수도 있다. 따라서 의미는 항상 해석결과이고, 표현 그 자체가 아니라 그에 간주된 의미가 법적 판단의 바탕이 된다.[2]

하나의 표현이 행해져도 되는지 아닌지에 관한 결정은 이러한 사정하에서 해당 법률뿐만 아니라 표현의 해석에 의해서도 좌우된다. 이에 의미조사과정에서 일어난 잘못은 결국 부당한 기본권 침해라는 결과를 낳게 된다. 이는 가령 다음과 같은 경우로 정리할 수 있다. 첫째, 어떤 표현이 유죄판결의 바탕이 된 의미를 가지지 않았음에도 불구하고 그러한 표현으로 인해 누군가 유죄판결을 받게 된 경우,[3] 둘째, 법원이 다의적 표현의 경우에 다른 해석 가능성을 설득력 있는 이유와 함께 배제하는 과정 없이 유죄판결에 이르는 해석에서 시작할 때 그러하다.[4]

나아가 의미해석은 다양한 의사소통관계 내에서 상이하게 이해될 수 있다는 점이 고려되어야 한다. 가령 일상용어로 사용된 한 개념은 전문적 담론 내에서 사용된 동일한 개념과는 다른 의미를 지닐 수 있기 때문에, 이러한 경우에는 각각의 의사소통 맥락에 따라 조사되어야 한다. 결국 표현주체에게 귀속시킬 수 없는 표현의 의미가 본문 밖의 사정에서 도출될 때, 해석오류가 존재하게 된다.

따라서 표현의 해석과 귀속에 있어서 기본권 축소에 이르는 잘못이 일어날 수 있을 때에는 연방헌법재판소가 법적용 전 단계부터 기본법 제5조 제1항 제1문과의 일

치 가능성에 대한 심사를 행할 수 있어야 하고, 실제로도 그렇다. 물론 이러한 연방
헌법재판소를 통한 의미통제는 비판과 반감을 불러일으킬 수 있지만, 이러한 역할의
포기는 의견자유의 충분한 보호를 더 이상 불가능하게 할 것이라는 전제하에서 이를
부정하지 않는 것이 독일법계의 현실이다.

아울러 실제 행해진 표현의 해석은 그 표현이 허용되는지 아닌지를 판별함에 있어
서 방향결정 역할을 하게 된다. 따라서 이러한 예비결정에 있어서는 항상 기본권을
고려해야 한다. 하지만 법적용 문제의 통제에 있어서와 마찬가지로 연방헌법재판소
는 다른 각급 법원들의 텍스트 이해를 자신의 텍스트 이해로 대체할 수 없으며, 단지
객관적으로 불가능한 해석을 배제하거나 그 밖에 법원들이 표현의 특정한 이해를 확
정하기 전에 선택 가능한 다른 해석변형에 대해 숙고할 기회를 제공하게 된다.[5]

## 연방헌법재판소 1976년 12월 7일 자 결정 – 1BvR 460/72("팸플릿"–결정)

### 사실관계

청구인은 1969년까지 독일 자유연합 지구당위원장이었고, 1970년 직접 작성한
팸플릿을 발행한 뒤, 그것의 일부는 지역의 몇몇 공적 인사들에게 발송했고, 나머지
대부분은 거리에서 배포했다. 팸플릿은 1969년 새로이 선출된 CDU-지구당 위원
장이자 연방의원인 Y의 정치적 과거행적을 다뤘다. 이 사람은 1939년 라트비아에서
태어나 "폴란드 신개척지"에 대한 총통 요구를 기꺼이 받아들였다. 팸플릿에서 그는
"바르데란트에서의 새로운 정착", "폴란드의 독일화 사업"에서 특히 적극적으로 협
력했다고 적혀 있었다. 또한 본문에 따르면, "CDU 지구위원장이자 주요 추방담당자
였던 …출신의 Y 씨는 당시 그곳에 있었다! 그는 폴란드 점령기간 동안 나치 만행에
가담했다"라고 기술되었다. 이어서 다음과 같은 내용이 보도되었다.

Y는 소위 '이주본부'인 리츠만 시(로지) 소재의 SS-이주사령부에서 활동했고, 그곳에서
원치 않는 폴란드인과 유대인들의 강제이주가 주도되었다. 그는 당시 주도적이고 적극적

으로 행동하면서 자신의 역할을 수행했다. 그는 폴란드인을 빈대들로 비유했기 때문에, 오늘 그가 선서한 본국의 모든 사람의 인권과 자결맹세는 폴란드인을 위해서는 존재하지 않는다. 그의 활동들에 대해 SS 사령부 총사령관은 매우 흡족해했다; 그의 작전을 인정하는 의미로 그에게 SS−상급돌격대장의 지위가 부여되었다.

연이어 공개총살과 약탈에 관한 보도가 이어졌고, 정확한 수치와 함께 폴란드에서의 추방과 회유행위에 관한 정보가 기술되었으며, 폴란드 엘리트들의 말살 및 그 밖의 폴란드인들의 독일 노동계층으로의 강등에 관한 묘사가 이어졌다. 이후 팸플릿은 다음과 같이 계속되었다:

> 하지만 이러한 일들 역시 …출신의 CDU−실력자의 눈 밑에서 발생했다. 사람들은 무엇이 그를 히믈러의 중위로 만들었는지에 대해 책임을 물어야 한다.

청구인은 이로 인해 정치적 명예훼손죄의 위반(형법 제186조, 187a조)으로 고발되었다. 지방법원지원은 그에게 무죄를 선고했고, 반대로 지방법원은 2천 마르크의 벌금에 처했다. 상급법원은 청구인의 상고를 배척하고, 명백히 이유 없다고 판결했다. 헌법소원은 성공했다.[6]

① 표현에 원문에는 없는 해석이 주어질 경우의 문제점

우선, 연방헌법재판소는 기본법의 침해라는 특유한 경우에만 헌법소원을 근거로 개입할 수 있다고 선을 그었다. 그러한 침해는 기본권의 효력이 형사법이나 형사소송법에서 준수되지 않거나 잘못 결정되었을 경우에 있을 수 있는데, 헌법심사에 있어서는 그러한 한계의 테두리 내에서 문제시된 기본권 침해의 강약이 중요하다고 밝혔다. 따라서 한 형사판결이 결과적으로 피고의 기본권영역에 더욱 불리하게 피해를 주면 줄수록 이러한 침해의 정당성에 관한 요청은 더 엄격하게 제시되어야 하고, 그 때문에 연방헌법재판소의 심사 가능성은 더욱 넓게 인정된다고 설명했다.

그리고 이 사건과 같이 단지 벌금형의 선고에 불과한 사례들에서도 범죄상의 불법행위에 대한 제재라는 그 자체만으로 이미 민사판결의 금지, 취소 혹은 손해배상선고보다 침해강도가 더 크다고 볼 수 있기 때문에, 헌법소원과 함께 주장된 기본권 침해가 심각하다는 사실이 따라온다고 보았다. 나아가 지방법원을 통한 "숨겨진 (verstectken) 사실주장"의 확정과 함께 그가 직접 하지도 않은 표현이 청구인 자신에게 전가되고, 그에 따라 형사처벌을 받게 된다면, 이는 기본법상 보호되는 인격영역의 핵심에 피해를 주는 심각한 침해에 해당할 것이라고 보았다. 즉, 이는 청구인 개인의 의견표현의 침해를 넘어서 일반적인 의견자유의 행사에 대한 부정적 영향으로 인해 상당한 정도의 파급효과를 가지게 될 것이라고 생각했다. 왜냐하면 그러한 국가권력의 행사는 무엇보다 그의 위협적 작용으로 인해 자유로운 의견, 자유로운 정보그리고 자유로운 의견형성과 민감하게 관련되고, 그와 함께 의견자유의 본질적 부분에 대해 피해를 줄 것이기 때문이라고 밝혔다. 그 결과 이때에는 대상 판결이 기본권의 의미에 관해, 특히 보호범위에 관해 원칙적으로 잘못된 견해에 기초해서 오류를 나타내는지 여부의 판단에만 만족할 수는 없다고 밝혔다. 오히려 연방헌법재판소는 해당 판결이 사실내용의 확정과 평가, 아울러 일반법의 해석과 적용에 있어서 헌법상 보장되는 의견자유를 침해했는지 여부를 상세하게 심사해야 한다고 강조했다.

표현불법행위를 판단함에 있어서는 문자로 이뤄진 표현의 내용이 조사되어야 하고, 그 과정에서 그 표현의 원문에서는 생겨나지 않거나 충분한 명료하게 인정될 수 없는 해석이 주어질 경우, 그러한 방식의 일반법원의 사실확정은 이미 하나의 침해를 포함할 수 있다고 보았다. 그러한 사례에서 "사실"은 단지 법원에 제출된 원문 텍스트이고, 그의 내용 역시 해석을 통해서 조사되어야 한다고 당부했다. 그 표현이 의견형성 절차에 대한 영향력을 목표로 한다면, 법원이 그의 해석을 위해 사용하는 법적 관점과 기준들 역시 기본법 제5조 제1항과 일치해야 한다고 보았다. 그러한 점에서 보통 사실확정의 경우는 각급 법원의 확정에 구속되어야 한다는 사정이 이러한 표현 해석과 관련된 사실확정을 헌법심사의 대상으로 삼는 것과 모순되는 것은 아니라고 판단했다. 특히 문서에 존재하는 본문 텍스트의 해석을 통해 내려진 확정은 법원을 통한 구두심리만을 근거로 삼을 수는 없다고 보았다. 이러한 해석은 때에 따라 다르게 이해할 수 있고, 따라서 그를 둘러싸고 충돌할 수 있는 것이라고 인정했다.[7]

② 사건판단

연방헌법재판소는 지방법원 판결이 기본법 제5조 제1항의 위반하에 이뤄졌다고 결정했다. 그 때문에 이 판결에 대한 상고를 배척하는 상급법원의 판결 역시 기본법 제5조 제1항 제1문과 일치하지 않는다고 밝혔다.

청구인의 팸플릿은 의견형성 작용을 일으키기에 결정적이고 적합한 사실주장과 의견표현을 포함하고 있다고 보았다. 그리고 의견자유와 명예보호의 관계의 결정에 있어서 특별한 중요성을 가지는 사정으로서 공공성과 본질적으로 관련된 문제에서 정신적 투쟁에 기여하는 역할이 관련되었다고 인정했다. 그럼에도 지방법원의 판결은 판단과정에서 기본권이 어떠한 의미를 가지는지의 문제에 대해 논의하지 않았다고 비판했다. 지방법원은 기본법 제5조의 사정거리를 구체적인 사건에서 단지 다소간 잘못 결정한 것에 그친 게 아니라 의견자유권을 자신의 판결에서 전혀 고려하지 않았다고 꼬집었다.

연방헌법재판소는 지방법원이 이미 유죄판결에 바탕이 된 사실관계 확정 단계에서 기본법 제5조의 의미를 고려하지 않은 사실을 근거로 삼았다고 비판했다. 지방법원은 Y 씨의 과거를 직접적으로 다루지는 않은 팸플릿에서 공개된 사실들이 그 자체로 보면 어떠한 진정한 의미를 가지지 않기 때문에 청구인의 숨겨진 주장을 인정할 수밖에 없다고 생각했다. SS와 경찰을 통한 공개총살에 관한 보도, 강제 해산된 폴란드인의 증가수치에 관한 보도, 비정상적인 유화정책에 관한 보도, 폴란드 지성인들의 말살에 관한 보도는 청구인의 진술과 달리 단지 배경사실만을 나타내는 것은 아니라고 보았다. 이것은 더 나아가서 사실확정의 토대를 형성하는 팸플릿의 해석에 바탕이 된다고 생각했다.

하지만 연방헌법재판소는 이러한 지방법원의 출발점이 타당성을 결여했다고 반박했다. 연방헌법재판소는 팸플릿 내용의 의미가 어렵지 않게 'Y 씨는 폴란드인들의 말살에 이르렀던 폴란드에서의 나치 만행과 관련된 전체적으로 복합적인 사건들 가운데 한 부분에 해당하는 폴란드 농부들의 추방단계에 가담했었다'는 정도로 이해될 수 있다고 보았다. "그는 폴란드 점령기간 동안 나치 만행에 가담했다"는 문장은 폴란드인 총살에 관한 보도부분과 직접적인 관련을 맺고 있는 것이 아니라 진실로서 입증된 이주 작전에서의 가담에 관한 비난과 관련이 있다는 사실을 말하는 것이라고 판단했다. "이 일들(즉, 폴란드인들의 말살)"은 Y 씨의 눈 밑에서 발생했다는 사실도 문장의 원문에 따르면 Y 씨는 이를 알고 있었고, 어쩌면 그가 그 일에 동의했을지 모른다는 비난을 의미하는 것이지, 그가 말살행위에 직접 관여했다는 사실을 의미하지는 않는다고 보았다. 따라서 팸플릿의 전체 맥락에서 전적으로 하나의 의미를 끌어낼 수 있다면, 그런 점에서 팸플릿에서 공개된 명백한 원문을 도외시할 어떠한 이유도 존재하지 않는다고 분명히 밝혔다. 팸플릿이 비록 해석과정에서 어떤 숨겨진 주장의 확정을 배제하지는 않지만, 이러한 해석은 불가피하게 순수한 원문해석을 넘어서야만 하고, 따라서 이것은 텍스트에서 직접적으로 끌어낼 수 없는 또 다른 이유들과 기준들의 제시를 필요로 한다고 밝혔다. 그리고 이러한 관점과 기준들은 기본법 제5조 제1항 제1문과 일치되어야 한다고 밝혔다. 하지만 지방법원은 이를 오인했다고 비판했다.

지방법원은 효과적인 명예보호의 이익을 위해 넓은 해석이 요청된다고 생각했다. 이에 따라 적어도 의심스러울 경우에는 청구인이 숨겨진 사실주장을 제기했다는 쪽에 찬성하는 기준, 즉 청구인에게 불리한 기준을 적용하려 했다고 평가했다. 하지만 그러한 기준은 전적으로 의견자유의 제한으로서 획일적으로 명예보호에 초점을 맞추는 반면, 의견자유의 헌법적 보호는 완전히 무시하는 것이기 때문에 기본법 제5조와 일치하지 않는다고 비판했다. 비록 명예보호의 헌법상 보호가 부인되어서는 안 되지만, 의견자유권도 마찬가지로 개인의 명예권을 통해 단지 제한되기만 해서는 안 된다는 점이 요구된다고 밝혔다. 더욱이 팸플릿이 공공성과 본질적으로 관련된 문제에서 정신적 투쟁에 기여하는 것일수록 더욱 그러하며, 그에 따라 명예보호에 대한 일방적 강조는 기본법 제5조의 시각 아래서는 허용되지 않는다고 역설했다.

연방헌법재판소는 지방법원이 청구인의 팸플릿의 해석에서 동원한 두 번째 기준, "일시적인" 독자의 인상기준도 마찬가지라고 밝혔다. 이러한 기준이 기본법 제5조 앞에서 유지될 수 있는지 여부에 관해 지방법원은 전혀 판단하지 않았다고 비판했다. 왜냐하면 이러한 기준은 의견표현의 내용결정을 추상적이고 불분명하며 막연한 개념에 좌우되게 만들고, 따라서 의견표현으로서 보호되는 정보들에 관해 현실과 일치하지 않는 확정을 내리는 것을 허용하는 일종의 계략이나 술수가 될 수 있기 때문이라고 보았다. 어쨌든 기본법 제5조는 하나의 정보가 구체적으로 명백하게 정치적으로 관심 있고 사려 깊은 독자들을 향해 있을 때, 그 정보내용을 일종의 "일시적이고 유동적인 독자들의 기준"에 따라 결정하는 것을 금지한다고 판시했다. 이것은 해석 결과를 정당화하기에 적합하지 않은 방식일 뿐만 아니라 헌법상 보호되는 자유로운 의사소통 과정의 부당한 침해를 야기하게 될 것이라고 우려했다.

연방헌법재판소는 바로 이 사건이 그러한 경우라고 생각했다. 청구인은 자신의 팸플릿을 직접 발송했던 공적 생활의 인물들 대부분에 대해 "일시적인 독자들"로서 바라보지 않았고, 팸플릿은 그의 표제에 따르더라도 즉흥적이거나 일시적인 인상들을 일으키기에는 적합하지 않았다고 판단했다. 팸플릿은 두꺼운 활자제목도 헤드라인 또는 사진도 포함하지 않고 있었으며, 타자기로 매우 좁게 기술된 전체 텍스트 내에서도 무수한 개별사항들이 열거되었으며, 이러한 사실들이 Y 씨의 공격과 결합되어 있었다고 밝혔다. 이것이 바로 청구인에게는 독자들의 자세한 이해가 목적이었다는 사실을 보여주는 것이고, 그런 점에서 청구인이 "일시적인 독자"를 원했다거나 지방법원의 생각처럼 그렇게 이해되기를 기대했다는 결론은 전혀 이성적인 판단이 아니라고 비판했다. 따라서 이러한 부적절한 기준이 팸플릿의 해석을 위해 동원되어서는 안 된다면, 지방법원의 확정 역시 그런 점에서 기본법 제5조 제1항 제1문의 침해하에서 이뤄진 것이라고 밝혔다.

또한 판결에서는 지방법원의 해석결과를 받아들이기에 적합할 수 있는 또 다른 사정이 전혀 제시되지 않았으며, 지방법원은 일정한 독자층을 대상으로 하고 있던 팸플릿이 그들에 의해 어떻게 이해될 수 있었는지에 관해 어떠한 판단도 내리지 않았다고 꼬집었다. 따라서 지방법원을 통한 팸플릿의 해석은 기본법 제5조 제1항 제1문과 일치하는 않는 관점들과 기준들에 의해서만 지지되었기 때문에, 청구인이 진실로 입증된 사실주장을 넘어서서 Y 씨가 폴란드인들의 말살에 관여했다는 숨겨진 형태의 혐의를 표명했다는 확정은 정당화될 수 없다고 판시했다. 따라서 이러한 내용확정은 유죄판결의 바탕이 되어서는 안 된다고 결정했다.[8]

## 연방헌법재판소 1990년 4월 19일 자 결정
## - 1BvR 40/86, 42/86("슈트라우스 현수막"-결정)

### 사실관계

청구인들은 소위 반-슈트라우스-위원회 회원들이고, 이 위원회는 당시 바이에른 주수상 슈트라우스의 퇴출을 목표로 내건 단체였다. 슈트라우스가 1981년 6월 10일 레겐스부르크에서 약 300여 명의 시민들 앞에서 나무 심기를 하고 있었을 때, 약 30명의 반-슈트라우스-위원회 회원들과 맞닥뜨렸다. 시민들 가운데 청구인들은 거기에 모여서 "멈춰라, 슈트라우스! 나가라, 슈트라우스!"라고 외쳤다. 이때 두 명의 청구인들은 "슈트라우스는 파시스트를 비호한다!"라는 글귀가 적힌 현수막을 지니고 있었다. 청구인들 바로 옆에서 또 다른 시위자인 P 여인이 한 포스터를 들고 있었는데, 거기에는 "파시스트 친구 슈트라우스는 옥토버페스트 살인자 호프만을 보호한다!"라고 씌어있었다. 슈트라우스 주수상은 이 사건으로 인해 청구인들을 고소했고, 이어진 형사소송에 부대원고로 참가했다. 지방법원지원은 청구인들에게 모욕으로 인한 벌금형을 내렸고, 유죄판결의 공표 및 압수된 현수막의 폐기를 허용했다. 청구인들의 항소에 대해 지방법원은 일당 벌금액의 감액하에서 기각했다. 청구인들의 상고로 바이에른 상급법원은 항소판결을 파기하고, 사건을 새로운 심리와 판단을 위해 다른 형사재판부로 환송했다. 판결 이유에 대해 다음과 같이 판시했다:

> "슈트라우스는 파시스트를 비호한다"는 문장은 다양한 해석을 허용한다. 그 문장은 하나의 일반화된 주장 아니면 특정한 주장을 의미할 수 있고, 나아가 비난 혹은 경고를 의미할 수도 있다. 따라서 누군가 한 사람을 비호한다는 표현은 그가 다른 사람의 기본입장에 찬성한다는 주장을 표현한 것이 분명하다는 지방법원의 단정적 결론은 사고법칙상 적절하지도 않고, 경험에 따르더라도 입증되지 않는 것이다. 다른 사람을 "비호"하는 사람은 다양한 이유에서 그럴 수 있다. 그는 같은 신념을 지녔기 때문에 그것을 할 수도 있지만, 그는 다른 이유들에서 그것이 적절하고 유용하거나 바람직한 것으로 간주되기 때문에 그것을 할 수도 있다. 그 때문에 지방법원의 결론은 자신의 해석을 뒷받침하는 사정의 해명을 필요로 한다.

새로운 항소법원의 심리에서 지방법원은 항소를 기각했고, 일당 벌금액을 재차 감액했다. 판결 이유에 대해서는 다음과 같이 밝혔다:

> 청구인들은 형법 제185조의 모욕죄를 범했다. 그들의 표현은 객관적으로 슈트라우스가 파시스트 신념을 가졌기 때문에 마찬가지로 파시스트를 비호한다는 정도로 이해될 수 있다. 이것은 해당 공표가 행해졌던 특별한 사정들에서 추론된다. 시위는 반-슈트라우스-위원회에 의해 열렸고, 이 단체는 슈트라우스를 연방독일에서 파시스트 세력의 대표 지지자로 평가했다. 이 위원회는 자신의 회원들이 시위를 위해 이용하거나 제시할 수 있었을 다양한 포스터를 소지하고 있었다. 시위대는 집단적으로 등장해서 슈트라우스에 대한 적대적 신념을 말과 글로 표현했다. 청구인들의 바로 곁에 서 있었던 한 동료 시위자는 "파시스트 친구인 슈트라우스는 옥토버페스트 살인자 호프만을 보호한다!"라는 문구가 적힌 포스터를 들고 있었다. 이러한 사정은 청구인들이 객관적으로 슈트라우스 역시 파시스트 신념을 지니고 있다는 것을 표현한 것이라는 결론만을 허용한다.

이어서 바이에른 상급법원은 청구인의 상고를 명백히 이유 없다고 기각했다. 이 판결들에 대한 헌법소원은 성공했다.[9]

① 문제 된 표현의 잘못된 조사와 기본권 침해

연방헌법재판소는 지방법원과 바이에른 상급법원의 판결들은 기본법 제5조 제1항 제1문에 근거한 청구인들의 기본권을 침해했다고 결정했다.

형사소송에서도 마찬가지로 사실관계의 확정과 평가 및 일반법의 해석과 적용은 담당 법원의 책무이며, 연방헌법재판소는 헌법소원의 범위 내에서 단지 청구인의 기본권에 대한 위반 여부만을 심사할 수 있다고 밝혔다. 하지만 의견자유의 침해의 경우, 이러한 심사는 대상 판결이 원칙적으로 기본권의 의미에 관해 잘못된 견해, 특히 보호범위에 관해 잘못된 견해에 기초해서 오류를 나타내는지 여부의 문제로 제한되는 것이 아니라 오히려 대상 판결이 개별적으로 사실관계의 확정 및 평가 아울러 일반법의 해석과 적용에 있어서 헌법상 보장된 의견자유를 침해했는지 역시 심사해야 한다고 밝혔다.

표현불법행위에 있어서 하급심 법원의 사실관계의 확정은 이미 그러한 침해를 내포할 수 있으며, 이것은 특히 문자적 표현의 내용이 조사되어야 할 때, 그 표현의 원문내용에서는 생겨나지 않거나 충분할 정도로 명료하게 생겨나지 않는 해석이 주어질 경우에 그러하다고 설명했다. 한 표현의 내용은 해석을 통해서 조사되어야 하며, 하나의 표현이 의견형성 절차에 대한 영향을 목적으로 한다면, 법원이 해석 시에 동원하는 관점들과 기준들은 기본법 제5조 제1항과 일치해야 한다고 강조했다. 그런 점에 대한 사실관계 확정의 헌법적 심사는 그 밖의 사실관계 확정이 통상 관할법원의 확정에 구속된다는 사정들과 모순되는 것이 아니라고 밝혔다.

이러한 식의 집중적 통제는 가령 하나의 표현이 각급 법원에 의해 잘못된 사실주장으로 분류될 경우 반드시 필요한 것으로 간주되는데, 이는 표현주체가 이러한 분류로 인해 의견자유 기본권의 행사를 광범위하게 상실하기 때문이라고 보았다. 하나의 표현을 형식적 모욕으로 분류하는 것도 마찬가지인데, 그러한 표현 역시 기본법의 보호를 누리지 못하기 때문이라고 밝혔다. 나아가 담당 법원이 하나의 표현을 비방적 비판으로 분류할 경우에도 헌법상 심사가 행해져야 하며, 비방적 비판은 형식적 모욕과는 달리 비록 처음부터 기본법 제5조 제1항 제1문의 보호범위에서 탈락하지는 않지만, 명예보호와 의견표현자유 사이의 형량에 있어서 통상 의견자유가 명예보호 뒤로 물러나야 한다고 밝혔다. 결국 각급 법원이 행한 표현의 의미조사 역시 헌법심사에 열려 있다고 확정했다. 왜냐하면 이러한 조사는 사실주장 혹은 의견표현, 형식적 모욕 혹은 비방적 비판으로서의 법적 성격 결정을 위한 토대를 이루기 때문이라고 밝혔다.

이러한 모든 사건 정황하에서 연방헌법재판소는 표현의 분류를 통한 기본권보호의 사정거리와 비중을 선결함에 있어서 자유로운 정신투쟁이 지나치게 제한되지 않도록 주의해야 한다고 역설했다. 이것은 공공성과 본질적으로 관계된 문제에서의 의견형성 기여에 관한 것일 때 특히 그러하다고 강조했다. 이때 당사자에게 그가 하지 않은 어떠한 표현도 그에게 책임을 지워서는 안 된다는 점만 유의해서는 안 된다고 밝혔다. 오히려 표현의 의미가 개인의 인격발현과 정치적 생활에의 참여를 위해 아울러 사회에서의 자유로운 의사소통을 위해서도 의견표현의 의미에 모순되는 방식으로 조사되지 않았다는 점을 입증하는 것 역시 중요하다고 설명했다.[10]

② 표현의 해석 가능성에 관한 법원의 이유제시 의무

이에 따라 연방헌법재판소는 형사법원이 슈트라우스는 파시스트 신념을 지녔다는 내용의 표현을 더 이상 정당한 이익을 통해 보호되지 않고, 따라서 당사자의 인격권 뒤로 후퇴해야 하는 비방적 비판으로 간주한 것은 헌법상 문제 될 수 없다고 인정했다. 그와 달리 형사법원이 이러한 내용의 표현을 청구인이 공표했다는 전제에 도달한 것이 기본법 제5조 제1항 제1문의 위반에 해당한다고 밝혔다. 바이에른 상급법원이 첫 번째 항소판결에서 정당하게 서술한 바와 같이 "슈트라우스는 파시스트를 비호한다"는 현수막 문구는 다양한 해석이 가능하고, 이것은 당사자가 스스로 파시스트에 동조하기 때문에 주장된 방식으로 처신했다는 점을 의미할 수도 있지만, 반대로 이러한 의미로 이해되어야 할 필요 없이 하나의 다른 내용 역시 가질 수 있다고 생각했다. 형사법원이 여러 가지 해석 가능성하에서 형사처벌에 이르는 해석으로 결정하고자 한다면, 법원은 이를 위해 본문에서는 끌어낼 수 없는 특별한 이유들을 제시해야 한다고 요구했다.

물론 이러한 성격의 이유들은 표현이 행해진 사정들에서도 생겨날 수 있다고 인정했다. 하지만 기본법 제5조 제1항 제1문은 모든 사람에게 자신의 의견을 자유로이 표현할 권리를 부여했기 때문에, 이러한 권리를 행사하는 그런 사람에게 귀속될 수 있는 사정인지가 중요하다고 보았다. 그와 관련해서 우선, 표현주체가 전혀 알지 못하는 그런 사정들은 귀속 가능성이 없다고 보았다. 하지만 그가 아는 사정 역시 그의 의견자유의 축소 없이 그 사정을 구체적으로 명백하게 자신의 표현내용에 포함시킬 수 있을 때에만 그에게 귀속될 수 있다고 판시했다. 따라서 이전의 자신의 공표는 문제 된 표현과 명확한 관련성이 있을 경우에만 고려되고, 제3자의 표현도 전체 진술의 일부로 주장 공표되거나 표현주체로부터 명백히 지지된 경우에만 고려될 수 있다고 보았다. 단순한 시간적, 공간적 근접 그 자체만으로는 충분치 않으며, 다양한 의견주체들 사이의 조직적 관련성 역시 마찬가지라고 생각했다. 왜냐하면 조직적인 상호협력 작용 나아가 단순한 근접상황에서도 전적으로 다양한 혹은 차등화된 의견공표가 기도될 수 있기 때문이라고 보았다. 그렇지 않다면, 한 개인은 그가 하지 않고 제3자가 공표한 의견으로 인해 혹은 비록 그가 마음속에 지녔거나 예전에 표현했을 수도 있는, 하지만 구체적으로 현재 공표하지는 않은 그런 의견으로 인해 자신의 의견표현의 자유가 제한되는 결과가 발생하게 될 것이라고 우려했다. 이러한 방식은 기본법 제5조 제2항에서 허용된 정도를 넘어서서 개인의 자유만을 제한하는 것에 끝나지 않는다고 생각했다. 모든 공개발언자가 다른 옆에 있는 사람들의 표현 혹은 그가 속한 그룹의 주장 역시 자신의 책임으로 전가될지 모른다고 생각할 때, 바로 여론형

성 과정의 붕괴가 일어날 수 있다고 경고했다.[11]

③ 사건판단

지방법원은 청구인들의 표현해석을 청구인들이 반-슈트라우스-위원회에 소속되어 있고, 슈트라우스 주수상을 연방독일의 파시스트 세력의 대표지지자라고 간주한이 단체의 다른 구성원들과 함께 등장했다는 사실에서 근거로 삼았다. 다른 한편 지방법원은 청구인들에 의해 게시된 현수막의 의미조사를 위해서 바로 옆에서 게시되었던 또 다른 시위자의 현수막 문구에 의지해서 마치 두 개의 문구들로 조합된 표현을 청구인들이 공표한 것으로 간주했다. 하지만 연방헌법재판소는 이러한 두 현수막의 참조하에 이뤄진 평가는 의견자유권과 일치하지 않는다고 판단했다. 형법 제185조의 규정은 한 사람의 무시나 경멸의 공표에 대한 제재와 관련되고, 누군가 비록 마음속에 지녔을지는 모르지만 실제 표현되지 않은 그런 멸시나 경멸의 감정은 평가저하적 표현으로 인한 형사처벌의 대상이 될 수 없다고 보았다.

연방헌법재판소는 청구인 바로 근처에서 보였던 현수막 문구와 관련해 지방법원은 현수막이 반-슈트라우스-위원회에 의해 제작되었고, 전시를 위해 준비되었다는 확정에만 그쳤다고 비판했다. 그에 반해 지방법원은 청구인이 다른 시위자 P의 현수막 내용 역시 주변 사람들에게 명확하게 자신의 것으로 삼기를 원했다는 것에 관한 어떠한 판단도 하지 않았다고 질타했다.[12]

## 연방헌법재판소 1992년 6월 9일 자 결정 - 1BvR 824/90

### 사실관계

헌법소원은 공소시효 만료 이후에도 독자적인 절차를 통해 인쇄책자의 압수가 유지된 형사판결과 관련되었다. 이 사건에서 문제 된 청구인의 인쇄책자는 토론토에서 진행되었던 형사재판에 관한 논평 성격의 리포트였고, 이 리포트는 주로 증인진술의 인용으로 이루어져 있으며, 형사소송에서 증인진술은 제3제국에서 유대인 학살의 부정을 다루는 것이었다. 청구인의 헌법소원은 충분한 성공 가능성 부족으로 받아들여지지 않았다.[13]

① 표현의 의미 해석원칙과 입증된 허위사실의 헌법적 의미

연방헌법재판소는 형사소송에서도 마찬가지로 사실관계의 확정과 평가 및 일반법의 해석과 적용은 담당 법원의 책무라도 밝혔다. 연방헌법재판소는 헌법소원의 범위 내에서 단지 청구인의 기본권이 제한되었는지 여부에 관해서만 심사할 수 있다고 선을 그었다. 하지만 담당 법원의 판결이 표현과 관련될 경우에는 이러한 심사는 일반법의 해석과 적용이 원칙적으로 기본권 의미의 오해로 인해, 특히 그의 보호범위에 대한 잘못된 견해에 기인해 오류를 나타내는지의 문제로 국한되지 않는다고 밝혔다. 오히려 객관적 헌법 위반의 한계는 법원을 통한 부적절한 보호대상 표현의 이해와 평가에서 이미 생겨날 수 있다고 지적했다. 법원이 실제로 행해지지 않은 표현을 자신의 판단 기초로 삼을 경우, 법원이 확정된 본문내용에 따르면 객관적으로 가지지 않은 의미를 표현에 부여할 경우 혹은 법원이 여러 해석 가능성 가운데 유죄판결에 이르는 해석을 다른 설득력 있는 이유들의 제시하에서 배제하는 작업 없이 그대로 결정할 경우, 기본권 효력이 부정되는 결과가 발생한다고 밝혔다. 나아가 법원이 하나의 표현을 부적절하게 사실주장, 형식적 모욕 혹은 비방적 비판으로 분류해서 그것이 모욕적이거나 비방적 성격 없는 가치평가와 동일한 정도의 보호를 누릴 수 없는 결과가 발생했을 때, 의견자유의 의미와 사정거리는 부인된다고 설명했다.

연방헌법재판소는 이에 따라 대상 판결은 청구인에 의해 주장된 기본법 제5조 제1항 제1문의 위반이 인정될 수 없다고 밝혔다. 공공성과 본질적으로 관련된 문제에서 정신적 의견투쟁에 기여하는 경우에는 자유로운 의견의 추정이 보장되지만, 사실주장에 있어서는 동일한 정도로 보장되지는 않는다고 제한했다. 사실의 전달은 정신적 논쟁의 범위 내에서 입장표명, 견해, 의견의 요소가 없기 때문에 엄격한 의미에서 어

떠한 "의견"도 아니라고 평가했다. 다만, 사실전달은 기본법 제5조 제1항이 전체적으로 보장하는 의견형성의 전제범위 내에서 의견자유권을 통해 보호될 수 있다고 밝혔다. 그에 반해 헌법에 따라 보장된 의견형성에 기여할 수 없는 것은 보호되지 않고, 특히 입증된 허위사실주장이나 의도적인 허위사실주장은 보호되지 않는다고 분명히 했다. 독자적인 의견표현과는 달리 사실주장의 헌법상 보호를 위해서는 전달사실의 진실성이 중요할 수 있으며, 그에 따라 자유로운 의견의 허용성을 위한 추정 원칙은 사실주장에 있어서는 단지 제한적으로 적용된다고 판시했다.[14]

② 사건판단

이에 따라 연방헌법재판소는 대상 판결에 어떠한 헌법상 우려도 생기지 않는다고 판단했다. 비록 상급법원이 인쇄책자의 내용에 대해 기본법 제5조 제1항의 보호를 누리는지에 관한 문제를 직접 다루지는 않았지만, 인쇄책자의 내용이 의견자유의 보호대상임에도 불구하고 이러한 보호의 오해에 근거했을 경우에는 기본권 침해가 인정될 것이라고 보았다. 하지만 이 사건은 그러한 경우가 아니라고 판단했다. 상급법원은 인쇄책자의 내용을 유대인 절멸의 부정으로 해석하고 그 점에서 명예훼손 성격을 가진 입증된 허위사실을 인정했는데, 이는 헌법위반이 아니라고 평가했다.

아울러 상급법원은 청구인의 주장, 즉 자신은 체계적인 유대인 절멸이 있었는지의 문제를 다룬 것이 아니라 그와 함께 아우슈비츠, 마자넥 그리고 비르켄바우에서 "이른바 수백만 명"의 사람들이 소각을 통해 흔적도 없이 제거될 수 있었는지 여부의 문제를 다룬 것이라는 반박주장을 헌법위반 없이 설득력 있는 이유와 함께 배제했다고 인정했다. 상급법원에 의해 제시된 실제 사정들(증인진술과 사실관계진술의 일방적인 강조와 평가; 유대인 학살을 부인하는 입장의 부각; 고소인의 증거에 대한 평가저하적 묘사; 큰 고딕체로 제3세계에서 유대인의 학살 부인을 포함하는 추론결과의 강조)을 고려하면, 전범소송 진행과정에서 밝혀진 기록들이나 확립된 역사적 연구결과와는 상이한 자신의 독자적 역사관의 표방이었다는 청구인 주장은 단지 피상적인 변명에 불과하고, 실제로 청구인에게는 제3제국에서 있었던 유대민족의 체계적 대량학살을 부인하는 것이 본질적으로 중요했다는 납득 가능한 판단근거가 드러난다고 밝혔다.

이러한 이해를 바탕으로 상급법원은 허위의 사실주장을 발견했다고 평가했다. 즉, 제3제국에서 유대인학살은 역사적으로 확고한 사실로 간주되기 때문에, 이를 부정하는 것은 분명한 허위사실주장에 해당한다고 판단했다. 연방헌법재판소는 이러한 상급법원의 견해가 의견자유를 정당화할 수 없는 방식으로 제한하는 기준에 따른 것이 아니라고 인정했다. 상급법원에 따르면, 청구인의 주장은 확고한 역사적 연구와 상이한 역사적 관점의 서술이 아니라, 유대인 절멸부정이라는 입증된 사실의 부정이 주된 것이었으며, 이러한 사실이 유죄판결의 중요한 이유였다고 평가했다. 상급법원이 생각한 바와 같이 유대민족의 대량학살이 입증된 사실이라는 전제는 수많은 확인사실들 그리고 법원의 소송을 통해서 마찬가지로 내려진 확정사실들을 고려하면, 전혀 의심되지 않는다고 밝혔다. 따라서 청구인의 서술은 입증된 허위의 사실주장으로서 기본법 제5조 제1항 제1문에서 제외되는 것이 당연하다고 보았다.[15]

한편, 청구인의 표현이 형법 제185조의 구성요건을 충족하고 공소시효만료 효력이 생기지 않았다면, 모욕죄 유죄판결에 이르렀을 것이라는 상급법원의 판단은 연방헌법재판소가 판단 여지를 가질 수 없는 일반법의 해석과 적용문제라고 생각했다. 그런 점에서 연방헌법재판소는 상급법원이 우선 박해를 통해 부각된 유대인들의 운명을 부정했다는 사실만으로 아직은 쉽사리 일반적 인격권 침해를 나타내지는 않는다고 생각했던 출발점은 적절했다고 인정했다. 하지만 연방대법원의 판례(NJW1980, 45)의 원용하에서 이러한 인격권 침해가 비록 제3제국에서 있었던 유대인의 인종학살의 부정과 그를 통해 야기된, 정상적 기준들을 통해서는 이해될 수 없는 유대인들의 운명에 단순 적용될 수는 없을지라도, 현재 살고 있는 유대인들에게 자신들 민족의 비인간적 운명에 근거하고, 자신들의 존엄성의 일부라고 할 수 있는 동료들 측으로부터 인정되어야 할 특별한 존중청구권이 귀속될 수 있다고 인정한 것은 헌법상 문제 되지 않는다고 평가했다. 아울러 제3제국에서의 유대인 민족에 대한 인종학살의 부정과 모든 개개 유대인의 명예와 인간존엄의 침해 사이에 법적 논리귀결 역시 문제 되지 않는다고 판단했다. 따라서 이러한 특별한 존중청구권은 기본법 제1조 제1항과 제2조 제1항을 통해 보호되어야 하는 현재 살아 있는 유대인들의 개인적 존엄성의 일부라는 법적 평가 역시 마찬가지로 유효하다고 결정했다.[16]

## 연방헌법재판소 1994년 8월 25일 자 결정
### - 1BvR 1423/923("군인들은 살인자다"-결정Ⅰ)

### 사실관계

헌법소원은 국민선동 및 모욕으로 인한 형사법원의 유죄판결과 관련되었다. 청구인은 사회교육자 자격증을 가지고 있으며, 승인된 병역기피자였다. 그는 1991년 걸프전 당시 자신의 차량에 "군인들은 살인자다"라는 문구가 적힌 스티커를 부착하고 다녔다. "군인들(Soldaten)"이라는 단어 중 "t"는 갈고리로 단순 표시했다. 이 문장 아래에는 "쿠어트 투홀스키"라는 중간제목의 포스터가 인용되었다. 이 포스터 옆에 두 개의 다른 포스터도 있었는데, 하나는 "검에서 쟁기로"라는 글귀, 그리고 다른 하나는 총탄을 맞은 군인 모습과 함께 "왜"라는 문구가 적혀 있었다. 이 사진은 스페인 내전 당시 촬영한 사진작가 파카의 사진을 바탕으로 하는 것이었다.

1심 법원은 청구인에게 국민선동죄(형법 제130조)를 근거로 일당 70마르크의 120일 치 벌금형을 내렸고, 2심 법원인 지방법원은 청구인의 항소를 기각했다. 아울러 현역 연방방위군 군인들의 모욕죄도 인정했다. 상급법원은 청구인의 상고가 이유 없다고 기각했다. 청구인의 헌법소원으로 연방헌법재판소는 형사법원들의 유죄판결은 기본권 제5조 제1항 제1문을 침해한다고 결정했다.[17]

① 표현에 존재하지 않는 의미를 법원이 인정하는 경우 혹은 다의적 표현의 경우

연방헌법재판소는 의견자유 기본권은 모든 사람에게 자신의 의견을 자유로이 표현할 권리를 보장한다고 밝혔다. 모든 사람은 자신의 판단에 대해 어떠한 검증 가능한 이유를 제시하지 않았거나 제시할 수 없을지라도 자신이 생각한 것을 자유롭게 말할 수 있어야 한다고 피력했다. 기본법 제5조 제1항 제1문은 의견자유를 자신과 밀접하게 결부되어 있는 개인의 인격 발현에서뿐만 아니라 의견자유가 근본적 의미를 가지는 민주적 의사과정의 이익을 위해서도 보호한다고 설명했다. 신랄하고 과장된 비판 역시 기본권 보호로부터 벗어나지 않으며, 가치평가는 오히려 가치의 존재 유무, 옳고 그름, 감정적 혹은 이성적 문제와는 상관없이 항상 기본법 제5조 제1항에 의해 보호된다고 확언했다.

의견자유권이 물론 예외 없이 보장되는 것은 아니지만, 공공성과 본질적으로 관련된 문제들에서 의견투쟁에 기여하는 때에는 자유로운 의견의 허용성을 위한 추정이 보장된다고 밝혔다.

하지만 하나의 표현이 기본법 제5조 제1항의 보호를 누리는지 그리고 기본법 제5조 제2항에 규정된 일반법의 구성요건표지를 충족하는지의 확정 및 그 이후 필수적인 개별적 사정의 고려하에서의 형량은 그 표현의 의미내용이 적절하게 파악되었는지를 전제로 한다고 역설했다. 그러므로 기본법 제5조 제1항 제1문은 의견을 제한하는 법률의 해석과 적용에 관해서뿐만 아니라 표현 그 자체의 이해와 평가에 관해서도 기본권 기준적용을 요청한다고 밝혔다. 그렇지 않으면 의견자유의 효과적 보호는 보장되지 않을 것이라고 우려했다. 그럼에도 기본법 제5조 제1항 제1문에 대한 위반은 하나의 표현이 실수로 기본권 보호로부터 배제되는 경우 혹은 규범의 해석과 적용에 있어서 기본권이 충분하게 고려되지 않은 경우에만 존재하는 것은 아니라고 생각했다. 오히려 표현으로 인한 유죄판결은 법원이 표현에서 끌어내서 유죄판결의 바탕으로 삼은 의미가 실제로는 존재하지 않거나, 다의적 표현의 경우에 유죄판결에 이르는 해석을 다른 해석 가능성을 설득력 있는 이유와 함께 제외하는 작업 없이 자

신의 판결의 바탕으로 삼은 때, 바로 기본법 제5조 제1항 제1문의 위반이 존재한다고 보았다. 아울러 여론형성을 위해 사용된 법개념들이 쉽사리 전문-기술적 법률용어의 의미에서 이해되어서는 안 된다는 사실 역시 이러한 경우에 속한다고 예시하면서, 오히려 하나의 일상언어적 개념사용이 존재하는지 아니면 전문적 언어사용이 존재하는지 여부는 구체적 사정들에서 판단되어야 한다고 밝혔다.[18]

   ② 사건판단

   연방헌법재판소는 이러한 원칙들에 따라 대상 판결들이 더 이상 유지되지 않는다고 밝혔다. 형사법원들은 포스터에 포함된 진술을 해석하는 과정에서 이성적인 평가를 할 경우 그 진술이 가질 수 없는 의미해석을 유죄판결의 바탕으로 삼았다고 질타했다. 하급심 법원들은 만장일치로 연방방위군의 군인들이 포스터의 표현들로 인해 최고의 중대범죄를 저지른 저급한 사회구성원으로 낙인찍혔다고 생각했다. 즉, 해당 판결은 문제의 표현을 형법 제211조에 따른 살인행위자에 포섭시킨 것으로 해석해서, 연방방위군 군인의 행위는 형법상 최고형에 처해져야 하는 "살인자"의 행위라는 법개념 이해를 바탕으로 삼았다고 비판했다. 하지만 대상 판결들은 어째서 이성적인 포스터 독자들이 이 진술들을 그러한 전문적인 형법상 의미로 이해해야 하는지에 관해 어떠한 근거도 제시하지 않았다고 비난했다. 일상어에서 "살인" 혹은 "살인자"라는 개념은 법적 관점에 맞춰지지 않은 비전문적 용어사용이 전적으로 일반적이고, 이에 따라 "살인"이라는 개념은 인간의 모든 살해행위, 즉 정당성이 없는 것으로 평가되기 때문에 비난받아야 할 인간의 모든 살육행위를 뜻하는 그런 개념으로 이해될 수 있다고 보았다. 형사법원은 이 표현이 일상어적 의미에서 해석될 수 있고, 이러한 의미는 형법 제211조의 살해표지의 실현하에 고의의 살해행위의 죄를 범한 범죄자들과의 동일시를 내포하는 것이 아니라 군인직업은 전시에 인간의 살해와 결부되어 있으므로 정당화할 수 없는 것으로 여겨진다는 정도의 이해가 가능하다는 사실을 고려하지 않았다고 비판했다.

나아가 법원들은 투홀스키-포스터의 의미조사에 있어서 그 진술들이 놓여 있는 전체적 맥락을 충분하게 고려하지 않았다고 질책했다. 지방법원은 포스터 "왜?"의 의미를 충분히 평가하지 않았다고 지적했다. 지방법원은 이것이 자신의 무기를 내던져 버리는 군인의 행동에 "왜?"라는 의문사를 붙인 것이라고 생각했다. 그리고 이러한 해석에서는 "왜?"라는 질문이 내팽개쳐진 총과 관련될 수밖에 없다고 보았다. 하지만 연방헌법재판소는 포스터가 치명적인 총상을 입는 순간에 총을 떨어뜨리는 군인을 나타내는 것이라는 해석 역시 가능하다고 판단했다. 이러한 사정하에서 "왜?"라는 질문은 묘사된 군인의 죽음의 의미에 대해 묻는 것으로 해석될 수 있다고 판단했다. 그것은 지방법원이 생각한 것처럼 단지 임의의 "평화주의 방식"의 포스터가 아니라 상징적으로 전쟁분쟁의 희생자로서 군인을 나타낸 것이자 군인의 죽음의 의미가 갖는 문제를 전쟁 속에서 제기한 포스터로 이해함으로써 지방법원과는 다른 시각에서도 이해 가능한 사진진술이라고 평가했다.

나아가 1심 법원은 문제 된 표현이 객관적으로 가지지 않은 의미를 부여했다고 비난했다. 해당 법원은 청구인이 포스터의 사용을 통해 연방방위군 소속원에게 살인죄를 덮어 씌었다고 간주함으로써 국민선동죄의 유죄판결을 정당화했지만, 이성적인 평가를 할 경우에 그러한 의미는 포스터에 포함된 진술들에 인정되지 않는다고 꼬집었다. 연방방위군 군인들에게 살인죄를 적용하는 해당 법원의 해석은 이 진술의 사실주장의 성격을 전제할 수밖에 없다고 인정했다. 왜냐하면 살인자의 살인이란 단지 과거 시점에만 저질러진 것을 의미하기 때문이라고 이유를 댔다. 하지만 이성적인 독자는 그 글귀를 사실주장적인 의미에서 1991년 걸프전쟁으로 이해하지는 않는다고 반박했다. 오히려 평균적인 독자들은 연방방위군이 군 창설 이래 무장분쟁에 관여한 적이 한 번도 없고, 어느 누구도 연방방위군 군인들을 통해 전쟁분쟁 속에서 살해된 적이 없다는 사실을 너무나 잘 알고 있다고 지적했다. 따라서 평균 독자가 투홀스키 포스터를 연방방위군 군인들이 살인행위로 지탄받아야 한다는 의미로 이해할 수 있다는 견해는 대체로 받아들일 수 없다고 밝혔다.

결국 연방헌법재판소는 지방법원의 판결이 청구인에게 연방방위군 군인들의 모욕으로 인한 유죄판결을 내림에 있어서 해당 표현이 유죄판결에 이르지 않을 수 있는 해석을 고려하지 않았기 때문에 기본법 제5조 제1항 제1문을 위반했다고 생각했다. 지방법원은 문제의 표현이 명백히 연방방위군을 의미했기 때문에 처벌할 수 없는 집단모욕이 아니라는 사실과 함께 유죄판결을 정당화하는 관점으로만 제한해서 판시했다고 비판했다. 하나의 표현이 일반적으로 군인들 혹은 모든 군인들로 조준되었다면, 그 군인들이 세상의 모든 군대의 군인들인지 아니면 단지 공격된 집단으로서 연방방위군의 군인들로 국한될 수 있는지에 관해 이유를 제시했어야 했다고 꼬집었다. 연방헌법재판소는 조사된 표현의 의미를 바탕으로 비로소 하나의 표현이 일반적으로 전쟁에서 행해지는 살인에 대한 신랄한 비판인지 아니면 연방방위군의 군인들에 대한 경멸의 표현을 내포하고 있는 반면 다른 군인들은 이로부터 제외되어야 하는지 여부가 규명될 수 있었다고 생각했다. 물론 개별적인 특별한 사정들로부터 하나의 표현이 그의 일반적인 표현형식에도 불구하고 특정한 인물범주를 지칭했다는 사실이 생겨날 수도 있다고 인정했다. 하지만 지방법원은 그러한 사정들을 제시하지 않았다고 비판했다. 결국 지방법원은 해당 표현의 유죄인정을 단지 "군인들"이라는 개념이 연방방위군의 군인들 역시 함께 포함한다는 논리적 추론에서만 도출했다고 질책했다. 이것도 비록 적절하기는 하지만, 무엇보다 포스터 위에 게재된 문필가 쿠어트 투홀스키의 인용 형태로 진술이 표시되어 있었기 때문에, 어째서 이 표현이 바로 연방방위군의 군인들에 대해 조준되어야 하는지 이유를 설명하기에는 적절하지 않다고 평가했다. 따라서 대상 판결들은 문제 된 표현의 해석에 있어서 기본법상 기준들을 충분히 고려하지 않았다고 결론지었다.[19]

## Ⅲ. 규범의 해석

하나의 표현이 언론법상 허용되는지 여부의 판단을 위해서는 표현의 해석단계에 이어 규범의 해석과 적용단계를 거치게 된다. 이러한 점에서 관련기준은 연방헌법재판소의 "뤼트" 판결[20]을 준거로 삼게 된다. 앞서 본 바와 같이 "뤼트" 판결은 기본권을 제한하는 법률들의 해석과 적용에 있어서는 재차 우위의 기본권을 고려해야 한다는 원칙을 천명한 바 있다. 이 때문에 법률의 해석과 적용단계에서 다시 한번 기본권과 제한법률이 목표로 하는 법적 보호이익 사이의 형량이 행해지게 된다. 이러한 형량은 바로 충돌하는 법적 지위들이 관철되는 하나의 장이며, 충돌하는 법익들의 비례적 자리매김이자 과도한 기본권 침해의 회피라는 목적에 기여하게 된다. 이때 규범해석과 규범적용은 규범해석이 규범 그 자체와 관련된 것인 데 반해, 규범적용은 구체적 사정과 관련된 것이라는 점에서 구별된다.[21]

물론 의견자유권에 관한 판례들의 주안점은 대체로 규범적용의 심사에 놓여 있게 된다. 우선 연방헌법재판소는 무엇보다 규범해석영역 차원에서 볼 때, 개인의 인격발현 및 공공성과 본질적으로 관련된 문제에서 정신적 의견투쟁에 기여하는 역할을 지닌 의견자유의 근본적 의미를 '자유로운 의견자유의 이익추정'을 정당화한 "뤼트" 판결에서 찾았다. 이로부터 관련 법률해석이 공적 비판의 허용에 관해 혹은 사실보도에 관한 주의의무에 대해 과도한 요청을 요구하는 것은 기본법 제5조 제1항에 배치된다는 결론이 도출된다.

물론 이때에는 주의의무에 방점이 놓이는 것이 아니라 과도성이라는 부분에 초점이 맞춰진다. 연방헌법재판소는 명예보호의 불가피성에서 진실이나 주의의무의 정당화를 결코 무시하지 않는다. 따라서 추정원칙의 목표는 모욕적인 비방이나 허위 사실주장의 허용이나 유지에 있는 것이 아니라는 점은 분명하다. 오히려 진실의 불확실성과 해명 필요성 그리고 실수의 불가항력 및 의견대립과 이익대립의 정당성을 고려한다면, 공적으로 관심 있는 문제들의 토론이 제재의 위협 때문에 중단되거나 제한되어서는 안 된다는 사실이다. 예컨대, 평가적 표현의 허용성을 비판적인 평가의 판단을 가능하게 하는 근거사실이 독자들에게 전달되어야 한다는 조건에 얽매이게 할 때에는 바로 이러한 과도한 요청이 존재할 수 있다. 결론적으로 의견표현권의 영향력을 고려하도록 개방되어 있고, 따라서 그의 해석에서 여론형성의 관점이 특별한 역할을 해야 하는 법률규정으로서 형법 제193조(정당한 이익의 대변)의 해석이 중요하게 된다.[22]

## Ⅳ. 규범의 적용

언론분쟁을 다루는 상당수의 연방헌법재판소 결정들은 대체로 개별적인 법률적용단계에서 문제 된 사안들을 취급하는 것이 통상적이다. 연방헌법재판소는 이때 결코 예단을 가지고 결정을 내리지 않는다. 오히려 적용되어야 할 법의 규정범위 내에 존재하는 충돌이익들 사이에서 구체적 사정을 고려한 형량을 요구한다. 이때 충돌하는 법적 지위들 어느 쪽에도 일방적인 우위가 인정되지는 않는다. 그런 점에서 기본법 제5조 제1항 제1문은 결코 다른 기본권들 가운데 특별한 지위를 차지하지는 않고, 이는 개인의 명예권 역시 마찬가지이다. 아울러 인격권은 헌법판례에서 매우 커다란 중요성을 가지지만, 이 역시 어떠한 예외적 지위도 누리지 않는다. 따라서 연방헌법재판소는 의견자유와 명예보호 사이의 충돌에 있어서 헌법적 차원 그 자체에서 곧바로 명예보호를 위해 손을 들어주어야 한다는 견해에도 역시 동의하지 않는다.

개인의 명예는 기본법상 명문규정은 아니지만 기본법 제2조 제1항(일반적 인격권)에 근거해서 보호를 받을 수 있고, 동시에 기본법 제5조 제2항에 의견자유의 제한을 위한 법적 근거로서 직접 규정되어 있다. 하지만 헌법상 기본법 제5조 제2항에 직접 규정되었다는 이유로 기본권의 일반적 체계를 깨뜨리지는 않는다. 그것은 입법자에게 기본권의 제한을 위한 권한을 부여하는 것이지, 그 자체로 의견자유권에 대한 제한권한을 직접 부여한 것이 아니다. 오히려 입법형성을 통한 하나의 구체적 법률을 항상 필요로 하게 된다. 그리고 이러한 법률은 모든 기본권제한 법률과 마찬가지로 기본권의 가치설정적 의미가 법적용 분야에서도 마찬가지로 훼손되지 않기 위하여 제한되는 기본권에 비추어 재차 해석되고 적용되어야 한다(소위 '상호작용이론'). 이를 위해서 이제까지 축적되어 온 연방헌법재판소의 판례들은 사례별로 세분화된 결과에 도달할 수 있고, 사정을 고려해야 하는 형량의 불확실성을 제거할 수 있는 하나의 체계적 구조를 형성해 왔다.[23]

이에 따르면, 이미 보호영역 단계에서 논해졌던 가치평가와 사실주장 사이의 중요한 구분이 형량영역 차원으로 재차 환류되어야 한다. 다만, 형량영역에서의 이러한 구분은 앞선 보호영역에서와 마찬가지로 동일하게 평가되지는 않는다. 앞서 살펴본 바와 같이 가치평가는 발언자와 그의 진술 사이의 주관적 관계를 통해서 부각되고, 사실주장은 진술과 그의 현실 사이의 객관적 관계를 통해 부각된다. 따라서 수신인은 가치평가를 발언자 개인의 주관적 의견으로 인식하고 그와 거리를 두게 된다. 그 결과 자신의 평가자유를 그대로 간직하게 된다. 반면에 사실주장은 발언주체의 주장과는 관계없는 객관적 사실을 제시하기 때문에, 수신인에게는 사실주장과 거리를 두는 것이 어렵게 된다. 따라서 수신인은 스스로 더 나은 지식을 가지고 있지 않는 한, 그대로 사실주장을 수용할 수밖에 없는 상황에 빠지게 된다. 그런 점에서 사실주장은 통상 충돌하는 법익들에 대해 보다 높은 위험성을 간직하게 되고, 그에 따라 결과적으로 상대방의 보호 필요성이 높아지게 된다.

## 1. 사실주장

이로부터 기본법 제5조 제1항 제1문의 의견자유권은 통상 진실인 사실주장의 경우에만 충돌하는 법익들에 대해 우위를 주장할 수 있다는 결론이 도출된다. 다만, 유의할 것은 진실한 사실주장의 경우일지라도 제3자의 내밀영역에 관한 보도나 신뢰영역을 위반한 정보의 전파는 공적 관심사의 영역에서조차 의견자유가 후퇴하게 된다는 점이다.

이에 반해 일단 의견자유의 보호영역에는 포함되었음에도 불구하고 다른 사람의 명예를 훼손하거나 그 밖에 손해를 가하는 허위의 사실주장은 원칙적으로 감수될 필요가 없다. 이 경우 충돌하는 법익들, 즉 인격권보호와 명예보호는 원칙적으로 우위를 차지하게 된다. 그럼에도 유념해야 할 사실은 진실성의무와 주의의무가 과도하게 늘어나서는 안 된다는 점이다. 따라서 경미한 오류는 전체 진술이 적절한 경우에는 사소한 것으로 간주되어야 한다.[24]

허위주장에 대한 제재가 이미 발생한 과거의 표현을 대상으로 하는 것인지 아니면 계속적 전파에 관한 장래의 표현을 대상으로 하는 것인지 여부도 중요한 차이를 만들 수 있다. 계속적 전파에서는 현재 허위로 입증된 주장의 경우 어떠한 정당한 이익도 존재하지 않으므로 반복위험의 인정하에 금지소송이 대부분 성공하지만, 반면에 이미 발생한 허위주장에 대한 형벌이나 동일한 수준의 제재는 주의의무를 준수한 이상 고려되지 않는 것이 통상적이다.

나아가 사실주장이 진실인지 아닌지 확정되지 않았다면, 이때에는 입증법칙이 개입된다. 일단 민사법원은 제3자에 대한 불리한 주장을 제기한 사람에게 자신의 주장의 근거제시를 강제하는 하나의 확대된 주장책임(erweiterte Darlegungslast)을 부과하는 것이 원칙이다. 이는 연방헌법재판소 역시 문제 삼지 않았다. 하지만 이러한 주장책임에 기본권행사를 위협할 수 있는 어떠한 과도한 요청도 부여되어서는 안 된다. 이에 따라 한편으로는 미디어에 다른 한편으로는 개인에게 가능한 각각의 조사능력의 차이가 고려되어야 한다. 개인에게는 자신의 개인적 경험영역에서 생겨나지 않는 사실을 주장할 경우, 객관적으로 반박되지 않은 언론보도를 근거로 삼는 것으로 충분하다. 그렇지 않으면 그가 언론보도에서 얻게 된 명예훼손적 사실을 자신이 직접 진실입증을 수행할 수 없다는 이유로 더 이상 관심 있게 다루지 못하게 되는 일이 비일비재하게 될 것이고, 아울러 자신 의견의 근거를 위해 제시하지 못하게 되는 상황 역시 발생하게 될 우려가 크기 때문이다.[25] 그에 반해 언론에게는 타 언론사의 언론보도를 자신의 근거로 삼는 것만으로는 자신의 주의의무 준수를 충분히 이행한 것으로 볼 수 없다("바이엘" 결정).

## 2. 가치평가

연방헌법재판소는 가치평가에 있어서도 형량의 체계적 구조에 해당하는 우선칙을 발전시켰다. 이에 따르면, 특정한 표현이 기본법 제1조의 인간존엄성을 훼손하는 경우에는 해당 표현이 가지는 보호이익은 항상 후퇴해야 한다. 인간존엄성은 모든 기본권의 토대로서 더 이상 다른 기본권들과의 형량을 필요로 하지 않는다. 이어서 가치평가에 해당하는 하나의 표현이 형식적 모욕 혹은 비방으로 입증될 경우에는 인격권보호가 의견자유에 대해 우위를 차지한다. 다만, 연방헌법재판소는 각급 법원에서 형성된 비방이나 비방적 비판의 개념을 의견자유를 배제하는 역효과로 인해 좁게 규정해 왔다. 따라서 과장된 혹은 욕설적 비판만으로 비방적 비판 등을 곧바로 인정하는 것은 위험할 수 있다. 오히려 비방은 일정한 표현이 더 이상 사안의 논쟁에서가 아니라 개인에 대한 모멸이나 인신공격을 중심으로 할 때에 비로소 인정된다.

그 밖에 형량은 개별적 사정의 편입하에서 행해져야 하고, 의견자유 침해의 심각성을 인정하기 위해서는 마찬가지로 상충하는 보호이익 침해의 심각성과 적절한 비례를 이뤄야 한다. 다만, 이때 의사소통의 맥락이 도외시되어서는 안 된다. 오히려 공격의 계기를 제공한 사람과 이에 대한 대응을 하는 사람의 입장은 연결해서 생각해야 하고, 이에 따라 "반격"은 사정에 따라 앞서 행해진 "최초공격"과 달리 평가되어야 한다. 즉, 자신의 결정으로 스스로 공적 의견투쟁에 가담한 사람은 자신의 의지와 상관없이 토론장에 연루된 사람보다 반격 차원의 표현을 더 감수해야 한다. 나아가 표현주체의 의견이 어느 정도로 제한되는지, 즉 제재의 성격도 중요할 수 있다. 문제의 표현에 대해 어떠한 본질의 손상도 일어나지 않는 제재방식은 의견의 내용을 건드리는 유죄판결보다 그 심각성이 훨씬 덜할 것이다.

한편, 사실내용을 포함한 가치평가의 경우에는 사실부분이 중요한 역할을 한다. 허위로 입증된 전제사실과 혼재된 의견은 올바른 전제에 기초한 의견보다 보호가치가 덜하다. 이에 반해 비판의 정당성이나 가치평가의 올바름은 정당한 형량을 위해 고려해야 할 어떠한 관점으로도 인정될 수 없다. 사실주장에 대한 가치평가의 구분은 다름 아닌 진술대상에 대한 발언자의 주관적 사고를 통해 특징지어지므로, 하나의 가치평가에 대해 정당성 여부를 평가하는 과정은 주관적 평가를 통해 다른 주관적 평가로 대체하는 작업을 의미하게 될 것이기 때문이다.[26]

### 3. 추정법칙

형량의 또 다른 중요한 고려요소로서 단지 이기적인 목적이나 자신의 경제적 이익만을 추구하는 사적 논쟁인지 아니면 공공성과 본질적으로 관계된 문제에서의 논쟁인지가 중요하다. 후자의 경우에는 "뤼트" 판결이 확정한 바와 같이 하나의 자유로운 의견자유의 추정이 보장된다. 이러한 추정법칙은 단지 서로 대립되는 개인적 이익의 충돌을 해소한다는 점에서 적용되는 것이 아니라 의견논쟁 없이는 민주적 절차가 생각될 수 없는, 즉 개인을 넘어선 공적 의사소통에 관한 이익 차원에서 그 근거를 찾는다. 물론 의사소통 기본권만이 민주주의 관련성을 가지는 것은 아니고, 기본권들 모두가 국가권력의 한계를 정하고, 개인에게 자신의 인생관을 실현시킬 수 있는 사적 영역을 보장하거나 정치적 견해차가 경제적 혹은 직업적 불이익에 이를 수 있는 것을 저지함으로써 민주주의체계를 떠받친다고 볼 수 있다. 하지만 의사소통 기본권에 있어서 그 관련성은 더욱 긴밀하다고 평가할 수 있다. 다른 기본권들이 특정한 민주주의의 전제들을 보장하는 반면, 자유로운 의사소통과 그를 통해 형성된 여론은 민주주의 원리의 직접적 구성부분이기 때문이다. 따라서 의사소통권의 저지는 직접적으로 민주주의 가능성에 대해 충격을 가하게 된다. 이에 민주질서에 대한 의사소통 제한의 역효과는 항상 기본법 제5조의 적용에 있어서 숙고되어야 한다.

그럼에도 의견자유권에 항상 절대적 우위가 인정되는 것은 아니다. 민주주의 원리는 기본법상 보호되는 제3자의 법익을 침해하는 표현을 허용하지 않는다. 의견표현권의 허용기준들은 민주주의 원리가 그런 조건하에서 피해를 입지 않을 정도로 표현되는 것만을 요구한다. 구체적으로 민주주의 원리가 피해를 입는 경우란 공개적 표현에 관한 요구사항이 미국식 표현의 "위축효과"나 연방헌법재판소의 용어인 "위협적 작용"을 가지는 정도로 책정되는 경우에 그러한 우려가 생겨나는데, 왜냐하면 이로 인한 제재의 두려움에서 의견형성을 진작시키는 표현을 중단하는 결과에 이르게 되기 때문이다.[27]

언제 이러한 효과가 우려되는지 평가하기 위해서는 공적 토론의 조건들이 고려되어야 한다. 이미 연방헌법재판소는 기본법 제5조 제1항의 보호범위와 관련해서 의사소통이란 하나의 절차적 성격의 과정이고, 그 안에서 일단은 전달자 혹은 매개자의 역할에서 그리고 재차 수신자의 역할 내에 존재하는 다수의 사람들이 항상 그러한 과정에 관여된다는 점에서 출발했다. 즉, 의견표현은 주변에 일단 수용되고, 이어서 수신자의 의견형성을 통해 재차 수신자의 주변으로 확산되는 그러한 정보로서 나타난다. 이러한 의견표현은 격렬한 의견대립과 이익대립의 조건하에서 다양성이 존재하는 사회를 위한 징표이기 때문에, 어차피 이러한 절차 내에서 신속한 표현, 즉흥적 반응, 상황 제약적 현실반영의 불가피성은 편파성, 신랄함, 잠정성, 실수 그리고 오류 등은 피할 수 없는 결과라고 할 수 있다.

따라서 의사소통의 절차적 성격에 사후적 고찰방식이 적용되어서는 안 된다. 법원의 판결은 주로 확인된 경계일탈과 확정된 진술의 허위성을 근거로 언론자유의 보다 강력한 제한을 지지하는 과정에서 단지 문제 된 표현의 잘못된 부분만을 저지할 수 있다고 생각하는 것이 일반적이다. 하지만 이러한 사고는 개별적인 사례에서 과도한 제지가 의사소통절차 전체로 선제적 영향을 끼친다는 점을 간과한 것이다. 표현의 허용성에 대해 높은 수준의 요청이 부여되는 경우, 의사소통절차는 개별적 표현 주변만으로 축소되는 것이 아니라 전체적으로 압박 되고, 이는 정당한 비판 역시 차단하는 결과를 가져오게 된다는 점이 문제의 핵심이다. 나아가 이러한 모든 진술에 대한 억압은 당연히 토론결과에 영향을 끼치게 되고, 그 결과 자유로운 의견표현을 헌법상 보장하는 의미가 퇴색되어서 하나의 긍정적 의견만이 존재하는 그런 분위기가 만연하게 된다.

연방헌법재판소는 추정법칙의 효력에 관해 지금까지 명백히 표현하지는 않았다. 하지만 추정법칙이 형식적 모욕 혹은 비방적 비판의 경우에서도 마찬가지로 우선칙의 효력을 가지는 것이 아니라는 점만은 확실하다. 따라서 일정한 표현이 형식적 모욕 혹은 비방으로서 입증되면, 형량결과는 그대로 확정됨에 따라 명예보호가 우선하게 된다. 반면에 하나의 표현이 공공성에 본질적으로 관련된 문제와 관련되면, 의견자유는 자유로운 발언의 추정법칙을 보장받게 된다. 물론 그 때문에 의견자유가 항상 우선적 지위를 누리는 것은 아니고, 여전히 하나의 형량을 필수적으로 요구한다. 다만, 이때 자유로운 의견의 이익추정에 따라 반대쪽 법익을 우월한 것으로 결정하기 위해서는 상대방 측의 근거제시요청이 강화되는 결과를 낳는다.[28]

## 4. 연방헌법재판소의 심사범위

사실주장과 의견표현, 형식적 모욕과 비방적 비판, 사적 논쟁과 공공성과 본질적으로 관계된 논쟁 등과 같은 형량과정을 제어하는 법적 개념들은 의견자유의 경계결정과 밀접한 관련이 있기 때문에 연방헌법재판소의 심사대상에 포함된다. 그 점에서 기본법 제5조 제1항 제1문 역시 보호범위에의 접근 혹은 형량을 조정하는 사정이나 개념들과 관련해 헌법상 통제하에 놓이게 되는 다른 기본권들과 구별되지 않는다. 각급 법원들이 이러한 범주로 잘못 편입시킨 경우, 이는 언론자유의 침해라는 법적 효과로 인해 기본법 제5조 제1항 제1문의 위반을 뜻하고, 문제의 판결이 이에 근거

한 이상 파기에 이르게 된다.[29]


## Ⅴ. 정리: 표현의 의미와 일반적 해석원칙

### 1. 표현의 의미

언론법상 분쟁에 있어서 법적 판단의 대상은 개별적 어휘들이 아니라 표현이다. 이 표현들은 서로 연결되어 있기 때문에 이것이 수신인들에게 인식될 수 있는 한, 문맥과 부수사정의 고려하에서 전체적으로 판단되어야 한다.[30] 특히 신문기사들의 경우에는 여러 문장들의 결합을 통해 하나의 통일적인 텍스트를 이루고 있기 때문에, 맥락을 통해서만 완전히 이해 가능한 생각들이 표현되는 것이 일반적이다. 따라서 이러한 전체 텍스트의 이해는 개별문장들이 분리된 상태에서 그의 정당성에 관한 조사가 허용되어서는 안 되고, 전체적인 문맥에 맞춰져야 한다.[31] 이러한 원칙들은 사진보도와 영상보도의 이해에서도 마찬가지로 적용된다. 만약 하나의 보도가 텍스트뿐만 아니라 사진들 역시 포함한다면, 이 역시 사진과 텍스트의 상호작용의 고려하에서 전체 보도의 해석을 바탕으로 해야 한다.[32] 이때 매체의 선택 가능한 자기결정권 또한 고려되어야 한다. 결국 해석의 목표는 표현의 객관적 의미의 조사라고 할 수 있다.[33]

이에 표현법 영역에서는 무엇보다 다툼이 된 표현에 부여될 수 있는 의미가 결정적으로 중요하다. 연방헌법재판소와 연방대법원 역시 법적 충돌의 해결을 위해서나 당사자의 이익보호를 위해서 진술에 바탕이 된 표현의 이해과정이 문제해결의 열쇠가 되는 매우 중요한 역할을 지닌다는 점을 반복해서 강조하였다.[34] 따라서 각급 법원들은 자신의 판단에 있어서 행해지지 않은 표현을 바탕으로 하거나 확정된 본문에 따르면 객관적으로 가질 수 없는 의미를 부여해서는 안 된다. 만약 여러 가지 해석이 가능하다면(다의적 표현), 다른 유리한 해석을 설득력 있는 이유의 제시하에서 제외시키는 과정도 없이 유죄판결에 이르는 해석만을 고집해서도 안 된다.[35] 연방헌법재판소는 "정당한 이유",[36] "납득할 수 있는 이유",[37] "이해나 공감할 수 있는 이유",[38] 등 다양한 표현을 사용하고 있어서 이러한 표현상의 차이로 인해 법원을 통한 이유제시 의무가 각각 서로 다르게 적용되는 것인지 의심스러울 수 있다. 하지만 여러 해석 가능성이 존재하는 경우에 법원은 표현주체에게 유리한 변형해석을 판결의 바탕으로 삼을 수 없는 이유들을 설득력 있게 제시하는 것이 필수적이다.[39] 만약 이것이 의심스럽다면, 법원은 피고에게 유리한 해석을 바탕으로 판결을 결정해야 한다('유리한 해석원칙').[40] 이것은 하나의 표현을 의견표현 혹은 사실주장으로서 분류하는 데 있어서도 특히 중요한 문제이다.[41]

## 2. 표현의 해석

표현의 의미를 파악하기 위한 다툼이 된 표현의 해석에는 커다란 주의가 요구되며, 이러한 해석기준은 기본법 제5조 제1항과 항상 일치해야 한다. 원문에서는 아예 없거나 명료하게 나타나지 않는 해석이 표현에 주어질 경우에는 의견표현권의 침해가 발생한다.[42] 이에 각급 법원들이 표현의 의미를 조사한 것은 상급법원이나 헌법재판소의 심사대상에 해당하는데, 왜냐하면 그러한 조사는 사실주장 혹은 의견표현이나 형식적 모욕 혹은 비방적 비판으로서의 법적 결정을 위한 토대이자 동시에 표현이 누리는 헌법적 보호범위에 관한 결정이기 때문이다.[43] 이러한 관점하에서 연방헌법재판소는 지속적으로 각급 법원을 통한 표현 해석을 자신의 심사대상으로 삼아 왔으며, 이 때문에 연방헌법재판소가 단지 특유의 헌법침해 문제를 심사하는 것이 아니라 스스로 최고법원임을 자처하고 있다는 비난에 이르기도 한다.[44]

## 3. 표현 이해의 기준으로서 수신인

표현은 누구의 이해를 기준으로 해야 하는지는 표현 해석에 있어서 매우 중요한 문제이다. 왜냐하면 표현과 관련된 사람들에 의해 그 표현의 의미가 각각 달라질 수 있기 때문이다. 이에 연방헌법재판소와 연방대법원은 원칙적으로 객관적인 이성적 일반 수신인을 표현 이해의 기준으로 삼고 있다. 예컨대, 연방대법원은 표현의 올바른 법적 평가를 위한 전제조건으로서 우선 표현의 의미가 적절하게 파악되는 것이 급선무라고 언급하는 동시에 이것은 상고법원의 완전한 심사범위에 해당한다고 밝혔다. 아울러 해석의 목적은 표현이 가지는 객관적 의미의 조사이므로 표현주체의 주관적 견해나 표현 당사자의 주관적 이해가 중요한 것이 아니라 중립적이고 이성적인 청중의 이해에 따라 인식된 표현의 의미가 결정적이라고 판시했다.[45]

따라서 표현주체가 다툼이 된 표현을 어떤 의미로 이해되길 원했는지는 일반적으로 중요하지 않다. 마찬가지로 표현주체가 침해결과를 의도한 것인지 혹은 피해 당사자가 그 표현을 어떻게 이해했는지 등도 중요하지 않다. 표현은 객관적이고 이성적인 일반 수신인들의 이해에 따라 해석되어야 하고, 나아가 표현 전체의 고려하에서 해당 표현이 수신인에게 어떻게 인식될 수 있는지[46] 그리고 매체가 선택한 편집결정권, 즉 텍스트와 사진의 상호작용의 고려하에서 해석되어야 한다.

한편, 수신인기준은 해당 분야를 특별히 잘 알지 못하는 일반 수신인이 결정적이다. 다만, 연방대법원이 일부에서 주장했던 무비판적 일반 독자개념은[47] 오해의 소지가 있고, 정확하게는 객관적이고 이성적인 독자에서 시작되어야 한다.[48] 하지만 일반적인 경험과 지식 아울러 표현주체의 사고방식이나 행동방식에 관한 지식들이 함께 고려될 수 있다.[49]

이에 따라 연방헌법재판소는 일반적 독자의 이해를 일시적인 독자의 이해와 동일시하는 것에 대해 정당하게 거부했다.[50] 연방헌법재판소는 일시적인 독자기준이 특정한 전제하에서 고려될 수 있는지 아니면 이 기준이 표현내용의 결정을 추상적이고 불명료한 막연한 개념에 의존하게 함으로써 어쩌면 실제에 반하는 내용결정을 허용하는 일종의 간계가 될 수 있지는 않은지에 관해 자세히 다루지는 않았다. 그럼에도 어쨌든 구체적인 사례에서 하나의 표현이 표현내용에 정치적 관심을 기울이고 주목하는 독자들을 전제하고, 그들을 대상으로 하고 있는 경우에는 기본법 제5조는 표현의 내용을 이러한 일시적인 독자기준의 도움으로 결정하는 것을 거부한다고 분명히 했다.[51]

특히 이러한 연방헌법재판소의 입장을 고려하면, 해당 진술이 향해진 특별한 인적 범주의 이해가 결정적이다. 예컨대, 동료 외국인을 상대로 외국어로 된 표현이 사용된 경우에는 이들의 이해가 중요하며,[52] 한 잡지가 특별한 이념적 성향을 지닌 독자층을 대상으로 한다면, 이러한 이념적 독자층의 이해가 고려될 수 있어야 한다.[53]

한편, 표현의 이해를 위해서는 표현주체에 의해 이용된 매체의 편집에 관한 자기결정권 역시 중요할 수 있다. 즉, 사진과 텍스트의 상호작용이 고려될 수 있다. 이런 점에서 종종 표지 독자 내지 키오스크 독자는 단지 헤드라인 혹은 표지 위의 선전문구, 잡지의 경우에는 섹션 윗부분에만 제한해서 주목하게 됨으로써 신문이나 잡지의 내지에 포함된 정확한 기사들을 알지 못하기 때문에 표현의 의미파악에서도 고려할 수 없는 경우가 존재한다.[54] 이러한 경우에는 예외적으로 표지 위의 텍스트만이 해석의 바탕이 될 수 있다.[55] 이때 표지 위의 보도가 독자적 진술인지 아니면 단지 내용예고나 소개만을 포함하고 있는지가 조사되어야 한다. 이러한 보도가 그 자체만으로는, 즉 간행본 내부에 있는 기사 없이도 이해할 수 있는지 아니면 단지 호기심을 자극하기 위한 머리기사로서만 이해될 수 있는지가 결정적이다.[56]

다만, 기사를 의도적으로 불러오는 것이 일반적이고, 그의 모든 내용에 아니면 어쨌든 본질적인 특징들에 주목하고 그의 제목이나 표제어의 해석을 위해 관련내용을 스크롤바를 통해 함께 살펴보는 것이 통상적인 인터넷 이용자들의 경우에는 상황이 다르다.[57] 그럼에도 인터넷 이용자들이 각각의 보도 전체를 완전하게 불러올 수 없는 상태로 일부 내용만 제공받게 되는 경우라면, 법적 판단의 대상은 제공된 일부 내용만을 대상으로 해야 할 것이다. 모든 미디어들은 특정한 외부상황에 놓여 있기 때문에 공식적 입장표명의 성격을 지닌 표현물이나 학문적 발간물은 대중잡지와는 다르고, 특히 가두판매 대중지나 통속주간지는 과장하는 경향이 있기 때문에 그 의미내용을 그에 맞게 제한할 것이 요구된다. 아울러 좌파성향의 잡지에서는 상습적으로 좌파에게는 긍정적 인상을 주고 우파에게는 부정적 인상을 주며, 우파성향의 잡지는 그 반대의 경우가 일반적이기 때문에 이러한 점 역시 고려해야 한다.[58]

## 연방헌법재판소 1995년 10월 10일 자 결정 – 1BvR 1476/91, 1BvR 1980/91, 1BvR 102/92, 1BvR 221/92("군인들은 살인자다"–결정 II )

### 사실관계

전심 형사법원은 "군인들은 살인자다" 혹은 "군인들은 잠재적 살인자다"라는 표현과 관련해 연방방위군과 개별 군인들에 대한 모욕을 이유로 청구인에게 유죄판결을 선고했다. 공동결정을 위해 병합된 헌법소원은 이러한 형사법원의 유죄판결을 대상으로 한다. 그리고 이 결정은 다음의 네 개의 사건에 대한 것이다.

① 청구인1은 1988년 처음으로 나토의 대규모 기동훈련을 목격하게 되자 매우 당혹스러운 모습을 보였다. 그가 방문차 체류했던 장소 바로 근처에서 미군부대가 진을 치고 있었다. 이에 대해 청구인은 "A soldier is a murder(원문대로 번역하면, '군인은 살인자다'가 아니라 '군인은 살인이다')"라는 문구를 침대 시트 위에 써서 교차로 가장자리에 부착했다. 차를 타고 가던 중 이를 본 연방방위군 장교는 청구인을 상대로 형사고소를 제기했다. 청구인은 이 장교의 모욕으로 처벌되었다.

② 청구인2는 1989년 연방방위청에 의해 개최된 연방방위군 관련 캐리커처 전시회를 기화로 사진이 첨부된 팸플릿을 작성했는데, 거기에서 "군인들은 잠재적 살인자인가"라는 질문을 제기하고 그에 대해 다음과 같이 답했다.

하나는 확실하다: 군인들은 살인자(Mörder)로 양성된다. '너는 살인해서는 안 된다'에서 '너는 살인해야 한다(Du mußt töten)'로 된다. 전 세계에서. 연방방위군에서도 마찬가지로….

한 연방방위군 군인과 국방부는 형사고소를 제기했고, 청구인은 해당 군인과 연방방위군 모두에 대한 모욕으로 인해 처벌되었다.

③ 청구인3은 1989년 소위 프랑크푸르트 군사재판에서 의사 A의 무죄선고를 계기로 한 독자편지를 공개했는데, 거기에서 투홀스키를 인용하면서,

거기에는 4년간 정방형의 땅이 있었고, 그곳에서는 살인이 의무적인 것이었던 반면에, 그로부터 30분 떨어진 곳에서는 살인이 여느 곳과 마찬가지로 엄하게 금지되었다. 나는 말한다: 살인? 당연히 살인. 군인들은 살인자다.

라고 시작했다. 이어서 그는 다음과 같이 덧붙였다.

우리에게 병역기피자는 그가 병역(이 단어는 실제로 아직까지 기본법에 쓰여 있다) 그 자체를 혐오스러운 것으로, 살인으로 거부할 경우에만 인정된다….

그리고 다음과 같은 문장으로 마무리했다.

나는 A 씨와 모든 부분에서 연대한다고 선언하며, 이와 함께 공개적으로 '모든 군인들은 잠재적 살인자다!'라고 선포한다.

이로 인해 한 명의 현역 직업군인과 두 명의 전 직업군인 아울러 한 예비역 장교와 기초병역을 수행 중인 군인이 형사고소를 제기했고, 청구인은 이 사람들에 대한 모욕으로 인해 처벌되었다.

④ 청구인4는 1989년 연방방위군이 모터바이크 전시회에서 관리하던 안내 데스크 앞에서 또 다른 한 사람과 함께 현수막을 들고 있었는데, 거기에는 "군인들은 잠재적 살인자다"라고 쓰여 있었다. "살인자"라는 글자 3분의 1가량 하단에 "병역거부자"라는 글자가 덧댄 상태로 붙어 있었다. 그 밖의 사람들은 이 행사장에서 전단지를 배포했고, 여기에서 "연방방위군은 단지 첨단기술의 매력만을 말하고 전쟁의 실상은 침묵한다"라고 비난했다. 데스크에서 근무 중이던 네 명의 군인들은 형사고소를 제기했고, 청구인은 이 군인들에 대한 모욕으로 인해 처벌되었다.

연방헌법재판소는 각각의 유죄판결들을 모두 기각했고, 사건을 관할형사법원으로 환송했다.[59]

① 의견표현의 자유와 그에 대한 제한으로서 형법 제185조

연방헌법재판소는 헌법소원들이 이유 있다고 결정했다. 대상 판결들은 기본법 제5조 제1항에 근거한 청구인의 기본권을 필수적 범위에서 주의하지 않았다고 비판했다.

이 헌법규범은 모든 사람에게 자신의 의견을 말, 글 그리고 그림의 형태로 자유롭게 표현하고 전파할 권리를 제공하는데, 의견은 사실주장과는 달리 표현대상에 대한 표현주체의 주관적 생각을 통해 구분된다고 밝혔다. 의견은 사실관계, 생각 혹은 사람들에 관한 자신의 평가를 포함하며, 기본법상 보호는 이러한 개인의 입장표명과 관련된다고 보았다. 따라서 기본법상 보호는 그 표현이 이성적인지 아니면 감정적인지, 근거가 있는지 없는지 여부와 상관없이 인정되며, 표현이 다른 사람에게 유용한 것으로 간주되는지 해로운 것으로 간주되는지 혹은 가치가 있는 것으로 간주되는지 가치가 없는 것으로 간주되는지 여부와도 상관이 없다고 설명했다. 이 보호는 표현의 내용뿐만 아니라 표현의 형식에도 해당되며, 하나의 진술이 논박적으로 혹은 모욕적으로 표현되었다는 것만으로 기본법의 보호범위에서 바로 탈락하는 것은 아

니라고 밝혔다. 나아가 표현 장소와 시간의 선택도 보호된다고 밝혔다. 표현주체에게는 주로 자신의 의견을 알릴 권리뿐만 아니라 이를 위해 그가 대규모의 전파나 자신의 의견공표의 강력한 효과가 기대되는 그런 사정들에 관한 선택 역시 허용된다고 보았다.

이러한 의미에서 청구인이 모욕으로 인해 처벌된 표현들은 항상 기본법 보호에 포함되는 의견이라고 인정했다. 청구인들은 '군인들은 살인자다' 혹은 '잠재적 살인자다'라는 표현과 함께 특정 군인들에 대해 이들이 과거에 살인을 저질렀다고 주장한 것이 아니라 오히려 군인이나 군인직업과 관련해서 군인신분은 사정에 따라 다른 사람을 살해하도록 강요된다는 표현을 한 것이라고 보았다. 형사법원 역시 사실주장이 아니라 가치평가라는 점에서 시작했다고 가리켰다.

따라서 재판부는 이 표현으로 인한 처벌에는 의견자유권의 보호범위에 대한 침해가 존재한다고 판단했다.

의견자유권은 물론 유보 없이 보장되는 것이 아니라 기본법 제5조 제2항에 따라서 일반법 규정, 청소년 보호규정 그리고 개인의 명예권에서 제한을 발견한다고 밝혔다. 그리고 대상 판결에 바탕이 된 형법 제185조 역시 이에 속한다고 인정했다. 하지만 유죄판결을 지탱할 수 있기 위해서는 이 규정 자체가 기본법과 일치해야 하며, 게다가 합헌적 방식으로 해석되거나 적용되어야 한다고 강조했다.[60]

### ② 형법상 모욕죄의 규정체계

우선, 연방헌법재판소는 형법 제185조에 대해서는 헌법상 어떠한 우려도 존재하지 않는다고 평가했다. 이 형법규정은 기본법 제5조 제1항 제1문과 일치한다고 인정했다.

이 규정은 우선 개인의 명예를 보호하며, 아울러 기본법 제1조 제1항과의 연계하에서 제2조 제1항에서 도출된 일반적 인격권의 범위 내에서도 개인의 명예는 직접 헌법상 보호를 누린다고 보았다. 개인의 명예는 무엇보다 의견표현을 통해서 침해될 수 있으며, 그 때문에 기본법 제5조 제2항에 명백히 의견자유의 제한을 위한 정당화 근거로서 수용되었다고 밝혔다. 하지만 여기에서 입법자가 개인의 명예이익을 위해 의견자유를 자의적으로 제한해도 된다는 사실이 따라 나오지는 않는다고 보았다. 오히려 입법자는 기본법 제5조 제2항의 위임권한을 행사할 경우에도 마찬가지로 제한되는 기본권을 주시해야 하고, 과도한 의견자유의 위축을 피해야 한다고 역설했다.

한편, 형법 제193조는 일정한 표현이 정당한 이익의 대변을 위해 행해진 경우에는 그 표현으로 인한 처벌을 제외함으로써 이러한 요청을 고려한다고 설명했다. 형법 제185조에 따른 모든 유죄판결에 있어서 주의되어야 하는 이 규정은 일반적 표현형식을 통해 의견자유의 영향을 특별한 방식으로 열어 두었으며, 이와 함께 충돌하는 법익들의 신중한 조정을 허용한다고 밝혔다.

이어서 형법 제194조 제3항 제2문[61]에서 도출될 수 있는 바와 같이 형법 제185조의 보호는 단지 사람에게만 적용되는 것이 아니라 관청 혹은 공권력의 과제를 대변하는 기타의 관공서에도 적용된다고 설명했다. 그런 점에서 이 규범은 개인적 명예의 관점에서는 정당화될 수 있는 것이 아닌데, 왜냐하면 국가조직은 개인의 명예를 가지지도 않고 일반적 인격권의 주체도 아니기 때문이라고 밝혔다. 그럼에도 국가조직을 위한 보호규범으로서 형법 제185조는 기본법 제5조 제2항에 따른 일반법에 속한다고 인정했다. 그리고 일반법이란 의견 그 자체를 금지하지 않는, 즉 의견표현 그 자체를 대상으로 하는 것이 아니라 전적으로 특정한 의견에 대한 고려 없이 보호되어야 할 법익의 보호에 기여하는 모든 법으로 이해되어야 한다고 밝혔다. 바로 형법 제185조가 그런 경우에 해당한다고 보았다.

한편, 국가조직은 최소한의 사회적 인정 없이는 자신의 기능을 수행할 수 없고, 따라서 국가조직은 원칙적으로 이러한 전제를 무너뜨릴 것이 우려되는 언어상의 공격에 대해서도 보호되어야 한다고 설명했다. 그럼에도 형법상 보호가 국가조직을 사정에 따라서는 의견자유권에 의해 특별한 방식으로 보장되어야 할 날카로운 형태의 비판으로부터 막아주는 결과에 이르러서는 안 된다고 선을 그었다. 하지만 이에 대해서는 기본법 제5조 제1항 제1문의 효력을 반영하고, 형법 제185조가 공적 조직의 보호를 위해서 적용되고 개인적 명예보호를 위해서 적용되지 않는 경우에 더욱 확대된 의미를 얻게 되는 다름 아닌 형법 제193조가 재차 이러한 요청을 충분하게 고려하게 된다고 설명했다.

또한 형법 제185조는 막연하게 규정되었음에도 기본법 제103조 제2항(죄형법정주의)에 위반되지는 않는다고 밝혔다. 비록 형법 제185조가 범죄구성요건을 단지 모욕이라는 개념으로만 명명하고 더 상세히 규정하지는 않았다는 점에서 형법상 다른 규정들과 구별된다고 인정했다. 물론 이것이 기본법 효력하에서 공포된 범죄규정에 비해서는 불충분한 것으로 평가될 수 있을지라도, 모욕의 개념은 어쨌든 백 년 이상 그리고 전반적으로 일치된 판례를 통해 충분히 명확한 내용을 획득했고, 그 내용은 법원에게 적용을 위한 만족할 만한 기준을 제공했으며, 규범수신인에게 언제 모욕으로 인한 처벌을 기대할 수 있는지에 대해서도 분명히 해명했다고 평가했다. 집단모욕에 관해서도 여전히 해결되지 않은 법적 쟁점이 있기는 하지만, 그것으로 인해 규범의 명확성이 영향을 받지는 않는다고 보았다.[62]

### ③ 규범의 해석단계에서 의견자유권의 보호

연방헌법재판소는 형법의 해석과 적용은 형사법원의 책무라고 밝혔다. 하지만 연방헌법재판소의 지속적 판례에 따르면 의견자유를 제한하는 법률이 문제 되는 경우에는 제한되는 기본권의 가치설정적 의미가 법의 해석과 적용 단계에서도 마찬가지로 훼손되지 않도록 이 기본권에 유의해야 한다고 당부했다.

규범의 해석단계에서 기본법 제5조 제1항 제1문은 관련된 법의 구성요건표지 내에서 의견자유의 의미와 의견자유를 제한하는 법익 사이에 행해져야 할 형량을 요구한다고 밝혔다. 그리고 명예나 공적 기관의 보호 필요성을 넘어서거나 의견자유의 고려를 위해 어떠한 여지도 더 이상 허용하지 않는 정도로 모욕의 개념을 넓게 확장하는 형법 제185조의 해석은 기본법 제5조 제1항 제1문과 일치하지 않는다고 보았다. 아울러 기본법 제5조 제1항 제1문은 기본권 행사를 위협하는 효과에서 시작해서 제재의 두려움으로 인해 정당한 비판마저 포기하는 결과에 이르는 그런 형법 제185조의 해석 역시 금지한다고 밝혔다.

특히 형법 제193조의 해석에 있어서 의견자유가 자유민주주의 질서를 위해 전적으로 구성적인 것이라는 점이 중요하다고 밝혔다. 따라서 형법 제193조의 정당한 이익은 당사자 스스로 표현에 대한 계기를 촉발했거나 누군가 자신에 대한 개인적 공격을 방어할 때에만 존재하는 것이 아니라 사회적 혹은 정치적으로 중요한 문제에 관한 공적 토론에 가담할 경우에도 존재한다고 인정했다. 이것은 형법 제185조 이하의 명예보호규정들이 사람에 관련된 것이 아니라 국가조직에 관련된 경우에 특히 유념해야 한다고 보았다. 이때 제185조 이하의 명예보호규정들의 보호목적은 개인의 명예보호에 기여하는 데 있는 것이 아니고, 국가조직이 자신의 기능을 수행할 수 있기 위해 필수적인 공적 존중을 보장하는데 있다고 밝혔다. 따라서 이러한 보호목적이 의견자유와 충돌하게 된다면, 의견자유권은 다름 아닌 권력비판의 특별한 보호요청에서 생겨나고 그 안에서 변함없는 자신의 의미를 발견한다는 사실 때문에, 그의 비중이 특히 높게 평가되어야 한다고 역설했다.[63]

### ④ 형법 제185조 이하의 적용단계에서 의견자유권의 보호

연방헌법재판소는 개별적인 형법 제185조 이하의 적용단계에서 기본법 제5조 제1항 제1문은 한편으로는 개인적 명예와 다른 한편에서는 의견자유를 위협하는 침해의 중요도 판정을 요구하고, 이때에는 모든 본질적 사정들이 고려되어야 한다고 설명했다. 따라서 이러한 형량의 결과는 그의 사건관련성으로 인해 일반적이거나 추상적으로 선취될 수는 없다고 보았다. 하지만 그간의 판례들을 통해서 구체적 형량을 위해 기준을 정해주는 일련의 관점들이 발전되어 왔다고 밝혔다. 그에 따르면, 의견자유는 표현이 다른 사람의 인간존엄성을 침해할 경우 항상 후퇴해야 한다고 밝혔다. 예술자유를 위해 표명된 이러한 원칙은 의견자유를 위해서도 역시 유효한데, 인간존엄성은 모든 기본권의 뿌리로서 어떠한 개별적 기본권과도 형량이 불가능하기 때문이라고 설명했다. 하지만 개별 기본권뿐만 아니라 모든 기본권이 인간존엄성 원리의 구체화이기 때문에, 기본권 행사가 불가침의 인간존엄성을 타격한다는 사실이 인정되어야만 하는 경우에는 항상 주의 깊은 근거 제시를 필요로 한다고 밝혔다.

마찬가지로 형식적 모욕으로 보이는 경멸적 표현의 경우에는 통상 의견자유가 명예보호 뒤로 후퇴한다고 밝혔다. 다만, 의견자유를 배제하는 효과로 인해 연방헌법재판소는 각급 법원에서 발전되어 온 비방적 비판의 개념을 좁게 결정해 왔다고 설명했다. 그에 따라 과장되거나 무례한 비판 역시 표현 그 자체를 아직은 비방으로 만들지 않으며, 오히려 표현에서 더 이상 사안에서의 논쟁이 아니라 개인에 대한 비방이 중심을 이룬다는 사실이 추가되어야 한다고 설명했다. 따라서 비방은 논박적이거나 과장된 비판을 넘어서 개인에 대한 경멸에서 인정되어야 한다고 생각했다. 이러한 이유에서 공공성과 본질적으로 관련된 문제 내의 표현인 경우에는 단지 예외적으로만 비방적 비판이 존재하고, 그 밖에 대부분의 경우 비방적 비판은 오히려 사적 반목으로 제한된다고 보았다. 하지만 법원이 하나의 표현을 형식적 모욕이나 비방으로 잘못 판단해서 모든 개별적 사정의 고려하에 시행되었어야 할 구체적인 형량이 불필요한 것으로 간주되는 결과를 가져왔다면, 이때에는 그에 기초한 판결이 파기되어야 할 정도에 해당하는 현저한 헌법적 오류가 존재하게 된다고 밝혔다.

이어서 표현이 인간존엄성에 대한 공격도 아니고 형식적 모욕이나 비방적 비판으로 분류될 수 없다면, 그다음 단계인 형량에 있어서는 관련된 법익침해의 심각성이 중요하다고 보았다. 하지만 이때 사실주장의 경우와는 달리 비판이 정당한지 혹은 가치평가가 옳은지 여부는 원칙적으로 어떠한 역할도 하지 못한다고 설명했다. 그에 반해 의견자유권이 사적 논쟁의 범위 안에서 자신의 이익추구를 위해 행사되었는지 아니면 공공성과 본질적으로 관련된 문제와의 맥락에서 행사되었는지가 중요하다고 밝혔다. 다툼이 된 표현이 여론형성에 기여하는 것인 경우에는 연방헌법재판소의 지속적인 판례에 따르면 의견자유를 위한 추정이 보장되며, 이러한 추정법칙을 깨트리기 위해서는 마찬가지로 민주주의를 위한 의견자유의 구성적 의미를 고려해서 판단

했다는 근거를 제시해야 한다고 설명했다.[64]

⑤ 표현 해석의 중요성과 해석원칙

연방헌법재판소는 표현의 모든 법적 평가를 위한 전제는 무엇보다 그 표현의 의미를 적절하게 파악하는 것이라고 단언했다. 불법표현으로 인한 유죄판결에 이것이 없다면, 결과적으로 정당한 표현의 억압에 이를 수 있다고 우려했다. 나아가 그러한 유죄판결은 표현의사를 가지고 있는 사람에게 자신의 표현과 직접 관계가 없거나 근거가 없는 해석으로 인해 처벌을 감수하도록 강요하는 것이기 때문에, 의견자유권의 행사에 일방적으로 불리한 영향을 끼칠 위험이 존재한다고 보았다. 이러한 사정하에서 이미 해석단계에서 표현의 허용성과 불허용성이 사전 결정된다는 점에서 기본법 제5조 제1항 제1문에서는 기본권 제한법률의 해석과 적용에 대한 요청뿐만 아니라 다툼이 된 표현의 해석에 대한 요청도 생겨난다고 설명했다.

그리고 해석의 목표는 표현이 가지고 있는 객관적 의미의 조사라고 밝혔다. 따라서 표현주체의 주관적 관점이나 표현 대상자의 주관적 이해가 아니라 객관적이고 이성적인 청중의 이해에 따라 가지는 의미가 결정적이라고 판시했다. 이때 항상 표현의 원문에서 해석되어야 하지만, 그러한 의미만으로 최종 확정되는 것은 아니라고 보았다. 오히려 수신인에게 인식될 수 있었던, 다툼이 된 표현이 놓여 있는 언어적 문맥과 그것이 행해진 부수사정에 의해서도 결정된다고 밝혔다. 따라서 다툼이 된 표현의 분리고찰은 통상 신뢰할 수 있는 의미조사 요청에 부합하지 않는다고 생각했다.

결국 다툼이 된 표현의 의미를 명백히 그르친 상태에서 그것을 법적 평가의 바탕으로 삼은 판결은 의견자유를 침해하는 것이라고 밝혔다. 법원이 다의적 표현에 있어서 사전에 다른 가능한 해석을 설득력 있는 이유와 함께 배제하는 과정 없이 유죄판결에 이른 해석을 바탕으로 삼았을 경우에도 마찬가지라도 설명했다. 이때 물론 법원이 거리가 먼, 표현의 원문이나 사정들을 통해서도 지지되지 않는 대안해석을 상세히 다루거나, 구체적 사정들에서 그 어떤 근거점도 얻지 못하는 완전히 추상적인 해석 가능성까지 살펴볼 필요까지는 없다고 인정했다. 하지만 표현이나 구체적 사정이 명예훼손에 해당하지 않는 해석을 허용한다면, 이를 간과한 형사판결은 기본법 제5조 제1항 제1문을 위반한 것이라고 보았다. 이때 상당수의 단어들이나 개념들이 상이한 의사소통 맥락에서 다양한 의미를 가질 수 있다는 사실 역시 고려되어야 한다고 밝혔다. 이는 특히 법률용어가 일상용어와는 다른 의미로서 사용된 개념의 경우에 그렇다고 밝혔다. 그리고 이러한 경우에 한 표현이 일상용어상의 맥락에서 행해졌음에도 불구하고 전문적인 의미를 유죄판결의 바탕으로 삼는 것은 헌법상 현저한 오류에 해당한다고 보았다.

따라서 기본법 제5조 제1항 제1문이 표현의 의미조사에 부여한 요청들은 헌법재판소를 통한 심사의 대상이 되며, 더욱이 형사판결과 같은 강력한 기본권 침해가 문제 될 경우에 특히 그렇다고 생각했다. 연방헌법재판소의 심사범위에 관한 지금까지의 판례도 이와 다르지 않은데, 왜냐하면 연방헌법재판소는 불법표현으로 인한 유죄판결에 있어서도 법원이 의견자유권의 의미와 보호범위를 오인했을 경우에만 심사가 가능했기 때문이라고 밝혔다. 그 밖에는 각급 법원의 전속관할이 계속 유효한데, 불법표현과 관련해서 다툼이 된 표현이 실제로 행해졌는지, 어떤 원문을 가지고 있는지, 출처가 누구인지 그리고 어떤 사정들하에서 전달되었는지 같은 문제들이 이에 해당한다고 보았다. 따라서 이러한 지속적 판결에서 벗어난 재판부의 반대 입장은 지금까지의 실무관행을 포기하고 의견자유의 기본권보호를 제한할 어떠한 단서도 제공하지 않는다고 비판했다.[65]


⑥ 문제 된 표현의 대안적 해석 가능성

연방헌법재판소는 대상 판결들이 이러한 요청들에 전혀 부합하지 않는다고 판단했다.

물론 법원이 군인들을 살인자로 지칭한 것에서 그들의 명예에 대한 중대한 침해를 인정한 것은 헌법상 어떠한 우려도 생기지 않는다고 밝혔다. 비록 이러한 지칭과 함께 당사자가 실제로 살인을 저질렀다는 비난이 결합된 것은 아닐지라도, 살인자(Mörder: 모살자)와의 평가적 동일시는 심각한 모욕이라고 인정했다. 이것은 해당 표현이 형법상 의미에서 형법 제211조[66, 67]의 살인(Mord)에 관한 주관적 고의표지의 포함하에서 사용되었을 때 특히 심각하다고 보았다. 하지만 이러한 심각한 모욕은 일상용어상으로 사용되었을 경우에도 역시 존재하는데, 이 경우에도 당사자는 도덕적으로 정당화될 수 없는 방식으로 인간의 생명 말살에 기여하거나 그럴 각오가 되어 있는 사람으로 지칭되었기 때문이라고 보았다. 여기에는 경우에 따라서 주변에서 생각하는 당사자의 명성을 신랄하게 경멸하는 것으로 볼 수 있는 비난이 존재한다고 보았다. 또한 이것은 비난이 개별적 행동이 아니라 전체적인 직업활동에 관련되었을 때 특히 그렇다고 보았다.

하지만 법원은 처벌이 내려진 표현들이 실제로 이러한 의미를 가지는지에 대해 충분히 확인하지 않았다고 비판했다. 법원은 대안적 해석이 형법상 보다 관대하게 평가될 수 있는 이상, 이를 조사했어야 했다고 꼬집었다. 그렇지 않으면 표현주체가 실제 모욕을 포함하고 있지도 않은 표현 때문에 처벌될 위험이 존재하게 된다고 우려했다. 그리고 법원은 그러한 대안적 해석에 대한 접근을 표현의 문제 된 부분만을 분리해서 고찰하는 방식을 통해 차단해서도 안 된다고 밝혔다. 오히려 표현의 수신인에게 그 문맥이 인식될 수 있는 한, 이를 고려해야 한다고 설명했다. 이것은 우선 다툼이 된 표현이 놓여 있는 언어상의 맥락에 적용되지만 텍스트 밖의 사정들 역시 포함할 수 있다고 보았다.

이 사건에서는 법원이 인정한, 연방방위군 군인들을 형사법적 의미나 일상용어상의 의미에서 "Murder"와 동일시했다는 해석 및 연방방위군 군인들은 다른 사람에 대해 특별히 비열한 행동을 할 생각이 있고 이를 할 수 있다는 해석과는 다른 대안해석이 존재한다고 밝혔다. 이는 다름 아닌 두 가지 사정들에서 밝혀진다고 해명했다.

첫 번째, 청구인의 표현은 그의 원문에 따르면 전적으로 일반적인 군인들에 관련된 것이지 개별 군인이나 특히 연방방위군 군인에 관련된 것은 아니라고 판단했다.

개별적인 연방방위군 군인이 마찬가지로 언급되었을지라도, 이것은 모든 군인들에 관한 진술이 연방방위군 군인에 대해서도 적용된다는 사실을 뒷받침하기 위해서만 행해진 것이라고 보았다. 무엇보다 이 표현이 사정에 따라서는 잔혹한 방식으로 벌어지고, 일반시민들에게도 역시 피해를 주는 그런 방식으로 다른 사람을 살해하는 행위와 결합되었기 때문에, 비난 대상이 된 직업군인과 군인직업만을 전적으로 대상으로 삼은 것은 아닐 수 있다고 인정했다. 청구인이 대체로 사람과 관계없는 "살인(Mord)"에 관해서 언급한 것이 아니라 개개인을 겨냥한 "살인자(Mörder)"에 관해 언급했다는 사실 그 자체만으로 다른 해석을 배제하는 것은 적합지 않다고 판단했다. 왜냐하면 "살인자(Mörder)"라는 단어의 사용에서도 반드시 개별 군인들에 대한 중범죄적 태도나 성향의 비난이 포함되었다고 생각할 필요는 없다고 보았다. 오히려 표현주체는 특별히 도발적인 형태로도 전쟁에서의 살해는 사람과 무관한 행동이 아니라 인간의 손에 의해 행해진다는 사실을 지적했을 수 있다고 생각했다. 따라서 처음부터 이 표현형태가 군복무 중인 자 그리고 현역 직업군인을 상대로 한 총체적 비난을 통해 개인의 책임의식을 일깨우고, 병역거부의 의지를 진작시키려는 것이었다는 해석이 배제될 수 없다고 판단했다.

두 번째로, "군인들은 살인자(Mörder)이거나 잠재적 살인자다"라는 표현은 청구인1에서 4에 이르기까지 보다 넓은 맥락에서 다양한 형태로 쓰여 있었는데, 거기에서는 대체로 공격목적이든 방어목적이든 군대유지와 그와 결합된 전쟁수행의 준비태세가 감수된 결과로서 군인들 사이의 인명학살 및 민간인들의 인명학살을 문제 삼은 것이라고 생각했다. 그에 반해 특별히 비난받아 마땅한 개인행동이나 군인들의 성향상의 결함에 대한 비판이 문제 된 것은 전혀 아니었다고 판단했다. 따라서 형법 제211조의 주관적 살인표지 충족의 의미에서 군인들을 살인자(Mörder)와 동일시했다는 단서는 문제 된 표현이 놓여 있는 문맥에서는 끌어낼 수 없다고 보았다.[68]

⑦ 집단표시로 인한 모욕의 문제

연방헌법재판소는 계속해서 특정인이 언급되거나 명백하게 특정인이 관련된 것이 아니라 개인적 구별 없이 하나의 집단을 대상으로 한 평가저하적 표현에서도 특별한 사정하에서 집단 구성원 개인의 명예에 대한 공격 역시 인정될 수 있다고 밝혔다.

형법 제185조의 형벌위하를 통해 보호되어야 하는 인간의 개인적 명예는 그 사람이 속해 있는 집단적 관련성으로부터 떼어내서 단지 개인적으로만 판단될 수는 없다고 보았다. 개개인들은 자신이 자유롭게 선택하거나 관여한 바 없이 받아들여야 하고, 자신에게 예속된 역할 및 행동기대를 정당화하는 그런 수많은 초개인적 관계들 속에서 움직인다고 인정했다. 주변으로부터도 개개인들은 그가 속한 집단들과 함께 그리고 그가 감당한 사회적 역할과 함께 많든 적든 동일시된다고 보았다. 이러한 사정하에서 사회 내에서 개인의 명성은 단지 자신의 개인적 지위나 행동방식에 의해서가 아니라 그가 속한 집단 혹은 그가 재직하고 있는 기관의 특성과 활동들에도 의존한다고 생각했다. 그런 점에서 집단에 관한 멸시적 표현은 그 구성원에 대해서도 마찬가지로 평가저하적인 작용을 한다고 보았다.

하지만 집단표시로 된 모멸적 표현의 경우에는 기본법 제1조 제1항의 연계하에 제2조 제1항이 보호하고, 기본법 제5조 제2항에 따라 제한을 정당화하는 개인적 명예에 대한 공격과 기본법 제5조 제1항 제1문이 자유롭게 보장하려고 하는 사회적 현상들, 국가 혹은 사회의 조직들 혹은 사회적 역할과 역할기대에 대한 비판 사이의 경계가 분명하게 구별될 수 없다고 인정했다. 그 때문에 이러한 표현으로 인한 처벌은 항상 의견자유에 대한 과도한 제한의 위험을 내포한다고 지적했다. 따라서 다양한 외국의 법질서들, 특히 영미법계의 법질서는 이러한 집단모욕을 전혀 알지 못하고, 명백하게 개인에 관한 명예침해만을 처벌한다고 밝혔다.

연방헌법재판소는 형법 제185조 역시 이러한 방식으로 해석될 수 있는지 여부에 대해서는 여기에서 결정될 문제가 아니라고 생각했다. 어쨌든 기본법은 명예보호규정의 이러한 제한적 해석을 요구하지는 않는다고 밝혔다. 그럼에도 집단표시하에 놓여 있는 모욕적 표현에 대해서 형법 제185조를 적용할 때에는 항상 그것을 통해 대체로 개별적 집단구성원의 "개인적 명예"가 침해되었는지 여부가 심사되어야 하고, 무엇보다 의견자유의 보호가 특별한 방식으로 인정한 정치적, 사회적 현상이나 조직에 대한 비판적 표현의 억압에 이르는 것은 아닌지 고찰되어야 한다고 설명했다. 형법학계 역시 이 점에 관해서 강조했다고 전했다.

이와 관련해 이 사건 법원들은 군인들에 관한 모멸적 표현의 인정을 이미 선고되었던 또 다른 연방대법원의 판결(NJW 1989, 1365)에 의지했는데, 이 판결에서 연방대법원은 제국법원이 집단모욕의 처벌에 제시했던 요청들, 즉 경계획정이 가능하고 한눈에 알 수 있는 집단이어야 한다는 기준은 범죄구성요건의 엄격성에 관한 법치국가적 조건들을 충족시키지 못한다고 생각했다. 그 때문에 연방대법원은 추가로 모욕적 표현이 집단 모든 구성원들에 해당하는 표지와 연결될 것을 요구했고, 반면에 비록 일부 구성원에 대해서는 명확히 해당하지만 모든 구성원에 해당하지는 않는 표지와의 연결은 모든 개별 구성원의 개인적 명예를 저하시키는 것이 아니라고 보았다. 그러한 표현은 수신인에게 모두라고 생각될 수 없고, 특정인이 언급되지도 않았다는 사실이 분명하기 때문에, 그런 표현을 통해서는 어느 누구도 모욕당한 것이 아니라고 판단했다.

하지만 연방대법원은 명백히 이러한 제한조건에 따르더라도 여전히 집단표시하에서 모욕적 표현을 통해 그 구성원들이 개인적으로 모욕당한 것으로 간주할 수 있는 매우 큰 집단이 남아 있다고 생각했다. 이를 피하기 위해 연방대법원은 한눈에 알 수 없는 대규모 집단에 관한 모욕적 표현(예컨대, 모든 가톨릭 신자나 개신교도, 모든 노동조합원, 모든 부인들)은 이 집단의 개별 구성원들의 개인적 명예에 대해 타격을 가하는 것이 아니라는 점을 고수했다. 그렇지 않으면 불가피한 범죄구성요건의 엄격성이 희생될 것이라는 학계의 우려를 전했다.

연방헌법재판소는 연방대법원의 이러한 해석이 의견자유의 관점을 고려한 것이라고 인정했다. 기본법 제1조 제1항과의 연계하에 기본법 제2조 제1항 아울러 기본법 제5조 제2항은 개인의 명예보호에 기여하는데, 모욕적 표현과 관련된 집단이 크면 클수록 개별 구성원의 개인적 관련성 역시 희석된다고 밝혔다. 왜냐하면 커다란 집단에 관한 비난에 있어서는 주로 개인의 잘못된 행동이나 구성원의 개인적 특성이 아니라 표현주체의 관점에서 현존하는 집단과 그 집단의 사회적 기능 아울러 그와 결부된 구성원들의 윤리적 요청들에 대한 비난이 관건이기 때문이라고 설명했다. 따라서 가상의 눈금자 한편에는 실명이 거론되거나 식별 가능한 개개인에 대해 개인적 모욕을 구성하는지의 문제가 놓여 있고, 다른 반대쪽에는 전적으로 인간적 자질에 관한 경멸적 표현인지 아니면 개개인의 개인적 명예를 타격하기에는 더 이상 적합지 않은 사회적 조직이나 현상에 관한 비판인지의 문제가 놓여 있다고 보았다.

이러한 잣대는 군인들에 관한 모욕적 표현에서도 이것이 세상의 모든 군인들에 관련된 이상 적절하다고 판단했다. 나아가 형사법원들이 그들과 관련된 표현이 명백하거나 적어도 전형적인 방식으로 집단의 모든 구성원에 해당하는 하나의 표지와 결합했을 때에는 현역 연방방위군 군인들을 충분히 한눈에 알 수 있는 그룹으로 평가해서 그 결과 연방방위군의 모든 개별적 구성원들 역시 모욕될 수 있다고 본 것은 헌법상 저지되지는 않는다고 판단했다.

하지만 보다 자세한 제한 없이 모든 군인들을 대상으로 한 모욕적 표현을 단지 연방방위군 역시 모든 군인들 전체의 일부라는 이유만으로 연방방위군의 모든 군인과 특별히 관련시킨 것은 잘못이라고 비판했다. 모든 커다란 집단은 작은 하위그룹으로 나뉠 수 있기 때문에, 전혀 특정되지 않은 처벌 불가능한 표현이 그 어떤 하나의 하위그룹에 의지하는 것을 통해 개인에 대한 모욕이나 처벌 가능한 모욕으로 바뀌는 모순이 생기게 된다고 보았다. 이를 통해 결과적으로 연방대법원에 의해 법치국가적 이유에서 강조된 범죄구성요건의 엄격성 요청이 재차 폐기된다고 생각했다.

이러한 모순은 헌법상으로도 매우 심각한 것이라고 평가했다. 의견자유는 단지 개인적 명예보호를 위해 필요한 정도만으로 제한되어야 함에도 불구하고 개인의 명예가 한눈에 알아볼 수 없는 커다란 집단에 관한 모욕적 표현을 통해서 저촉되어서는 안 되기 때문에, 이러한 표현들로 인한 처벌에는 기본법 제5조 제1항 제1문의 부당한 제한이 존재한다고 비판했다. 군인들에 관해 일반적으로 행해진 모욕적 표현을 제기한 누군가가 연방군 군인들의 모욕으로 인해 처벌받기 위해서는 결과적으로 연방군 군인들이 모든 군인들의 일부를 구성한다는 사실의 입증만으로는 충분하지 않다고 밝혔다. 오히려 그 표현이 전적으로 군인들에 해당함에도 불구하고 다름 아닌 그 연방군 군인들을 의미했다는 점이 입증되어야 한다고 보았다. 물론 이러한 식의 언어적 표현형태와 객관적 의미의 전도가 결코 불가능한 것이 아니라고 생각했다. 하지만 그를 위해서는 법원 스스로 표현의 원문에서는 인식될 수 없었던 다른 이해가 생겨나게 된 사정을 제시했어야 했다고 보았다. 그것이 없다면 기본법 제5조 제1항 제1문의 침해가 존재한다고 판단했다.[69]

#### ⑧ 비방적 비판의 해당 여부

연방헌법재판소는 마지막으로 법원이 의견자유와 명예보호 사이의 형량에 있어서 다툼이 된 표현이 사안에서의 논쟁에 기여하는 것이 아니라 개인의 비방이 중심을 이루는 것이었다면 쉽사리 명예보호에 우선권이 주어진다고 밝힌 것은 어떠한 헌법상 우려도 생겨나지 않는다고 보았다. 이것은 연방헌법재판소의 비방적 비판에 관한 판례와 일치하는 것이라고 밝혔다.

다만, 문제 된 표현이 실제로 비방적 비판에 관한 것이라는 사실이 전제되어야 한다고 조건을 달았다. 대상 법원들은 이것을 대체로 군인들에 관한 매우 유사한 표현과 관련된 바이에른 상급법원의 판결(NJW 1991, 1439)의 원용하에서 인정했는데, 이 판결이 비록 헌법판례에서 발전되어 온 비방적 비판에 관해 적절하게 판시한 것은 맞지만, 실제 법적용 단계에서는 이 판결의 방향을 제대로 간파하지 못했다고 비판했다.

연방헌법재판소는 이 사건 비방의 표지 자체는 사실적 사안을 완전히 대체하는 개인의 모멸이라고 보았다. 그럼에도 청구인에게는 명백한 사안에서의 논쟁, 나아가 전쟁과 병역 그리고 그와 결합된 인간의 살해가 도덕적으로 정당화될 수 있는지 여부에 관한 문제의식이 존재했다고 인정했다. 청구인 2부터 4까지 관련해서는 이것이 대상 표현들의 문맥에서 생겨나며, 법원들은 비방적 비판으로 분류함에 있어서 이 점을 고려할 필요가 있었다고 밝혔다. 그리고 청구인1의 경우에는 적어도 "murderer" 대신에 "murder"라는 단어선택 및 상황에 따른 문맥에서 이 점이 암시된다고 보았다. 전쟁준비태세와 평화주의 사이의 갈등은 의견자유의 이익을 위한 추정이 보장되는 공공성과 관련된 문제이고, 따라서 법원들은 그와 관련해 구체적 표현들에서는 문맥의 고려하에서도 마찬가지로 사안논쟁이 개인비방에 의해 대체되었다는 점을 설명했어야 했다고 비판했다.

하지만 표현들의 원문에 따르면 특정한 개인에 관련된 것이 아니라 일률적으로 모든 군인들을 대상으로 했기 때문에, 이러한 점에서는 의문이 존재한다고 판단했다. 비록 대규모 집단에 관한 모욕적 표현에 있어서도 마찬가지로 그에 속한 개인들의 비방이 중심을 이루는 경우가 배제될 수는 없다고 인정했다. 이는 특히 그 표현이 한 인간집단 전체의 열등의식과 그와 동시에 모든 개별 구성원의 열등의식이 도출되는 그런 민족적, 인종적, 육체적 혹은 정신적 표지와 결합할 때 가능하다고 설명했다. 하지만 통상 특정한 개인 혹은 특정한 인적 결사체에 관한 표현만이 비방적 비판으로 고려되며, 지금까지 연방헌법재판소와 연방대법원은 이러한 의미로만 비방적 비판 개념을 사용해 왔다고 밝혔다. 그에 반해 특정한 사회적 기능을 통해 지칭되는 인적 집단이 문제 된 경우에는 오히려 이 표현은 개인에 대한 비방으로 규정되는 것이 아니라 집단에 의해 대변되는 활동과 결합하는 것이 추정될 수 있다고 보았다. 그럼에도 이때 이 표현이 명예훼손에 해당할 수는 있지만, 의견자유와의 구체적 이익형량이 사정에 따라 전혀 불필요한 것으로 인정되는 비방적 비판의 개념에 해당하는 것은 아니라고 생각했다.

나아가 이 표현이 군인들과 관련되었기 때문에 다른 판단이 요구되는 것도 아니라고 덧붙였다. 특히 군인들이 병역을 이행해야 하고, 징집대상자로서 이를 위해 국가로부터 동원되어야 하며, 이때 복종해야 한다는 사정이 그들의 개인적 명예를 민간인에 속하는 개인적 명예보다 더 보호가치 있는 것으로 만들지도 않는다고 판단했다. 특정한 복종의무가 명예보호의 확대를 통해 보상되어야 한다는 헌법상 원칙은 존재하지 않는다고 단언했다. 비방을 받은 누군가는 자신의 명예에 대한 국가적 보호청구권을 가진다는 것이 모든 인간에게 동일한 방식으로 귀속되는 헌법상의 인격권보호의 결과라고 설명했다. 물론 이 보호는 다툼이 된 표현이 명예를 훼손하거나 심지어 비방적이었다는 점에 대한 입증을 전제로 한다고 덧붙였다.[70]

### ⑨ 1 BvR 1476/91 사건판단

지방법원지원은 청구인이 "murder"이라는 단어를 단지 실수로 사용했으며, 실제로는 "murderer"를 말하려 했다고 생각했다. 지방법원지원은 그렇게 이해된 표현을 연방방위군의 모든 군인들을 포함해 전체 군인들은 중범죄자들로 낙인찍었다는 정도로 해석했다. 연방헌법재판소는 지방법원지원이 처음에는 적절하게 가치평가로서 규정한 표현을 결과에서는 의도적 허위사실주장처럼 다뤘기 때문에 이러한 오판에 이르렀다고 비판했다. 지방법원지원은 "Mörder"라는 개념을 형법적 의미에서 해석한 다음 지금까지 한 번도 연방방위군 군인들을 통해 누군가가 사망한 사실이 없기 때문에 이러한 표현의 의미는 사실에 적합하지 않다고 확정했던 것이 문제라고 보았다. 지방법원지원은 이 사건에서 특히 "A soldier is a murder"라는 이례적인 언어적 표현 형태로 인해 가능했을지 모를 다른 해석대안을 검토하지 않았고, 이에 가치평가에서는 결정적인 기준이 아닌 허위성에서 이 표현의 모욕적 성격을 끌어냈다고 질책했다. 따라서 지방법원지원은 이 표현이 실제로 형법 제185조의 구성요건표지를 충족하지 않는 의미로 이해될 수 있으며, 그런 의미를 갖지 않을 수 있다는 점을 충분히 해명하지 않은 상태에서 형사처벌에 이른 해석을 자신의 유죄선고의 바탕으로 삼았다고 비난했다.

나아가 지방법원지원은 청구인이 해당 표현에서 모든 군인들을 완전한 살인자

(Mörder)로 지칭했고, 동시에 연방방위군 현역군인으로서 육군중령 U 역시 모든 군인에 속하기 때문에, 고소제기자인 육군중령 U은 당연히 대상에 포함된다고 인정했다. 따라서 자신의 표현이 연방방위군 군인들의 좁은 인적 범위를 겨냥한 것은 아니라는 청구인 주장은 광범위한 지칭이 좁은 인적 범위를 함께 포함하고 있을 때에는 무의미하다고 반박했다. 하지만 연방헌법재판소는 이 표현이 다른 군대의 군인들은 배제하는 동시에 연방방위군 구성원은 포함된다는 의미해석에 대한 충분한 설명이 없다고 질타했다.

결국 지방법원지원은 자신의 텍스트 이해를 바탕으로 해당 표현이 의견형성에 기여할 수 있는 것이 아니라는 이유와 함께 정당한 이익의 대변을 인정하지 않았는데, 왜냐하면 이 표현은 모든 객관성 척도에서 볼 때 아쉬운 논박적 비방이고, 군대의 불가피성 혹은 포기 가능성에 관한 어떠한 사고촉발이나 유용한 토론에의 진입도 아닌 비판의 남용이기 때문이라고 밝혔다. 연방헌법재판소는 비록 이 표현이 청구인의 관심사에 관해 보다 자세하게 논술하는 방식의 언어적 맥락에 놓여 있지 않다는 지방법원지원의 견해는 적절하다고 인정했다. 하지만 청구인이 이 표현과 함께 공공성과 관련된 주제를 꺼냈다는 사실은 변함이 없다고 생각했다. 지방법원지원이 이를 오인함으로써 형식적 모욕이나 비방적 비판이 아닌 경우에는 반드시 필수적인 의견자유와 명예보호 사이의 구체적 형량을 포기했다고 비판했다.

한편, 지방법원은 지방법원지원과는 달리 청구인이 행위자이자 희생자로서 군인의 이중적 역할을 알리고, 기동훈련에 참가한 군인들, 즉 근처에 있었던 미군에게 하나의 사고자극을 제공하기 위해 "murderer"라는 단어 대신에 "murder"라는 단어를 의도적으로 선택했다고 인정했다. 그럼에도 불구하고 지방법원은 이로부터 어떠한 결론을 끌어낸 것이 아니라 오히려 "murder(영어)"와 "Mörder(독일어)"의 소리상 유사성을 이유로 마치 청구인이 "murderer(영어)"라고 표현함과 동시에 군인들을 중범죄자와 동일시했다는 식으로 이 표현을 청구인에게 귀속시켰다. 지방법원은 이 점에서 지방법원지원과 마찬가지로 육군중령 U도 군인으로서 모든 군인들에 관한 모욕적 표현에 함께 포함되기 때문에 육군중령 U의 모욕이 인정된다고 생각했다. 결국 지방법원은 지방법원지원과 동일한 취지로 정당한 이익의 대변을 전반적으로 거부했고, 이와 함께 결과적으로 기본법 제5조 제1항 제1문의 의미와 사정거리를 오인했다고 비판했다.[71]

### ⑩ 1 BvR 1980/91 사건판단

지방법원지원은 청구인의 표현이 "모든 군인은 그 양성의 종국점에서는 살인자이고, 저열한 성향에서 살해하는 모든 사람"[72]이라는 의미로 이해된다고 보았다. 하지만 연방헌법재판소는 이러한 해석의 근거는 무엇인지, 마찬가지로 어째서 팸플릿의 대안적 해석 가능성을 고려하지 않았는지에 대해 법원은 아무런 설명도 하지 않았다고 비판했다. 한편, 지방법원은 오히려 청구인에 의해 주장된 해석에 대해 이 표현은 자신이 인정한 것과 다른 어떤 의미도 가질 수 없기 때문에 무의미한 것으로 치부했다. 이에 반해 연방헌법재판소는 청구인에 의해 작성된 팸플릿이 다른 해석을 위한 단서를 제공한다고 판단했다. 비록 청구인은 군대의 양성 목적의 맥락에서는 명사 "Mörder"를 사용했지만 군인직업의 특징 묘사에 있어서는 독일어상으로 명사와 전혀 일치하지 않는 "töten" 동사로 곧바로 넘어갔는데, 왜냐하면 일상용어상으로는 형법 제211조의 살인표지를 충족하지 않고 "töten"한 사람들 역시 "Mörder"의 개념에 따라 통용되기 때문이라고 밝혔다. 아울러 이어진 텍스트에서도 "군인직업"과 "군국주의"에 조준함으로써 청구인은 군인들을 상대로 저열한 성향에서의 살해 비난을 제기한 것이 아니라 군인양성과 전쟁수행의 발생가능성을 가리킨 것이라는 해석도 가능하다고 판단했다.

이어서 지방법원지원은 이 표현이 어느 정도까지 연방방위군 소속 군인인 R과 관련되고, 한눈에 알아볼 수 없는 모든 군인 집단에 관한 표현을 통해 R의 명예가 영향을 받는지 논증하지 않았다고 비판했다.

나아가 지방법원지원은 청구인의 텍스트가 인간존엄성을 경시하는 모멸적 비난을 통해 논박적 비방에 대한 신랄한 비판의 허용한계를 넘었다는 이유로 청구인에게 정당한 이익의 대변사유 적용을 거부했는데, 이 두 가지 점에 관한 이유제시 역시 없다고 비판했다. 동시에 의견자유와 명예보호 사이의 필요한 형량을 회피했다고 지적했다.

그리고 지방법원지원은 이 표현이 개별적 군인뿐만 아니라 연방방위군을 총체적으로 모욕했다는 또 다른 전제에 대해서도 연방방위군의 모욕 가능성이 인정된다는 언급에만 그쳤다고 비판했다. 어디까지 이들이 실제로 모욕을 받았는지 설명하지도 않았고, 어째서 그들의 명예에 대한 경시가 의견자유의 침해보다 중대한지 밝히지도 않았다고 질책했다.

지방법원 역시 표현의 해석에 관해 아무런 노력도 하지 않고 청구인은 군인들이 잠재적 살인자인지 여부에 관한 질문을 스스로 제기한 후 이를 인정했다는 언급에만 그쳤다고 비판했다. 지방법원은 비록 청구인이 질문형식의 표현을 자신의 것으로 합일시켰다고 설명했지만 이를 자세히 논구하지는 않았다고 비난했다. 물론 지방법원지원과는 달리 문제의 모욕적 표현은 바로 연방방위군 군인들 및 개별 군인 R과 관련되었다고 설명하면서 이러한 결론을 팸플릿 텍스트 내에서 재차 "연방방위군에서"라는 문장과 함께 명백히 연방방위군이 언급되었다는 사실에서 끌어냈는데, 그럼에도 팸플릿 텍스트에서는 이러한 해석이 생겨나지 않는다고 판단했다. 지방법원은 두 개의 예문에서는 군인들에 관한 일반적 진술과 군인직업에 관한 일반적 진술들이 행해졌다는 점을 간과했다고 비판했다. 청구인은 "연방방위군에서도 역시"라는 단어 바로 앞에 위치한 "전 세계에서"라는 두 단어를 통해 이 표현의 일반적 효력을 나타낸 것이라고 보았다. 따라서 이 표현이 세계의 모든 군인에 관련된 것이 아니라 연방방위군 군인에 관련된 것인지에 대한 이유제시가 필요했다고 인정했다.

이어서 지방법원은 이 표현을 의견자유가 항상 인격권보호 뒤로 후퇴해야 하는 그런 비방적 비판으로 인정함으로써 정당한 이익의 대변사유를 무시했다고 비판했다. 지방법원은 그 이유를 비난받아 마땅한 성향에 기인한 살해를 뜻하는 살인(Mord: 모살)의 해석이 인정될 수 있고, 살인자와의 동일시가 세계의 모든 군인들에 대한 추정적 확대 및 "잠재적"이라는 단어의 첨가를 통해서는 경감되지는 않는다고 생각했다. 하지만 연방헌법재판소는 팸플릿의 모든 내용뿐만 아니라 그 배포의 동기 역시 해당 팸플릿이 본질적으로 개인에 대한 비방을 포함하는지 아니면 비방적 비판의 인정을 통상 제외하는 공공성과 본질적으로 관련된 문제에 관한 것인지에 대한 고민의 필요성을 제공했음에 틀림없다고 판단했다.

연방방위군이 전체적으로 모욕을 당했는지에 대한 이유제시도 판결에는 없다고 덧붙였다.[73]

### ⑪ 1 BvR 102/92 사건판단

연방헌법재판소는 지방법원 판결이 다툼이 된 표현의 의미에 관해 어떠한 설명도 없이 모욕이라고 너무 쉽게 단정했다고 비판했다. 물론 해당 판결이 자신의 표현은 세계의 모든 군인들과 관련된 것인 동시에 한눈에 알아볼 수 없는 광범위함 때문에 모욕이 불가능한 집단이라는 청구인의 반박에 대해서도 명백한 법적 중요성을 부여하거나 이를 깊이 다루기는 했다고 인정했다. 하지만 청구인이 독자편지에서 소위 프랑크푸르트 군사재판 피고였던 A 박사와 연대를 표명하는 과정에서 모든 군인은 잠재적 살인자라고 주장한 그의 표현에 법정에 참석한 대위 W까지 단지 군인이라는 이유로 비방 대상에 포함시킨 것은 잘못이라고 비판했다. 청구인이 자신의 표현을 동시에 연방방위군 군인들까지 대상으로 삼았다는 결론이 이로부터 드러나지는 않는다는 점은 차제하더라도, 일단 이러한 지방법원의 근거는 연방헌법재판소의 심사를 버티지 못한다고 밝혔다. 모욕적 표현이 모든 세계의 군인들을 대상으로 하는 동시에 개별 군인들까지 관련시켰다고 인정하면서, 그 이유를 단지 개별 군인들은 모든 군인 전체 중 일부를 구성한다는 점에서 찾은 지방법원의 논거와 달리 개별 군인들은 구체적으로 특정되었다고 보기 어렵다고 판단했다. 따라서 독자편지의 텍스트와는 달리 모든 세계의 군인이 아니라 연방방위군 군인들이 특별히 포함된 것이라고 생각한 지방법원의 전제는 추가설명이 필요할 것이라고 지적했다.

또한 지방법원은 의견자유와 명예보호 사이의 형량을 이것이 비방적 비판이라는 언급과 함께 포기했는데, 판결에는 이에 대한 이유가 전혀 없었다고 질책했다. 또한 비방적 비판이라는 전제는 이 사건에서는 다툼이 된 표현이 놓여 있는 맥락에서 이미 금지된다고 밝혔다. 이 표현의 맥락은 작성자가 군대의 유지와 그와 결합된 전쟁에서의 살인을 위한 군비태세라는 실제 사안을 다루는 것이라는 점이 분명하게 드러나고, 따라서 청구인이 명예보호의 요청을 필요로 하는 방식으로 이 문제를 제기했는지 여부에 관한 판단은 사례관련 형량을 통해 해결되어야 했다고 비판했다.[74]


⑫ 1 BvR 221/92 관련 사건판단

지방법원지원은 "살인자(Mörder)"라는 개념이 항상 지칭된 사람의 경멸을 포함하기 때문에 청구인의 표현은 모욕에 해당한다고 간주했다. 지방법원지원은 비록 일상 용어상으로는 모살(Mord)과 고살(Totschlag)이 구별되지 않지만, 그럼에도 그러한 표현의 지칭은 위법하고 비난받을 만한 살해로 해석된다고 보았다. 그리고 이러한 의미는 "잠재적"이라는 단어와 "살인자(Mörder)"와 "병역거부자"라는 단어의 그래픽을 통한 결합을 통해서도 제거되지 않는다고 판단했다. "잠재적"이라는 단어는 단지 살인자(Mörder)가 되기 위한 모든 군인들의 일반적 준비태세만을 가리키는 것이며, "병역거부자"란 단어는 군인들에게 병역을 거부할 것인지 아니면 살인자가 될 것인지의 양자택일을 강요하는 것을 뜻한다고 생각했다. 이러한 사정하에서 지방법원지원은 이 표현의 모욕적 성격을 군인들은 합법적으로 살해한다는 사실에서 찾았다. 하지만 연방헌법재판소는 이 표현이 다른 의미를 가질 수 있었는지 여부에 관해서 법원은 아무런 검토도 하지 않았다고 비판했다. 안내 데스크에서는 단지 첨단기술의 매력만을 묘사한 반면 전쟁의 치명적 실상은 감춰졌다고 비판한 배포 팸플릿의 텍스트는 현수막과 관련한 표현의 의미를 파악하는 데 중요한 계기를 제공할 수 있을 것이라고 판단했다. 이에 문제된 표현내용이 사실상 그대로 재현된 팸플릿을 법원이 전혀 논하지 않은 것은 잘못이라고 보았다.

　이어서 지방법원지원은 안내 데스크에서 자리를 지킨 연방방위군 군인들이 이 표현과 직접 관련되었다고 인정했지만, 연방헌법재판소는 표현 그 자체를 통해서가 아니라 단지 그들의 참석에서 이러한 직접적 관련성이 생겨나지는 않는다고 반박했다. 그리고 해당 표현이 그 밖의 모든 군인들과 구별되는 개별적 집단으로서 연방방위군과 직접 관련되었는지에 대해서도 법원은 확인하지 않았다고 꼬집었다.

　또한 지방법원지원은 의견자유에 대한 명예보호의 우위를 이 표현이 비정상적으로 신랄한 것이고, 정치적 여론형성을 위한 의견투쟁의 범위 내에서 행해진 것이 아니라 한 스포츠박람회에서 연방방위군의 홍보부스 참여에 대한 항의에서 행해진 것이었다는 점에서 그 근거를 찾았다고 평가했다. 하지만 연방헌법재판소는 하나의 표현이 여론형성에의 기여를 의미하는지의 문제는 그것이 정치적 교양행사에서 일어났는지 여부와는 무관하다고 보았다. 오히려 비정치적인 것으로 추정되는 맥락 역시 정치적 함의의 폭로를 위해 이용될 수 있다고 인정했다.

　한편, 지방법원은 이 표현을 군인들에 대한 살인자(Mörder)와의 동일시로 인정하면서 살인자(Mörder)의 개념을 특별히 비난받을 만한 성향에서 행해진 살해(모살)라고 규정했다. 하지만 실제 군인들은 단지 공격자에 대한 방어를 위해 개입이 허용되고, 이때 일어난 살해는 적법한 것이기 때문에, 이들에게는 이러한 성향이 존재하지 않는다고 판단했다. 이에 대해 연방헌법재판소는 이 표현이 다른 의미를 가질 수 있는지 여부와 관련해서 아무런 검토도 하지 않았고, 아울러 현수막 글귀의 의미를 자세히 규명하기에 적합한, 현수막 표현과 함께 배포되었던 팸플릿을 전혀 참작하지도 않았다며 법원을 강하게 질책했다.

　나아가 연방헌법재판소는 모든 군인들로 이해되는 현수막 글귀에도 불구하고 법원이 어떤 이유에서 연방방위군 군인들로 생각했는지에 관해서도 소상히 설명하지 않았다고 비판했다. 또한 현수막 글귀를 비방적 비판으로 간주했기 때문에 의견자유의 이익과 명예보호의 이익 사이의 형량을 포기했다고 비난했다. 지방법원은 현수막 글귀의 경우에는 사안에서의 논쟁, 즉 평화주의 사상의 전파가 아니라 군인들에 대한 비방이 중심에 서 있었다고 인정하면서, 이를 위한 이유제시에서는 단지 이 표현이 심각한 모욕이라는 점만 언급하는데 그쳤을 뿐 함께 배포되었던 팸플릿 내용은 전혀 논구하지 않았다고 질책했다. 따라서 이러한 상황만으로는 비방적 비판을 인정하기 위한 근거가 충분하지 않다고 꼬집었다.

결국 연방헌법재판소는 법원이 적절하게 다른 해석 가능성을 검토하고, 연방방위군 군인들 사이의 차이에 유의해서 세계의 모든 군인들에 대한 모욕적 표현과 비방적 비판의 개념을 헌법합치적으로 적용했다면, 네 개의 사건 모두 공통적으로 다른 결과에 이르렀을 것이라는 점이 분명하다고 판단했다. 따라서 대상 판결들은 파기환송되어야 한다고 결정했다.[75]

# 제6장

# 다의적 표현의 해석과 스톨페 이론

# Ⅰ. 언론법상 다의적 표현의 문제

## 1. 다의적(Mehrdeutig) 표현의 의의

소송대상이 된 표현의 해석은 앞서 살펴본 바와 같이 종종 소송에 있어서 결정적인 역할을 하게 된다. 표현의 해석은 무엇보다 사실주장과 의견표현 사이의 구별에서 출발해야 하며, 여기에서부터 각각의 상이한 심사기준 적용을 위한 방향이 결정된다. 표현주체나 전파자는 평가저하적인 사실주장을 제기할 경우(형법 제186조)에는 원칙적으로 진실을 입증해야 하며, 반면에 가치평가의 경우에는 비방적 비판의 한계에 도달하기 전까지는 조롱의 자유를 만끽할 수 있다. 그리고 가치평가가 사실적 요소 역시 포함하고 있을 경우에는 단지 충분한 근거만 증명하면 된다. 이러한 상이한 법적 효과를 적용하기 위한 분류를 위해서는 해석을 통해 표현의 객관적 의미를 밝혀내는 것이 결정적이다. 그리고 이러한 의미는 객관적이고 이성적인 청중이 맥락과 인식 가능한 부수사정의 평가를 통해 이해한 진술의 의미를 뜻한다. 이에 따라 부적절한 해석은 당연히 제외되어야 한다. 이런 점에서 다의적 표현의 문제가 어려우면서도 중요한 언론법상 쟁점으로 부각된다.

기본법 제5조는 법원에게 실제 그렇게 행해지지 않은 표현을 그의 판단에 바탕으

기본법 제5조는 법원에게 실제 그렇게 행해지지 않은 표현을 그의 판단에 바탕으로 삼지 말 것을 요구하며, 이는 앞서 살펴본 바와 같이 언론법상 자명한 사실이다. 따라서 법원은 확정된 원문내용에서 객관적으로 가지지 않은 의미를 표현에 부여해서는 안 된다. 연방헌법재판소 역시 법원이 행해지지 않은 표현을 그의 판단에 바탕으로 삼거나 확정된 원문에 따르면 객관적으로 가지지 않은 의미를 표현에 부여해서는 안 된다는 점을 분명히 했다.

나아가 연방헌법재판소는 법원이 설득력 있는 이유의 제시하에 다른 가능한 해석을 배제하는 과정 없이 유죄판결에 이르는 해석만을 고집해서는 안 된다고 판시했다. 여러 해석이 가능한 경우에, 즉 다의적(Mehrdeutig) 표현의 경우에 법원이 여러 가지 객관적으로 가능한 해석 가운데 설득력 있는 이유들의 제시하에서 다른 해석을 배제하지 않은 채 유죄판결에 이르는 해석만을 바탕으로 결정한다면, 이는 기본권효력의 부인에 해당한다고 보았다. 따라서 법원은 다의적 표현이 존재할 경우에는 다의성의 인식하에서 다양한 해석 가능성을 자세하게 대조하고, 발견된 해석을 설득력 있게 정당화해야 한다고 요구했다.[1] 이는 결국 언론법 영역에서 기본권보호가 이론적 차원에서뿐만 아니라 실무상으로도 중요하다는 사실을 입증하는 것이다.[2]

따라서 여러 해석 가능성들이 존재하는 경우에는 기본권보호의 의미와 사정거리의 관점에서 법원이 설득력 있는 이유들과 함께 유죄판결에 이르지 않는 해석변형을 배제해야 하는 과정이 필수적이다.[3]

## 2. 다의적 표현의 전통적 해석기준―'유리한 해석원칙(Günstigkeitsregel)'

다의적 표현을 대상으로 하는 해석에 있어서는 일반적으로 소위 '유리한 해석원칙(Günstigkeitsregel)'이 적용된다. '유리한 해석원칙'이란 법원이 진술의 해석에 있어서 표현주체나 전파자의 유죄판결에 이르는 해석을 바탕으로 삼기 위해서는 유죄판결을 벗어나는 해석을 "설득력 있는" 혹은 "납득할 수 있는" 내지 "이해할 수 있거나

공감할 수 있는" 이유들과 함께 제외한 경우에만 가능하다는 원칙을 말한다.[4]

이러한 '유리한 해석원칙'을 기초로 하는 해석변형이론(Varientenlehre)에 따르면, 표현의 여러 가지 해석 가능성들 중에서는 유죄판결에 이르지 않는 그러한 해석이 우선권을 가지게 된다. 이는 개별적으로 사실주장과 의견표현 사이의 구분이 확실한 결론에 이르지 못한 경우, 의견표현으로의 추정원칙이 보장되는 법리를 의미한다.

하지만 실제로는 법원들이 사실주장 혹은 의견표현으로서 표현의 분류를 위해 지금까지 제시한 기준에도 불구하고 이러한 기준들만으로는 해결될 수 없는 의심사례들이 남아 있을 수 있고, 이에 대해서 법원들은 소위 의심스러운 경우의 표현들은 의견 성격을 가진다는 원칙과 다의적 의견표현들은 가능한 한 유죄판결에 이르지 않는 그런 정도로 해석된다는 해석기준을 적용해 왔다.

따라서 법원이 여러 해석들 중에 형사상 유죄판결이나 민사상 제재에 이를 수 있는 해석을 해당 표현에 부여한 경우에는 하나의 헌법위반을 나타낼 수 있으며, 이때에는 설득력 있는 이유하에서 다른 유리한 해석을 제외해야 한다는 결론에 이르게 된다.[5]

한편, 이러한 '유리한 해석원칙'이 적용되는 제재 성격의 소송으로는 형사소송, 손해배상 소송, 정정보도 소송 및 반론보도 소송으로 제한된다. 반면에 다의적 표현에 대한 금지청구 소송의 경우는 이어서 살펴보게 될 "스톨페" 결정(NJW 2006, 207)에 따라 '유리한 해석원칙'이 아닌 다른 법리가 적용된다.

## 연방헌법재판소 1990년 6월 26일 자 결정
### – 1BvR 1165/89("강제민주주의자"–결정)

### 사실관계

청구인2(랄프 지오다노)는 문필가이자 언론인이다. 1987년 발표된 책 "제2의 죄과 혹은 독일인이라는 부담에 관하여"에서 그는 독일의 민주주의 상황에 관한 우려를 나타냈다. 여기에서 그는 연방독일질서의 모든 대표자들이 진정한 민주주의자는 아니며, 이 체제의 우월성에 관해 확신을 가지고 있는 것도 아니라고 주장했다. 이러한 맥락에서 그는 "강제민주주의자"라는 개념을 사용했고, 사망한 전심절차의 원고, 고 슈트라우스 바이에른 주수상에게도 이 개념을 적용했다. 그밖에 무엇보다 연방독일에는 '스트롱맨'에 대한 커다란 동경이 존재한다고 서술했으며, CSU 정치인인 슈트라우스가 이러한 동경의 선택받은 자이자 동경의 상징적 인물이라고 보았다. 비슷한 시기에 발행된 스테른-북 "선거-하지만 누구?"에서 청구인2는 마찬가지로 "강제민주주의자"라는 용어를 사용했지만, 슈트라우스와 "1933년과 1945년 사이 실제 스트롱맨"과의 비교는 거부했다. 루돌프 헤스(나치 지도자)의 사망을 계기로 청구인1은 자신에 의해 발행되는 화보주간지 "슈테른"에서 청구인2와의 인터뷰를 게재했다. 본문기사는 "루돌프 헤스과 독일의 제2차 책임"이라는 제목하에 게재되었다. 여기에서 청구인2는 키워드 "강제민주주의자"에 관한 질문에 다음과 같이 답변했다.

> G: 이것은 내게 단지 강제적으로만 혹은 기회주의적 이유들에서만 민주주의로 개종될 수 있고, 이 국가형태를 기껏해야 형식적으로 적용하는 그런 모든 사람들을 뜻합니다. 그리고 내게는 프란츠 요세프 슈트라우스가 전형적인 화신입니다.

> Stern: 하지만 생각한 것보다 우리는 더 나은 민주주의자라는 사실을 바이에른의 정치적 삶은 알고 있습니다. – 왜냐하면 그는 그런 짓을 하지 못했으니까요.

G: ⋯ 슈트라우스가 그의 목표를 달성하지 못했다는 것은 맞아요. 제2의 독일 민주주의가 그를 자제시켰어요. 하지만 이로 인해 이러한 전형이 ─나는 이것을 일단 객관화하길 원하는데, 왜냐하면 이것이 결코 프란츠 요세프 슈트라우스에게만 해당되지는 않기 때문에─ 연방공화국에서 매우 활발하다는 사실이 달라지지는 않아요. 확실히 그의 모든 일에는 한계가 있었어요. 스트롱맨에 대해 여전히 남아 있는 동경, 소위 연방독일의 나치 우상숭배 아류가 실현되지는 않았어요. 하지만 나는 강제민주주의자의 전형을 매우 위험한 것으로 간주합니다. 그가 민주주의를 제압할 수는 없지만, 그는 민주주의를 분명히 훼손시킬 수는 있어요.

슈트라우스 주수상은 청구인들에게 가처분신청을 제기했고, 그로 인해 무엇보다 "슈트라우스는 단지 강제적으로만 혹은 기회주의적 이유들에서만 민주주의로 개종될 수 있고, 이 국가형태를 기껏해야 형식적으로 취급하는 그런 사람들의 전형적 화신"이라는 표현을 주장하거나 전파하는 것이 금지되었다. 본안소송에서 슈트라우스는 주간지 인터뷰에서 청구인2의 발언이 하나의 악의적 중상모략에 버금가는 비방적 비판이라고 주장했다.

뮌헨 상급법원은 청구인에게 구류를 대신하는 벌금의 경고하에서 "강제민주주의자. 이것은 내게 단지 강제적으로만 혹은 기회주의적 이유들에서만 민주주의로 개종될 수 있고, 민주주의 국가형태를 기껏해야 형식적으로 적용하는 그런 사람들을 뜻한다. 내게는 프란츠 요세프 슈트라우스가 강제민주주의자의 전형적 화신이다"라는 표현이 다음 표현과의 맥락에서 제기되거나 전파될 때 이를 금지하라고 판결했다:

맞아요. 슈트라우스는 그의 목표를 달성하지 못했습니다. 제2의 독일 민주주의[6]가 그를 자제시켰습니다. 하지만 이러한 전형이 ─나는 일단 객관화시키고자 하는데, 왜냐하면 이것이 결코 프란츠 요세프 슈트라우스에게만 해당되지는 않기 때문에─ 연방독일에서 매우 활발하다는 사실이 달라지지는 않습니다. 확실히 그의 일들은 한계가 있었습니다. 스트롱맨에 대해 여전히 남아 있는 동경, 소위 연방독일의 나치 우상숭배 아류가 실현되지는 않았습니다. 하지만 나는 이러한 강제민주주의자의 전형을 매우 위험한 것으로 봅니다. 그가 민주주의를 제압할 수는 없습니다. 하지만 그는 분명히 민주주의를 훼손시킬 수 있습니다.

헌법소원은 성공했다.[7]

① 표현의 적절한 이해와 헌법심사의 대상

연방헌법재판소는 헌법소원이 이유 있다고 결정했다. 상급법원의 판결은 기본법 제5조 제1항 제1문(의견표현의 자유)에 근거한 청구인2의 기본권과 기본법 제5조 제1항 제2문(출판의 자유)에 근거한 청구인1의 기본권을 침해한다고 인정했다.

우선, 연방헌법재판소는 기본권효력이 소송의 사법적 성격을 빼앗지 않는다고 밝혔다. 따라서 소송의 구성, 사실 확정과 평가, 일반법의 해석과 개별사건으로의 적용은 원칙적으로 관할법원에 속하고, 헌법재판소의 사후심사에서도 벗어난다는 사실은 민사법원 판결에 대한 헌법심사에 있어서도 마찬가지로 적용된다고 보았다. 연방헌법재판소는 단지 각급 법원이 기본권의 의미와 사정거리를 부인했을 경우에만 개입한다고 밝혔다.

하지만 언론자유의 침해가 문제 되는 경우에 연방헌법재판소는 기본법상 보호되는 표현의 부적절한 이해와 평가에 대해 즉시 개입할 수 있다고 인정했다. 그리고 법원들이 원래 그렇게 행해지지 않은 표현을 판단의 바탕으로 삼거나, 확정된 원문에 따르면 객관적으로 가질 수 없는 그런 의미를 표현에 부여하거나 혹은 법원이 여러 가지 객관적으로 가능한 해석들 가운데 설득력 있는 이유들의 제시하에서 다른 해석을 배제하는 과정 없이 유죄판결에 이르는 해석만을 선택해서 결정하는 경우, 기본권효력이 오인된다고 보았다.

나아가 의견자유의 의미와 사정거리는 법원들이 하나의 표현을 부적절하게 사실주장, 형식적 모욕이나 비방적 비판으로 분류함으로써 모욕적이거나 비방적인 성격 없이 인정될 수 있는 표현과 같은 정도의 기본권보호를 누리지 못하는 결과를 가져오게 될 때에도 오인된다고 설명했다. 이러한 내용의 사실확정과 법적용은 기본권상 보호되는 영역에의 접근을 처음부터 차단할 수 있으며, 이에 따라 의견자유의 보호가 불리하게 축소될 가능성이 있다면, 이는 전체적으로 헌법재판소의 심사대상에 포함되어야 한다고 밝혔다.

청구인2의 금지판결은 그의 인터뷰에 대한 특정한 이해를 근거로 고 주수상 슈트라우스의 비방적 비판으로 판단하였고, 이로 인해 의견자유가 명예보호 뒤로 후퇴해야 하는 결과를 가져왔기 때문에, 표현의 사실적 이해와 법적 평가는 전체적으로 헌법적 심사 아래 놓여 있다고 판단했다.[8]

② "강제민주주의자"라는 표현의 의미

연방헌법재판소에 따르면, 기본법 제5조 제1항 제1문은 밀접하게 결합되어 있는 개인의 인격발현의 이익을 위해서뿐만 아니라 민주주의 절차를 위한 구성적 의미를 위해서도 의견자유를 보호한다고 밝혔다. 하지만 보호의 정도는 의견표현의 목적에 달려 있을 수 있으며, 공공성과 본질적으로 관련된 문제에서의 토론을 위한 기사들은 단지 사적 이익에 기여하는 표현보다 더 강력한 보호를 누린다고 보았다. 이에 전자에는 자유로운 의견의 추정이 보장된다고 강조했다. 따라서 무엇보다 공적 토론에서는, 특히 정치적 토론에서는 과장되고 논박적인 형태로 표현되는 비판 역시 감수되어야 하는데, 그렇지 않다면 여론형성 과정이 마비되거나 수축될 위험이 우려될 것이기 때문이라고 설명했다. 이에 정치적 토론에서 공적 비판의 허용성에 관해 과도한 요청을 부여하는 그러한 법의 해석은 기본법과 일치하지 않는 것이라고 경계했다.

연방헌법재판소는 상급법원이 전심절차의 원고에 대해 "강제민주주의자"로서 지칭한 것을 경멸과 모욕으로 간주한 것은 헌법상 어떠한 우려도 생기지 않는다고 인정했다. 실제로 민주주의 국가에서 선택된 주수상은 자신이 "강제민주주의자"로, 나아가 이러한 개념과 함께 결부된 의미에서 전형적인 "강제민주주의자"의 화신으로 지칭되었을 때, 그의 사회적 존중청구는 현저히 침해되었다고 인정했다. 당사자는 이를 통해 자신이 비록 상황의 압박하에서는 외부적으로 민주주의자처럼 행동하지만, 내적으로는 비민주주의적 국가형태를 지향한다는 비난에 노출되었다고 보았다.

더군다나 상급법원이 청구인2와의 인터뷰에서 끌어냈던 진술, 이전에 원고는 국가사회주의에 가까웠으며, 그가 대다수 국민들을 통해 저지되지 않았다면 국가사회주의 우상숭배를 계속 답습했을 것이라는 진술은 비방적 성격을 가진다고 판단했다. 국가사회주의는 단지 기본법의 자유민주주의 질서에 반대되는 체제모델에만 몰두했던 것이 아니라 그 밖에도 혐오스러운 수단과 함께 자신의 목적을 추구했다고 보았다. 그런 점에서 민주주의자라고 주장하는 정치인에 대해서 국가사회주의와 밀접한 관련이 있다고 비방하는 것은 고도의 비방적인 표현에 해당한다고 인정했다.[9]

### ③ 다의적 표현의 해석에 있어서 법원의 의무

연방헌법재판소는 하지만 상급법원이 기본법 제5조 제1항 제1문에 대한 위반하에서 청구인2의 발언을 이해했다고 판단했다. 상급법원은 금지된 표현의 마지막 단락을 통해 주수상 슈트라우스가 "국가사회주의 우상숭배의 연방독일 아류"로서 지칭되었고, 그와 함께 그는 국가사회주의에 가까운 사람으로 치부되어서, 가능한 한 우상숭배를 계속 답습했을 것이라는 비방을 받아야 했다고 생각했다. 이에 반해 연방헌법재판소는 이러한 해석만을 해당 본문단락에서 가능한 유일한 해석으로 볼 수는 없다고 반박했다. 오히려 "스트롱맨에 대한 동경, 소위 독일 국가사회주의 우상숭배의 아류"의 주체는 일부 연방독일 국민들인 반면에 원고는 이를 위한 단순한 동경의 대상이 된 것으로 이해될 수도 있다고 보았다. 그렇다면 이 표현에서 명백히 피해당사자 자신이 이러한 목적을 추구했다는 주장이 유추되지는 않는다고 생각했다. 따라서 국가사회주의 우상숭배에 관련된 인터뷰 부분을 이러한 의미로 이해할 경우에 원고에 대한 비방적 효과를 인정하는 것은 의구심이 들 수밖에 없다고 판단했다.

아울러 연방헌법재판소는 법원에 의해 다른 맥락에서 인용된 청구인2의 책 "두 번째 죄과 혹은 독일인이라는 부담에 관하여"의 원문이 바로 이러한 해석 역시 수긍할 수 있다는 사실을 말해 준다고 밝혔다. 청구인2는 비록 거기에서도 마찬가지로 원고를 강제민주주의자에 편입시켰지만, 그다음 그를 선택받은 자로서, 즉 스트롱맨에 대한 동경의 대상으로 지칭하면서 히틀러와의 동일시는 명백히 거부했다고 언급했다. 상급법원의 사실확정에서도 청구인2가 자신의 책에 포함시킨 인터뷰에서 이러한 생각을 부인한 것으로 보이는 어떠한 단서들도 발견되지 않는다고 밝혔다.[10]

### ④ 비방적 비판의 인정 여부

연방헌법재판소는 대상 표현을 비방적 비판으로 분류한 것 역시 헌법심사를 버터낼 수 없다고 판단했다. 의견표현은 그 속에 담겨 있는 타인에 대한 경멸적 인상으로 인해 곧바로 비방이 되지는 않으며, 심지어는 과장되고 무례한 비판조차도 아직은 그 자체만으로 비방으로 간주되지 않는다고 밝혔다. 오히려 비방적 표현은 그 안에 더 이상 사안에서의 논쟁이 아니라 한 인물에 대한 비방이 중심을 이루는 경우에 비로소 비방의 성격을 갖게 된다고 부연했다.

이어서 의견자유의 이익을 위해 좁게 이해된 비방의 개념을 바탕으로 삼는다면, 상급법원에 의해 인용된 근거들만으로는 비방적 표현으로서 분류를 지탱하기에 충분하지 않다고 보았다. "강제민주주의자"에 관한 관련 표현은 청구인2에게는 민주주의 국가형태를 단지 외부적으로만 인정하고, 내적으로는 거부하는 사람을 통해 민주주의 국가체제의 위험을 지적하는 것이 우선적인 목표였다고 보았다. "강제민주주의자"는 단지 상황의 강제하에서만 민주적으로 행동하기 때문에, 상황의 변화에 따라서 금세 비민주주의적 성향이 발현된다는 사실을 경고하는 것이었다고 평가했다. 청구인2는 이러한 맥락에서 비로소 원고를 "강제민주주의자"의 전형적인 예로써 지명했다고 보았다. 따라서 사실진술이 중심을 이루는 가운데 원고는 누가 해당 전형에 일치하는지의 예시와 관련해서 원고가 언급되었다고 판단했다. 하지만 이러한 사안의 논쟁 범위 내에서는 민주주의 정치인, 더 나아가 민주주의를 지향하는 정치인 역시 "강제민주주의자"라는 지칭에 포함된 비난을 감수해야 한다고 생각했다.

연방헌법재판소는 이러한 사안관련성은 그다음에 이어진 청구인2의 표현에 있어서도 인정된다고 첨언했다. 그리고 이는 원고가 비밀리에 우상숭배에 집착했다는 그 다음 주장표현에 관한 상급법원의 언급에도 마찬가지로 적용된다고 보았다. 따라서 청구인2는 자신에게 중요한 것은 연방독일에서 강제민주주의자의 전형이 매우 활발하다는 사실이었고, 결코 이러한 전형이 원고에 의해서만 구체화되는 것은 아니라는 점을 분명하게 밝혔다고 인정했다. 아울러 청구인2가 "스트롱맨에 대한 동경", "연방독일의 국가사회주의 우상숭배 아류"라고 언급한 이상, 그의 표현들을 -비록 격렬하고 지나칠지는 몰라도- 사안에 관한 입장표명으로 보는 것이 아니라 원고의 비방에 해당하는 것으로 단정하는 것을 더 이상 허용하지 않는다고 밝혔다. 오히려 여기에서는 연방독일의 민주주의 질서가 안전한 것으로 진단되는 성급한 판단을 피하고, 현재 우려되는 위험들이 과소평가되지 않도록 하는 경고의 의미가 지배적이라고 평가했다.

결론적으로 연방헌법재판소는 원고의 인격권에는 유리하게 그리고 청구인2의 의견자유에는 반대하는 상급법원의 판결은 충분하게 이유가 제시되지 않은 표현의 해석을 기초로 한 것이자 부적절한 비방적 비판으로의 간주에 근거한 것이라고 비판했다.[11]

### 3. 다의적 표현의 경우 법원의 설득력 있는 이유제시 의무

연방헌법재판소는 누차에 걸친 자신의 결정을 통해 표현의 해석과 관련된 원칙들을 제시해 왔다. 이 과정에서 무엇보다 법원은 유죄의 판결에 이르는 해석을 판단의 바탕으로 삼기 전에 다른 가능성 있는 해석들을 설득력 있는 이유와 함께 배제하는 논증과정을 반드시 거쳐야 한다고 강조했다. 이는 앞에서 반복해서 살펴본 바와 같다. 따라서 하급심 법원들이 다의적 표현에 있어서 이러한 설득력 있는 이유제시와 관련된 논증과정 없이 '유리한 해석원칙'에 반해서 특정한 표현을 유죄판결에 이르도록 해석한 경우에는 항상 의견자유 기본권의 침해에 해당하는 것으로 결정해 왔다.

대표적으로 "국민선동죄 유죄판결" 결정에서 연방헌법재판소는 이러한 점을 분명히 밝힌 바 있다. 해당 사건은 독일 형법 제130조가 규정하고 있는 국민선동죄의 한 대상으로서 나치가 저질렀던 아우슈비츠에서의 집단학살을 부정하는 경우, 이를 처벌하는 문제와 관련된 사례였다. 아울러 동독시대 사형수에 대한 모욕죄 유죄판결 사건에서도 마찬가지 입장을 취한 바 있다.[12]

### 연방헌법재판소 2017년 3월 28일 자 결정
### – 1BvR 1384/16("국민선동죄 유죄판결"–결정)

### 사실관계

청구인은 프리랜서 기자로 활동하고 있고, 2010년 4월 인터넷사이트에 "음모"라는 제목이 달린 기사를 게시하였다. 그 내용은 다음과 같다.

> 국가 역시 달갑지 않은 의견과 싸우기 위해 음모적 수단을 이용한다. 그때 허위사실의 기만하에서 '우익에 대한 투쟁'을 완전히 공개적으로 호소하게 된다. 독특하게 들릴지 모르지만, 1944년 이후에 단 한 명의 유대인도 아우슈비츠로 강제 이송되지 않았다. 그리고 연합국은 더 이상 독일의 어떤 도시도 폭격하지 않았으며, 유대인 교회당은 다시 건축되었을 뿐 폭파되지는 않았다. '우익에 대한 투쟁'이 그처럼 단호하게 대응했던 끔찍한 반유대주의는 오늘날 의견 감시관의 견해에 따르면 유대인에게 어쩌면 맘에 들지 않는 말에 해당할지 모른다.

본래 이 기사는 별도의 유죄판결을 받은 제3자가 2010년 초에 한 잡지에서 게재한 것이었고, 이 잡지는 200여 명의 정기독자를 보유한 한 격월지로서 약 700부 가량이 발행되었다.

형사법원은 청구인을 나치에 의해 저질러진 집단학살의 부정을 처벌하는 국민선동죄(형법 제130조)의 방조범으로 벌금형에 처했다.

헌법소원은 완전히 성공했다.[13]

① 다의적 표현에서 유죄판결에 이르는 경우 법원의 이유제시 의무

연방헌법재판소는 개별사례에서 사실적 요소와 평가적 요소의 구분은 단지 그를 통해 표현의 의미가 왜곡되지 않을 경우에만 허용되며, 이것이 불가능하다면 표현의 효과적인 기본권보호를 위해 전체적으로 의견표현으로서 인정해야 한다고 밝혔다. 그렇지 않을 경우에는 기본권 보호의 본질적 축소가 우려된다고 이유를 설명했다. 이어서 연방헌법재판소는 하나의 표현내용이 헌법상 보호를 누릴 수 있는지 판단하기 위한 단계로서 제한법률의 해석 외에도 표현의 의미내용의 파악, 즉 표현의 해석 문제가 무엇보다 중요하다고 강조하였다. 아울러 관할법원은 유죄판결의 바탕으로 삼는 해석을 판결의 기초로 할 경우에는 달리 해석될 수 있는 표현내용을 제외하게 된 설득력 있는 이유를 함께 제시해야 하는 의무에 관해 다음과 같이 판시하였다.

> 하나의 표현이 기본법 제5조 제1항의 보호를 누리는지 여부 그리고 하나의 표현이 기본법 제5조 제2항에 지칭된 법률의 구성요건표지를 충족하는지 여부의 확정 및 그 이후 필수적인 사례관련 형량은 당연히 표현의 의미내용이 적절하게 파악되었다는 사실을 전제조건으로 한다. 그 때문에 기본법 제5조 제1항에 대한 위반은 하나의 표현이 실수로 기본권의 보호범위에서 탈락되거나 기본권이 법의 해석과 적용에 있어서 충분히 주의되지 않았을 경우에만 존재하는 것은 아니다. 오히려 법원을 통해 해당 표현에서 추출되었거나 유죄판결의 기초로 삼게 된 의미를 실제로는 그 표현이 가지고 있지 않거나 혹은 다의적 표현(mehrdeutige Äußerungen)에서 가능한 것으로 보이는 다른 해석을 설득력 있는 이유와 함께 배제하는 과정 없이 유죄판결에 이르는 해석만을 판단의 기초로 삼은 경우, 그러한 표현으로 인한 유죄판결은 기본법 제5조 제1항을 위반하게 된다(NJW 1977, 799; NJW 1983, 1415; NJW 1990, 1980). 이때 법원은 특히 원문내용에서 출발해서 표현의 맥락과 기타 부수 사정 역시 고려해야 한다.[14]

② 사건판단

연방헌법재판소는 이 사건에서 형사법원들이 유죄판결의 바탕이 된 본문 문구의 평가에 있어서 다른 가능성이 있는 해석들을 설득력 있는 이유들과 함께 배제하지

않았고, 의견자유의 기본권을 준수하지 않았다고 비판했다.

지방법원과 상급법원이 만장일치로 "독특하게 들릴지 모르지만, 1944년 이후 단한 명의 유대인도 아우슈비츠로 강제 이송되지 않았다"라는 문장은 단지 1944년 초부터 전 기간이 지나갔을 때 어떠한 유대인도 아우슈비츠 집단수용소로 강제 이송되지 않았다는 정도로만 이해될 수 있다고 생각한 것이 문제라고 지적했다. 해당 법원들은 여기에서 의견자유와 이로부터 생겨나는 다의적 표현의 해석에 대한 요청을 고려하지 않았고, 결국 청구인이 "독특하게 들릴지 모르지만"이라는 문구와 함께 문장을 시작했다는 사실만으로 자신의 해석을 정당화했다고 질책했다. 이로 인해 각급 법원은 1944년 마지막부터, 즉 1944년 11월까지는 유대인이 나치정권을 통해 아우슈비츠 수용소로 강제 이송되었다고 볼 수도 있는 해석을 본문내용에서 설득력 있는 이유들과 함께 배제하지 않았다고 비판했다.

연방헌법재판소는 작성된 청구인의 표현은 본문내용에서 따로 떼서 고찰할 경우에는 두 가지 의미가 부여될 수 있다고 보았다. "1944년"은 어떤 특정 시점이 아니라 일정한 기간을 지칭하므로 청구인의 표현은 " 이후"라는 단어와 함께 지칭된 기간 내에서 어떠한 시점도 가능한 기점이 될 수 있다는 간단한 사실을 간파하지 못했다고 꼬집었다. 또한 "독특하게 들릴지 모르지만"이라는 문장 도입부분만으로는 청구인의 표현에 각급 법원이 부여했던 의미내용을 고수할 어떠한 납득 가능한 근거가 될 수 없다고 지적했다. 특히 청구인에게 유리한 표현의 이해를 바탕으로 두어야 할 경우에 해석의 방향전환은 무가치한 것이 아닐 것이라고 생각했다. 그러한 점에서 청구인이 자신의 진술은 어쩌면 독특한 소리일 수 있다고 말한 사실만으로 이것이 쉽사리 독자들에게 진술의 내용이나 진실성을 가리키는 것으로 이해되지는 않는다고 보았다. 오히려 이와 함께 표현이 제기된 맥락이나 관점의 독특한 편협성이 언급된 것으로 볼 수 있다고 판단했다.

따라서 연방헌법재판소는 설득력 있는 그리고 기본법 제5조 제1항 제1문을 통해 제시된 요청을 만족시키는 청구인 진술의 이해가 맥락에서 고려되어야 한다고 주문했다. 이에 따라 청구인은 그다음에 이어진, 연속적 사고를 가능하게 하는 구절들에서 연방독일공화국의 상황을 관련시켰고, 새로운 체제하에서 어떠한 나치범죄도 더 이상 존재하지 않음에도 불구하고 우익에 대한 투쟁을 호소하는 것에 대한 불만을 표시한 것이라고 판단했다. 이러한 배경에서 어쨌든 형사법원은 이성적인 평가에 있어서 어떤 이유로 청구인의 표현을 유죄판결에 이르는 해석내용으로 쉽사리 선택했는지 논증했어야 했다고 비판했다. 또한 이러한 맥락에서 소송대상 문장이 전체적 맥락에서 별도 분리된 채로 1944년 한 해 전체 동안 아우슈비츠 수용소로 이송된 유대인이 전혀 없었다는 내용을 포함하는 그런 해석방향을 선택해야만 했었는지 충분한 이유제시 없이는 수긍할 수 없다고 지적했다. 형사법원의 해석은 전체적으로 연결된 문맥들을 통해서 볼 때 문제가 있는 동시에 경우에 따라서 당사자를 확신시키기 위한 추가적 이유제시가 필요했다고 꼬집었다. 유죄판결의 대상을 이루는 청구인의 표현은 명백히 의견표현과 결부되어 있음에도 불구하고 판결에서 반드시 고려되어야 할 기본권의미에 관한 설명이 전혀 없었다고 질책했다.[15]

## 연방헌법재판소 2018년 1월 24일 자 결정
## – 1BvR 2465/13("동독시대 사형수 모욕으로 인한 유죄판결"–결정)

### 사실관계

청구인은 한 웹사이트 소유자로서 동독 전체주의시대의 철저한 규명과정에서 추정되는 적폐들을 다룬 일반기사들을 공표했다. 그 와중에 1952년 동독 최고법원에 의해 "보이콧 선동" 죄목으로 유죄판결을 받았고, 1952년 8월 2일 사형이 집행되었던 B에 관한 기사를 2005년 10월 자신의 웹사이트에 올렸다. 기사의 계기는 베를린 지방법원의 복권결정이었는데, 2005년 9월 내려진 이 결정은 동독 시대에 내려진 판결을 위법한 것으로 선고하고 그것을 파기하였다. 동독 당시 B에게 내려진 사형판결은 무엇보다 이 사람이 "선동문서"의 불법 판매에 가담했고, "KgU(비인간성에 대한 투쟁)"의 구성원으로서 스파이활동을 했으며, 소이장약으로 암살을 시도했으나 실패했고, 철교에 대한 폭탄공격을 계획했다는 혐의의 범죄행위에 관한 것이었다. 청구인은 "KgU-살인청부업자의 복권을 통한 동독대상 테러의 합법화"라는 자신의 기사에서 연방독일을 비난하면서 B를 테러리즘 단체의 우두머리로 지칭했다.

형사법원은 청구인을 사자의 추모에 관한 모욕(형법 제189조)으로 벌금형에 처했다. 이에 대한 헌법소원은 성공했고, 형사법원 판결은 파기환송에 이르렀다.[16]

### ① 다의적 표현의 해석원칙

연방헌법재판소는 헌법의 특정한 침해는 표현의 의미가 적절하게 파악되지 않는 것을 통해서도 원인이 될 수 있으므로 표현이 전체적 맥락의 참작하에 해석되고 객관적으로 가지지 않은 어떠한 의미도 표현에 인정되어서는 안 된다는 점은 표현의 해석에 대한 헌법상 요청이라고 밝혔다. 그리고 다의적 표현들에 있어서는 하나의 해석을 유죄판결에 이르는 의미의 바탕으로 삼기 전에, 다른 해석 가능성들을 설득력 있는 이유와 함께 제외시키는 과정을 거쳐야 한다고 설명했다.

이어서 고인의 경우 한편으로는 그의 인격체에 근거한 인간 전유의 일반적 존중청구권이 보장되기 때문에, 이러한 보장은 고인이 특히 평가저하되거나 경시되는 것에 대해서 보호를 제공한다고 밝혔다. 하지만 다른 한편으로는 인간이 자신의 고유한 업적을 통해 획득한 도덕적, 인격적 그리고 사회적 평판가치 역시 보호를 누린다고 보았다. 이때 고인의 보호필요성은 그에 관한 기억이 희미해짐에 따라 감소되므로 시간의 경과에 따라 인생상의 비왜곡에 관한 이익 역시 감소된다고 생각했다. 따라서 고인의 존중청구가 개별적으로 어디까지인지의 문제와 상관없이 어쨌든 고인은 살아 있는 사람의 명예보호보다 더 넓게 보호되지는 않는다고 밝혔다.[17]

② 법원의 해석선택에 관한 이유제시 의무

연방헌법재판소는 대상 판결이 이러한 헌법상 요청에 충족되지 않는다고 판단했다. 지방법원은 청구인의 표현을 고인 B의 행동에 오명을 씌우는 것이었다는 점에 방점을 두었지만, 이는 표현의 맥락이 가지는 중요성을 전혀 고려하지 않은 것이라고 비판했다.

연방헌법재판소는 웹사이트에서 행해진 청구인의 관심사가 동독의 과거를 다룸에 있어서 연방독일이 너무 일방적이라고 생각한, 즉 연방독일에 대한 비판이었다고 보았다. 청구인은 고인 B가 동독 최고법원에 의해 유죄판결을 받게 된 범죄비난행위들에 근거해서 B의 행동들을 범법행위라고 간주했고, 나아가 동독은 이러한 행위의 소추에 관한 정당한 이익을 가졌다고 주장했는데, 그 이유는 B의 유죄판결이 나중의 복권결정을 통해서 영웅으로 존경받게 될 사안이 결코 아니라고 생각했기 때문이었다. 따라서 청구인의 표현은 그의 중심을 어쨌든 고인에 대한 인신공격에 맞춘 것이 아니라 자신의 관점에서 동독 과거와 그에 대해 향해진 저항을 다룸에 있어서 정치적 편파성에서 비롯된 이중적 잣대를 비난하는 것이었다고 판단했다. 그리고 이러한 의견표현은 기본법 제5조 제1항 제1문에 의해 원칙적으로 보호된다고 밝혔다. 이러한 청구인의 관점이 객관적으로 어떤 방식으로든 받아들일 수 있는 것인지 아니면 처음부터 부당한 것인지 여부는 의견표현의 자유보호에 있어서 어떠한 중요한 역할도 하지 않는다고 보았다. 청구인에 의해 참조된 동독판결이 심각한 법치국가 위반이며, 부적절하게 가혹한 것이고, 청구인이 이로 인해 베를린 지방법원에서 선고된 B의 복권결정을 의문시했다는 사실에 의해서도 달라지는 것은 없다고 밝혔다. 청구인은 자신의 의견자유의 존중 차원에서 이러한 복권조치의 정당성을 인정해야 할 의무를 지지 않는다고 보았다. 아울러 고인 B의 행동들은 동독-독재에 대한 저항에 기여하는 것이었다는 점을 고려해서 B를 평가할 의무 역시 지지 않는다고 판단했다. 청구인은 이 사람에 대해 소이장약 공격이나 폭탄공격을 행했다는 비난이 제기되었기 때문에 B의 복권을 비판했지만, 이러한 비난들이 사실상 처음부터 허위이거나 부당한 것이었는지 여부에 관해 지방법원은 판결 내에서 다루지도 않았을 뿐더러 이 역시 명백하지도 않다고 지적했다.

동독 과거시대를 다루는 문제에 향해진 비판은 고인의 명예침해의 중요도 판단에 있어서 결정적으로 고려되어야 하며, 이때 일반적 인격권의 보호는 지속적인 인간의 존중가치의 보호를 목표로 하는 것이지 역사적 행동들 그 자체의 균형 잡힌 정치적 평가를 대상으로 하는 것은 아니라고 밝혔다. 그런 점에서 문제 된 비난은 대체로 60년대 이후에도 B가 여전히 역사적 인물이라는 점에서만 다뤄졌다는 사실이 고려되어야 한다고 보았다. 이러한 사정하에서 사후의 일반적 인격권이 여기에서처럼 자유주의 사회질서를 위해 투쟁한 고인의 행동목표와 같은 정확한 동기들과 행위사정들과의 논쟁과 관련된 경우에 어디까지 필수적인 것으로 인정될 수 있는지 하급심 법원은 좀 더 자세히 언급하지도 않았고, 그의 형량에서 고려하지도 않았다고 질책했다. 그리고 고인이 상당한 정도로 대중의 관심을 받은 인격체로서 혹은 그와 연관된 친지나 친구들을 통해 현재도 기억되고 있고, 따라서 이로부터 특히 중요한 인격적 존중청구권이 여전히 도출될 수 있다는 사실이 지방법원 판결에서는 증명되지 않았다고 비판했다. 결국 지방법원이 표현의 해석에 있어서 정치적 맥락을 충분히 고려하지 않고, 고인의 인격권 비중을 부적절하게 중시함으로써 기본법 제5조 제1항 제1문의 요청을 충족하지 않았다고 결정했다.[18]

# II. 스톨페 이론의 형성

## 1. 개관

스톨페 이론은 금지청구 사건에 있어서는 표현주체에게 유죄판결이나 손해배상 등 형사상 또는 민사상 제재를 가하는 사건과는 달리 새로운 고찰방식에 따라 판단하여야 한다는 원칙을 말한다. 이러한 법리는 2006년 연방헌법재판소의 "스톨페" 결정[19]에서 형성되었다. 즉, 금지청구 사건에서는 첫 번째 보도 이후에도 표현주체가 다의적 표현을 장래에도 그대로 유지하려고 하는지 아니면 추가 해명을 통해 다의성을 피할 수 있는 표현을 반복하려고 하는지 여부가 중요할 수 있다. 연방헌법재판소의 견해에 따르면, 금지청구는 다른 제재, 무엇보다 형사법상 유죄판결 및 민사법적 정정보도, 손해배상의 이행 혹은 반론보도 게재가 문제 되는 사례들에서보다 언론의 보호필요성이 더 적어지게 된다. 왜냐하면 다른 제재와는 달리 금지청구의 경우에는 다의적 방식으로 표현한 사람에게 당사자의 일반적 인격권과의 형량을 통해 표현 중 어떠한 내용이 인격권 침해의 법적 심사대상이 될 수 있는지 장래에 명확히 밝히는 한편 이와 동시에 다의적 표현을 정확하게 해명하는 것이 기대될 수 있기 때문이다. 바로 이것이 "스톨페" 결정의 요체이다.[20]

이에 따라 독일법원들은 2006년 연방헌법재판소의 "스톨페" 결정 이후 금지청구에 대해서는 이상 '유리한 해석원칙'을 적용하지 않고 있다. 금지청구는 표현주체에 대한 제재성격을 가지지 않는다고 보기 때문이다. 금지청구는 표현주체에게 진술내용에 대한 지배성을 박탈하지 않으면서도 오히려 향후 보도를 할 경우에 그 내용을 해명할 수 있는 기회가 개방되어 있다. 따라서 표현주체는 원칙적으로 모든 적절한 해석 가능성에 책임을 져야 한다. 그 이후에 일정한 해명이 거부되거나 표현주체가 그 해명을 무시한 경우에만 단지 낮은 수준의 의견자유 제한에 해당하는 금지청구가 고려될 수 있다. 하지만 이를 위해서는 법원에 의해 행해진 적절하고도 수긍이 가는 해석들이 전제되어야 하고, 적절한 해석의 판단기준은 그 표현에 대한 중요한 독자나 청중들의 이해를 바탕으로 한 해석을 말한다.[21]

나아가 연방헌법재판소는 이러한 스톨페 이론을 사실주장의 해석이 문제 되는 경우뿐만 아니라 의견표현의 해석이 문제 되는 영역에서도 이를 확대 적용하였다.[22]

## 2. 스톨페 법리의 형성과정

연방헌법재판소의 "스톨페" 결정은 지금까지 의견자유에 친화적이었던 연방헌법재판소의 입장이 선회되었다는 점을 의미한다. 스톨페 사건에서는 동독시절 전 주수상이 슈타지를 위해 고의로 협력했다는 의혹을 암시하는 베를린 의원의 다의적 표현이 문제 되었다. 처음 이 의혹이 제기될 당시에는 허위성이 확인되지도 않았고 입증되지도 않았다. 이에 연방대법원은 기존 연방헌법재판소 판례에 따라 문제의 표현에 표현주체의 자유를 강력하게 보호하는 동시에 피해당사자를 덜 침해하는 그런 해석을 판결의 바탕으로 삼았다. 하지만 연방헌법재판소는 헬러 교수에 의해 "해석변형이론"이라고 지칭된 이러한 해석형태를 금지청구에는 적용할 수 없고, 반대로 장래에 영향을 미치는 금지청구와 같은 청구권들에는 당사자의 인격권을 더 잘 보호하는 그런 해석이 바탕이 되어야 한다고 입장을 선회했다. 그리고 이런 판단에는 어떠한 의견자유의 약화도 존재하지 않는다고 역설했다. 왜냐하면 표현주체는 장래의 보도를 함에 있어서 어떤 표현내용이 인격권 침해의 법적 심사 대상이 될 수 있는지 명확하게 표현하고 동시에 이를 해명할 기회 역시 가지고 있기 때문이라고 밝혔다.

이러한 연방헌법재판소의 변경된 입장은 격렬한 비판에 직면하게 되었는데, 그 이유는 표현의 '유리한 해석원칙'이 약화될 것이라는 우려 때문이었다. 반면에 이러한 판례의 입장변경은 금지청구권으로 제한된 것이라는 점과 표현자유권의 행사에 대한 과도한 위축효과도 생기지 않는다는 이유에서 지지를 얻기도 하였다.[23] 더 나아가 연방헌법재판소는 이러한 법리를 가치평가가 문제 된 금지청구 사례에까지 확대하기도 했지만,[24] 반론보도청구권이 문제 된 사례에서는 적용을 거부했다.[25, 26]

## 스톨페 사건 연방대법원 및 연방헌법재판소 판례

### 사실관계

스톨페는 동독 시절에 베를린-브란덴부르크에 있는 개신교의 기독교 총회장과 그 이후 브란덴부르크주의 수상을 지냈다. 교회의 대표자라는 신분으로 그는 1969년부터 1989년까지 슈타지(Mfs) 정규직원과 접촉을 이어갔다. 그는 슈타지 비공식 직원(IM)으로서 가명 "비서"로 등록되었다. 원고는 오랜 세월 슈타지의 정규직원들을 사무실이나 슈타지가 관리하는 안가에서 만났다. 1978년 그는 동독정부로부터 공로메달을 받기도 했다.

게다가 그는 슈타지와의 접촉 과정에서 두 권의 값진 책들을 선물받기도 했다. 슈타지와 스톨페의 접촉은 90년대 초반 다양한 조사기관의 조사대상이 되었다. 슈타지 기록원의 연방위원은 1992년 3월 31일 자 조사보고서에서 발견된 서류들에 따르면 스톨페가 슈타지 기준들에 따라 약 20년의 기간 동안 동독 개신교 영역에서 중요한 비공식 직원(IM)으로 있었다는 결론에 이르렀다고 밝혔다. 브란덴부르크주의 조사위원회 다수는 1994년 4월 29일 자 보고에서 스톨페는 그의 대화상대자를 "명백히 동등한 협상대상자"로 만났고, 교회와 무관하거나 교회에 해를 끼치는 이해관계를 대변하지는 않았다는 결론에 도달했다고 말했다. 특히 그 스스로 문서상 혹은 다른 형식으로 슈타지 협력의무를 지고 있거나 "비서"라는 가명하에 "비공식 직원"으로서 등록되어 있다는 사실을 알고 있었다는 점은 입증되지 않았다고 밝혔다. 독일 개신교 예비조사위원회는 1995년 3월 20일 결정을 통해 스톨페에 대한 엄격한 조치들을 포기할 것을 권고했다. 스톨페는 비록 1969년부터 1989년까지 슈타지 소속원과의 접촉을 유지했지만, 접촉방식이나 접촉범위를 고려하면 교회 임원으로서 자신의 의무나 과제와 불일치하는 것은 아니라고 평가되었다. 또한 스톨페는 그때마다 베를린-브란덴부르크에 있는 교회 집행회의 임원과 개신교회 의장에게 이러한 접촉에 관해 보고하지는 않는데, 다른 한편 개신교에서 원고가 차지하고 있는 전체적 영향력이 고려되어야 했다고 평가되었다. 스톨페는 교회에 남아 있는 유일한 사람이고, 자신의 입장을 바꾸지 않았다고 보고되었다. 또한 슈타지 소속원을 포함해서 국가 차원의 모든 협의대상자들로부터 스톨페는 교회의 대표자로서 인정되었다. 교회 지도부는 1995년 3월 31일 자 결정에서 이러한 발표결과에 대해 찬성하였다.

이러한 와중에 연방주 베를린과 브란덴부르크의 합병에 관한 주민투표를 목전에 앞두고 1996년 4월 2일 독일 제2 텔레비전의 한 시사매거진 프로그램은 토론상황에 관해 보도했다. 변호사 겸 공증인이자 그 당시 베를린 주의회의 CDU 원내 부대표를 맡고 있었던 전심절차의 피고는 여론상황에 대해 다음과 같이 발언했다:

> 우리 모두가 알고 있는 바와 같이 S 씨는 비공식 직원으로 슈타지에서 20년간 활동했다는 사실, 그 사람이 1999년 여기 베를린에서, 아니 베를린을 넘어서 주수상이 될 기회를 얻었다는 사실, 즉 내가 다른 사람들과 함께 그의 신하가 된다는 사실, 이것은 정말로 내게 심한 두통을 유발합니다.

이러한 발언에는 스톨페와 슈타지와의 접촉에 관한 어떠한 피고의 독자적 조사도 존재하지 않았다. 단지 언론계에서의 보도가 유일했다.

원고인 스톨페는 피고에게 금지청구를 요구했지만 지방법원은 이를 기각했고, 해당 표현이 전반적으로 의견자유권에 의해 보호된다는 이유와 함께 정당화된다고 밝혔다. 상급법원은 지방법원의 판결을 기각하고, 피고에게 벌금의 회피를 위해서는 "스톨페가 비공식 비서이며 20년간 슈타지에서 근무"했다는 주장을 전파하거나 반복하는 것을 금지하라고 판결하였다. 그 이유로는 전반적으로 피고가 스톨페를 평가 저하시키거나 경멸적으로 만드는 사실을 주장하거나 전파했기 때문이라고 밝혔다. 이러한 공격적 발언은 일상적인 언어사용에 따르면 누군가가 명시적이거나 묵시적인 의무서약을 근거로 슈타지의 지시하에서 제3자의 정보를 수집하고 이를 "상관"에게 해당 정보의 이용을 위해 전달했다는 것을 의미한다고 보았다. 형법 제186조 및 민법 제823조 제2항에 따라 피고는 주장의 진실내용을 입증해야 했고, 피고는 이를 성공하지 못했다고 확정했다.

하지만 연방대법원은 피고의 상고에 근거해 상급법원의 판결을 기각했다. 항소법원이 부당하게 청구인 스톨페의 금지청구를 받아들였다는 것이 그 이유였다.

청구인은 재차 표현의 금지를 요구하는 헌법소원을 제기했다. 그가 20년간 슈타지에서 활동했다는 사실주장은 자신의 인격에 대한 허위의 사실주장(Verleumdung)이라고 주장했다. 자신은 결코 슈타지 비공식 직원으로 활동한 적이 없다고 반박했다. 또한 "사실" 그리고 "우리 모두가 아는 바와 같이"라는 표현의 강조를 통한 이러한 사실주장은 자신을 여론상 부정적이고 경멸적으로 만들기에 적합하다고 주장했다. 이러한 헌법소원은 연방대법원 판결의 기각과 파기환송에 이르렀다.[27]

## 연방대법원 1998년 6월 16일 자 판결 – VI ZR 205/97

### ① 다의적 표현과 '유리한 해석원칙'

연방대법원은 항소법원이 부당하게 원고의 금지청구를 인용했다고 판결했다.

우선, 연방대법원은 이 표현이 정치적 의견투쟁과정에 일어났는지 여부는 사실주장 혹은 의견표현으로서의 성격결정에 있어서 중요한 요소가 아니라고 밝혔다. 이러한 경우에 고려되어야 할 기준으로서 공공성과 관련된 문제에서 보장되는 '자유로운 의견을 위한 허용성 추정원칙'은 의견형성과정에 있어서는 절대적이지만, 그 밖에 기본법 제5조 제1항의 보호에 포함되는 사실주장들에 있어서 이 원칙은 상대방의 법익들, 특히 개인의 명예권과 충돌이 발생하는 그런 사건 내에서 의견자유 보호의 사정거리를 결정하는 문제와 관련해서만 유효하다고 보았다. 그리고 이러한 원칙을 적용하기 위해 요구되는 표현의 분류작업은 진술내용의 조사를 필수적으로 전제한다고 밝혔다. 나아가 이러한 의미조사는 청구취지를 통해 분리된 일부의 텍스트에만 조준된 상태에서 별도의 분리고찰이 행해져서는 안 되고, 오히려 전체 진술내용과의 연관성하에서 해석되어야 한다고 주문했다. 그런 점에서 표현의 객관적 내용의 파악이 중요하기 때문에, 표현주체의 주관적 의도나 표현 대상자의 주관적 이해가 아니라 일반적인 언어사용의 고려하에서 중립적인 평균독자들이 표현에 대해 인정한 객관적 이해가 중요하다고 강조했다.

이러한 토대 위에서 항소법원은 소송대상이 된 피고의 표현 중 문제 구절, 스톨페는 "비공식-비서로서 20년간 슈타지에서 근무했다"는 내용은 그 밖의 전체 진술의 평가적 부분들을 참작하더라도 하나의 사실내용을 제시하는 것이며, 그것은 내용상 진실성에 기초한 증거수단과 함께 검증될 수 있는 것이라고 인정했다. 이에 대해 연방대법원은 항소법원의 견해에 동의하면서, 원칙적으로 이 구절은 단지 그 자체로는 피고의 주관적 평가 뒤로 후퇴해야 하는 실체가 없는(substanzarm) 사실요소에 불과한 것은 아니라고 판단했다.

하지만 연방대법원은 항소법원이 문제의 진술내용에 대한 다른 해석 가능성 역시 논의하는 과정도 없이 완전히 일방적으로 그 의미를 잘못 해석했다고 질타했다. 피고의 문제 된 표현은 원고가 명시적인 혹은 묵시적인 의무선언에 근거해 슈타지의 지시하에 제3자에 관한 정보들을 수집하거나 제공하고, "상관"에게 정보의 이용을 위해 전달했다는 비난을 의미한다는 항소법원의 견해는 비록 수긍할 수 있다고 인정했다. 하지만 이것이 유일하게 가능한 해석은 아니라고 꼬집었다. 슈타지에서의 근무활동에 관한 언급은 원고가 의무서약을 토대로 그러한 활동을 자신의 상관인 슈타지를 위해 행했다는 해석만을 고집하지는 않는다고 생각했다. 오히려 문제 된 본문 구절은 슈타지로부터 서류상 "비공식-비서"로 등재된 원고가 슈타지에게 어떠한 동기에서였던 간에 의도적이고 자발적으로 제3자나 특정한 사건에 관한 정보를 전달하는 식으로 -이를 위해 의무서약에 의한 구속 없이 슈타지의 기대에 따라 집중적인 접촉 범위 내에서-, 직무를 수행했다는 정도로도 자연스럽게 해석될 수 있다고 보았다. 이때 원고는 이러한 정보들이 슈타지에 유용하고, 즉 이익이 된다는 사실을 알고 있었고, 사정에 따라서 임무수행자처럼 행동했다는 정도로도 이해된다고 보았다. 어쨌든 이러한 이해 가능성이 배제될 수 없으며, 이 구절을 접한 텔레비전 청중들도 일반적 언어사용에 따라 이러한 해석을 반대하지는 않을 것이라고 생각했다.

그리고 이처럼 서로 제외되지 않는 여러 해석들이 표현내용에서 가능하다면, 법적 판단에 있어서는 그 중에서 금지청구 대상자에게 더 유리하고 당사자를 덜 침해하는 그러한 해석이 바탕이 되어야 한다(소위 '유리한 해석원칙')고 확언했다. 그리고 두 번째 해석선택이 이에 해당한다고 밝혔다.[28]

### ② 해석내용에 대한 법적 판단

다만, 연방대법원은 이러한 문제 된 본문 구절의 이해에서 볼 때에도 해당 구절은 하나의 사실적 내용의 주장이며, 특히 간접증거의 형태일지라도 증거에 의해 접근할 수 있는 내적 사실과 관련된 사건들과 정황들이 전달되었다고 판단했다. 그리고 이러한 주장 역시 원고의 명예와 인격권을 현저하게 침해하는 것이라는 점은 자명하다고 보았다. 다름 아닌 민주주의에 기초한 연방소속 주의 수상이었던 원고가 베를린-브란덴부르크 개신교 기독교 총회장으로서 소위 슈타지 같은 기관을 위한 임무수행자로서 유용했다는 비난은 그의 사회적, 정치적 명예권을 심하게 훼손하는 것이 분명하다고 생각했다. 이것은 주수상으로서 원고를 신뢰할 만한 어떠한 가치도 없는 인물로 치부하는 비난이라고 보았다.

이어서 문제 된 피고의 주장내용에 관해서는 진실로 입증된 바가 전혀 없다고 밝혔다. 따라서 증거에 의해 심사된 간접정황들의 서로 상반되는 내용으로 인해 표현내용이 진실인지 허위인지 어느 쪽으로도 확실한 결론을 허용하지 않기 때문에 진실 혹은 허위 여부가 확정될 수 없다는 항소법원의 견해는 법적 흠결이 없다고 인정했다. 아울러 이러한 항소법원의 생각은 피고의 주장을 설령 연방대법원 자신의 판단에 바탕이 된 의미로 이해하는 경우에도 마찬가지라고 밝혔다. 그런 점에서 진실 혹은 허위의 여부는 단지 항소법원에 의해 자세하게 평가된 간접사실만을 기초로 할 수밖에 없다는 전제하에서 연방대법원 역시 이 사건의 실제결과에 대해서는 어떠한 분명한 결론을 내릴 수 없다고 밝혔다.

그럼에도 연방대법원은 문제 된 주장의 진실입증 불능이 피고의 불이익으로 작용하지는 않는다고 밝혔다. 물론 민법 제823조 제2항을 통해 민사법으로 전용된 형법 제186조의 입증원칙에 따르면 자신이 행한 주장의 진실을 입증하는 것은 피고의 의무라고 결정했다. 그리고 그것을 피고가 성공하지 못했다고 인정했다. 하지만 진실로 입증되지 않은 주장이 여기에서처럼 그의 허위성 역시 입증되지 않은 경우라면, 기본법 제5조 제1항과 형법 제193조에 따라 행해져야 할 법익형량의 토대 위에서 적어도 공공성에 본질적으로 관계되는 관심 사안과 관련해 정당한 이익의 대변을 위해 필수적인 것으로 간주된 이상, 이러한 주장은 금지되어서는 안 된다고 판시했다. 그리고 그러한 사정이 바로 이 사건에 해당한다고 보았다.

피고가 1996년 4월 2일 자 텔레비전 방송에서 한 입장표명은 공공성과 본질적으로 관계되는 문제, 즉 연방소속 주 베를린과 브란덴부르크의 합병문제를 둘러싸고 원고가 이 합병예정 주의 수상으로서 적합한지에 관한 개인적 자질이 관련된 사안이었다고 인정했다. 항소법원은 이러한 입장표명 성격을 문제 된 본문부분과의 부적절한 분리 고찰방식을 통해 부인했지만, 사실주장으로서 분류되는 구절을 포함한 전체적 표현내용은 기본법 제5조 제1항에 근거한 의견표현 자유의 보호에 포함된다고 보았다. 왜냐하면 의견표현권은 기본법 제5조 제1항이 포괄적으로 보장하는 의견형성을 위한 전제에 해당하는 사실주장 역시 보호하기 때문이라고 밝혔다. 그리고 피고의 전체적 표현 속에서 문제 된 본문구절을 고려하면, 이러한 사정이 인정된다고 판단했다. 이 구절과 뒤따라 나오는 문장부분 사이에는 하나의 기능적 관련성이 존재하며, 원고가 자신의 금지청구와 함께 공격했던 본문부분은 이어진 피고진술을 보증하기 위한 사실적 토대를 형성하며, 이에 따라 원고는 동독시절 당시에 자신이 행했던 처신으로 인해 합병될 베를린-브란덴부르크주의 행정수반으로서는 부적합하다는 정도로 이해될 수 있다고 보았다. 결국 이러한 명백한 방향설정에 따라 이뤄진 피고 진술의 본질적 부분은 하나의 평가적 입장표명 및 의견표현을 의미한다고 판단했다. 나아가 필수적인 법익형량결과는 피고의 표현이익이 우월하다는 사실을 입증한다고 밝혔다.

연방대법원은 비록 의견표현의 자유는 표현주체가 의견표현에 삽입된 사실주장의 제기 전에 그의 진실내용에 관해 충분한 조사를 행하지 않았을 때에는 통상 그와 상충하는 제3자의 법익에 대해 어떠한 우위도 주장할 수 없다고 인정했다. 하지만 여기에서처럼 피고의 입증책임에 속하는 이러한 조사의무와 결합된 요청들이 표현주체의 경험영역에서 생겨나지 않은 사실에 관한 것인 때에는 과도하게 요구되어서는 안 되고, 특히 의견표현 자유의 기능이 침해될 정도로 부여되어서도 안 된다고 반박했다. 그럼에도 그러한 조사의무를 이행하지 않았다는 이유로 인해 정당한 이익의 대변과 그로 인한 해당 표현의 위법성조각 주장이 피고에게 금지된다면, 이는 바로 위에서 말했던 그런 언론자유에 대한 침해에 이르게 될 것이라고 강조했다. 한편, 어떤 조사가 필수적인가는 각 사안마다의 가능성에 따라 결정된다고 덧붙였다.

그리고 이 사건에서 피고는 원고의 슈타지와의 협력작업의 근거, 성격과 범위의 판단을 위해 브란덴부르크 조사위원회의 조사, 슈타지 기록에 대한 연방위원의 조사보고서와 독일 개신교 예비심사위원회의 검토작업을 통해서 이미 제공 가능한 모든 인식출처들을 충분히 다뤘다고 인정했다. 따라서 조사위원회의 결과를 확인한 피고에게 원고가 슈타지와의 접촉에서 했던 역할과 관련해 새로운 실체부분을 탐색할 어떤 또 다른 가능성은 열려 있지 않았다고 보았다.

결론적으로 연방대법원은 구체적인 다른 이유들에서도 마찬가지로 피고의 의견자유가 원고의 인격권 뒤로 물러나서는 안 된다고 판단했다. 비록 반대 측 기본권 지위역시 높은 위상을 차지하며, 진실로 입증되지 않은 피고의 주장이 원고의 명예를 심각하게 침해한다는 점은 수긍했다. 하지만 다른 한편으로는 그 주장이 가령 사적 영역에서의 이기적인 이익추구가 아니라 공공성과 관련된 문제 안에서의 정치적 의견투쟁을 위해 행해졌고, 아울러 허위로 입증되었거나 명백한 허위가 아니기 때문에, 피고의 이익을 위한 자유로운 의견의 허용성 추정원칙이 지켜져야 한다고 판단했다. 게다가 이 주장은 의도적인 인상을 주는 진술들이 남발되고, 발언의 즉흥성이 필수적인 텔레비전 방송에서 행해졌다는 점도 고려되어야 한다고 보았다. 원고는 적극적으로 정치적 논쟁에 가담했으며, 그와 함께 자신의 보호가치 있는 사적 영역을 자진해서 포기한 상태에서 원고 스스로가 오랫동안 슈타지 접촉을 통해 수행했던 역할로 인해 처음부터 공적 토론의 관심을 야기했다는 사실도 추가적으로 고려되어야 한다고 밝혔다. 결국 피고는 자신의 주장을 가령 어떤 근거도 없이 제시하지는 않았고, 어쨌든 원고에 대해 일반적으로 알려진 수많은 간접 정황들이 드러나 있었다는 점들이 고려되어야 한다고 판단했다.[29]

## 연방헌법재판소 2005년 10월 25일 자 결정 – 1BvR 1696/98

### ① 일반적 인격권과 형량의 문제

연방헌법재판소는 헌법소원이 이유 있고, 기본법 제1조 제1항과 제2조 제1항에 근거한 청구인의 일반적 인격권이 침해되었다고 보았다.

기본법 제1조 제1항 및 제2조 제1항에 규정된 일반적 인격권은 기본법에 보장된 자유권을 보완하고, 긴밀한 인격적 생활영역과 인격영역의 기본조건 유지를 보장한다고 밝혔다. 그리고 이 권리의 내용은 일반적이고 확정적으로 규정된 것이 아니라고 강조했다. 예컨대, 자신의 인물묘사에 관한 처분권, 사회적 존중 및 개인적 명예권이 승인된 인격권의 내용에 속한다고 부연했다. 개인의 명성에 대한 불리한, 특히 그의 공중 속에서의 이미지에 대해 불리한 영향을 주기에 적당한 표현에 대한 보호가 이의 본질적 보장에 해당하며, 일반적 인격권은 개인을 특히 전혀 사소한 것으로 치부할 수 없는 형태로 변조하거나 왜곡한 표현에 대해 보호를 제공한다고 설명했다.

이어서 기본법 제1조 제1항 및 제2조 제1항에 근거한 일반적 인격권의 기본법상 보호는 제3자를 통한 이러한 권리의 침해에 대해 국가가 개인을 적극적으로 보호할 의무를 발생시키며, 이러한 보호에 기여하는 민사법상 규범들의 적용에 있어서 법원들은 기본권적 잣대들을 준수해야 한다고 천명했다. 각급 법원들이 이를 소홀이 한다면, 여기에는 객관적 헌법의 침해뿐만 아니라 당사자의 기본권에 대한 침해 역시 그 안에 존재하게 된다고 밝혔다. 따라서 하나의 진술이 허위라는 이유로 당사자가 해당 진술에 대해 방어권을 행사하는 그런 인격권관련 진술들을 법원이 허용하게 될 때, 일반적 인격권이 침해된다고 인정했다.

연방헌법재판소는 이 사건이 바로 이러한 경우라고 판단했다. 연방대법원의 판결을 통해 청구인의 일반적 인격권이 침해되었으며, 청구인에게 불리한 피고의 표현은 기본법 제5조의 의견자유권을 통해 보호되지 않는다고 결정했다.

그리고 침해적인 표현의 금지청구를 통한 일반적 인격권의 관철에 있어서는 186조와의 연계한 민법 제1004조 제1항과 제823조 제2항이 이의 근거에 해당한다고 밝혔다. 그에 반해 의견자유의 이익은 무엇보다 형법 제193조(정당한 이익의 대변)에 반영되어 있는데, 이 규정은 정당한 이익의 대변에 해당할 경우 명예훼손 표현의 유죄판결을 배제하는 효력을 가지며, 이러한 효력은 민법 제823조 제2항을 통해서 중개되거나 아니면 그 밖의 법적 사고에 따라 민사법에서도 유추 적용된다고 설명했다. 이 조항은 일반적 인격권 역시 유보 없이 보장되는 것은 아니라는 사정을 고려한 것이고, 일반적 인격권은 기본법 제2조 제1항에 따라 타인의 권리를 포함한 합헌적 질서를 통해 제한된다고 밝혔다. 특히 이러한 권리들에는 기본법 제5조 제1항 제1문의 의견표현의 자유가 속하며, 이 의견표현권 역시 유보 없이 보장되는 것은 아니라는 점은 마찬가지라고 보았다. 기본법 제5조 제2항에 따르면, 무엇보다 일반법과 개인의 명예권에서 그의 제한을 발견하게 된다고 상술했다.

한편, 이러한 민사법상 규정들의 규정과 해석에 있어서는 기본권의 가치설정적 내용이 법적용 분야에서도 유지될 수 있도록 관할법원들은 관련된 기본권들을 해석과정에서 중요하게 고려해야 한다고 강조했다. 이 과정에서 민사법원들은 일반적 인격권을 하나의 개방적 구성요건으로서 이해하며, 이는 헌법상 문제되지 않는다고 밝혔다. 그리고 개방적 구성요건의 경우에 위법한 침해의 확정을 위해서는 적절한 형량이 필수적이라고 역설했다. 이 사건과 같은 성격의 사례에서도 표현을 통한 심각한 인격권 침해와 표현의 금지를 통한 의견자유의 손실 사이에 형량이 행해져야 하며, 형량과정에서 기본법상 원칙이 고려되어야 한다고 밝혔다. 이때 양측의 기본권지위와 이익들 모두 최대한의 보장을 실현하기 위해 그간 판례에서 발전되어 온 일련의 심사관점과 특칙들이 결정적으로 중요하다고 언급했다. 그리고 형량의 결과는 개별적인 사정의 의존성으로 인해 일반적이거나 추상적인 형태로 미리 결정될 수는 없다고 보았다.[30]

### ② 다의적 표현에 관한 과거의 해석기준

연방헌법재판소는 기본권 침해의 심사에 있어서는 진술내용의 파악, 특히 어떠한 관점에서 그 진술들이 자신의 객관적 의미에 따라 청구인의 인격권을 침해하는지에 대한 해명이 방향결정 역할을 하게 된다고 강조했다. 이때 해석을 위해서는 표현주체의 주관적 의도나 피해 당사자의 주관적 이해가 아니라 객관적이고 이성적인 평균 독자나 청중들의 이해에 따라 표현이 가지는 의미가 결정적이라고 밝혔다. 또한 부적절한 해석은 제외되어야 한다고 덧붙였다. 만약 이러한 기준의 바탕하에서 의미가 명백한 것으로 드러난다면, 이러한 의미는 이후 계속되는 심사과정의 기초로 삼을 수 있다고 보았다. 하지만 객관적이고 이성적인 청중이 다의적인 것으로 인식하거나, 유력한 범주의 청중들이 각각의 해당 내용을 다르게 이해한다면, 이후의 심사에 있어서는 다의적 내용(mehrdeutiger Inhalt)에서 출발해야 한다고 결정했다.

그럼에도 이 사건에서 연방대법원은 비록 다의성을 인정하긴 했지만, 정작 그의 판결에서는 과거에 행해진 다의적 의견표현에 적합한 형사법적, 민사법적 제재심사 원칙들을 바탕으로 하는 바람에, 장래의 표현들에 대한 금지청구에 대해서는 동일한 방식으로 적용될 수 원칙들을 기준으로 하는 우를 범했다고 비판했다. 바로 이러한 법적 평가의 출발점에서 오류가 생겨났다고 밝혔다. 따라서 이러한 바탕 위에서 연방대법원에 의해 행해진 형량은 결국 헌법상 요청에 상응하지 않는다고 비난했다.

연방헌법재판소는 만약 법원이 과거에 행해진 다의적 표현에 대한 형사법상, 민사법상 제재의 심사과정에서 사전에 설득력 있는 이유들과 함께 그 제재를 정당화할 수 없는 그런 해석을 제외하는 작업 없이 하나의 유죄판결에 이르는 의미를 바탕으로 삼는다면, 이는 의견자유를 침해하는 것이라는 원칙에서 출발했다. 따라서 표현형태나 표현의 사정이 인격권을 침해하지 않는 해석 역시 허용하는 경우에도 형사상 유죄판결이나 손해배상, 취소 혹은 정정에 관한 책임인정을 선고하는 민사법적 판결은 이러한 원칙에 따라 기본법 제5조 제1항 제1문(의견자유권)을 위반하게 된다고 단언했다. 만약 표현주체가 생각했던 의미를 그르치는 해석으로 인해 국가적 제재가 부과되는 상황을 두려워해야 한다면, 이는 개인적 의견자유의 침해를 넘어서 의견자유권의 일반적 행사에 대해 부작용이 발생하게 될 것이라고 우려했다. 그러한 경우에 국가적 제재는 위협적 효과로 인해 자유로운 의견과 자유로운 정보와 자유로운 의견형성을 민감하게 건드리게 되고, 그를 통해 의견자유의 본질적인 부분에 대해 피해를 야기할 것이라고 밝혔다.[31]

### ③ 다의적 표현에서 금지청구에 대한 특수성—스톨페 이론의 형성

하지만 연방헌법재판소는 개인적인 의견자유권 행사와 여론형성 절차의 역할을 위한 보호필요성이 장래의 금지청구에 관한 법원의 판결에서는 같은 정도로 존재하지 않는다고 역설했다. 금지청구에서는 의견자유와 인격권보호의 법적 귀속의 범위 내에서 표현주체가 장래에 명확히 표현할 가능성을 가지는 한편, 동시에 어떤 표현내용이 인격권 침해의 법적 심사대상이 될 수 있는지에 관한 해명 가능성 역시 가진다는 점이 고려되어야 한다고 밝혔다.

연방헌법재판소는 우선, 금지대상 내용에 대해서는 가치평가 혹은 사실주장을 통한 인격권 침해사건에 있어서 형량을 위해 발전되어 온 심사기준들과 형량잣대가 적용된다고 보았다. 즉, 표현이 사실주장이라면 진실입증에 성공했는지 여부가 결정적인 기준이 되고, 가치평가에 있어서는 그것이 비방, 형식적 모욕 혹은 인간존엄성의 침해로서 인정될 수 있어서 그 때문에 금지되어야 하는지, 그렇지 않고 이것이 부인된다면 가치평가가 형량의 범위 내에서 인격권 보호에 우선하는지 여부가 결정적인 기준이 된다고 밝혔다.

이어서 연방헌법재판소는 만약 표현주체가 자신의 진술에 명확한 해명내용을 부여할 용의가 없는 경우, 단지 그 표현이 다의적 해석변형을 허용하고, 그중에서 어떠한 인격권 침해에도 이르지 않거나 혹은 단지 사소한 인격권 침해에 이르는 해석도 가능하다는 이유만으로 금지판결을 포기하는 것은 피해당사자의 이익을 위해 헌법상 전혀 납득할 수 없다고 보았다. 오히려 인격권과의 형량은 모든 인격권을 침해하는 적절한 해석변형 가능성을 바탕으로 삼아야 한다고 주문했다. 그리고 표현주체에게는 장래에 표현을 명확히 하거나, 하나의 인격침해적 해석변형이 자신이 의도한 의미와 일치하지 않는다면, 그는 실제로 자신의 진술을 어떻게 이해했는지 분명히 밝힐 것이 허용될 수 있다고 판단했다. 따라서 표현주체는 인격침해적 내용을 포함하는 진술들이 도출될 수 있는 다의적 표현을 반복하지 않거나 아니면 단지 적절한 해명을 동반한 진지하고 내용상으로 충분한 본인의사를 전달하는 방식으로 표현을 반복할 경우에만 법원의 금지선고 판결을 피할 수 있을 것이라고 보았다.

연방헌법재판소는 이미 생겨난 표현에 대해 사후에 가해지는 형사법상 혹은 민사법상 제재와는 달리 자유로운 의견표현 및 의견형성과 절차를 침해하는 위협효과가 이러한 금지청구를 통해서는 예상되지 않는다고 생각했다. 동시에 불리한 피해를 입은 당사자의 인격권보호도 보장될 수 있다고 판단했다. 따라서 표현주체는 자신의 표현행위와 관련된 관심사에 대해 자신의 입장표명을 자유롭게 수행할 수 있는 동시에 아울러 인격권을 침해하지 않는 방식으로 계속해서 표현을 반복할 수 있다고 평가했다. 만약 표현주체가 이러한 가능성을 염두에 두지 않는다면, 이때 그는 인격권 보호를 정당화하는 의견표현의 제한에 직면하게 된다고 밝혔다.[32]

④ 사건판단

연방헌법재판소는 연방대법원이 항소법원이 바탕으로 삼은 해석형태에 자신의 또 다른 해석 가능성을 대립시키는 과정만을 기초로 법적 판단을 행했다고 비판했다. 그로 인해 연방대법원은 자신의 판결에서 금지청구에 관한 결정적인 원칙들을 제대로 조준하지 못했다고 질책했다.

청구인과 항소법원은 피고의 진술을 청구인이 명시적 혹은 묵시적 의무선언에 근거해 슈타지의 지시 아래 활동했고, 제3자에 관한 정보를 "상관"인 슈타지의 이용을 돕기 위해 전달했다는 주장으로 이해했다. 연방대법원은 이러한 해석 역시 받아들일 수 있는 것으로 간주했지만, 또 다른 해석변형형태로서 청구인이 해당 기관과의 기존의 접촉범위 내에서 슈타지의 기대에 따라 제3자나 특정한 사건에 관한 정보를 제공함으로써 슈타지에 공헌했다는 진술로도 이해할 수 있다고 생각했다. 이때 청구인 스톨페는 이 정보들이 슈타지에 유용한 것이고, 즉 쓸모가 있었다는 사실을 알고 있었고, 사정에 따라서 전권위원처럼 행동했다는 해석도 가능하다고 보았다. 아무튼 이러한 표현의 이해가 어쨌거나 배제되지는 않는다고 생각했다.

하지만 이에 대해 연방헌법재판소는 금지청구가 문제된 이 사건에서 연방대법원이 형사상, 민사상 제재에 있어서 발전되어 온 과거의 판례기준에 따라 가능했던 해석형태를 판단의 바탕으로 삼는 우를 범했다고 비판했다. 이로 인해 연방대법원은 과거에 행해진 표현에 적용되는 형사법상, 민사법상 제재와 장래의 표현들의 금지에 관한 민사법상 청구의 차이를 고려하지 않았다고 지적하면서, 이에 따라 금지청구가 대상인 이 심사에서는 무엇보다 인격권을 보다 강하게 침해하는 해석변형이 바탕이 되었어야 했다고 질책했다.

연방헌법재판소는 이미 잘못 선택된 출발점으로 인해 결정적인 헌법상 요청이 소홀히 다뤄졌다고 판단했다. 이러한 부적절한 출발점의 선택은 심사와 관련된 법익들의 형량 시 청구인에게 불리하게 작용하는 한편, 그 밖의 헌법상 요청에도 부합하지 못했다고 비난했다.

연방헌법재판소는 우선, 청구인이 "비공식-비서"로서 슈타지 현직에서 근무했다는 진술은 연방대법원이 확정한 바와 같이 하나의 심각한 인격권 침해에 해당한다고 보았다. 그리고 이는 사실주장이기 때문에 입증이 가능하다고 인정했다.

이러한 사실을 바탕으로 각급 법원이 정한 바와 같이 사실주장을 제기하는 사람은 인격권을 침해하는 사실주장의 진실성에 대해 입증책임을 부담하고, 이러한 입증배분원칙은 형법 제186조의 법적 사고와 일치하는 것이라는 언론법상 원칙의 수용에는 헌법상 문제가 없다고 밝혔다. 아울러 허위의 사실주장의 전파에 있어서는 원칙적으로 어떠한 정당화 근거도 존재하지 않는다고 덧붙였다. 따라서 원칙적으로 허위로 입증되었거나 명백히 허위인 사실주장의 경우에 의견자유권은 인격권 뒤로 후퇴하게 된다고 확언했다.

이어서 원심법원이 기초로 삼았던 피고에게 불리한 해석변형에 따르면 해당 진술이 진실인지 허위인지 여부가 확정될 수 없다고 인정했다. 아울러 연방대법원이 선택했던 피고에게 유리한 해석을 선택하더라도 마찬가지로 해당 진술의 진실이 입증되지 않는다고 밝혔다. 그렇다면 모든 변형해석에 대해서는 "진위불명(non liquet)"에서 시작되어야 한다고 확정했다.

나아가 진실내용이 명확히 확정될 수 없는 사실주장의 전파에 있어서 민사법원의 판례는 일관되게 의견자유의 요청과 인격권보호의 이익 사이의 균형을 맞추기 위해 표현주체의 사실주장 전파를 정당한 이익의 대변을 통한 정당화(형법 제193조) 규정을 통해 결정해 왔다고 밝혔다. 따라서 어쨌든 이러한 공공성과 본질적으로 관계된 관심사가 문제 된 사안들에 대해서는 어쩌면 허위일 수 있는 주장 역시 그것을 제기하거나 전파하고자 하는 사람에 의해 사전에 그의 진실내용에 관해 충분히 주의 깊은 조사가 행해진 이상, 금지될 수 없다고 판단했다. 아울러 이러한 언론법상 법리는 주의의무의 범위가 각급 법원들에 의해서 기본법상 요청들과 일치하에서 부여되는 이상, 헌법상 어떠한 문제도 존재하지 않는다고 밝혔다. 다만, 기본법상 요청되는 주의의무의 범위와 관련해서 각급 법원은 의견자유의 이익을 위해 기본권의 행사를 저하시키고 의견자유를 전체적으로 옥죄는 작용을 할 수 있는 어떠한 진실의무 요청도 요구되어서는 안 된다는 것이 그 전제조건이라고 강조했다.

하지만 다른 한편으로 진실의무는 일반적 인격권에서 나오는 보호의무의 표현이라는 점도 고려되어야 한다고 역설했다. 따라서 인격권에 대한 심각한 침해가 존재하는 경우에는 주의의무의 이행에 대해 높은 수준의 요청이 요구될 수 있다고 인정했다. 표현주체가 아무런 공적 이익도 인정되지 않는 사안에 관해 단지 당사자에게 불리한 근거사실만을 선택해서 이를 바탕으로 삼는 반면 자신의 주장사실에 반하는 진실에 대해서는 묵과할 경우, 일반적 인격권의 침해가 인정된다고 밝혔다. 이처럼 연방대법원은 문제 된 표현의 해석에 있어서 자신이 보기에 덜 침해적인 해석을 바탕으로 한 상태에서 피고의 진실-주의의무의 범위를 책정함에 있어서 이러한 일반적 인격권의 요청에 따르지 않았다고 비판했다. 더욱이 이 사건에서 결정적인 해석변형의 경우에조차 진실 내지 주의의무가 준수되지 않았음을 간과했다고 꼬집었다.

연방헌법재판소가 보기에 연방대법원은 청구인의 입증되지 않은 주장이 공공성과 관계되는 공적 관심사에서의 입장표명이기 때문에 장래에도 역시 이를 감수해야 한다는 생각을 관철시키기 위해 헌법재판소의 판례를 부당하게 끌어왔다고 비판했다. 연방헌법재판소는 설사 그러한 공적 이익과 관련된 표현에서도 마찬가지로 기본법상 보호청구의 보장을 위해서는 위에서 언급된 주의의무요청이 준수되어야 한다고 분명히 밝혔다. 또한 연방대법원에 따르면 이 사건에서는 이미 일반적으로 알려진 지식상태를 넘어서는 어떠한 사후조사도 피고에게는 불가능했을 것이라는 이유로 진실조사의무 불이행이 어쩔 수 없는 것으로 받아들여졌지만, 이는 잘못이라고 보았다. 연방헌법재판소가 과거 판례에서 표현주체는 명예훼손적 사실주장을 위해 배정된 자신의 진실 내지 주의의무 이행을 위해 반박되지 않은 다른 언론보도를 출처로 제시하는 것만으로도 충분하며, 자신에게 주어진 '확대된 주장·소명책임'을 소송상 다한 것으로 간주된다(NJW 1992, 1439)고 한 판시사항은 일단 적절하다고 인정했다. 하지만 이러한 타 언론보도의 출처를 밝힘으로서 확대된 주장·소명책임을 이행한 것으로 보는 법리는 해당 언론보도가 새로이 제기된 주장의 보증을 위해서도 적합한 것일 때에만 가능하다고 밝혔다. 이와 달리 표현주체에게 전파된 보도의 진실성이 문제시되고 있다는 점이 알려졌다면, 표현주체는 이러한 보도를 자신의 주장의 출처로 삼을 수 없다고 단언했다. 따라서 이 경우 진실의무의 준수를 위해서는 표현주체에게 가능한 사후조사를 충분히 다 했다는 것만으로는 부족하다고 판단했다. 오히려 표현주체는 자신에 의해 전파된 주장들이 자신의 사후조사 결과를 통해 보증되지 않을 경우, 이러한 사실을 분명히 알려야만 장래에도 마찬가지로 이를 반복해서 주장할 수 있다고 밝혔다. 자신의 지식상태에 따라 판단해 볼 때 논쟁의 여지가 있거나 의심스러운 사실을 마치 확정된 것인 양 주장해서는 안 된다고 역설했다.

이 사건에서 청구인이 행했던 슈타지와의 접촉 활동의 성격은 그 자체로 연방대법원에 의해 생각된 덜 침해적인 해석변형에 있어서조차 다툼이 있었다고 밝혔다. 공적 기관에 의해 전파된 진술들 역시 언론보도와 마찬가지로 논쟁의 여지가 있는 상태였다고 인정했다. 그렇다면 구체적 사실주장의 전파는 언론보도만을 근거로 판단되어서는 안 되고, 알려진 사실에 대해 적절한 것으로 결정된 관점만을 선택해서 판단되어야 했다고 보았다. 하지만 실제로는 그러한 알려진 사실들에 대해서도 다툼이 지배적이었다고 밝혔다.

따라서 표현주체가 알려진 사실 중에서 인격권을 침해하는 특정한 관점의 사실만을 자신의 것으로 삼을 경우, 피해당사자의 인격권보호를 위해서는 이러한 관점은 논쟁의 여지가 있고 사실관계는 실제로 규명되지 않았다는 사실을 분명히 밝힐 것이 요구되어야 한다고 보았다. 진실이 확정되지 않았고 진실이 또한 충분한 주의와 함께 조사되지 않았다면, 표현주체는 어쨌든 자신의 인식상태를 표현함에 있어서 신중한 주의를 기울였어야 했다고 지적했다. 아울러 연방대법원이 생각한 것처럼 청구인이 자진해서 공중의 관심 속으로 진입했고, 청구인과 슈타지와의 접촉에 관해 알려진 여러 간접적 정황들에서 드러나는 것처럼 자신의 주장을 어떠한 근거도 없이 제기하지 않았다는 사실들로 인해 피고가 면책되지는 않는다고 판단했다. 나아가 장래에 반복해서 자신의 입장을 표명하고자 하는 사람에게 자신에 의해 제시된 주장을 담보하는 확실한 사실근거가 부족하다는 사실을 분명하게 밝히도록 하는 것이 자유

로운 의견을 위한 허용성 추정과 일치하지 않는 과도한 진실의무의 팽창에 해당하지
는 않는다고 밝혔다.

결국 연방대법원은 자신의 심사에서 청구인에게 더 불리한 표현의 해석을 바탕으
로 삼고, 청구인의 인격권 보호를 위해 요구되는 피고의 진실의무 요청을 부과했어
야 했다고 비판하면서 대상 판결을 파기환송한다고 결정했다.[33]

## 3. 스톨페 이론의 확장: 홀로코스트/베이비코스트 사건

연방헌법재판소는 스톨페 판결을 사실주장 혹은 의견표현으로 분류하는 것이 문
제 되는 곳에서 그치지 않고 일단 의견표현에 해당하는 표현이 해석변형을 통해 위
법한 것으로 평가되는 표현에 있어서도 스톨페 이론을 확대 적용하였고,[34] 유럽인권
법원 역시 이러한 연방헌법재판소의 입장에 분명히 동조하였다.[35]

따라서 스톨페 사건이 사실주장에 관한 다의적 표현의 금지청구에 관한 새로운 법
리 형성이라고 볼 수 있다면, 이후 살펴볼 베이비코스트 사건은 스톨페 이론을 의견
표현 영역에까지 확장해서 판단한 사건으로 평가된다.

이 사건에서 연방헌법재판소는 의견자유의 이익을 위해, 특히 다의적 표현에 있어
서 위축효과에 대한 보호를 위해 표현에 적용되는 유리한 해석원칙은 단지 불리한
법적 제재가 -형사법상 유죄판결 혹은 민사법상 취소 혹은 물질적 그리고 비물질적
손해의 배상에 관한 민사법적 판결 등- 문제된 표현에 가해질 경우에만 적용된다고
선을 그었다. 그에 반해 장래를 향한 인격권 침해로 인해 금지청구가 문제 된 경우에
는 표현주체에게 다른 사람의 인격권보호의 이익을 위해 경우에 따라서 그의 다의적
진술내용의 의미를 명백히 해명하도록 요구하는 것이 의견자유의 침해에 해당하지
는 않는다고 밝혔다. 나아가 이러한 원칙들은 사실진술로 제한되는 것이 아니라 하
나의 인격권을 침해하는 가치평가가 문제시되는 경우에도 역시 마찬가지라고 판단
하였다.[36]

## 연방헌법재판소 2006년 5월 24일 자 결정
## – 1BvR 49/00 u.a.("베이비코스트"–사건)

### 사실관계

이 헌법소원은 임신중절수술의 시행에 관한 노골적인 비판을 상대로 내려진 형사상 유죄판결 그리고 동일한 비판내용에 대한 민사상 금지판결과 관련되었다.

### 제1사건(의견표현권 침해사건)

청구인1과 2는 임신중절수술을 종교적 확신에서 거부했다. 1997년 10월 8일 이들은 N 의료원 부지에 전단지를 배포했는데, 전단지 앞면에는 법률상 의료원 부지에서 임신중절 전문 진료실을 독자적으로 운영하던 산부인과 의사 F에 대해 실명이 거론된 상태에서 "태어나지 않은 아기들에 대한 살해-전문가(Tötungs-Spezialist)"라고 적혀 있었다. 그리고 뒷면에는 다음과 같은 내용이 적혀 있었다.

> 당신은 N 의료원 땅에서 자궁 속에 있는 아기살인(Kinder-Mord)을 멈추시오: 그때는 홀로코스트/오늘은 베이비코스트. 이에 대해 침묵하는 사람은 공범자가 됩니다!

4면에 걸친 본문부분에서는 낙태과정의 통상적인 의료적 수술방식이 기술되었고, 이어서 "제발 처벌이 면제되는 태아들의 살해(Tötung)에 대한 투쟁에서 우리를 도와주세요!"라는 요청이 제기되었으며, 이러한 요청에 덧대어 다음과 같은 본문부분이 게재되었다:

> 태어나지 않은 생명의 살해를 포기한 국가는 인권적 토대를 포기한 것입니다. 그러한 국가는 특정한 인간그룹을 국가 보호로부터 배제한 것이기 때문에 민주주의를 부정하는 것입니다. 낙태는 언제까지나 살 권리를 가진 태어나지 않은 인간의 살해입니다. 따라서 낙

태는 안 됩니다!

이에 의사 F와 종합병원 운영법인인 지자체는 청구인1과 청구인2를 모욕죄로 고소했다. 뉘른베르크 지방법원은 각각 모욕죄를 인정해 벌금형의 유죄판결을 내렸다. 이 판결에 대한 청구인들의 상고는 1999년 12월 8일 자 바이에른 상급법원의 결정과 함께 기각되었다. 상급법원은 청구인들의 불이익에 대한 어떠한 법적 오류도 증명되지 않았다고 판단했다. 이에 청구인들은 기본법 제5조 제1항의 침해를 이유로 헌법소원을 제기했다. 연방헌법재판소는 의료원 운영주체의 모욕죄를 인정하는 유죄판결이 내려지는 한, 청구인1과 2의 기본법 제5조 제1항 제1문에 근거한 의견표현권이 침해된다고 결정했다. 대상 판결은 이러한 부분에서 파기되었다.[37]

① 의사 F의 모욕죄 유죄판결 부분

연방헌법재판소는 대상 형사법원이 의료원 운영주체에 대해서까지 모욕죄를 인정하는 유죄판결을 내리는 한, 해당 판결로 인해 청구인1과 2의 자유로운 의견표현권(기본법 제5조 제1항 제1문) 침해가 인정되고, 그 밖의 헌법소원은 이유 없다고 결정했다.

연방헌법재판소는 모욕으로 인한 유죄판결의 대상이 단지 "그때는 홀로코스트/오늘은 베이비코스트"라는 표현으로 국한되었는데, 이러한 표현은 일단 기본법 제5조 제1항 제1문의 보호범위에 속하는 평가라고 인정했다. 비록 논쟁적이고 침해가 가능한 표현들조차도 기본권 보호범위에서 제외되지는 않는다고 하였다.

연방헌법재판소는 일단 형법규범의 해석과 적용은 관할법원의 책무이고, 모욕으로 인한 유죄판결에 있어서 각급 법원은 기본법 제5조 제1항의 가치설정적 의미가 법적용영역에서도 손상되지 않도록 모욕죄로 인해 제한되는 기본권에 유의해야 한다고 당부했다. 이에 따라 의사 F의 모욕죄로 인한 유죄판결은 헌법상 원칙에 부합한다고 인정했다.

문제의 형사처벌은 청구인들이 노골적인 언사로 낙태에 대한 공개적 비판을 행했다는 점에 이유를 두고 있는 것이 아니며, 이는 청구인들의 자유라고 평가했다. 이 유죄판결의 근거는 오히려 청구인들이 자신들에 의해 선택된 표현방식들을 공적 비판으로서 주장한 것이 아니라 특별히 의사 F를 조준했다는 점에 있다고 밝혔다. 법원들이 이러한 직접적인 관련성에서 인격권의 침해를 인정한 것은 헌법상 문제 될 것이 없으며, 마찬가지로 침해의 위법성이 인정된다고 판단했다.

연방헌법재판소는 우선 전단지와 그 안에 포함된 대상 표현들이 의사 F와 명백한 관련성을 가지고 있다고 인정했다. 전단지 앞면의 본문내용에서는 의사 F를 실명과 볼드 처리하에서 언급하는 동시에 그를 "살해-전문가"로서 지칭했으며, 나아가 그의 활동장소로서 "의료원 N의 부지"가 거론되었다고 이해했다. 이러한 장소묘사는 전단지 뒷면에서 원문 그대로 반복되는 동시에 "자궁 내에서의 아기-살인"이라는 우회적 표현과 함께 전단지 앞쪽에서 사용된 "태어나지 않은 아기들의 살해-전문가"라는 개념과 내용상 연결되었다고 보았다. 이어서 유죄판결에 결정적인 요인이었던 비난 표현 "베이비코스트"가 직접 연관되었다고 분석했다. 따라서 전단지의 독자들에게는 앞면에 명백히 실명으로 언급된 의사가 N 의료원 부지에서 행해진 사건들의 책임자로 지명되어야 하고, "베이비코스트"라는 표현은 사건의 규정에 해당하는 반면 홀로코스트와의 비교는 그의 활동에 관한 것이라고 평가했다. 그리고 이러한 문제 된 전단지가 의료원 부지에서 아울러 F에 의해 이용된 부지 내에서도 배포되었다는 점도 이러한 연관성을 심화시킨다고 판단했다.

이와 같이 의도적인 의사 F와의 연결에 대해 청구인들이 단지 자신들의 전단지와 함께 낙태를 일반적으로 반대하고 예외 없는 형사처벌의 원상회복을 위해 노력하는 것에 주안점을 둔 것이라는 주장은 설득력이 없고, 이러한 공적 관심사의 추구에 있어서 임신중절수술을 행하는 의사그룹들 가운데 일정한 목적하에서 의사 F를 하나의 본보기로 발탁한 상태에서 그의 행위를 홀로코스트와 대조되는 "베이비코스트"로 지칭했다는 점이 중요하다고 판단했다. 낙태에 관한 정책적 논쟁 차원의 전체적 맥락에서 볼 때, 의사 F를 표적으로 삼은 것이 단지 부수적인 것에 그치지는 않기 때문에, 전단지 내용과 F의 진료실 및 인물의 관련성을 하나의 단순한 "사고자극"으로서 평가하는 것은 받아들일 수 없다고 보았다. 따라서 법원들이 이를 F의 심각한 인격권 침해로 인정한 것은 헌법상 이의 제기될 수 없다고 밝혔다.

지방법원과 그에 이은 상급법원은 청구인에 의해 선택된 표현방식("당시: 홀로코스트/오늘: 베이비코스트")이 임신중절을 나치 홀로코스트와 동일시하는 것으로 해석될 수 있다는 점에서 출발했다. 그에 반해 연방대법원은 동일한 전단지에 관한 별도의 소송절차와 관련된 판결(NJW 2000, 3421)에서 의사 F에 의해서 행해진 낙태를 하나의 비난받아 마땅한 인간 생명체의 집단살해의 의미로 이해하면서, 이를 비교를 통해 표현한 것이라고 인정했다. 그럼에도 연방대법원에 의해 선호되었던 해석변형 역시 청구인이 전단지에서 "홀로코스트"와 "베이비코스트" 사이를 결부시켰다는 점에서 마찬가지로 극도로 심각한 비난과 중대한 인격권 침해에 해당한다고 판단했다.

연방헌법재판소는 결과적으로 침해의 위법성 인정은 헌법상으로도 부인될 수 없다고 보았다. 재판부는 일단 전단지를 통한 해당 의사의 인격권 침해가 특정한 사회적 사안에 관한 논쟁을 지향하는 것이 아니라 우선적으로 인신공격만을 목표로 하는 비방적 비판에 해당하지는 않는다고 판단했다. 하나의 구체적인 사회적 이슈, 즉 임신중절의 형사처벌 가능성을 원상회복시키고자 하는 목표수행이 전단지 내용에서 부인될 수는 없다고 평가했다. 만약 법원이 이 표현을 비방적 비판으로 잘못 간주했다면, 이는 형량을 등한시했거나 잘못 행함으로써 이에 기초한 판결이 파기에 이르는 현저한 헌법상 오류에 해당할 것이라고 밝혔다. 하지만 법원이 명백히 형량을 개시했고 이때 행해진 숙고가 그 자체로 헌법상 납득할 수 있다면, 이러한 형량결과는 각급 법원이 부적절하게 비방적 비판을 인정했다는 이유로 비판받지는 않을 것이라고 보았다. 아울러 재판부는 사건이 이에 해당한다고 밝혔다. 하급심 법원들은 청구인의 의견자유와 형량과정에서 헌법상 반하지 않는 방식으로 의사의 심각한 명예침해는 정당화되지 않는다는 결론에 도달했다고 인정했다. 이때 특히 해당 법원들은 의사 F가 현행법의 범위 내에서 활동했었고, 그의 입장에서 적극적으로 낙태에 관한 공적 논쟁에 가담하지 않았다는 사실도 참작했다고 평가했다. 그 밖에도 낙태 가능성에 관한 일반적 비판이 중요했던 청구인에게 의사 F에 대한 이런 극단적 방식의 전면적인 인격권 침해 없이 공중에게 전달하는 방식을 선택하도록 요구하는 것이 청구인의 의견자유의 부당한 침해를 나타내지는 않는다고 설명했다.[38]

### ② 의료원 운영주체의 모욕죄 유죄판결 부분

연방헌법재판소는 의사 F의 불이익으로 되는 모욕 외에 의료원 운영주체의 불이익이 되는 모욕 역시 실현된 것으로 본 법원의 생각은 받아들일 수 없다고 보았다. 지방법원은 전단지 내에서 모욕이 가능한 단체로서 의료원 N의 모욕을 인정했고, 이러한 판단의 기초로 집단모욕의 형태 안에서 개개인의 모욕에 맞추어졌다는 생각을 기초로 삼았다. 이러한 표현들은 의료원에서 활동하고 있는 개개인들과 관련되었으며, 이러한 개개인들은 쉽게 알아볼 수 있고 개별화가 가능한 인적 구성범위라고 판단했다. 그에 반해 청구인은 "의료원 N의 부지에서"라는 표현방식을 통해 단지 의료원의 장소정보만 제공한 것이지, 그 기관을 지칭하고자 한 것은 아니라고 반박했다. 한편, 연방대법원은 별개의 판결에서 N 의료원 책임주체의 평가저하를 인정한 바 있었다(NJW 2000, 3421).

이에 대해 연방헌법재판소는 표현의 의미파악에 있어서 적절하지 않은 표현은 제외되어야 한다고 하면서, 의료원을 단지 장소정보로만 표시했다는 청구인 주장이 바로 그러한 해석에 해당한다고 비판했다. 전단지 안에서 "의료원 N" 내지 "N에 소재한 의료원 N"이라는 단어가 각각 고딕체 및 큰 활자체로 분명하게 "의료원 부지"와의 연관성을 통해 부각되었다는 사실이 이를 위한 근거라고 밝혔다.

하지만 연방헌법재판소는 이러한 청구인의 해석변형을 제외할지라도, 두 개의 다른 해석이 여전히 해결되지 않은 채 그대로 남아 있다고 밝혔다.

우선, 전단지에 대한 형사법적 판단은 그 표현이 법인의 모욕으로서 지방자치단체인 의료원 운영주체에 해당하는 것인지 아니면 소위 집단모욕으로서 의료원에서 활동하고 있는 개개인에 해당하는 것인지 여부에 달려 있다고 보았다. 이러한 모욕의 두 형태는 서로 상이한 헌법적 정당화 요청 아래 놓여 있다고 밝혔다. 고권주체와 관련해 형법 제185조 이하 명예보호규정의 적용 가능성은 자연인에 속하는 인격권에 기초하는 것이 아니라 관련된 국가조직이 그의 기능을 수행할 수 있기 위하여 필수적인 최소한의 공적 존중을 보장할 목적을 추구하는 것이라고 설명했다. 하지만 이러한 보호목적이 의견자유와 충돌에 빠질 경우에는 의견자유의 기본권이 권력비판의 특별한 보호필요성에서 생겨났고 바로 그러한 점에서 변함없이 자신의 의미를 발견한다는 사실을 고려할 때, 고권주체의 이익보다 의견자유권을 더 높게 평가해야 한다고 보았다.

그에 반해 만약 법원이 집단모욕의 개념하에 개개인의 모욕에서 논의를 시작하길 원한다면, 이때 법원은 평가저하적 표현과 관련된 집단크기가 크면 클수록 개별 구성원의 개인적 관련성은 점점 더 약화된다는 사실을 고려했어야 했다고 지적했다. 그 때문에 법원은 시설이나 기관 혹은 인적 총체에 대한 평가저하적 표현의 해석에 있어서는 시설의 지칭과 더불어 이 시설 자체가 평가저하된 것이 아니라 그 구성원들이 평가저하된 것으로 볼 수 있는 특별한 사정을 제시했어야 했다고 꼬집었다.

따라서 이와 같은 상이한 기준들로 인해 법원은 해당 표현이 수신인 범위의 관점에서 다의적인 것인지에 관해 해명해야 했다고 생각했다. 하지만 지방법원은 이러한 해명을 하지 않았고, 바이에른 최고법원 역시 그 점에서 어떠한 법률위반도 간파하지 못했다고 비판했다. 법원들이 다의성(Mehrdeutigkeit)을 인정하고, 연방대법원처럼 그 표현은 단지 자신의 부지에서 의사 M을 통해 수행된 임신중절을 허용한 시설로서 의료원에 반대하는 것이었다는 해석변형 가능성을 인정했다면, 법원들은 이러한 청구인에게 유리한 해석을 형사상 유죄판결의 바탕으로 삼아야 했다고 판단했다. 하지만 상응하는 설명들이 없기 때문에, 의료원 운영주체의 모욕으로 인한 청구인의 유죄판결은 납득할 수 없다고 질책했다.[39]

# 제2사건(일반적 인격권 침해사건)

## 사실관계

이 사건 역시 위에서 언급된 1997년 10월 8일 전단지 배포사건이 계기가 되었지만, 그 판단대상은 의사 F가 제기했던 민사소송이다. 청구인3인 의사 F는 청구인1과 2(이하 피고들)에게 전단지내용 중에서 세 개의 실명이 공개된 진술들의 전파를 금지하는 민사소송을 제기했다. 이 사건 헌법소원의 대상은 뉘른베르크 상급법원의 판결인데, 상급법원은 청구인3의 금지청구를 인정하지 않았다. 왜냐하면 "태어나지 않은 아기들의 살해-전문가(Tötungs-Spezialist) 의사 F"라는 진술은 하나의 적절한 사실주장이며, "N 의료원 부지에서 자궁 내의 아기-살인(Kinder-Mord)"이라는 본문 구절은 평가적 의견표현이라고 보았다. 선택된 표현들의 다의적 해석 가능성과 관련한 법적 평가에 있어서는 금지청구 피고에게 보다 더 유리하고 당사자에게는 덜 침해되는 그러한 해석이 바탕으로 되어야 한다고 판시했다.

이에 청구인3은 기본법 제1조 제1항 및 기본법 제2조 제1항에 의해 보장되는 일반적 인격권이 침해되었다며 헌법소원을 제기했다. 연방헌법재판소는 상급법원의 판결이 청구인3의 금지청구 소송을 기각하는 한, 기본법 제1조 제1항 제1문과 제2조 제1항에 근거한 일반적 인격권을 침해한다고 결정했다.[40]

### ① "살해-전문가 의사 F"라는 표현의 판단

연방헌법재판소는 전단지에 포함된 세 개의 표현들과 관련해서 의사 F가 제기한 민사법상 금지청구사건 판결은 일부만 유지된다고 결정했다.

우선, 청구인3(의사 F)이 제기한 "태어나지 않은 아기들에 있어서 살해-전문가 의사 F"라는 진술의 금지청구를 상급법원이 거부한 것은 문제 되지 않는다고 판단했다. 상급법원은 이 표현을 사실주장으로 분류했고, 청구인의 명예와 인격권을 현저한 정도로 침해하기에 적합하다고 보았다. 그럼에도 이 표현은 내용상 적절한 것이었으며,

그와 결부된 청구인3의 평가저하에도 불구하고 감수되어야 한다고 보았다. 청구인3에 향해진 "살해-전문가"라는 지칭이 그의 활동에 관한 가치중립적인 묘사로 이해된다면, 이는 적절한 사실진술로서 인정된다고 생각했다. 하지만 청구인3은 이 진술의 가치중립성에 반대했으며, 진술 내에 포함되어 있는 자신의 활동에 대한 평가저하를 문제 삼았다.

이와 관련해 연방헌법재판소는 해당 표현에서 암시되는 평가를 감수할 만한 것으로 인정한 상급법원의 판단 역시 헌법상 문제 되지 않는다고 보았다. 청구인에 대해 향해진 표현들은 공공성과 본질적으로 관계된 논쟁의 여지가 있고, 커다란 관심과 함께 토론되었던 관심사에 해당한다고 인정했다. 여기에서 각각의 평가가 허용되는지 여부는 형사처벌 없는 임신중절이 무엇보다 임산부를 위한 조력으로 이해되는지 아니면 인간생명체의 살해로 분류되는지 여부에 달려 있다고 보았다. 다만, 이 사건 피고들에게 있어서는 살해의 측면이 전면적으로 중요했고, 시민 입장에서는 여러 관점들 가운데 하나의 입장을 선택하고 지지하는 것 역시 민주주의의 본질적 조건에 해당한다고 평가했다. 청구인3이 임신중절의 문제에서 선택한 명확한 입장, 즉 낙태의 허용을 지지했다는 입장 역시 의견자유권의 보호범위 내에 해당하는 것은 마찬가지라고 인정했다. 결국 그러한 논쟁에 있어서 평가적 표현은 문제시된 표현이 비방적 비판으로서 혹은 형식적 모욕을 의미하거나 당사자의 인간존엄성에 대한 공격을 포함하지 않는 한, 통상 인격권보호의 이익에 우선한다고 밝혔다. 그 밖에 개별적으로 자유로운 의견의 추정이 상충하는 인격권보호의 이익을 통해 자제되는지 여부에 대해서는 형량을 통해 결정된다고 보았다.

하지만 이 사건에서 비방적 비판, 형식적 모욕 혹은 인간존엄성의 침해의 존재를 위한 어떠한 관점도 명백하지 않을뿐더러 청구인3에 의해 제시되지도 않았다고 밝혔다. 아울러 상급법원이 "살해-전문가 박사 F"라는 표현의 분류에서 형량오류를 범했다는 점도 제시되지 않았다고 밝혔다.[41]

② "자궁 안에 있는 아기—살인" 표현에 관한 판단—스톨페 이론의 적용

이에 반해 연방헌법재판소는 상급법원이 피고들에 의해 사용된 표현 "자궁 안에 있는 아기-살인(Kinder-Mord im Mutterschoss)"을 청구인3의 활동에 관한 정당한 가치평가라고 인정한 것은 수용할 수 없다고 밝혔다. 상급법원은 이미 표현의 해석에 있어서 지켜야 할 헌법상 요청을 등한시했다고 비판했다.

표현의 적절한 해석은 의견자유와 인격권의 침해심사에 있어서 방향 결정적 의미를 지니며, 부적절한 표현의 해석으로 인해 의견자유도 기본법상 인격권보호도 축소되어서는 안 된다고 강조했다. 다의적 표현의 처리를 위한 원칙은 행해진 표현을 둘러싸고 형사법상 제제에 관해 결정되어야 하는지 아니면 여기에서처럼 장래의 금지청구에 관해 결정되는지 여부에 따라 각각 구별된다고 분명히 밝혔다(스톨페 이론).

상급법원은 표현에서 납득할 수 있는 하나의 다의적 진술을 인정하고, "살인(Mord)"은 일상언어상의 의미로 특별한 비난 가능성을 지닌 인간의 고의적 살해를 뜻한다고 해석했다. 동시에 문제 된 표현은 형법 제211조(모살죄)[49]의 특별한 구성요건표지를 충족하는 행동이 우회적으로 표현된 것이라는 해석도 가능하다고 인정했다. 그런 점에서 청구인3에게 향해진 표현은 다의적이라고 판단했다. 이어서 하나의 표현에 서로 제외되지 않는 여러 해석이 가능한 경우의 법적 판단에 있어서는 금지청구 대상자에게 유리하고 당사자를 덜 침해하는 그러한 해석이 바탕이 되어야 한다고 판시했다. 그리고 여기에서는 고의적 살해로서 "살인(Mord)"을 뜻한다고 보는 개념해석이 형법상 모살죄를 뜻한다고 보는 해석보다 덜 심각한 해석이라고 인정했다.

하지만 연방헌법재판소는 바로 이 점에서 상급법원이 금지청구의 경우에 적용되어야 할 다의적 표현의 해석에 관한 헌법적 요청을 충분히 고려하지 않았다고 질책했다. 즉, 의견자유의 이익을 위해, 특히 다의적 표현에 있어서 위축효과에 대한 보호를 위해 유리한 해석 가능성이 충분한 이유와 함께 배제될 때에만 제재가 고려된다는 '유리한 해석원칙'은 단지 표현에 대한 불리한 법적 제재, 가령 형사법상 유죄판결, 민사법상 취소 혹은 물질적, 비물질적 손해배상에 관한 민사법적 판결 등에만 적용

된다고 설명했다. 그에 반해 장래를 향한 앞으로의 인격권 침해에 대한 금지청구가 문제 된 경우라면, 상대방의 인격권 보호이익을 위해 상황에 따라 다의적 진술내용의 의미를 명백히 하도록 표현주체에게 요구할 수 있으며, 이러한 요구는 의견자유의 침해가 아니라고 판단했다. 그럼에도 표현주체가 이것을 행하지 않는다면, 이때에는 가능한 해석변형 가운데 하나 혹은 여러 해석을 통해 해당 표현이 인격권의 위법한 침해에 이르는지 심사되어야 한다고 밝혔다. 나아가 이러한 스톨페 원칙은 사실진술의 해석으로만 제한되는 것이 아니라 이 사건에서처럼 하나의 인격권을 침해하는 가치평가가 문제 되는 해석에도 역시 결정적으로 유효하다고 밝혔다.

따라서 다의적 사실주장 혹은 다의적 가치평가의 해석을 위한 헌법상 기준은 원칙적으로 이미 행해진 표현에 대한 불리한 제재가 문제 되는지 아니면 단지 장래에 향해진 방어만이 문제 되는지 여부에 따라 각각 구별된다고 밝혔다. 이에 과거의 표현에 대한 제재가 문제 될 경우 형사법원은 이러한 가능성을 인정하고 자신의 법적 판단과정에서 해당 "살인"의 개념은 법전문적인 의미뿐만 아니라 완화된 일상용어적 의미로도 이해할 수 있기 때문에, 이러한 해석의 바탕 위에서 모욕의 존재를 부정한 것은 헌법상 문제 되지 않을 것이라고 보았다. 다만, 이 사건에서처럼 청구인3에 의해 제기된 금지청구 사건에서는 이러한 '유리한 해석원칙'을 쉽사리 적용해서는 안된다고 생각했다. 오히려 금지청구의 범위 내에서는 마찬가지로 가능한, 그리고 전적으로 수긍이 가는 또 다른 해석, 즉 "살인"이 전문적인 법적 의미에서 이해될 수 있는 그런 해석을 바탕으로 삼았어야 했다고 지적했다.

그런 점에서 피고들이 단지 낙태에 관한 일반적 비판을 행하길 원했는지 아니면 청구인3에 대한 아기 살인의 비난을 목표로 했는지 여부가 심사되었어야 했다고 보았다. 상급법원은 비록 청구인3에 대해 아기 살인의 비난이 제기되었다는 점은 인정했다. 하지만 전단지에서 단지 "살해-전문가"로서 지칭되었던 청구인3을 모살자와 동등시하는 것은 아니었으며, 하나의 비인격화된 지칭이 선택되었다는 점에서 인격권 침해의 문제가 결정되어야 한다고 생각했다. 이에 따라 피고인에게 유리한 해석변형을 바탕으로 삼았다. 하지만 연방헌법재판소는 텍스트에 따라 마찬가지로 가능한 해석, 즉 청구인이 모살자로 비난될 수도 있기 때문에 심각한 인격권 침해에 이르는 해석변형을 판단의 바탕으로 삼지 않았다고 상급법원을 비판했다. 연방헌법재판소는 문제 된 전단지 앞면에서 청구인의 이름이 언급되었고, 이어서 "태어나지 않은 아기들의 살해-전문가"라고 지칭되었으며, 그의 활동이 의료원 부지에서 전개되었다는 점에서 이러한 두 번째 해석변형이 타당하다고 밝혔다. 이때 청구인3의 이름은 앞면에서 볼드 처리를 통해 특별히 강조되었다는 점도 참작된다고 덧붙였다. 이러한 시각적 강조는 내용상으로 전단지 뒷면에서 사용된 "의료원 N 위에서 어머니 자궁 안에 있는 아기-살인"이라는 표현과 연결되었고, 이것은 독자들에게 "어머니 자궁 안에 있는 아기-살인"으로서 우회적으로 표현된 사건에 직접 관여한 청구인3이 책임져야 한다는 점을 암시한다고 보았다. 따라서 상급법원은 이러한 해석변형을 형량의 바탕으로 삼았어야 하는데, 이를 행하지 않았다고 질책했다.

아울러 연방헌법재판소는 인격권보호와 의견자유 사이의 형량에 관한 법원의 계속된 견해 역시 문제 될 수 있다고 판단했다. 의견자유의 이익에 우위가 인정된다는 법원의 근거는 비방적 비판이 존재하지 않는다는 설명으로 제한되었는데, 이는 헌법상 요청을 충분히 고려한 것이 아니라고 지적했다. 청구인에 대해 향해진 표현이 심각한 그리고 그에게 개인적으로 향해진 비난으로 이해될 수 있고, 청구인 개인을 표적으로 하는 방식을 통해 "어머니 자궁 내에서의 아기-살인"이라고 비난되었다면, 청구인은 이미 그 안에 내포된 도덕적으로 비난받아야 마땅한 자신의 행동에 대한 비판으로 인해 자신의 인격권이 상당한 정도로 관련되었다고 인정했다.

이어서 연방헌법재판소는 만약 피고가 자신의 표현을 그렇게 해석하는 것에 반감이 있다면, 향후 장래의 표현내용에서 진술내용 내에 존재하는 인격권 침해 요소를 제거할 수 있는 해명이 기대될 수 있다고 보았다. 하지만 이것을 피고는 행하지 않았다고 지적했다. 이와 같이 피고가 진술에 명확히 다른 내용을 부여할 용의가 없다면, 그 표현은 여전히 여러 해석변형이 허용된다고 밝혔다. 그리고 법원이 이러한 여러 해석변형들 중에서 인격권 침해에도 이르지 않거나 단지 사소한 인격권 침해에 이르는 그러한 해석변형만을 선택할 아무런 이유도 없고, 그를 바탕으로 금지판결 선고를 포기할 헌법상 납득할 만한 이유도 전혀 없다고 생각했다.

나아가 청구인3에 대해 항해진 나치의 홀로코스트와 그에게 전가된 "베이비코스트"의 동일시에 대한 금지청구 거부 역시 헌법상 납득할 수 없다고 밝혔다.

상급법원은 자신의 법적 판단과정에서 앞서 내려진 연방대법원 판결(NJW 2000, 3421)을 근거로 삼았는데, 여기에서 연방대법원은 낙태수술은 단지 비난받아 마땅한 대량살해를 의미한다는 비판만을 포함한다는 이유로 이 표현의 책임을 부정한 바 있었다. 이때 연방대법원은 기존에 제시된 '유리한 해석원칙'을 바탕으로 했고, 그에 따르면 다의적 표현에 있어서는 표현주체에게 유리한 해석에서 출발해야 한다고 판단했다. 하지만 이러한 해석원칙은 연방헌법재판소의 결정(스톨페 이론)에 따라 금지청구에 있어서는 적절하지 않은 것이라고 반박했다. 홀로코스트와 "베이비코스트"의 비교에 관한 피고의 표현은 다의적인 것이고, 그것은 나치 홀로코스트와 "베이비코스트"의 직접적 동일시의 의미에서 그리고 청구인3의 활동에 대한 우회적 표현으로 이해될 수 있다고 보았다. 이러한 해석 가능성 외에도 또 다른 해석 가능성이 존재할 수 있다는 항변은 이 사건에서처럼 단지 표현주체에 대한 금지청구가 주로 문제되는 사건에서는 의미가 없다고 밝혔다. 결국 대상 판결은 확정된 헌법위반에 근거한 것이라고 결정했다.[42]

## 유럽인권법원 2011년 1월 13일 자 판결
### - 397/07, 2322/07(Hoffer u. Annen/Deutschland)

### 사실관계

1997년 10월 8일 뉘른베르크 의료원 앞에서 4쪽짜리 전단지를 행인들에게 배포한 청구인들에 대해서 "그때는: 홀로코스트/오늘은: 베이비코스트"라는 표현이 다른 전단지 속의 내용들과의 맥락에서 "D 의사의 적법한 활동을 가장 혐오스럽고 결코 정당화될 수 없는 인간적 존재에 대한 범죄의 동의어에 해당하는 홀로코스트와 동일시한 것으로 해석된다"는 이유로 모욕죄가 확정되었다. 이에 청구인들은 2006년 12월 22일 유럽인권법원에 청원을 제기하였고, 자신들에 대한 유죄판결은 유럽인권협약 제10조에서 보장된 의견표현권을 침해한다고 주장하였다.[43]

  ① 판단기준

  유럽인권법원은 우선 독일 법원을 통한 청구인들의 유죄판결은 의견표현의 자유의 개입에 해당한다고 인정했다. 그리고 이러한 개입은 유럽인권협약 제10조 제2항의 전제를 충족하지 않을 경우 협약위반에 해당한다고 공언했다. 따라서 그러한 개입이 첫째, 법적 근거를 가지고 있는지, 둘째, 협약 제10조 제2항에 규정된 정당한 목적 중 하나 이상을 수행했는지, 마지막으로 민주주의 사회에서 이러한 목적을 달성하기 위해 필수적인지 여부가 심사되어야 한다고 밝혔다.

  청구인들의 유죄판결은 독일 형법 제185조에 근거한 것이며, 이러한 적용 가능한 내국법은 당사자들이 각각의 사정하에서 하나의 특정한 행위가 어떠한 결과를 가질 수 있는지 적절하게 예측할 수 있는 정도로 명확하게 표현되어야 한다고 밝혔다. 그리고 독일 형법 제185조는 비록 광의의 개념으로 표현되었음에도 불구하고 이러한 요청에 부합한다고 보았다. "모욕" 개념의 일상적 의미에서 청구인들은 처벌을 기대 가능한 정도로 분명히 인식할 수 있었고, 이런 점에서 법원의 개입은 법에 근거한 것이었다고 인정했다. 이어서 청구인들의 유죄판결은 평판의 보호나 다른 사람의 권리 보호, 즉 D 의사의 평판과 인격권의 보호에 기여한다고 보았다. 마지막으로 법원의 개입이 민주주의 사회에서 불가피한 것이었는지 여부가 심사되어야 한다고 밝혔다. 그리고 이를 위해서는 "긴급한 사회적 필요"가 존재하는지가 필수적이라고 인정했다. 아울러 이 사건이 이에 해당하는지 여부의 판단에 있어서 협약국가들은 일정한 재량 여지를 가지며, 그럼에도 유럽인권법원의 감시와 함께 협약국가들의 연대가 중요하다고 강조했다.

유럽인권법원은 자신의 감시역할에 있어서 독일 당국과 법원이 중요한 사실들을 타당하게 확정했고, 유럽인권협약 제10조에 포함된 원칙들과 일치할 수 있는 법규를 적용했는지에 관해 납득할 수 있어야 한다고 밝혔다. 그리고 이때 공적 이익의 관심사에 관한 토론에서 행해진 의견표현에 대해서는 특별한 보호가 고려되어야 한다고 역설했다.[44]

### ② 사건판단

유럽인권법원에 따르면, 뉘른베르크 지방법원은 청구인의 표현이 공적 이익의 문제들을 제기했고, 더욱이 정치적 목적을 과장되고 공격적인 비판수단과 함께 행해도 된다는 사실을 명백히 인정했다고 보았다. 따라서 해당 법원은 이미 전단지에 포함된 모든 표현들이 "당시에: 홀로코스트/오늘은: 베이비코스트" 표현을 제외하고는 여론형성의 허용 부분이며, 의견자유의 허용범위에 해당한다는 사실을 인정해도 된다고 보았다. 그 때문에 유럽인권법원은 자신의 심사를 마지막에 표현된 그 부분으로 제한한다고 밝혔다.

독일 법원들은 청구인들이 임신중절수술을 홀로코스트 동안 저질러진 집단학살과 동일시함으로써 의사의 인격권을 심각하게 침해했다고 인정했고, 그런 점에서 의사의 명예를 덜 침해하는 형태로 자신의 비판을 나타내는 것이 가능했다고 판단했다. 연방헌법재판소 역시 이러한 청구인들의 표현은 여러 가지 의미로 상이하게 해석될 수 있다고 인정했지만, 가능한 해석들 모두 의사의 인격권을 극도로 침해하는 것이었다고 평가했다.

이와 관련해 유럽인권법원은 다른 사람의 인격권에 대한 의견표현의 영향력은 그 표현이 행해진 역사적, 사회적 맥락에서 평가되어야 하며, 홀로코스트라는 지적 역시 독일 과거의 특별한 맥락에서 판단되어야 한다고 생각했다. 그 때문에 유럽인권법원은 문제 된 표현이 의사의 가장 심각한 인격권 침해에 해당한다는 독일 법원들

의 논증결과를 받아들인다고 밝혔다. 결과적으로 독일 법원들은 청구인의 의견표현
권과 의사의 인격권을 적절하게 상호 형량했으며, 그에 의해 제시된 이유들은 법원
의 개입이 민주주의 사회에서 필수 불가결한 것이었다는 것을 말해 줄 정도로 충분
했다고 평가했다. 나아가 처벌수준 역시 상대적으로 낮은 것이었다고 보았다. 따라
서 해당 국가의 재량 여지의 고려하에서 독일 법원들은 공정한 비례관계를 이뤘다고
판단했다.[45]

## 4. 스톨페 이론의 적용 예외: 유전자-우유(Gen-Milch) 사건

언제 다의적 표현이 존재하는지의 문제는 객관적이고 이성적인 청중들의 이해에
서 출발해서 여전히 기존의 해석원칙에 따라 결정되어야 한다. 그럼에도 "스톨페" 결
정 이후 각급 법원에서는 종종 성급하게 표현의 다의성을 인정하려는 경향을 보여왔
다. 하지만 이러한 법원들의 경향에 대해서는 제동이 걸려야 한다는 것이 중론이다.
왜냐하면 연방헌법재판소가 다의적 표현의 금지청구에 관한 스톨페 결정을 통해서
표현의 해석원칙 자체를 바꾼 것은 아니기 때문이다. 이에 연방헌법재판소는 "스톨
페" 결정이 기존보다 더 넓은 범위에서 다의적 진술내용을 허용하게 되는 계기를 제
공한 것이 아니라는 사실을 확정할 필요를 느끼게 되었고, 이러한 연방헌법재판소의
의지는 "유전자 우유(Gen-Milch)" 결정에서 관철되었다.[46] 따라서 표현의 심사에 있
어서 이론상 가능하긴 하지만 직접적인 관계가 없거나 수긍이 가지 않는 해석은 원
천적으로 제외되어야 한다.

이는 실체가 부족한 표현에서도 마찬가지이다. 연방대법원은 유전적으로 변형된
사료를 먹고 사육된 소의 우유를 "유전자 우유(Gen-Milch)"라고 지칭한 표현에서
이러한 입장을 확인했다. 이 표현은 특정한 사실관계에 관한 독자적 주장이 아니라
는 이유 때문이었다.[56] 따라서 "유전자 우유(Gen-Milch)"와 같은 실체가 부족한 개
념의 경우에는 다의적 표현의 법리가 부인된다. 이러한 개념은 특정한 사실관계의

독자적 주장에 관한 것이 아니라 불완전하고 보완을 필요로 하는 사실상 선전문구식의 표현에 불과하기 때문이다. 슬로건이나 선전문구는 자체적으로 완결되거나 독자적 내용을 가진 진술로서 인식될 수 있는 다의적 표현에 해당하지 않는다.[47, 48]

결국 자체적으로 완결되어 있고, 그 자체로 독자적 내용을 가진 진술로서 인식되는 경우에만 다의적 표현으로 인정될 수 있다는 점에 유의해야 한다. 그 이후에 어떠한 해석변형의 이해를 바탕으로 심사를 진행할 것인지는 표현주체의 입장에 따라 좌우된다. 표현주체에게는 향후에 하나의 분명한 의미를 새롭게 밝히는 것이 가능하고, 동시에 어떠한 표현내용이 계속된 법적 심사에서 바탕이 되어야 하는지 해명하는 것이 가능하기 때문이다. 이에 따라 만약 표현주체가 그의 진술에 명확한 내용을 부여할 용의가 없다면, 그때에는 표현대상자를 가장 침해하는 그러한 해석변형을 바탕으로 금지선고 판결이 내려질 수 있게 된다.[49]

## 연방대법원 2008년 3월 11일 자 판결 – VI ZR 7/07

### 사실관계

원고는 등록단체인 피고(그린피스)에게 자신의 기업에서 판매하고 있는 제품을 추가 해명 없이는 "유전자-우유(Gen-Milch)"로 지칭하지 말라며 금지청구 소송을 제기했다. 원고는 세계적인 우유-낙농업 제품을 위한 기업그룹의 모기업이다. 원고는 무엇보다 "뮐러", "바이엔슈테판", "작센우유" 그리고 "루제" 제품들을 판매해 왔다. 원고의 기업그룹에 속한 회사는 자신의 제품에 유전공학적으로 변형된 사료를 먹고 자란 암소에서 채취한 우유를 원료로 가공 처리했다. 피고는 환경-동물보호 및 소비자 계몽과 더불어 무엇보다 식료품에서 유전공학적 처리가 개입될 경우 발생하는 위험과 유해문제를 집중적으로 다뤘다. 피고는 2004년 발효된 원산지 추적 가능성과 유전자변형 유기체의 표시 그리고 유전자변형 유기체에서 생산된 식료품과 사료의 추적 가능성에 관한 유럽공동체 규정이 불충분하다고 생각했다. 왜냐하면 이 규정은 우유와 같은 동물성 식품에 대해서 그 제품의 생산자 동물들이 유전공학적으로 변형된 사료를 먹고 자랐다는 내용의 표시의무를 부과하지 않았기 때문이었다. 그 점에서 피고는 소비자 정보 공백이 존재한다고 생각했다. 이를 해소하기 위해 피고는 원고에게 접근해서 우유공급자에게 유전공학적으로 변형된 사료를 포기할 의무를 부담지우라고 요청했다. 하지만 이러한 요청을 원고는 이행하지 않았다. 피고는 이를 계기로 출판물 및 다양한 공개행동에서 자신의 관심사에 대해 주목을 환기시킬 요량으로 표제 내지 포스터 문구로서 "유전자-우유"라는 개념을 사용했다.

2004년 4월 28일과 5월 17일 사이에 피고는 자신의 인터넷사이트에 여러 기사를 입력했는데, "유전자-우유, … 아니면 무엇?", "뮐러 당에서 유전자-우유-스캔들?" 혹은 "유전자-우유에 대한 연방 전역의 항의"와 같은 제목하에 원고가 가공된 우유제품 제조과정에서 유전공학적으로 변형된 사료의 사용을 금지할 것을 거부한 사실에 대해 비판을 제기했다. 2004년 4월 30일 피고의 구성원들은 원고 기업그룹이 속한 A 소재 건물 앞에서 "유전자-우유"라는 슬로건이 적힌 피켓의 사용하에 시위를 벌였다. 2004년 5월 3일 피고는 M에서 "진짜 맛있는-단지 뮐러 씨의 유전자 우유 없이만 가능해요"라는 현수막과 함께 우유밥 요리 공개행사를 개최했다. 2004년 5월 10일에는 피고 구성원들이 원고 기업그룹에 속한 L 소재 공장에서 "멈춰라 뮐러의 유전자-우유"라는 포스터 사용하에서 시위를 벌였다. 2004년 11월 27일 피고 활동가는 약 100군데 이상의 슈퍼마켓에서 원고의 제품을 진열대에서 치우고 그것들을 쇼핑카트에 담았는데, 쇼핑카트에는 "뮐러-우유=유전자 우유*"라는 문구와 "*유전자 조작된 사료로 생산된"이라는 추가 문구가 담긴 경고피켓이 부착되어 있었다. 2005년 1월 중순부터 피고 소속 구성원들은 이동식 유제품 판매점을 독일 전역에서 운영하면서 통행인들에게 시음용 우유를 제공했고, "나는 뮐러의 유전자-우유를 원하지 않는다"라는 내용의 항의피켓을 사용했다. 또한 그의 인터넷사이트에 입력된 호소문 "뮐러에 반대하는 뮐러"에서는 "유전자-우유에 대한 항의"를 하도록 요구했다. 게다가 피고는 "유전공학 없는 먹거리"라는 안내책자를 판매했는데, 거기에서 언급된 회사들이 유전공학적으로 변형된 식물을 사료로 먹은 동물들에서 채취한 동물성 원료들을 그들의 제품제조에 사용하지 않는다고 보증했는지 여부를 목록에 수록했다. 그리고 이 안내책자 제6판에서는 "뮐러-우유는 유전자 우유"라고 적혀 있었다.

원고는 "유전자-우유"라는 개념에는 자신의 기업에서 가공된 우유가 "유전자 조작되었다"는 허위의 사실주장이 존재한다고 주장했다. 이를 위해 원고는 소비자이해에 관한 설문조사를 증거로 제시했다. 지방법원은 소송을 일부 인정했고, 이 제품 자체는 유전공학적으로 변형되지 않았다는 사실 내지 현재의 학문적 입장에 따르면 제품 안에는 사료의 유전공학적 변형성분이 검출되지 않았다는 사실을 함께 언급하지 않는 한, 유전자 조작된 사료라는 참조하에서 원고 제품이 "유전자-우유"라고 지칭하는 것을 피고에게 금지시켰다. 피고의 항소로 상급법원은 소송 전부를 기각했다.[50]

### ① 항소법원의 판단

항소법원은 원고의 금지청구를 인정하지 않았다. 피고의 "유전자-우유" 개념의 사용에는 기본법 제5조 제1항에 의해 보호되는 의견표현이 존재한다고 보았다. 그리고 이 의견표현은 비방적 비판의 한계를 넘지 않으며, 그와 결부된 원고의 침해와 피고의 의견자유의 비중 사이의 형량에 따라 적법한 것으로 분류된다고 판결했다. "유전자-우유"는 분리해서 고찰하면, 실체가 부족하고 사실내용이 없는 것이라고 평가했다. 피고가 이 개념을 사용한 맥락의 참작 시에도 문제 된 표현에서 어떠한 허위의 사실주장을 끌어낼 수 없다고 생각했다. 소비자이해에 관한 설문조사를 통해서도 조사내용 안에서 관련된 맥락이 고려되지 않았기 때문에, 판단결과가 달라지지 않는다고 밝혔다. 이와 별개로 중립적이고 이성적인 시민들은 "유전자-우유"라는 용어의 개념을 제대로 이해하고 있었고, 현장에서 그리고 인터넷에서 제공된 정보들과 보도자료에서 피고의 행동들이 소개된 것을 통해 그 개념의 정확한 의미를 알고 있었다고 인정했다.

한편, 항소법원은 보도자료나 피고의 캠페인에서 사용된 해당 개념은 그 강도와 지속성에도 불구하고 어떠한 과도한 공개비난효과를 나타내지는 않는다고 생각했다. 원고에 의해 요망된 추가 해명 없이는 "유전자-우유"라는 개념의 사용을 금지하는 판결은 이러한 추가 해명이 내용상 정당화되지 않기 때문에 고려되지 않는다고 보았다. 또한 다의적 표현에 대한 금지청구의 경우에는 '(언론자유에) 유리한 해석원칙'이 적용되지 않는다는 연방헌법재판소의 결정(스톨페 이론)은 단지 일반적 인격권이 관련될 경우에만 적용되고, 기업인격권의 침해사례에서는 적용되지 않는다고 밝혔다. 기업인격권은 의견표현권과 같은 다른 기본권과의 충돌과정에서 중요성이 떨어진다고 생각했다. 그 밖에 "유전자-우유"라는 개념은 다의적이지 않으며, 그것은 피고가 그 개념을 사용한 맥락의 고려하에서도 사실주장이 아니라고 판단했다.[51]

② 연방대법원의 판단

연방대법원은 결과적으로 항소법원이 유지된다고 판단했다. 원고에게 민법 제823조 제1항, 제824조와 연계된 민법 제1004조 제1항 제2문에서 유추되는 금지청구권은 인정되지 않는다고 보았다.

ⓐ "유전자-우유" 개념의 법적 성격

연방대법원은 "유전자-우유(Gen-Milch)"라는 개념의 사용을 통해 원고 회사의 제품이 기업의 인격권뿐만 아니라 영업권 역시 보호되는 기업관련 이익이 문제 되었다고 인정했다. 해당 개념의 사용은 원고가 정당하게 주장하는 바와 같이 공중 속에서 원고의 영업상 명성을 침해하기 적당하고, 그에게 경제적 손해를 가하기에 적당하다고 보았다. 왜냐하면 "유전자-우유"라는 지칭으로 인해 일부 국민들은 그와 같이 묘사된 제품을 건강에 유해한 것으로 평가하게 되는데, 그 이유는 일부 거부감에 부딪히는 유전공학적 조치의 투입을 연상시키기 때문이라고 생각했다. 따라서 "유전자-우유"로서의 제품 표시는 적어도 소비자들 일부에게 있어서는 평가저하적인 것이라고 보았다. 그를 통해 강조된 원고의 기업관련 이익의 관련성은 문제 된 개념이 이 사건에서 의견표현이든 사실주장이든 상관없이 존재한다고 인정했다.

하지만 "유전자-우유"라는 개념의 사용은 기본법 제5조 제1항 제1문의 보호를 누린다고 밝혔다. 상고법원의 확정에 따르면, 피고는 "유전자-우유" 개념을 이 기업이 유제품 생산과정에서 무엇보다 유전공학적으로 변형된 사료를 먹인 암소의 우유를 사용했다는 점에 반대하고, 그것을 피고가 다양한 이유에서 거부한다는 의미로 원고 기업에 대한 캠페인 내에서 사용했다고 밝혔다. 그리고 피고는 이 캠페인을 대표하는 개념으로서 "유전자-우유"라는 인상 깊은 포스터 문구나 슬로건 방식의 표현을 통해 거부감을 나타낸 것이라고 판단했다. 기본법 제5조 제1항 제1문은 이 개념이 어디까지 사실적 핵심을 제시하는지 여부와는 상관없이 개입하는데, 왜냐하면 이 기본권의 보호범위는 제3자의 의견형성에 기여하는 한, 사실의 표현에도 미치기 때문이라고 밝혔다. 또한 사실과 의견이 혼합되어서 전체적으로 입장표명, 견해 혹은 의견의 요소를 통해 부각되는 표현이 문제 되는 경우에도 마찬가지라고 하면서, 이 사건이 이에 해당한다고 보았다.[52]

(b) 실체가 부족한 사실주장의 형량

연방대법원은 사실주장의 경우 형량은 우선 진실내용에 달려 있다고 밝혔다. 진실한 진술은 당사자에게 불리한 것일지라도 원칙적으로 감수되어야 하며, 허위의 사실주장은 그렇지 않다고 설명했다. 설사 평가적 요소와 사실적 요소가 표현에 혼재되어 있어서 전체적으로 가치평가로 인정될 수 있을지라도, 형량의 범위 내에서는 사실적 구성부분의 진실성이 중요한 역할을 하게 된다고 강조했다. 그리고 의견표현이 허위로 입증되었거나 의도적인 허위의 사실주장이 포함되었다면, 통상 의견표현의 자유는 기본권 제한법률을 통해 보호되는 법익 뒤로 후퇴된다고 밝혔다. 어쨌든 가치평가에 바탕이 되는 사실적 표현내용의 진실성이 형량에서 중요하다고 재차 강조했다.

연방대법원은 그에 따라 원고에 의해 이의 제기된 개념이 허위의 사실을 주장한 것인지 여부가 심사되어야 한다고 보았다. 가치판단에 기초한 표현이 수신인들에게 구체적이고 동시에 평가로 치장된 일정한 사건들에 관한 생각을 불러일으키게 된다면, 이는 사실주장으로 증명될 수 있다고 인정했다. 그리고 슬로건식으로 축약된 사실관계의 재현 역시 평가적 슬로건을 이용했을 때조차 허위의 사실주장을 포함할 수 있다고 보았다. 이에 반해 표현의 사실내용이 실체가 부족해서 그것이 주관적 평가 뒤로 완전히 후퇴될 경우에는 사정이 다르다고 판단했다. 특히 기업관련 비판이 본질적 핵심인 표현의 경우에 어떠한 조사 가능한 실체적 근거도 포함하고 있지 않고 단지 개괄적인 영업행위에 대한 주관적 평가만을 포함하고 있을 때 그러하다고 생각했다. 만약 하나의 표현에서 구체적이고 명료한 사실이 도출될 수 없고 단순한 개괄적 평가만을 포함하는 식으로 실체가 부족하다면, 그러한 사실적 내용은 개괄적 평가 뒤로 물러나서 형량에 영향을 미치지 않는다고 보았다.[53]

(c) "유전자–우유" 개념의 객관적 이해

연방대법원은 이러한 원칙에 따라 원고 제품과의 관련하에서 피고에 의한 "유전자-우유" 개념의 사용에는 어떠한 부당한 사실주장이 존재하지 않으므로 문제 되지 않는다고 판단했다. 따라서 이 개념의 의미내용은 완전한 상고법원의 심사범위에 놓여 있고, 무엇보다 사실심이 법적으로 실수 없이 사실주장과 의견표현 사이를 구별했는지 여부가 심사의 대상이라고 인정했다. 그리고 이러한 심사결과는 개념의 객관적 의미의 조사에 달려 있다고 생각했다. 아울러 표현의 의미는 피고의 주관적 견해나 관계된 원고의 주관적 이해가 아니라 중립적이고 이성적인 청중들이 우선적으로 확정할 수 있는 본문에서 출발해 일상적 언어사용과 문장상의 맥락 및 인식 가능한 부수사정의 고려하에서 해당 개념에 부여한 것이 결정적이라고 밝혔다.

이에 따라 "유전자-우유"라는 개념은 그러한 실체가 없는 것이고, 그 때문에 이 개념은 그렇게 지칭된 우유와 식료품에 행해진 유전공학적 변형처리 사이의 막연한 관련성 외에는 어떠한 구체적인 의미내용도 제시할 수 없는 것이라고 본 항소법원의 판단은 정당하다고 평가했다. "유전자"라는 접두어와 주요 단어로 구성된, 가령 "유전자-토마토", "유전자-옥수수", "유전자-양" 혹은 "유전자-음식"과 같은 개념들은 비록 접두어 "유전자"에 첨가된 개념과 특정한 생명체의 유전공학적 변형처리 사이에 단순한 관련성을 나타내는 지칭으로서 사용되었다고 보았다. 그럼에도 이러한 개념들은 생명체인 유전정보주체가 바로 "유전자"라는 개념과 결합된 의미하에서 이해될 수 있다는 점에서 이러한 축약적 관련성을 통해 객관적으로 식품에는 적합하지 않다는 인상을 불러일으킬 수 있다고 인정했다. 다만, 그 이상의 구체적인 의미내용을 부여하는 것은 적절치 않다고 생각했다.

나아가 "유전자-우유"라는 개념은 유전공학적 변형처리가 단지 생명체에게만 고려된다는 점에서 어쩌면 관련성이 애매할 수 있고, 기껏해야 개괄적으로 그것을 암시한 정도로 이해된다고 보았다. 따라서 "유전자-우유"라는 개념은 가령 "유전자-음식"처럼 우유제품이 유전자 변형된 생명체와 어느 정도 상당한 관련성이 있음을 가리키는 정도로 이해된다고 생각했다. 그럼에도 이 개념 자체는 그 이상의 구체적인 사실 핵심을 제시하지는 않았다고 판단했다. 따라서 "유전자-옥수수", "유전자-콩", 혹은 "유전자 양"과 같은 표시와 "유전자-우유"라는 지칭은 동등하게 여겨질 수 없는데, 생명체로서 식물과 동물은 우유와 달리 그 자체의 유전공학적 변형처리가 가능하기 때문이라고 밝혔다. 이에 피고가 "유전자-우유"라는 개념으로 우유제품과 식료품에서의 유전공학적 변형처리의 이용 사이에 존재할 수 있는 단순히 막연한 관련성을 가리켰다면, 거기에는 더 이상 구체적인 허위의 사실주장이 존재할 수 없다고 판단했다. 무엇보다 우유성분의 원고 기업제품이 유전 조작된 식물을 사료로 먹은 동물들에 의해 생산되었다는 점은 당사자 사이에 다툼이 없고, 이러한 맥락에서 해당 우유가 그 성분구성에 있어서 제조공정상 유전공학적 변형처리의 사용이 포기된 우유와 구별되는지 여부 및 유전 조작된 DNA가 과학적 사고에 따르면 우유 안으로 전이될 수 있는지 여부는 중요하지 않다고 보았다. 왜냐하면 우유와 우유제품 상태에서 유전자 변형처리의 영향력이 존재하지 않거나 입증될 수 없을지라도, "유전자-

우유"라는 개념은 이미 유전공학적 변형처리의 사용과 제품 사이의 광범위한 관련성을 나타냄으로써 우유제품의 제조과정에서 유전공학적 변형처리가 사용되었다는 막연한 관련성이 인정될 수 있기 때문에 그 자체로 이미 어떠한 허위의 구체적 사실 핵심을 제기한 것은 아니라고 생각했다. 또한 이러한 관점이 적절하거나 설득력이 있는지 여부는 입장표명과 견해의 요소에 의해 부각되기 때문에, 진실인지 허위인지 입증될 수 없는 의견표현의 영역과 관계된다고 판단했다.

연방대법원은 물론 단지 이러한 "유전자-우유" 개념 그 자체만의 고찰만으로는 법적으로 중요한 의미내용이 아직 확정적으로 추론될 수 없다고 밝혔다. 왜냐하면 하나의 표현은 분리해서 평가되어서는 안 되고, 그것이 행해진 전체 맥락에서 평가되어야 하기 때문이라고 설명했다. 그 점에서 피고가 추진했던 캠페인의 특징을 나타내는 슬로건 성격의 대표적 개념 역시 다르지 않다고 생각했다. 슬로건 방식의 개념들 역시 바로 그러한 맥락에서 평가되어야 한다고 보았다. 따라서 첫 번째 피고의 행동들 중 "유전자-우유"라는 개념의 객관적 의미내용은 확정된 전체적 맥락의 참작하에서 추론되어야 하고, 그에 따라 이 개념은 어떠한 허위의 사실주장도 아니라고 본 항소법원의 견해는 정당하다고 인정했다. 이어서 인터넷사이트에 입력된 기사들 및 그 밖의 항의행위 과정에서의 피켓들 또한 마찬가지라고 보았다. 즉, 항소법원의 확정에 따르더라도 피고가 구체적인 허위의 사실주장을 제기했다는 사실을 끌어낼 수 없고, 무엇보다 결정적인 전체적 맥락에서 볼 때 우유제품이 그 자체로 유전자 변형된 우유를 포함하고 있다거나 사료 중에 유전공학적으로 변형된 생명체의 유전자를 포함하고 있다는 주장은 존재하지 않는다고 판단했다.

따라서 의미조사를 위해 현행 법적 기준들을 적용한다면, 특히 항소법원에 의해 확정된 전체 맥락의 참작과 적절하지 않은 해석을 제외한다면, 문제 된 개념은 어떠한 다의적 내용도 허용되지 않는다고 평가했다. 몇몇 수신인들이 "유전자-우유"라는 개념에 객관적인 의미내용과는 합치되지 않는 주관적 생각들을 이입해서 해석함으로써 오해할 단순한 가능성이 있다는 이유만으로 원고의 청구를 정당화할 수는 없다고 보았다. 물론 다의적 내용에 대해서 장래의 표현금지 의무를 부과하는 판결에 있어서는 표현과 관련된 개인의 일반적 인격권과의 형량과정에서 모든 설득력 있는 해석변형이 바탕이 되어야하며, 그러한 다의적 해석형태들 가운데 인격권 침해에 전혀 이르지 않거나 사소한 인격권 침해만이 존재하는 그러한 해석변형이 가능하다는 이유로 금지판결을 포기하는 것은 헌법상 납득할 수 있는 이유가 없다고 인정했다. 하지만 이러한 스톨페 법리는 이 사건의 상황에서는 적용할 수 없다고 밝혔다. 아울러 이러한 원칙들이 영업과 기업의 인격권을 침해하는 표현에 적용될 수 있는지 여부와 이러한 원칙들이 이 사건에도 인용될 수 있는지 여부도 결정적이지 않다고 생각했다.

그 밖에 연방대법원은 항소법원이 "유전자-우유"라는 개념과 함께 결합된 비판 역시 원고의 기업관련 이익을 위법하게 침해한 것이 아니라고 본 견해도 정당하다고 판시했다. 다만, 청구취지에 따른 금지선고는 이미 추가적 해명들이 일반적으로 인정될 수 있는 사실들을 대상으로 하고 있거나 내용상 부적절하기 때문에 제외된다고 하는 항소법원의 생각과는 관계없이 다음과 같은 이유에서 인정되지 않는다고 설명했다.

영업활동을 하는 사람은 자신의 제품에 대해 진실에 부합하는 비판을 감수해야 하며, 원칙적으로 그러한 비판은 신랄하고 과장되거나 완전히 무례하게 표현된 경우에도 기본법 제5조 제1항에 따른 의견표현권에 의해 보호되며, 단지 좁은 전제하에서만 부당한 비방적 비판으로 인정될 수 있다고 밝혔다. 비방적 비판은 그 안에 하나의 논쟁이 더 이상 사안과 관련된 것이 아니라 공격적이고 과장된 비판을 넘어서 헐뜯고, 이를테면 공개적 비난에만 몰두하는 당사자의 경멸이 중심을 이룰 때 비로소 비방의 성격이 인정된다고 밝혔다. 하지만 "유전자-우유"라는 개념의 사용하에서 이뤄진 원고의 비판은 이에 해당하지 않는다고 판단했다.[54]

(d) 필수적 형량결과

연방대법원은 필수적인 형량에 따르면 항소법원이 결과적으로 적절하게 인정한 바와 같이 피고에게 유리한 결과에 이른다고 판시했다. 여기에서처럼 공공성과 본질적으로 관련된 문제에서 정신적 의견투쟁의 기여에 관한 것일 때에는 자유로운 의견의 허용성을 위한 추정이 보장되고, 식료품에서 유전공학적 처리의 이용 및 대다수 국민들에게 현저한 중요성을 가지는 원산지 표시의무의 범위와 같은 주제의 공적 토론에서는 오늘날의 과잉자극 시대를 고려하면, 비록 신랄하고 평가저하적 비판을 내용으로 하고 과도한 논박과 함께 개진될지라도 인상적이고 강력한 표현들을 사용하는 것이 허용된다고 인정했다. 다른 사람이 이러한 비판을 잘못이라고 하거나 부당한 것이라고 평가하는 것은 중요하지 않다고 보았다. 일반적으로 객관성 요청의 의무를 부담하지 않는 피고가 비록 "유전자-우유"로서 제품의 평가저하 대신에 자신의 비판을 덜 신랄하고 보다 객관적으로 표현할 수 있었다 할지라도 이러한 한계를 넘지는 않았다고 판단했다. 원고는 식료품에서 유전공학적 처리의 이용에 대해 제기된 항의가 근거 없는 것으로 간주되거나 혹은 주장된 위험이 존재하지 않는 것으로 간주되었기 때문에, 행해진 비판이 일방적이고 편파적인 것으로 간주되었을 경우에도 이러한 비판을 감수해야 한다고 보았다. 왜냐하면 기본법 제5조 제1항은 피고에게 그의 관점을 과도하게 부각해서 관철시키는 것 역시 허용하며, 균형 잡힌 혹은 완전히 신중한 표현들로 그의 관점을 제한하지 않기 때문이라고 밝혔다. 특히, 비교 가능한 상품테스트를 통해 이뤄지는 소비자 계몽이 일상소비재의 품질평가에 있어서 지켜야 할 제한은 여기에서 다툼이 된 슬로건에는 적용되지 않는다고 보았다. 왜냐하면 피고는 이러한 슬로건과 함께 자신의 정치적 의견투쟁을 표명했기 때문이라고 밝혔다. 피고는 여기에서 자신의 중립성을 주장하지 않았고, 자신의 평가에 대한 객관적 신뢰도 조성하지 않았다고 인정했다.

연방대법원에 따르면, 피고에게는 그의 비판의 표현방식에서도 넓은 형성 여지가 인정되기 때문에 표현방식의 선택을 통해 관심을 불러일으킴으로써 무엇보다 자신의 관점을 최대한 효과적으로 주장하는 것이 인정되어야 하지만, 그럼에도 피고는 그의 표현을 형식에서도 마찬가지로 자신의 관심사와 원고에게 부담을 주는 영향력 사이에서 수용 가능한 비례관계를 유지해야 한다고 보았다. 그런 점에서 항소법원이 이러한 표현형식을 캠페인의 강도와 지속성에도 불구하고 일탈되지 않은 것으로 간주한 것은 문제되지 않는다고 판단했다. 선택된 공표방식은 특별한 방식으로 의견표현과 결부된 관심사를 달성하기에 적합한 것이었다고 생각했다. 비록 "유전자-우유"라는 표시가 원고와 그의 제품에 대한 부정적인 인상을 불러일으키고 실체가 부족한 개념이라는 점을 고려하면, 단지 피상적으로 인식하는 일부 청중만이 유전공학적 처리와 원고 제품 사이의 막연한 주관적 오해를 일으키는 것이 가능할 수도 있다고 인정했다. 하지만 이러한 잠재적 피해 가능성에 기초한 비판은 결정적으로 국민들 내에 이미 존재하는 식료품에 있어서 유전공학적 처리의 이용에 대한 두려움과 의구심에서 생겨나는 것이라고 보았다. 피고가 이러한 기본 생각을 슬로건의 도움을 통해 제기하고 자신의 목적 달성을 위해 강화한 경우, 이것은 원고에게 어쩌면 상당한 피해였을지라도 어쨌든 이 슬로건이 문맥에서 충분히 밝혀지고 이로부터 슬로건의 의미가 적절하게 추론될 수 있는 한, 구체적 관심사와 비례관계를 벗어나는 것은 아니라고 판단했다.

따라서 항소법원이 "유전자-우유"로서 제품을 지칭한 것을 두고 어떠한 원고에 대한 부당한 낙인찍기가 존재하지는 않는다고 판단한 것은 정당하다고 간주했다. 공개적 낙인찍기 효과는 일반적으로 부정적으로 평가되는 사실의 전파에서 근거할 수 있지만, 이와 달리 개인의 신원 확인이 가능한 정보제공과 함께 부정적으로 평가되는 공적 관심사안을 다루면서 인물을 부각시키는 설명과정에서 의견표현 내에 포함된 가치평가를 통해서도 가능하다고 밝혔다. 그리고 그와 결합된 의견표현의 우위는 의견자유의 이익과의 형량을 통해 반대되는 권리보호의 열세를 입증할 때에만 가능하다고 보았다. 이에 반해 부당한 공개적 낙인찍기는 특히 피고가 원고 기업의 제품을 어떠한 객관적인 계기도 없이 언급된 방식으로 표현했을 때 인정될 수 있다고 생각했다. 하지만 항소법원의 사실확정에 따르면, 이 사건표현은 이러한 경우에 해당하지 않는다고 밝혔다. 비록 피고에 의해 비판된 원고의 행동이 그 분야의 다른 기업에서도 마찬가지일지라도 원고에 대해서만 캠페인을 집중했다는 사실이 피고의 행동을 부당한 것으로 만들지는 않는다고 덧붙였다. 영향력이 크고 유명한 기업으로서 원고를 선택한 것은 특정 기업에 대한 구체적 관심사와 관련해 일반적으로 허용되는 비판에 속하는 것이고, 원고의 행동 변화를 통해서 결정적으로 그 분야에서 연쇄작용을 일으키고 그를 통해 캠페인의 효과를 상승시키려는 납득 가능한 숙고에 근거한 것이었다고 인정했다. 피고가 특정한 식료품에서 유전공학적 처리의 이용에 대한 자신의 비판과정에서 원고 기업을 겨냥한 이유는 단지 원고의 지명도와 광고효과를 자신의 이익을 위해 부당하게 이용하기 위함이었다는 주장도 항소법원의 확정에 따르면 입증되지 않는다고 판단했다. 또한 일부 캠페인에 뮐러 씨를 포함시킨 것 역시 다르지 않다고 결론 내렸다.[55]

<h2 style="text-align:center">연방헌법재판소 2010년 9월 8일 자 결정<br>– 1BvR 1890/08("유전자 우유"–결정)</h2>

### 사실관계

전심소송의 원고이자 헌법소원 사건의 청구인들은 그들의 제품이 "유전자-우유"라는 표현에는 자신의 기업에 의해 가공된 우유가 유전공학적으로 변형되었다는 허위의 사실주장이 담겨 있다는 입장을 굽히지 않았다. 그리고 자신의 제품 그 자체는 유전공학적으로 변형되지 않았으며, 당시의 지식상태에 따르더라도 그 제품 안에서 유전자 변형사료의 성분이 전혀 검출되지 않았다는 사실의 언급 없이는 "유전자-우유"로서 지칭하는 것의 금지청구를 기각한 연방대법원 판결에 대해 헌법소원을 이어갔다. 하지만 헌법소원은 받아들여지지 않았다.[56]

① 스톨페 법리의 적용 가능성

연방헌법재판소는 민법 제823조 제1항, 824조와 연계된 민법 제1004조 제1항 제

2문의 금지청구의 전제조건을 부인한 연방대법원 판결은 헌법상 문제 되지 않는다고 결정했다.

우선, 재판부는 이 사건과 같은 성격의 사례에서는 표현의 허용성이 다툼의 대상이 되고, 이는 전심법원을 통한 소송대상 표현의 해석이 기본권보호를 위한 방향 결정적 의미를 가지기 때문에 헌법재판소의 통제대상에 해당한다고 인정했다. 그리고 문제 된 표현의 진술내용의 해석에 관한 헌법상 요청과 그에 상응하는 헌법재판소의 심사기준은 우선 기본법 제5조 제1항의 보호내용에서 발전되어 왔다고 보았다. 하지만 의견자유와 기본법상 보호되는 인격권 사이의 상호관계를 고려하면, 헌법소원이 표현주체에 의해서가 아니라 표현대상자에 의해 제시되었고, 금지소송의 기각을 대상으로 하는 이 사건 상황에서도 해당 기준은 마찬가지로 유효하다고 밝혔다. 그리고 이러한 기준에 따르더라도 대상 판결은 헌법상 어떠한 우려도 생기지 않는다고 결정했다. 특히 연방대법원이 청구인의 제품과 관련한 "유전자-우유"라는 개념을 실체가 부족한 표현으로서 인정하고, 이를 근거로 이 개념의 사용을 무방한 것으로서 인정한 것은 정당하다고 판단했다. 이는 청구인의 주장과 달리 다의적(mehrdeutig) 사실주장에 대한 연방헌법재판소의 결정과 모순되지 않는다고 밝혔다. 문제 된 사실주장이 다의적 내용을 제시하고, 그 가운데 적절한 것으로 평가되는 해석변형들(Deutungsvariante) 중의 하나가 구체적 형량에서 의견자유보다 우월한 표현대상자의 일반적 인격권을 침해하는 것으로 해석될 경우에는 곧바로 이 주장에 대한 장래의 금지청구 소송이 인용된다고 결정한 연방헌법재판소의 견해는 당연히 부인되지 않는다고 부연했다(스톨페 이론).

하지만 결정되어야 할 사건에 다의적 사례가 주어졌는지 아니면 해석선택의 이론적 가능성이 중립적이고 이성적인 평균독자의 기준에 비추어 적절하지 않은 것으로 입증되었기 때문에 요청된 해석과정을 통해서는 그 표현에 단지 한 가지 의미의 진술내용만이 부여될 수 있는지 여부 등을 조사하는 것은 우선적으로 각급 법원의 의무라는 사실이 달라지지 않는다고 밝혔다. 따라서 재판부는 진술의 해석과 관련해 연방헌법재판소의 스톨페 결정이 지금까지의 결정기준과는 다른 새로운 기준들을 끌어내는 것이 아니라고 해명했다. 그에 따라 지금보다 더 넓은 범위에서 법적 의미상 다의적 의미내용을 인정해야 할 어떠한 계기도 존재하지 않는다고 단언했다. 이를 고려하면 연방대법원에 의해 행해진 "유전자-우유"라는 개념의 해석은 헌법상 문제 될 수 없다고 인정했다. 비록 그 표현 그 자체만으로 보자면 하나의 의미가 아니라 다수의 이해 가능성을 허용하는 것으로 볼 수는 있다고 생각했다. 하지만 이로부터 연방대법원이 계속된 법적 심사에서 청구인의 권리에 대한 집중적 침해를 의미하는 그런 해석변형을 바탕으로 삼는 결과를 끌어내지 않은 것은 옳다고 보았다. 왜냐하면 어떤 표현이 결정적인 평균독자들에 의해 대체로 하나의 완결된 사실주장으로 인식되는 동시에 그 자체로 그 내용이 적절한 사실주장으로서 간주될 수 있고, 하지만 그때 그 사실주장이 다의적인 의미의 표현인 경우에만 헌법상 스톨페 법리에 따라 인격권 침해로의 해석변형이 요청될 수 있다고 밝혔다. 그에 반해 어떤 표현이 특정한 사실관계의 독자적인 주장으로서 이해되는 것이 아니라 사실적 관점에서 불완전하고 보완이 필요한 것으로 쉽사리 인식되는 표현, 가령 단지 청중의 주목을 일으키고 또 다른 정보원에 대한 수요 혹은 수용을 위한 자극을 제공해야 하는 슬로건이나 선전구호식의 표현들과 같은 그런 정도의 다의적인 표현에서는 사정이 다르다고 보았다. 주목을 끌기 위한 극단화와 공격적인 핵심 부분의 꼬집기 권리까지 포함하는 의견자유는 오히려 이러한 표현이 다의적이라는 이유로 이를 금지하지 않는다고 밝혔다.

따라서 연방대법원이 소송대상이 된 "유전자-우유"라는 개념을 이러한 의미에서 명백하게 보완이 필요한 선전구호식의 표현으로서, 즉 정확한 의미는 전체적인 캠페인의 범위 내에서 비로소 얻을 수 있는 그런 슬로건으로 판단한 것은 관할법원의 평가한계를 넘어서는 것이 아니라고 인정했다. 특히 청구인의 지시하에 수행된 소비자 설문조사의 결과는 이러한 판단에 배치되지 않는다고 보았다. 오히려 이러한 설문조사는 이 개념의미에 관한 얼마나 다양한 생각이 가능한지를 확증해 주는 것이며, 연

방대법원이 판단한 바와 같이 이 표현의 실체 부족을 확인시켜 준다고 평가했다.[57]

② 사건판단

연방헌법재판소는 "유전자-우유" 개념이 사실적 관점에서 청구인의 영업방침에 관한 실체가 부족한 종합적 평가로서 분류되기 때문에, 연방대법원은 양측의 법익들 사이에 형량과정에서 결정적으로 이 비판은 어쨌든 그 어떤 적절한 사실적 근거를 결여한 것은 아니라는 점에 초점을 맞추는 것이 허용된다고 보았다. 왜냐하면 청구인 기업이 전체적인 제조과정에서 유전공학적 처리를 포기하지는 않았기 때문이라고 밝혔다. 여기에 피고를 통한 "유전자-우유" 개념이 사용된 표현맥락은 모든 경우에서 이러한 관련성을 명백히 보여주고 있다고 설명했다.

그 밖에 연방대법원에 의해 원용된 형량 관점들은 헌법상 어떠한 우려도 나타내지 않는다고 인정했다. 또한 식료품 제조과정에서 유전공학적 처리의 이용 시 위험 가능성에 대한 문제 제기는 높은 공적 이익을 가지는 주제라고 인정한 사실 및 그 때문에 연방대법원이 부당한 청구인의 공개적 낙인찍기를 거부한 판단들 역시 헌법상 우려되지 않는다고 결정했다.[58]

## 5. 스톨페 이론의 특수문제

구글과 같은 인터넷 검색엔진을 통해서 다의적 표현이 문제 되는 경우에는 스톨페 이론이 적용되지 않는다. 왜냐하면 사람과 달리 검색엔진은 장래의 표현에 있어서 명백한 해명을 통해 다의성을 피하는 것이 불가능하기 때문이다.[59] 이 때문에 일명 구글사건에서 연방대법원은 검색엔진을 통해 생성된 개념의 다의성 문제를 이미 부정한 바 있다. 이 사건에서 원고는 자신의 이름 RS를 자동완성 기능이 장착된 구글 검색창에 입력하면 검색추천으로서 "RS(풀네임) 사이언톨로지"와 "RS(풀네임) 사기"라는 단어조합이 나타난다는 사실로 인해 자신의 인격권과 사업상 명성이 침해되었다고 주장했다. 하지만 연방대법원은 구글의 자동완성 기능을 통해 나타나는 단어의 조합이 인격권을 침해할 우려가 있는 경우, 이는 다의적 표현이 문제 되는 것이 아니라 알고리즘을 통해 제공되는 분명한 의미의 개념에 대해 과연 검색엔진의 운영자가 책임을 져야 하는지 혹은 어떤 범위 내에서 책임을 지는지의 문제라고 확정했다.[60]

## 연방대법원 2013년 5월 14일 자 판결 – VI ZR 269/12("구글"-판결)

### 사실관계

원고1은 인터넷에서 '네트워크 마케팅 시스템'을 통해 건강보조식품과 화장품을 판매하고 있고, 원고2는 그 회사의 설립자이자 대표이사이다. 미국에 소재한 피고는 인터넷 주소 www.google.de하에서 인터넷 검색엔진을 운영한다. 원고들은 피고에게 금지청구 및 손해배상청구 소송을 제기했다. 인터넷 이용자는 피고의 검색엔진에 검색개념을 입력하고, 그에 따라 제공된 검색결과 목록을 경유해서 제3자가 인터넷에 업로드한 내용에 접근할 수 있었다. 2009년 4월부터 피고는 자동완성 기능을 자신의 검색엔진에 반영했고, 이 기능의 도움으로 인터넷 이용자는 자신의 검색개념을 입력하는 동안 구글 창에 자동적으로 입력철자의 순서에 따른 다양한 검색추천(예상단어)이 단어조합의 형태로 예고되는 서비스를 이용할 수 있었다. 이러한 검색보완 기능의 범위 내에서 예고된 검색추천은 알고리즘의 토대 위에서 조사되었는데, 무엇보다 이 알고리즘은 수많은 다른 이용자들이 입력한 검색질문을 참작하여 실행되었다. 원고2는 2010년 5월 자신의 이름 RS를 자동완성 기능이 장착된 검색창에 입력하면 검색추천으로서 "RS(풀네임) 사이언톨로지"와 "RS(풀네임) 사기"라는 단어조합이 나타난다는 사실을 확인했다. 원고들은 이로 인해 자신의 인격권과 사업상 명성이 침해되었다고 생각했다. 무엇보다 원고들은 사이언톨로지와 아무런 관련도 없으며, 자신들이 사기로 비난받았거나 그로 인한 수사절차가 제기된 적도 없다고 주장했다. 다른 어떤 검색결과에서도 원고들과 사이언톨로지 및 사기와의 연관성은 명백히 드러나지 않았다.

원고들은 우선 2010년 5월 12일 가처분절차에서 피고의 검색엔진 인터넷사이트에 원고2의 이름을 검색개념으로 선정해서 자동완성 기능 안에 입력할 경우, 보완적 조합개념 "사이언톨로지" 그리고 "사기"가 추천되는 것을 금지하라고 청구했다. 금지결정은 인용되었다. 피고 회사의 당시 독일 사무 담당자에게 2010년 5월 27일 결정처분이 송달된 이후에는 더 이상 문제 된 보완 추천어가 검색창에 나타나지 않았다. 하지만 피고는 가처분종결선언을 거부했다. 이에 원고는 본안소송에서 앞선 금지청구를 포함해 소송 전 권리소추비용의 배상과 추가적인 손해배상 지급을 요구했다.

쾰른 지방법원은 소송을 기각했다. 이에 대한 원고의 항소를 쾰른 상급법원 역시 기각했고, 이어진 원고의 상고는 성공했으며 항소판결의 파기환송에 이르렀다.[61]

① 항소법원의 판단

항소법원은 기본법 제1조 제2항과 함께 민법 제823조 제1항, 제1004조의 유추적용에 근거한 인터넷 검색엔진 운영자로서 피고 대상 금지청구를 거부했다.

항소법원은 "사이언톨로지"라는 개념과 실제 존재하는 한 사람의 이름의 결합을 통해 나타난 의미내용은 거래관계 내에서 무엇보다 언론보도를 통해 충분히 알 수 있는 이단종교와 실명이 언급된 사람 사이에 모종의 연관성이 존재한다는 정도로 이해될 수 있다고 보았다. 그리고 이러한 연결은 그 자체로 해당 정보가 믿을 만한 것이라는 생각을 불러일으키기에 적합하다고 인정했다.[62]

② 검색추천 기능의 의의와 서비스 운영자의 책임

연방대법원은 사기라는 개념이 하나의 다양하고 비전문적인 의미스펙트럼과 결부되었다는 이유로 해당 개념에 내용상 부여된 확실한 의미를 부인하려 했던 항소법원의 견해에는 따를 수 없다고 밝혔다. 우선, 한 표현의 해석에 있어서는 중립적이고 이성적인 독자들의 관점에 근거한 객관적 의미가 결정적이라고 전제했다. 비록 평균적인 인터넷 이용자들에게 사기라는 단어는 법적으로 엄밀하게 규정된 범죄구성요건의 실현행위로 이해되지는 않을 것이라고 보았다. 다만, 평균독자는 이 개념의 사용으로 인해 도덕적으로 비난받을 수 있는 다른 사람의 사취행위를 떠올리는 동시에 이 단어에 충분히 구체적인 진술내용을 부여하게 된다고 판단했다.

항소법원은 피고의 검색엔진을 통해 제공된 보완검색어는 단지 이전의 다른 이용자가 엄선한 개념조합을 검색을 위해 입력해 놓은 것에 불과하며, 보완검색개념은 링크된 제3자의 게시물에서 발견될 수 있었던 것이라는 판단을 끌어냈지만, 연방대법원은 이에 찬성할 수 없다고 밝혔다.

피고의 검색엔진을 수단으로 정보를 검색하는 인터넷 이용자는 검색개념의 입력에 따라 자신에게 나타나는 보완검색추천에 대해서 전적으로 자신이 입력한 검색개념과의 내용상 관련성을 기대하고, 그 검색추천을 어쨌든 실제 있을 수 있었던 것으로 받아들이게 된다고 생각했다. 정보의 바다에서 피고의 검색엔진 이용자는 원하지 않았던, 단지 우연한 검색결과가 제공하는 미지의 보완검색추천을 제공받는 것은 아니라고 보았다. 검색엔진은 이용자에게 가능한 한 매력적으로 보이기 위해 아울러 그와 함께 피고의 영업상 고객들에게 가능한 한 최고의 방문객을 매칭시켜 주기 위해 내용상 보완검색추천의 확장을 목표로 하게 된다고 인정했다. 알고리즘으로 작동되는 검색프로그램은 이미 제기되었던 검색질문을 참작해서 인터넷 이용자에게 보충검색 추천으로서 질문 검색개념에 대해 가장 빈번하게 입력되었던 단어조합을 추천하게 된다고 밝혔다. 그리고 실무상 종종 확인된 바와 같이 검색개념에 관해 보완적으로 나타난 단어조합에는 내용상 관련성이 반영되기 때문에, 검색개념과 함께 이미 사용된 단어조합은 -이것이 빈번하면 할수록- 실제 검색 이용자들에게 도움이 될 수 있을 것이라는 기대에서 이뤄진 것이라고 보았다. 그럼에도 항소법원은 피고 검색엔진에 의해 나타난 보완검색추천의 진술내용 결정에 있어서 이러한 기대를 고려하지 않았다고 비판했다. 연방대법원은 소송사건에서 이러한 기대에 따라 원고2의 성과 이름을 입력했을 때 자동적으로 나타나는 보완검색추천으로서 "RS 사이언톨로지", "RS 사기"는 원고2와 부정적 인상을 내포한 "사이언톨로지", "사기"라는 개념 사이에 실제 관련성이 존재한다는 결론에 이르게 된다고 밝혔다.

그리고 이러한 인격권 침해는 피고에게도 직접 귀속될 수 있다고 보았다. 피고는 자신에 의해 제작된 컴퓨터프로그램과 함께 이용자의 행태를 활용했고, 검색엔진 이용자들에게 이에 상응하는 추천을 제공했다고 인정했다. 이러한 개념의 연결은 피고 검색엔진에 의해 만들어진 것이지, 제3자에 의해 만들어진 것은 아니라고 보았다. 따라서 이 연결개념들은 피고에 의해 인터넷에 검색을 위해 준비된 것이며, 그 때문에 직접적으로 피고로부터 생겨난 것이라고 판단했다. 하지만 이로부터 피고가 검색추천어를 통해 발생한 모든 인격권 침해에 대해 책임을 진다는 사실이 확정되는 것은 아니라고 보았다.

자세히 보자면, 피고는 비록 텔레미디어법(TMG) 제10조에 따라 자신에 의해 운영되는 웹사이트의 내용에 대한 책임이 처음부터 면제되지는 않는다고 설명했다. 피고는 자신의 정보를 이용자를 위해 상시 제공해 놓고 있기 때문에, TMG 제7조 제1항에 의거하여 일반법, 즉 민법 제823조 제1항, 제1004조에 따른 책임을 지는 서비스제공자(TMG 제2조 제1문 제1호)라고 인정했다. 원고들은 도관, 임시저장 혹은 타인정보의 저장에 대해서가 아니라 피고 자신의 정보에 대해, 즉 구체적으로 피고 자신의 자동완성-보조프로그램의 결과로서 인터넷-검색엔진 이용자에게 예고된 검색보완추천어에 대해 그 장본인인 피고를 상대로 청구권을 행사하는 것이라고 판시했다. 따라서 피고의 검색엔진에 의해 제공된 정보는 "피고 자신의" 정보가 문제 피고의 검색엔진에 의해 제공된 정보는 "피고 자신의" 정보가 문제 된 것이지 TMG 제8-10조에 의거하여 서비스제공자가 단지 제한적으로 책임을 지는 그런 타인의 제공 내용의 접속이나 현출이 문제 된 것은 아니라고 밝혔다.[63]

### ③ 일반적 인격권의 침해 여부와 형량

연방대법원은 다만, 인격권의 포괄적 권리로서의 속성으로 인해 기본법상 상충하는 보호이익들의 형량이 필요하며, 이때 개별적 사례의 특별한 사정들과 관련된 기본권 및 유럽인권협약의 보장들이 해석과정에서 주도적으로 고려되어야 한다고 강조했다. 따라서 인격권의 침해는 단지 당사자의 보호이익이 다른 쪽의 보호가치 있는 이익보다 우월할 경우에만 인정된다고 밝혔다. 이에 따라 원고의 인격권 보호에 관한 이익과 기본법 제2조, 제5조 제1항 그리고 제14조를 통해 보호되는 피고의 의견자유 및 경제적 행동자유에 관한 이익은 서로 형량되어야 한다고 밝혔다. 이때 피고는 검색엔진기능을 우선은 자신의 영업적 이익을 위해서 이용자의 검색 효율성을 무기로 운영했다는 사실이 고려될 수밖에 없다고 보았다. 하지만 이용자들 스스로도 검색기능을 통해 자신이 찾는 정보나 데이터 검색에 도움을 받은 것도 사실이라고 인정했다. 원고들 역시 검색엔진을 수단으로 자신의 이름이나 회사 관계와 같은 정보가 발견될 수 있다는 점에 이의를 제기하지는 않았다고 밝혔다. 따라서 원고 측에서는 자신이 사기와 연관되지도 않았고, 사이언톨로지에 속했거나 친밀하지도 않기 때문에, 이러한 허위사실의 표현들은 감수될 필요가 없다고 생각했고, 따라서 연결된 개념들이 허위의 진술내용을 가지는지가 형량에 있어서 결정적인 요소라고 주장했다.[64]

### ④ 금지청구 대상자로서 방해자의 책임

연방대법원은 앞서 제시된 원칙들에 따라 문제 된 검색보완 추천어가 원고의 인격권을 침해한다는 사실을 출발점으로 삼는다면, 피고의 방해자로서의 책임은 처음부터 부인될 수는 없다고 판단했다. 민법 제1004조의 의미상 방해자는 그에게 하나의 책임을 지울 수 있는지 여부와는 상관없이 방해상태를 야기했거나 그의 행동이 하나의 침해를 우려시키는 모든 사람을 말한다고 밝혔다. 방해자의 행위 기여의 성격에 따라 정범 혹은 종범으로 인정될 수 있는지 여부는 일반적으로 중요하지 않다고 덧붙였다. 마찬가지로 그 어떤 방식에서든 고의로 그리고 적절한 인과관계에서 위법한 침해의 야기에 협력했던 모든 사람은 이러한 행동의 저지를 위한 법적 가능성을 보유하고 있는 한, (공동)방해자로서 책임을 진다고 보았다. 피청구인에게 구성요건이나 위법성을 근거 지우는 사정들에 관한 인식이 없다는 사실이 물권적 금지청구권에 필요한 것이 아니라고 밝혔다. 책임 역시 필수적인 것이 아니라고 덧붙였다.

하지만 연방대법원은 이러한 사실로 인해 피고가 기대 가능성 관점과 무관하게 무제한의 책임을 지는 것을 의미하지는 않는다고 단서를 달았다. 왜냐하면 소송사건의 특별한 사정에 의거한 표현의 금지는 비난 가능성 여하에 따라 달라지기 때문이라고 밝혔다. 이에 따라 검색추천을 완성하는 소프트웨어의 실행과 이용은 피고에게 비난 가능성이 없다고 판단했다. 여기에서는 오히려 기본법 제2조, 제14조를 통해 보호되는 경제적 활동이 중요한 관점이라고 보았다. 또한 피고의 검색서비스는 처음부터 특정인 대상의 허위사실주장을 통한 권리침해를 목표로 한 것이 아니라 단지 특정한 이용자행위의 개입을 통해 명예훼손적 연결개념이 생겨난 것에 불과하다고 생각했다. 그럼에도 피고의 활동은 다른 한편으로는 순수하게 기술적으로 자동화된 소극적 성격만을 가지는 것은 아니라고 평가했다. 피고의 활동은 전적으로 제3자를 위한 정보제공에 그친 것이 아니라, 오히려 이용자들의 질문데이터를 자신의 개념연결 구성 프로그램 내에서 가공한 것이 본질이라고 생각했다. 따라서 자신의 검색추천방식의 서비스에 대해서 피고는 원칙적으로 자신에게 귀속될 수 있는 완성기능으로 인해 책임이 인정된다고 보았다. 그 때문에 피고에게는 원칙적으로 소프트웨어에 의해 생산된 검색추천이 제3자의 권리를 침해하는 것을 방지하기 위해 충분한 예방조치를 강구하지 않았다는 점만이 비난될 수 있다고 밝혔다.

연방대법원은 (공동)야기자로서 의무에 반하는 부작위로 인해 발생하는 침해의 경우, 너무 광범위한 책임의 저지를 위해서는 각각의 개별적 평가방식이 필수적이라고 보았다. 따라서 금지주체의 책임성은 결과저지의 가능성과 기대 가능성이라는 기준을 통해 제한된다고 설명했다. 이때 침해제거의 가능성은 당사자가 방해의 원천을 지배하고 있거나 침해를 종료시킬 수 있는 누군가에게 영향을 미칠 수 있다는 점에서 생겨날 수 있다고 인정했다. 이런 경우에 침해제거를 위한 기대 가능성을 위해서는 당사자에게 의무 지워진 감시의무가 중요하다고 생각했다. 보조기능을 탑재한 검색엔진 운영자의 이에 상응하는 책임은 블로그에 포함된 제3자의 표현의 전파에 대한 서비스 제공자(Hostprovider)의 책임과 마찬가지로 하나의 조사의무의 침해 여부에 달려 있다고 보았다. 그러한 조사의무의 존재와 범위는 개별적으로 모든 관련된 이익과 중요한 법적 평가의 형량에 따른다고 밝혔다. 그리고 정당한 상업적 거래에의 참여라는 점에서 과도한 조사요청이 책정되어서는 안 되고, 이 역시 방해책임에 관해 발전되어 온 원칙에 의거해 청구대상자에게 사정에 따라 어떠한 범위에서 조사가 기대될 수 있는지가 결정적이라고 밝혔다.

그에 따라 원칙적으로 검색엔진 운영자는 소프트웨어를 통해 생산된 검색보완 추천어에 대해 일반적인 방식으로 아울러 사전에 선제적으로 권리침해 가능성을 조사할 의무는 지지 않는다고 판시했다. 이것이 비록 이용자의 신속한 조사에 기여하는 검색보완기능을 보유한 검색엔진 운영자에게 불가능한 것은 아닐지라도, 받아들일 수 없는 정도로 부담을 가중시키는 것이라고 생각했다. 상응하는 예방적 필터기능 역시 비록 아동 포르노 같은 특정한 영역에서는 필수적이고 실현 가능할 수 있지만, 모든 예상 가능한 인격권 침해의 사례들에서 발생할 수 있는 것들을 예방할 수는 없을 것이라고 판단했다. 따라서 인터넷 검색엔진의 운영자는 원칙적으로 그가 권리침해의 인식에 도달했을 경우에만 비로소 조사의무를 부담하게 된다고 밝혔다. 피해당사자가 인터넷 검색엔진의 운영자에게 자신의 인격권의 위법한 침해를 통지하면, 그제서야 검색엔진의 운영자는 앞으로 이러한 권리침해를 저지할 의무를 지게 될 것이라고 설명했다.

항소법원은 조사의무의 위반이라는 일관된 관점하에서 엄격하게 인정되어야 할 손해배상청구 및 소송 전 변호사비용의 배상청구에 관해 법적 평가를 행하지 않았기 때문에, 이것 역시 항소법원을 통해 보강되어야 한다고 밝혔다.[65]

# 주

## 1장 의견표현권

1 제5조(자유로운 의사표현권)

① 누구든지 말, 글 그리고 그림으로써 자유로이 의사를 표현하고 전파하며 일반적으로 접근할 수 있는 정보원으로부터 방해를 받지 않고 정보를 얻을 권리를 가진다. 출판의 자유와 방송 및 영화를 통한 보도의 자유는 보장된다. 검열은 금지된다.

2 NJW 1990, 1980.

3 Wenzel, Das Recht der Wort-und Bild-Berichterstattung, 6. Auflage, Kap. 1, Rz. 2.

4 NJW 1983, 1415; NJW-RR 2017, 1001.

5 NJW 1982, 2655.

6 NJW NJW 2005, 3274; ZUM-RD 2016, 629.

7 NJW 2017, 1460.

8 NJW 1977, 799.

9 NJW 1990, 1980; NJW 1999, 3326.

10 NJW 1992, 1439; Wenzel, Das Recht der Wort-und Bild-Berichterstattung, 6. Auflage, Kap. 1, Rz. 3.

11 Wenzel, Das Recht der Wort-und Bild-Berichterstattung, 6. Auflage, Kap. 1, Rz. 4.

12 ZUM-RD 2016, 629.

13 ZUM-RD 2016, 629, 630.

14 ZUM-RD 2016, 629, 630.

15 NJW 1992, 1439.

16 Wenzel, Das Recht der Wort-und Bild-Berichterstattung, 6. Auflage, Kap. 1, Rz. 5.

17 Wenzel, Das Recht der Wort-und Bild-Berichterstattung, 6. Auflage, Kap. 1, Rz. 1.

18 Wenzel, Das Recht der Wort-und Bild-Berichterstattung, 6. Auflage, Kap. 1, Rz. 6.

19 Wenzel, Das Recht der Wort-und Bild-Berichterstattung, 6. Auflage, Kap. 1, Rz. 7.

20 NJW 1983, 1415.

21 Wenzel, Das Recht der Wort-und Bild-Berichterstattung, 6. Auflage, Kap. 1, Rz. 8.

22 NJW 1980, 2072.

23 NJW 1983, 1415.

24 NJW 1983, 1415; Wenzel, Das Recht der Wort-und Bild-Berichterstattung, 6. Auflage, Kap. 1, Rz. 9.

25 NJW 1992, 1439; NJW 1993, 916; NJW 1994, 1779.

26 NJW 1999, 1322; NJW 1999, 3326; NJW 2012, 3712; NJW 2016, 3362.

27 NJW 1997, 2681.

28 Wenzel, Das Recht der Wort-und Bild-Berichterstattung, 6. Auflage, Kap. 1, Rz. 10.

29  Wenzel, Das Recht der Wort-und Bild- Berichterstattung, 6. Auflage, Kap. 1, Rz. 14.

30  독일 기독교 사회당 연합, 1946년 독일의 바이에른주에서 가톨릭 및 신교단체들이 결성한 보수정당.

31  독일 국가민주당, 1964년 창당한 독일의 극우 내셔널리즘 정당이다. 국가민주당은 인종주의와 고토회복주의를 표방하고 있으며, 강령과 용어 면에서 나치당과 밀접한 관련이 있다. 연방헌법보호청은 국가민주당을 극우정당으로 정의한 바 있다.

32  NJW 1983, 1415.

33  NJW 1983, 1415.

34  NJW 1983, 1415.

35  NJW 1983, 1415, 1416.

36  NJW 1983, 1415, 1417.

37  NJW 1983, 1415, 1417.

38  NJW 1993, 916.

39  NJW 1993, 916, 917.

40  NJW 1993, 916, 917.

41  NJW 2016, 3362.

42  NJW 2016, 3362, 3363.

43  NJW 2016, 3362, 3363.

44  Frank Fechner, Medienrecht 16. Auflage, 12. Kapitel Rn 245.

45  Wenzel, Das Recht der Wort-und Bild- Berichterstattung, 6. Auflage, Kap. 1, Rz. 15.

46  Soehring Hoene, Presserecht, 6. Auflage, §12 Rn 10f.

47  Soehring Hoene, Presserecht, 6. Auflage, §12 Rn 12.

48  Wenzel, Das Recht der Wort-und Bild- Berichterstattung, 6. Auflage, Kap. 1, Rz. 15.

49  Wenzel, Das Recht der Wort-und Bild- Berichterstattung, 6. Auflage, Kap. 1, Rz. 15.

50  Wenzel, Das Recht der Wort-und Bild- Berichterstattung, 6. Auflage, Kap. 1, Rz. 15.

51  NJW 2012, 2197, 2199.

52  NJW 2013, 2348, 2349.

53  NJW 1999, 1322.

54  NJW 1999, 1322, 1324.

55  NJW 1972, 811.

56  NJW 1976, 1680.

57  Wenzel, Das Recht der Wort-und Bild- Berichterstattung, 6. Auflage, Kap. 1, Rz. 16.

58  NJW 1976, 1680.

59  NJW 1976, 1680.

60  NJW 1976, 1680, 1681.

61  NJW 1958, 257; NJW 1961, 819; NJW 1969, 227.

62  NJW 1976, 1680, 1681.

63  NJW 1976, 1680, 1681.

64  NJW 1976, 1680, 1681.

65  NJW 1995, 3303.

66  NJW 2001, 2069.

67  Wenzel, Das Recht der Wort-und Bild- Berichterstattung, 6. Auflage, Kap. 1, Rz. 17.

68  NJW 1976, 1677.

69  NJW 1980, 2069; NJW 1983, 1415; NJW 1995, 3303.

70  NJW 1995, 3303.

71  NJW 1982, 2655.

72  NJW 1995, 1697, 1698.

73  NJW 2001, 2957.

74  NJW 2001, 2957, 2959.

75  NJW 1995, 3303.

76  Wenzel, Das Recht der Wort-und Bild- Berichterstattung, 6. Auflage, Kap. 1, Rz. 18.

77  NJW 1974, 1762.

78  NJW 1976, 1678.

79  Wenzel, Das Recht der Wort-und Bild- Berichterstattung, 6. Auflage, Kap. 1, Rz. 20.

80  NJW 1976, 1677.

81  NJW 1958, 257; NJW 1961, 819; NJW 1969, 227.

82  NJW 1976, 1677, 1678.

83  NJW 1976, 1677, 1678.

84  NJW 1976, 1677, 1678.

85  NJW 1980, 2069.

86  NJW 1980, 2069.

87  NJW 1980, 2069, 2070.

88  NJW 1958, 257; NJW 1983, 1415; NJW 1995, 3303.

89  NJW 1958, 257.

90  NJW 1983, 1415, 1417.

91  NJW 1999, 2262.

92  NJW 1995, 3303, 3305.

93  NJW 1982, 2655.

94  NJW 1976, 1680.

95  NJW 1994, 1781; NJW 1995, 3303.

96  NJW 2010, 47.

97  Wenzel, Das Recht der Wort-und Bild- Berichterstattung, 6. Auflage, Kap. 1, Rz. 19.

98  NJW 1994, 1781.

99  NJW 1994, 1781, 1782f.

100  NJW 1994, 1781, 1783.

101  NJW 1994, 1781, 1784.

102  NJW 1995, 3303.

103  NJW 1995, 3303, 3304.

104  NJW 1995, 3303, 3305.

105  NJW 1982, 2655.

106  NJW 2002, 1192.

107  Wenzel, Das Recht der Wort-und Bild- Berichterstattung, 6. Auflage, Kap. 1, Rz. 19.

108  NJW 2001, 591.

109  NJW 1995, 2492.

110  NJW 2003, 1303.

111  NJW 1982, 2655.

112  NJW 1982, 2655.

113  NJW 1982, 2655.

114  NJW 1982, 2655, 2656.

115  NJW 1982, 2655, 2656.

116  NJW 2001, 591.

117  NJW 2001, 591.

118  NJW 2001, 591, 593.

119  NJW 2001, 591, 594.

120  NJW 2003, 1303.

121  NJW 2003, 1303, 1304.

122  NJW 2003, 1303, 1304.

123  NJW 2003, 1303, 1305.

124  NJW 1983, 1415.

125  NJW 1980, 2072.

126  NJW 1983, 1415.

127  NJW 1983, 1415.

128  NJW 1980, 2072.

129  NJW 1980, 2072, 2073.

130  NJW 1961, 819-Schmid-Spiegel.

131  NJW 1980, 2072, 2073.

132  NJW 2010, 1587.

133  NJW 2010, 1587, 1588.

134  NJW 2010, 1587, 1588.

135  NJW 2010, 1587, 1589.

136  NJW 2014, 2276, 2278.

137  NJW 2000, 1859, "레바하Ⅱ"-결정.

138  NJW 2000, 1589, 1860.

139  NJW 2008, 1793.

140  NJW 2008, 1793, 1794.

141   NJW 2014, 2276, 2278.

142   NJW 2015, 776.

143   NJW 1995, 1697.

144   NJW 1958, 257.

145   NJW 1995, 1697, 1698.

146   NJW 1958, 257, 258.

147   NJW 1958,257, 258.

148   NJW 1995, 1697, 1698.

149   NJW 1958, 257, 258.

150   NJW 1958, 257, 259.

151   NJW 1995, 1697, 1698.

152   NJW 1961, 819.

153   NJW 1961, 819.

154   NJW 1961, 819, 821.

155   NJW 1961, 819, 821.

156   NJW 1961, 819, 822.

157   NJW 1958, 257.

158   NJW 1994, 1779.

159   NJW 1994, 1779.

160   NJW 1994, 1779, 1780.

161   NJW 1999, 1322.

162   NJW 1999, 1322, 1323.

163   NJW 1999, 1322, 1324.

164   NJW 1983, 1415.

165   NJW 2012, 3712.

166   BeckRS 2016, 50174.

167   NJW 2012, 3712.

168   NJW 2012, 3712, 3713.

169   NJW 2012, 3712, 3714.

170   NJW 1969, 1161.

171   Wenzel, Das Recht der Wort-und Bild- Berichterstattung, 6. Auflage, Kap. 1, Rz. 24.

172   NJW 1995, 1697, 1699.

173   NJW 1969, 1161.

174   NJW 1969, 1161.

175   NJW 1969, 1161, 1162.

176   NJW 1969, 1161, 1163.

177   제5조(자유로운 의사표현권)

      ① 누구든지 말, 글 그리고 그림으로써 자유로이 의견을 표현하고 전파하며 일반적으로 접근할 수 있는 정보

원으로부터 방해를 받지 않고 정보를 얻을 권리를 가진다.

출판의 자유와 방송 및 영화를 통한 보도의 자유는 보장된다. 검열은 금지된다.

178 NJW 1997, 386.

179 NJW 1961, 547.

180 Wenzel, Das Recht der Wort-und Bild- Berichterstattung, 6. Auflage, Kap. 1, Rz. 30.

181 Wenzel, Das Recht der Wort-und Bild- Berichterstattung, 6. Auflage, Kap. 1, Rz. 30.

182 Wenzel, Das Recht der Wort-und Bild- Berichterstattung, 6. Auflage, Kap. 1, Rz. 31.

183 NJW 1960, 29.

184 NJW 1960, 29.

185 NJW 1960, 29.

186 NJW 1960, 29, 30.

187 NJW 1997, 386.

188 NJW 1997, 386.

189 NJW 1997, 386, 387.

190 NJW 1997, 386, 387.

191 Wenzel, Das Recht der Wort-und Bild- Berichterstattung, 6. Auflage, Kap. 1, Rz. 32.

192 Wenzel, Das Recht der Wort-und Bild- Berichterstattung, 6. Auflage, Kap. 1, Rz. 32.

193 NJW 1963, 665, 667.

194 NJW 1961, 819-Schmid 결정.

195 Wenzel, Das Recht der Wort-und Bild- Berichterstattung, 6. Auflage, Kap. 1, Rz. 33ff.

196 NJW 1973, 1221.

197 Wenzel, Das Recht der Wort-und Bild- Berichterstattung, 6. Auflage, Kap. 1, Rz. 37ff.

198 Wenzel, Das Recht der Wort-und Bild- Berichterstattung, 6. Auflage, Kap. 1, Rz. 39.

199 NJW 1963, 665.

200 NJW 1963, 665, 667.

201 NJW 1963, 665, 667.

202 NJW 1963, 665, 667.

203 NJW 1982, 2655.

204 Wenzel, Das Recht der Wort-und Bild- Berichterstattung, 6. Auflage, Kap. 1, Rz. 40.

205 NJW 1981, 1366.

206 NJW 1961, 819.

207 NJW 1961, 819, 822.

208 NJW 1981, 1774.

209 NJW 1992, 1439.

210 Wenzel, Das Recht der Wort-und Bild- Berichterstattung, 6. Auflage, Kap. 1, Rz. 43.

211 NJW 1992, 1439.

212 NJW 1992, 1439.

213 NJW 1992, 1439, 1440.

## 2장 의견표현의 한계

1 Soehring Hoene, Presserecht, 6. Auflage, §20 Rn 20.1.

2 NJW 1958, 257.

3 NJW 2004, 2653.

4 Soehring Hoene, Presserecht, 6. Auflage, §20 Rn 20.2.

5 예컨대 크릴레 교수의 논문, NJW 1994, 1897.

6 NJW 2012, 1058.

7 Soehring Hoene, Presserecht, 6. Auflage, §20 Rn 20.3.

8 NJW 2006, 207.

9 Soehring Hoene, Presserecht, 6. Auflage, §20 Rn 20.4.

10 NJW 1980, 2069; NJW 1983, 1415.

11 NJW 2018, 928.

12 NJW 1982, 2655.

13 NJW 1976, 1677.

14 NJW 1982, 2655; NJW 1991, 95.

15 Soehring Hoene, Presserecht, 6. Auflage, §20 Rn 20.5.

16 Soehring Hoene, Presserecht, 6. Auflage, §20 Rn 20.6.

17 NJW 2002, 1995; NJW 2012, 1058.

18 Soehring Hoene, Presserecht, 6. Auflage, §20 Rn 20.7f.

19 NJW 1993, 1845.

20 Soehring Hoene, Presserecht, 6. Auflage, §20 Rn 20.10.

21 NJW 1992, 1439.

22 NJW 1994, 194.

23 NJW 2006, 3769.

24 Soehring Hoene, Presserecht, 6. Auflage, §20 Rn 20.15.

25 NJW 2011, 3353.

26 Soehring Hoene, Presserecht, 6. Auflage, §20 Rn 20.18.

27 NJW 2003, 3760.

28 NJW 1980, 2069; NJW 1991, 95; NJW 2012, 1643; NJW 2014, 3357.

29 NJW 2017, 1460.

30 NJW 2017, 1460.

31 NJW 2014, 3357.

32 Soehring Hoene, Presserecht, 6. Auflage, §20 Rn 20.19.

33 NJW 2003, 3760.

34 NJW 2003, 3760.

35 NJW 2003, 3760, 3761.

36 NJW 2012, 1643.

37 NJW 2012, 1643, 1644.

38   NJW 2012, 1643, 1644.

39   NJW 2012, 1643, 1644.

40   NJW 2014, 3357f.

41   NJW 2014, 3357, 3358.

42   NJW 2014, 3357, 3358.

43   NJW 2017, 1460.

44   NJW 2017, 1460, 1461.

45   NJW 2017, 1460, 1461.

46   NJW 2012, 1643.

47   NJW 1976, 1680.

48   Soehring Hoene, Presserecht, 6. Auflage, §20 Rn 20.20.

49   NJW 2007, 686.

50   NJW 2014, 764.

51   NJW 2009, 3016.

52   NJW 2017, 2607.

53   NJW 2006, 3266.

54   NJW 1992, 2013.

55   NJW 2006, 3266.

56   NJW 2006, 3266, 3267.

57   NJW 2006, 3266, 3267.

58   NJW 2009, 3016, 3017.

59   NJW 2009, 3016, 3017.

60   NJW 2009, 3016, 3018.

61   NJW 2009, 3016, 3018.

62   NJW 2009, 3016, 3019.

63   NJW 2014, 764.

64   NJW 2014, 764, 765.

65   NJW 2014, 764, 765f.

66   NJW 2017, 2607.

67   NJW 2017, 2607.

68   NJW 2017, 2607.

69   NJW 2007, 686.

70   NJW 2007, 686, 687.

71   NJW 2007, 686, 688.

72   NJW 2007, 686, 688f.

73   NJW 1987, 2661.

74   NJW 1987, 2661.

75   NJW 1987, 2661.

76   Soehring Hoene, Presserecht, 6. Auflage, §20 Rn 20.27.

77   NJW 1993, 1462.

78   Soehring Hoene, Presserecht, 6. Auflage, §20 Rn 20.28.

79   NJW 2006, 207.-스톨페 이론.

80   Soehring Hoene, Presserecht, 6. Auflage, §20 Rn 20.29.

81   Soehring Hoene, Presserecht, 6. Auflage, §20 Rn 20.30.

82   NJW 1987, 2661.

83   NJW 1987, 2661.

84   NJW 1987, 2661.

85   NJW 1987, 2661.

86   NJW 1987, 2661, 2662.

87   NJW 1998, 1386.

88   Soehring Hoene, Presserecht, 6. Auflage, §20 Rn 20.32.

89   Soehring Hoene, Presserecht, 6. Auflage, §20 Rn 20.36.

90   NJW 2001, 3613.

91   Soehring Hoene, Presserecht, 6. Auflage, §20 Rn 20.37.

92   NJW 1987, 2661.

93   Soehring Hoene, Presserecht, 6. Auflage, §20 Rn 20.38.

94   Soehring Hoene, Presserecht, 6. Auflage, §20 Rn 20.39.

95   NJW 1998, 1386.

96   NJW 1998, 1386, 1387.

97   NJW 1998, 1386, 1387f.

98   NJW 2001, 3613.

99   NJW 2001, 3613, 3614.

100   NJW 2001, 3613, 3615.


## 3장 의견표현과 사실주장

1   Grimm, NJW 1995, 1697, 1698.

2   NJW 1983, 1415.

3   Soehring Hoene, Presserecht, 5. Auflage, §14 Rn 1.

4   NJW 2003, 277, 278.

5   Wenzel, Das Recht der Wort-und Bild- Berichterstattung, 6. Auflage, Kap. 1, Rz. 21.

6   NJW 1983, 1415; NJW 1992, 1439, 1440.

7   Wenzel, Das Recht der Wort-und Bild- Berichterstattung, 6. Auflage, Kap. 1, Rz. 21.

8   NJW-RR 2011, 981.

9   Soehring Hoene, Presserecht, 5. Auflage, §14 Rn 2.

10   NJW 2004, 1235.

11   Soehring Hoene, Presserecht, 5. Auflage, §14 Rn 3.

12   NJW 1992, 1439, 1440.

13   Grimm, NJW 1995, 1697, 1699.

14   NJW 2004, 1235.

15   NJW 2004, 1235.

16   NJW 2004, 1235, 1236.

17   NJW 1992, 2013.

18   NJW 1993, 1845.

19   NJW 1993, 1845.

20   NJW 1993, 1845.

21   NJW 1993, 1845.

22   NJW 1993, 1845, 1846.

23   NJW 1993, 1845, 1846.

24   NJW 1996, 1529.

25   NJW 1996, 1529, 1529.

26   NJW 1996, 1529, 1530.

27   NJW 1996, 1529, 1530.

28   NJW 1983, 1415; P NJW 1992, 1439; NJW 1993, 1845; NJW 1966, 1617.

29   Soehring Hoene, Presserecht, 5. Auflage, §14 Rn 14.12.

30   NJW-RR 1990, 1058.

31   NJW 1983, 1415; NJW 1992, 1439; NJW 1993, 1845.

32   Soehring Hoene, Presserecht, 5. Auflage, §14 Rn 14.13.

33   Soehring Hoene, Presserecht, 5. Auflage, §14 Rn 14.14.

34   NJW 1995, 1697, 1698.

35   NJW 1971, 1655.

36   NJW 1983, 1315; NJW 1995, 1697.

37   NJW 1983, 1415, 1416.

38   NJW 1966, 1617.

39   NJW 1966, 1617.

40   NJW 1966, 1617, 1618.

41   NJW 1966, 1617, 1619.

42   NJW 1966, 1617, 1619.

43   NJW 1971, 1655.

44   NJW 1966, 1617.

45   NJW 1971, 1655.

46   NJW 1971, 1655, 1656.

47   NJW 1971, 1655, 1656.

48   NJW 1971, 1655, 1657.

49   NJW 1972, 811.

50   NJW 1972, 811, 813.

51   NJW 1972, 811, 813.

52   NJW 1994, 1779.

53   NJW 1994, 1779.

54   NJW 1994, 1779, 1780.

55   NJW 1994, 1779, 1780.

56   NJW 1980, 45.

57   NJW 1994, 1779, 1781.

58   NJW 1966, 1617; NJW 1976, 1198; NJW 1993, 930.

59   Soehring Hoene, Presserecht, 5. Auflage, §14 Rn 14.4.

60   NJW 1995, 1697, 1699.

61   NJW 1961, 819.

62   NJW 1995, 1697, 1699.

63   예컨대, NJW 1966, 1617; NJW 1976, 1198; NJW 1993, 930.

64   Soehring Hoene, Presserecht, 6. Auflage, §14 Rn 14.4.

65   NJW 2012, 1643; NJW 2013, 217; NJW 1998, 3047.

66   NJW 1982, 1805.

67   NJW 1976, 1198; NJW 1981, 1089.

68   NJW-RR 2006, 1130.

69   Soehring Hoene, Presserecht, 6. Auflage, §14 Rn 14.5.

70   NJW 1983, 1415.

71   NJW 1983, 1315.

72   NJW 1992, 1439, 1440.

73   NJW 1992, 1439, 1441.

74   NJW-RR 2006, 1130.

75   NJW-RR 2006, 1130, 1131.

76   NJW-RR 2006, 1130, 1131.

77   NJW 1993, 930.

78   NJW 1993, 930, 931.

79   NJW 1993, 930, 931.

80   NJW 1993, 930, 932.

81   NJW 1993, 930, 932.

82   NJW 1991, 95; NJW 1994, 2943; NJW 1995, 3303; NJW 1981, 1089.

83   NJW 1985, 1621; NJW 1992, 1312.

84   NJW 1985, 1621.

85   Soehring Hoene, Presserecht, 6. Auflage, §14 Rn 14.6.

86   NJW-RR 2008, 856.

87   NJW 1995, 861.

88   ZUM-RD 2011, 556.

89   Soehring Hoene, Presserecht, 6. Auflage, §14 Rn 14.7.

90   NJW 1992, 1314.

91   NJW 2015, 1501.

92   BeckRS 2016, 50714.

93   Soehring Hoene, Presserecht, 6. Auflage, §14 Rn 14.9.

94   Soehring Hoene, Presserecht, 6. Auflage, §14 Rn 14.10.

95   NJW-RR 2008, 856.

96   NJW-RR 2008, 856, 857

97   NJW-RR 2008, 856, 857.

98   ZUM-RD 2011, 556, 557.

99   ZUM-RD 2011, 556, 558.

100   ZUM-RD 2011, 556, 558.

101   BeckRS 2016, 50714.

102   BeckRS 2016, 50714.

103   EGMR, Axel Springer AG v. Deutschland, 2014년 7월 10일 자 판결. 48311/10.

104   BeckRS 2016, 50714.

105   BeckRS 2016, 50714.

106   NJW 2015, 1501f.

107   EGMR NJW 2012, 1058.

108   NJW 2015, 1501, 1502.

109   NJW 2015, 1501, 1503.

110   NJW 2015, 1501, 1503.

111   NJW 2015, 1501, 1505.

112   NJW 2015, 1501, 1505.

113   NJW 2015, 1501, 1505.

114   NJW 2015, 1501, 1505.

## 4장 의견표현과 사실주장의 경계사례

1   BeckRS 2016, 50714.

2   NJW 2009, 1872; NJW 2013, 217.

3   NJW 1992, 1439; NJW 1996, 1529.

4   NJW 1999, 2262.

5   Soehring Hoene, Presserecht, 6. Auflage, §14 Rn 14.21.

6   NJW 1974, 1719.

7   NJW 2009, 1872.

8 Soehring Hoene, Presserecht, 6. Auflage, §14 Rn 14.22.

9 NJW 2012, 1643.

10 NJW 2013, 217.

11 Soehring Hoene, Presserecht, 6. Auflage, §14 Rn 14.23.

12 NJW 2012, 1643.

13 NJW 1996, 1131; NJW 1997, 2513.

14 NJW NJW 1883, 1415; 1993, 1845.

15 Soehring Hoene, Presserecht, 6. Auflage, §14 Rn 14. 24f.

16 NJW 1999, 2262.

17 NJW 1983, 1415.

18 NJW 1999, 2262, 2263.

19 NJW 1999, 2262, 2263.

20 NJW 1999, 2262, 2263.

21 NJW 2013, 217f.

22 NJW 2013, 217, 218.

23 NJW 2013, 217, 218.

24 NJW 1997, 2513.

25 NJW 1997, 2513.

26 NJW 1996, 1131.

27 NJW 1997, 2513, 2514.

28 NJW 2009, 915.

29 NJW 2009, 915.

30 NJW 2009, 915, 916.

31 NJW 2009, 1872, 1873.

32 NJW 2009, 1872.

33 NJW 2009, 1872, 1873.

34 NJW 2009, 1872, 1874.

35 NJW 2009, 1872, 1874.

36 NJW 2009, 1872, 1875.

37 Soehring Hoene, Presserecht, 6. Auflage, §14 Rn 14. 21f.

38 NJW 1987, 2225; NJW-RR 1990, 1058.

39 NJW 1997, 2513.

40 Soehring Hoene, Presserecht, 6. Auflage, §14 Rn 14.16.

41 NJW 1992, 2013.

42 Soehring Hoene, Presserecht, 6. Auflage, §14 Rn 14.27.

43 변호사이자 독일 좌파당 소속 정치인.

44 NJW 2002, 356.

45 NJW 1992, 2013.

46   NJW 1992, 2013.

47   NJW 1992, 2013, 2014.

48   NJW 1992, 1442.

49   Soehring Hoene, Presserecht, 6. Auflage, §14 Rn 14.32.

50   NJW 1992, 1442; NJW 2003, 660; NJW 2018, 1596.

51   NJW 2003, 660.

52   NJW 2003, 660.

53   NJW 1992, 1442; NJW 2014, 766.

54   NJW 1992, 1442; NJW 2018, 1596.

55   Wenzel, Das Recht der Wort-und Bild- Berichterstattung, 6. Auflage, Kap. 4, Rz. 31.

56   Soehring Hoene, Presserecht, 6. Auflage, §14 Rn 14.34.

57   NJW 2003, 660.

58   NJW 1992, 1442.

59   NJW 2004, 1034.

60   NJW 2004, 1034.

61   NJW 2003, 660; NJW 2014, 766.

62   Soehring Hoene, Presserecht, 6. Auflage, §16 Rn 16. 8f.

63   NJW 1992, 1442, 1443.

64   NJW 1992, 1442, 1443.

65   NJW 1992, 1442, 1444.

66   NJW 1992, 1442, 1444.

67   NJW 1992, 1442, 1444.

68   NJW 2003, 660f.

69   NJW 2003, 660, 661.

70   NJW 2003, 660, 661.

71   NJW 2003, 660, 661.

72   NJW 2003, 660, 662.

73   NJW 2004, 1034.

74   NJW 2004, 1034.

75   NJW 2004, 1034, 1035.

76   NJW 2004, 1034, 1035.

77   NJW 2014, 766.

78   NJW 2014, 766.

79   NJW 2014, 766, 767.

80   NJW 2018, 1596.

81   NJW 2018, 1596, 1597.

82   NJW 2018, 1596, 1597.

83   NJW 1982, 2246.

84 NJW 2008, 358.

85 Wenzel, Das Recht der Wort-und Bild-Berichterstattung, 6. Auflage, Kap. 4, Rz. 61.

86 NJW 1982, 2246.

87 NJW 2019, 419.

88 Soehring Hoene, Presserecht, 6. Auflage, §16 Rn 14.38.

89 NJW 2019, 419.

90 Soehring Hoene, Presserecht, 6. Auflage, §16 Rn 14.38.

91 NJW 1982, 2248.

92 Wenzel, Das Recht der Wort-und Bild-Berichterstattung, 6. Auflage, Kap. 4, Rz. 62.

93 NJW 1982, 2246.

94 NJW 1982, 2246.

95 NJW 1982, 2246.

96 NJW 1982, 2246.

97 NJW 1982, 2246, 2247.

98 NJW 1982, 2246, 2247.

99 NJW 1982, 2248.

100 NJW 1982, 2248.

101 NJW 1982, 2248, 2249.

102 NJW 1982, 2248, 2249.

103 NJW 2008, 358.

104 NJW 2008, 358, 359.

105 NJW 2008, 358, 359.

106 NJW 2008, 358, 360.

107 NJW 2019, 419.

108 NJW 2019, 419, 420.

109 NJW 2019, 419, 421.

110 NJW 2002, 1192.

111 Wenzel, Das Recht der Wort-und Bild-Berichterstattung, 6. Auflage, Kap. 4, Rz. 25.

112 NJW 2002, 1192.

113 NJW 2002, 1192.

114 NJW 2002, 1192, 1193.

115 NJW 2002, 1192, 1193.

## 5장 표현의 의미해석 및 법적 판단

1 Grimm, NJW 1995, 1697, 1700.

2 Grimm, NJW 1995, 1697, 1700.

3 NJW 1983, 1415; NJW 1977, 799.

4   NJW 1990, 1980; NJW 1993, 916; NJW 1994, 2943.

5   Grimm, NJW 1995, 1697, 1701.

6   NJW 1977, 799.

7   NJW 1977, 799.

8   NJW 1977, 799, 800.

9   NJW 1990, 1980.

10   NJW 1990, 1980, 1981.

11   NJW 1990, 1980, 1981.

12   NJW 1990, 1980, 1982.

13   NJW 1993, 916.

14   NJW 1993, 916, 917.

15   NJW 1993, 916, 917.

16   NJW 1993, 916, 917.

17   NJW 1994, 2943.

18   NJW 1994, 2943.

19   NJW 1994, 2943, 2944.

20   NJW 1958, 257.

21   Grimm, NJW 1995, 1697, 1701.

22   Grimm, NJW 1995, 1697, 1701.

23   Grimm, NJW 1995, 1697, 1702.

24   Grimm, NJW 1995, 1697, 1702.

25   Grimm, NJW 1995, 1697, 1703.

26   Grimm, NJW 1995, 1697, 1703.

27   Grimm, NJW 1995, 1697, 1703.

28   Grimm, NJW 1995, 1697, 1704.

29   Grimm, NJW 1995, 1697, 1704.

30   NJW 1995, 3303; NJW 1996, 1529; NJW-RR 2017, 1001.

31   NJW 2006, 207; NJW 2013, 217; NJW-RR 2017, 1001; NJW 1996, 1131; NJW 2000, 656; NJW 2007, 686.

32   NJW 2017, 1376.

33   Wenzel, Kap. 4, Rz. 1.

34   NJW 1995, 3303; NJW-RR 2017, 1001.

35   NJW 1995, 3303; NJW-RR 2017, 1001.

36   NJW 1995, 3303.

37   NJW 1996, 1529.

38   NJW 2002, 2315.

39   NJW-RR 2017, 1001.

40   NJW 1998, 3047; NJW 2002,1192.

41  Wenzel, Kap. 4, Rz. 2.

42  NJW 1992, 1439; NJW 1995, 3303; NJW-RR 2017, 1001.

43  NJW 1977, 799; NJW 1990, 1980; NJW 1992, 1439; NJW 1995, 3303; NJW 1996, 1529; NJW 1999, 483;
    NJW-RR 2017, 1001; NJW 2017, 1460.

44  Wenzel, Kap. 4, Rz. 3.

45  NJW 2000, 3421.

46  NJW 1993, 3303; NJW-RR 2017, 1001; NJW 1992, 1312; NJW 1997, 1148; NJW 2002, 1192; NJW 2009,
    1872.

47  NJW 1979, 1041.

48  NJW 1995, 3303.

49  Wenzel, Kap. 4, Rz. 4.

50  NJW 1977, 799.

51  Wenzel, Kap. 4, Rz. 5.

52  NJW 1985, 1621.

53  Wenzel, Kap. 4, Rz. 6.

54  NJW 1998, 1381.

55  NJW 1995, 861; NJW 2014, 766.

56  NJW 2014, 766.

57  NJW 2008, 2110.

58  Wenzel, Kap. 4, Rz. 21.

59  NJW 1995, 3303.

60  NJW 1995, 3303.

61  "모욕 및 명예훼손"이 공무원, 공적 업무를 위해서 특별히 의무 있는 자 그리고 복무 중 또는 복무와 관련된 연
    방방위군의 군인에 대하여 범하여진 경우에는 그 복무 상관자의 청구에 의해 소추된다.

62  NJW 1995, 3303, 3304.

63  NJW 1995, 3303, 3304.

64  NJW 1995, 3303, 3305.

65  NJW 1995, 3303, 3305.

66  제211조 모살(Mord)
    ① 모살자(Moeder)는 무기 자유형에 처한다.
    ② 모살자(Moeder)란, 살해욕, 성욕의 만족, 탐욕 또는 기타 비열한 동기에 의하여 간악하거나 잔인하게 또는
      공공 위해의 수단에 의하여 다른 범죄를 가능하게 하거나 또는 은폐할 목적으로 사람을 살해한 자를 말한다.

67  제212조 고살(Totschlag)
    ① 모살자에 해당되지 아니한 자로 사람을 살해한 자는 고살자(Totschlager)로서 5년 이상의 자유형에 처한다.
    ② 특히 중한 경우에는 무기 자유형에 처한다.

68  NJW 1995, 3303, 3306.

69  NJW 1995, 3303, 3306.

70  NJW 1995, 3303, 3307.

71   NJW 1995, 3303, 3307.

72   독일형법 제211조(모살).

73   NJW 1995, 3303, 3308.

74   NJW 1995, 3303, 3308.

75   NJW 1995, 3303, 3309.

## 6장 다의적 표현의 해석과 스톨페 이론

1    NJW 1991, 95; NJW 1992, 1439; NJW-RR 2017, 1001; NJW 2018, 770.

2    Wenzel, Kap. 1, Rz. 4.

3    Wenzel, Kap. 1, Rz. 21.

4    NJW 2008, 2551, 2552.

5    Soehring Hoene, Presserecht, 6. Auflage, §14 Rn 14. 41f.

6    독일연방민주공화국을 의미, 첫 번째는 바이마르공화국.

7    NJW 1991, 95.

8    NJW 1991, 95, 96.

9    NJW 1991, 95, 96.

10   NJW 1991, 95, 96.

11   NJW 1991, 95, 97.

12   NJW 2018, 770.

13   NJW-RR 2017, 1001.

14   NJW-RR 2017, 1001, 1002.

15   NJW-RR 2017, 1001, 1002.

16   NJW 2018, 770.

17   NJW 2018, 770, 771.

18   NJW 2018, 770, 771.

19   NJW 2006, 207.

20   Soehring Hoene, §14 Rn 14.16.

21   NJW 2008, 2551, 2553.

22   NJW 2006, 3769.

23   Grim, AFP 2008, 1.

24   1.1. NJW 2006, 3769.

25   NJW 2008, 1654.

26   Wenzel, Einleitung, Rz. 18.

27   NJW 2006, 207.

28   NJW 1998, 3047, 3048.

29   NJW 1998, 3047, 3049.

30   NJW 2006, 207, 208.

31   NJW 2006, 207, 209.

32  NJW 2006, 207, 209.

33  NJW 2006, 207, 210f.

34  NJW 2006, 3769.

35  NJW 2011, 3353.

36  NJW 2006, 3769, 3773.

37  NJW 2006, 3769, 3770.

38  NJW 2006, 3769, 3771.

39  NJW 2006, 3769, 3771.

40  NJW 2006, 3769, 3770.

41  NJW 2006, 3769, 3772.

42  NJW 2006, 3769, 3774.

43  NJW 2011, 3353.

44  NJW 2011, 3353, 3354.

45  NJW 2011, 3353, 3354.

46  NJW 2010, 3501.

47  NJW 2010, 3501.

48  Wenzel, Kap. 4, Rz. 18a.

49  Wenzel, Kap. 4, Rz. 18b.

50  NJW 2008, 2110, 2111.

51  NJW 2008, 2110, 2111.

52  NJW 2008, 2110, 2111.

53  NJW 2008, 2110, 2112.

54  NJW 2008, 2110, 2115.

55  NJW 2008, 2110, 2116.

56  NJW 2010, 3501.

57  NJW 2010, 3501, 3502.

58  NJW 2010, 3501, 3502.

59  ZUM 2007, 490.

60  Soehring · Hoene, Presserecht, 6. Auflage, §14 Rn 14. 17.

61  NJW 2013, 2348.

62  NJW 2013, 2348.

63  NJW 2013, 2348, 2349.

64  NJW 2013, 2348, 2349.

65  NJW 2013, 2348, 2350.

# 참고문헌

Frank Fechner, Medienrecht 16.Auflage.

Ricker/Weberling, Handbuch des presserechts 6.Auflage.

Soehring · Hoene, Presserecht, 5.Auflage.

Wenzel, Das Recht der Wort-und Bildberichterstattung, 6.Auflage.

# 색인

## 판례 색인

# 독일 언론법의 이해 (상)

초판인쇄  2023년 09월 29일
초판발행  2023년 09월 29일

지은이  이수종
펴낸이  채종준
펴낸곳  한국학술정보(주)
주  소  경기도 파주시 회동길 230(문발동)
전  화  031-908-3181(대표)
팩  스  031-908-3189
홈페이지  http://ebook.kstudy.com
E-mail  출판사업부 publish@kstudy.com
등  록  제일산-115호(2000. 6. 19)

ISBN  979-11-6983-689-0 93360